西南政法大学刑法学术文库

XINGFAZHONG
ZUIXING GUANXI XINLUN

刑法中罪刑关系新论

李永升　冯文杰\著

中国检察出版社

图书在版编目（CIP）数据

刑法中罪刑关系新论 / 李永升，冯文杰著. —北京：中国检察出版社，2019.10
（西南政法大学刑法学术文库）
ISBN 978 – 7 – 5102 – 2335 – 8

I. ①刑… Ⅱ. ①李…②冯… Ⅲ. ①中华人民共和国刑法 – 研究 Ⅳ. ①D914.04

中国版本图书馆 CIP 数据核字（2019）第 202442 号

刑法中罪刑关系新论

李永升　冯文杰　著

出版发行：	中国检察出版社
社　　址：	北京市石景山区香山南路 109 号（100144）
网　　址：	中国检察出版社（www.zgjccbs.com）
编辑电话：	（010）86423706
发行电话：	（010）86423726　86423727　86423728
	（010）86423730　68650016
经　　销：	新华书店
印　　刷：	北京玺诚印务有限公司
开　　本：	710 mm×960 mm　16 开
印　　张：	29.25
字　　数：	486 千字
版　　次：	2019 年 10 月第一版　2019 年 10 月第一次印刷
书　　号：	ISBN 978 – 7 – 5102 – 2335 – 8
定　　价：	86.00 元

检察版图书，版权所有，侵权必究
如遇图书印装质量问题本社负责调换

《西南政法大学刑法学术文库》编辑委员会

主　任　梅传强　石经海

委　员　李永升　朱建华　王利荣
　　　　袁　林　高维俭　陈　伟
　　　　姜　敏　卢有学

总 序

七十载辉煌征程，七十载峥嵘岁月。当时光的脚步踏入2019年，我们迎来了新中国成立七十周年的历史性时刻。在这个洋溢着喜庆的美好日子里，全新打造的《西南政法大学刑法学术文库》（以下简称《西政刑法文库》）由中国检察出版社隆重推出，这既是庆贺新中国七十华诞和致敬新中国光辉成就的献礼，更是西南政法大学刑法学科再出发的前进号角，我们将伴随着新中国永不停息的发展脚步，迈入新征程，迎接新挑战，实现新跨越。

西南政法大学刑法学科是全国最早获得硕士学位授权的刑法学科之一，是我国西部地区第一个刑法专业博士学位授权点，早在1995年就被确定为省部级重点学科。在近七十年的发展历程中，西政刑法学人辛勤耕耘、默默奉献，以赵念非教授、伍柳村教授、黄观效教授、邓又天教授、董鑫教授、高绍先教授、赵长青教授、陈忠林教授、李培泽教授、朱启昌教授、邱兴隆教授、张绍彦教授、梅传强教授等为代表的一大批知名学者为刑法学科的建设和发展做出了重要贡献。改革开放以来，邓又天教授、赵长青教授、陈忠林教授、梅传强教授和石经海教授先后担任学科带头人（负责人）。时至今日，刑法学科的专任教师已达 38 人，形成了具有良好学历、职称、年龄和学缘结构的教学科研团队；拥有重庆市首批人文社科重点研究基地"毒品犯罪与对策研究中心"，与最高人民法院、国家禁毒办合作共建了"国家毒品问题治理研究中心"，此外还有"有组织犯罪研究中心""量刑研究中心""特殊群体权利保护与犯罪预防研究中心""少年法学研究中心""金融刑法研究中心""外国与比较刑法研究中心"等研究基地。经过几代人的薪火相传和不懈努力，西南政法大学刑法学科已经成为具有雄厚学科基础和优良学术传统、在全国发挥重要影响并且具有一定国际知名度的省部级重点学科。

科学研究与人才培养是学科建设的两翼。西南政法大学刑法学科具有数量规模庞大、年龄结构合理、学历水平优化、学缘结构合理的学科团队，他们积极投身于教学科研第一线，近年来在科研项目立项、学术论文发表、科研成果获奖等方面成绩斐然，在科学研究方面取得了优异的成绩。此外，在大力加强科学研究的同时，西南政法大学刑法学科也着力于人才培养。自 2001 年获得博士学位授权点以来，本学科已培养了近百名博士，他们活跃在法学理论和司法实务的各个领域，他们所取得的成绩在一定意义上也是本学科所取得的成绩。为此，《西政刑法文库》将立足本学科，主要出版本学科教学科研人员的优秀著作；同时，也将选择本学科培养且已经毕业的部分博士的学位论文或其他优秀学术著作出版。为了发挥《西政刑法文库》的学术价值和社会效应，体现学术丛书的性质，将采取不定期常年出版的形式，对于拟出版的著作由编辑委员会审定同意后出版，每本著作连续编号，力争将其打造成为规模较大、质量上乘、影响广泛的学术精品。《西政刑法文库》将秉承思想交流与学术创新的基本宗旨，着力打造学术精品，展示西南政法大学刑法学人形象，献力中国刑法学术发展。

学术的生命在于争鸣，思想的火花源于碰撞。《西政刑法文库》的出版将呈现每一个作者对当下中国刑法理论与实践问题的关注和思考，为学术交流搭建一个有益的平台，用文字和思考为中国法治发展贡献自己的绵薄之力。我们期待《西政刑法文库》的出版发行能够为国内外同行了解和认识本学科提供一个窗口，也期待国内外同行能够以此为平台加强与本学科的沟通交流，国内外同行和广大读者的真知灼见将是我们进一步加强学科建设的重要力量。

将西南政法大学刑法学科发展好、建设好，是全体西政刑法学人的使命和追求。处在新时代的激流之中，在"双一流"建设的大背景下，本学科的发展也面临着诸多新的挑战，加强学科建设刻不容缓。值此《西南政法大学刑法学术文库》出版之际，诚挚欢迎学界同仁以及各界朋友一如既往地关心和支持西南政法大学刑法学科的发展建设，共同促进我国法治事业的健步前行。

《西南政法大学刑法学术文库》编辑委员会
2019 年 10 月

前　言

刑法中的罪刑关系是牵涉刑法总论与刑法分论的重大的理论问题，然而，"关于罪刑关系的直接研究，国外的理论著述近来极为罕见，而国内的著述只见有零星的论文与专著。罪刑关系牵涉的诸多问题或停留于初浅的讨论，或根本未进入研究视野，以致罪刑关系理论及相关理论尚显得极为苍白"。① 因此，如何加强刑法中罪刑关系的研究，不仅是刑法理论工作者面临的重大课题，也是司法实务工作者面临的重要任务。

本书以《刑法中罪刑关系新论》为书名，其目的在于对现有的刑法中罪刑关系有进一步深入的思考。虽然本书是以专题形式对罪刑关系问题进行探讨，但是就整体而言，本书在很多方面突破了现有的罪刑关系的研究框架，从而对我国现有的刑法理论研究具有不可多得的参考价值。本书分为两编，上编是对刑法总论问题的研究，下编是对刑法分论问题的研究。每编分为十四个专题，基本上涵盖了犯罪总论、刑罚总论与罪刑各论所涉及的罪刑关系方面问题的研究全貌。

---

① 马荣春：《罪刑关系论》，中国检察出版社2006年版，第1页。

本书上编第一个专题从我国与域外刑法总论的研究内容和体系入手，在对我国大陆地区、港澳特别行政区、台湾地区的刑法总论研究内容和体系进行介绍和述评的基础上，对于大陆法系、英美法系与苏联以及俄罗斯刑法总论的研究内容和体系做了简略介评，从而为我们在整体上了解我国与域外刑法总论的研究内容和体系提供全景式的概括和总结。

继此之后，第二个专题以比较法为视角对犯罪论体系的历史渊源、理论争鸣及其研究启示做了较为系统的梳理，进而为我们掌握犯罪论体系提供了大量的素材与解读启示。

为了加强对犯罪主观方面的研究，第三专题到第六专题专门针对人身危险性、主观恶性、间接故意犯罪的概念、情感因素在犯罪故意构造中的地位及运行机制等四个方面的问题进行全新的探索，尤其是对间接故意犯罪的概念、犯罪故意中的情感因素的研究可谓独树一帜，为其他刑法学者对这一领域的研究打下坚实的基础。

在第七专题中，本书从"洞穴奇案"谈起，主要梳理出自然法学派、功利主义以及正义论思想对本案的判决观点，从而提升出我们所秉持的程序功利主义的观点，进而对正义的救赎进行深刻的反思。

为了更进一步加强对犯罪停止形态的研究，该编第八、九两个专题分别对犯罪预备、犯罪未遂问题进行了卓有成效的探索，前者针对我国犯罪预备处罚原则存在的缺陷，提出了相应的立法建议，后者针对不能犯可罚与否之问题，提出了不能犯虽然未对这个世界造成现实的损害，但其所作所为毕竟展现了其对法益的敌视思想，保安处分这一非刑罚惩罚方式可以被加之于此类人之身，直到其被评估为未对这个世界有严重的法益侵害性。这一观点无疑具有一定的前瞻性。

为了加强对共同犯罪的研究，该编第十专题针对共同犯罪视野下教唆行为的定性问题，提倡教唆犯之从属性，从而提出了本书笔者自己的新观点。

在对犯罪总论问题进行研究的基础上，该编第十一专题到第十四专题分别就刑罚的本质、功能、目的的内涵及其逻辑关系，刑罚目的新界说，经验主义视域下的量刑基准问题，二律背反视域下的量刑规范化问题进行了颇为深入的研究。本书认为，刑罚之正当化根据既不同于刑罚的本质，也不同于刑罚的目的。必须将为了惩罚犯罪与为了没有犯罪二者相结合，才能更加理性地阐明刑罚存在的正当化根据。量刑的过程不应是刑罚的一次性量化，其需要法官全面考虑定罪事实与量刑情节事实后，依照公正的量刑原则，在衡量各个量刑情节所应有的调节比例后，才可以在法定刑幅度内给予行为人公正的刑罚。量刑基准的刑法内涵，不仅仅包含犯罪性质相同的个罪法定刑选择相同的第一层次，也包含犯罪性质相同、对于考量行为人犯罪行为客观危害与主观罪过程度大致相似的主要量刑情节相同的同类犯罪的基准刑选择相同或相似的第二层次，更包含获取罪刑相适应与罪刑均衡效果的公正、平等量刑原则。量刑规范化是指规范地量刑，而不是指"量刑规范"，应通过规范的指导以确定法官规范的量刑。

本书下编第一、二专题主要针对刑法分论中存在的罪名问题进行了卓有成效的探索。该编首先针对"两高"确立的刑法罪名存在的缺憾提出了自己的完善建议，紧接着针对我国新刑法规定的选择性罪名，对选择性罪名的概念和特征、认定选择性罪名应注意的问题以及我国新刑法中规定的选择性罪名及其立法完善等方面的问题进行了较为细致的研究。

针对危害国家安全罪在立法与司法上存在的缺憾，该编第三专题首先从分裂国家犯罪的立法沿革入手，对分裂国家犯罪的立法内容做了详细的研究，并针对分裂国家犯罪的立法内容存在的问题提出了完善方案。

第四专题在弄清间谍罪的司法误区之后，认为间谍罪是严重威胁国家安全的犯罪，但由于时代的快速发展，间谍行为与方式已然发生较大变化，刑法需要与时俱进，及时对新型间谍行为做出有效的回应。

为了加强对金融犯罪的研究，该编第五、六专题专门就金融诈骗犯罪与审计犯罪问题进行较为深入的研究。就金融诈骗问题，第五专题专门对金融诈骗犯罪的概念、金融诈骗犯罪的主观目的、金融诈骗犯罪的主体、互联网金融视域下的金融诈骗犯罪理念的变革等问题进行了较为细致的探讨。就审计犯罪问题，第六专题专门对审计犯罪的构成要件和特点以及审计犯罪的原因与预防等问题进行了较为系统的论述。

为了加强对侵犯知识产权犯罪的研究，该编第七专题至第九专题以商标权的本源意义为视角，对我国商标权的刑法保护问题做了具体的研究，以平衡理论视域下的权利侵犯原则为视角，对商标侵权的正义标准进行了较为明晰的界定，以商标侵权"混淆可能性"标准为视角，对假冒注册商标罪从实质解释的角度进行了颇为深入的研究。

为了更好地保护公民的人身权利，该编第十专题从立法建议的角度出发，建议我国刑法应当增设栽赃陷害罪，并对增设栽赃陷害罪的必要性、栽赃陷害罪的构成特征以及栽赃陷害罪与其他相类似犯罪的界限以及刑事责任问题进行了较为系统的研究。

此外，针对嫖宿幼女罪的存废问题，该编第十一专题从嫖宿幼女罪存废的立法沿革与争鸣背景入手，对嫖宿幼女罪的存废之理论聚讼、嫖宿幼女罪与奸淫幼女罪相互关系、嫖宿幼女罪废除论的重构方案、嫖宿幼女罪保留论的重构方案、重返嫖宿幼女罪罪体本身、保留嫖宿幼女罪的合理性等七个方面对其进行了较为系统的论述。本书认为，嫖宿幼女罪的保留并不存在废除论者所言的种种缺陷乃至人格歧视立场，坚持保留嫖宿幼女罪主要具有五大优势，这可以作为保留嫖宿幼女罪强有力的支撑理由。

针对司法实践中存在的毒品犯罪问题，该编第十二、十三专题专门对刑法中规定的走私毒品罪与运输毒品罪的概念、构成要件以及司法认定等方面的问题进行了较为系统的研究。

针对贪污受贿犯罪的定罪量刑问题，该编第十四专题认为"严而不厉"应当被作为贪污受贿犯罪定罪量刑的基本刑事政策，其与"零容忍"刑事政策的贯彻并行不悖，前者作为贪污受贿犯罪刑事立法的指导思想，后者作为贪污受贿犯罪刑事实践的指导思想，二者的理性互动必将助益于贪污受贿犯罪定罪量刑标准的不断进步与升华。

不过，需要说明的是，由于刑法理论研究的日新月异，本书在很多问题的研究上难免存在这样或者那样的缺陷，希望刑法学界的前辈、同辈和后辈们予以匡正。倘若能够得到你们的指点和批评，我们定会欣然接受，以便在今后的研究工作中做出更多的贡献。

最后，需要再次说明的是，本书在写作的过程中，参阅了刑法学界诸多专家和学者的研究成果，在此一并表示衷心的感谢！

李永升
2019年3月于西南政法大学

目录 CONTENTS

上编　刑法总论问题研究

专题一　我国与域外刑法总论的研究内容和体系述评 ………… 3
　一、我国大陆地区刑法总论的研究内容和体系 ……………… 3
　二、我国台湾地区、港澳特别行政区刑法总论的研究内容
　　　和体系 ……………………………………………………… 12
　三、外国刑法总论的研究内容和体系 ………………………… 15

专题二　比较法视域下的犯罪论体系争鸣及其启示 …………… 21
　一、问题的缘起 ………………………………………………… 21
　二、犯罪论体系本体论的重新解读 …………………………… 22
　三、犯罪论体系的反思性介析 ………………………………… 24
　四、传统犯罪构成理论的批判与反批判 ……………………… 27
　五、结论 ………………………………………………………… 33

专题三　刑罚可罚视域下人身危险性研究 ……………………… 35
　一、问题的缘起 ………………………………………………… 35

二、人身危险性概念的生成机制 ………………………………… 36

三、刑罚可罚根据的一般原理 …………………………………… 38

四、刑罚可罚根据的"天生敌人" ……………………………… 41

五、犯罪预防措施的"天生爱人" ……………………………… 44

六、结论 …………………………………………………………… 47

专题四 主观恶性新界说 ……………………………………… 48

一、问题的缘起 …………………………………………………… 48

二、刑事责任、人格无法承载贯通犯罪与刑罚的桥梁功能 …… 48

三、主观恶性概念解析 …………………………………………… 50

四、主观恶性与相关概念关系解析 ……………………………… 51

五、主观恶性在刑法学中的功能解析 …………………………… 54

六、结论 …………………………………………………………… 57

专题五 间接故意犯罪的概念新探 …………………………… 58

一、间接故意犯罪概念之现状 …………………………………… 58

二、间接故意犯罪概念之我见 …………………………………… 64

三、间接故意犯罪概念别称之辨析 ……………………………… 71

专题六 情感因素在犯罪故意构造中的地位及运行机制 …… 76

一、情感因素的多学科考察 ……………………………………… 77

二、犯罪故意构造的理论 ………………………………………… 90

三、情感因素在犯罪故意构造中的地位 ………………………… 97

四、情感因素在犯罪故意构造中的运行机制 …………………… 100

五、情感因素纳入犯罪故意构造的评析 ………………………… 105

专题七　正义的救赎反思
　　——从"洞穴奇案"谈起 ········· 107
　一、问题的缘起 ········· 108
　二、"洞穴奇案"的正义梳理 ········· 109
　三、洞穴奇案中"沉默"的反思 ········· 114
　四、结论 ········· 116

专题八　我国犯罪预备处罚原则的缺陷及立法建议 ········· 118
　一、刑法理论的缺陷 ········· 118
　二、刑事立法的缺陷 ········· 125
　三、刑事司法的缺陷 ········· 130
　四、立法建言 ········· 131

专题九　不能犯可罚与否之问题的历史终结 ········· 133
　一、问题的缘起 ········· 133
　二、从概念界定到刑事立法介评 ········· 134
　三、不能犯可罚与否之问题的理论聚讼 ········· 137
　四、主客观相统一原则视域下的法益侵害原则 ········· 143
　五、结论 ········· 148

专题十　共同犯罪视野下教唆行为之定性
　　——兼谈教唆犯从属性之提倡 ········· 149
　一、共同犯罪语境下教唆行为之界定 ········· 149
　二、教唆行为性质学说之概述 ········· 150
　三、教唆行为之本质属性 ········· 151
　四、教唆犯从属性说之提倡 ········· 156

五、结语 …………………………………………………… 158

专题十一　刑罚的本质、功能、目的的内涵及其逻辑关系 …… 160
　　一、刑罚的本质 …………………………………………… 161
　　二、刑罚的功能 …………………………………………… 164
　　三、刑罚的目的 …………………………………………… 166
　　四、刑罚本质、功能与目的之间的逻辑关系 …………… 168
　　五、结语 …………………………………………………… 173

专题十二　刑罚目的新界说 …………………………………… 175
　　一、问题的缘起 …………………………………………… 175
　　二、刑罚目的概念界定 …………………………………… 176
　　三、现代刑罚目的理论的整体概析 ……………………… 176
　　四、刑罚目的的中国解析 ………………………………… 182
　　五、现代刑罚目的理论新界说 …………………………… 188

专题十三　经验主义视域下的量刑基准研究 ………………… 193
　　一、问题的缘起 …………………………………………… 193
　　二、量刑基准因何而生 …………………………………… 194
　　三、量刑基准的刑法内涵界定 …………………………… 196
　　四、量刑基准的经验确定 ………………………………… 199
　　五、科学量刑基准的刑事审判运用解析 ………………… 204
　　六、结论 …………………………………………………… 205

专题十四　二律背反视域下量刑规范化研究 ………………… 207
　　一、量刑规范化的概念解读 ……………………………… 208

二、三类量刑规范化的背反前提解读 …………………………… 210

三、三类量刑规范化的超幻因素分析 …………………………… 214

四、量刑规范化的真谛：合理量刑 ……………………………… 217

五、结论 ………………………………………………………………… 221

下编　刑法分论问题研究

专题一　关于"两高"确立的刑法罪名再探讨 …………… 225

一、"两高"对刑法立法所作罪名解释中存在的缺憾 ………… 226

二、关于"两高"对刑法立法罪名所作解释的完善意见 ……… 230

专题二　我国刑法规定的选择性罪名研究 …………………… 236

一、选择性罪名的概念和特征 …………………………………… 236

二、认定选择性罪名应注意的问题 ……………………………… 240

三、我国刑法中规定的选择性罪名及其立法完善 ……………… 242

专题三　关于完善分裂国家犯罪的立法研究 ………………… 249

一、关于分裂国家犯罪的立法沿革 ……………………………… 249

二、关于分裂国家犯罪的立法现状 ……………………………… 259

三、关于分裂国家犯罪的立法完善 ……………………………… 268

专题四　间谍罪的司法误区及立法完善 ……………………… 281

一、问题的缘起 …………………………………………………… 281

二、间谍罪构成要件解读 ………………………………………… 282

三、间谍罪的立法缺陷与要件重置 ……………………………… 286

四、余论 …………………………………………………………… 290

专题五　金融诈骗罪若干争议问题解析 ……………………… 291

一、金融诈骗罪概念界析 ……………………………………… 291

二、金融诈骗罪在主观要件上是否皆需要"以非法占有为目的" …………………………………………………… 295

三、金融诈骗罪犯罪主体是否皆可以由单位构成 …………… 298

四、互联网金融视域下金融诈骗罪理念变革探析 …………… 300

专题六　审计犯罪及其预防探析 ……………………………… 303

一、问题的缘起 ………………………………………………… 303

二、审计犯罪的犯罪构成探析 ………………………………… 303

三、审计犯罪的特征探析 ……………………………………… 305

四、审计犯罪的原因探析 ……………………………………… 307

五、审计犯罪的预防措施探析 ………………………………… 308

专题七　中国商标权的刑法保护
——以商标权的本源意义为视角 ……………………… 311

一、商标权刑法保护存在的问题 ……………………………… 311

二、商标的核心特征考察 ……………………………………… 312

三、商标权刑法保护的中国范式考察 ………………………… 313

四、重塑保护商标所有权的理念 ……………………………… 314

五、商标犯罪核心要素辨析 …………………………………… 315

六、结论 ………………………………………………………… 318

专题八　商标侵权的正义标准界定
——平衡理论视域下的权利侵犯原则 ………………… 319

一、问题的缘起 ………………………………………………… 319

二、商标权的多维界说 ……………………………………… 320
　　三、商标侵权界定标准的学理聚讼 ………………………… 325
　　四、商标侵权的正义标准界定 ……………………………… 331
　　五、结论 ……………………………………………………… 332

专题九　实质解释视域下的假冒注册商标罪研究
　　　　　——以商标侵权"混淆可能性"标准为视角 ……… 333
　　一、问题的缘起 ……………………………………………… 333
　　二、假冒注册商标罪的犯罪构成 …………………………… 334
　　三、实质解释视域下的假冒注册商标罪的法益厘定 ……… 338
　　四、"混淆可能性"视域下的假冒注册商标罪 …………… 341
　　五、假冒注册商标行为的罪与非罪的界限剖析 …………… 344
　　六、结语 ……………………………………………………… 347

专题十　我国刑法应当增设栽赃陷害罪 ……………………… 348
　　一、增设栽赃陷害罪的必要性 ……………………………… 348
　　二、栽赃陷害罪的概念与构成特征 ………………………… 351
　　三、栽赃陷害罪与相关犯罪的界限 ………………………… 358
　　四、栽赃陷害罪的刑事责任 ………………………………… 365

专题十一　嫖宿幼女罪存废争鸣的反思与启示 ……………… 366
　　一、嫖宿幼女罪存废的立法沿革与争鸣背景 ……………… 366
　　二、嫖宿幼女罪的存废之理论聚讼 ………………………… 369
　　三、嫖宿幼女罪与奸淫幼女罪相互关系的合理解释 ……… 374
　　四、嫖宿幼女罪废除论的重构方案述评 …………………… 377
　　五、嫖宿幼女罪保留论的重构方案述评 …………………… 379

六、重返嫖宿幼女罪罪体本身 383
　　七、保留嫖宿幼女罪的合理性 387
　　八、结论 394

专题十二　关于走私毒品罪若干问题研究 396
　　一、走私毒品罪的概念 396
　　二、走私毒品罪的构成特征 397
　　三、走私毒品罪的司法认定 401
　　四、走私毒品罪的刑事责任 405

专题十三　关于运输毒品罪若干问题研究 406
　　一、运输毒品罪的立法沿革 406
　　二、运输毒品罪的概念和构成特征 413
　　三、运输毒品罪的司法认定 418

专题十四　贪污受贿犯罪定罪量刑理性论 426
　　一、问题的缘起 426
　　二、贪污受贿犯罪犯罪成立条件的理性重构 427
　　三、贪污受贿犯罪圈的理性抉择 431
　　四、"零容忍"与定罪量刑情节的理性互动 434
　　五、结论 438

后　记 439

上编

刑法总论问题研究

专题一
我国与域外刑法总论的研究内容和体系述评

一、我国大陆地区刑法总论的研究内容和体系

（一）1997 年《刑法》颁行以前的研究内容和体系

在我国 1997 年《刑法》颁行以前，刑法总论的研究内容和体系基本上是依照 1979 年刑法总则规定的内容进行编写的。这一时期的研究内容和体系主要以高铭暄教授主编的《刑法学》为蓝本，将整个刑法总论分为刑法绪论、犯罪总论和刑罚总论三大板块，其中具代表性的教材和专著有以下几个：

一是高铭暄教授主编的高等学校法学试用教材《刑法学》一书的研究内容和体系。① 该教材将刑法总论的研究内容分为三编。第一编为绪论，共五章，除刑法学概述一章外，其余各章分别论述了刑法的一些根本性、概括性的问题，包括刑法的阶级本质和任务、刑法的指导思想和基本原则、刑法的体系和解释以及刑法的适用范围。第二编为犯罪总论，共十章，依次论述了犯罪概念、犯罪原因、犯罪构成、犯罪客体、犯罪客观方面、犯罪主体、犯罪主观方面、排除社会危害性的行为、故意犯罪的阶段以及共同犯罪等有

---

① 高铭暄主编：《刑法学》，法律出版社 1982 年版。

关犯罪的普遍性问题。第三编为刑罚总论,共七章,论述的是有关刑罚的一些普遍性问题,包括刑罚的概念和目的、刑罚的体系和种类、量刑、数罪并罚、缓刑、减刑、假释、时效和赦免等。由于该教材是我国1979年刑法颁行以后编写的第一部全国统编教材,因此其研究内容和体系为我国此后教材的编写奠定了重要的基础、树立了突出的典范,其开创的刑法总论的内容和体系为我国以后的刑法总论教材的编写提供了不可多得的蓝本,因而具有奠基性、开拓性和首创性三个方面的特点。

二是杨春洗教授等人编写的《刑法总论》的研究内容和体系。[①] 该教材将刑法总论分为四篇。第一篇为绪论,其内容依次为刑法学的研究对象和方法、刑法的性质和任务、我国刑法的指导思想和基本原则、我国刑法立法的发展、我国刑法的适用范围、刑法的结构、刑法的解释和类推。第二篇为犯罪论,其内容依次为犯罪的本质及其产生的根源,犯罪构成的概念及其要件,犯罪客体,犯罪的客观要件,犯罪主体,犯罪的主观要件,正当防卫和紧急避险,犯罪的预备、未遂和中止,共同犯罪。第三篇为刑罚论,依次为刑罚的概念和目的、我国刑罚的体系和种类、量刑、数罪并罚、缓刑、减刑和假释、时效和赦免等。第四篇是外国刑法的几个理论问题,依次为保安处分、罪刑法定主义原则、罪刑法定主义原则的派生原则、近代刑法理论中的两大流派,以及国外法理论发展中的世界性趋向。由于此教材在我国刑法颁行后属于首部研究刑法总论的教材,因此其对刑法总论内容的划分及其研究都具有先驱性的意义,尤其是该书第四篇对外国刑法理论的研究更是开辟了刑法总论研究内容的先河,为法学本科生学习外国刑法理论提供了不可多得的素材。

三是邓又天教授主编的《中国刑法总论》一书的研究内容和体系。[②] 该教材在参阅高等学校法学教材《刑法学》、部分兄弟院系的刑法教材和有关刑法论著的基础上,亦将中国刑法总论的研究内容分为三大部分。第一部分为刑法绪论,主要有四章,依次为我国刑法的概念和任务、我国刑法的指导思想和基本原则、我国刑法的体系和解释、我国刑法的效力范围。第二部分为犯罪总论,主要有十章,依次为犯罪的概念、犯罪构成概述、犯罪客体、犯罪的客观要件、犯罪主体、犯罪的主观要件、排除社会危害性的行为、直

---

① 杨春洗主编:《刑法总论》,北京大学出版社1981年版。
② 邓又天主编:《中国刑法总论》,四川人民出版社1990年版。

接故意犯罪的形态、共同犯罪以及一罪与数罪。第三部分为刑罚总论，主要有六章，依次为我国刑罚的概念和目的、我国刑罚的体系和种类、量刑、量刑制度、行刑制度、时效和赦免。该教材在研究内容上的创新主要表现为在犯罪总论部分将犯罪的停止形态首次明确为"直接故意犯罪的形态"，在刑罚总论部分将量刑和量刑制度分为两章，并首次在刑罚总论中使用行刑制度，所有这些都是本书的亮点和创新之处。

四是赵廷光教授主编的《中国刑法原理（总论卷）》一书的研究内容和体系。[1] 该教材总论卷由导论和刑法论、犯罪构成论、犯罪形态论、刑罚论四编组成。本卷的导论是该书的概述部分，阐明我国刑法学的概念、特点、研究方法和体系。第一编为刑法论，共有六章，分别论述我国刑法的性质、任务和机能，刑法的制定依据和基本原则，刑法的体系和解释，刑法规范和刑法条文，刑事法律关系以及刑法的适用范围等。第二编为犯罪构成论，共有十章，分别研究犯罪概念、犯罪构成、犯罪客体、犯罪客观方面、犯罪主体、犯罪主观方面、概括性定罪情节和刑法上的因果关系、定罪、刑事责任以及不负刑事犯罪责任的行为。第三编为犯罪形态论，共三章，重点阐明犯罪形态的概念、犯罪活动过程中的结局形态、共同犯罪形态和一罪与数罪形态。第四编为刑罚论，共有九章，分别论述刑罚概说、主刑、附加刑、非刑罚的处理方法、量刑的原则、量刑制度、数罪并罚、行刑制度和免刑制度。此教材的理论体系是在我国高等学校法学试用教材《刑法学》和高等学校文科教材《中国刑法学》的基础上形成的。它虽然没有完全脱离这两本刑法教科书的理论框架，但是却又反映了近十年来我国刑法理论研究的发展状况，增加了一些编、章、节和具体内容，对传统的刑法理论体系作了某些调整和突破，具有自己一定的特色。

五是何秉松教授主编的《刑法教科书》的研究内容和体系。[2] 该教材没有对刑法总论的内容进行板块上的划分，只是笼统地将刑法总论分为二十三章。其内容依次为刑法学概述，刑法的性质与任务，刑法的指导思想和基本原则，刑法的体系和解释，刑法的效力，犯罪概论，犯罪构成概论，犯罪客体，犯罪客观方面，犯罪主体，犯罪主观方面，法人犯罪的犯罪构成，排除社会危害性的行为，犯罪构成过程的特殊形态，共同犯罪——犯罪构成结构的

---

[1] 赵廷光主编：《中国刑法原理（总论卷）》，武汉大学出版社1992年版。
[2] 何秉松主编：《刑法教科书》，中国法制出版社1993年版。

特殊形态，定罪论，刑事责任，刑罚概论，刑罚的体系和种类，量刑，缓刑，减刑，假释，时效，赦免。此教材在刑法总论的研究内容中除增加法人犯罪的犯罪构成、定罪论和刑事责任三章之外，还在犯罪构成理论上采取了系统论的研究方法，并提出了犯罪构成过程的特殊形态、共同犯罪—犯罪构成结构的特殊形态等新的提法，所有以上这些内容都是此教材的亮点和创新之处。尤其是此教材在犯罪构成理论上首次采用系统论的研究方法，这使此教材在全国的同类教科书中首屈一指，成为刑法学总论研究中的一大瑰宝，也使其与其他教材的内容相比，更加独树一帜。

六是苏惠渔教授主编的高等政法院校规划教材《刑法学》的研究内容和体系。① 该教材总论部分大体分为三个方面的内容：一是有关刑法本身的理论。具体包括刑法学概述，刑法的概念、性质与任务，刑法的指导思想、制定根据与基本原则，刑法的体系和解释，刑法的效力范围等方面的内容。二是有关定罪的理论。具体包括犯罪概述，犯罪构成，犯罪客体，犯罪客观要件，犯罪主体，犯罪主观要件，排除社会危害性行为，故意犯罪的形态，共同犯罪，定罪等方面的内容。三是有关刑事责任及其实现方式（主要是刑罚）的理论。具体包括刑事责任，刑罚概述，刑罚的体系和种类，量刑，刑罚的执行与消灭等方面的内容。此教材在前述教材的基础上，以定罪量刑为主线，在犯罪总论部分增加了有关法人犯罪、定罪等内容，在刑事责任总论部分增加了刑事责任一章，从而使我国刑法总论的研究内容更为充实，体系更为科学。

七是王作富教授撰写的《中国刑法研究》一著的研究内容和体系。② 该著将刑法总论的研究内容分为三编。第一编为绪论，共三章，包括：刑法的概念和任务，刑法的指导思想和基本原则，刑法的适用范围。第二编为犯罪总论，共十章，依次论述了犯罪概念、犯罪构成、犯罪客体、犯罪的客观要件、犯罪主体、犯罪的主观要件、正当防卫和紧急避险、故意犯罪过程中的犯罪形态、共同犯罪、一罪与数罪等有关犯罪论体系的普遍性问题。第三编为刑罚总论，共六章，论述的是有关刑罚方面的一些普遍性问题，包括：刑罚的概念和目的、刑罚的体系和种类，量刑，数罪并罚，减刑和假释，时效等。由于该著是我国1979年刑法颁行以后编写的第一部刑法学个人专著，

---

① 苏惠渔主编：《刑法学》，中国政法大学出版社1994年版。
② 参见王作富：《中国刑法研究》，中国人民大学出版社1988年版。

因此其研究内容和体系对我国此后一些专著型教材的撰写奠定了重要的基础、树立了突出的典范。该著在研究内容上的创新点主要表现为在犯罪总论部分将"犯罪客观方面"与"犯罪主观方面"分别改为"犯罪的客观要件"与"犯罪的主观要件",将犯罪的停止形态首次明确为"故意犯罪过程中的形态",并将"一罪与数罪"从其他章节中独立出来作为一章,所有这些都是该书的亮点和创新,其开创的刑法总论的内容和体系为我国以后的刑法总论专著型教材的编写提供了不可多得的蓝本,因而亦具有奠基性、开拓性和创新性等三个方面的特点。

八是高铭暄教授主编的《新中国刑法学研究综述（1949—1985）》一著的研究内容和体系。[①] 该著除了序言：新中国刑法学研究概论之外,将刑法总论的研究内容分为三编。第一编为刑法学绪论,其内容依次为我国刑法的指导思想,犯罪与两类矛盾问题,我国刑法的基本原则,我国刑法的溯及力问题等四个专题。第二编为犯罪总论,其内容依次为我国刑法中的犯罪概念,罪与非罪的界限,我国刑法中的犯罪构成,我国刑法中的法律类推,犯罪客体中的问题,犯罪行为和犯罪结果问题,刑法学中的因果关系问题,法人能否成为我国刑法中的犯罪主体,未成年人犯罪方面的问题,醉酒人实施危害行为应否负刑事责任,我国刑法中的犯罪故意,故意犯罪中的犯罪目的和犯罪动机问题,排除社会危害性行为的性质、特征和形式,正当防卫问题,故意犯罪过程中的犯罪形态,共同犯罪中的问题,一罪与数罪问题等十七个专题。第三编为刑罚总论,其内容依次为我国刑罚的目的问题,我国刑罚种类中的问题,定罪量刑与形势的关系,我国刑法中的累犯制度,我国刑法中的自首制度,我国刑法中的数罪并罚原则等六个专题。由于该著是我国1979年刑法颁行以后编写的第一部刑法学研究资料方面的综述性著作,因此它不仅为后来的刑法学研究综述方面的著作提供了不可多得的蓝本,也为其他部门法的研究性综述论著的写作提供了重要的参考。该著在研究内容上的创新主要表现在该著不是以一般教材的写作体例为依据,而是根据刑法总论所涉及的三编的主要内容进行展开,着重介绍了各个不同专题在研究内容方面不同作者的不同观点,因而为其他刑法学者研究刑法总论方面的问题提供了不可多得的研究资料。

---

① 参见高铭暄主编：《新中国刑法学研究综述（1949—1985）》,河南人民出版社1986年版。

(二) 1997年《刑法》颁行以后的研究内容和体系

在我国1997年《刑法》颁行以后,刑法总论的研究内容和体系基本上是依照1997年刑法总则规定的内容进行编写的。由于1997年《刑法》对1979年刑法总则的内容进行了一些修改和完善,因此其研究的内容和体系也有一些新的变化。其中最具代表性的教材有以下几个:

一是高铭暄、马克昌教授主编的《刑法学》(上编)的研究内容和体系。① 该教材继承了《刑法学》《刑法总论》和《中国刑法学》的研究内容和体系,将刑法学总论的研究内容依次排列为刑法概说、刑法的基本原则、刑法的效力范围、犯罪概述、犯罪构成、犯罪客体、犯罪客观方面、犯罪主体、犯罪主观方面、排除犯罪性的行为、故意犯罪的停止形态、共同犯罪、一罪与数罪、定罪、刑事责任、刑罚概说、刑罚的体系和种类、刑罚裁量、刑罚裁量制度、刑罚执行和刑罚消灭。此教材将刑法总论的研究内容分为二十一章,除了删除1979年《刑法》中刑法的指导思想、类推等内容外,其他内容基本上没有大的变动。但是,在某些具体研究的内容上此书有一定的突破,比如纳入了刑法的基本原则、单位犯罪、无限防卫等一些在新刑法中增加的内容,这是该教材与前述教材的不同之处。

二是赵秉志教授主编的《当代刑法学》一书的研究内容和体系。② 该教材将刑法总论的内容分为二十三章,依次为刑法学概述、刑法概述、刑法的基本原则、刑法立法、刑法解释和刑法典中的术语、刑法的效力范围、犯罪概念和犯罪构成、犯罪主体、犯罪主观方面、犯罪客观方面、犯罪客体、故意犯罪的停止形态、共同犯罪、罪数、正当行为、定罪、刑事责任、刑罚概说、刑罚的体系和种类、刑罚裁量概述、刑罚裁量制度、刑罚执行制度和刑罚消灭制度。此教材除在刑法绪论中增加了刑法立法和刑法典中的术语等内容,将犯罪构成要件的顺序作了调整外,其他内容基本上没有大的变动。但即便如此,此教材对犯罪构成排序的变化,反映了该教材对传统犯罪构成排序的挑战,将传统的犯罪构成由犯罪结局的认定变为犯罪心理的生成,这是此教材对刑法理论的一大贡献。

三是张明楷教授所著的《刑法学》(上)一书的研究内容和体系。③ 该

---

① 高铭暄、马克昌主编:《刑法学》(上编),中国法制出版社1999年版。
② 赵秉志主编:《当代刑法学》,中国政法大学出版社2009年版。
③ 张明楷:《刑法学》(上),法律出版社1997年版。

教材总论采取了刑法论—犯罪论—刑事责任论的体系，刑罚的内容均归入刑事责任论的内容。刑法论研究刑法本身，即研究刑法的概念、性质、地位、目的、原则与效力等问题，不涉及刑法关于犯罪与刑事责任的规定。犯罪论研究犯罪概念、犯罪构成、排除犯罪性的事由、故意犯罪形态、共同犯罪、罪数与定罪问题。刑事责任论研究刑事责任的概念、根据以及各种具体的实现方式，其中主要研究刑罚的目的、功能、体系种类及其适用。此教材在刑法总论的研究体系上所采取的研究模式与传统的研究模式相比具有一定的创新性，理顺了刑法总论的研究内容和基本思路，具有自己一定的特色。

四是刘艳红教授主编的《刑法学总论》一书的研究内容和体系。[①] 该教材将刑法总论分为三编。第一编为刑法论，具体内容包括刑法概说、刑法基本原则、刑法适用范围三章。第二编为犯罪论，具体内容包括犯罪概述、犯罪构成、危害行为、行为主体、主观罪过、正当化事由、故意犯罪形态、共同犯罪、罪数九章。第三编为刑事责任论，具体内容包括刑事责任、刑罚概论、刑罚的体系和种类、刑罚裁量、刑罚的执行、刑罚消灭六章。此教材第一编和第三编在研究内容方面与其他教材没有大的区别，其特色主要表现在犯罪构成部分，即将犯罪构成的要件分为危害行为、行为主体和主观罪过三个方面，不仅改变了传统的犯罪构成四要件的理论体系，而且避免了传统犯罪构成要件循环论证的缺陷。

五是陈忠林教授主编的全国高等学校法学专业基础系列教材《刑法总论》一书的研究内容和体系。[②] 该教材将刑法总论的内容分为二十章，依次为刑法规范概述、刑法的基本原则、刑法的效力范围、犯罪概念、犯罪构成、犯罪客体、犯罪客观要件、犯罪主体要件、犯罪主观要件、排除犯罪性的行为、故意犯罪的结束形态、共同犯罪、罪数形态、定罪、刑事责任概说、刑罚概说、刑罚体系、量刑、刑罚执行、时效与赦免。此教材在研究体系上虽然与一般教材没有太大的区别，但是在具体研究内容方面有很多创新之处，例如在犯罪构成理论、犯罪形态、犯罪的法律后果等内容的描述上均反映了自己的独到见解，可谓匠心独运。

六是李晓明教授主编的《中国刑法基本原理》一书的研究内容和体

---

① 刘艳红主编：《刑法学总论》，北京大学出版社2004年版。
② 陈忠林主编：《刑法总论》，高等教育出版社2007年版。

系。① 此教材将刑法总论分为四编。第一编为刑法绪论，共六章，依次为刑法概述、刑法制定、刑法规范、刑法基本原则、刑法体系、刑法效力。第二编为犯罪成立及其认定，共九章，依次为犯罪概述、犯罪成立、犯罪客观要件、犯罪主体要件、犯罪主观要件、正当化事由、犯罪形态（1）：未完成罪、犯罪形态（2）：共同犯罪、犯罪形态（3）：单复数罪。第三编为刑事责任及其实现，共七章，依次为刑事责任概述、刑事责任的承担方式（1）：刑罚、刑事责任的承担方式（2）：非刑罚处罚、刑事责任的承担方式（3）：有罪宣告、刑事责任的裁量、刑事责任的实现、刑事责任的消灭。第四编为刑法适用，共七章，依次为刑法适用概述、罪之适用、刑之适用、刑法解释适用、刑事判例适用、国际刑法的适用、我国区际互涉刑事案件的刑法适用。此教材的特点主要表现在以下三个方面：第一，学科体系的新颖性。该教材一改单一解释刑法学的传统体系，坚持理论刑法学与解释刑法学并重的原则，在吸收近些年刑法学最新研究成果的基础上，构架了包括刑法学导言、刑法绪论、犯罪成立及其认定、刑事责任及其实现、刑法适用四编二十九章的全新内容体系，尤其增加了刑法学基本原理、罪之适用、刑之适用、刑法解释、刑事判例、国际刑法适用和区际刑法适用等新内容。第二，理论上的科学性。突出确立了"罪责关系"的刑法学主线，增添了刑法适用一编的新内容，在犯罪构成理论上采用的是"新三要件说"，即罪行、犯罪主体、罪过，将传统的刑罚理论归并入刑事责任论中，使整个刑法学的理论体系更趋合理与完善。第三，内容上的实用性。在罪刑适用的内容上，加大了罪名认定的力度，并将目前有效的法律解释（包括立法解释和司法解释）全部吸收到书稿中，在构建罪刑适用理论体系的基础上，尤其突出了其实用性和可操作性。

七是周光权教授主编的《刑法总论》一书的研究内容和体系。② 该教材将刑法总论分为三大板块。第一编为导论，具体包括刑法学基本范畴、刑法理论对立、刑法基本原则、刑法适用范围四章。第二编为犯罪论，具体包括犯罪成立要件：概说、犯罪客观要件、犯罪主观要件、犯罪阻却事由、犯罪特殊形态Ⅰ：未完成形态、犯罪特殊形态Ⅱ：正犯与共犯、犯罪特殊形态Ⅲ：犯罪竞合七章。第三编为刑罚论，具体包括刑罚的根据、刑罚的种类、

---

① 李晓明主编：《中国刑法基本原理》，法律出版社 2005 年版。
② 周光权主编：《刑法总论》，中国人民大学出版社 2007 年版。

刑罚的裁量、刑罚的执行、刑罚的消灭五章。此教材在研究内容和体系上均给人耳目一新的感觉，尤其是在犯罪论部分将犯罪构成要件分为犯罪客观要件、犯罪主观要件、犯罪阻却事由三大要件，这种研究方法既吸收了大陆法系犯罪论体系的研究方式，同时又有自己本身的研究特色，因而具有创新性。

八是陈兴良教授主编的《刑法学》一书的研究内容和体系。① 该教材将刑法总论分为十三章，依次为刑法的基础、犯罪论体系、该当性、违法性、有责性、未完成罪、共同犯罪、单位犯罪、罪数形态、刑罚概说、刑罚裁量、刑罚执行和刑罚消灭。此教材在犯罪论体系上一改传统构成要件之面目，采取大陆法系国家的犯罪成立三阶层的理论体系，即构成要件该当性、违法性、有责性，这在我国大陆地区的刑法学教材中尚属第一次，这也是此书的一大特色。

九是曲新久教授撰写的《刑法学》一书的内容和体系。② 该教材将刑法总论分为十六章，依次为刑法序说、刑法的基本原则、刑法的适用范围、犯罪概述、客观罪行、主观罪责、正当化事由、未完成罪、共同犯罪、罪数、刑事责任、刑罚概说、刑罚的体系与种类、刑罚的裁量、刑罚执行、刑罚消灭。此教材的研究体系仍然可以分为刑法论、犯罪论、刑事责任论三大板块，只是此教材在犯罪论这一板块在吸收大陆法系犯罪成立理论的基础上，对其内容进行了较大改造，从而使此教材在犯罪论体系上具有自身的特色。

十是赵秉志教授主编的法学研究生精品教材《刑法总则要论》一书的研究内容和体系。③ 该教材将刑法总则内容分为四编二十九章。第一编刑法通论问题共有八章，依次为宽严相济刑事政策及其贯彻、刑法改革与人权保障、刑法中主客观相统一原则、刑法解释的基本立场与基本原则、刑法立法解释研究、外国人犯罪的刑事责任问题、网络空间中的刑事管辖权研究、外国刑事判决在我国的效力。第二编犯罪与刑事责任问题共有八章，依次为犯罪构成理论的发展历程与未来走向、犯罪构成要件的逻辑顺序问题研究、未成年人犯罪的刑法处遇问题、单位犯罪刑事责任实现的困境及出路、犯罪故意研究、犯罪过失研究、不作为犯的因果关系研究、刑事责任问题研究。第

---

① 陈兴良主编：《刑法学》，复旦大学出版社2009年版。
② 曲新久：《刑法学》，中国政法大学出版社2012年版。
③ 赵秉志主编：《刑法总则要论》，中国法制出版社2010年版。

三编犯罪形态问题共五章，依次为加重犯研究、危险犯研究、数额犯研究、不能犯与不能犯未遂研究、共犯与与身份问题研究。第四编刑罚总论问题共八章，依次为刑罚功能问题研究、人身危险性问题研究、中国现阶段死刑制度改革的难点及对策、被害人过错影响定罪量刑的根据、累犯制度研究、自首制度的类型及其内涵研究、缓刑制度研究、刑罚消灭制度研究。此教材在研究体系上突破了传统的刑法总论三大板块的研究模式，将其分为四个板块，并且在此基础上，突破了传统的研究方式，将刑法总则的理论专题化，从而使此教材真正成为法学研究生的精品教材。

十一是王作富教授主编的新编21世纪法学系列教材《刑法》的研究内容和体系。[①] 该教材继承了《刑法学》《当代刑法学》《刑法总论》等教材的研究内容和体系，在研究框架方面与前述教材没有太大的区别。此教材的刑法总论除了绪言之外，其研究内容依次排列为刑法概述、刑法的基本原则、刑法的效力范围、犯罪与犯罪构成、犯罪客体、犯罪客观方面、犯罪主体、犯罪主观方面、排除社会危害性的行为、犯罪停止形态、共同犯罪、罪数形态、刑事责任、刑罚概说、刑罚的体系和种类、刑罚裁量、刑罚裁量制度、刑罚执行制度和刑罚消灭制度。此教材将刑法总论的研究内容分为十九章，从其研究的框架来看，除了将犯罪概念与犯罪构成两章合并为一章，并冠之以"犯罪与犯罪构成"之外，其他章节的名称与其他教材没有实质性区别。但是此教材在写作内容上除了将刑法规定的刑法基本原则、单位犯罪等一些最新的内容纳入了教材所写的内容之外，还在共同犯罪一章中增加"共同犯罪与身份"一节，在刑罚裁量一章中增加"刑罚裁量与宽严相济的刑事政策"一节，这些都是该教材有别于前述教材的不同之处，也是该教材的创新之处。

二、我国台湾地区、港澳特别行政区刑法总论的研究内容和体系

（一）我国台湾地区刑法总论的研究内容和体系

随着大陆与我国台湾地区交流的日益频繁，刑法学的学术交流呈现出日新月异的景象，我国台湾地区在大陆出版的刑法学著作也日渐增多。这里仅就几部代表性著作做一介绍。

---

① 参见王作富主编：《刑法》（第六版），中国人民大学出版社2016年版。

一是刘清波教授所著《刑法概论》一书的研究内容和体系。① 此教材将刑法总论部分分为四编。第一编绪论，共七章，依次为刑法之意义、刑法之沿革、刑法学与刑事学、刑法之基本观念、刑法之效力、刑法之用语、总则与特别刑法之关系。第二编为犯罪论，共七章，依次为犯罪之意义，犯罪之种类、要件、时及地，犯罪之主体与客体及行为，犯罪之主观要件，犯罪之客观要件，共犯，累犯。第三编为刑罚论，共五章，依次为刑罚之观念、数罪并罚、刑罚之适用、刑罚之执行、刑罚之消灭。第四编为保安处分，共八章，依次为保安处分之意义、保安处分之性质、保安处分之种类、保安处分之宣告、保安处分之执行、保安处分之免除、保安处分之延长、保安处分之消灭。此教材与大陆地区的教材相比，在刑法的沿革、刑法的基本观念以及保安处分的研究上有自己独特的一面，在其他研究内容方面也有自己的独到之处，反映了我国台湾地区刑法学研究的基本思路。

二是韩忠谟教授所著《刑法原理》一书的研究内容和体系。② 该教材将刑法总论分为两编。第一编绪论，共五章，依次为刑法之基本观念、刑法理论、刑法学与刑事学、世界各国刑法之进化、罪刑法定主义。第二编本论，共十五章，依次为犯罪之意义、犯罪之主体及客体、犯罪之行为、犯罪之责任、犯罪之形态、犯罪之单复与处罚、犯罪之累发与处罚、犯罪之时与地、刑罚之观念、刑罚之酌科及加重减免、刑罚之执行、刑罚之消灭、保安处分、刑法之用语、刑法之效力。此教材所研究的内容与前述教材相比，在犯罪构成的内容上有自己的独到之处，这也是此教材的一大亮点。

三是林山田教授所著《刑法通论》一书的研究内容和体系。③ 该教材将刑法总论分为三编二十章。第一章至第四章依次为导论、刑法的主要原则、现行"刑法"、"刑法"的解释。第五章至第十四章为上编犯罪行为，依次为犯罪定义与犯罪理论、行为与行为人及行为的结果、构成要件理论、故意的作为犯、错误论、行为阶段与未遂犯、犯罪参与论、过失的作为犯、故意或过失的不作为犯、竞合论。第十五至二十章为下编法律效果，依次为刑罚概说、本法规定的刑罚、刑罚的裁量、刑罚的执行、保安处分和处罚障碍。林山田教授所写的这本教材，在整个刑法总论的内容与结构上均有自己的创

---

① 刘清波：《刑法概论》，台湾开明书店1970年版。
② 韩忠谟：《刑法原理》，中国政法大学出版社2002年版。
③ 林山田：《刑法通论》（上、下卷），北京大学出版社2012年版。

新之处，例如对犯罪构成理论各章的描述均蕴含了自己的独特见解，这一点是值得大陆的刑法学者好好研习的。

（二）我国香港特别行政区刑法总论的研究内容和体系

一是赵秉志教授主编的《香港刑法学》一书的研究内容和体系。① 该教材将香港刑法总论分为八章，依次为香港刑法概说、犯罪与刑事责任、影响刑事责任的因素、共同犯罪、不完整的犯罪、刑罚概述、刑罚裁量制度、刑罚执行制度和刑罚消灭制度。由于香港特别行政区没有自己独立的刑法典，只有少数单行刑事法规，整个刑法理论也不够系统，因此，此教材的研究多少带有大陆刑法理论体系的味道，这是我们在研究香港刑法的过程中所应当引起重视的问题。

二是宣炳昭教授所著《香港刑法导论》一书的研究内容和体系。② 该教材将香港刑法总论分为二编。第一编为刑法序说，依次为香港刑法的历史沿革、香港刑法的架构及特点、香港刑法的渊源和原则、香港刑法的创制和解释、香港刑法的修改及变化。第二编为罪刑通则，依次为犯罪的概念、犯罪的分类、犯罪的要件、不完整罪、共同犯罪、刑事责任的概念及本质、刑事责任的原则和条件、刑事责任的减免因素、刑罚的目的、刑罚的种类、刑罚制度。虽然宣教授对香港刑法的研究比较细致，但是其内容和体系仍旧没有摆脱我国大陆刑法体系的影响。

（三）我国澳门特别行政区刑法总论的研究内容和体系

根据澳门刑法典规定，澳门刑法总则分为七编。第一编为刑法之一般原则。第二编为事实，依次为处罚之前提、犯罪之形式、阻却不法性及罪过之事由。第三编为事实之法律后果，依次为一般规定、主刑、附加刑、量刑、刑罚之延长、保安处分、患有精神失常之可归责者之收容、与犯罪有关之物或权利之丧失。第四编为告诉及自诉。第五编为刑事责任之消灭，依次为追诉时效、刑罚及保安处分之时效、其他消灭原因。第六编为犯罪所引致之损失及损害之赔偿。第七编为轻微违反。以上内容仅根据澳门刑法典的内容和体系编纂而成，但对澳门整个刑法理论尚未涉及。因此，要对澳门刑法有一个系统、深入的了解，我们还必须进一步把握其理论体系，从而为我们的研

---

① 赵秉志主编：《香港刑法学》，河南人民出版社1997年版。
② 宣炳昭：《香港刑法导论》，中国法制出版社1997年版。

究打下坚实的基础。但是从一般理论角度来分析，由于澳门刑法深受大陆法系的影响，因此要了解澳门刑法必须对大陆法系的刑法理论有一个深入的了解和掌握。

三、外国刑法总论的研究内容和体系

（一）大陆法系国家的研究内容和体系

一是德国李斯特所写的《德国刑法教科书》一书的内容和体系。[①] 该书将刑法总论分为两编。第一编为绪论，其内容依次为犯罪的反社会性和刑罚的社会功能、刑法的历史、帝国刑法的渊源。第二编为总论，下分两部。第一部是犯罪，其内容依次为犯罪的特征、犯罪的形态；第二部是刑罚及保安处分，其内容依次为引言、刑罚制度、保安处分的种类、法律和判决中的量刑标准、国家刑罚要求之免除、恢复原状。此教材成书较早，因此，对于刑法理论体系的研究也略显陈旧，这是我们在阅读此书的过程中应当注意的问题。

二是德国耶赛克、魏根特合写的《德国刑法教科书（总论）》一书的内容和体系。[②] 该书的内容除序论外，包括刑法、犯罪行为和犯罪的法律后果三编。其中第一编刑法法规依次包括刑法法规的组成、刑法的渊源、刑法与法治国家、德国刑法的适用范围等四个方面的内容。第二编犯罪行为依次包括一般之基础、故意的作为犯、应受处罚行为的特殊形态、正犯与共犯、犯罪单数和复数等五个方面的内容。第三编犯罪的法律后果依次包括刑罚及其附随后果、矫正及保安处分、缓刑、保留刑罚的警告、免除刑罚、量刑、刑法典中的诉讼条件、被判刑人的再社会化等六个方面的内容。此书在德国影响较大，对于犯罪行为和犯罪的法律后果的研究均有自己独立的见解。因此，这部德国教科书的精品之作值得我们好好研习。

三是德国的罗克辛所撰写的《德国刑法学总论》一书的内容和体系。[③] 该书共七章。第一章基础，其内容依次为形式意义上的刑法、实体的犯罪概念、刑罚与保安处分的目的与正当化、1871年以来的德国刑法改革、法治

---

① [德] 弗兰茨·冯·李斯特：《德国刑法教科书》，徐久生译，法律出版社2000年版。
② [德] 汉斯·海因里希·耶赛克、托马斯·魏根特：《德国刑法教科书（总论）》，徐久生译，中国法制出版社2001年版。
③ [德] 克劳斯·罗克辛：《德国刑法学总论》，王世洲译，法律出版社2005年版。

原则与刑法的解释和在时间上的适用之间的关系、行为刑法与行为人刑法、刑法信条学和刑法体系。第二章行为、轻罪、重罪，其内容依次为行为、轻罪和重罪。第三章行为构成，其内容依次为行为构成的理论、归责于客观行为构成、故意和行为构成错误、同意。第四章违法性，其内容依次为不法理论的基本问题、紧急防卫、正当化紧急状态和相关案件、职务权和强制权、出于允许性风险的正当化根据。第五章罪责和责任，其内容依次为责任原理的基本问题、罪责能力、禁止性错误、排除责任的紧急状态和类似案件。第六章其他刑事可罚性条件，其内容为刑事可罚性的客观条件和排除刑罚的根据。第七章过失，作者依次对过失的行为构成、违法性、罪责和责任等问题进行了研究。本书是目前德国刑法教科书中影响最大的教材，其突出的贡献是罗克辛在本教材中提出了客观归责理论，这一理论在我国台湾地区与大陆都有很大的影响。因此，研究和把握这一理论的精髓是我国刑法学者所面临的一个重要课题。

四是意大利的帕多瓦尼教授所撰写的《意大利刑法学原理》一书的内容和体系。[①] 该书的内容包括绪论、罪刑法定原则、刑法的效力范围、犯罪概述、典型事实、客观违法性、罪过、犯罪的表现形态、犯罪的法律后果和一罪与数罪等十个章节。此书在犯罪论体系上体现了"典型事实、客观违法性和罪过"三者的有机统一，从而突出了意大利刑法与其他大陆法系国家刑法的区别，同时也表明了自己的特色。

五是韩国的李在祥教授所写的《韩国刑法总论》一书的内容和体系。[②] 该书在内容上分为三编。第一编序言包括刑法的基本概念、罪刑法定主义、刑法的适用范围和刑法理论等内容。第二编犯罪论包括犯罪的基本概念、构成要件、违法性、责任论、未遂论、共犯论和罪数论等内容。第三编刑罚论包括刑罚的种类、刑罚的裁量、累犯、缓期执行、缓期宣告、假释、刑罚的时效和消灭、保安处分等内容。从该书的内容来看，其理论构架均来源于大陆法系，本土特色较为缺乏。

六是日本的西田典之所撰写的《日本刑法总论》一书的内容与体系。[③]

---

① [意] 杜里奥·帕多瓦尼：《意大利刑法学原理》，陈忠林译评，中国人民大学出版社2004年版。

② [韩] 李在祥：《韩国刑法总论》，韩相敦译，中国人民大学出版社2005年版。

③ [日] 西田典之：《日本刑法总论》，刘明祥、王昭武译，中国人民大学出版社2007年版。

该书共分十二章，其内容依次为何为刑法、刑罚的目的、刑法的机能、罪刑法定主义、犯罪论的体系、构成要件的该当性、违法性、有责性、未遂犯、共犯论、罪数论、刑法的效力范围等。从该书的内容来看，其犯罪论体系基本上来源于大陆法系的传统模式，自己个人的创见较少。

七是法国的斯特法尼等人所撰写的《法国刑法总论精义》一书的内容和体系。① 该书除导言之外，共分两大部分五编内容。第一部分为犯罪与犯罪人，下分三编。第一编是刑法的重大原则，具体包括罪刑法定原则和犯罪的主要分类两章。第二编是犯罪特有构成要件，具体包括事实要件和心理要件两章。第三编是犯罪人与刑事责任，具体包括应负刑事责任的人、不负刑事责任或责任从轻的原因两章。第二部分为制裁：刑罚与保安处分，下分两编。第一编是有关刑事制裁的各项原则，具体包括制裁的形式、刑事制裁的名称与分类两章。第二编是制裁的适用，具体包括制裁措施、制裁的中止与消灭两章。从其所研究的内容来看，法国刑法总论的体系与德、意、日等国的刑法总论体系相比，在犯罪论体系上有自己独有的特点。因此，其刑法总论的研究有别于其他大陆法系国家，具有其自身的特色。

（二）英美法系国家的研究内容和体系

一是英国的克罗斯与琼斯合写的《英国刑法导论》一书的内容和体系。② 该书刑法总论方面的内容包括六章，依次为刑事犯罪的特征、刑法的渊源和种类、刑事责任、证据、严格责任和责任能力六章。从其内容来看，该书对英国刑法的研究只是就事论事，没有进行系统的研究，因而其研究的内容给人的感觉是不成体系，没有严密的论证贯穿其中。

二是英国的史密斯与霍根合写的《英国刑法》一书的内容与体系。③ 该书第一部分总则篇分十一章对英国刑法的总论内容进行了较为详细的介绍。其内容分别为犯罪和判决，犯罪的定义，犯罪的分类，犯罪要件，疏忽犯罪，严格责任犯罪，共同犯罪，犯罪后帮助，代理责任和协助责任，一般辩护理由，煽动、共谋与未遂。此书研究体系较之《英国刑法导论》一书有

---

① ［法］卡斯东·斯特法尼等：《法国刑法总论精义》，罗结珍译，中国政法大学出版社1998年版。
② ［英］鲁珀特·克罗斯、菲利普·A. 琼斯：《英国刑法导论》，赵秉志等译，中国人民大学出版社1991年版。
③ ［英］J. C. 史密斯、B. 霍根：《英国刑法》，马清升等译，法律出版社2000年版。

很大的进步，主要是此书对犯罪论体系有比较深入的研究，体系较为完整，给人的整体感较强。

三是储槐植教授所撰写的《美国刑法》一书的内容和体系。① 该书分四篇对美国刑法的内容作了较为具体的介绍。除第三篇涉及的是刑法分则的内容外，其他三篇涉及的均是刑法总则的内容。这三篇的内容包括第一篇绪论，具体包括刑法的性质和犯罪分类、美国刑法的渊源和限制两章；第二篇犯罪总论，具体包括刑事责任的基础——犯罪本体要件、合法辩护——责任充足条件、不完整罪、共同犯罪四章；第四篇刑罚及其执行，具体包括刑罚理由和刑罚种类、刑罚制度两章。以上内容从理论上对美国刑法有一个较为清晰的论述，由于其对美国刑法的介绍是在中国语境下进行的，因此，此书是一本帮助中国学者学习美国刑法的极好的著作。

（三）苏联及俄罗斯的研究内容和体系

一是别利亚耶夫、科瓦廖夫主编的《苏维埃刑法总论》一书的内容和体系。② 该书是苏联解体之前比较有代表性的教材。其内容分为二十三章，依次为苏维埃刑法的概念、任务、体系及苏维埃刑法科学，苏维埃刑法的原则，刑事责任及其根据，苏维埃刑事立法，犯罪和犯罪的概念，犯罪构成，犯罪客体，犯罪主体，犯罪的客观方面，犯罪的主观方面，排除行为社会危害性和违法性的情况，实施犯罪的阶段，共同犯罪，多罪，刑罚的概念和目的，刑罚的体系和种类，免除刑事责任，判处刑罚，缓刑，免刑、前科的消灭和撤销，医疗性和教育性的强制方法，外国社会主义国家刑法总则的基本问题，资本主义国家刑法总则的基本问题。从该书所写的内容和体系来看，它与我国刑法的内容和体系有着较为密切的联系。因为我国现有的犯罪论体系来自于苏联，所以苏联刑法对我国现行刑法的影响是深远的。

二是俄罗斯的库兹涅佐娃、佳日科娃主编的《俄罗斯刑法教程（总论）》（上、下卷）一书的内容和体系。③ 此书是苏联资本主义复辟以后出版的教材。此书上卷犯罪论部分共有十五章，分别为刑法的概念、对象、方

---

① 储槐植：《美国刑法》（第二版），北京大学出版社1996年版。
② ［苏］Н. А. 别利亚耶夫、М. И. 科瓦廖夫：《苏维埃刑法总论》，马改秀、张广贤译，群众出版社1987年版。
③ ［俄］Н. Ф. 库兹涅佐娃、И. М. 佳日科娃：《俄罗斯刑法教程（总论）》（上、下卷），黄道秀译，中国法制出版社2002年版。

法、体系和任务，20世纪俄罗斯刑事立法（总则）的历史，刑事立法的原则，刑事法律，犯罪概念和犯罪的种类，犯罪构成，犯罪的客体，犯罪的客观方面，犯罪的主体，犯罪的主观方面，未完成的犯罪，共同犯罪，排除行为有罪性质的情节，多罪和外国刑法（总论）。此书的下卷刑罚论部分共有十一章，分别为刑罚的概念和目的，刑罚的体系，刑罚的种类，处刑，免除刑事责任，免除刑罚，刑罚执行过程中以一种刑罚代替另一种刑罚，大赦、特赦、前科，未成年人刑事责任的特点，医疗性强制措施和外国刑法。从该书所写的基本内容与体系来看，无论是犯罪论还是刑罚论，都与苏联刑法总则的理论没有太多的差异，由此不难看出俄罗斯刑法对苏联刑法的继承性。

三是俄罗斯的伊诺加莫娃—海格主编的《俄罗斯联邦刑法（总论）》一书的内容和体系。① 该书的内容有二十章，具体包括刑法的概念、体系和任务，刑事法律，犯罪的概念，犯罪构成，犯罪客体，犯罪的客观方面，犯罪的主观方面，犯罪主体，实施犯罪的阶段，共同犯罪，多行为犯罪，排除行为犯罪性质的情节，刑罚的概念和目的，刑罚的体系和种类，量刑，免除刑事责任，免除处罚，大赦、特赦和前科，未成年人的刑事责任和医疗性强制措施。从该书的内容和体系来看，除了对犯罪构成要件作了少许变动之外，俄罗斯刑法总论的内容和体系基本上沿用了苏联的刑法总则体系。从这一方面来看，俄罗斯刑法在很多方面都基本上继承了苏联的刑法，尤其是犯罪构成理论。

四是薛瑞麟教授所撰写的《俄罗斯刑法研究》一书的内容和体系。② 该书是我国刑法学者较早研究俄罗斯刑法的专著。其内容分为四篇十八章。具体内容为第一篇绪论，包括历史的回顾、新刑法典评述和刑法典的原则；第二篇犯罪论，包括犯罪概念、犯罪构成、犯罪客体、犯罪客观方面、犯罪主体、罪过、未完成的犯罪、共同犯罪、排除行为的犯罪性的情况；第三篇刑罚论，包括刑罚的目的、与剥夺自由无关的刑罚、剥夺自由刑、死刑、处刑；第四篇未成年人刑事责任的特点。此书与前述俄罗斯刑法总论内容相比，除了刑罚论部分写得较为简略之外，其他内容与俄罗斯刑法专家所写的内容相比毫不逊色。这奠定了此书在我国对于俄罗斯刑法进行研究的先驱地位。

---

① ［俄］Л. В. 伊诺加莫娃—海格主编：《俄罗斯联邦刑法（总论）》，黄芳等译，中国人民大学出版社2010年版。
② 薛瑞麟：《俄罗斯刑法研究》，中国政法大学出版社2000年版。

五是赵微所撰写的《俄罗斯联邦刑法》一书的内容和体系。① 该书是继薛瑞麟教授所写的《俄罗斯刑法研究》之后的又一部研究俄罗斯刑法的力作。其内容除绪论刑法概述外，共分十一章，分别是犯罪的概念、犯罪构成的一般理论、犯罪构成要件、刑事责任及其根据、犯罪的实施阶段、共同犯罪、排除行为犯罪性的情形、复数犯罪、刑罚的概念和目的、刑罚体系、刑罚裁量。从此书所写的内容和体系来看，它与俄罗斯的刑法专家对俄罗斯刑法总论的研究基本一致，从而为我国学者了解和掌握俄罗斯刑法提供了不可多得的资料，也为我国学者学习与研究俄罗斯刑法提供了坚实的基础。

综观以上世界各国刑法总论的内容和体系，我们不难发现，首先，虽然其内容各有千秋，但是在刑法的基本原则方面，尤其是罪刑法定原则，各国刑法理论均将其作为一个帝王原则来遵守；其次，在犯罪构成理论方面，均强调主客观相统一的原则，这也是各大法系刑法理论的共通之处；再次，刑法上的正当行为无论是放在犯罪构成要件之内还是放在犯罪构成要件之外，都是刑法鼓励实施的排除犯罪性的行为；最后，对刑罚的裁量方面均坚持以事实为根据，以法律为准绳的原则。所有这些都反映了世界各国刑法的共通性与一致性。这也是我们研究刑法的内容和体系时所得到的一点心得体会，借以本书的出版与读者共勉。

---

① 赵微：《俄罗斯联邦刑法》，法律出版社2003年版。

专题二
比较法视域下的犯罪论体系争鸣及其启示

一、问题的缘起

21世纪的中国刑法学领域呈现出前所未有的学派论争氛围，这在犯罪构成理论领域尤为显著。① 诸多学者以德日三阶层体系与英美犯罪构成双层次体系为标杆，评析我国犯罪构成四要件体系的诸多缺陷，并提出各式各样的改造或重构方案。多元犯罪论体系本身便是学术进步的表现，它们之间亦非水火不容之关系，而是基于学者的知识体系、学术偏好以及价值判断等因素，并受不同的地域文化思潮影响而铸就的正常学术现象。"因为每一个研究者的个人生活命运、他的社会地位以及他的政治地位都自然而然地会一起融进自己的经验里。"② 常见经验往往是直接判断乃至理性推理的先验标准，

---

① 在研究犯罪论体系理论的过程中，不可避免地必须比较中外犯罪成立理论。德日通说的犯罪论体系是构成要件符合性、违法性与有责性三阶层体系，国外学者多在"有责性"之后讨论未遂犯与共犯问题，且几乎不可能在构成要件符合性阶段讨论罪数问题，故在严格意义上而言，犯罪论体系不同于犯罪构成理论（犯罪成立体系）。但犯罪体系的核心内容仍然是犯罪成立（犯罪构成）理论体系，在犯罪成立条件讨论完毕后探讨未遂犯、共犯与罪数问题是一种合理的刑法体系安排。故而在犯罪成立条件理论建构意义上而言，犯罪论体系、犯罪构成理论、犯罪成立理论这三者是可以等同使用的，本书亦在犯罪成立条件理论建构的意义上阐述犯罪论体系。参见张明楷：《犯罪构成体系与构成要件要素》，北京大学出版社2010年版，第3页。

② ［德］H. 科殷：《法哲学》，林荣远译，华夏出版社2003年版，第84页。

这种社会哲学思潮在学者学术追求上往往得到惊人的印证。① 面对多元犯罪论体系的火山爆发式涌喷及学者乃至学派间互相诘问的盘根错节般的"矛盾",我们有必要以理性主义与实事求是的辩证精神廓清理论上各种反驳与批评的误区。

二、犯罪论体系本体论的重新解读

"目前我国刑法界在犯罪构成问题上所遭遇的种种困惑、争议,或多或少都同论者对'犯罪构成究竟是什么'的不同理解相关。"② 我国刑法学界在 20 世纪 80 年代形成了关于犯罪论体系本体属性的三种代表性观点,即事实说(亦称法定说或依照说)、理论说、折中说,除此之外的罪状说等观点,均可被包含在这三种学说中。事实说认为,犯罪构成是指依法决定某一具体行为的社会危害性及其程度而为该行为构成犯罪所必需的一切客观和主观要件的有机统一。③ 这种观点基于犯罪构成是区分罪与非罪、此罪与彼罪的具体标准而形成,可谓是我国刑法学界的通说观点。

若犯罪构成是法律规定的定罪的具体标准,则其在表现形式上应具备成文法明确的、唯一的以及显性的基本品格,但事实上犯罪构成在诸多问题上却显示出了隐形、含混、多元的特征,且犯罪构成在不同学者的阐述中出现了五花八门的类型。④ 理论说认为,犯罪构成是一个较为系统而详尽地研究刑法典规定的构成犯罪的各种条件的理论概括。⑤ 这种观点是应对法定说的明显缺陷而提出的一种本体属性理论。有学者认为,将学者制作加工的理论作为认定犯罪的标准显然违背了罪刑法定原则。⑥ 犯罪论体系是对犯罪成立

---

① 几乎同时出现的我国古代道教名家葛洪与古罗马基督教名家奥古斯丁,在性伦理观点上差异悬殊,前者宣扬性自然观及性养生等观点即非禁欲主义,而后者却坚持性罪论及唯生殖目的论即禁欲主义,这与二者的知识阅读范围与生活经历有着极其重要的关系。参见宫哲兵:《葛洪与奥古斯丁的性伦理观比较》,载《哲学研究》2005 年第 9 期。

② 冯亚东:《犯罪构成本体论》,载《中国法学》2007 年第 4 期。

③ 参见高铭暄、马克昌主编:《刑法学》,北京大学出版社、高等教育出版社 2016 年版,第 49 页。

④ 与苏联将"犯罪构成"明确规定在其 1923 年《刑事诉讼法》的法定依据不同,我国刑法从未规定"犯罪构成"一词于刑事法中,在继受苏联犯罪构成理论时同时继受其法定说乃是一个误区。

⑤ 参见谢根成、魏林:《在犯罪构成整体视野下对犯罪客体的新认识》,载《河北法学》2005 年第 3 期。

⑥ 参见冯亚东:《犯罪构成本体论》,载《中国法学》2007 年第 4 期。

必需之主客观要件的抽象概括与分类,若将犯罪论体系作为一种指导刑事实践定罪的指导理论,使其不取代刑法典的定罪之唯一依据的功能,未尝不是犯罪论体系建构的价值所在。

折中说认为,犯罪构成是依照刑法应受刑罚惩罚的危害社会的行为的主客观条件的总和,其是定罪量刑的基本理论依据。① 这种观点将犯罪构成的本体属性视为既具有法定性又具有理论性,看似无懈可击实则漏洞百出,刑法典与刑法理论相互结合而成的实物的存在形式仍然是刑法理论,不可能出现明文规定之外的法外之法。有学者从矛盾的对立面视角出发认为,犯罪构成无论是在理论框架内,还是在法律范畴中都无法完成两种属性的重叠,矛盾自然产生。在二者存在吻合重叠的情况下,二者间又具有统一性。② 由于难以认为犯罪构成的法定性与理论性可以在矛盾辩证统一法视域下获得统一性,其矛盾性自然是界定二者关系的不二法则。

犯罪论体系是建构者(主体)对刑法规定的成立犯罪必须具备的基本条件进行抽象归纳与分类的结果。其具有指导刑事实践定罪的基本功能,但不应当取代刑法典的根本定罪依据功能。刑事定罪的实践过程是将目光不断穿梭往返于法律规范(主要是刑法典)与客观事实(有证据证明过的)之间,直到寻获最合适的刑法规范与案件事实的一一对应为止。在复杂的案件事实(犯罪构成原型)面前,简洁粗糙而又抽象概括的刑法规范恰是一种立法者建构的犯罪构成模型,但这个未成体系、概括化的犯罪构成模型由于简单而粗糙所以无法指导司法工作人员迅速掌握定罪方法以及操作技巧,犯罪构成理论便是指导刑事司法人员在刑法规范与案件事实间来回往返的可靠的工具,其亦是对犯罪构成模型的精雕细凿。③ 质言之,犯罪构成理论的本体属性是刑法理论,其可以被看做是对立法规定的犯罪构成模型细致化、精巧化、体系化和抽象化建构的"犯罪构成模型"。犯罪构成理论作为一种刑法理论建构是可以达成共识的,其不应当取代刑法典作为定罪的根本依据的功能也是可以达成共识的。在这个基本前提下继续推进犯罪论体系相互间的批判与反批判才能有所获益。

---

① 参见谢根成、魏林:《在犯罪构成整体视野下对犯罪客体的新认识》,载《河北法学》2005年第3期。
② 参见冯亚东:《犯罪构成本体论》,载《中国法学》2007年第4期。
③ 参见冯亚东、胡东飞:《犯罪构成模型论》,载《法学研究》2004年第1期。

三、犯罪论体系的反思性介析

（一）德日犯罪论体系的反思性介评

在规范刑法领域内，德国的犯罪论体系值得我们学习，但学习并不意味着全盘接受，理性化地学习之意仅在于借鉴。在理性梳理德日犯罪论体系的历史发展脉络的基础上，合理解读其间的合理处与误区处，这是一个必要的知识背景叙述。过往的研究过于重视不同犯罪构成理论体系的差异，夸大了这种区别对于犯罪认定的影响，而忽略了不同犯罪构成理论体系之间的共性。

1. 古典犯罪论体系

李斯特与贝林作为古典犯罪论体系的代表人物，于19世纪末20世纪初，创建了"李斯特—贝林"的犯罪论体系。古典犯罪论体系以法实证主义与经验主义为哲理依托，形成构成要件符合性、违法性、有责性的犯罪成立理论。[①] 其主要内容为：提出构成要件符合性这一纯粹描述性的客观中立的概念，以实现罪刑法定与保障公众自由；提出客观的不法与主观的责任相区分的观念；将行为界定为身体运动以及外部世界的改变，即因果行为论（又称自然行为论）；只承认法定违法阻却事由，否认超法规的违法阻却事由，否认主观违法要素；以心理责任论界定罪责理论，以故意理论界定不法意识。

2. 新古典犯罪论体系

德国刑法学家M. E. 麦耶与梅兹格作为新古典犯罪论体系的代表人物，其以新康德主义思想为法理依托，构建了在要素安排上不同于古典犯罪论体系的犯罪成立理论。其仍然构建包括构成要件符合性、违法性、有责性的犯罪论体系，但将故意、目的等主观要素纳入构成要件符合性之中加以判断，即承认主观构成要件要素。但M. E. 麦耶反对主观违法要素的判断，而梅兹格则赞同主观违法要素的判断。[②] M. E. 麦耶亦认为构成要件与违法性之间恰似烟与火的关系，换句话说，行为符合构成要件则可以推定行为违法。其提出实质违法性理论，具有违法阻却事由的行为则阻却违法，亦承认超法规

---

① 参见[德]李斯特：《德国刑法教科书》，徐久生译，法律出版社2000年版，第286页。
② 参见张明楷：《外国刑法纲要》，法律出版社2007年版，第74页。

的违法阻却事由。其以规范的责任概念取代心理的责任概念,即指行为人在违法注意义务的意志上所具有的非难可能性。

3. 目的论犯罪论体系

以目的行为论为依托而构建起的犯罪论体系即是目的论犯罪论体系,而其法哲学基础便是现象学。① 主观违法要素的确立是其较为重要的特点。目的行为论认为,行为是行为人在一定的目的支配下进行的客观活动,不存在无意识追求的行为。目的行为论受到了诸多批判。故意等主观要素原则上属于责任要素,将故意等主观要素纳入行为之中,使得构成要件符合性丧失了故意规制机能。② 其仍以构成要件符合性、违法性与有责性构建犯罪论体系,但将故意、目的等主观要素作为构成要件要素,这对实质违法观的勃兴起到了推动作用。其认为违法性意识是罪责中需要加以判断的,缺乏违法性意识则阻却责任。

4. 现代新古典犯罪论体系

现代新古典犯罪论体系即为当今德国的通说。一般认为,其是综合新古典犯罪论体系与目的论犯罪论体系的各自优势而形成的。目的行为论无法解决不作为、精神病人的行为以及过失行为等行为的解说问题,故新古典犯罪论体系在舍弃目的行为论的观点后,仍坚持目的论犯罪论体系的体系安排,坚持在构成要件符合性之中判断主观要素,坚持违法的主观化以及罪责的去主观化,但仍然区分不法与罪责,认为不法是对行为的价值进行的否定评价,而罪责是对行为人进行的否定性价值评价。现代新古典犯罪论体系维持并发展了新古典犯罪论体系的要件构造,形成二阶层、三阶层、四阶层乃至五阶层的体系构造。行为与客观处罚条件要件的加入是形成四阶层与五阶层的关键。二阶层则认为构成要件符合性与违法性要件皆是判断不法的因素,故而将二者合并为不法要件。

5. 目的理性犯罪论体系

罗克辛教授认为,刑法的体系性并不是信条似的预设,必须从"刑法的目的设定性中引导出来"③,现代刑罚目的理论的刑事政策基础便是这个

---

① 现象学认为存在本身内涵着需要还原的秩序,事物本质必须从现象中去把握,还原现象的本质便是现象学的任务。参见杨国举:《论目的理性的犯罪构成》,载《河北法学》2013 年第 10 期。

② 参见[日]西田典之:《日本刑法总论》,刘明祥、王昭武译,中国人民大学出版社 2007 年版,第 60 页。

③ 参见[德]克劳斯·罗克辛:《德国刑法总论》,王世洲译,法律出版社 2005 年版,第 124 页。

目的。这种犯罪论体系的特色是引入客观归责理论与责任理论。其运用客观归责理论判断行为的构成要件符合性，[①] 将"罪责"扩展为"责任"的范畴，注重规范的不可交谈性在判定罪责有无时的重要意义。这种犯罪论体系将行为、构成要件符合性、违法性、责任、其他刑事可罚性条件（客观处罚条件）作为犯罪成立条件。

德日犯罪论体系的流变虽然展现了德日语系刑法学者为构建更加合理的犯罪论体系的努力，但却出现了一些令人困惑的问题，如构成要件符合性既然被作为刑事违法行为的类型化模式，又何以在某些情况下，在"违法性"层次的考察中否定其违法推定机能，其体系上的矛盾可见一斑。又如对行为的概念界定歧义横生，而界定行为的概念首先必须在刑法方法论上认识到行为的实质是行为人利用一定的外部条件而予以展现的。大致浏览德日刑法教科书，便会被眼花缭乱的学说和理论所迷惑，某种学说与他种学说到处相互批判的现象在除了刑法领域外，几乎不曾轻易见到。防止一味地为了体系化而体系化的唯体系论倾向，这是德日犯罪论体系构建过程中凸显出的经验教训。

（二）英美双层次及中苏四要件犯罪论体系的反思性介析

将视域仅仅局限于大陆法系知识体系无益于我国固有民族精神与外来法学知识体系兼容的良性解决，所以我们有必要梳理英美法系双层次犯罪论体系，考察我国四要件犯罪论体系对苏俄四要件犯罪论体系的传承与升华关系，并理性对待其不足处及可改进的地方，完成从本体论向解释论乃至方法论的合理转换。

1. 英美双层次犯罪论体系

美国刑法中的犯罪成立理论为双层模式。双层次犯罪论体系必须结合两个层次共同完成犯罪的认定。[②] 双层次犯罪论体系包括犯罪本体要件与责任充足条件（缺乏合法辩护事由）。犯罪本体要件为第一个层次，主要包括犯罪行为与主观罪过。犯罪行为指的是有意识的危害社会行为。主观罪过指的是行为人应受社会公众谴责的心理态度，大致有疏忽、轻率、明知与蓄意四

[①] 客观归责理论是以事实因果关系的判断为基础，加入价值评价规范，研究结果是否可归属于行为的一定行为的作品，其亦是由因果关系理论发展而来。参见梅象华：《刑法上相当因果关系之经验解读》，载《河北法学》2011年第3期。

[②] 参见储槐植：《美国刑法》，北京大学出版社2005年版，第36页。

种心理态度。犯罪本体要件是行为人承担刑事责任的根据。在刑事司法实践中，它由公诉方举证证明，被告人如果不抗辩，犯罪即最终成立。责任充足条件为第二个层次，主要包括责任阻却事由以及违法阻却事由在内的合法抗辩事由，由被告方举证证明。

2. 中苏四要件犯罪论体系

通说认为，犯罪构成指的是依照我国刑法的规定，决定某一具体行为的社会危害性及其程度且为该行为构成犯罪所必须的一切主客观要件的有机统一。① 犯罪构成要件包含四个要件，但行为人的行为即使具备这四个要件，该行为也不一定被认定为犯罪，须通过正当行为与《刑法》第 13 条"但书"的检验，方得以最终认定为犯罪。质言之，正当行为虽然形式上符合某些犯罪的客观要件，但实质上并未造成社会危害，亦未触犯刑事法律，不属于犯罪行为。

所谓的四要件犯罪论体系的不合理之处并不在于其文本意义上的要件要素排列，而在于提出者以不合适的理论对其进行阐释。高铭暄先生曾认为，我国的犯罪构成理论虽然对苏联的犯罪构成理论有所修正，但基本上尚未突破其理论模式，故而应深入研究并建立符合我国国情的犯罪构成理论体系。② 刑法学者绝不能以另一种犯罪论体系批驳虚构的四要件犯罪论体系的缺陷，乃至于认为其一无是处。在本体论与解释论视域下分别观察四要件犯罪论体系，其不合理性在于解释的方法以及力度，而不在于其文本意义上的要件组合及其排列。

四、传统犯罪构成理论的批判与反批判

域外犯罪论体系传播于国内学界以降，相当一部分研究域外刑法理论的学者开始质疑甚至批判传统犯罪论体系的种种缺陷，并基于自己的学术研究路径提出了些许改造建议或重构主张，但大多并未窥探到我国传统犯罪论体系的研究范围以及应用范围，所谓的通说的缺陷大多也是虚构的或拟制的。

---

① 全苏法学研究所于 1938 年出版了供全苏法律高等院校学习的教科书《刑法总则》，具体而全面地阐述了犯罪构成四要件理论，即由犯罪构成的主体、主观方面、客体、客观方面所组成，且明确了以主客观相统一原则为认定犯罪的基本准则。我国刑法学界通说关于犯罪论体系的建构渊源于此。

② 参见高铭暄、马克昌主编：《刑法学》，中国法制出版社 1999 年版，第 85 页。

（一）犯罪客体的批判与反批判

传统观点认为："犯罪客体是受我国刑法所保护的、为犯罪行为所侵害的社会关系。"① 这个看似模糊的概念界定受到接受德日刑法理论的学者们的多方批判，而这些批判大多是在非理性主义视野下进行的文字游戏而已。张明楷教授认为，犯罪客体宜从犯罪概念的角度去解释，将传统的犯罪构成四要件理论体系改为三要件的犯罪构成体系，坚持把犯罪主体看作是犯罪构成理论的独立要件。② 犯罪客体是被反映、被说明的，但仅仅由犯罪客观方面、犯罪主体、犯罪主观方面有时无法准确界定犯罪客体的有无及其具体类型。客观行为性质的界定与犯罪客体的界定有着不可分割的联系。

德日刑法学者认为犯罪客体即为法益，国内学者常常在吹捧法益理论的同时压制犯罪客体理论。若为刑法所保护而为犯罪所侵害的社会关系难以把握，那么何为法律所保护的利益也是相当模糊的。在具体行为中判断法益侵害的有无，需要进行体系化的法律解释，并进行法益衡量方得以判断法益侵害的有无及大小。在"不存在无法益侵犯的犯罪"的意义上而言，法益侵害也是构成要件符合性中必须判断的要素。通说认为在犯罪客体要件中判断法益侵害的有无是对刑事违法性的实质判断，亦相当于对于构成要件符合性的实质判断。也有学者认为，人与人之间的社会关系本质上是一种精神联系，犯罪客体作为精神的产物在实证主义维度上是不能直接为犯罪行为所直接指向的。③ 狭隘地将犯罪客体仅仅理解为人和物，将通说观点所界定的犯罪客体概念理解为精神的产物是非理性的。通说将犯罪客体与犯罪对象区别对待。犯罪对象是指犯罪主体对之施加某种影响的具体的人和物。这种区分的总体方向是合情合理的，但需要以具体的实质解释观点将犯罪客体与犯罪对象解释到便于公众理解。

犯罪构成体系中的主体要件的实质是行为人的认识能力与控制能力，后者为犯罪论体系关注的重点。换言之，没有认识能力与控制能力的人不能成为完整意义上的犯罪人。"如果主体所欲影响、改变的客体是刑法所保护的

---

① 参见高铭暄、马克昌主编：《刑法学》，北京大学出版社、高等教育出版社2016年版，第52页。
② 参见张明楷：《犯罪论体系的思考》，载《政法论坛》2003年第6期。
③ 参见杨兴培：《"犯罪客体"非法治成分批评》，载《政法论坛》2009年第5期。

对象，主体才成为刑事义务的主体。"① 犯罪主体与犯罪客体是相对而言的，它们之间的关系是密不可分的矛盾统一体。总是处于代表一定社会关系地位的犯罪对象，实质上指的是因处于一定的具体联系中而具有一定的具体特征的具体对象。犯罪主体通过犯罪行为所欲影响的犯罪对象的具体特征不同，犯罪行为所侵害的社会关系亦有不同。以脱逃罪为例，其犯罪客体是司法机关的正常活动，其犯罪对象则是犯罪分子本身，犯罪客体通过犯罪分子自己所具有的处于司法机关强制措施控制下的这一具体特征所显现。对于犯罪客体与犯罪主体内容的深入剖析必然引领人们重新认识到犯罪客体的独特价值与特殊地位，没有不侵害犯罪对象（犯罪对象的具体特征）的犯罪，也没有不侵害一定的社会关系的犯罪。德日刑法理论崇拜者常常犯以德日其他不属于犯罪论体系的理论内容，批判通说之犯罪论体系的种种缺陷的错误。这种风马牛不相及的批判是为理性主义的学术批判所坚决否定的。

（二）犯罪主体的批判与反批判

传统观点认为，犯罪主体指的是实施危害社会的行为并依法应当承担刑事责任的自然人和单位。其认为犯罪主体不仅是界定罪与非罪、此罪与彼罪的必要条件，也是量刑中必须考虑的因素。有学者认为，随着德日三阶层体系的引入，应当将犯罪主体分解为行为主体与刑事责任能力，从而在构成要件符合性与有责性中加以深入研究，而犯罪主体的概念随着此番消解也将不复存在。② 马克思曾指出："我只是由于表现自己，只是由于踏入了现实的领域，我才进入受立法者支配的范围。"③ 马克思一语中的，没有行为则没有犯罪，没有行为则没有刑罚。但一定的行为必然是人的行为，即使是法人行为亦需通过具体的人的行为予以建构。彼时的马克思受制于普鲁士反动统治者"思想犯"举措的高压打击，迫切希望行为主义刑法的降临，但却忽视了责任主义也是定罪的基本原则。有学者认为，犯罪主体即是罪犯，应当在犯罪构成确立之后才能认定，而传统犯罪构成理论将犯罪主体看成一个混合人和人的行为在一起的概念，歧义横生乃至逻辑混乱。④ 也有学者认为，

---

① 陈忠林：《刑法散得集》，重庆大学出版社2012年版，第252页。
② 参见陈兴良：《犯罪主体的消解——一个学术史的考察》，载《环球法律评论》2011年第1期。
③ 《马克思恩格斯全集》（第1卷），人民出版社2003年版，第16页。
④ 参见魏宏斌：《规范的犯罪成立要件、刑法免责与我国犯罪构成理论》，载《河北法学》2011年第12期。

传统理论将责任的有无及其大小分别纳入犯罪论体系以及刑事责任论中是传统理论的重大缺陷，使得刑事责任论缺乏实质内涵。① 处于形而上学地位的犯罪论体系必然是以刑法所规定的"犯罪成立模型"为依据并加以精致建构的，其每个要件要素的构建都是以既定犯罪为模型而建构的，而已经在刑法典中写就的犯罪模型必然是主客观相统一的，刑事实践中的主客观相统一必然借助于全部证据事实的收集。

犯罪主体、犯罪客体、犯罪主观方面、犯罪客观方面在理论构建上必然相互交织在一起，而刑事实践中的定罪思维实质上是先确定犯罪主体的年龄问题。刑事责任年龄是刑法典在规范意义上界定行为人有无认知以及控制客观意义上的犯罪行为的能力界限，若达不到刑事责任年龄，则不够成犯罪。在确定了犯罪主体之后方才考虑犯罪主观方面，犯罪主观要件的认定决定了犯罪客观要件的性质认定。主观要件在于刑事侦查人员通过收集全部证据事实（包括案外证据事实）来证明主观要件是故意，还是过失，抑或是意外事件。例如"砍人一刀"的行为，我们首先要考虑行为人有没有达到刑事责任年龄，若达到刑事责任年龄则考虑其主观心态是故意杀人还是故意伤害。

职是之故，以行为主体与刑事责任能力作为分解犯罪主体的两个要素并未解决任何定罪认定中的问题，反而徒增理论复理论的无谓累积而已。以犯罪主体是在犯罪构成确定之后方能确定为依据，认为犯罪主体混合人和行为的逻辑错误更是不能成立的，质在于犯罪主体本身是犯罪论体系的一个要件，其是对于刑法典规定的犯罪成立模型的抽象化、类型化建构。

（三）四要件犯罪论体系整体的批判与反批判

有学者认为，犯罪论体系是指，在行为人的主观罪过控制下的客观行为，构成具体犯罪时所必须具备的主客观要件的整体综合。这种犯罪成立理论既是刑事立法设定某一行为作为犯罪行为的具体标准，又是刑事司法工作者认定该种行为是否符合犯罪构成的的定罪模型。只有作为主观要件的主观罪过和作为客观要件的客观行为，才是认定犯罪所必须具备的两个要件，前者属于定罪的内在根据，后者属于定罪的外在根据。② 这是在平面的层面上讨论对于四要件体系的改造问题，亦是在维持通说的基础上对其进行改造。

---

① 参见杨国举：《论目的理性的犯罪构成》，载《河北法学》2013年第10期。
② 参见李永升、冯文杰：《主观恶性新界说》，载《河南警察学院学报》2016年第2期。

所谓的平面两要件说的主张，实际上就是"古典的二分理论"。其认为，犯罪由包含物理力与精神力的两种本体性的因素"力"所组成，前者是指行为造成的危害结果，后者是指行为人的意志。在这种"力"的二分模式中，犯罪的本体性因素与评价性因素结合成了一个整体。这种思维模式与现代刑法学所认定的犯罪成立体系（包括客观要件和主观要件）的观点基本一致。但这种实质上以客观罪行与主观罪责为核心构造的犯罪论体系与通说的观点并无严重分歧。通说仍然是以客观罪行与主观罪责为核心构筑犯罪论体系的，且通说兼顾理性的犯罪论体系的其他要求将犯罪主体与犯罪客体纳入犯罪论体系中，显然是较之这种改造方案更加合情合理的，质在于犯罪客体与犯罪主体都是认定犯罪所必须考虑的因素。

犯罪的实体是违法与有责，这便要求犯罪论体系的要件要素必须符合主客观相统一的基本原则。有学者认为，将犯罪视为统一不可分的观念是专制主义刑法的特征，唯有作为民主刑法可以依凭的方法——分析法的对立面，它才有存在的意义。① 归属于分析法的方法论在构筑合理的犯罪论体系中起到巨大的作用，但这无法否认犯罪构成四要件说坚持在主客观相统一的基础上构筑犯罪论体系的合理性。犯罪论体系具有指导、限制、检验、展示定罪以及区分此罪与彼罪等功能，仅仅以功能论的标准衡量通说弱于犯罪构成三阶层的功能满足性，不仅没有认真对待通说的定罪模式，也未理性对待德日三阶层体系。通说亦不赞同犯罪构成是刑事责任的唯一根据的观点，其认为犯罪构成不能成为刑事责任的唯一根据，但其是行为承担刑事责任不可缺少的法律依据。正当行为体系相当于德日三阶层体系中的违法阻却事由与责任阻却事由的综合统一体系。正当行为即形式上满足了犯罪构成要件，但实质上并不符合犯罪构成要件，亦未造成社会危害，并不是符合刑事违法性的犯罪行为。德日三阶层体系内部纷争较为激烈，主观违法要素的引入使得客观违法论与主观违法论的分野愈加鲜明。换言之，将主观违法要素置于三阶层的哪一个阶层中以及是否将主观违法要素作为违法要素或违法有责要素，仍然是现有的德日三阶层论者亟待解决的理论难题。

国内学者对于《刑法》第 13 条"但书"的批判在德日三阶层体系越来越依赖于客观处罚条件的映衬下显得不堪一击，而客观处罚条件的性质到底是归属于刑罚权发动的条件，还是归属于违法性要素，抑或是归属于构成要

---

① 参见周光权：《犯罪论体系在中国的论争与发展》，载《国家检察官学院学报》2010 年第 1 期。

件符合性、违法性与有责性之外的第四个要件，这个问题依然是德日三阶层理论未能解决的。何以以此来批判传统观点对于《刑法》第 13 条"但书""情节显著轻微危害不大的"的出罪规定的体系改造咄咄逼人，"情节显著轻微危害不大的"则是由罪过、行为、行为方式、行为对象等因素综合判断而形成的，显得较为契合实质正义的传统观念。德国政府对社会的行政管理权限相对较弱，大量的危害行为被归入刑法的规制视野，由此形成立法对各种犯罪通常"只定性不定量"的较为严苛的法治局面。在刑事实践运作当中，约 80% 以上的犯罪被单处罚金刑（类似于我国的行政处罚），而在余下被处以自由刑的犯罪中，又有 69% 被宣告缓刑交付相关部门考察。① 德国学者为了限制刑事司法中不必要的定罪活动，而提出了"可罚的违法性"理论。受制于人类对各种复杂事物由量变到质变过渡界域认知能力的局限性，这种可罚的违法性理论必然具有与我国的犯罪概念在定量问题上大致相似的问题，也必然具有德日刑法崇拜者所批判的第 13 条"但书"的种种缺陷。

（四）犯罪论体系不能承受之重：刑法方法论的重大反思

20 世纪 30 年代以来，"目的行为论"逐渐为越来越多的犯罪构成三阶层论者所接受。这种行为观点要求人们结合行为人的主观心态来界定行为性质，即结合故意或过失或意外事件来界定行为的性质，没有对自己行为辨认并控制的主体要件便无法得到故意或过失的认定。而在"三阶层"体系中，责任能力却被置于"有责性"中加以考察，没有主观罪过的界定也无法界定行为人的行为性质，这也是三阶层体系逻辑混乱的表现。而这两处致命的逻辑混乱在传统犯罪构成的定罪思维中亦有表现。② 但此处的逻辑混乱在传统犯罪构成理论中有被彻底改造的余地，质在于传统犯罪构成理论在其文本意义上并无明显的缺陷，可通过刑法方法论上的合理解释廓清重重迷雾。传统犯罪构成理论可以借助于案件证据事实的收集来认定行为人的主观心态，在行为人的主观心态之谜被破解后，包含犯罪成立基本条件的四个要件的排列完全可以任意而行。而行为人主观心态的界定显然不是犯罪论体系所能解决的问题。犯罪论体系的应用价值在于经过必要程序确定了主观罪过后，由法官依据刑法典并集合案件事实对犯罪人定罪。

---

① 参见徐久生、庄敬华：《德国刑法典》，中国方正出版社 2004 年版，第 13 页。
② 参见陈忠林：《现行犯罪构成理论共性比较》，载《现代法学》2010 年第 1 期。

传统犯罪构成理论者认为，对于儿童或精神病人的侵害，如果被侵害人明知其属于无刑事责任能力者，则只能实行紧急避险，反之，则可以实行正当防卫。有学者认为，以四要件说的学说为参考，一个人的行为是否属于不法行为需要依据被侵害人是否明知侵害人为无责任能力者为依托，而不是依据其自身性质来确定的，其逻辑混乱性凸显。依据三阶层体系，13周岁的人故意杀人的，也是一种违法行为，天然地可以对之进行正当防卫，其合理性凸显。[1] 此批判所谓的对传统犯罪构成理论的批判要点并不属于后者的文本缺陷，这属于其刑法方法论的缺陷商讨问题，即客观违法论与主观违法论的争议问题。而客观违法论与主观违法论在当代刑法学界依然争议纷纷，无法得到统一的认识。传统理论站在刑事政策的高度，认为对于精神病人以及儿童等无刑事责任能力人的违法行为，也有必要保护其权益，不能一刀切地规定可以对其行为进行正当防卫。在理性对待二者的路径建构上很难一刀切地认为传统理论劣于德日理论。

犯罪论体系是对刑法典规定的犯罪成立模型进行的精致打磨，其实质功能在于指导刑事司法人员更好地在案件事实与刑法规范之间来回穿梭，从而找寻出最佳的定罪选择。犯罪论体系的文本知识并没有批判者们相互间批判的种种缺陷，刑法方法论的重大革新才是学界应予扩展的方向。行为人主观罪过的界定即是犯罪论体系不能承受之重，也是刑法方法论应予扩展的方向。本书初步认为，其是在刑事诉讼侦查阶段首先由侦查人员收集全部可以证明行为人主观心态的证据事实后，再经过法庭辩论等必要程序阶段最终由法官得出的结论。主观罪过的展开即行为，只有精准界定主观罪过后方才能界定行为的性质。

五、结论

犯罪论体系作为一种刑法理论的抽象归纳，具有指导刑事实践定罪的基本功能，但不应当取代刑法典的根本定罪依据功能。犯罪论体系的构建始终处于不断继承与发展的过程中，并不存在永久不变的真理性认识。每一种犯罪论体系只要在其要件要素的构建上达到包含刑法典规定的犯罪成立基本条件的效果，皆是在文本意义上没有缺陷的，皆有助于形成充满活力的犯罪论

---

[1] 参见张明楷：《构建犯罪论体系的方法论》，载《中外法学》2010年第1期。

体系研究局面。以刑法客观主义的立场塑造犯罪论体系，并且以违法和责任为犯罪论体系的实体内容，坚持犯罪论体系的罪刑法定主义机能、法益保护主义机能和责任主义机能，不失为一种构建犯罪论体系的理性立场。犯罪论体系不能承载的功能部分需要刑法方法论的重大革新，如主观罪过的界定方法。行为人主观罪过的展开即行为，只有精准界定主观罪过后方才能界定行为人行为的性质。

专题三
刑罚可罚视域下人身危险性研究

一、问题的缘起

社会危害性意为行为对社会所保护的社会关系（法益）所造成的危害。犯罪本质是应受刑罚惩罚的社会危害性（法益侵害性），其是一定时空维度下的社会意义上的属性评价，跨越了自然意义上的行为属性评价过程，在罪刑法定视域下表现为刑事违法性。传统刑法观点认为，人身危险性是社会危害性的重要组成部分，也是征表社会危害性程度的主观范畴。换言之，这种观点的逻辑思维是由越严重的社会危害性（越严重的犯罪）推导出程度越高的人身危险性。虽然危险性判定的依据包括行为与罪责，但是无法绝对地由不高程度的罪责推导出高度的危险性，罪责与社会危险性常常是彼此独立而无联系的关系。[①] 将人身危险性依附于社会危害性，从而使其合理化的建构方案并不科学，也不符合社会危害性的犯罪本质归属及其自身应有的主客观相统一内涵。毕竟，社会危害性在德日三阶层体系里主要由违法与责任来体现，在传统犯罪构成体系里主要由犯罪四要件来体现。

相当部分的学者认为，如果不根据犯罪人的人身危险性适用刑罚，则刑

---

① 参见林山田：《刑法通论》（下册），北京大学出版社2012年版，第279页。

罚之犯罪预防目的不可能会实现。① 在刑法学领域，最有效的犯罪预防方法是公正的定罪与量刑，而非至今应用不明的人身危险性的判定。人身危险性的未然性并未依赖于刑罚可罚行为的实施，而刑罚可罚视域下的社会危害性的评价依赖于刑罚可罚行为的实施。刑罚可罚根据的一般原则的建构方案，关系到人权保障与惩罚犯罪的动态平衡。如何将人身危险性应用于刑罚可罚根据领域中的理想属性揭示出来，警醒处于貌似乌托邦梦想中的人身危险性支持论者，这是研究的中心。梳理漏洞百出以至于遍体鳞伤的刑罚可罚语境视野下的人身危险性概念，不失为一个针对性颇强的路径选择。

二、人身危险性概念的生成机制

（一）人身危险性的理论渊源

近代以降，刑事古典学派（旧派）与刑事实证学派（新派）的相继出现及其争辩大致构成了刑法学的根基性发展。以个人自由主义为理论特征的前期旧派与以国家自由主义为理论特征的后期旧派，在一些基本的归属于旧派特征的知识构建上是大致一样的。刑事人类学派与刑事社会学派在一些基本的归属于新派特征的知识构建上也是大致一样的。总体而言，前者从犯罪人的意志自由出发，认为刑罚处罚的是行为人在自由意志支配下实施的犯罪行为，将归属于犯罪的客观方面的行为及其危害作为犯罪的本质，在客观主义视域下追求罪刑均衡原则。后者从犯罪人的被一定的社会条件与先天因素所决定的犯罪意识与犯罪行为出发，认为刑罚处罚的应当是实施犯罪行为的行为人，使具有反社会性格的人重新适应社会防卫的需要，刑罚之轻重不仅需要与犯罪客观危害相适应，也需要与犯罪人的恶性、性格、反社会性或危险性等行为人因素相适应。

人身危险性这一预测主义思维的产物，在19世纪新派探寻如何有效规制泛滥的犯罪开始"一发而不可收拾"。从"犯罪学三祖"对于人身危险性的实证研究，到李斯特对于人身危险性的规范刑法学分析以及牧野英一不惜对抗罪刑法定主义而抬高人身危险性，再到社会防卫论以及新社会防卫论者对于人身危险性的积极辩护与深切反思以及人格刑法学派奠基于对人身危险

---

① 参见翟中东：《刑罚个别化的蕴含：从发展角度所作的考察——兼与邱兴隆教授商榷》，载《中国法学》2001年第2期。

性思想的汲取，这显示了人身危险性理论的泛滥化以及混乱化。格拉马蒂以"反社会性"取代"人身危险性"以构建社会防卫新体系，团藤重光以人格取代并包括人身危险性内涵以发展人格刑法学，这是人身危险性在刑法根基上应用混乱化的两个主要标志。"反社会性"与"人身危险性"本属于已然与未然的两个不同领域，何以可以逻辑自洽得相互竞合或者相互取代？人格刑法学认为，刑法规制的重点是以实施法定犯罪行为为征表的具有犯罪危险性人格的犯罪人。① 犯罪危险性人格与人身危险性都和危险性有一种天然的"近亲关系"，二者的发展及其相互替代都是一种预测主义思维的滥觞恶果。

（二）人身危险性概念的双维反思

不同于欧洲中世纪宗教裁判所主张的主观归罪，渊源于主观主义刑法学派的人身危险性在特殊预防的胎盘中获得了新生。欧陆刑罚学者通过实证主义获取与使用的人身危险性概念，不仅仅包含已然犯罪人再犯罪的可能性，也在一定程度上包含未实施犯罪的人实施犯罪行为的可能性。国内刑法学者大致在三种场域下对人身危险性概念进行发散性研究。一是犯罪人再犯可能性，即以犯罪人案前、案中和案后情况测定其再犯可能性。② 也有论者以"行为人对社会造成侵害的可能性"③ 语义阐述人身危险性与犯罪基本特征的基本联系，似乎也未脱落于再犯可能性的语义射程。二是初犯可能性与再犯可能性的综合，受到域外分化性联想理论的影响。④ 质言之，论者赋予人身危险性之未犯罪人初犯可能性与已犯罪人再犯可能性的统一内涵。三是犯罪主体的潜在威胁与再犯可能性，论者认为人身危险性即"犯罪主体本身对于社会的潜在威胁和再次犯罪的危险程度"⑤。

资本主义经济发展在带来巨大的社会发展的同时，也间接产生了大量的犯罪现象，这带给19世纪以来的西方更多的思考如何有效减少以及控制犯罪的挑战与机遇。新派通过实证主义研究方法探寻出惩罚效益机制构建的基本出发点是人身危险性，即行为人对于社会的潜在危险是刑罚应予惩罚的实质。人身危险性的最初应用"战场"应当在作为犯罪预防措施意义上的犯

---

① 参见张文：《行为刑法危机与人格刑法构想》，载《井冈山大学学报》2014年第5期。
② 参见邱兴隆、许章润：《刑罚学》，群众出版社1988年版，第259页。
③ 董淑君：《刑罚的要义》，人民出版社2004年版，第114页。
④ 参见陈兴良：《刑法哲学》，中国政法大学出版社1997年版，第186页。
⑤ 张明楷：《刑法学》（上），法律出版社1997年版，第51页。

罪学维度上，滥觞于 20 世纪的人身危险性概念，逐渐脱落其"先祖"而向规范刑法学场域咄咄深入。从"犯罪学三祖"龙勃罗梭、菲利以及加罗法洛的犯罪预防措施可以窥探出，刑事实证学派正是在对于具有犯罪倾向的人进行社会防卫的意义上使用人身危险性概念，其提倡的保安处分、生理治疗、流放乃至处死的二元处罚措施的构建，佐证了其在一般犯罪学意义上阐述人身危险性观点的合理性。国内刑法学界对于人身危险性的内涵研究早已突破了其最初的意义，但这种任性化扩大的研究思维是否合理，这是一个尚有争议的问题。故而，诸多学者在再犯可能性意义上界定人身危险性，企图在只关注犯罪行为的规范刑法学意义上对其进行研究。

三、刑罚可罚根据的一般原理

（一）损害原则、危险原则、罪过原则的一般流变

某种行为应受刑罚惩罚的必要条件在人类权威政治哲学认知下，所依循的是密尔提出的"损害原则"。人类对个体的行为自由进行强迫性干涉的唯一目的是自我防卫，使得这种干涉成为正当的依据是行为将会对他人造成损害。① 从人类具有的朴素正义情感出发，没有损害便没有处罚（刑罚）。启蒙时期的刑法学受损害原则的影响，将刑罚惩罚的立足点从主观归罪转换到客观危害，直到古典学派所提倡的法益侵害原则。损害原则为人们在认识刑罚权发动根基上找到了一个突破口，但其不是万能理论，并不是一切造成损害的行为都应当被看作为最终的违法行为，也不是一切未造成损害的行为，都不应当被看作为最终的违法行为。循规蹈矩地认知这个理念，犯罪行为的界定不仅仅需要依据客观危害，更要着眼于主观罪过上。损害原则作为刑罚发动根据的不足之处，在不断进化的现代刑法学主客观相统一定罪原则的映衬下，显得不可捉摸且标准不一。损害概念的阐述如此模糊不清，且其只是刑罚发动的一个必要非充分条件。②

损害原则这一看似限制刑罚权的武断发动的限制原则，在某些情形不当延展了刑罚的触角，而在某些情形下却又不当缩小了刑罚的调整范围。面对产生抽象危险却无现实损害情形的行为，在德国社会学"风险社会"理论

---

① 参见［英］密尔：《论自由》，程崇华译，商务印书馆 1959 年版，第 10 页。
② 参见高艳东：《刑法学视野中的行为可罚根据论纲》，载《云南大学学报（法学版）》2004 年第 6 期。

的影响下,"风险刑法"这一注重提前保护法益的重要理论冉冉升起,"危险原则"这一刑罚可罚基本原则成为了一个有力的教义。危险性成为诸多行为被评判为具有刑事违法性的根据。危险刑法(风险刑法)不再格外注重危害结果,而是将关注的重点转向行为无价值评判上,从而实现对社会的有力保护。① 实害结果未发生的行为可罚的根基一定是法益侵害危险,不具有法益侵害可能性的行为不是危险行为,也不是刑罚应当触及的领域。

危险犯等法益保护提前的刑事立法的增多,时刻威胁着公众的自由权利。刑事立法截取一些在价值层面认定的类型化的危险行为作为犯罪行为,而这个类型化划定的基本原则一定关注某种行为对于法益造成危险的可能性大小以及程度的轻重。但危险原则也是一个内涵与外延均不甚明晰的模糊原则,什么样的行为可以被社会定义为危险行为,什么样的危险行为可以获得刑事立法入罪的正当合理性,乃是一个令自由主义爱好者不得不沉思的难题。当下的危险驾驶行为的入罪化,显现出危险犯成立的着眼点在于危险实现的可能性,但经验法则告诫我们,危险实现可能性的大小是一个更为深层的合理考虑因素。规范主义的建构可以不违背个人的基本权利而获得稳定的信仰,反之,则事与愿违。譬如,数十年喝酒均超过当下的醉酒酒精含量的人,开车从未出过差错,而"醉驾"入刑对于这些依赖以往经验法则继续喝酒开车的人,应无刑罚惩罚的合理正当性。这也难怪最高人民检察院张军检察长曾提出醉驾并不一律入刑的观点。与其针锋相对的是,公安部却奉行醉驾一律立案侦查的规定。或许,精英式思维要在解决与社科知识深度交缠的罪与非罪之界定的问题上更有前瞻性。以此窥探出以抽象危险犯为代表的危险犯的刑事立法,不仅应当考虑危险实现的可能性、紧迫性与现实性,还要考虑危险实现可能性的概率大小以及规范建构与事实经验的互动。②

人格刑法学认为,犯罪人人格是与犯罪行为并存的客观现实,必须重视犯罪人人格在刑法学中的作用,以尊重人性自己的选择结果,以刑罚规制其反社会人格,使其在痛苦中经受考验、成长与涅槃。③ 人格态度而非过于宽泛的人格应当是刑法学关注的重心,而行为是主观意志的表现形式,是行为

---

① 参见林东茂:《危险犯的法律性质》,载《台大法学论丛》1996年(第24卷)第1期。
② 参见[日]西原春夫主编:《日本刑事法的形成与特色》,李海东等译,法律出版社1997年版,第273页。
③ 参见陈忠林:《意大利刑法学纲要》,中国人民大学出版社1999年版,第244页。

人人格态度的体现。统一损害、危险与人格态度的罪过原则认为,行为可罚的最终根据是行为人在具体场域中生成的、通过罪过集中显示的反社会秩序基础的危险性人格态度,且这种态度主要以不用刑罚即无法合理规制的行为来展现。① "危险性"的汉语字意始终会使人联想到未然的危害,而追求精准的人权保障的刑罚可罚根据原理,应当基于以行为作为绝对牵引力的"当时当地"的主观恶性。虽然将以罪过为核心以及以行为本身的危险性为限制条件,继而将二者的结合产生的对于社会的危害性作为规范意义上的行为可罚依据,可以在行为时的静止状态内找到惩罚的可靠依据,但无法合理解释量刑和行刑阶段的量刑技术、减刑以及假释等制度运作法理。何况,作为犯罪构成核心要件或要素的主观罪过通常无法涵摄犯罪前后的量刑情节考量,而后者是刑罚裁量的重要依据。

(二) 行为主义视域下的主观恶性原则

人的本性决定了人注定要形成共同体,② 每一个个体的总和及其交往组成了每一个个体赖以生存与发展的社会,"社会秩序乃是为其他一切权利提供了基础的一项神圣权利"。③ 质言之,社会的维持与良性发展是每一个个体生存与发展的坚强后盾,一切刑罚方式与方法的制定、适用与执行都是为了社会化的维持与良性发展。"在法和'政府'提出的任务中,维护和平和秩序……刑罚作为法制的制裁,其发展与这项任务是密切相联系的。"④ 合理甄别犯罪事实和提取案外情节的目的是为了评判犯罪人的主观恶性程度,从而有针对性的在刑罚制定、适用与执行中做出应变,进而准确而公正地配置犯罪人的刑罚,终而为社会化的维持及其良性发展做出贡献。主观恶性即犯罪人主要通过犯罪行为展现的对社会化的维持及其良性发展的蔑视或漠视态度。主观恶性可以合理贯通犯罪与刑罚的联接,使得固定的犯罪与动态的刑罚形成合理的对应关系。犯罪决定刑罚的有无(以罪制刑)即是犯罪事实凸显的主观恶性决定行为人应当受到刑罚惩罚,案外情节成为考量行为人对社会化的维持及其良性发展的蔑视或漠视程度轻重的必需要素,合理量刑

---

① 参见高艳东:《刑法学视野中的行为可罚根据论纲》,载《云南大学学报(法学版)》2004年第6期。
② 参见[古罗马]西塞罗:《论法律》,王焕生译,上海人民出版社2006年版,第198页。
③ [法]卢梭:《社会契约论》,何兆武译,商务印书馆2003年版,第4页。
④ [德] H. 科殷:《法哲学》,林荣远译,华夏出版社2003年版,第118页。

模式的建构亦需以此为基础。以损害原则、危险原则和罪过原则为评判行为人主观恶性程度的基本手段，这是约束包含定罪与量刑的广义上的刑罚能否惩罚某种行为的合理原则。

其由行为作为其征表的可靠载体，犯罪行为成为其进入刑法学评价范围的先决条件，罪前和罪后可以表明犯罪人主观恶性的轻重程度的情节也依附于主观恶性进入刑法学的评价范围。主观恶性在定罪中虽未得到显性的展现，但定罪背后的支撑法理却是达到应受刑罚惩罚性的主观恶性（这是法益侵害性的另一种说法）。主观恶性在量刑与行刑中得到充分的显性展现，刑罚裁量方法和量刑情节规则的制定建立在犯罪人变化着的主观恶性的考量之上。由犯罪的时空性展现出犯罪人主观恶性的时空性，进而合理的刑罚也应随之展现时空性的对应。当然，人文社会科学的复杂性决定了一般原则只能解决一般问题、具体原则只能解决具体问题，主观恶性原则仍旧具有一些局限，需要对其适用进行限缩解释。

四、刑罚可罚根据的"天生敌人"

虽然在定罪、量刑、行刑这三个领域内可以依赖主观恶性找到贯通其中的规范建构，但某种危险行为入罪的最后决定权仍然在公众的手中，建立于"常识、常理、常情"基础上的公众意志成为决定诸如危险驾驶行为入罪的最后决定力量与权威决定力量。刑法学者也不必纠结于个人旨趣在公众意志面前的"微不足道"，可以为刑罚可罚原理的合理建构做出贡献的地方，主要不在于此类危险行为的入罪引导，而在于引导公众将不具有刑罚可罚基础的案外情节逐出刑罚可罚的视域。人身危险性的实践乱象成为这个努力方向的重要突破口。人身危险性在我国似乎成为定罪和刑罚裁量必需考虑的因素，如果要否定这个观点，则必须找到其功能的载体，并且合理反驳其支撑缘由。人身危险性在我国学界的阐述主要表现在以下几个方面：第一，刑法通说观点将《刑法》第5条解读为罪责刑相适应原则，认为刑罚应当与犯罪行为和犯罪人个人情况（主观恶性与人身危险性）相适应；第二，人身危险性应当起到辅助定罪的作用，通过综合评判犯罪及其前后主客观情况，继而测评人身危险性之大小，其与社会危害性对定罪机制起到双重限制作用;① 第三,刑罚个别化论者以实质平等和实质正义为追求,坚持将人身危险性纳入司法审判中的量刑评价范围;② 第四,行刑阶段中的减刑等制度运行应当以人身危险性作为基础,行刑阶段的人格调查的实质就是行刑阶段的人身危险性的实证;③ 第五,以反映行为人法规范对抗程度的人身危险性具有的刑罚校正功能为基础,认为其与宽严相济刑事政策息息相关、与民权主义刑法方向保持一致。④ 人身危险性是现代刑法学不得不认真对待的概念,但这并不意味着其可以进入刑罚可罚领域。

上述对于人身危险性的场域应用扩大化的不合理性与逻辑混乱性凸显,这也是为将人身危险性融入罪责刑相适应原则的刑法学者所忽视的。"当行为人的人身危险性较大,难以改造时,应处以较重的刑罚,进行较长时期的改造。"⑤ 反之,则处以较轻的刑罚乃至免除处罚。当刑罚轻重程度的裁量依托于一个未能科学测评的未然概念时,刑法学的未来归属只能是一种模糊性学科而不是精确性学科。"将犯前、犯后情节简单归属于人身危险性不只是语义缺损,而且违背法治原则。"⑥

如果现代科学可以不依赖于具有产生法益侵害可能性的行为,即可以测评出某个人的人身危险性程度,那么完全可以放弃现有的行为刑法构建模式而转向科学测评刑法模式,测评出什么样的人身危险性便直接给予针对性的刑罚措施。但理想总是很丰满,现实却又总是很骨感,理想的花朵如果脱离了现实的土壤,便成为一个类似于发明永动机的不可实现的神话。胎生于新派的人身危险性注重考察行为人(包括犯罪人)的个人性格等人格危险特征,这一依赖于医学、心理学、社会学等知识的预测主义结果,绝不应当应用于刑罚可罚视域,最重要的否定因素便是这种预测主义的产物时准时错。我们之所以相信许多理论,并非是因为这种理论本该如此,"而是因为我们通过权威的势力,由于模仿,而已经变得习惯于这样的信仰了。"⑦ 刑事定

---

① 参见陈伟:《反思人身危险性在定罪机制中的功能定位》,载《法商研究》2010 年第 4 期。
② 参见石经海:《从极端到理性——刑罚个别化的进化及其当代意义》,载《中外法学》2010 年第 6 期。
③ 参见马荣春:《论人身危险性的行刑运用》,载《盐城师范学院学报(人文社会科学版)》2013 年第 5 期。
④ 参见陈伟:《人身危险性与传统刑事司法的理论契合》,载《理论月刊》2012 年第 1 期。
⑤ 赵永红:《论人身危险性在刑法中的定位》,载《法学评论》2002 年第 2 期。
⑥ 王利荣:《案外情节与人身危险性》,载《现代法学》2006 年第 4 期。
⑦ [美]约翰·杜威:《经验与自然》,傅统先译,商务印书馆 2015 年版,第 27 页。

罪是刑法典对已然事实给社会造成危害的评价，未然的猜测性事实不能作为评价的可靠根据，故而人身危险性无法作为刑事定罪的评价根据。将定罪、量刑与行刑领域中的刑量变化贯通始终的因素只能是呈动态变化的主观恶性，社会危害性的考察仅仅限于行为人的行为之时，至少从其逻辑基点无法衍伸至量刑与行刑领域刑罚的增减现实之中。德国刑法典从未谈论人身危险性概念，在以德日刑法为师的当下刑法学界有必要反思人身危险性概念存在的必要性。危险行为入罪化的实质理由在于，其是行为人主观罪过的展开，而背后折射出行为人应受刑罚惩罚的主观恶性，但所有的主观解说都是以其行为的法益侵害可能性为根基。人身危险性的预测主义并不依赖于行为人的行为具有法益侵害可能性，这是其与"风险刑法"视域下越来越多的抽象危险犯成立的最大不同之处。"无行为则无犯罪，无行为则无刑罚"的行为主义刑法基本内涵是现代刑法学的可靠基石，在人类认知能力远未达到通过其法益侵害行为，便可断定其一定会实施一定的犯罪行为的情况下，基于自由主义的宪政保障原理，将其逐出刑罚可罚视域是一个不得已和合理的抉择。

　　危险行为的可罚根据无法佐证人身危险性的可罚根据论断，前者的实践运行中的法益实际受到损害的可能性，虽然是一个立法政策选择问题，但这个立法选择的正当性基础仍然是其存在以行为具有法益侵害可能性为前提，而人身危险性的刑罚个别化运用则并不以刑法中的危害行为为基础。以人身危险性作为行为人承担刑事责任轻重的依据，"这与人虽未犯罪但因可能犯罪而承担刑事责任并无二致，只有程度之差"①。在犯罪的轻重之外另立决定行为人承担的刑事责任轻重的因素，是当下刑事实践与刑罚理论皆赞同的努力方向，而这个方向的落脚点的合理根据是上述主观恶性原则。减刑、假释等具体量刑制度设置的支撑法理，在于各个行为表现出行为人的主观恶性程度变化。当然，其他原则或规则亦在刑罚裁量或执行方式的变化上具有应用的余地，譬如，暂予监外执行等制度折射出刑罚裁量的人道主义，刑期折抵等制度透视出刑罚裁量的人权保障主义。我国刑事立法总体上是以概念法学思维为导向而制定的，类型化方法在其中的应用有所不足。未来的刑事立法应当多多汲取类型化思维优势，以更好地解决实践中出现的诸如网络犯罪等新型犯罪。这是探析愈加精确而复杂的刑事立法所能够发现的。总之，以行为人对社会化的维持及其良性发展为内核的主观恶性，是决定行为人刑罚

---

① 邱兴隆：《刑罚个别化否定论》，载《中国法学》2000年第5期。

轻重、非刑罚处罚轻重及其动态变化的基本原则,而人道主义处遇、人权保障主义等原则则是例外地作用于刑罚的裁量之中。

五、犯罪预防措施的"天生爱人"

抽象的社会概念应当由建构于科学的统计方法基础上的具体的测量指标表现以达到或不断接近于可视化与可控化,这是犯罪学不断接近合理化以及可应用化的基础工作。人身危险性评估的假设精确性,可以维持将人身危险性进入刑罚可罚根据的理想。龙勃罗梭笔下的天生犯罪人是复原于原始定型,将人类已经消失的祖先特质,再现于现代文明社会的野蛮人。以什么标准来评判一个人是否属于天生犯罪人方显得合情合理,这是循着天生犯罪人(基因犯罪)的研究不得不面对的问题,而这个问题在天生犯罪人理论的破碎之后,也将成为一个伪命题。基因学家经过实验认为,染色体多一条的 XYY 基因型男性应当答责于过多的攻击行为,宽松而言,其应对犯罪行为负责。这种男性智力低下、身高超长且常具有攻击行为。① 从多篇 XYY 基因型男性暴力犯罪的报道,到常人中的 XYY 基因型男性的比例与各个监狱里的 XYY 基因型男性比例相差悬殊,再到 XYY 基因型男性攻击性的社会行为,根本无法得到科学地证实,② 基因犯罪科学研究的冰山一角迅速融化。落入天生犯罪人或基因型犯罪人的怪圈中,难免会感慨"天生的犯罪人实质上是生活在我们中间的猿"③。

当下的犯罪学界择取影响再犯的预测因素,并依托于统计学原理等跨学科知识构建模型,以期达到精确化预测行为人再犯的可能性。预测因子之间存在共线性和相关性指的是,预测因子 A(变量)通过影响预测因子 B(变量)而对因变量发生作用,形成预测因子 A 和预测因子 B 之间的共线性和相关性及其程度。相关系数和 Logistic 回归模型通过计算各个预测变量与再犯可能性之间的相互系数和显著性水平来择取预测因子,再考察各个预测因子间的共线性和相关性程度,④ 剔除共线性与相关性程度严重的预测因子,

---

① 参见[美]露丝·哈伯德、埃里加·沃尔德:《基因神话揭秘》,陈建华等译,复旦大学出版社 2001 年版,第 117 页。
② 参见邱格屏、刘建:《基因科技与犯罪研究》,载《犯罪研究》2002 年第 2 期。
③ [美]史蒂芬·杰·古尔德:《自达尔文以来——自然史沉思录》,田洛译,三联书店 1997 年版,第 243 页。
④ 参见文姬:《再犯危险性评估方法及检验》,载《刑事法评论》2009 年第 2 期。

最后通过 Logistic 回归来构造再犯可能性预测模型。我国犯罪学界已有运用此种模型计算刑满释放人员人身危险性程度的尝试，但其运用的联列相关系数和点二系列相关系数选择再犯可能性预测因子的尝试，因可能存在各个预测因子间的共线性或相关性程度严重而大大影响预测效果。生存分析模型是对访问资料的考察，它不仅仅对行为人再犯与否进行分析，也对行为人再犯时间进行分析，对于缺失值的分析比较完整。美国 SVP（sexual violent predator）案件中经常运用生存分析模型来预测性暴力犯罪的再犯可能性。SVP 案件源于两个著名的判例及其衍生出的两个著名法案，即梅根法案和危险性罪犯法案。Megan 是一名 7 岁女孩，其在 1994 年于 New Jersey 家附近被一名假释之性罪犯性谋杀，随后该州通过法案将假释之性罪犯分为四级，经过监察官准备心理学家的证据及危险量表而由被告一方举反证后的听证程序后，依次通知社区或警局登记。联邦最高法院于 1997 年赞同该法案，并认为这并非刑罚处置。归属于犯罪预防措施性质的保安处分的实施，依赖于人身危险性的测评，而刑罚可罚根据原理排斥当下的并不精准的人身危险性的测评。

无论是我国监狱系统的"计分制"预测模式，还是各国所尝试的"累进初遇制"预测模式，抑或是"贝叶斯动态模型"及其指导下的再犯可能可能性预测评估，其定位皆不是刑罚可罚根据领域而只是类似于保安处分的强制教育措施及其改进领域。意大利刑法典规定保安处分的适用对象为惯犯、职业范和有犯罪倾向者，这些对象实施了侵犯他人生命、健康的非过失性犯罪，且犯罪本身或结合《刑法》第 133 条第 1 款的规定，表明犯罪人因性格特别恶劣而具有犯罪倾向，这个关于具有犯罪倾向者的保安处分依据，从未在意大利刑事实践中被运用过。① 保安处分运用应当具备的严格性与人道性，在意大利刑法学界的运用基础上可见一斑。

人身危险性的支持论者可以列举当下的种种刑事立法条款作为批判反对者的理由。《刑事诉讼法》第 81 条关于逮捕的适用条件中含有"可能实施新的犯罪的"，逮捕的适用条件不同于定罪量刑的适用条件，更不同于刑罚可罚根据的一般原理，以人身危险性的逮捕条件适用支撑人身危险性的刑罚可罚根据性，显得逻辑混乱乃至风马牛不相及。人身危险性不大的判断，仍然是基于行为人主观恶性的消长之上，而有待于人实施的未然领域的事情，

---

① 参见［意］杜里奥·帕多瓦尼：《意大利刑法学原理》，陈忠林译，法律出版社 1998 年版，第 379 页。

从经验法则来说是不确定的。现有的各种基于人身危险性考察的刑罚运作制度，应当重新基于主观恶性之上。这个应当不起诉的适用条件中也包含有"未成年犯罪嫌疑人、老年犯罪嫌疑人，主观恶性较小、社会危害不大的"条款。将社区矫正的推行依赖于人身危险性的测评，只是学者的一厢情愿。社区矫正的实施依赖于管制刑的适用，其仍然是社会对于行为人在主观罪过支配下实施的行为的否定性评价展现，并未依托于一个玄之又玄的人身危险性概念。社区矫正的深层意义即犯罪人与社区（社会）的重归于好被学界不当忽视。因为犯罪的实施而遭受破坏的犯罪人—社区（社会）关系需要重新得到修复，这个修复的基础性条件可以有多种，社区矫正恰恰是较为有效的一种。《刑法》第61条规定，量刑应当根据犯罪事实、犯罪性质、情节及其对于社会的危害程度进行。诸多刑法学者认为人身危险性隐藏于这个条款之中：犯罪情节是指犯罪构成要件事实之外的其他能够影响犯罪社会危害程度及人身危险性大小的各种具体事实情况。莫不如说这是学者将自己的情感体验、知识渊源、价值信仰等因素，融入进对于刑法典的理解以及解释的深刻展现。

《刑法》第72条与缓刑的适用条件中含有"没有再犯罪的危险"，这是人身危险性崇拜者所展现的又一个强硬理由。必须澄清的是，即使立法规定了对于某种理论貌似支撑性的条款，但立法同样是人的立法与观念的立法，其同样可能出现错误。运用刑法解释方法将看似错误的刑事立法解释为值得信赖的且符合罪刑法定原则的含义，不失为一个缓冲矛盾乃至对立的稳妥立场。当下的刑事实践中运用缓刑的少之又少，莫不与这个适用条件的蛊毒性有着重大关系。将定罪、量刑与行刑阶段的刑罚增减，基于行为人对于社会化的维持及其良性发展的蔑视或漠视态度，且以行为人主观罪过支配下的行为为绝对牵引力，至少比不可准确预测的人身危险性的奠基性更符合"常识、常理、常情"的依归。《刑事诉讼法》第302条至第306条规定的对于精神病人的强制医疗程序的生成与解除条款和对于人身危险性的考察是保安处分运用的展现，并不是刑罚可罚根据意义上的惩罚表现，将其作为将人身危险性纳入刑罚可罚根据原则的认识，进入了偷换概念的误区。考察美国判例法上关于测谎证据的刑事应用得知，在1923年的Frye诉美国案中，上诉法院维持了初审法院拒绝将测谎证据作为审判依据的判决，而联邦最高法院在1998年美国诉飞行员Scheffer案中也只是认为，不能无条件地排除适用测谎证据。至于测谎证据在满足何种条件下方得以适用，则可能是一个医学、心理学等学科的发展问题。

人身危险性测评的准确性，又何尝不是一个有待于医学、心理学等学科知识发展的问题呢？即使依托一定的证明方式与证明程序，人身危险性的证明在时下的科学基础上也无法达到"排除合理怀疑"的标准。对将其纳入刑罚可罚领域的观点的否定，也是生活中的"常识、常理、常情"的展现。总之，不准确的人身危险性测评可以进入犯罪预防视野下预防措施制定与完善的领域，却不具有进入刑罚可罚根据视野下刑罚增减领域的正当性与合理性。假以时日，人身危险性的测评可以准确考量出行为人的犯罪可能性的有无，其进入刑罚可罚根据视野则会成为一个没有争议的立场，"认真对待人身危险性的测评"会是这个努力的突破口，但这个理想实现的现实性值得刑法学人深切地忧虑和警惕。

六、结论

将本源意义为犯罪可能性的人身危险性概念，应用于刑事定罪、量刑、行刑领域刑罚增减场域的理论可谓是一个巨大的理想。这个理想的假设如果没有准确的人身危险性的测评结论的现实土壤，只能演变为一种高高在上的乌托邦梦想。将人身危险性置身于社会危害性考察中的努力，可谓定位错误、逻辑混乱。提倡罪刑相称原则的古典学派与提倡罪责刑相适应原则的新派的基本立场不一，折中的结果必然是牺牲一方而肯定另一方。重视人身危险性的所谓的现代理性刑罚个别化主张，亦逃不出无罪施刑、罪外施刑的定罪与量刑的双面不公境地。人身危险性测评的准确性是一个有待于医学、心理学等学科知识发展的问题，其在当下的现实阶段的正当应用，只能投向于犯罪学视野下的犯罪预防措施及其改进的路径上，刑罚可罚根据的公正原理排斥模糊的与不准确的人身危险性测评结论。犯罪决定刑罚的有无（以罪制刑）即是犯罪事实凸显的主观恶性决定行为人应当受到刑罚惩罚，案外情节成为考量行为人对社会化的维持及其良性发展的蔑视或漠视程度轻重的必需要素，合理量刑模式的建构亦需以此为基础。以损害原则、危险原则和罪过原则为评判行为人主观恶性程度的基本手段，这是约束包含定罪与量刑的广义上的刑罚能否惩罚某种行为的合理原则。

专题四
主观恶性新界说

一、问题的缘起

摒弃以主观归罪与罪刑擅断为特征的中世纪刑法而弘扬行为主义刑法的客观主义刑法学派在刑法学的发展史上大放异彩,"无行为则无犯罪,无行为则无刑罚"是其立足之本。深受实证主义思潮影响的主观主义刑法学派认识到刑罚预防犯罪作用的实现必须依托于犯罪人的人身危险性矫正之上,而提出注重犯罪人以及潜在犯罪人的人身危险性及其矫正的行为人主义刑法,"无人身危险性则无犯罪,无人身危险性则无刑罚"是其扛鼎之基。在刑罚运作的理念上,预防犯罪固然可以成为刑罚的目的,这一适应社会化及其良性发展的刑罚目的使得仅仅以公正惩罚犯罪人为刑罚目的的客观主义刑法学派认识到其理论的不足,从而不断吸收主观主义刑法学派的优长点。现代刑法学奠基于客观主义刑法学派与主观主义刑法学派的理性发展及其对抗之上。犯罪与刑罚构成了刑法学的两大主体,二者的关系在传统的刑由罪使以及新近提出的罪由刑使的关系理念下仍然显得扑朔迷离。犯罪与刑罚应该由哪一中介因素连接贯通方才可以显示出刑法学建构的科学性与可感性,是一个令刑法学者挥之不去的问题,依附犯罪构成的主观恶性是这一课题的合理答案。

二、刑事责任、人格无法承载贯通犯罪与刑罚的桥梁功能

我国刑法学界通说认为在犯罪与刑罚之间起合理桥梁作用的便是刑事责

任，其认为这是对包含了刑罚个别化因素的《刑法》第 5 条罪责刑相适应原则的合理阐述，① 只有应当受到刑罚惩罚的行为才能够称为犯罪行为，而包含了非刑罚处罚措施的刑事责任的承担在某些情形下，使人无法从其外在处罚方式上联想到刑罚的承担，进而也无法联想到这种受到非刑罚处罚的行为确属犯罪行为。陈忠林教授提出"主观罪过是犯罪构成的核心"以及"主观罪过是刑事责任的唯一根据"，② 人格刑法学的强势崛起佐证了这一学说的合理之处。将主观罪过作为犯罪构成的核心、作为刑事责任的唯一根据的主张固然有其闪耀的合理之处，但仍然无法解释刑罚在量刑、行刑阶段的具体量刑技术、减刑、假释等制度运作法理，且主观罪过作为一个犯罪构成的核心要件有其局限之处，至少从语义上无法被衍伸到罪前、罪后的量刑情节考量之上。

总体而言，人格刑法学认为刑法规制的重点应转向具有犯罪危险性人格的犯罪人本身，其犯罪危险性人格以实施法定犯罪行为为征表。③ 人格在心理学家的定义中五花八门，至少有 60 种定义。心理学家从不同侧面以及不同方法对人格定义做出的研究各异，有的侧重于独特性，有的侧重于稳定性，有的侧重于倾向性，有的侧重于综合性，有的侧重于特定情境性，根本没有一个统一性的概念界定以及重点倾向。

有学者基于人格心理学的发展提出："犯罪行为与犯罪人格并重、以犯罪行为与犯罪人格二元因素定罪与量刑机制的刑法观。"④ 将心理学家争吵不休的无统一性概念界定的人格导入定罪、量刑领域只会致使"混乱的更加混乱，清晰的被混乱化而混乱化"。只有清晰地观察人格中的哪些内容可以为刑法学的发展做出贡献，哪些内容不宜导入刑法学的建构中，方得以撩开人格的诡异面纱，透过其清晰的面容洗尽刑法学的铅华。并非人格中的所有内容都具有刑法意义，人格态度而非人格才应是刑法学的关注重点。这种人格态度在陈忠林教授看来便是指行为人对社会基本价值的敌视、蔑视、漠

---

① 参见高铭暄、马克昌主编：《刑法学》，北京大学出版社、高等教育出版社 2011 年版，第 31 页。
② 陈忠林：《刑法散得集》，法律出版社 2003 年版，第 269 页。
③ 参见张文：《行为刑法危机与人格刑法构想》，载《井冈山大学学报》2014 年第 5 期。
④ 张文、刘艳红：《人格刑法学理论之推进与重建》，载《浙江社会科学》2004 年第 1 期。

视的情感态度。① 社会基本价值仍然显得有一定的模糊性，使得我们无从捉摸什么样的价值是社会基本价值，什么主体界定的价值才是社会基本价值。德国法西斯主义下的权威主义与社会基本价值相联系的重大恶果不得不使我们引以为戒。总之，人格概念的模糊性与缥缈性使得其无法成为贯通犯罪与刑罚的桥梁。

三、主观恶性概念解析

贯通犯罪与刑罚之间的奥秘的主观恶性的合理确切内涵是什么以及它是怎样贯通犯罪与刑罚之间的奥秘，这些问题的合理解答不得不从主观恶性的历史嬗变以及当代刑法含义的一般解析中找寻。

（一）主观恶性的内涵嬗变解析

作为当代刑法学领域重要基本范畴的主观恶性的含义已与其千年之前的含义大相径庭。"恶性"一词渊源于作为伦理学基本概念的"恶"。古希腊哲学家苏格拉底首先将"恶"作为伦理学的基本概念加以阐述，其认为"没有人有意追求邪恶的东西或者他认为是邪恶的东西，趋恶避善不是人的本性"。② 其将"恶"在与善的对应关系中界定为对某个行为或事件的否定评价，它更多的是与人性相联系，却并非是对某个违背道德正义行为所做的评判。亚里士多德将恶与犯罪相联系，其认为奸淫、谋杀、偷盗等行为本身便是恶，皆应当受到道德的谴责，皆应当负担道德谴责的责任。③ 古罗马法学家进一步将恶性引入刑法学中，以"自体恶"与"禁止恶"两分理论将某些即使法律未作规定的不法行为，认定为违背伦理道德而应予谴责的行为。以主观归罪为特征，中世纪则将恶性在刑法学中的应用非理性化，这在基督教的格言"行为无罪，除非内心邪恶"中可见一斑，致使主观恶性的注重被当下的刑法学界作为主观归罪的变种。

（二）关于主观恶性刑法内涵学说的理性解析

现代心理学已经证明故意与过失的区分成为合理的考量，案外情节成为

---

① 参见贺洪波：《论主观罪过与人格态度的视角差异》，载《重庆理工大学学报（社会科学版）》2012年第11期。
② ［美］梯利：《西方哲学史》，葛力译，商务印书馆2004年版，第54页。
③ 参见陈兴良：《主观恶性论》，载《中国社会科学》1992年第2期。

判定行为人刑罚有无及其轻重必须考量的重要因素，行刑阶段刑罚的变化更加重视早已脱离于犯罪之外的个人因素。现代刑法学的种种制度设置以及配套制度设置都证明了行为人的主观恶性的考量不仅成为合理的厘定，而且成为必需的厘定。我国刑法学界对于主观恶性内涵的界定大致有四种观点。第一种观点认为，主观恶性是指犯罪人因其犯罪所应受到的道德谴责。[①] 质言之，这种观点将主观恶性限定于犯罪者所应得到的道德谴责，但道德谴责的界定仍未指出主观恶性的确切以及可以考量的内涵到底是什么。第二种观点认为，"主观恶性是指人对现实的破坏态度及与之相适应的行为方式上的反社会心理特征。"[②] 质言之，这种观点将主观恶性界定为行为人因其行为所应得到的否定的心理态度评价。此观点将主观恶性的界定延伸到反社会心理特征是其可取之处，但并未进一步指出反对的是什么社会的什么样的心理特征。第三种观点认为，主观恶性是指行为人以其罪前、罪中、罪后的行为所表现出来的恶劣思想品质。[③] 质言之，这种观点将主观恶性界定为恶劣思想品质，且将罪前与罪后情节也作为行为人主观恶性程度轻重考量的依据。但罪前与罪后情节并不会一概加重行为人的主观恶性轻重程度，这是定义所忽略之处。第四种观点认为，主观恶性的考量主要是从对社会的恶意的动机出发对犯罪行为所作出的道德评价。[④] 但仅仅将主观恶性的考量局限于对社会的恶意动机之上，与现代刑法学上刑罚有无及其轻重的考量因素不符，局限性甚为明显。

四、主观恶性与相关概念关系解析

（一）主观恶性与主观罪过关系解析

主观罪过属于犯罪主观方面的重大内容，是一切犯罪构成都必然具备的主观要件，其内容包含犯罪故意与犯罪过失。没有主观罪过便不构成犯罪，即使为了正当防卫权限的行使以及共同犯罪等问题的解决而构造出主观不法与客观不法的二元不法模式，也无法否认客观层面的犯罪仍旧不是犯罪。犯罪行为是行为人主观罪过（不法意图）的展开，没有犯罪行为的主观罪过

---

① 参见邱兴隆：《罪与罚演讲录》，中国检察出版社2000年版，第77页。
② 参见青锋：《罪与罚的思考》，法律出版社2003年版，第67页。
③ 参见胡学相、黄祥青：《论主观恶性》，载《政治与法律》1993年第4期。
④ 参见卜安淳：《犯罪恶性探析》，载《政法论坛》2000年第1期。

不应当也不能够纳入刑法学的评价视野之内,这便与主观归罪以及严格责任划清了界限。主观恶性代表着行为人对社会化的维持及其良性发展的蔑视与对抗态度,它必然渊源于主观罪过,但又不局限于主观罪过。质言之,主观恶性是主观罪过的上位概念,主观恶性这一涵摄行为人罪前、罪中、罪后行为表现的概念呈时空变化状,而主观罪过只能显现于行为人行为时的主观心理态度。

(二) 主观恶性与人身危险性关系解析

我国刑法学界对人身危险性内涵的界定大致有三种代表性观点:第一种观点认为,人身危险性指的是行为人对社会造成侵害的可能性;[①] 第二种观点认为,人身危险性指的是行为人初次犯罪的可能性与犯罪人再次犯罪的可能性的统一;[②] 第三种观点认为,人身危险性指的是犯罪人存在的对社会所造成的潜在威胁。[③] 国内学界对人身危险性内涵的界定是在初犯可能性与再犯可能性之间徘徊。毋庸置疑,在犯罪学意义上的人身危险性内涵与刑法学意义上的人身危险性内涵必然存在着角度不同下的界定不同。不同学科视野下以及不同学者思维下的人身危险性内涵的不同界定并不妨碍将人身危险性与主观恶性的关系作一合理的分析。人身危险性的预测可以服务于犯罪学视野下的犯罪预防举措的制定,但其不应当存在于刑法学领域,更不应当存在于刑罚学领域。侧重于研究行为人人身危险性的新派被界定为犯罪学更为适宜,包含社会政策等犯罪预防的措施不局限于刑罚,刑罚甚至不是最好的犯罪预防措施。因此,在犯罪预防的视野下研究人身危险性以制定刑罚之外的社会政策等措施,毫无疑问是具有正当性与合理性的。

现代科学证明了某些心理倾向在某些情况下可以得到准确预测,但仍然有大量人的心理倾向无法得到准确的预测。现代科学不应自负到可以将一个无法准确预测的人身危险性运用做刑法学中。"现代性内在地是指向未来的,它以如此方式去指向'未来',以至于'未来'的形象本身成了反事实的模型。"[④] 对未来的不合理预测不仅是对行为人定罪量刑的不公平,也是

[①] 参见刘勇:《犯罪基本特征新论》,载北京大学法律系主编:《改革与法制建设》,光明日报出版社1989年版,第540页。

[②] 参见陈兴良:《刑法哲学》,中国政法大学出版社1997年版,第136页。

[③] 参见邱兴隆、许章润:《刑罚学》,群众出版社1988年版,第88页。

[④] [英] 安东尼·吉登斯:《现代性的后果》,田禾译,译林出版社2000年版,第155页。

对吹嘘人身危险性超级功能的绝大讽刺。在关乎公众重大人身权利的刑罚学领域内引入一个无法准确考量的人身危险性因素，不仅是不具有正当性的，而且也是不可能的。质言之，"脱离已然行为预测'潜在犯罪人'的预防论是对国民法秩序主体地位的否定"，① 建立在预测主义之上的人身危险性考量无法在刑罚运作中获得正当地位。主观恶性的程度轻重与人身危险性是一个无法一一对应的概念。从已然行为中可以推出行为人暂时的主观恶性的程度轻重，却无法推出人身危险性的程度轻重，最重要的原因便是人身危险性的评估依赖于行为人实施具体犯罪行为或客观层面的犯罪行为后的未来犯罪可能性，而主观恶性的轻重程度评估却不依赖于未来行为的实施。

（三）主观恶性与社会危害性关系解析

我国刑法学界通说将严重的社会危害性视为犯罪的本质特征。其将社会危害性界定为行为对刑法所保护的社会关系造成或可能造成一定损害的特性，将犯罪客体、行为的手段及其造成的结果、时间、地点、行为人的情况及其主观因素作为社会危害性轻重程度的衡量因素。我国传统观点大多认为犯罪的社会危害性显现于主观见之于客观的犯罪的种种因素，有学者甚至提出社会危害性包括客观的社会危害性与主观的社会危害性，前者指由犯罪人的犯罪行为所带来的犯罪后果以及由此对社会造成的实际危害，后者指犯罪人主观心理上的反社会性和再犯可能性。② 这种观点不仅仅是对犯罪的误解，也是对社会危害性本身的误解，其脱离了犯罪的客观与主观界定。对于犯罪的界定必须坚持主客观相统一且统一于主观的原则。再犯可能性这一人身危险性所包含的内容无法在认定社会危害性轻重程度上获得正当地位，其预测主义的建构思维是无法与追求精确的刑法学相契合的。

犯罪行为是对犯罪人主观恶性的表现，通过犯罪行为至少可以认定出犯罪人具有值得刑罚惩罚的主观恶性，主观罪过的具体确定也可以助益于犯罪人主观恶性程度轻重的准确考量。行为的社会危害性是一种社会属性意义上的评价，仅仅从行为的自然属性层面无法认定行为是否为犯罪行为，必须通过社会层面的检验方得以认定行为的价值属性。严重的社会危害性是犯罪行为必然具有的社会属性，主观罪过不同下的行为所体现的主观恶性不同，社会危害性也不相同。一言以蔽之，犯罪的社会危害性与犯罪人的主观恶性在

---

① 高艳东：《刑罚可罚根据语境中预防论的否定与再生》，载《中外法学》2006年第6期。
② 参见王勇：《关于犯罪的社会危害性》，载《社会科学》1984年第3期。

罪中情节认定阶段是呈相同方向增减的,而犯罪人的主观恶性的考量不局限于罪中情节的认定,在罪前、罪后阶段同样存在着不得不认真对待的考量情节。

五、主观恶性在刑法学中的功能解析

(一) 主观恶性在定罪中的功能解析

现代刑法学的基本原则便是责任主义,"无责任无犯罪,无责任无刑罚"是责任主义的基本观点,这个责任的有无便立足于行为人主观罪过的有无。一般而言,只有能够对行为人的主观心理进行非难可能性,才能够认定行为人对其行为应当负有责任。现代刑法学对于主观罪过内涵的分析遵从认识因素与意志因素的结合原则。故意的实质内涵便是,行为人只有在认识到其行为可能会造成严重的社会危害性结果,而去故意追求或者放任这样严重社会危害性结果的发生。过失的实质内涵便是,行为人应当预见到或者已经预见到其行为可能会造成严重的社会危害性结果,而没有在意志上采取合理的措施,致使严重的社会危害性的结果发生。在故意与过失的建构上凸显了行为人主观心理上的非难可能性,也是责任主义的具体展开。犯罪构成理论只是学者对刑法条文的抽象概括,这样的抽象概括难免挂一漏万,认定犯罪的唯一根据仍然是刑法条文。作为对刑法条文抽象概括的犯罪构成的核心要件便是主观要件,主观要件的认定决定了犯罪客观要件的认定,继而决定着犯罪客体的认定。犯罪实质上是行为人主观恶性的展开,换句话说,犯罪凸显的是行为人的值得被刑罚惩罚的主观恶性,这个主观恶性是指行为人对社会化的维持及其良性发展的蔑视与漠视态度。

行为人的行为之所以应当受到刑罚惩罚,在于其主观心理支配下的行为达到了应受刑罚惩罚的社会危害性,这种严重的社会危害性的背后凸显出行为人的主观恶性达到了应受刑罚惩罚的主观恶性。重罪重刑、轻罪轻刑的背后凸显的是重恶重罚、轻恶轻罚,这是罪刑相适应原则的可靠解读。没有以行为作为征表依据的主观恶性是难以把握而又无法准确把握的,在刑法学的视野下,不存在没有行为的应受刑罚惩罚的主观恶性。

(二) 主观恶性在量刑、行刑中的功能解析

德日刑法条文均明确规定了刑罚的裁量应当根据犯罪人的责任原则。我国《刑法》第 61 条规定:"对于犯罪分子决定刑罚的时候,应当根据犯罪

的事实、犯罪的性质、情节和对社会的危害程度，依照本法的有关规定判处。"由此观之，我国刑罚裁量的基本依据内涵丰富，不仅包括罪中情节的裁量，也包括罪前、罪后情节的裁量，这与德日刑罚裁量必须考虑行为人罪前、罪后因素的原则相一致。罪前情节中的犯罪人社会经历、生活环境、表现情况等因素，犯罪动机、方法、结果、社会影响等罪中因素，罪后情节中的犯罪人态度等因素，皆成为合理考量行为人刑罚有无、轻重及其变更的正当因素。这个合理考量的实质内涵便是对犯罪人主观恶性的考量。结合我国刑法中的刑罚裁量需要结合的事实依据与法律依据，行刑过程中的刑罚执行方式变更以及刑罚惩罚量的变更等制度措施，凸显了主观恶性在包含了行刑阶段刑罚裁量的广义上的量刑的决定地位。对行为人主观恶性这一动态因素的考察成为实现罪刑相适应的考量依据，多重的主观恶性决定了多重的刑罚，多轻的主观恶性决定了多轻的刑罚。

当犯罪人在罪前的成长经历以及生活表现等因素可以依附于犯罪人的主观恶性时，这种罪前因素必然影响犯罪人的主观恶性轻重裁量。当犯罪人在罪后的认罪态度以及罪后表现也可以依附于犯罪人的主观恶性时，这种罪后因素也必然影响犯罪人的主观恶性轻重裁量。在这些合理裁量的基础上，行为人的刑罚必然会出现与之主观恶性相对应的增减以及变更，以求得动态发展中的罪刑相适应。主观恶性在量刑中的功能定位在我国刑罚裁量制度的设置中表现得淋漓尽致，如累犯、惯犯等一般会增加犯罪人的刑罚量，坦白、自首、立功等一般会减少犯罪人的刑罚量，缓刑的条件设置正是依赖于犯罪人主观恶性的轻微考量。这种刑罚裁量制度的合理正当性便在于其正视犯罪人的主观恶性的合理考量因素，正视犯罪人的主观恶性无法仅仅从犯罪行为以及主观罪过中准确而全面地解析出，正视真正的罪刑相适应只能从动态中予以把握。

我国刑罚制度在犯罪人被执行刑罚阶段中也有针对犯罪人主观恶性变化的应对制度，假释、减轻制度的基本条件的设置正是着眼于犯罪人主观恶性的消长。《刑法》第78条规定犯罪分子在重大立功下应当依法被减刑，犯罪人的立功或者重大立功恰恰体现其对社会化的维持及其良性发展的积极态度。换句话说，犯罪人的立功或者重大立功体现了其主观恶性较之犯罪时的主观恶性的降低，这正是法院可以并且需要降低其刑罚量的合理正当依据所在。《刑法》第81条规定犯罪分子的假释条件，诸如认真遵守监规、接受教育改造及其悔改表现都是表明犯罪人在受到监狱改造情形后的主观恶性程度的降低，如果刑罚制度不正视这一变化着的主观恶性则显得僵硬扭曲，正是犯罪人对社会化的维持及其良性发展的积极态度使得其获得了刑罚变更或者降低的正当合理性。在行刑阶段的减刑、假释等刑罚变更制度正视了犯罪人的主观恶性的降低，是实现真正的罪刑相适应的可靠路径。

（三）主观恶性是犯罪人应当承担刑罚的唯一正当根据

犯罪与刑罚作为刑法学的两个基本主体，在"刑事责任"一词的映衬下显得举步维艰，甚至越来越有犯罪与刑事责任成为了刑法学的两个基本主体的意味，刑罚学似乎成为依附于刑事责任的下位概念。犯罪与刑罚是流传于公众间的古老而深刻的惩罚观念，刑事责任不宜替代刑罚成为犯罪的应然后果，只有应当受到刑罚惩罚的行为才能够称为犯罪行为。我国《刑法》第37条规定了予以训诫或责令赔礼道歉、具结悔过等非刑罚处罚措施的刑事责任承担方式，几乎所有刑法学者都会否定应受刑事责任惩罚的行为是犯罪行为的观点。质在于，承受刑罚惩罚是行为人入罪的充分条件，承受非刑罚惩罚则无法推定出行为人的入罪与否。主观恶性与犯罪、刑事责任的相互关系在国内学者的解说中有一定程度上的缺陷，如有学者认为"以主观恶性为刑事责任的根据，既能够反映犯罪的实质，又能够说明犯罪与刑事责任的关系"[①]。刑事责任本身便是贯通犯罪与刑罚所提出的一个中国特色概念，其是为了实现刑罚个别化而纳入人身危险性等预防论因素的特色载体。中国刑法对刑事责任的定位并不在于刑罚相似甚至相等层面，而在于贯通犯罪与刑罚层面。

作为语言学上的考察，刑事责任本身是与刑罚所相似、在特定语境下甚至可以等同的概念，将刑事责任作为贯通犯罪与刑罚的中介桥梁并不合适。行为入罪的前提便是行为在社会属性上被评价为应受刑罚惩罚性，即使犯罪人最后得到的是免予刑罚处罚后果，但这个免予刑罚处罚却恰恰证实了行为人的行为当属犯罪无疑。由此观之，主观恶性作为贯通犯罪与刑罚的依据并不依附于刑事责任，而是对刑事责任（刑罚）有无、轻重及其变更依据的合理考量，刑事责任本身是一个无法自己将自己阐述完整的概念。行为人罪前因素、罪中因素、罪后因素所凸显的对社会化的维持及其良性发展的态度是主观恶性的实质内涵，其决定着刑罚的有无、轻重及其变更。大致而言，

---

① 参见梅传强：《论刑事责任的根据》，载《政法学刊》2004年第2期。

有什么样的主观恶性，便应当有什么样的刑罚，主观恶性呈现什么样的变化，刑罚也应当随之呈同方向的变化。① 由犯罪的时空性展现出犯罪人主观恶性的时空性，进而合理的刑罚也应随之展现时空性的对应。

六、结论

近现代刑法学的发展史是一部苦苦追寻贯通犯罪与刑罚合理联系的探寻史。无论是坚持行为乃犯罪之基的行为主义刑法学派，还是坚持人身危险性为犯罪之质的行为人主义刑法学派，抑或是晚近崛起的坚持反社会的人格态度为犯罪之本的人格主义刑法学派，均存在着或多或少的问题。在静止的犯罪与变化的刑罚之间必然要有一个呈时空变化状的因素方能够将二者合理贯通始终。这个任务的完成者不是静止着的客观罪行，也不是静止着的主观罪过，更不是隶属于心理学概念上的虚无缥缈的人格态度，以对社会化的维持及其良性发展的蔑视与漠视态度作为自身内核的主观恶性成为当仁不让的中介载体。这个主观恶性坚持由行为作为其征表的可靠载体，犯罪行为成为其进入刑法学评价范围的绝对牵引力，而罪前、罪后可以表明犯罪人主观恶性的轻重程度的因素也依附于主观恶性进入刑法学的评价范围。主观恶性是行为人应当承担刑罚的唯一正当依据，"无主观恶性则无犯罪，无主观恶性则无刑罚"应当成为新时期刑法学坚持与努力开拓的原则。

---

① 参见许玉秀：《当代刑法思潮》，中国民主法制出版社2005年版，第4页。

专题五
间接故意犯罪的概念新探

列宁曾经说过:"要进行论争,就要确切地阐明各个概念。"① 毛泽东也曾经说过:"概念这种东西,已经不是事物的现象,不是事物的各个片面,不是它们的外部联系,而是抓住了事物的本质,事物的全体,事物的内部联系。"② 美国法学家博登海默也曾写道:"概念乃是解决法律问题所必需的和必不可少的工具。没有严格的专门概念,我们便不能清楚地和理性地思考法律问题。"③ 国内也有学者云:"严谨的科学理论一般都要求以对概念的界定和分析作为研究的逻辑起点,甚至从某种意义上来说,科学的发展就是概念体系的发展。"④ 可见,概念对于我们进行理论研究是非常重要的。因此,要研究间接故意犯罪问题,就必须首先弄清间接故意犯罪的概念。只有运用科学的概念,我们才能真正地了解其所要研究的内容,从而才能对间接故意犯罪问题产生一种较为统一的认识。

一、间接故意犯罪概念之现状

综观世界其他各国的刑事立法和刑法理论,有关间接故意犯罪概念真可

---

① 《列宁全集》(第23卷),人民出版社1972年版,第34页。
② 《毛泽东选集》(第1卷),人民出版社1991年版,第285页。
③ [美]博登海默:《法理学:法律哲学与法律方法》,邓正来译,中国政法大学出版社2004年版,第504页。
④ 黄华生:《论刑罚轻缓化》,中国经济出版社2006年版,第1页。

谓众说纷纭，五彩斑斓。归纳起来，主要有以下几种规定和主张：

第一，放任说。这种学说认为，间接故意犯罪是指行为人认识到自己的作为或不作为对社会的危害性，并预见到它对社会的危害结果，而且有意识地放任这种结果发生的行为。间接故意犯罪这一概念由苏俄刑法典首创，以后为其他社会主义国家的刑事立法所承袭。例如，朝鲜、越南、捷克、斯洛伐克、蒙古、阿尔巴尼亚等国的刑法典均采取的是这一概念。

1950年朝鲜民主主义人民共和国第一部刑法典第11条规定："故意行为，是指行为人预见到自己行为的结果具有危害社会的性质，却希望这种结果的发生，或者有意识地放任这种结果发生的行为。"

1999年越南现行刑法典第9条规定："故意犯罪，即下列犯罪是故意犯罪：1.行为人清楚自己的行为具有社会危害性，预见到自己行为的后果并希望这种结果发生。2.行为人清楚自己的行为具有社会危害性，并预见到自己的行为会发生危害结果，虽不希望结果发生但放任结果发生。"

2009年捷克现行刑法典第15条规定，"故意，即：1.如果行为人具有下列情形之一的，视为故意犯罪。a）希望以刑法所规定方式侵害或者危及刑法所保护的利益；或者b）明知其行为可能导致该侵害或者危险但放任其发生并且实际发生的。2.放任是指行为人容许以刑法所规定方式侵害或者危及刑法所保护的利益。"

2005年斯洛伐克现行刑法典第15条规定："如果行为人具有下列情形之一的，视为故意犯罪：a）希望以本法典所规定方式侵害或者危及刑法所保护的利益；或者b）明知其行为可能导致该侵害或者危险但放任其发生并且实际发生的。"

1961年蒙古人民共和国现行刑法典第5条第1款规定："犯罪人认识到到自己行为的社会危害性，并预见到它对社会的危害结果，而且希望或者有意识地放任这种结果发生的，是故意犯罪。"

1995年阿尔巴尼亚人民共和国现行刑法典第15条规定："故意，即行为人预见到犯罪行为的结果并且希望结果发生，或者不是希望但是有意识地放任该结果发生的，视为故意地实施犯罪行为。"

鉴于上述立法均采取的是苏俄刑法典的观念，在理论上我们不妨将这种立法例的国家称之为"苏俄派"。这一学说将间接故意犯罪的特征分为三个方面：一是行为人认识到自己的作为或不作为对社会具有危害性，二是行为人对自己所带来的危害结果有所预见，三是行为人预见到危害结果还有意识地放任这种后果的发生。从这一学说中，我们可以看到，间接故意作为故意犯罪的形态之一，是以"有意识地放任后果发生"与其他犯罪形式相区别的。"放任"在这里指的就是对危害结果的发生抱着听之任之、虽不希望结果发生但却没有加以阻止的态度。

采取放任说的国家，除了"苏俄派"之外，还有奥地利、加拿大等国。例如，奥地利刑法第5条规定："法律规定某种情况或结果的发生，以意图为条件者，如行为人对此情况或结果有意任其发生时，视为有意图。"加拿大刑法在理论上将罪过形式分为故意、放任和过失三种。其中，放任指的就是间接故意犯罪。他们对间接故意的解释是："被告可能以这样一种方式行事。他清醒地意识到他的行为可能造成损害，但他却对是否导致损害而毫不在乎。"① 由此可见，大凡采取"放任说"的国家，无论是社会主义国家的刑法，还是资本主义国家的刑法，其意义上在大体上是相通的。

第二，同意说。这种学说认为，间接故意犯罪是指行为人意识到自己的行为或不作为可能产生为法律所禁止的结果，并同意这一结果发生的行为。在刑法理论和刑事立法上持这种主张的国家有波兰等国。例如，1969年波兰人民共和国第二部刑法典第7条第1款规定："如果某人意图实施被禁止的行为，即希望实施这种行为，或者预见到可能实施并同意实施这种行为。"同意说这种主张将间接故意犯罪的特征分为两个方面：从认识因素上来看，行为人意识到自己的行为可能产生法律所禁止的后果；从意志因素上来看，行为人的意志状态比较肯定，同意危害结果的发生。

第三，容忍说。这种学说认为，间接故意犯罪是行为人明知有危害结果发生的可能性，却对其结果采取了容忍的态度。在世界各国刑法理论上，持容忍说这一主张的主要是日本。日本虽然在刑法典中没有明确规定故意犯罪的概念，然而在法学理论上却普遍认为间接故意犯罪就是容忍危害结果的发生。例如，日本的大谷实即认为"认识到结果的可能性，而且具有发生或不发生都无所谓的容忍态度时，就是故意，没有这种容忍时就是过失。"② 除日本之外，在刑法立法上采取容忍说的还有古巴、保加利亚等国。根据1987年《古巴刑法典》第9条第2款之规定："犯罪故意，是指行为人明知

---

① ［加］史蒂文·N. 斯帕兹：《加拿大刑法、刑诉法概论》，武晓岚译，西南政法大学1985年编，第3页。
② ［日］大谷实：《刑法总论》，黎宏译，法律出版社2003年版，第129页。

并且自愿地实施其具有社会危害性的作为或者不作为，而且希望危害结果发生或者容忍可能发生结果之危险的。"根据1968年《保加利亚刑法典》第11条第2款之规定："行为人认识到行为的社会危险性，预见到行为可能导致社会危险的结果且希望或容认该结果发生的，认定为故意。"与容忍说相近的还有容许说。例如，1903年的沙俄刑法典以及1919年的《苏俄刑法指导原则》所采用的就是这种观点。1903年沙俄刑法典规定："不仅在犯罪者意欲犯罪的时候，其犯罪行为被认为是故意，当犯罪者自觉容许犯罪结果发生时，亦认为是故意。"1919年的《苏俄刑法指导原则》第6条规定："故意行为，预见到其行为结果之社会危险性，而希望其发生、或自觉地容许其发生。"从以上有关故意犯罪的立法规定中我们可以看到，行为人希望结果发生的是直接故意犯罪，行为人自觉地容许危害结果发生的，是间接故意犯罪。

第四，不违背本意说。这一学说认为，间接故意犯罪是指行为人对于构成犯罪之事实，预见其发生并不违背其本意的行为。这一主张来自中国1928年以及1935年刑法典。例如，中国1928年《刑法》第26条就规定："行为人对于构成犯罪之事实，明知并有意使其发生者为故意。行为人对于构成犯罪之事实，预见其发生，而其发生并不违背其本意者，以故意论。"目前我国台湾地区绝大多数刑法学者在给间接故意下定义的时候，仍采取的是这一学说，只有少数学者提出了不同于上述学说的观点。例如，林山田认为，间接故意犯罪就是指"行为人虽预见构成犯罪事实之发生可能性，但仍实施其行为，听任其行为导致法定构成要件之实现者"①。高仰止亦认为，"行为人预见结果有发生之可能，而间接听任其发生亦所意欲者，为间接故意"②。除此之外，褚剑鸿给间接故意犯罪所下的概念也不是人云亦云，体现了自己独特的风格。他认为，间接故意犯罪，"即行为人预见其行为有发生犯罪实之可能，但无必生之确信，而间接允许其结果之发生者"③。从其所下的定义来看，其主张与容许说有相近之处。

除了我国台湾地区学者在刑法理论上多采取"不违背本意说"之外，罗马尼亚1973年补充通过的现行刑法典中有关间接故意犯罪的规定，似乎

---

① 林山田：《刑法通论》，三民书局1986年版，第123—124页。
② 高仰止：《刑法总则理论及实用》，五南图书出版公司1986年版，第148页。
③ 褚剑鸿：《刑法总则论》，三民书局1995年版，第192页。

与"不违背本意说"有异工同曲之妙。该刑法典第19条规定："预见到行为的结果，虽不追求其发生，但却接受了该结果发生的可能性。"从该条规定的本质来看，它与"不违背本意说"在基本精神上是一致的。

有关间接故意犯罪的概念，除了以上几种表述之外，还有明知说和冒险说等。明知说来源于美国的《模范刑法典》，如该法第2章第2条关于"明知故意"的规定就是"行为之结果被定为犯罪基本要件时，行为者充分知道由自己之行为足以引起其结果者。"从该条规定来看，美国刑法中所规定的"明知故意"与其他各国间接故意犯罪的规定相比，在内容上更具有自己的特色。冒险说来源于巴西联邦共和国刑法典，该法典第15条在对故意犯罪概念的表述中明文规定："行为人希望发生后果或者冒发生后果的危险的，是故意犯罪。"从该条规定中，我们不难看出，行为人希望发生后果的是直接故意犯罪，而甘冒发生后果的危险的是间接故意犯罪。

在我国现行刑事立法和刑法理论中，关于间接故意犯罪的概念，基本上是苏联模式的翻版，只不过在表述上略有差异而已。例如，我国《刑法》第14条规定："明知自己的行为会发生危害社会的结果，并且希望或者放任这种结果发生，因而构成犯罪的，是故意犯罪。"从我国现行刑事立法来看，关于间接故意犯罪的概念基本上沿袭了苏俄刑法典的观点，只是在少数地方作了修正，例如，就认识因素来讲，将"预见"改为"明知"，就显得更加符合故意犯罪的心理状态。然而，就意志因素来看，将"有意识地放任"改为"放任"，则淡化了间接故意犯罪在意志行动上的主观心理内容。

在我国现行刑法理论上，关于间接故意犯罪的概念也基本上是"苏联派"的主张，即"放任说"。就我们目前所见，大概有以下几种表述方式：其一，间接故意犯罪是指行为人明知自己的行为可能发生危害社会的结果，而有意识地放任这种结果发生的行为；[①] 其二，间接故意犯罪，即行为人预见到自己行为结果具有某种社会危害性，但有意识地放任这种结果发生的行为；[②] 其三，明知自己的行为会发生危害社会的结果，并且放任这种结果发生，因而构成犯罪的，是间接故意犯罪；[③] 其四，间接故意犯罪，是行为人

[①] 中国大百科全书总编辑委员会《法学》编辑委员会：《中国大百科全书》（法学卷），中国大百科全书出版社1984年版，第127—128页。

[②] 《法学词典》编辑委员会：《法学词典》（增订版），上海辞书出版社1985年版，第671页。

[③] 樊凤林主编：《犯罪构成论》，法律出版社1987年版，第110页。

对于自己的行为会发生危害社会的结果虽有预见，但不是预见到结果必然发生，只是预见到结果可能会发生，而有意放任这种结果发生；① 其五，间接故意犯罪，就是行为人明知自己的行为会发生危害社会的结果，而放任它发生，也就是采取漠不关心、满不在乎或若无其事的态度。②

综观国内外的刑事立法和刑法理论，我们认为，虽然他们从各个不同的侧面给间接故意犯罪的概念作了某种程度的揭示，且就某一种观点本身而言都有一定的道理，但是，如果仔细加以推敲，其不足之处依然捉襟见肘。

第一，就放任说来看，这一学说虽然是目前国内外势力最大、影响最广的一种学说，但是，由于放任的本身表明行为人在主观上是处于一种无意志的心理状态，这样就不能用来准确地表述间接故意犯罪的意志内容。这是因为间接故意犯罪作为一种故意犯罪，行为人是不可能没有任何意志活动的，只不过这种犯罪的意志活动没有直接故意犯罪那样积极、强烈而已。虽然其意志活动在主观上表现为有意放纵、无意制止的态度，但是行为人并非完全处于无意志状态，实际上行为人对于自己的行为采取何种态度是有其意志活动的，即行为人在选择实施该行为或者不实施该行为之间是有自己的意向活动的。因此放任说是有其本身存在的不可避免的缺陷的。

第二，就同意说而言，这一学说也没有准确地表达间接故意犯罪的真正内涵。因为同意是一种比较明确、肯定的意思活动，行为人对自己的行为造成的危害社会的结果并不排斥和否定，相反是持一种肯定和赞同的态度，它与直接故意犯罪的行为人在主观上所持的希望的心理态度有很多相似之处，都表现为一种积极认同、刻意追求的心理状态，因此用它来表达间接故意犯罪的意志状态，难免与直接故意犯罪的意志因素相混淆，从而模糊了直接故意犯罪与间接故意犯罪的界限。

第三，就容忍说来讲，其不科学之处也是显而易见的。首先容忍说概念本身就不够明确，因为容忍说在理论上无法正确地区分间接故意犯罪与过于自信的过失犯罪之间的界限。这是由于容忍说在认识因素和意志因素上集间接故意犯罪与过于自信的过失犯罪于一体，二者之间的界限有时很难划清。其次，从司法实践的角度来考察，对容忍的程度高低和大小如何确定，达到什么程度的容忍是间接故意犯罪，达到什么程度的容忍为有认识的过失犯

---

① 徐长林：《关于认定犯罪的几个基本问题》，载《山西师范学院学报》1979年第4期。
② 樊凤林：《谈谈认定犯罪的几个基本问题》，载《法学研究》1979年第4期。

罪,都难以确立一个明确的标准。因此,容忍说亦不能反映间接故意犯罪之本质。

第四,不违背本意说亦非表达了间接故意犯罪的内涵。首先仅言预见后果发生而其发生并不违背其本意,对于行为人甘冒实现法定构成要件之危险,毅然决然地实施其行为,即使果真实现法定条件,亦在所不惜之主观心理状态,未能明确地表现出来。其次,从逻辑的角度来考察,不违背本意说也违反了逻辑上关于下定义的要求。因为概念要求明确具体,一般应使用肯定判断,而该定义却使用了否定判断,显然不能阐明其内在的涵义。

除此之外,明知说只提到了间接故意的认识因素,而未明确其意志因素究竟是什么,冒险说只提及了间接故意犯罪的意志因素,而未明确其认识因素是什么,因而都是不完整的、不精确的,有待进一步明确和完善。

二、间接故意犯罪概念之我见

现代逻辑学的基本原理告诉我们,概念是反映客观事物本质属性的思维方式。任何概念都有内涵和外延两个方面。概念的内涵反映的是某种事物本身所固有的质的规定性,而外延则反映的是某种事物外在的量的规定性。任何一个概念,如果离开了这两个基本要求,都不能称之为科学的概念。

一般来说,事物的本质属性有两种情况,一是与其他事物所共有的,二是该事物本身所特有的。共有的本质属性表明了一事物与他事物之间的普遍联系,特有的本质属性则反映了一事物与他事物之间的根本区别。综观有关间接故意犯罪方面的概念,无论是国内的还是国外的,都没有很好地解决这一问题。它们要么强调共有本质而忽视了特有本质,如强调故意犯罪而忽视了直接故意与间接故意在意志上的差异,要么强调特有本质而忽视了共有本质,如为了强调说明间接故意同直接故意犯罪的不同,而忽视或否认二者在认识程度上的共同性。

我们认为,间接故意犯罪作为一种特殊形态的犯罪形式,既有别于直接故意犯罪又有别于有认识的过失犯罪,但是它们之间又不是绝对孤立、毫不相干,而是互相联系的。因此,要给间接故意犯罪下一较为科学的概念,就必须注意反映它与其他犯罪形式的共同点和不同点,从而有效地把握间接故意犯罪的本质,正确地厘清间接故意犯罪与其他犯罪的界限。

鉴于以上理由,我们认为,间接故意犯罪的概念应当这样表述,即行为主体明知自己的行为会发生危害社会的结果,而有意纵容这种结果发生的行为。这种表述的科学性有以下几点：

第一，它明确了间接故意犯罪与直接故意犯罪在认识因素上的一致性。因为"明知自己的行为会发生危害社会的结果"既是直接故意犯罪成立的认识基础，也是间接故意犯罪成立的认识前提。因此，作为故意犯罪的认识基础，"明知自己的行为会发生危害社会的结果"同样也是间接故意犯罪成立的认识前提。作为故意犯罪的罪过形式，它们二者在认识范围和认识程度上是没有区别的。不论是在直接故意犯罪还是在间接故意犯罪的情况下，行为人都不仅认识到危害社会结果发生的可能性，而且还认识到危害社会结果发生的必然性。间接故意犯罪与直接故意犯罪的区别仅表现为意志上的不同，前者表现为行为人对危害结果的发生是有意纵容不加制止，后者则表现为行为人对危害结果的发生是刻意追求积极争取。但这种区别也仅仅是量的差别，而无质的变异。这是因为，无论是直接故意犯罪还是间接故意犯罪，其在性质上都属于故意犯罪的范畴，只是在具体量刑的过程中，有时对间接故意犯罪的处罚比直接故意犯罪要轻。

例如，被告人杨某，男，45岁，司机。1998年12月18日下午6时许，杨某驾驶东风牌货车由滁州前往扬州，至苏皖界碑皖方3120米处，农民田某因急事从右边路旁树林疾步冲出抢过马路，杨某见状向左猛打方向盘，并紧急刹车，仍躲避不及，车右前轮将田某左腿碾断。事故发生后，杨某见天色已晚，此地荒僻，且无人目击现场，遂将昏迷不醒的田某拖至路旁2米深的护路沟内，自己开车迅速逃跑。次日晨，田某的尸体被人发现。经法医鉴定，受害人田某左腿膝盖粉碎性骨折，因抢救不及时，导致失血性休克死亡。在本案中，被告人杨某明知被害人田某左腿被碾断，将其拖至路旁2米深的护路沟内，必然造成被害人田某死亡，但有意纵容田某死亡的结果发生，其在认识程度上显然属于必然性认识。由于被告人杨某是有意纵容犯罪结果的发生，因此，被告人杨某构成间接故意杀人罪。

又如，被告人李某，男，35岁，汽车司机。1998年5月29日，李某与司机房某等人开着解放牌卡车为其岳父拉木材。因手续不符合规定，木材收购小组负责人吴某责令将装上车的木材卸下。李某等人不肯卸车，后经多次交涉，木材收购小组仍坚持卸车。晚9点左右，被告人李某强行开车，企图将木材拉走。吴某听到汽车发动声后，赶来制止，其他在场的人也上前阻止，但被告人李某一意孤行，继续开车出大门，并将车前的吴某推挤到墙根处。吴某顺势爬上汽车保险杠，爬在翼子板上，用手电筒晃照被告人，令其停车。被告人李某不仅不停车，反而加速行驶，中途两次急刹车，将吴某摔下。被告人发现吴某被摔下后，不停车抢救，继续开车前行，后被公安人员截获归案。吴某被摔成重型颅脑损伤，抢救无效，于 30 日凌晨死亡。在本案中，被告人李某发现被害人吴某摔下车后，不仅不停车抢救，反而继续开车前行，说明被告人李某明知被害人吴某因不及时抢救可能遭受死亡的结果并有意纵容这一结果的发生，被告人李某显然属于间接故意杀人罪。虽然本案的行为人在主观上对危害结果的发生持的是可能性认识，但由于其意志因素属于有意纵容，所以，仍然构成间接故意犯罪。

由以上两案可见，虽然行为人在主观上对危害结果有的持的是必然性认识，有的持的是可能性认识，但由于二者在主观意志上均持的是有意纵容的态度，所以，不管行为人认识程度如何，均应当按间接故意犯罪论处。由此可见，间接故意犯罪与直接故意犯罪在认识程度上是完全一致的，既包括可能性认识，亦包括必然性认识。它们二者之间的关键区别在于意志因素不同，前者为有意纵容，后者为刻意追求。

第二，用"有意纵容"来表述间接故意的意志内容更符合间接故意犯罪行为人的主观心理特征。因为在间接故意犯罪状态下，行为主体对危害社会结果发生所抱的态度并不是听之任之、漠不关心、麻木不仁的，而是同样有行为主体的决意的。因为行为人明知如果对自己的行为所导致的危害结果的发生不加制止，就会因此而负刑事责任，所以他不可能对此无动于衷。既然行为人明知自己的行为会带来危等社会的结果还要决意去做，就表明行为人在行为的过程中是有所考虑的，也就是有意志选择的。因此，在间接故意犯罪情况下，用"放任"来表述就不足以表达其意志活动的基本内容。这是因为，"放任"虽不像希望意志那样具有明显的追求危害社会结果的特征，但也表现出行为人主观意志的自觉性。列克沙斯指出："在涉及到间接故意时，行为人当时可作如下选择，要么放弃原来的目的，要么坚决干到底，即使出现原预料的可能结果。"① 确实，当行为人明知自己的行为会发生危害社会结果时，完全有条件停止自己的行为，避免危害结果的发生。但行为人不放弃自己的行为，而放纵危害结果的发生，说明行为人具有自觉的主观意志。行为人不仅自由选择了放纵危害结果发生的行为，而且危害结果

---

① ［民主德国］列克沙斯：《民主德国刑法理论的若干问题》，载《深圳大学学报》1988 年第 1 期。

的发生也不违背行为人的本意。无论行为的实施，还是结果的放纵，都是行为人在明知结果的社会危害性的基础上自觉决定的，从而也表明了行为人的主观恶性。因而以"纵容"代替"放任"在理论上更具说服力。

例如，2008年12月14日中午，孙某与其父母为亲属祝寿，大量饮酒。当日17时许，孙某驾驶其别克轿车行至四川省成都市××路××路口时，从后面撞向与其同向行驶的一辆比亚迪轿车尾部。肇事后，孙某继续驾车超限速行驶，行至××路××路段时，越过中心黄色双实线，先后与对面车道正常行驶的4辆轿车相撞，造成其中的长安奔奔轿车上5名驾乘人员中4人死亡、1人受伤，公私财产损失5万余元。经鉴定，孙某系在严重醉酒状态下超速驾驶肇事。案发后，孙某亲属赔偿被害方经济损失100余万元。2009年7月22日，四川省成都市中级人民法院以以危险方法危害公共安全罪判处孙某死刑，剥夺政治权利终身。一审判决后，孙某不服，提出上诉。2009年9月8日，四川省高级人民法院以以危险方法危害公共安全罪改判孙某无期徒刑，剥夺政治权利终身。在本案中，孙某明知严重醉酒之后开车有可能给他人的生命或健康造成不应有的损害，仍然大量饮酒，说明其对他人的生命或健康并不是处于一种听之任之、漠不关心、麻木不仁的无意志状态之中，而是在主观上持有意纵容的态度，即行为人对危害结果的发生并不反对和否定，即使结果发生了也不违背其主观意愿。因此，本案被告人构成以危险方法危害公共安全罪，其在主观上是间接故意。因为间接故意犯罪较之直接故意犯罪主观恶性相对较小，因此四川省高级人民法院对本案被告人孙某由死刑改判为无期徒刑是完全正确的。

第三，用"有意纵容"来表述间接故意的意志内容更能反映行为主体的主观恶性和社会危害性。因为在间接故意犯罪情况下，行为人深知对自己的行为若不加以制止，就有可能发生危害社会的结果，而仍然采取放纵、容忍的态度，听任危害结果的发生，说明行为人漠视社会利益和个人利益已经到了无以复加的程度。尽管行为人在意志上不像直接故意那样刻意追求危害结果的发生，但是，行为人在意志上所表现出来的"有意放纵而不加制止"的态度，已足以说明行为主体的主观恶性和社会危害性远非过失犯罪所能比拟。这是因为，间接故意犯罪与过于自信的过失犯罪虽然都属于有认识的犯罪，但是前者对危害结果的发生所持的态度肯定的、认可的，是行为人有意放纵造成的，而后者对危害结果的发生所持的态度则是否定和排斥的，是行为人轻率的行为造成的。正因为如此，在我国刑法立法上，一般都是以处罚故意犯罪为基础,以处罚过失犯罪为例外。这充分地说明间接故意犯罪与过失犯罪在主观恶性和社会危害程度上都有显著的区别。

例如,被告人李某,男,57岁,初小文化,汉族,农民。1997年3月,被告人李某在自家住宅前修筑一道高五米的保坝院墙。施工中,住在坝下的农民龙某对李某说:"94年这堵墙曾倒过,把我家的房子压垮了。这次你要把墙砌好,再压垮了我的房子,你要负责。"李某回答说:"这次我是用新鲜石灰砌的,垮不了,垮了我负责。"同年7月,因连日大雨,李家院墙出现裂缝现象,李某未采取任何补救措施。7月10日夜晚,雨量更大,李家保坝院墙突然坍塌,将坝下龙家一间房子压垮,龙某的7岁女儿及4岁的儿子被压死,其妻受伤。在本案中,被告人李某在连日大雨自家院墙出现裂缝现象的情况下,未采取任何补救措施,结果导致自家保坝院墙坍塌,造成两死一伤的结果。从表面上来看,行为人似乎对危害结果的发生持的是有意纵容的态度,但是究其实质上来看,行为人对危害结果的发生持的是过于自信的过失心理。因为,在本案中,被告人李某与坝下龙某一家无怨无仇,对危害结果的发生不仅在主观上没有希望的心理存在,也谈不上存在有意放纵的心理,而完全是基于对自家新修的院墙不会因连降大雨而倒塌的自信心理。所以,在一般情况下,虽然间接故意犯罪与过失犯罪的行为人对危害的结果的发生均有认识,但由于过于自信的过失,行为人对自己的行为可能造成的危害结果持的是否定和反对的态度,而不是有意加以纵容的态度,故即使造成严重后果,也只能构成过失致人死亡罪,而不可能构成间接故意杀人罪。这就是间接故意犯罪与过失犯罪的根本区别之所在。

第四,用"纵容"取代"放任"更符合我国的文化传统和语言习惯,使人容易理解接受。因为根据现代汉语词典的解释,所谓"放任"是指"听其自然不加干涉"。这样就使得人们往往将间接故意犯罪的意志状态看为一种事不关己、高高挂起的中立态度。而"纵容"则是指"对错误的行为放任不管"。这就明确了行为人在意志上的主导倾向,即行为人不是放任结果不发生,而是放任其发生,在意志因素上表现为"有意放纵而不加制止"的态度。因此,用"纵容"取代"放任"使间接故意犯罪概念显得更为科学合理。

例如,黎某某靠开面包车跑货运营生,2006年9月16日上午,他在经过三轮饮酒后把车牌为粤A×××××的面包车开上了碎石土路,由南往北行,撞倒骑车带着儿子从外面回村的李某某,车轮直接从李某某的胸部碾压过去，李某某的儿子从后椅座上摔了出去，腿部严重骨折。撞倒李某某后，车继续往前开，径直撞上了铁闸后，车猛地调了头，又朝杜某某站的岗亭撞了过来，岗亭的护栏被撞断，停在旁边的摩托车也被撞倒。之后，又把前来劝阻的梁某某挂摔了十几米，从他身上碾压过去，直到冲进路边的鱼塘被陷住，车才彻底停下来。被送往医院抢救的李某某和梁某某，都死于车祸当天。在本案中，黎某某明知自己是司机，如果醉酒驾车有可能发生交通事故，而对此全然不顾，在一天之中大量酗酒，以致在严重醉酒状态下，开车失控，造成多人死亡。黎某某的主观心态完全符合"纵容"危害结果发生这一特征。这是因为，黎某某在主观上明知自己的醉酒行为有可能造成重大交通事故，而对此放纵不管。他对于自己的行为是否会造成危害结果不是无所选择，而是有所选择的，因此根本不能认为行为人对自己的行为持的是中立的态度。所以，无论是在刑法理论上还是在司法实践中，以"纵容"取代"放任"是比较合理的。

第五，本书所下的概念更符合现实生活中间接故意犯罪的客观实际。如上所述，一切从实际出发是我国刑法立法的实践根据。因此，在刑法立法的过程中，对于任何概念的界定，都必须符合我国的客观现实，否则就会滑向错误的泥潭。对于间接故意所下的概念而言，也必须严格遵守上述规定。从司法实践来看，在间接故意犯罪情况下，行为人在认识上不仅可以认识到危害结果发生的可能性，而且还可以认识到其必然性，行为人在意志上不是静止的，而是活动的，不是无所选择、漠不关心，而是有所选择，经过考虑的。只不过在情感和意志上以及行为方式方面没有直接故意犯罪那么强烈和直接而已。如果按照传统的刑法理论，将间接故意犯罪看作是一种无意志选择的犯罪活动，那么在司法实践中，就不仅会混淆间接故意犯罪与有认识的过失犯罪的区别，而且还会放纵某些对社会有严重危害的犯罪行为。

例如，被告人张某某，男，44岁，个体施工队负责人，挂靠淮安××建筑工程公司南京分公司，家住江宁区××街道××路××小区。2009年6月30日晚八点半，被告人张某某酒后驾车至南京江宁区岔路口地区，连撞9人，导致5人死亡。据当时的目击者称，从第一撞击点到最后撞击点大概有250米。这辆黑色轿车从饭店门口撞了一个人之后猛地往左打方向盘，撞进了边上的瓜摊，造成看瓜摊的一对堂兄妹受伤，然后扳回方向盘继续往前逃，撞倒了路中间的自行车，车上的人当场死亡，此后又连撞多人，共造成死亡5人，其中还有一孕妇及其腹中七个月的胎儿。2009年6月30日当晚，醉酒驾车造成 5 死 4 伤重大交通事故嫌疑人张某某被警方依法刑事拘留。经抽血化验，肇事司机的血液中酒精含量为每百毫升 381 毫克，而每百毫升 80 毫克就属于醉酒，显然，肇事司机属于严重醉酒驾驶。南京交管部门了解到，张某某名下共有三辆车，松花江面包车、宝来和别克，并不包括那辆肇事车。而他本人是 2006 年 5 月领取的 C1 驾照。通过张某某的驾驶证进行查询，可以发现他从 2006 年 8 月到 2009 年 4 月，共有 80 次违法行为记录，粗略统计一下，其中超速就达到了 39 起，此外还有不少次闯红灯，而且这些曝光仅仅来自其中那一辆宝来。由于这起事故影响恶劣，有关人士分析，这些违法行为都是用张某某的驾驶证来处理的，尽管不意味着每一起都是他本人驾车违法，但肯定要占绝大部分，这可以从侧面反映张某某开车很"猛"。查询事故车"苏A×××××"的曝光记录发现，2009 年 6 月 26 日，也就是事故前 4 天，这辆车就连续闯了两次红灯。可见张某某事件的发生并不是偶然情况，其人是一个在案发前就有 80 次违法行为记录的"危险人物"。2009 年 7 月 1 日，警方对于张某某是以交通肇事罪还是以危险方法危害公共安全罪进行拘留的问题，会集法院、检察院进行了紧急研究。但警方并没有透露张某某是以何种罪名被刑事拘留。

2009 年 11 月 27 日上午 9 点 30 分，江苏省南京市中级人民法院在第二法庭开庭审理张某某特大醉驾肇事案。检察机关指控，被告人张某某于 2009 年 6 月 30 日晚，醉酒驾车危害公共安全，致 5 人死亡、4 人受伤、6 辆机动车不同程度受损，应当以以危险方法危害公共安全罪追究其刑事责任。辩护律师则认为此案属于过于自信导致的过失犯罪，应定过失以危险方法危害公共安全罪，请求从轻量刑。庭审持续约两个小时，因案情重大，法庭没有当庭宣判。2009 年 12 月 23 日上午，南京张某某醉酒驾车肇事案一审宣判，被告人张某某犯以危险方法危害公共安全罪被判处无期徒刑，剥夺政治权利终身。2009 年 12 月 28 日，针对此案一审判决后，案件部分被害人家属对判决不满，来到南京市检察院请求对南京市中级人民法院一审判决提起抗诉的情况，南京检方经过深入研究后于 28 日作出答复，认为此判决于法有据，量刑适当，决定不予抗诉。在本案中，被告人张某某作为一个长期违章驾驶的司机，对于在严重醉酒状态下可能会造成对他人生命或健康的损害，在主观上无疑是明知的。但是，行为人不仅对自己的行为不加限制，反而有意纵容危害结果的发生，最终造成 5 死 4 伤的严重后果。所有这些都说明行为人对自己的行为造成的后果不是无所选择、漠不关心，而是有所选择，经过考虑的，只不过在情感和意志上以及行为方式上没有直接故意犯罪那么强烈和直接而已。因此，南京市中级人民法院以"以危险方法危害公共安全罪"判处张某某无期徒刑是完全正确的，南京检方对这一判决不予抗诉也是完全正确的。这是因为，在本案中，被告人张某某虽然造成了5死4伤的严重后果，但是行为人是在严重醉酒的状态下有意放纵了危害结果的发生，属于间接故意犯罪。由于间接故意犯罪的行为人在主观上的恶性较之直接故意犯罪要小，故对本案行为人判处无期徒刑，而没有判处死刑是于法有据的，并不存在量刑不当之处。

三、间接故意犯罪概念别称之辨析

间接故意犯罪在刑法理论上又被称为可能的故意犯罪和不确定的故意犯罪以及准故意犯罪，这些别称是否就完全符合间接故意犯罪的原意呢？下文试就这个问题作一具体分析。

（一）间接故意犯罪与可能故意犯罪

间接故意犯罪在一些受苏联模式影响较大的社会主义国家的刑法理论中又称之为可能的故意犯罪。按照苏联刑法理论的通说，可能故意犯罪是指行为人预见到自己的行为可能发生危害社会的结果却有意识地放任它的发生的一种心理状态。例如特拉伊宁认为，"可能的故意——它的特点就在于此——就在于犯罪人虽不希望，但却有意识地放任发生的结果，是可能的，也就是说，可能发生，但也可能不发生"。[①] 又如，由苏联司法部全苏法学研究所主编的《苏联刑法总论》亦认为，"成立可能的故意，必须犯罪者并无希望其预知之自己行为之结果发生之意志，但依然自觉地容许其发生之可能。这是可能故意不同于直接故意的地方。"从这里，我们不难看出，他们之所以将间接故意犯罪称之为可能的故意犯罪是基于间接故意犯罪的认识程度来考虑的。因为在他们看来，在间接故意犯罪的场合，行为人对自己的行为即将造成的社会危害结果的认识只能存在"可能性"的认识，所以用可能故意来表明间接故意更能突出它的特有本质。然而，在实际上，用可能故意犯罪作为间接故意犯罪的"替身"，非但没有完全反映间接故意犯罪的认识特

[①] [苏] A. H. 特拉伊宁：《犯罪构成的一般学说》，薛秉忠等译，中国人民大学出版社1958年版，第167页。

征，反而带来了很大程度上的片面性，并且也因此带来了间接故意犯罪与有认识的过失犯罪在认识程度上的混同。因为在间接故意犯罪中，不仅包括行为主体对社会危害结果发生的可能性认识，还包括行为人对社会危害结果发生的必然性认识。因此，只取间接故意犯罪认识程度的一个侧面作为反映其全貌的代名词，从逻辑上来讲，犯了概念不周延的错误，因而是不科学的。至于在理论上应当如何解释，后文还要作进一步地探究，在此不多赘述。

(二) 间接故意犯罪与不确定故意犯罪

间接故意犯罪在以大陆法系为代表的一些资本主义国家及地区的刑法理论中又称之为不确定故意犯罪。德国、日本、我国台湾地区等国家和地区都使用这种概念。如日本的大塚仁认为："所谓不确定故意是指明知有结果发生的可能性，但对结果却采取了容忍的态度。"① 又如我国台湾地区学者褚剑鸿认为："不确定故意，谓行为人对行为之客体或行为预见之结果，不能具体确定，但认许其犯罪事实可能发生之故意也。不确定故意，亦即间接故意。"② 再如我国刑法学界也有学者认为："间接故意，又叫不确定的故意，或叫可能的故意。即行为人明明知道自己的行为会发生危害社会的结果，并放任这种结果发生。"③ 诸如此类，将不确定故意与间接故意相互等同的说法，在日本以及我国的许多论著中都可以看到。然而，从刑法理论上来分析，这种将两者相混同的说法是不科学的。

众所周知，直接故意和间接故意、确定故意和不确定故意是两种不同类型的犯罪故意，其区别标准和表现形式均有差异。前者是按照犯罪故意的意志因素来进行划分的，而后者则是按照犯罪故意内容的明确程度来划分的。如果能将二者融为一体，似乎就没有必要在直接故意与间接故意之外再区别确定故意与不确定故意。事实上，确定故意未必就是直接故意，不确定故意未必就是间接故意。当行为人明知自己的行为一定会发生某种危害结果时，无论行为人希望还是放任这种结果发生，都是确定故意。同理，当行为人对自己的行为是否发生危害结果、发生何种危害结果不明确时，不影响行为人追求危害结果的心理态度。例如，某甲欲杀某乙，一天夜里，向某乙居住的

---

① [日] 福田平、大塚仁：《日本刑法总论讲义》，李乔等译，辽宁人民出版社1986年版，第68—69页。

② 褚剑鸿：《刑法总则论》，三民书局1995年版，第192—193页。

③ 张尚鷟：《中华人民共和国刑法概论（总则部分）》，法律出版社1983年版，第111页。

卧室投了一手榴弹。虽然他对某乙是否在家认识并不明确，但仍希望某乙死亡。显然，某甲杀人的直接故意在认识因素上，也是不确定故意。所以，直接故意不能等同于确定故意，间接故意也不能等同于不确定故意。

一般来说，不确定故意是指行为人虽明知自己的行为会发生危害社会的结果，但对结果的具体内容及发展趋向的认识并不明确，而希望或者放任危害结果发生的心理态度。犯罪故意的不确定主要表现在两个方面。其一，对故意的具体内容认识不明确。故意的认识内容具体包括如下几个方面：一是对侵害的性质认识不明确，对自己的行为会发生死亡结果，还是伤害结果处于不确定状态；二是对侵害对象认识不明确，对自己行为直接作用的物或人究竟是谁处于不确定状态，例如，行为人向人群射击，是打死张三、还是李四抑或是王五，都不能肯定；三是对侵害范围不明确，行为人对自己的行为会造成多大的危害结果，涉及多少犯罪对象，处于不确定状态。例如行为人引爆会炸死一人，还是多人等。其二，故意的认识程度不确定。就是说，行为人认识到自己的行为的发展趋向具有多种可能性。具体表现为两种情形：一是危害结果是否发生，即危害结果可能发生，也可能不发生，例如，行为人在射击打猎时发现自己可能打中牧童，也可能打不到；二是危害结果如何发生，即发生何种危害结果不确定，例如，在流氓互殴案件中，某流氓用匕首对他人胸部猛刺，是致他人死亡，还是伤害，行为人的认识往往不很确定。

间接故意是指行为人明知自己的行为会发生危害社会的结果，而有意纵容这种危害结果发生的心理态度。乍看起来，间接故意犯罪与不确定故意犯罪在主观方面确有许多相似之处，譬如，对危害结果的发生都不能确定，在意志因素方面都包含有放纵、容忍的态度等。然而，究其本质而言，二者却存在着很大的差别。具体说来，主要表现在以下几个方面：

第一，从认识上来看，间接故意犯罪的行为人对于自己的行为引起何种结果是明确的，只是对后果发生采取了纵容的态度而已。而不确定故意犯罪虽然行为人对自己的行为产生何种性质的结果没有确定的认识，但对发生的结果都有概括的预见，只是不能肯定发生哪一种罢了。有的学者认为，由于不确定故意的行为人对危害结果的发生在认识上处于不确定的状态，因此，行为人对危害结果就不可能明知。笔者认为，这种观点很有偏颇之处。既然不确定故意也是故意犯罪之一种，说明行为人认识到危害结果是否发生以及如何发生的可能性，表明行为人已认识到自己的行为会发生危害社会的结果。所以，不能把"不确定"与"明知"对立起来。不确定故意是在"明知"基础上的不确定。而且，不确定故意并不影响行为人希望或纵容危害结果发生的意志态度。

第二，从行为人所持的态度来看，间接故意犯罪对危害结果发生所抱的态度是确定的，明确表现出对某种结果发生与否所抱的纵容态度。而不确定故意对于追求何种结果的态度是不确定的，这种态度的不确定，不是行为人不能确定，而是在某种情感支配下不想去确定，因而笼统地追求危害结果的发生。

第三，从侵害对象来看，在间接故意犯罪和不确定故意犯罪中都有不确定的情况存在。但如何分别这样两种不同的情况，这可以从情感和动机两个方面来加以考虑。在间接故意犯罪中，由于行为人情感因素的多重性导致其动机是复杂的、不稳定的，而在不确定的故意犯罪中，行为人的情感方式是肯定的，因为不论出现何种危害结果都是行为人希望和追求的，所以其动机是坚定的。如某人在公众场所持械斗殴，纵容他人伤亡的后果发生，和某人出于报复的目的，有意开车往人群中撞，虽然它们在对象上都可能是不确定的，但前者是间接故意犯罪，后者是不确定故意犯罪，就是因为行为人当时的情感和动机是不同的。

（三）间接故意犯罪与准故意犯罪

间接故意犯罪，在某些国家和地区的刑事立法和刑法理论中，又被称之为准故意犯罪。例如，德国的费尔巴哈在他主持起草的《巴伐利亚1824年刑法草案》第4部第2条中就明文规定："即使犯罪人非因某种故意而实施行为。但根据一般的经验预见到其行为必然或容易引起该结果，那么，该结果属于犯罪故意行为造成的违法结果。"由于费尔巴哈竭力主张希望主义的故意犯罪观，反对直接故意与间接故意的分类，因此，他在理论上就将在上述心理状态下造成危害结果的行为，称之为"准故意"犯罪。此外，在我国台湾地区，也有些刑法学者将间接故意心理状态下造成的危害结果，称之为"准故意"犯罪。例如，我国台湾学者陶百川等人在《最新综合六法全书》中就认为："行为人对于构成之事实，预见其发生，而其发生并不违背其本意者，为准故意。"①

---

① 陶百川等编：《最新综合六法全书》，三民书局1996年版，第857页。

准故意犯罪是否就是间接故意犯罪？其二者能否相互替代？笔者的回答是否定的。首先，"准故意"的概念是不明确的。因为，准故意一般指的是准直接故意，而准直接故意是指行为人对危害结果的发生抱着一种准希望的态度，而这种准希望的心理状态，既不同于直接故意的希望态度，又不同于间接故意的纵容态度，因此令人难以捉摸。其次，从划分犯罪故意的属界来看，如果以行为人的意志为标准来区分故意的种类，那么任何故意都只能区分为直接故意与间接故意两种，要么是直接故意，要么是间接故意。把间接故意的意志状态视为直接故意的亚形式，既不符合行为人实施该犯罪时的心理态度，也往往容易模糊直接故意与间接故意两者之间的界限。因此，用准故意犯罪来替代间接故意犯罪既不准确也不科学。

专题六
情感因素在犯罪故意构造中的地位及运行机制

在人类的发展历史中,情感是一种宝贵的精神财富,它引领着人类从洪荒蒙昧时代走入文明社会,并且在这一过程中创造了辉煌的文明,也给我们累积了传承后世的精神财富。情感作为一种复杂和高级的心理现象,可以说,既是人与动物之间区别的标志之一,也是人类精神文明的体现之一,其重要性是不言而喻的。

在社会生活中,人们面对着不同的事物和事情,会生出不同的心理体验,产生不同的态度和感觉。喜怒哀乐惧,这些在生活中常见的心理现象,一般被称为情绪和情感。现代心理学的研究表明,它们影响着人的主观心理状态,伴随认知过程产生并对认知过程产生重大影响,也对人改造客观世界具有重大的作用,对人的行为决定起着推力或者阻力的作用。

我国古代就有"七情六欲"[①]"通情达理"的说法,而西方更是对情感进行了深入的分析,从柏拉图的《理想国》一书蕴含的心理学知、情、意

---

① "何谓人情?喜怒哀惧爱恶欲,七者,弗学而能。"语出《礼记第九·礼运》。所谓七情,古人一般是指"喜怒哀惧爱恶欲"这七类感情,比如唐代韩愈的《韩昌黎文集·原性》中所说的"其所以为情者七:曰喜、曰怒、曰哀、曰惧、曰爱、曰恶、曰欲"。

三分的雏形，到亚里士多德的"八情"①，再到现代西方心理学以弗洛伊德、荣格为代表的精神分析学派等多个心理学派的发扬光大，对于情感世界的分析和研究呈现出百花齐放的景象。

本书主要探讨情感因素与犯罪故意构造的问题，在探讨之前首先需要对这里的"情感"进行界定。现在国内的心理学教材和专著一般都是将"情绪"和"情感"并列，在使用上没有区分，或者虽有区分，但是在使用上还是在混用和并用。而在英语中表示情感现象也有"desire""emotion""sentiment""feeling""passion"等多种表达，在翻译的时候，基本上都可以译成"情感""情绪""感情"等词语，虽然各种辞书可能会说明其存在的差别，但这些差别是很细微的，人们在使用时基本上不加区别。因此，本书对于"情感"一词的界定，仿照情绪心理学对"感情"（affect）的界定，"即人的区别于认识活动、有特定主观体验和外显表情、同人的需要相联系的感情反映"②。在使用"情感"一词时，就包含了上述"情绪"和"情感"两个方面的内容。

基于"情感"是本书的论述基础，必须要明确其内涵以坚定本书的讨论基础，因此有必要对其进行内容上的考察和分析。本书针对心理学、伦理学和犯罪心理学等与"情感"密切相关的学科，进行逐一考察。

一、情感因素的多学科考察

（一）情感因素的心理学考察

1. 心理学中关于情感因素的一般理论

心理学是研究人的心理活动及其发生、发展规律的科学。心理学研究表明，心理是客观现实的主观反映，"它不具有单一动作的性质，而具有过程

---

① "八情"是指愤怒、温和、恐惧、怜悯、奋励、喜悦、友爱和憎恨。参见［古希腊］亚里士多德：《灵魂论及其他》，吴寿彭译，商务印书馆1999年版，第47页。我国学者车文博先生认为这里的"八情"与我国传统的"七情"说法实质上相吻合，参见车文博：《车文博文集》（第4卷），首都师范大学出版社2010年版，第389页。

② 李建华：《道德情感论——当代中国道德建设的一种视角》，北京大学出版社2011年版，第68页。

性"①。人的心理活动包含了认识过程、情感过程和意志过程三个方面②。三者既有区别又互相联系。认识过程是意志过程的基础,而情感和意志活动又促进了人的认识的发展,情感过程往往伴随认识过程和意志过程始终。③ 我国台湾地区学者形象地认为,"情绪、行为、认知就如同等边三角形的三个角,三者必须配合而非抗衡,才能使个人身心状态处在平衡的状态"④。

虽然心理学学者们在论述情感过程时常把情绪和情感并列,合称为"情绪情感过程",可见二者的联系密切,但实际上情绪和情感并不是同一回事。在心理学中,情绪是指"个人对其所认识的事物、所做的事情以及自己和他人的态度体验,包括所有在主观上体验到的、负载感情的、有意识的心理状态",而情感"一般指对情绪过程的主观体验和感受"。⑤ 学术界一般认为二者的区别表现在:第一,情绪是生理性的反应,而情感多是心理性的;第二,情绪是不稳定的,易变化的,带有情境性,而情感是相对稳定的,是人对事物的本质性的态度;第三,情绪是情感的表现形式,情绪有明显的冲动性和外显性,而情感则比较深沉,具有内隐性和微妙性。目前这些区别已经得到学界的认同,成为共识。⑥

总体来讲,情绪和情感是指客观事物是否符合人的愿望与需要而产生的态度体验,快乐、愤怒、恐惧和悲哀是四种最基本的、最原始的态度体验,被称为"情绪的基本形式"。一般认为,情感是在情绪的基础上形成和发展的,是高级的,属于人类所特有的,可以分为道德感、美感和理智感三类,这些情感都渗透着人类的价值判断。

---

① [苏] B. B. 波果斯洛夫斯基、A. Γ. 科瓦列夫、A. A. 斯捷潘诺夫、C. H. 沙巴林:《普通心理学》,魏庆安等译,人民教育出版社1981年版,第5页。
② 伦理学中也有借鉴心理学的这一过程来认定道德情感的形成的观点。如我国学者李建华教授认为道德心理的形成主要经历对情境的道德解释、道德判断、道德抉择和实施道德行为四个过程,称为"知、情、意、行"。参见李建华:《道德情感论——当代中国道德建设的一种视角》,北京大学出版社2011年版,第5—6页。
③ 参见叶奕乾、何顺道、梁宁建:《普通心理学》,华东师范大学出版社1991年版,第2页;叶奕乾、祝蓓里:《心理学》,华东师范大学出版社2006年版,第3页;冯鸿滔:《普通心理学》,中国人民公安大学出版社2006年版,第6—7页等。需要注意的是,有的教材和专著把"情感过程"也称为"情绪情感过程",根据本书对"情感"的界定,这一表述与"情感过程"在内涵上没有不同,而事实上情绪与情感是有差别的。
④ 蔡秀玲、杨智馨:《情绪管理》,安徽人民出版社2001年版,第6页。
⑤ 黄希庭主编:《简明心理学辞典》,安徽人民出版社2004年版,第287、285页。
⑥ 参见陈述:《行为心理论》,湖南师范大学出版社2010年版,第162页。

2. 心理学中关于情感因素的重要学说

随着现代心理学研究的深入，人们对情绪和情感的认识逐步深入，有关情绪和情感的学说至今已有数十种。基于本书的研究重点，在此只择其重要观点介绍，以明晰情感因素在心理活动中的地位和对于行为活动的影响。

美国心理学家汤姆金斯（Silvan S. Tomkins）和伊扎德（Carroll E. Izard）创立的动机—分化理论最早提出了情绪的动机性功能。他们认为情绪是有机体的基本动机系统，对认知的发展和认知活动本身起着监督作用，是认知发展的契机，激发起对新异刺激的兴趣，从而决定认知的选择和方向，激发人们去认识和行动。① 我国有学者则进一步认为情绪是一种复合动机，包括情感类动机和情绪类动机两种。②

美国心理学家华生（John Broadus Watson）于1929年明确提出了行为主义情绪理论。他以抚摸刺激婴儿导致其学会微笑和婴儿多次抚摸小白鼠均配以巨响导致对皮毛类物品的恐惧的例证表明，情绪是在强化刺激和复杂的经典性条件作用中习得的行为模式，直接将情绪与行为联系了在一起。随后哈洛（Harry F. Harlow）、米伦森（John R. Millenson）、格雷（J. A. Gray）等对这一理论进行了发展。其中最值得注意的是格雷于1971年提出的一种情绪理论。"他认为情绪包含三个系统：（1）当接近状态占优势时，奖惩刺激的作用是激励行为和情绪的产生；（2）当行为抑制状态占优势时，奖惩刺激使人不去进行某种行为；（3）当逃跑状态占优势时，奖惩刺激限制了人的行为和情绪。"③

美国心理学家扬（P. T. Young）于1961年经过实验研究后，提出了动机—唤醒理论，认为情感过程与感知过程的不同就在于它产生动机并影响了行为。他认为情感过程有四个方面的作用："激活诱发行为；维持并结束行为；调整行为，决定其是否继续与发展；组织行为，决定神经活动模式的形式。"④

3. 情感因素在心理和行为过程中的功能

通过上述关于情感因素的心理学学说，可以发现情感因素对于认知和意

---

① 周瑛主编：《普通心理学》，警官教育出版社1994年版，第224页。
② 陈述：《行为心理论》，湖南师范大学出版社2010年版，第187页。
③ 叶奕乾、何顺道、梁宁建：《普通心理学》，华东师范大学出版社1991年版，第367页。
④ 叶奕乾、何顺道、梁宁建：《普通心理学》，华东师范大学出版社1991年版，第365页。

志过程均具有影响作用,从而对行为和行为模式的选择上也具有"诱发""调整""组织""抑制"和"破坏"等不同的作用。

(1) 情感因素对认知过程的影响

认知过程是指人在认识客观事物的过程中,为了弄清客观事物的性质和规律而产生的心理现象,包含感觉、知觉、记忆、想象和思维等心理活动。① 情感因素对人的感觉、知觉以及思维、记忆等认知心理活动都有密切的关系。一方面,人们的认知对于情感具有刺激、诱发作用,生活中常见的所谓"触景生情"的例子就是最好的例证,而另一方面,情感因素也会对人的认知过程产生作用,比如人在烦恼、急躁的情绪状态中就可能导致思路闭塞、记忆力低下,并且情绪在一定情况下也能决定思维。例如,你赢得一位漂亮女子的青睐并且对她产生了强烈好感,那你对她的认知评价也会产生影响,即使你以前坚信"人无完人",也会认为她是完美无瑕的。② 情感因素对于感觉和知觉的影响还表现在情绪可以左右知觉的选择。比如,婴儿大都喜欢红色,因此在各种颜色的玩具中,他们的关注重点更多的是在红色的物体上。③ 这种对不喜欢的物体或者其他事物予以忽视或者对感兴趣的事物予以关注的认知选择是情感因素对人的认知所起的最值得注意的影响。

(2) 情感因素对意志过程的影响

"意志是自觉地确定目的,并为实现目的而支配调节自己的行动,克服各种困难的心理过程。"④ 意志过程包含采取决定阶段和执行决定阶段两个部分。前一部分是意志行动的前导,决定意志行动的方向,包含动机斗争、确定目的、选择方法与策略、制订计划等环节;后一部分是将目的、计划付诸实施以完成意志行动的过程,是意志行动的关键,是主观转化为客观、改造客观世界的过程。与情感过程所具有的易变性、模糊性、两极性等特性不同,意志在行动中具有稳定性的心理特征,而且具有自觉性、果断性、坚持性、自制性等良好的、鲜明的品质。

情感因素对意志过程具有影响,比如,耶克斯—多德森定律(The Yerkes - Dobson Law)就表明人只有在中度的焦虑状态中才有可能取得最好的学习成

---

① 叶奕乾、祝蓓里主编:《心理学》,华东师范大学出版社2006年版,第3页。
② [美] 约翰·P. 霍斯顿:《动机心理学》,孟继群、侯积良等译,辽宁人民出版社1990年版,第251页。
③ 叶奕乾、何顺道、梁宁建:《普通心理学》,华东师范大学出版社1991年版,第343页。
④ 李毓秋、梁拴荣、姚有纪:《心理学原理与应用》,经济科学出版社1999年版,第265页。

绩，而高度和低度的焦虑水平均不会有这种效果。这种影响主要表现在两个方面：其一，积极的情感对人的意志活动具有支持作用，使意志行动在遭受挫折时变得坚强，支持意志行动的完成；其二，消极的情感会对人的意志活动产生削弱甚至阻碍作用。[①] 无论是积极的情感还是消极的情感，都表现出情感因素的动力性特征。由于意志是由动机激发的为满足某种需要所进行的活动过程，而根据上述学说的介绍，其实动机本就是情绪，所以，情感因素对意志过程的发展就有激发作用，经过采取决定阶段的各种动机斗争并决定实施之后，就会引导着意志为了实现需求而进入执行阶段，将意图诉诸于客观现实。如果客观现实的发展符合人的意志行为预期，人的需要在社会中得到了满足，人就会生出积极情感，具体就表现为成就感，它对于人树立自信心、继续完成目的、实现意志活动的需求具有积极的推动作用。但是人们的行为往往并不是一帆风顺的，许多时候人的愿望和目的并不能一下就实现，需要经受许多的挫折。而在意志行动受挫的时候，人会出现沮丧、失望、痛苦等情绪，如果人的意志不能控制情感因素，情感因素就会导致执行决定中的困难，意志行动就会半途而废，即人们对挫折产生了消极的反应方式，如冷漠、逃避、自戕、幻想甚至攻击等。意志不能控制情感的影响，就会使人成为情感的俘虏。而有些意志坚定的人就可以做到控制自身的情感，发挥自觉性、坚持性等优良的意志品质，克服困难，知难而进，最终达到目的。

通过以上分析，可以发现认知、情感与意志三者之间存在着互动关系：认知过程在整个心理过程中扮演着基础性的作用，是情感过程和意志过程的前提；情感过程对于认知过程具有广度和深度上的影响，控制着认知的方向和程度，而进一步在一定程度上影响着意志因素，支持或者阻碍意志活动的展开；意志过程是在认知过程和情感过程的前提和影响下，决定采取和执行意志行为的阶段，但意志也可以在理性的指引下控制或调节消极的情感的影响，最终实现意志行为。

(二) 情感因素的伦理学考察

在人类历史的发展过程中，伦理学是一门古老的学科。作为一门以人类道德为研究对象的学科，它是人类摆脱蒙昧时代，进入文明社会的最好征表，而且这门学科随时间的流逝愈加显示出强大的生命力。按照流行的说

[①] 冯鸿滔主编：《普通心理学》，中国人民公安大学出版社2006年版，第270页。

法，伦理学就是关于道德的学问。① 英文的"伦理"与"道德"分别是"ethics"和"morality"，分别来自于拉丁文"ethica"和"mos"，均是指风俗、习惯和品行等，二者词源含义基本一致。② 中文里面也是经常把"道德"和"伦理"并列，在含义上非常相似，而道德的评判自然与善恶密不可分。"情感是与被认作善或恶的事物相关的一种精神状态。"③ 作为一种复杂的心理现象，其在古今中外的道德伦理思想中受到了许多的关注。

1. 西方伦理学对于情感的理解

西方伦理学历史从古希腊时期寻找至善的理念开始，就伴随着道德理性主义和道德情感主义的互相辩驳。柏拉图认为，在人的精神结构中，情欲和情感是低级的，只有理性才是高级的，也只有经由理性才能认识善的理念。西方近代伦理学家，比如笛卡尔（Rene Descartes）、斯宾诺莎（Baruch Benedict Spinoza）、莱布尼茨（Gottfried Wilhelm Von Leibniz）、黑格尔（G. W. F. Hegel）等，均秉承了道德理性主义的观点。比如，斯宾诺莎认为，"唯有遵循理性的指导而生活，人们的本性才会必然地永远地相符合"，"凡根据理性的指示而判定为善的或为恶的，即必然地是善的或是恶的"。④ 由此可见斯宾诺莎对于理性的尊崇。而在论及情感因素时，其认为"一切欲望，只要是为我们的被动的情绪所产生的，都是盲目的，而且只要人们是很容易教导成纯遵循理性的命令而生活，则这些欲望，将会没有什么用处。"⑤

近代以来，英国在经过17世纪经验主义伦理学的发展之后，逐渐发展出情感主义伦理学。情感主义伦理学注重道德情感，并且把道德感中的仁爱感作为道德的本质，其发展的契机是对霍布斯的利己主义伦理学的批判。沙夫茨贝里（Anthony Ashley cooper Shaftesbury）认为，个人与社会、个人与他人之间总是存在着人性的联系，表现为友谊、同情以及其他任何利他的情

---

① 宋希仁主编：《西方伦理学思想史》，湖南教育出版社2006年版，第2页。
② 王海明主编：《新伦理学》，商务印书馆2008年版，第1—2页。
③ [英]亚当·弗格森：《道德哲学原理》，孙飞宇、田耕译，上海世纪出版集团2005年版，第31页。
④ [荷兰]斯宾诺莎：《伦理学》，贺麟译，世纪出版集团、上海人民出版社2009年版，第164页。
⑤ [荷兰]斯宾诺莎：《伦理学》，贺麟译，世纪出版集团、上海人民出版社2009年版，第182页。

感,这些人类共有的情感和情欲会引导人们调整自己的行为,以期有助于同类。① 而随后的休谟则进一步将情感主义系统化,他认为德与恶的行为是受快乐和痛苦的情感支配的,情感直接刺激行为,推动行为或制止行为。② 在休谟这里,情感成为了道德活动的源泉,而且他的论证是与心理学密切结合的。亚当·斯密则进一步从承认人性具有自私和仁爱的两个方面出发,在《道德情操论》③一书中,他认为,人的情感总是和行为密切联系并依据于一定行为的。这种联系表现为与引起行为的动机和行为所要达到的结果相联系两种基本形式,在不否定理性作用的同时,他注重情感对人的美德形成的影响。④

进入现代以后,情感主义伦理学继续发展。20世纪西方最伟大的哲学家罗素认为,最基本的主观因素是个人的欲望和情感,整个善恶观念都与欲望有某种联系,个人的欲望和社会集团的欲望都影响着人们价值观念的变化,个人的道德判断是自我的愿望和情感的显露。⑤ 维也纳学派的创始者弗里德里奇·阿尔伯特·莫里茨·石里克(Friederich Alert Moritz Schlick)对情感主义伦理学作了进一步的发展。他认为,动机是道德行为的基本原因,而人类的动机一般总是为情感所决定,人们总是努力追求快乐的情感,避免痛苦的情感,感情的作用使动机转化为冲动,冲动对行动起着"力"(force)和"发生"(spring)的作用,愉快和不愉快的感情结合和感情的强度决定了这种冲动的方向和大小。⑥ 查理斯·李斯勒·史蒂文森(Charles Leslie Stevenson)是现代情感主义伦理学的集大成者。他认为,人们在价值判断上的种种分歧并非都源自个人的情感差异。他区分了"信念上的分歧"

---

① 参见宋希仁主编:《西方伦理学思想史》,湖南教育出版社2006年版,第301页。
② 参见[英]休谟:《人性论》,关文运译,商务印书馆1980年版,第495页以下。
③ 学术界一般将亚当·斯密的此书翻译为《道德情操论》,但也有的学者翻译为《道德情感论》,比如,谢祖钧译本,陕西人民出版社2004年版。应当说,后一种翻译更符合书名"The Theory Of Moral Sentiments"的原意,但《道德情操论》的翻译已经约定俗成。
④ [英]亚当·斯密:《道德情操论》,蒋自强、钦北愚、朱钟棣、沈凯璋译,商务印书馆1997年版,第209页以下。
⑤ [英]罗素:《宗教与科学》,商务印书馆1982年版,第123—127页。
⑥ 万俊人:《现代西方伦理学史》,中国人民大学出版社2011年版,第310—312页。

和"态度上的分歧"①,而二者之间的影响是"密切的"和"相互的"。他特别指出要注重态度上的分歧,对于人们在价值判断中的情感、倾向、偏爱和欲望等方面的差异对价值判断的影响要特别予以重视。②

通过对西方伦理学中情感对价值判断以及行为的影响,可以看出这些哲学家、思想家在道德行为产生的机制上,看到了情感因素作为行为发生的驱动力是行为发生的心理基础。在道德行为的选择上,强调个人意志自由与社会制约的统一,认为"意志的自由实质上就是情感的自由,因此,在整个道德选择过程中,善恶判断、责任承担、行为价值,都是由道德情感所支配。"③但是,也应当看到,这些学者所论述的情感并不一致,有的仅是在情绪的角度来讲的,有的是在感情的角度来讲的,也有的是在包含了上述两者的范围内讨论的。

2. 我国古代伦理学对于情感的理解

我国从古至今都注重伦理道德的建构,但是对于情感伦理的讨论并不多,而是更加着意于善恶之辩、义利之辩的思考,这大概和"喜怒哀乐之未发谓之中"的儒家"中庸"思想有莫大的关系。但我国文化源远流长,典籍著述灿若星河,对于情感因素也存在一些论述。

孔子的思想核心是"仁",而"仁者,爱人"的表述则是对情感在儒家思想体系中地位的最好的证明,随后的荀子也有"性者,天之就也;情者,性之质也;欲者,情之应也"④的阐释。虽然先秦儒家肯定情感的正当性,但是主张以道统情,孔子的"富与贵,是人之所欲也,不以其道得之,不处也"⑤的论断就清楚的说明了这一点。虽然孟子主张寡欲,但也并不是要禁欲。基本上来讲,先秦儒家思想对于情感基本上持一种不排斥但应加以限制的态度。随着中国古代封建社会的发展,文人士大夫在"百善孝为先"的理念引领下,充分肯定以"孝"为核心的人伦亲情,但却越来越不齿于

---

① 信念上的分歧是指人们在认识观念和判断确信上的分歧,态度上的分歧直接显露出人们在价值判断中的情感、倾向、偏爱和欲望等方面的差异,更多的存在于道德活动领域。参见万俊人:《现代西方伦理学史》,中国人民大学出版社2011年版,第343页。

② 万俊人:《现代西方伦理学史》,中国人民大学出版社2011年版,第343—345页。

③ 李建华:《道德情感论——当代中国道德建设的一种视角》,北京大学出版社2011年版,第29页。

④ 参见《荀子·正名》。

⑤ 参见《论语·里仁》。

言及其他情感或者情欲。到了宋代理学时期，在"存天理、灭人欲"口号的影响下，出现"饿死事小，失节事大"这样的立论也就不足为奇了。至此，人的情感欲望彻底被理学否定，理与情成为了对立的两端。明末以后国内资本主义萌芽，学术风气开放，李贽、黄宗羲等对封建道德提出了批判，学者对情感伦理又有论述，如清初的戴震，"东原始以欲、情、知三者为性之原质，与西洋心理学家分心之能力，为意志、感情、知识三部者同"。①及于清末民初，五四运动对封建旧道德、旧礼教批判以后，西方伦理学思想传入我国，我国自生的、本不成体系的伦理学就此断层。

虽然我国古代伦理学不成体系，但是通过古代思想家对情感的理解和论述，基本上可以认定我国古代伦理思想是道德理性主义。虽然承认情感存在，但是情感（情欲）基本上被等同于本性——类似于动物的本能，而道和理才是区分人与动物的根本区别，情感欲望在中国古代伦理范畴内被逐渐边缘化了。

（三）情感因素的犯罪心理学考察

犯罪心理学是以对犯罪心理活动的研究为对象发展起来的一门学科。它的历史可以追溯到古希腊苏格拉底时代的颅相学，在我国的历史也可以追溯到春秋时期。但它的真正独立还是在18世纪以后，西方医学、心理学的发展带动了人们从社会、生理、心理、司法医学等多角度对犯罪问题进行探讨。现在国内一般认为1897年奥地利犯罪学家汉斯·格罗斯（Hans Gross）发表的《犯罪心理学》一书是现代犯罪心理学诞生的标志。

关于犯罪心理学的定义，一般认为存在广义与狭义两种，这是与犯罪心理学中对"犯罪"和"犯罪心理"的认定存在广义和狭义两种观点相对应的。犯罪心理的狭义说认为，"犯罪心理仅指支配行为人实施犯罪行为时的心理活动和有关心理因素"②，包括认识、情感、意志的活动规律以及动机、需要、兴趣、气质、性格等有关心理因素的相互活动规律。广义的犯罪心理还包括犯罪前的心理、犯罪后逃避侦查、打击的心理活动以及审判及通过监禁教育改造过程中的心理和行为规律。我国犯罪心理学界对"犯罪心理"

---

① 蔡元培：《中国伦理学史》，东方出版社1996年版，第115—116页。
② 梅传强主编：《犯罪心理学》，法律出版社2010年版，第3页。

和"犯罪心理学"的定义一般都是采取广义说,① 但是,基于本书论述的范围是犯罪行为的故意构造,所以本书在此问题上采用狭义说。

1. 我国犯罪心理学对于情感因素的一般理论

我国犯罪心理学界一般是借鉴苏联心理学家列维托夫(Николай Дмитриевич Левитов)把人的心理现象分为心理过程、心理状态、个性心理三个方面,而心理过程又包括认识过程、情感过程和意志过程。② 在犯罪心理的横向发展过程中,个体的消极认知、情感、意志活动以及个体的不良个性心理逐渐强化,在感觉的适应性和知觉的选择性的作用之下,错误的认知观念会导致不适应的情绪和行为,而这些不适应的情绪和行为也会反过来影响认知过程,造成错误、消极的认知不断积累和内化,最终发展到自我中心化的状态,从而无视或者忽略社会规范对行为的评价。③ 而行为人平时所具有的消极情绪和情感,如粗暴、易激惹、自卑、冷酷无情、道德感低下、理智性较差等,在犯罪情境的刺激之下,往往迅速形成犯罪心理,行为人的不良、消极的情绪、情感就对犯罪的意志起到了推动和支持的作用。而实际上意志也在一定程度上影响着行为人的情绪、情感,一些异常凶残的累犯、惯犯在实施犯罪行为时,意志坚定,往往能排除同情、怜悯、良心等情感因素的干扰和抑制,善于用意志来控制和调节自己的情绪、情感,从而实施犯罪行为。④

犯罪心理形成之后,并不是保持不变的,它必定要随着内外因素的变化而发生变化。一般来说,犯罪心理存在着向恶性和良性方向转化的两种可能。行为人在刚刚形成犯罪心理时,往往会有心理上的思想斗争,这种斗争主要是在犯罪成功的诱惑与自己的道德感、良知等情感因素之间的冲突。犯罪心理之所以会向恶性转化,一方面与外界的情境等因素的诱惑有关,另一方面也是因为行为人的情感因素的抑制力降低,不足以影响行为人的犯罪意志。如果个体自身存在着某些积极的心理因素,道德感尚未完全丧失,同情

---

① 参见罗大华、何为民主编:《犯罪心理学》,中国政法大学出版社2007年版,第2页;梅传强:《犯罪心理学》,法律出版社2010年版,第3页;刘邦惠主编:《犯罪心理学》,科学出版社2009年版,第3页;于萍主编:《犯罪心理学》,群众出版社2007年版,第1页等。

② 参见罗大华、何为民主编:《犯罪心理学》,中国政法大学出版社2007年版,第74页;林少菊主编:《犯罪心理学》,中国人民公安大学出版社2008年版,第34页。

③ 高锋主编:《犯罪心理学》,中国人民公安大学出版社2004年版,第158—159页。

④ 邱国梁:《犯罪心理学的理论与运用研究》,群众出版社2005年版,第188页。

心、怜悯心尚未泯灭,这些促使犯罪心理良性转化的主观心理基础会对抑制犯罪心理的发展、放弃犯罪意志具有重大影响,这些积极的影响很可能成为行为人放弃尚未实施的或者正在实施的犯罪的内在动力,使得犯罪心理向良性转化。①

实际上情感因素在犯罪过程中,往往也影响着犯罪行为的危害性大小。"许多故意犯罪的行为人(尤其是初犯),在犯罪决意的形成过程中,由于受到良心和社会主流意识的影响,往往会产生一种恐怖感和罪责感。"② 这是情感因素对动机选择取舍阶段是否实施犯罪行为的影响,而在实施犯罪过程中,不同的犯罪人可能会有不同的情感体验,诸如恐惧、兴奋、欣喜、绝望和愤怒等。不同的情感体验对于犯罪行为的影响主要体现在造成的社会危害性会有所不同,比如处于高度绝望状态的犯罪人很可能在情绪的推动之下,孤注一掷,造成比一般危害范围和程度更大的危害;受愤怒支配的激情犯罪人很可能会不计后果③,造成自己清醒之后都后悔不已的严重犯罪后果;而有的犯罪人就有可能在内心得到满足之后,在欣喜的情绪情感体验中自动中止犯罪。总之,由于受特定的作案现场的刺激和犯罪人与被害人之间情绪感染的不确定影响,"犯罪人始终处于复杂多变、难以完全自控的心理状态之中"④。但是,行为人在行为过程中产生的各种情绪毕竟直接或间接地影响了行为人的犯罪行为,甚至可能会促使其放弃犯罪。一般而言,这些情绪主要有失望、恐惧不安、悔悟、厌倦等,⑤ 这些因客观环境和其他刺激所生的情绪体验,主要通过使行为人的动机转化和消失而达到使行为人放弃犯罪的效果。

所以,一方面,"对犯罪人来说,情绪情感在其犯罪心理外化为犯罪犯罪行为的过程中起着催化作用"⑥,另一方面,情绪情感因素对于抑制行为人实施犯罪行为和减轻犯罪行为所造成的危害方面具有积极的影响。造成这

---

① 当然,外在的积极影响如良好的社会风气、适宜的开导等,对于促成犯罪心理的良性转化也有重要的影响。
② 梅传强:《犯罪心理生成机制研究》,中国检察出版社2004年版,第120页。
③ 著名心理学先驱张耀翔先生认为愤怒是一切情绪中最富有冲动性的,也是最容易走入极端而变态的。参见罗大华、何为民主编:《犯罪心理学》,中国政法大学出版社2007年版,第280页。
④ 梅传强主编:《犯罪心理学》,法律出版社2010年版,第103页。
⑤ 梅传强主编:《犯罪心理学》,法律出版社2010年版,第105页。
⑥ 刘琪主编:《犯罪心理学》,中国人民公安大学出版社2006年版,第82页。

种不同的关键就在于情绪情感因素在心理体验上有积极和消极的区别。心理学上一个有名的例子就是不同的人面对半杯果汁时会有不同的心理状态：积极的人会想到"还有半杯果汁"，而消极的人会想"只剩下半杯果汁了"。这种在认知上并没有不同的现象，在心理效果上之所以会产生这样大的反差，情感因素在不同气质的人身上有不同的表现是一个重要的原因。犯罪心理学借鉴心理学"体液气质类型说"的观点，认为胆汁质、多血质、粘液质和抑郁质四种气质类型的人在情感发生、情感活动、情感表现以及行为活动等方面存在不同的表现。① 气质类型本身无所谓好坏，每一种气质类型都具有积极与消极的二重性，但是气质类型可以通过对情感因素的影响，导致不同人的心理活动和行为方式具有不同的特征，在犯罪上就体现为犯罪类型和犯罪行为方式的差别。

消极的情绪情感体验的积累和强化是犯罪人的情感特征之一，这些消极情绪的出现往往是与个体人格缺陷密切相关的。个体在生物学因素和社会不良因素的作用之下，经常处于"欲求不满"的状态，使得个体产生消极的情绪体验，而长时间消极情绪体验的积累会使个体的人格出现社会缺陷。这种人格缺陷又常常与情绪情感障碍联系在一起，如情感高涨、易激惹、病理性激情、极度抑郁等，在内心不安、矛盾等情绪障碍达到一定程度时，往往会以冲动性、攻击性行为来发泄紧张情绪，以恢复内心平衡。所以，情绪情感障碍与犯罪的关系非常密切，许多情绪情感的障碍都能引起严重危害社会的行为，而且不同情绪障碍下的犯罪行为的特点也不相同。② 可见，不良的、消极的情绪情感的积累爆发是多数故意犯罪的内在原因。并且，由于情绪情感障碍和缺陷人格的影响，实际上，"在犯罪人中，普遍存在缺乏道德感和正义感，缺乏同情心、怜悯心，不讲良心与道义等情感表现"③。

总之，情感因素在故意犯罪心理的产生和发展中，"既可以成为犯罪心理发动的动力因素，也可以成为影响犯罪行为后果的刺激因素"④。同时，积极和消极的情绪情感因素对于犯罪行为的实施和继续与否分别起着抑制和推动的作用。情绪情感因素对犯罪行为的这种影响在青少年犯罪和激情犯罪

---

① 具体表现参见刘琪主编：《犯罪心理学》，中国人民公安大学出版社2006年版，第115页。实际上多数人都具有多种气质类型。
② 王敏：《犯罪心理学导论》，重庆大学出版社2000年版，第96页。
③ 于萍主编：《犯罪心理学》，群众出版社2007年版，第40页。
④ 张保平、李世虎主编：《犯罪心理学》，中国人民公安大学出版社2011年版，第73页。

中表现得尤为突出,往往情绪情感因素的作用超出意志的调节和控制作用。

2. 西方犯罪心理学中与情感因素有关的重要学说

自从犯罪心理学成为一门独立的学科以来,西方引领着犯罪心理学的发展,而且在犯罪学和犯罪心理学的领域提出了许多经典的学说,为犯罪心理学的发展做出了巨大的贡献。但是,值得注意的是,在西方国家,犯罪学和犯罪心理学是归属于社会学的门类之下,而不是像我国一样被划归为法学的门类。下面就通过几个西方犯罪心理学的经典学说来明晰情感因素与犯罪原因的关系。

(1) 母爱剥夺理论

英国精神病学家、犯罪心理学家约翰·鲍尔比(John Bowlby)于1951年为世界卫生组织写的长篇报告《母亲照料与精神健康》中系统论述了母爱剥夺理论。他认为任何形式的母爱剥夺都会导致异常人格和行为,也会导致青少年犯罪行为。尤其是在出生的头三年中缺乏对母亲般的人物形成依恋的机会,在出生的头三年或头四年中至少三个月或可能是六个月以上的母爱剥夺,在出生的头三年或头四年中母亲般人物的变更等这三种情况,任何一种情况都会导致无感情人格和病态人格,而部分剥夺与完全剥夺在情绪障碍、人格障碍、病态人格的程度上会有所不同。[①]

鲍尔比的理论清晰地表明了情感联系的缺乏对青少年犯罪的影响。婴幼儿时期母爱的缺失直接对以后青少年时期正常情感的建立产生不利影响,进而导致他们在人格上出现缺陷,在不能正确处理这些人格缺陷造成不利影响的情况下,这些青少年就会诉诸于犯罪。虽然以后的学者批评鲍尔比的理论过于狭隘,忽视了父亲的感情在塑造子女性格方面的重要作用,而且这一理论对"剥夺"和"缺乏"没有区分,但不可否认的是,加强和改善青少年与母亲之间的感情联系、预防有害的母爱剥夺体验成为西方社会预防青少年犯罪的一项重要举措。

(2) 挫折—攻击理论

1934年,美国心理学家索尔·罗森茨韦克(Saul Rosenzweig)在论文中提出了挫折—攻击的观点。他认为个人在遭受外界的挫折时,会有三种不同的反应:外罚性反应、内罚性反应和无罚反应。外罚性反应是指行为人在遭受挫折时会将内心的愤怒情绪向外界发泄,由此引起的攻击行为往往构成暴

[①] 吴宗宪:《西方犯罪学史》,警官教育出版社1997年版,第517—518页。

力性犯罪。内罚性反应是把愤怒情绪向自己发泄，对自己进行谴责、虐待，极端情况下会有自杀的情况产生。无罚反应是个人在遭受挫折后没有惩罚性反应，将挫折限制在最小的限度内或者完全忽视。后来，多拉德（John Dollard）等人进一步修正了这一理论，认为挫折是否引发攻击行为取决于受挫折时产生的驱力的强弱、范围以及以前遭受挫折的频率等因素。① 而实际上，这里的驱力是与行为人自身的气质类型分不开的，而不同的气质类型的人的情感反应往往有很大的区别，这反映在行为方式上的不同就是遭受挫折之后会不会有攻击行为乃至犯罪行为发生的差异。

（3）中和技术理论

1957年美国社会学家赛克斯（Gresham Sykes）和戴维·马茨阿（David Matza）在《中和技术：一种少年犯罪理论》一文中指出，大多数少年犯罪人并不完全信奉犯罪的价值观，也不把自己看成是犯罪人，他们大多具有传统的价值观和态度，当他们实施犯罪时，就会与这种传统的价值观发生冲突。为了顺利实施犯罪，他们学会了一些抵消或者中和其行为的犯罪性质、将其行为合理化的技巧，进而消除心理上的罪恶感，实施犯罪行为。② 这一理论的特色在于解释了一般看来具有良好品行的人也会犯罪，这些人在实施犯罪行为时并没有把自己看成犯罪人。在情感上他们对于实施犯罪是持一种反对的态度的，但是为了实施自身的行为，他们采取了一种在心理或者情感上为自己的行为辩解的技巧——否认损害、否认被害人、否认责任等。可以说，在这一理论中，在情感上说服自己实施犯罪行为的正当性是犯罪行为得以实施的最重要的一步。

通过以上对于我国和西方犯罪心理学理论的梳理，可以发现，一方面，情感因素在犯罪行为的实施之前、之中、之后阶段都发挥着影响，而另一方面，情感因素对于促使犯罪心理的良性转化的作用也不可忽视。

二、犯罪故意构造的理论

（一）国外犯罪故意构造理论

在国外的刑法学理论中，对于情感因素在犯罪故意构造中所起的作用并

---

① 吴宗宪：《西方犯罪学史》，警官教育出版社1997年版，第555—556页。
② 吴宗宪：《西方犯罪学史》，警官教育出版社1997年版，第587页。

没有统一的认识,在不同法系和国家的刑法立法和刑法研究中也存在一些区别。

1. 大陆法系故意构造理论

作为大陆法系国家的代表,德国刑法的研究认为,故意可以分为直接故意和有条件故意(间接故意)。二者区分的关键在于"在缺乏犯罪目的,并且行为人不确定是否存在一种明确的构成行为状态,或者是否会出现一种行为构成的结果之处,绝对不存在直接故意,最多只存在一种有条件的故意"①。在对犯罪故意的内部构造的分析上,大陆法系国家也认为包含了认识因素和意志因素,但是在二者的关系上,不同的学者又会有不同的见解。按照我国台湾地区学者许玉秀教授的分析,大体可以用意欲要素无用论和意欲要素必要论来概括。在意欲要素必要论的学者中间,又有强调行为人对预见的结果的容认而得名的"容认说"、恩吉许提出的以"对结果可能发生的不在乎或漠然的态度"来判断行为人对可能发生附随结果的是否认可的"漠然说"、由迈耶所提出的行为人对构成要件实现的可能性在有认识的前提下且"认为有实现的概然性"时即是故意的"概然性说"、阿明·考夫曼所提出的决定行为人的意思是否在于防止结果的发生必须视行为人是否置入了防止附随结果发生的因素的"表现防果意思说"、罗克辛提出的判断间接故意的依据是行为人是否作出可能侵害法益的决定的"决定说"、雅各布斯提出的故意不是完全依认知而决定的心理状况,而是"认真地认为构成要件可能实现"的"认真说"等。与此相反,也有学者如施密德霍伊色、福利许等认为应当以行为人对结果发生可能性的认识为决定间接故意的依据,否认意欲要素的存在,被称为意欲要素无用论。

"二战"后,意欲要素无用论复苏,并成为反对意欲要素必要论的一股强大的力量。但必要论者认为:虽然"容认""忍受""概然性"等表示意欲的概念具有不确定性,也并非法律用语,但是并无不明确之处;无用论者认为是客观构成要件的问题,取决于对客观构成要件风险的认知,这实际上是把故意的客体等同于故意本身了;无用论者认为认知的对象是法不容许的风险,所以认知就是认识到法所不容许的风险,并且断定行为具有这一风险性而实施,所以意欲要素是不必要的,但实际上无用论者的这一认知要素中

---

① [德]克劳斯·罗克辛:《德国刑法学总论》(第1卷),王世洲译,法律出版社2005年版,第291页。

已经内含了"认定""断定"这种在必要论者所认为的意欲要素；无用论者在认知因素中讨论行为的决意实际上是把构成要件前所讨论的行为论中的内容放在了构成要件中，将行为的有意性和犯罪故意混为了一谈，而且如果认识到行为的危险而又实施行为的，很可能就把过于自信的过失划归到了故意的范畴中。①

根据许玉秀教授的观点，所谓的意欲要素无用论并不是没有意欲，而事实上其"判断标准已隐含意欲的判断"，"和意欲要素必要论者所提的判断标准，不见得有很大的分野"，因此，"意欲要素无用论的基本观点已可抛弃"。② 所以，大陆法系理论中，犯罪故意的构造是包含认识因素和意欲因素两部分内容的。但值得注意的是，意欲要素与认知要素的关系的不同决定着直接故意或是间接故意。认知要素是主体对客体的认识，它所传达的是"我知道这是什么"这样一种讯息，是一种理性要素。而意欲要素是在知道现实状况怎样的基础上主体对外在的一种回应，它所传达的是"我是否要去做什么"这样一种讯息，是一种情绪的反应，所以意欲要素即是一种情绪要素。也就是说，在这里，所谓构成犯罪故意因素之一的意欲要素实际上已经内含了情绪或者情感因素。

2. 英美法系故意构造理论

在英美法系中，犯意理论与大陆法系的罪过分类很不相同，即使在英美法国家之间也存在差异。比如，美国《模范刑法典》中，犯罪心态被分为蓄意（purposely，也有翻译为意图）、明知（knowingly）、轻率（recklessly）和疏忽（negligently，也有翻译为过失）四种，而英国刑法理论中将犯意分为故意（intention）、轻率（recklessness）、知道（knowledge）三种。一般认为这几种主观心态是按照对认识逐渐弱化和犯罪意图的程度减轻来排列的，但无法将其中的一种或者集中具体和大陆法系理论中的故意或者过失相挂钩。例如，轻率是对危险的漠视，有时类似于大陆法系的有认识的过失，但有时也更接近于间接故意。③ 与大陆法系中犯罪故意和过失的认知和意志因素这种横向组合的构造不同，英美法系的犯意构造是以行为为对象建构的。

---

① 许玉秀：《主观与客观之间——主观理论与客观归责》，法律出版社 2008 年版，第 96 页。
② 许玉秀：《主观与客观之间——主观理论与客观归责》，法律出版社 2008 年版，第 113 页。
③ 王雨田：《英国刑法犯意研究——比较法视野下的分析与思考》，中国人民公安大学出版社 2006 年版，第 169 页。

针对行为、结果、情况的各种有意识的内心态度在体系上的组合就是犯意的横向构造，英美法系这种与认知和意志二分的故意构造不同的犯意构造，实际上是与英美法系犯意在纵向构造上按照主观恶性程度区分为层层递进的不同犯意相联系的，在深层的原因上，又与英美法系重视实用和法官经验、而大陆法系重视逻辑和理论体系密不可分。虽然无法与本文所讨论的犯罪故意构造相统一，但是可以发现犯罪心态是与认知和意志两个方面密不可分的，这从美国刑法中的抗辩事由也可以看出来——"免责抗辩可以被纳入到三个类型当中：非自愿行为，与认知缺失相关的行为，以及与意志缺失相关的行为"①。不过，对于英美法系的犯意理论，"按照我国刑法的术语和思维习惯，也是可以从认识因素和意志因素加以说明的"，而且，事实上"英国刑法故意中的欲求（desire）、轻率中的不管不顾（disregard）就是表示意志因素的词语"。②

实际上，将英美法系中的犯意依照认识因素和意志因素来分解的话，其中情感因素的渗透将会更加明显。例如1979年的Stephenson案中，上诉法院的判决表明"我们想在此阐明，轻率的标准是主观的，对造成一定财产损害危险的明知和理解，必须进入被告人的大脑，即使他抑制或驱逐了该危险"③。这一判例显示，行为人构成轻率必须已经预见到了结果发生的可能性，即使他通过自己的情感抑制或者假装对这一结果发生的危险视而不见也不能取消这一预见，但是如果行为人的情感因素是如此的强烈，以致造成了行为人精神分裂，正如该案判决中所说，这就"可能阻止危险的念头从根本上进入上诉人的大脑"，从而使得行为人对在此状态下实施的行为不负刑事责任。在1986年Chief Constable of Avon诉Shimmen案中，作为跆拳道练习者的被告人为了向朋友展示功夫，对着窗户踢了一脚，本想在离玻璃2英寸处停下，但却踢破了玻璃，结果被控损毁财产罪。④ 本案中，被告人虽然对玻璃实施了踢打行为，但在情感上对踢破玻璃是反对的，只是想展示功夫

---

① 李立丰：《美国刑法犯意研究》，中国政法大学出版社2009年版，第263页。
② 王雨田：《英国刑法犯意研究——比较法视野下的分析与思考》，中国人民公安大学出版社2006年版，第208页。
③ 王雨田：《英国刑法犯意研究——比较法视野下的分析与思考》，中国人民公安大学出版社2006年版，第144页。
④ 王雨田：《英国刑法犯意研究——比较法视野下的分析与思考》，中国人民公安大学出版社2006年版，第162页。

的精准,所以在主观上并不同于故意(intention),最终法院认定被告人的行为构成了轻率(recklessness)。

3. 俄罗斯刑法学故意构造理论

与大陆法系类似,俄罗斯刑法中也是将犯罪故意分为直接故意和间接故意两种,而且在联邦刑法典中以立法形式将二者分别明确规定了出来(第25条第2款和第3款)。在犯罪故意的构造问题上,俄罗斯理论界采取了智力要素和意志要素二分的方法。所谓智力要素是对主体意识到行为社会危害性的心理过程的表述,而意志要素是对结果的态度。这种分类和各要素的内涵,与大陆法系认识、意志因素的认识其实基本没有差别,但是应当注意的是,俄罗斯刑法立法和理论中对于人的情绪进行了特别关注。俄罗斯联邦刑法典对于母亲受刺激或在不排除刑事责任能力的精神病状态中杀死新生儿、激情杀人、激情重伤人中的行为人的情绪进行了考虑。基于立法的限定,俄罗斯刑法理论界一方面在承认情绪是犯罪活动必要成分的同时,另一方面又认为"只有强烈发作并伴以显著改变意识、破坏对行为意志控制的非常强烈的短时间情绪激动——激情才作为某些犯罪构成的必要要件具有刑法意义"①。根据这一观点,情感因素其实被进行了限定,只有激情这一强烈的情绪在刑法研究上才有意义。不过,这实际上只是对犯罪学理论中的激情犯罪在刑法的确认。

(二) 我国犯罪故意构造理论

我国犯罪故意的理论沿袭了大陆法系的观点,在对犯罪故意构造的认识上也是分为认识因素和意志因素,在对犯罪故意的分类上,也是根据意志因素的区别分为直接故意和间接故意,这在我国《刑法》第14条对犯罪故意的规定上也可以看出来——"明知"而"希望"或者"放任"。我国现行刑法没有对因情感因素而故意犯罪的情况作出规定,但是在刑法起草过程中,曾多次对义愤杀人作出过规定。例如,1950年的《刑法大纲草案》和1957年的《刑法草案》都曾对基于义愤而杀人的行为进行了规制,并且后者的规定实际上是考虑到了要对因情感因素而实施犯罪的行为减免刑罚。虽然现行刑法没有情感因素的规定,但实际上在司法实践中对此是作为酌定量刑情节来考量的。

---

① [俄] Н. Ф. 库兹涅佐娃、И. М. 佳日科娃主编:《俄罗斯刑法教程(总论)》(上卷·犯罪论),黄道秀译,中国法制出版社2002年版,第345页。

1. 情感因素在犯罪故意构造中缺失成因分析

通过以上对外国和我国刑法理论的分析，实际上可以发现情感因素在犯罪故意构造中是普遍缺失的——情感因素不是犯罪故意的内容之一，"它不足以成为与认识、意志这两个因素并列的划分罪过形式的心理标准"①。长期以来，心理学研究都认为人的心理现象分为认知过程、情绪过程、意志过程，为何现代刑法学理论在研究罪过理论时单独把情感因素排除在外呢？

现代刑法理论起源于18世纪中期启蒙思想家们对传统刑法不明确、罪刑因人而异、刑罚残暴等弊端的反思，罪刑法定、罪刑均衡、平等适用刑法、刑罚人道主义等原则的确立是现代刑法对传统刑法的超越。当时，启蒙运动蓬勃展开，资产阶级启蒙思想家为了对抗旧的封建主义，极力宣扬理性主义，认为"相信在物质的宇宙中存在自然法则，万物都受自然法则的支配，人类社会也受其支配。自然法则反映在人的头脑中，便是理性。理性是衡量一切的标准，凡是违反理性的，都应予以打倒"②。所以，情感因素因其不确定性和不受控制性而被认为是低级的认识阶段而被排斥，理性被认为是对情感规制和引导的标尺。而在现代刑法学兴起的阶段，理论开创者们受资产阶级启蒙运动的影响，没有对情感因素在犯罪故意中所起的作用予以重视，认为情感是人的本能，是人性中的弱点，在自由意志罪过形成过程中，情感因素自觉或者不自觉地被抛弃了。所以，这就奠定了认识因素和意志因素二分的犯罪故意格局。

在实际的操作层面，由于情感因素自身的特点以及其与意志因素难以分离的特性，对于情感因素在犯罪中是否存在以及在其中到底起到多大的作用难以准确测定，在刑事诉讼中极难证明，而且即使需要证明也需要有专业心理学技能的专业人员的辅助才能进行。所以，可能是基于避免操作不便的角度，情感因素被排除在故意犯罪的构造之外，甚至也有学者认为"情由意生，或意由情生。二者是实质相同而形式有异的东西。其实情也就是意"，③把情感因素等同于意志因素，对意志因素的认定就是或者包含了情感因素的内容，也就没有必要再进行情感因素的考量了。

---

① 高铭暄、赵秉志主编：《犯罪总论比较研究》，北京大学出版社2008年版，第92页。
② 谢勇、温建辉：《对情感因素在自由意志罪过理论中缺失成因的多学科分析》，载《河南公安高等专科学校学报》2007年第2期。
③ 高铭暄、赵秉志主编：《犯罪总论比较研究》，北京大学出版社2008年版，第92页。

2. 我国犯罪故意理论新动向

虽然传统的罪过理论没有情感因素的一席之地，多数的国家立法也没有将其列入罪过形式定义的内容，但还是有学者勇敢地提出了异议。

我国刑法学者储槐植教授就认为意志的基本内容是目的，而"缺乏目的的心理现象不能称作意志。据此，只有直接故意才有目的，也才有意志因素，间接故意和轻信过失没有意志因素，但有感情因素"①。储槐植教授的这一观点实际上是对罪过构成要素认识、意志二分的格局的一种反思，其认为应当按照"认识—意志／情感"的结构来分析罪过的构造的观点开启了情感因素纳入罪过构造的先河。

近年来，对于情感因素在罪过构造中的位置和所起作用的研究逐渐发展。有学者从心理学角度考量，认为放任不具有意志品质，而应当是情感因素，因为"间接故意的心理过程被阻断在情感过程，欠缺意志过程"②。李兰英教授在研究间接故意时，基于"理论研究的需要"将情感因素与意志因素"各自从整体中剥离出来"，并对情感因素在罪过中的地位进行了探讨，认为"情感因素的地位并不比认识因素、意志因素逊色"③。袁彬博士在运用心理学的知识分析刑法的相关问题时，在肯定"犯罪的直接故意、间接故意和过于自信的过失中都存在知、情、意三种心理过程"的前提下，基于评价的可操作性考虑，认为这三种心理过程并不需要都在刑法中得到评价，但认为刑法应当评价"情"的因素，"在评价方法上，可将认识、意志两因素作为罪过的常规因素，将情绪作为罪过构造中的排除因素"④，可以根据情绪的强烈与否将其所起的作用可以分为完全排除和部分排除，完全排除使得行为人无罪过，部分排除对行为人从宽处罚。还有学者对我国刑法学罪过构造中情感因素的缺位进行了探讨，并对缺位的原因进行了反驳，认为情感因素在直接故意、间接故意、过于自信的过失、疏忽大意的过失四种罪过心态中都有体现且程度依次降低，并将情感因素定位于罪过构造的核心地位。⑤

---

① 储槐植：《刑事一体化与关系刑法论》，北京大学出版社1997年版，第388页。
② 刘为波、牛克乾：《放任的心理定性》，载《政治与法律》2002年第4期。
③ 李兰英：《间接故意研究》，武汉大学出版社2006年版，第55—59页。
④ 袁彬：《刑法的心理学分析》，中国人民公安大学出版社2009年版，第121—124页。
⑤ 李涛：《论罪过内容中的情感因素》，载《中国刑事法杂志》2012年第2期。

三、情感因素在犯罪故意构造中的地位

（一）情感因素应纳入犯罪故意构造

现代心理学的研究已经表明了情感因素是心理活动中必不可少的一个环节，犯罪心理学的研究也已经表明情感因素对于犯罪的发生和进行是起着推动或者抑制效果的。既然在理论前提上已经表明了罪过中情感因素的存在，那是否应当在刑法中对情感因素予以评价呢？具体到本书来讲，是否应将情感因素纳入犯罪故意的构造呢？

在故意犯罪发动之前或在犯罪过程之中，情感因素对于犯罪行为的实施都进行了参与并起到了一定的作用。在刑法上，这些因素的参与对于犯罪是达至既遂还是未遂或者实现中止，或者对于犯罪能否进行到着手阶段，都起着不容忽视的作用。我国刑法在对犯罪行为的处理上，并不是完全只看重行为本身的实施和行为造成的结果，对于行为之外的因素实际上也会有所考虑，比如，对于大义灭亲的杀人就会考虑到行为的起因这一因素，在量刑上会有体现。而且在定罪上，由于"情感因素在人的心理活动中对于意志因素具有能动的调节和定向作用，也就是说，在什么样的情感状态支配下就会产生什么样的意志行动"①，所以，在许多情况下，行为人本身不具有积极追求某种行为的意志，但由于某种状况的出现，可能会刺激行为人的情感和情绪，导致行为人决意铤而走险或者犯罪意念突然爆发去实施了犯罪，而行为结束之后又往往出现后悔等反应。这种状态下，如果行为人的情感受制于理性，可能行为人就不会实施犯罪行为或者实施的只能是过失行为，这对行为人的犯罪定性上会产生影响。对这种影响我们不可以视而不见。

犯罪故意作为反应行为人实施犯罪行为的主观方面的内容，是对人的真实的心理活动过程的刑法体现，而如果将情感因素排除在犯罪故意的构造在外不予考虑，就不能真实反映行为人的心理状况，对于正确认定行为人的罪过甚至认定行为人的罪名都会产生影响。而实际上，现在学界对于间接故意和过于自信的过失之间的区别存在某种模糊的认识，其中一部分的原因就是由于情感因素的缺位导致的二者间认识和意志因素的界限不明。而情感因素的参与势必会进一步加深对认识因素特别是意志因素的认识，加强对于知、

---

① 李永升：《刑法的功能与价值》，中国检察出版社2012年版，第230页。

情、意三者在犯罪故意中的运行机制更为清晰的甄别。

我国刑法理论认为，故意认识因素是指对危害结果会发生的"明知"，既包括了发生的可能性，也包含了发生的必然性，但在间接故意的认识因素不能是明知必然发生。在意志因素上，直接故意与间接故意明显不同，前者是"希望"，是积极追求，后者是"放任"。通说认为，所谓放任，是指"不是希望，不是积极的追求"，明知行为可能会发生危害结果而更专注于既定目的的实现，"听之任之，自觉自愿地听任危害结果的发生"。① 但是，这样的解释基本上就是对直接故意之"希望"的反对，而过失的心理状态实际上也是对"希望"的反对，这种解释实际上是包含了过失的心理状态。所以，在解释间接故意与过于自信的过失区别时，往往会求助于客观状况，从"他人的行为预防措施，以及客观条件或自然力量等有利因素"来对二者进行区分。② 而实际上，故意和过失单从生活经验上考虑也不会复杂到要求助于客观行为的实施才能区分二者。没有情感因素的参与，对于危害结果发生的反对态度上的强弱并不能借助于决定实施行为与否的意志因素加以明确地反映出来。

虽然各国的刑事立法和刑法理论对罪过中的情感因素都没有过多的注意，但有些国家的刑法典仍做出了部分规定。比如，巴西刑法典第24条就规定："激情或感情冲动……不能免除刑事责任。"虽然这种规定是认定感情因素不能作为减免责任的事由而规定的，但至少是已经对情感因素进行了刑法上的讨论，意识到了对情感因素应有刑法规定。但也有部分国家做出了相反的规定，比如，瑞士刑法典第64条规定"行为人因不当之刺激或侮辱，而生重大愤怒而痛苦因而犯罪者"为刑罚减轻事由。此外，德国刑法典第16章第213条、加拿大刑法典第232条、西班牙刑法第8条第10项、匈牙利刑法第15条第2款对情感因素减弱行为人的刑事责任进行了确认，在量刑上进行了从宽。作为罪过心理态度内容之一的情感因素，虽然未在罪过的构造中获得地位，但在量刑上进行了考量，这类似于将情感因素作为法定从宽处罚的事由予以刑法上的确认。这在某种程度上也会缓解刑法适用上如果将这些行为严格等同于一般犯罪行为会造成的事实上刑罚的不公正。

---

① 高铭暄、马克昌主编：《刑法学》，北京大学出版社、高等教育出版社2011年版，第109页。
② 李永升主编：《刑法总论》，法律出版社2011年版，第175页。

（二）情感因素在犯罪故意构造中的地位

根据我国支持情感因素纳入犯罪故意构造的学者们的观点，情感因素在犯罪故意构造中的地位可以分为四类：第一种，"认识—意志"和"认识—情感"的意志因素和情感因素排斥类型，以储槐植教授的观点最为典型；第二种，"认识—情感—意志"三种要素并列的类型，以李兰英教授的观点为代表；第三种，"认识—意志"因素为常规因素，情感因素为排除因素，以袁彬博士的观点为典型；第四种，情感因素是罪过构造的核心，"认识—意志"二分的构造要受情感因素的制约和影响，以李涛博士的观点为典型。以上四种观点都是在承认情感因素在故意构造中应占一定位置的前提下，对于知、情、意三者之间关系的排列次序——其实就是情感因素在故意构造中所起作用的大小——所提出的不同见解，一方面可以看出学者们对于传统故意构造在实际应用中所出现的不能清晰处理问题诉诸情感因素来处理的心情，另一方面也可以看出对于情感因素在其中究竟要起到多大的作用，学者们也并不确定，所以这些观点之间存在的巨大的差异也就不难理解了。

从现代心理学的研究成果来看，情感因素伴随着认识因素和意志因素的始终，情感因素可以影响认识的广度和深度，也可以对行为的意志坚定与否产生积极或消极的作用，同样，认知也会对人的情感起到一种激起或者抑制的效果，人的意志也可以在理性的调节下对情感进行适度的平衡。所以，从人的心理活动角度出发，可以发现知、情、意三者之间的关系与以上学者所认为的四种类型都有所区别。三者之间并非绝对隔断或者独立的关系，而是呈现出一种伴生关系，这就使得不能以一种相互独立的平面的类型来对三者进行定位。但是，具体的来考察的话，认知因素与意志因素是不能伴生的，所以，从认知过程和行为发生过程的角度来讲，可以将"认知—意志"作为一条主线，将情感因素作为一条辅线贯穿这一过程来分析，这就近似于袁彬博士的观点。不过，与袁彬博士观点不同，情感因素在常规的认知和意志过程中并非只承担一种排除的作用，因为情感因素实际上也会对行为人的犯罪认知和实施犯罪行为的意志起到一种强化的作用。而袁彬博士认为情感因素起到排除作用的观点和李涛博士认为的情感因素的参与可以使得从直接故意到疏忽大意的过失之间在意志因素上呈现出态度依次减弱的观点，都是从带有情感因素的犯罪行为应当减免刑罚或者从宽处理的结论反推出的观点，忽视了情感因素也未必全是值得宽宥的事由，有时也会作为一种卑鄙的动机而导致犯罪结果，这时再考虑情感因素减弱或者排除实施犯罪行为意志的强度以从轻处罚就是不合适的。所以，在一方面考虑情感因素的参与使得行为人的主观方面在认知和意志方面减弱的情况下，有可能会对直接故意或者间接故意、间接故意或过于自信的过失的认定产生决定性的影响，另一方面，也应当看到情感因素的参与也可能强化行为人犯罪行为的认知或者意志，对于犯罪行为的主观方面会起到加强的效果，有可能使得本来只具有间接故意的行为变成积极追求的直接故意，或者本来没有犯意的过于自信的过失变成间接故意乃至直接故意，此时，情感因素的作用就不是排除因素，而应当作为强化因素，使得行为人的主观方面发生转化。

对于知、情、意三者之间的位置排列来说，虽然将情感因素作为一条辅线贯穿"认知—意志"的全程比较合理，但是在实际的表述上却有困难。因为文字表述毕竟不是立体图像，在表述的时候会有先后的次序问题，所以在体系的问题上，应当仍然将认知因素和意志因素作为讨论的主线，可以对二者先后予以探讨，然后将情感因素分别放在认知因素和意志因素之后讨论，一方面要讨论情感因素对二者的减弱效果，另一方面也要讨论情感因素对二者的强化影响。

四、情感因素在犯罪故意构造中的运行机制

在体系上，情感因素分别位于认知因素和意志因素的过程之中，对于情感因素的运行机制的探讨也就随之而来了。这实际上和情感因素在其中所起的作用密切相关。

（一）"认知—情感"运行机制

情感可以影响认知，认知也可以对情感有刺激和抑制作用。反映在犯罪故意过程中就是情感因素的参与使得一些行为看似是直接故意的情况实际上只能认定为间接故意，甚至是过失，而如果鉴于当时事发的状况一般人不可能作出理性行为的，应当认定为意外事件，也可能使得本来只是过失或者间接故意的行为应当认定为直接故意。对于后者，在认识错误的犯罪中表现的极为突出。

根据我国刑法理论的通说，刑法中的认识错误可分为对法律的认识错误和对事实的认识错误，前者可分为误以不法为合法、误以合法为不法、对定罪量刑的误认等，后者又可分为对象、客体、手段、行为性质和因果关系等的认识错误。情感因素的参与使得对现实状况发生误认是情感对犯罪心理认

知过程所起的最为突出的作用。一般而言，刑法中的认识错误与行为人的知识范围、生活经验密不可分，造成的错误一般都是因为自身能力的问题，但是也不排除在某些情况下，行为人在自身的知识能力所及的范围内，出于情感上的影响的原因，造成本应该认识到的或者认识不会错误的情况出现了偏差。比如，在某甲光天化日在大街上被杀害的情况下，某甲的亲人某乙从商场里出来发现某甲被杀，心情极度伤心和愤慨，将旁边看热闹的某丙误认为杀害某甲的凶手，对某丙实施了打击行为并造成其重伤，此时就会出现认识错误的情况，不过此时应当认定为客体认识错误，而非对象认识错误。这种情况在某些将正当行为，比如正当防卫和便衣警察抓捕行为等，误以为非法行为而实施反击的情况下更为常见。在其他的情况下，也会有对象认识错误、手段认识错误、行为性质认识错误或者因果关系认识错误的可能，而且对于其认识错误，往往会在告知其真相之后使得行为人有吃惊、不敢相信、后悔等神态自然流露。

在对于情感因素导致的行为人认识错误的刑法处理上，由于在大多数情况下，行为人的情感过于强烈或者过于脆弱而崩溃等原因导致认识错误在刑法上并不能作为一个特定的非犯罪化事由，所以在定罪量刑上与一般的认识错误相比应该没有什么区别。但是，需要明确的一点是，在情感因素导致的认识错误问题上，有可能会出现构成非罪的结果。

比如行为人是生活在深山里的少数民族猎人，族人世代都会将一种山里的偶尔出现伤人的猛兽视为捕猎对象，但由于生活条件好转该族已经很少打猎。某次这种野兽又出现将行为人的家属抓伤之后，行为人对野兽导致亲人受伤满腔怒火，决意要将该野兽打死。经过几天的寻找，果然将该野兽及其幼崽找到并猎杀，后来将其拿到镇上集市出卖的时候被工商人员查获，查明该野兽原来是国家一级保护动物马来熊，公安机关介入之后将行为人抓获。虽然行为人声称自己并不知道该兽是国家保护的动物，且族人世代都以此为猎物，自己是出于保卫家人的安全的目的杀死该兽，但是检察机关还是以《刑法》第341条规定的非法捕猎、杀害珍贵、濒危野生动物罪提起公诉。本案中，行为人之所以猎杀该野兽是因为家人受到了袭击，在愤怒的驱使下，行为人经寻找将野兽杀死，情感因素在其中起到了刺激行为发生的作用，但是还应当看到行为人所在的族群一直认为该野兽是猎物，而且杀死它也是为保卫族人安全，因而行为具有正当性，认定这种行为是犯罪使这部分人情感上难以接受。这是一种典型的法律认识错误的现象，将非法行为误认为合法行为，类似于民间中认为正当且一直称颂的父亲杀死胡作非为的儿子的"大义灭亲"。

类似的现象之所以被认为正当，关键还在于行为人的心理上认为自己的行为是"为民除害"，是消灭邪恶的行为，因而在认识上能够对实施此类行为不会产生情感上的抵触——这正是美国犯罪学家戴维·马茨阿的"中和技术理论"所要表明的观点。但是，根据司法实践来看，"大义灭亲"的行为往往能获得较轻的刑罚，比如父亲杀死胡作非为的儿子一般在量刑上会被归入《刑法》第232条"情节较轻的，处三年以上十年以下有期徒刑"的法定刑幅度内。但是在上述案例中，笔者认为行为人不构成《刑法》第341条的非法捕猎、杀害珍贵、濒危野生动物罪，因为行为人的生活经验完全不能使自己认识到自己行为的违法性，由于行为人生活的闭塞导致接收信息的匮乏，虽然一般而言"不知法律不赦"，但是如果刑法惩罚行为人，实际上就是惩罚行为人的不幸命运——没有像山外的人那样接受教育并知晓有些野兽受国家保护不应当捕杀。这个案件与"大义灭亲"的不同之处还在于行为人不认为捕杀野兽有什么错——世代打猎都没有任何问题，打死伤人的野兽更没有什么错。而父亲杀死儿子的"大义灭亲"，父亲在意识里是知道杀人是不对的，是为法律所禁止的。因为认识不到行为的违法性，且没有认识的可能性，所以应当排除行为人的罪过，不认定为犯罪。① 此时，情感因素在其中的作用并不在于由于其的参与导致了认识错误。比如，本案中并非行为人满腔怒火才导致认为杀死马来熊不犯法，而是行为人基于传统习俗产生的认识并不会产生情感、情绪上的抵触，换言之，行为人的情感对于应将伤人的野兽杀死以保卫家园这种认识是起到正向的支持作用的。而在父亲杀儿子的"大义灭亲"案件中，行为人对于杀死儿子这种杀人行为在情感上是有抵触情绪的，只是考虑到以免其继续为祸乡里或者其他善良的动机，将这部分情感压了下去。

在另一些情况下，比如已满14周岁未满16周岁的少男少女谈恋爱发生性关系的情形，情感或者感情的存在是认定罪与非罪的关键。最高人民法院《关于行为人不明知是不满十四周岁的幼女双方自愿发生性关系是否构成强奸罪问题的批复》规定："行为人明知是不满十四周岁的幼女而与其发生性

---

① 应当区分这种情形与确信犯的差别，在确信犯的场合，行为人有认识自己行为错误的可能性，而且一般而言，行为人能认识到行为造成的部分结果（致人死亡、重伤等）是为法律所禁止的。

关系，不论幼女是否自愿，均应依照刑法第 236 条第 2 款的规定，以强奸罪定罪处罚；行为人确实不知对方是不满十四周岁的幼女，双方自愿发生性关系，未造成严重后果，情节显著轻微的，不认为是犯罪。"但是，2005 年 12 月 12 日通过的最高人民法院《关于审理未成年人刑事案件具体应用法律若干问题的解释》第 6 条却规定："已满十四周岁不满十六周岁的人偶尔与幼女发生性行为，情节轻微、未造成严重后果的，不认为是犯罪。"已满 14 周岁未满 16 周岁的青少年谈恋爱期间发生性关系，一般也"明知"对方的年龄，但因为双方有感情，在双方家长也未深责的情况下，法律就没有必要认定行为人构成强奸罪。通过对这一问题三年间的两个司法解释的不同观点，可以看出情感或者感情其实是可以决定罪与非罪的。

（二）"意志—情感"运行机制

在心理学上，由于意志与人的情绪情感常常交织在一起，就情绪和意志的关系而言，二者的联系紧密程度往往比情感与认知的联系更为深刻，所以一般统称为"情意"。而在刑法学研究中，有一部分学者实际上已经认识到了这一点，这也是为什么有学者要将情感因素纳入犯罪故意构造中的直接原因。但是，在对刑法的研究中，需要注意的一点是，情感因素与意志因素有些情况下并非不可区分，比如激情犯罪。激情犯罪的情况下，行为人的情绪和情感在案件被害人的压抑和侵害之下处于一种膨胀和一触即发的状态，行为人奋起反抗时在一定意义上来说具有"防卫"的性质，但是由于情感因素不受理性的控制，使得结果往往超出一般人所认为的"防卫"的界限，而构成了犯罪。在这一过程中，应当说，意志因素已经完全屈从于情感和情绪的支配，这一过程是情感和情绪主使的过程，行为人的犯罪行为实际上已经不受理性的约束，是非理性的行为。但是这并不意味着行为人像认识错误的情形一样在事后会出现后悔等反应，许多激情犯罪人往往觉得自己做的没有错，这在杀死施暴者的家暴受害者和经常受侵害的青少年犯罪人身上表现的尤为明显。

在激情犯罪中，行为人的情感因素对于行为人实施犯罪行为的意志起到了一种加强的效果，而行为人之所以产生这种实施犯罪的情感，往往是出于自身受到了不公正的待遇如被害人长期的压迫等，或者自认为自身遭受了不公正待遇，而除了实施犯罪行为基本上没有更好的办法摆脱，很多犯罪人事后都供述"没有别的办法"，这也是很多人实施了犯罪之后并不后悔的原因。在这里，情感因素的强化对于行为人的影响是显而易见的：外在的压迫或侵害导致情感上的不平衡，产生犯罪的动机，加之外来因素的刺激，导致情感因素的强化，最终导致行为人实施了犯罪行为。这只是直接故意心理的内在变化过程，在情感因素的参与下，行为人本来可能只是过失或者间接故意的心理很可能会转化为直接故意。比如，行为人一直对几年前抢走自己女朋友的情敌某甲怀恨在心，意欲报复，但苦于没有机会。某日半夜，行为人大雾天气中行车将人撞伤，下车查看时发现居然是某甲，根据某甲受伤的情况，行为人认为虽然某甲已经受伤昏迷，可能比较危险，但夺妻之恨涌上心头，断然决定不予施救，而将某甲搬到路旁，驾车逃逸，结果某甲因受伤和严寒死亡。在这个案例中，本来只是一个普通的交通肇事案件，但由于行为人情感因素参与，导致了某甲的死亡。根据事发时的状况——半夜和过往车辆很少的路段，某甲被撞昏迷，行为人已经想到某甲可能会有危险，但是行为人并未施救，最终导致被害人某甲死亡。这时，行为人主观上已经从撞人时的过失心理变成了放任某甲死亡等危险结果出现的间接故意。如果行为人撞人之后发现居然是情敌某甲，顿时火冒三丈，上车对某甲实施了碾压，导致某甲死亡，此时情感因素的参与就使得行为人对于撞到某甲的过失转化为了置某甲于死地的直接故意。从这个案例在不同情形下的考虑，情感因素的参与使得行为人在实施犯罪行为的决意上产生的效果反映在罪过构造上会使得罪过形态由过失甚至意外事件转化为间接故意或者直接故意。

但是，在这里需要指出的一点是，与情感因素可以对认知产生强化和弱化的双重作用不同，情感因素不能对故意和过失之间的意志产生弱化作用，因为在已经"明知"危害结果会发生的情况之下，行为人所要采取的犯罪行为在主观上要么是"希望"，要么是"放任"，鉴于认识的不可撤销性，行为人不可能因为情感因素的参与对继续实施的犯罪行为在主观上弱化为过失。但是，在故意犯罪内部，行为人是可能因为情感因素的参与使得自身的主观内容发生变化。比如，行为人因为被害人满足了自身的要求，对于犯罪结果的发生并不再持一种"希望"的态度，但是由于并没有完全解气，所以被害人死亡也并不违背行为人的意愿，此时，行为人主观上对于犯罪结果的"希望"已经变为了"放任"，而这就是间接故意犯罪了。所以，在故意犯罪的范围内，情感因素可以对犯罪人的意志因素产生弱化作用。

情感因素对于犯罪的影响还可以体现在犯罪形态方面，行为人可能会因为情感因素的参与使得已经开始的犯罪停止在犯罪预备或者犯罪中止的形态。比如，行为人本来因为某种原因要积极实施某种危害社会的犯罪行为，但是因为惧怕道德的谴责或者因为被害人的求饶等，让行为人在心理上产生了恐惧或者得到了满足，行为人放弃了犯罪的决意，根据行为人实施的行为阶段的不同，犯罪可以构成犯罪预备或者犯罪中止，而这些犯罪形态都是对行为人的量刑可以产生重大影响的。这在一定意义上也体现了情感因素对于犯罪决意的弱化效果。

通过以上对于情感因素对于犯罪故意中认知和意志两方面的影响机制的考量，可以发现情感因素对于罪过的成立以及成立何种罪过有着重要的影响。首先，在对认知的影响方面，情感因素的参与可以使得行为的认知处于一种蒙蔽或者强化的状态，在通常情况下应当"明知"的事情可能会因为情感因素的参与而仅仅处于一种"预见"，甚至"视若无睹""充耳不闻"等无意识的状态，这种情况下，行为人的行为在主观上就不能认为是故意，而只能是过失，甚至是意外事件，而在其他情况下，行为人可能会因为情感因素的参与强化自己的认知，使得一些一般人只是可能"预见"的事情而在行为人那里成为一种"明知"，这种情况之下，行为人的主观罪过就会是故意，而非过失。其次，在对意志的影响方面，情感因素可以使得行为人实施某种犯罪行为的决意得以弱化或者加强，体现在犯罪故意内部就是，可能一些间接故意的犯罪会变化为直接故意犯罪，而直接故意的犯罪会随着情感因素的影响，在犯意上弱化为间接故意。当然，这样的内心变化的认定需要犯罪行为的外在表现，这也是我国主客观相统一原则的内在要求。

五、情感因素纳入犯罪故意构造的评析

情感因素是心理学意义上行为发展过程的必备因素，对于激发行为或者抑制行为的实施具有重要的影响。当前刑法学界对于情感因素在罪过或者犯罪故意构造中的存否以及运行机制还存在着严重的分歧，一些学者积极打破"法不管情"的现状，提出了许多观点，这对于重新审视犯罪故意构造的理论具有极为重要的意义。

将情感因素纳入犯罪故意构造，一方面可以呼应心理学等对于人的行为实施过程的研究，对于正确认识情感因素在犯罪故意产生以及左右犯罪行为的走向方面具有积极的开拓作用；另一方面，可以对一些在间接故意和过于自信的过失犯罪上的认识误区的矫正提供一些借鉴，而区分何种罪过对于正确认定犯罪行为的社会危害性，并进而对犯罪人正确合理的定罪量刑具有直接的影响。对于后者的研究将会是情感因素发挥其在刑法意义上的影响力的

重要途径。

虽然情感因素具有这样重要的影响，但不可否认，情感因素纳入刑法并发挥作用还面临着一些重要的困难。第一，根据我国的理论传统来看，情意的不可分离性的观点已经深入人心，将情感因素独立并重新定位，让研究者接受还存在一定的困难。第二，情感因素纳入犯罪故意的构造中还存在着理论应用的局限性。人是一种情感动物，人的情感复杂多变，甚至一些人的情绪变化很难捉摸，这在司法认定上会存在着很大的困难，即使有专业的心理学专家的参与也可能不能得到真正确切的结论。在司法实践中的证明困难问题是情感因素理论应用中的最重要的问题。

实际上，在对于情感因素的证明问题上，如果要从心理分析的角度来说明的确不容易，但是不妨从另一个角度来考虑。司法实践中对于意志的认定也并非从心理学的角度来开展的，我们可以借鉴认定行为决意的方法来进行情感因素的认定。对于情感因素的存在，我们可以附属于行为人刑事责任能力的认定，因为每个正常的人都具有情感，无情感的人必定是存在刑事责任能力缺陷的人，只要行为人具有刑事责任能力就可以证明情感因素的存在。而对于情感因素对于行为人罪过的影响，一方面既考察行为人自己的口供因素，另一方面也要考察行为人事后的反应、实施犯罪时的行为征表等因素。同时，这也是认定情感因素发挥影响力大小的途径。

目前，无论是国外还是国内，在罪过构造中讨论情感因素问题还是一个很新颖的题目，对于这一问题的探讨还需要进一步的深入，对于情感因素在刑法理论中的运行机制问题也需要更多维度的思考。但是，基于心理学、犯罪学等多学科的研究成果来看，对情感因素在刑法领域的讨论是不得不面对的问题，也是需要广泛、深入讨论的问题。

专题七
正义的救赎反思
——从"洞穴奇案"谈起

在人类正义理论发展过程中凸显出一个值得关注的现象——人类的正义观总是与特定的历史情境有着极其密切的关系。是否特定的时代只能推崇一个看似特定的正义价值观念呢？也许每个时代因其价值观的不同而显得各有侧重，但这并不妨碍我们对最完善的正义的追求。历史法学派因其对传统的偏执而被批判过于保守，自然法学派因其承认必为众人所遵循的永恒道德法则而显示出强大的生命力，诸如自由、财产、生命等权利的不可剥夺性。但自然法学派所谓的理性依归，在某种程度上仍然显得有些虚空，理性的衡量标准似乎是一个不可证实的伪命题，并且理性运用的结果并不一定是合理的。"当我们说一个人是'理性的'时候，是指我们不知他的目的，而只知道他是理智的追求其目的；当我们说一个人是'合理的'时候，是指我们知道他愿用能共同推理的原则指导其行为，并考虑行为对他人的影响。"[①]问题的解决思路都绕不开正义的弯子，换句话说，问题的解决最让人满意的做法便是实现正义。功利主义以其契合人类本性的追求，即生存与发展，在正义的救赎之路上显得颇具实用价值，其也促发了实证主义在现代法理学中的井喷式发展，但其存在的固有缺陷便是忽略了最大利益实现的正当程序正

---

① ［美］约翰·罗尔斯：《正义论》，何怀宏、何包钢、廖申白译，中国社会科学出版社2009年版，第16页。

义。正义论思想在承认自由平等的基础上注重"差异原则"的社会伦理性，显得较为契合多方的正义观念，但其将自身理论与功利主义作不可调和的状态显得情绪化。在各种正义思想火花呈现出前所未有的激烈碰撞之时，根据一种理论来解释当下的正义困境显得较为不妥，"拿来主义"的精神在这里便有了用武之地。徘徊于正义的两端，期待以我们构思的程序功利主义作为对正义的救赎，给"洞穴奇案"以服众而又合理的判决。

一、问题的缘起

四名被告都是洞穴探险协会的成员，进入联邦中央高原的石灰岩洞探险时，山崩突然发生，五名洞穴探险人受困山洞。由于五名探险者没有按时回家，探险协会也知道他们留下的探险洞穴位置，营救紧张进行，已经牺牲了十几名救援者的生命，水尽粮绝。他们身上有一个袖珍的无线设备，可以接受信号，医学专家告诉说他们活不了十天，而负责营救的工程师告诉他们，营救成功至少还需要十天。但是吃掉一个人，却可以再活十天。为了生存，大家约定抽签吃掉一人，牺牲一个以救活其余四人。威特莫尔是这一方案的提议人，不过抽签前又收回了意见，其他四人却执意坚持。威特莫尔表示希望再等一个星期，一名被告替他投掷骰子，同时要求他对是否认同投掷的公平性表态，威特莫尔没有表示异议，结果恰好是威特莫尔被抽中。威特莫尔很不幸地被另外四个人吃掉了。作为法官如何对该案进行符合正义的判决便是我们思考的问题。① 特鲁派尼、基恩等六位法官认定四名被告有罪，有罪理由大多集中于生命价值绝对保护、尊重立法原文、实现刑法的威慑目的以及承诺的撤销；福斯特、汉迪等六位法官则认定他们无罪，无罪理由大多集中于"自然状态"的处境、紧急避险的行使以及更多生命的保护结果；而唐丁及邦德法官则选择回避，其回避理由则是在正义与不正义之间的徘徊不定。诸多法官的观点中既不乏实证主义的执着，也有自然法与功利主义思想的闪现。但在我们看来，《洞穴奇案》该书之中法官的判决理由均无法打通正义梳理的任督二脉。虽然有些法官对本案判决的结果为本书所赞同，但他们的理由并不全面，仍有可予补充的地方。在对这样的案例进行评析时，也许一万个人有一万个不同的观点，恰似每个人眼中的哈姆雷特皆有不同的形

---

① 参见［美］彼得·萨伯：《洞穴奇案》，陈福勇、张世泰译，生活·读书·新知三联书店2012年版，第15—17页。

象。我们试图通过梳理主要法哲学流派对"洞穴奇案"的判决理由,寻找出最佳的正义理由。但是,我们并未将自身的视野局限于该案之中,恰如理论源于实践但又高于实践的认知,我们试图通过梳理此案的正义判决理由构建一种解决类似疑难案例的一般正义观点,即程序功利主义。

二、"洞穴奇案"的正义梳理

《洞穴奇案》该书之中的许多法官秉持实证主义的精神坚定以尊重立法原文的理由对四名被告进行有罪认定。但我们认为,实证主义的精神在对一般案件的解析上确实显得游刃有余,但面对疑难案例时,其便显得左右不是。我们不得不诉诸诸多法哲学观点来寻求正义的实现,这也印证了司法实践中赋予法官自由裁量权的必要性,也印证了法律与道德无法完全分开的现实性,而这恰恰也是富勒构建"洞穴奇案"的旨意所在。我们不希望"抱残守缺",我们期待"冲出牢笼"。故此,我们在此主要梳理出自然法学派、功利主义以及正义论思想对本案的判决观点,但其中也不乏各个学派观点的比较分析,从而提升出我们所秉持的程序功利主义的观点。

(一)自然法学派的正义梳理

众所周知,以洛克、卢梭等为代表的古典自然法学派较为全面地代表了自然法学派的主流观点。他们认为人类拥有理性思辨的能力,可以运用理性判断事物的善与恶、好与坏,相信人类社会中存在永恒不变的原则必须被遵守,诸如生命、自由、财产权利以及平等拥有的权利。人们依据契约精神将必要的权利交予一个公共机构,从而可以最大限度地保卫自己剩余的权利。毫无疑问,在"洞穴奇案"之中,威特莫尔被其他人吃掉是一个不幸的悲剧。依据契约主义的精神,每个人可以通过运用理性将自己的权利交托予一个公共机构来保护自己剩余的权利,虽然在对自身的权利应交予多少部分,在自然法学派内部有着争论,霍布斯认为应当将全部的权利交予国家,而洛克则认为应将必要的部分交予政治共同体。实质上,本书认为我们并不能以权利交予的多少而妄下他们对于公民权利的态度,权利保护路径信仰的不同必然引发对权利路径选择的不同,其出发点皆是为了保护公民权利,只不过霍布斯认为以手握实权的君主来守护公民权利更具有现实可行性,而洛克则是从公民权利的自主性来构建权利保护范式。但这个争论点并不妨碍对本案的判决认识,威特莫尔与他的四个同伴可以在生命已经发生严重危险的情况下，选择订立一个契约，并通过抽签的办法来选择何人应被牺牲掉，但是在实施此项契约的时刻，威特莫尔选择放弃这一方法，并提议再等一个星期做决定。但另外一个人替他投掷骰子时让其表态是否同意投掷骰子的公平性，威特莫尔的沉默加剧了本案的认定难度。

特朗派特等法官以生命权利神圣不可侵犯为由认定四位被告罪名成立，其高举道德尊严大于杀人自保的大旗更是凸显了自然法的浓厚道德情感。我们认为，必须抓住案件事实所显示的细节来评析被告人行为的正义与否，在自然法的宏观意义上来探讨本案如何裁决可能是不合适的。特朗派特法官以生命的价值绝对为由认定忍受不正义比实施不正义更加重要，而我们认为四位被告的不正义性不是单纯地建立在生命价值绝对的基础之上，更多的源于平等机会的剥夺。邦德法官认为电池是否有电也是本案应予考虑的客观事实，他认为电池保有电量可以证实在纽卡斯国的法律拒绝了他们之后，他们也将自身置于纽卡斯国法律的管辖范围之外并作出他们五个人的新宪法以对付困境。[①] 我们认为，对于无线电电池支撑的时间是否足够一个星期并不是应予关注的重点，对于此处的沉默是否可足以征表威特莫尔的态度，才是认定本案的关键。这也与戈德法官的判决理由相契合。该法官也认为威特莫尔明白无误地收回了他的同意行为，这就表明威特莫尔并不赞同，至少并不赞同在那个时间点上以投掷骰子来决定哪一个人应当被牺牲。花费大量时间讨论抽签公平的数学问题本身即表明这项程序必须是公平的而且必须为每一个人所赞同，当另外四个人强制投掷骰子的时候也是对威特莫尔的强制，被告便需对自身的杀人行为负责。[②] 对于"沉默"是否具有同意同伴投掷骰子的意思表示效果便是做出本案判决的疑难问题。从该书法官之中凸显的自然法思想观点来看，邦德法官认为被害人撤回了同意的行为，"沉默"也不代表被害人同意当时投掷骰子；福斯特法官以案发时他们处于"自然状态"为由认定他们新宪法制定的正当性，其认为"沉默"代表被害人同意当时投掷骰子。应当看到，在闪现自然法思想的法官之间也存在罪与非罪的争议，但自然法思想凸显的契约主义的精神值得我们加以深思。

[①] 参见［美］彼得·萨伯：《洞穴奇案》，陈福勇、张世泰译，生活·读书·新知三联书店2012年版，第156—157页。

[②] 参见［美］彼得·萨伯：《洞穴奇案》，陈福勇、张世泰译，生活·读书·新知三联书店2012年版，第119—123页。

（二）功利主义的正义梳理

塔利等法官以更多生命被挽救的结果以及紧急避险权利的行使为由认定四位被告无罪，海伦法官高举无目的的惩罚无意义的大旗更是凸显了功利主义的作祟。功利主义即是追求最大多数人的最大幸福的科学，但功利主义并不是毫无原则的讲究牺牲一个人换来多数人的生命存在，塔利法官以更多生命的挽回支持无罪判决的理由并不能令人信服，有意而为的行为恶性的认定也必将有力地支撑惩罚被告人的正义性。博登海默认为共同福利不应简单与个人欲望的满足的总和划等号，也不认为政府当局的政策决定即是共同福利。①

的确，政府当局由于受自身理性的限制，对公共政策的把握并不总是对于公民产生最大化的利益，而且必须考虑政策施行所带来的社会后果也可能将社会引向歧途。虽然边沁认为功利主义所追求的利益最大化以个人而言即个人利益的最大化，对共同体而言即是共同体利益的最大化，看似个人利益的最大化与共同体利益的最大化有着不可调和的矛盾，但功利主义追求的最大幸福是利益相关者的最大幸福。实质上，个人欲望的无限制满足并不会给个人利益带来最大化，相反，只有不违反并与社会治理措施相协调才会带来个人利益与社会利益的最大化。以此理由来抨击功利主义并未触及到功利主义的致命缺陷，而且简单以人数的多寡来区分利益的大小也是对边沁的误解。在边沁眼中，人数只是幸福量的参考因素，并且不是唯一的决定因素。边沁认为"对一群人来说，联系其中每个人来考虑一项快乐或痛苦的值，那么它的大小将依七种情况来定：其强度；其持续时间；其确定性或不确定性；其邻近或偏远；其丰度；其纯度；其广度，即其波及的人数，或者（用另一句话）说，哪些人受其影响"②。我们从边沁的话中可以体会到，利益的优劣、波及范围以及持续受益时间等皆是功利主义的利益计算基础。实质上，边沁在以功利原理判断行为正当性的同时也关注正当性的标准，而功利主义的正当性标准便是增大利益相关者的幸福，正当的必将符合功利原理，功利原理也将符合正当，二者是一个互为表征的关系。如果只是看到表面的四个人杀掉一个人换得表象的幸福增大，从而以功利主义得出此项行为

---

① 参见[美] E.博登海默：《法理学：法律哲学与法律方法》（修订版），邓正来译，中国政法大学出版社2004年版，第326页。

② [英] 边沁：《道德与立法原理导论》，时殷弘译，商务印书馆2000年版，第88—89页。

是正当的，那是对功利主义的极大误解。

我们无法忽略这样的事实，在本案中，利益相关者并不限于洞穴之中的五个人，营救人员甚至得知此事的国民也应当被计算在利益相关者的范围，他们也是本案所波及的人员范围。这对威特莫尔被杀行为正义与否的判定显得非常重要。如果单纯的以牺牲一个人的生命换得四个人的生命从而得出功利主义的论调，那是极其肤浅地理解了功利主义。我们认为，应该从行为的性质来着手判断其行为的正义与否，而对行为性质的判断必须联系本案的客观实际以及涉案人员的主观心理，这便需回归到沉默是否可以表明威特莫尔同意了同伴的行为。如果认为沉默在这里可以成为一个完全有效的意思表示，那四个同伴杀死威特莫尔的行为并未触犯自然法的契约精神，也没有违反功利原理；如果认为沉默在这里不可以成为一个完全有效的意思表示，那四个同伴杀死威特莫尔的行为无疑是一种故意杀人行为，是违背自然法的，也是违背实证主义的，更是违背功利原理的。

我们许多人认为功利主义与自然法理论有着天然的对立，至少在本案的认定上，我们觉得那是对于边沁的误解。对于一个群体，小到一个村落，大到一个国家，必须联系其相关地域之内的每个人来考虑快乐或者痛苦的值。如果四个同伴以强制的故意杀人手段杀害了威特莫尔，对于得知此案的人来说，莫不觉得正义已经退回到了黑暗的中世纪，对其精神上的深度折磨必将持续很久，对社会幸福总量必然是深层次的毁灭性打击。假如可以毫无理由地牺牲少数人的性命来换得多数人的性命，世界必将陷入不安的恐惧之中，基于此案所造成的痛苦必将大于增加的快乐，正义的价值必须与人道主义相协调才是一个真切的正义。有学者认为他们已经处于一个独立世界，比如福斯特法官便认为他们并不在联邦法律的管辖之下。① 但我们认为，他们已经受到外界的持续帮助，且为了救助他们已经牺牲了十几个人的宝贵性命，并且牺牲仍将继续，他们一直生活于社会的关怀之中，一直生活于他们所在的社会，只是暂时的离开人们的可达视线之内，所以他们并不是处于只有五个人的社会里。值得深究的是，假如他们五个人处于五个人所在的社会里，得不到外界的援助，且无法走出山洞，他们都将必死无疑，并且善与恶在独立王国的生命消逝之中已显得没有意义，这也恰恰证实了自然法所谓的永恒法

---

① 参见［美］彼得·萨伯：《洞穴奇案》，陈福勇、张世泰译，生活·读书·新知三联书店2012年版，第19页。

则也是需要一定的语境设计的,无意义的便是不值得深究的。

(三) 正义论的正义梳理

罗尔斯的正义论是在假托"原初状态"的环境之下探究原初人的正义选择。首先,在一个存有中等程度匮乏的社会里人们的精神以及身体能力大致相同,并且存有使人们不得不选择合作的客观环境;其次,人们有着大致相同的利益需求且各自有各自的目标生活;最后,他们虽然知道他们必须选择进入一种正义社会,但他们并不知道自身在进入的社会里处于什么地位,并且也不知道自己的善的观念且并不知道进入的社会是一个达致何种文明程度的而又不知年代的社会。在这一假托之下,罗尔斯认为正义首先也是最重要的便是社会基本制度的正义,并认为这一正义社会包含两个有着优位顺序的基本原则,即自由平等原则与在地位与职务向所有人公开开放的基础上的差异原则。① 应当明确的是,罗尔斯的正义论思想只是建构在一种不同于现实社会的原初社会的正义选择,旨在为现实社会的正义选择提供一个理想的模型,单纯以现实社会的不正义以及正义的实现困境去质疑其理论是不得要领的。

正义论思想依赖于直觉主义但又不同于直觉主义,其原因便在于正义论下的两个基本原则是存在优位顺序的,而直觉主义在考虑增大利益原则与公平分配原则的时候否认可以对其进行优位顺序的排列。我们认为,正义论下的两个基本原则与其所依赖而又批驳的直觉主义并没有本质区别,只是直觉主义认为无法对这些最初的原则进行排列,只能根据具体问题进行具体的分析,而正义论所构造的有着优位顺序排列的两个基本原则在实际运用中也无法进行明确的排列,并且正义论体系的构建依然是在道德复杂性的面前运用了直觉主义的思维,在对功利主义的批驳中也是如此。虽然我们在判断事物的善与恶、正义与非正义时必然运用直觉主义的思维,但是直觉主义并不是一种最合理的思维方式,直面诸多正义理论之后再与自身的先前直觉对比,往往会改变先前的不全面的观点,这也证实了所谓的直觉主义必须抱有与时俱进的的方法论方得以成为合理的观点。正义论在本案的展开,首先是判断被害人与被告人是否自由平等地行使了他们的权利。毫无疑问,正义论思想在本案的展开也必须明确沉默的意思表示效果,细言之,自由平等原则的征

---

① 参见[美]约翰·罗尔斯:《正义论》,何怀宏、何包钢、廖申白译,中国社会科学出版社2009年版,第97—100页。

表及判断建立在当事人同意的基础之上,沉默的意思效果便是追问的所在。故此,正义论思想对本案的判决梳理又不得不追溯我们先前对自然法以及功利主义对本案的正义梳理,即回到沉默的意思效果、利益相关者以及契约主义等的判断。

三、洞穴奇案中"沉默"的反思

在正义判决的寻找中,自然法学派、功利主义与正义论不约而同地指向了沉默的意思表示效果,换句话说,"沉默"必须为我们所正确认识,才能打开利益相关者、紧急避险等难题的枷锁,才能给予正义的判决。我们认为,在涉及生命这一无法衡量的价值时,自然法学派所认同的生命神圣的观点启示我们,这难以以沉默来独立表示出来。威特莫尔的沉默并不意味着他同意四个同伴在那样的时刻逼迫他去投掷骰子,即使再等几日他们投掷骰子时,威特莫尔真的就如这次的投掷不幸被牺牲,也同样无法否认本次的投掷是一个强迫式的杀害。古典自然法学派启示每个人重新认识自身作为人的天赋权利,毫无疑问,每个人都拥有平等享受生命的权利,生命权绝不能被允许可以被提前结束,哪怕一秒钟。恰如现代刑法理论皆认为,在死刑执行的现场,执行死刑的前一分钟,父亲夺下行刑人员的枪支亲自结束了自己儿子的生命,也是故意杀人罪。毫无疑问,在功利主义看来本案中威特莫尔仍然是被不正当杀害了,此不正当是在其无法满足利益相关者的利益最大化而言的,不正当即是不符合功利主义的。对比本案中的威特莫尔假如是在明确同意而不是沉默的情况之下被杀,在功利主义看来是正当的,在自然法学派看来也应是正当的,人人拥有订立契约选择加之于其身的权利限制,这也不违反只为了保护更大的权利才可以限制权利的自然法观念。假如在一个只有五个人的世界出现了一种危机,必须牺牲一个来换取其他人的生命,这是一个关于人类生存的危机,功利主义确实承认此时任意剥夺一个人的生命供其他人生存也是正当的。这里便出现了自然法学派与功利主义的严重分歧,这也为强调自由平等原则优先的正义论思想所不容。从一个五人世界里任意牺牲一人保存另外四人也为功利主义所赞同,便可窥探功利主义的真正缺陷在于其以幸福相关者这一因素作为对幸福总量增加的限制性因素,在有些案件中并不能在完整的意义上解释行为的正义性,但这并不说明功利主义在结果上的比较优势不可以使我们折服。

我们认为,关键是被牺牲人的理由必须正当,必须通过正当程序进行,否则，就是仅仅把人当作手段。我们并不赞同一些人所理解的康德认为永远无法将人作为手段的观点。在康德的话语中，人作为目的是一个最根本的目的，但是在保护人的手段选择上却可以将人作为手段，诸如犯罪的制定与施加于人的目的便是为了保护公民一系列的人身、财产权利。无论如何诡辩，也无法抹杀这些以预防犯罪从而保护公民利益的刑罚措施没有将人作为手段对待，恰如限制自由只能以保护自由的宗旨进行，其皆是为了保护更大的共同体利益。人人皆有自由意志，只不过有些人受精神状态、意志发展阶段等因素的限制无法充分发挥出来，自由意志的存在也恰恰证明了契约主义的可行性与正当性，而契约主义精神的运用在功利主义的约束下也将产生一个利益最大化的社会后果，这便是我们基于"拿来主义"的精神对经久不衰的正义理论融合的结果。洞穴奇案中的五个人都尚在，有自由选择一致的方案的自由，这种方案必须符合每个人的意志，否则便是非正义的。

  在对沉默的反思中我们想起了一个不得"沉默"的案件，即"电车难题"。假如一位电车司机正以每小时60英里行驶，发现在车轨的尽头有5位工人在那里施工，司机绞尽脑汁想把车停下来，但因为刹车不灵的缘故无法停下，但司机发现电轨的右边有一条侧轨，而在那条侧轨路上只有1位工人，电车的方向盘还没有失灵，司机如何选择以实现正义便是追问的所在。① 大多数人认为司机应该选择转道救下五个人方是正义的，因为五个人的生命价值大于一个人的生命价值。笔者认为这里的价值实质上指的是综合价值，即一个人对于社会、他人以及生命本身的价值。尽管在现有的刑法理论中，可以用紧急避险解释这一现象："紧急避险，是指为了国家、公共利益、本人或者他人人身、财产和其他权利免受正在发生的危险，不得已损害另一较小或者同等法益的行为。"② 但思考具体刑法理论背后蕴含的法哲学观念是理解具体理论的方法，也是本书思考的重点。在此时，并不像威特莫尔里面的还可以选择牺牲哪个人来保证程序正义，只有"一个人"与"五个人"的生硬选择。实质上，要厘清综合价值的诡辩，必须运用无知大幕的理论来进行前提假设，每个人都愿意进入那应该被救五个人的行列之中，因为五个人生存下来的概率大于一个人，所以救下五个人。因为救下五个人，则以后自己处于相同情景存活的概率更大些。罗尔斯为我们提供了

---

① 参见［美］迈克尔·桑德尔：《公正》，中信出版社2011年版，第16页。
② 张明楷：《刑法学》，法律出版社2011年版，第206页。

"以人为本"下的利害选择的正义设计,即正义必须限制在公平之下。应当指出的是,司机以牺牲一个人的生命来救下其他五个人,是带着鲜血实现了一个悲壮的正义。功利主义在前已述及的五人世界里忽视正当程序的固有本性便是其致命弱点,基于平等的身份并且皆有权利提出利益要求的人们必定反对"只是为了使某些人享受较大的利益就损害另一些人的生活前景"①。但我们认为,罗尔斯将其自由平等原则优先考虑的设计与功利主义作一泾渭分明的对抗是不合理的,完全可以证实人们是在自由选择为他们所接受的程序设计的情况下而接受客观上实现共同体最大利益的结果。细言之,将功利主义的运用限制在程序正义的框架之下,即在威特莫尔明确同意同伴的行为之下被牺牲而保全了其他四个同伴的生命,这本身不仅符合自由平等优先的原则更符合功利主义推崇的利益最大化的原则。

四、结论

正义的判断与个体价值观的形成历程关涉重大,一个人的价值观念往往决定了他对正义的判断。"正义有着一张普罗透斯似的脸(a protean face),变幻无常、随时可呈不同形状并具有极不相同的面貌。"② 正义看似简单,实则相当复杂。不同生活背景以及成长经历在很大程度上塑造了一个人的正义观念,在弗洛伊德的理论之下,童年的生活更是决定了一个人的价值追求。在自然法学派的眼中,理性对行为的善与恶起着明辨的绝对标准,非正义的行为要受到正义的惩罚;在实证主义者的眼中,违法的就是非正义的,其与刑法中的"规范违反说"不谋而合;在历史法学派崇尚习惯与风俗的情节中,习惯的便是正义的;在功利主义的眼中,最大多数人的最大幸福便符合立法目的,也即是正当的;而在我们所秉持的程序功利主义的眼中,实现正当程序下的最大功利主义便是正义的。

我们认为,在秉持程序功利主义的原则下,应当认定四位被告故意杀人的罪名成立,但特殊的案情也征表出他们的期待可能性等主观恶性轻于一般意义上的故意杀人行为,在此意义上对其酌情从轻处罚也是有理有据的。

---

① [美]约翰·罗尔斯:《正义论》,何怀宏、何包钢、廖申白译,中国社会科学出版社2009年版,第12页。

② [美]E.博登海默:《法理学:法律哲学与法律方法》(修订版),邓正来译,中国政法大学出版社2004年版,第261页。

对于"洞穴奇案"的思考，学界仍在进行之中。前已述及，融合功利主义与正义论各自优势的程序功利主义是在直面疑难案例中考虑诸多客观事实与主观情绪之后更为可靠的选择，这也印证了法律与道德魂牵梦绕的关系。卷帙浩繁的书籍所揭示的理论莫不是源于生活的经验与基于经验的推理，我们不能本末倒置，将理论作为宗旨，应将实实在在的生活作为探索与发现理论的依归。

专题八
我国犯罪预备处罚原则的缺陷及立法建议

根据我国《刑法》第22条规定："为了犯罪，准备工具、制造条件的，是犯罪预备。对于预备犯，可以比照既遂犯从轻、减轻处罚或者免除处罚。"学者对预备犯作进一步的解释，认为"所谓预备犯是指已经实施犯罪的预备行为，但由于行为人意志以外的原因，未能着手实行犯罪的犯罪形态"[①]。在我国，预备犯原则性地应当负刑事责任，是因为立法者认为预备犯的行为具有应受刑罚处罚的社会危害性。[②] 或许，对预备犯的处罚正是基于这样的刑事政策。但处罚的合理性如何？本书以为这是值得我们反思的。我们认为，对预备犯进行处罚存在着三大缺陷，即刑法理论缺陷、刑事立法缺陷和刑事司法缺陷。

一、刑法理论的缺陷

（一）人权理念和刑法谦抑的思考

法治社会以权利为本位，尊重和保障人权是法治的应有之义。我们亦认为原则性地处罚预备犯是与人权理念相违背的。但在论述这个问题时，有论者认为我国对犯罪预备的立法是从功利主义推导的，体现功利主义的刑罚

[①] 马克昌主编：《犯罪通论》，武汉大学出版社2005年版，第416页。
[②] 张明楷：《犯罪论原理》，武汉大学出版社1997年版，第478页。

观，重社会防卫，轻人权保护。但假如真的是基于功利主义出发，真的体现功利主义刑罚观，那么根据边沁的"最大幸福原则"，若犯罪预备的立法真的为最大多数人谋求最大的利益，那么该立法在百姓看来应该是合理的。

但事实是否这样呢？我们并不认为这是功利主义推导出来的立法，因为我们从边沁的论著中处处可以看到人道和谦抑的影子，而且边沁用毕生的精力追求清晰、统一、人道、简朴的法律制度。边沁是注意到刑罚的负面作用和局限性的，因此，他极力地反对四种不应适用之刑：滥用之刑——不存在现实之罪，不具有第一层次或第二层次之恶或者恶性刚刚超过由附随善性所产生的可补偿性；无效之刑——对意志毫无效用，因而无法预防相似行为之刑；过分之刑——通过更温和的手段可以获得同样效果时却适用的刑罚；昂贵之刑——如果刑罚之恶超过罪行之恶，立法者就是制造更大的痛苦而不是防止痛苦，是以较大恶之代价来消除较小之恶。① 边沁还从刑罚作用的单一性和有限性出发，把预防和矫正犯罪的补救方法划分为四类即预防方法、遏制方法、补偿方法和刑罚方法，并制订了庞大系统的犯罪预防计划。因此，如果对预备犯原则性地处罚，那么预防又有何用呢？显然，预备犯是列入不适用刑罚的类型中的。若不是基于功利主义，那么依据是什么呢？本书支持对预备犯的处罚是依据刑事政策的观点。正如李斯特所说，"最好的社会政策，也就是最好的刑事政策"。刑事政策是指代表国家权力的公共机构为维护社会稳定、实现社会正义，围绕预防、控制和防治犯罪所采取的策略和措施，以及对因此而牵涉到的犯罪嫌疑人、犯罪人和被害人所采取的态度。② 预防、控制和防治犯罪是刑事政策的首要内容，而刑事政策的制定必须以犯罪的社会存在为依据。一般来说，犯罪预备行为对社会造成的是"间接危险"（这一点下文有详细的论述）。危险有别于实害。危险是一种可能性，而实害是一种现实性，而且间接危险是一种间接而非直接的可能性，这种可能性并未转化为完全意义上的犯罪。那么立法者如何去认识这种社会现象？依据又何在呢？或许作为国家代表的立法者和司法者只有从行为人的主观意识推断而认识，而且这种推断是纯粹主观的。这样刑法在保护行为人的角度上看，或许没有任何作用。

---

① ［英］吉米·边沁：《立法理论——刑法典原理》，孙力等译，中国人民公安大学出版社1993年版，第66—67页。

② 刘仁文：《刑事政策初步》，中国人民公安大学出版社2004年版，第29页。

西原春夫的话是意味深长的:"刑法作为行使制止犯罪机能的一个方面,还具有保护国民的权利和利益免遭犯罪的侵害的机能,因为刑法上的规范是对一切侵犯或危害某些利益的行为都要施加刑罚,由此而具有保护这些利益的性质。刑法还有保障机能,即行使保护犯罪行为者的权利及利益,避免因国家权力的滥用而使其受害的机能。对司法有关者来说,刑法作为一种制裁的规范是妥当的,这就是意味着当一定的条件具备时,就禁止科刑。从这一点看,可以说刑法是无用的,是一种为不处罚人而设立的规范。人们之所以把刑法称为犯罪人的大宪章,其原因就在此。"① 本来国家就拥有了刑罚权,而且可以运用刑罚权"恣意"地对行为人处以刑法,但法治国家并不能这样做,因为刑法规制了国家的刑罚权。但当刑法成为司法者主观臆断的工具时,刑法就成了虚无,乃至给恣意地处刑提供了法律依据。这一点在外国已经有实例。当较旧的理论认为预备行为应当受处罚时,在限制国家权力的自由思想的影响下,与之相对的观点取得了优势。②

另外,刑法的谦抑性给我们一个很好的理论思想。刑法的谦抑性是指立法者应当力求以最小的支出——少用甚至不用刑罚,获得最大的社会效益——有效地预防和抵制犯罪。运用刑法手段解决社会冲突,应当具备两个条件:其一,危害行为必须具有相当严重程度的社会危害性;其二,作为对危害行为的反应,刑罚应当具有无可避免性。③ 犯罪预备的社会危害性是否到了相当程度?对于犯罪预备的反应,刑罚是否无可避免?恐怕得不到肯定的回答。立法者应当是温和的、宽大的和人道的,④ 但立法者对犯罪预备的这种立法方式是一种"撒大网"式的规范方式,不仅是一种立法与理论上的懒惰,而且明显具有国家刑罚权滥用的危险。国家在犯罪面前无须如此。⑤

(二) 浓烈的主观主义色彩

近现代西方刑法史实际上是古典学派与近代学派的论战史。近代学派自其产生的第一天就与古典学派展开针锋相对的论战。古典学派坚持客观主

---

① [日] 西原春夫:《刑法的根基与哲学》,顾肖荣等译,法律出版社2004年版,第45—46页。
② [德] 汉斯·海因里希·耶赛克、托马斯·魏根特:《德国刑法教科书(总论)》,徐久生译,中国法制出版社2001年版,第611页。
③ 陈兴良:《刑法哲学》,中国政法大学出版社2004年版,第6—7页。
④ [意] 贝卡里亚:《论犯罪与刑罚》,黄风译,中国法制出版社2005年版,第73页。
⑤ 李海东:《刑法原理入门(犯罪论基础)》,法律出版社1998年版,第139页。

义、行为主义,认为刑事责任的基础是表现在外部的犯罪行为及其实害,因为犯罪是对社会有现实危险的行为,故没有客观行为就没有犯罪,如果仅以行为人的主观恶意作为处罚根据,就容易造成认定犯罪的困难以及法官的恣意判断。① 在这里的犯罪行为应该理解为实行行为,即指实现犯罪或直接导致结果发生的行为。② 近代学派一般主张主观主义,认为刑事责任的基础是犯罪人的危险性格,即反复实施犯罪行为的危险性。行为只具有征表危险性格的作用。③

客观主义不是客观归罪,主观主义也不是主观归罪。在客观主义那里,客观行为及其实害是刑事责任的基础,而在主观主义里,主观责任是刑事责任的根据。在客观要素与主观要素之间的倾向不同导致了许多问题得出不同的结论。对预备犯的处罚正是其中争论的一个焦点。客观主义认为未遂犯的处罚根据在于引起构成要件结果的客观危险性或者侵犯合法利益的客观危险性,行为即便出于犯罪意思,但只要没有引起发生结果的客观危险,就不应当看作为犯罪。④ 客观主义以犯罪实行行为的社会危害性为刑事责任的评价基点,以着手实行刑法分则条文规定的符合犯罪构成要件的行为作为刑事责任的评价起点,但犯罪预备是一种在实行行为之前产生的犯罪形态,因此犯罪预备行为本身不具备实行行为的社会危害性,也即缺乏了刑事责任评价的对象。在客观主义者看来,犯罪预备行为并不是犯罪,因而对预备犯原则上是不罚的,否则就会与"实行行为与责任同在的原则"相违背。主观主义则认为,行为人的实现犯罪的意思或性格的危险的外部表现,不仅是未遂以前的预备和阴谋,甚至连企图也应当广泛地受到处罚。只要行为人具有实现犯罪的意图或性格危险的外部表示就足以受刑罚处罚,既然预备犯、未遂犯从其主观恶性上看与既遂犯罪同样的,那么就应受到和既遂犯同样的处罚。⑤ 明显,在主观主义者看来,对于预备犯原则上是该罚的。

考究客观主义和主观主义的优缺,正如大塚仁所说的,"极端地评价的话,客观主义、行为主义和现实主义,虽然明确了犯罪的概念,适合于保障个人的自由,但是,在舍弃了犯人的性格所具有的危险性方面,则具有难以

---

① 张明楷:《刑法格言的展开》,法律出版社 2003 年版,第 127 页。
② 张明楷:《未遂犯论》,法律出版社 1997 年版,第 437 页。
③ 张明楷:《刑法格言的展开》,法律出版社 2003 年版,第 127 页。
④ 黎宏:《日本刑法精义》,中国检察出版社 2004 年版,第 187 页。
⑤ 黎宏:《日本刑法精义》,中国检察出版社 2004 年版,第 187 页。

发挥犯罪预防效果的缺陷。主观主义、行为人主义的特色在于，超越外部的行为，着眼于潜藏在行为深处的行为的危险性，谋求预防犯罪，但是，将其彻底化的话，犯罪概念就会变得暧昧，具有侵害行为人的自由之虞。这种缺点，通过采用征表主义也不能除去。因此，无论是客观主义、行为主义，还是主观主义、行为人主义，抑或是现实主义、征表主义，都难以原样采用其传统的理论"[①]。正因如此，纯粹的客观主义和纯粹的主观主义恐怕是不正确的，但就预备犯是否原则性地处罚，一些主观主义者也是持否定态度的。至少被称为主观主义代表人物之一的李斯特就是持否定性态度。他在谈论未遂问题时提出"只有实行行为才可能是应受处罚的未遂，而未遂行为之前的是不受处罚的犯罪预备行为"[②]。或许，主观主义论者在这个问题上已经失去了优势而进行了妥协。

回到我国刑法学界，立法者是看到客观主义和主观主义的优缺的。新刑法的出台总的来说是坚持主客观相统一的原则，同时也是向客观主义倾斜的。但在预备犯的问题上并不是坚持主客观相统一原则，也并没有折中主观主义和客观主义，而是走上了极端的主观主义。准备工具、制造条件的行为仅为犯罪前的准备工作，尚不是犯罪过程中的任何阶段，也即不是行为主义（即客观主义）所说的实行行为，因而不可能是走客观主义之路，或者说跟客观主义是完全不沾边的。正如有的学者所说，"不管立法者和理论界是否承认，在刑法评价基点意义上，我国对于预备犯的处罚体现了主观主义之基本理念"[③]。

（三）与犯罪构成理论的冲突

犯罪构成理论是德国古典刑法学派为反对封建司法制度的擅断专横而创造出来的产物，也是罪刑法定主义的副产品。罪刑法定主义要求刑法明确规定各种犯罪的成立条件与法律后果，犯罪构成正是犯罪成立条件，因此犯罪构成理论使罪刑法定主义得以真正贯彻。正如德国学者所说，"构成要件具有针对犯人的恣意而保护社会，针对社会的恣意而保护犯人的双重保障机能"[④]。尽管我国犯罪构成理论与西方大陆法系的犯罪构成理论存在着较大

---

① ［日］大塚仁：《刑法概说（总论）》，冯军译，中国人民大学出版社2003年版，第54页。
② ［德］李斯特：《德国刑法教科书》，徐久生译，法律出版社2006年版，第335页。
③ 张明楷：《新刑法与客观主义》，载《法学研究》1997年第6期。
④ ［德］H.科殷：《法哲学》，林荣远译，华夏出版社2003年版，第196页。

的差异，但价值取向上基本相同，如都在罪刑法定主义指导下，以犯罪构成为中心来建立犯罪论体系，追求行为的类型化和刑法的客观性，限制刑罚权的启动。然而，正如上文所述，原则性地处罚预备犯体现的是主观主义的基本理念，其价值取向在于追求刑法适用的个别性与主观性，扩张刑罚权的启动。或许从刑法的基本立场上看，尝试用犯罪构成理论去解释原则性地处罚预备犯问题，恐怕是南辕北辙。

正因为立场上的不同，或许需要承认对预备犯原则性处罚是犯罪构成理论的例外。但学者们也意识到，如果承认原则的例外，则往往会因为例外的理由与范围不确定而导致在其他场合也承认例外。所以，有学者提出修正的犯罪构成要件学说。这一学说在解决未完成形态犯罪的刑事责任问题上形成通说，而且贯彻了"犯罪构成是刑事责任的唯一根据"这一命题。这一学说真的能解决原则性地处罚预备犯问题吗？我们是持怀疑态度的。尽管我们承认该说在解决其他未完成形态犯罪的刑事责任问题上提供了有力的理论依据，但至少在预备犯和犯罪预备阶段的中止犯的处罚问题上是存在着问题的。

犯罪构成分为基本的犯罪构成和修正的犯罪构成。这一分类原是日本刑法理论对构成要件所作的分类，现也被引进了我国刑法教科书，并成为了通说。因此修正的犯罪构成要件理论也被引入了我国，但这种引入或许是水土不服的。因为从立法上看，日本刑法在总则中对预备犯作原则性处罚并没有任何规定，只在分则中明确规定了应予处罚的严重犯罪的预备行为，如内乱罪（第78条）、外患罪（第88条）、有关国交犯罪（第93条）、放火罪（第113条）、杀人罪（第201条）和强盗罪（第237条）等。显然，日本刑法在预备犯问题上是相对独立的构成要件规定下来的。而我国则直接用总则性规定下来，并用修正的构成要件来解释，这是难以理解的。

为了深入了解这个问题，分析日本的修正的犯罪构成理论成为了必要。在日本，"所谓构成要件是指将违法并有道义责任的行为予以类型化的观念形象（定型）是作为刑罚法规中科刑根据的概念性规定。""行为符合构成要件并使所有的构成要件都满足，这是刑事责任的基本条件。不符合构成要件的行为没有刑法上的意义，构成要件不充足的事实，也不能成为犯罪。""未遂犯罪和共同犯罪中的'实行'是实现构成要件性质的行为。而未遂犯和共犯是对于并没有达到充分满足每个构成要件的行为设立的修正构成要件的一般性定型形式,从而依据被修正了的构成要件的充足来成立犯罪。"①我们认为,日本的修正的犯罪构成要件理论是用来解决未遂犯和共犯刑事责任的问题。

就预备与未遂的问题上,小野清一郎的观点是颇具代表性的:"犯罪的实行是符合构成要件的行为,'着手'即是符合构成要件行为的开始,或多少实现了一部分……只要没有全部实现构成要件,即使是实现了一部分,该犯罪即没有完成。然而只要它能符合一般构成要件的修正形式的话,也是可罚的。"②"着手"以前的行为是不符合构成要件的行为,因而没有刑法上的意义,也即实行前的预备行为是没有刑法上的意义,因为它不属于"客观观念形象的构成要件"。

小野先生进一步认为,预备与实行,也许在生活上的用语惯例乃至直观当中是有区分的,但是它们有时也不可否认地要有发生界限问题的场合。这些场合,仍要以某种构成要件为标准,以是否符合它来决定,仍然必须确定危险性——构成要件中的结果发生的现实可能性的有无。当然,危险性是个有程度的概念,所以在设立有惩罚预备行为规定的场合,仍可认为有危险的存在。然而,这时的危险性与实行时的相比有程度上的差异,这种程度差异是区分预备和实行的契机。程度的差异在某一点上可以转换为性质的差异。实行行为,即构成要件行为,是和构成要件中的结果直接联系的,作为社会的、经验的类型,它带来结果的行为。也就是说,在具体场合中虽然没有发生这种结果,但行为本身的性质,一般来讲,必须带有发生结果的因果可能性,因而是现实可能性或者说是有危险性的行为。预备行为的危险性,是有发生上述危险性行为的危险。从构成要件中的结果来看,这是间接的危险性。在区别预备和实行的社会文化观念上,这具有内在的合理意义。犯罪的实行区分预备行为(原则上是不罚的)和未遂犯。这既有形式上的区别也有实质上的区别。所谓形式上的区别,是指犯罪的实行被刑法分则相应条款的构成要件概念地限定了;所谓实质上的区别,是指构成要件本身是特殊地规定了当罚的反道义的行为的,并没有其当罚性包含有对某种法益的侵害及

---

① [日]小野清一郎:《犯罪构成要件理论》,王泰译,中国人民公安大学出版社2004年版,第17—19页。

② [日]小野清一郎:《犯罪构成要件理论》,王泰译,中国人民公安大学出版社2004年版,第125页。

其危险的观念。① 由此可见，日本的修正的犯罪构成要件理论对构成要件的修正并不是没有限制的，犯罪的实行正是这个限制，实行前的预备行为即使可罚也不是用修正的犯罪构成要件理论来解释的。

早期的学者引进日本修正的犯罪构成要件理论，并对此进行了"修正"，形成了我国的修正构成要件齐备说，使之适用于预备犯的处罚，这是对罪刑法定主义的亵渎，使类推主义泛滥。我们认为修正的犯罪构成要件的修正并不是漫无边际的，其必须在实行行为中进行修正才有意义。一个在教学中经常被提到的案例能很好地说明这一点：行为人希望有朝一日走上仕途，以利用自己手中的职权敛财，便奋发学习，考上大学，考上研究生，后如愿地成为了公务员，后当上了干部。如果按照我国传统的修正构成要件齐备说对预备犯的解释，恐怕这一系列的行为都被认定为行为人为了贪污受贿所"制造条件"的行为。这样的结论是难以接受的，因为无论以后的行为如何，该行为人的行为要么构成犯罪预备，要么构成预备阶段的犯罪中止。

这样看来，无论如何解释，原则性地处罚犯罪预备行为的合理性是不能从犯罪构成要件理论中得到支持的，甚至是与犯罪构成要件理论相冲突的。

二、刑事立法的缺陷

（一）缺失理论合理指导

我们认为《刑法》第 22 条是缺失理论指导的，关键原因之一是理论上未能解决是否区分和如何区分犯罪预备和预备犯这一问题。或许这个问题在现在刑法学界已不成问题，有学者对二者作出区别，认为犯罪预备是故意犯罪发展过程中的一个阶段，是构成预备犯的必要条件之一；预备犯则是在犯罪预备阶段已经停顿的犯罪形态，它不可能脱离犯罪预备行为而存在，但又不是犯罪预备的同义语。② 不管这一观点正确与否，但这一观点现在是我国的通说。

然而，据我们手头上的资料分析，在刑法立法之初，这个问题并没有得到解决。在是否区分的问题上，肯定论者认为二者既有联系又有区别，而否定论者认为二者涵义是一致的。另外，有学者指出："将预备行为与预备犯

---

① ［日］小野清一郎：《犯罪构成要件理论》，王泰译，中国人民公安大学出版社 2004 年版，第 129—134 页。

② 马克昌主编：《犯罪通论》，武汉大学出版社 2005 年版，第 416 页。

加以区分是对的，但犯罪预备既指预备行为又指预备犯。"① 此外，对预备犯的概念研究是晚近时期才开始的，且直到 20 世纪 80 年代中叶才有论者提出预备犯的定义："已经实施犯罪的预备行为，由于行为人意志以外的原因而未着手实行犯罪的，是预备犯。"② 但该论者并未进一步论述犯罪预备与预备犯的区别。

另外，我们认为立法初期，立法者和学界都并未对二者进行区分，因为我国现行《刑法》是 1997 年修订的，而修订前的 1979 年《刑法》基本上是以 1960 年《苏俄刑法典》为范本。《苏俄刑法典》第 15 条是这样规定的："为实施犯罪而寻求和准备手段或工具，或者故意制造其他便利条件的，都认为是预备犯罪。"③ 当时苏联学者认为任何预备行为都要负刑事责任，立法者把犯罪预备行为看作是对社会有害的，创造了实施犯罪条件的行为。④ 该论只强调犯罪预备的社会危害性，却没区分犯罪预备与预备犯。或许他们看来区分是没有必要的。当时苏联的刑事立法和刑法理论的确对我国影响可谓深远，以至于我国对预备犯处罚规定的立法是在没有理论支持的基础上制定的。正如马克昌教授所言："实际上这些刑法都没有把预备犯与犯罪预备明确地区别开来。"⑤ 没有理论作支持的立法，其合理性受质疑是在情理中的，但更令我们感到惊讶的是作为苏联承继者的俄罗斯已对苏联刑法进行了修改，对预备犯的处罚已不是原则性的了。1996 年《俄罗斯联邦刑法典》第 30 条规定："一、为实施犯罪勾结或者以其他方式故意为犯罪创造条件，如果在这种情况下由于与犯罪人无关的情况而未将犯罪进行到底的，是预备犯罪。二、只有对预备实施严重犯罪和特别严重的犯罪，才追究刑事责任。"⑥ 该刑法典对预备犯的处罚已限定为严重犯罪和特别严重犯罪。但是我国的 1997 年刑法依然从一而终地贯彻着原则性处罚的理念。

（二）模糊的第 22 条

我们认为现行《刑法》第 22 条的规定具有模糊性，留给司法者过多的

---

① 陈兴良：《刑法适用总论》（上卷），法律出版社 1999 年版，第 402 页。
② 马克昌：《论预备犯》，载《河南法学》1984 年第 1 期。
③ 马克昌：《比较刑法学原理》，武汉大学出版社 2002 年版，第 608 页。
④ ［苏］H. A. 别利亚耶夫、M. И. 科瓦廖夫：《苏维埃刑法总论》，群众出版社 1987 年版，第 205 页。
⑤ 马克昌：《预备犯比较研究》，载《中央检察官管理学院学报》1993 年第 1 期。
⑥ 黄道秀：《俄罗斯联邦刑法典》，中国法制出版社 1996 年版，第 14 页。

自由裁量空间，其中包括定义的模糊和处罚的模糊。

第一，定义的模糊。《刑法》第22条第1款规定："为了犯罪，准备工具、制造条件的，是犯罪预备。"这一立法定义看似是对犯罪预备所作的界定，但实际上是对犯罪预备行为概念作出概括。这可能是立法者追求立法之简洁。但立法的简洁必须以法律规定的明确性为前提。明确性原则作为罪刑法定原则的一个派生原则，它要求国家制定刑法时，对于行为人构成犯罪及必须受处罚的程度必须有合理的界定。刑法的立法定义必须符合明确性原则，否则将因规范定义的模糊不清而罹于无效，此即不明确即无效原则。笔者以为该款规定过于追求简洁却忽略了立法明确性原则。首先，"为了犯罪"是指行为人内心具有打算实施犯罪的意图，为了犯罪本身并不是犯罪，那么为了犯罪而"准备工具、制造条件"的行为就仅是犯罪前的准备行为，本身并不是犯罪过程中的任何一个阶段。处罚这些不是犯罪的准备行为就没有依据了。此外，将犯罪预备行为界定为犯罪行为的一种形态，而立法定义上又提出了"为了犯罪"，那么为了"预备犯罪"而准备工具制造条件也是犯罪预备。实际上，这不单犯了同语反复的定义错误，而且造成逻辑上的矛盾。其次，"准备工具、制造条件"的行为范围从广义上理解，行为人在犯罪故意形成后至犯罪行为实施完毕前的任何行为都可以被视作完成犯罪创造条件的行为。这样看来，在犯罪完成阶段前的犯罪停止形态，都会作为犯罪预备予以处罚。从这样宽广的立法定义去理解，故意犯罪就只有预备形态和既遂形态。那么如何区分预备与未遂呢？至少在立法上是难以区分的。最后，立法定义并没有对停止原因作明确规定，从立法而非理论上看，预备犯和预备阶段的中止犯是区分不了的。

第二，处罚的模糊。《刑法》第22条第2款规定："对于预备犯，可以比照既遂犯从轻、减轻处罚或者免除处罚。"我国对预备犯的处罚采取的是得减主义，在一般情况下，对预备犯得比照既遂犯从轻、减轻或免除处罚；在特殊情况下，如行为预备实行特别重大的犯罪，手段特别恶劣时，可以不予从轻、减轻或免除处罚。[①] 犯罪预备行为尚未进入犯罪的实行阶段，行为人在客观上尚未对刑法所保护的社会关系造成现实性的危险。这样在所谓的特殊情况下对其与既遂犯同等处理，恐怕是不合理的。另外，从分则个罪法定刑规定来看，绝大多数的法定刑都是相对确定的，且不仅仅具有一个刑

---

① 张明楷：《刑法学》（第三版），法律出版社2007年版，第282页。

幅,当出现了两个以上法定刑幅度时,该如何比照呢?或许立法真的过于模糊以至于司法实践没有一个统一的标准,甚至导致主观归罪。举个例子:《刑法》第234条规定"故意伤害他人身体的,处三年以下有期徒刑、拘役或者管制。犯前款罪,致人重伤的,处三年以上十年以下有期徒刑;致人死亡或者以特别残忍手段致人重伤造成严重残疾的,处十年以上有期徒刑、无期徒刑或者死刑。本法另有规定的,依照规定。"若行为人预备故意伤害被害人并希望致被害人轻伤,但法官推定为主观上希望被害人重伤而比照适用"三年以上十年以下有期徒刑"的幅度,这是对行为人不公;若行为人预备故意伤害被害人并希望致被害人重伤,但法官推定为主观上希望被害人轻伤而比照适用"三年以下有期徒刑、拘役或者管制"的幅度,这样又导致罪刑不均衡。如何比照,或许只取决于法官的自由裁量。

我们认为《刑法》第22条已模糊到使司法工作者难以适用的程度,这有违罪刑法定之理念。

(三)与刑法其他法律条文的冲突

正如上文所说,我国刑法是坚持主客观相统一原则但向客观主义倾斜的,而对预备犯的处罚体现的是主观主义理念,因此《刑法》第22条规定与刑法其他条文有冲突是在所难免的。基于篇幅,我们只就《刑法》第13条和第20条作一深入分析。

首先,《刑法》第22条与第13条相冲突。《刑法》第13条规定:"危害社会的行为,依照法律应当受刑罚处罚的,都是犯罪,但是情节显著轻微危害不大的,不认为是犯罪。"从实质上说,犯罪是具有严重社会危害性的行为,那么预备犯是否必然造成严重的社会危害性呢?答案应该是否定的。危险递增理论给了我们很好的理论支持。危险递增理论是指危险只有递增到一定量的时候,国家刑罚权的介入才是正当与必要的。危险递增判断的基础是行为可能导致的危险度越大,规范处罚所要求的危险实现的现实性就越小。预备犯有别于既遂犯,也有别于未遂犯和非预备形态下的中止犯,它对刑法所保护的社会关系并未造成现实性的危害,也未造成现实性的危险。尽管预备犯对这种社会关系造成了危险,但正如小野教授所言,这种危险性是一种间接的危险性。根据危险递增理论,预备行为只有在危险达到一定量时才具有刑事可罚性。① 恐怕"在一般情况下，只有少数社会危害性严重的犯罪的预备行为的社会危害程度才能够达到犯罪程度"②。这样，我们或许推导出立法上的一个冲突，从《刑法》第 22 条来看，国家对犯罪预备行为是持原则性的处罚态度，而从第 13 条来看，国家或许持相反的态度。如此看来，国家在这个问题上是持摸棱两可的态度。事实上，在司法实践中很大一部分犯罪预备行为不罚是通过第 13 条来完成的，那么第 22 条存在的意义何在呢？在一般情况下，第 13 条否定了第 22 条的存在。

其次，《刑法》第 22 条与第 20 条是相冲突的。我国《刑法》第 20 条第 1 款规定："为了使国家、公共利益、本人或者他人的人身、财产和其他权利免受正在进行的不法侵害，而采取的制止不法侵害的行为，对不法侵害人造成损害的，属于正当防卫，不负刑事责任。"从法条上看，正当防卫的时间条件是不法侵害正在进行。那么如何理解"正在进行"呢？法条没有给出合理的解释。但犯罪预备是犯罪行为，是原则上要处罚的行为，属于不法侵害，那么犯罪预备行为过程应该认定为不法侵害的正在进行，换句话说，被害人对预备犯进行正当防卫，只要不超过必要限度，是不负刑事责任的。起码从法条上分析是可以得出这样的结论。那么被害人如何认定犯罪预备行为要侵害自己呢？被害人的"正当防卫"如何与事前防卫和假想防卫区别开来呢？如何认定"特殊防卫权"问题呢？这一系列问题是值得我们思考的。但或许这些思考只能产生的是无解的方程式，主要原因是犯罪预备行为是犯罪行为，原则上必罚。

这个问题的解决我们可以参考日本刑法。日本刑法并没有在总则规定预备犯必罚，而是在分则中规定了一些严重犯罪的预备形态当罚。另外，日本刑法第 36 条规定："为了防卫自己或者他人的权利，对于急迫的不正当侵害不得已所实施的行为，不处罚。"③ 在日本，正当防卫是指对急迫不正的侵害，为了防卫自己或他人的权利不得已实施的行为。④ 急迫性和不得已性这两点是有别于我国刑法的。这样规定即使原则性地规定预备犯必罚也不致于法条之冲突，更何况日本刑法原则上不处罚预备犯。但更多的论者会选择

---

① 李海东：《刑法原理入门（犯罪论基础）》，法律出版社 1998 年版，第 138 页。
② 陈兴良：《刑法适用总论》（上卷），法律出版社 1999 年版，第 416 页。
③ 张明楷：《日本刑法典》，法律出版社 2006 年版，第 20 页。
④ ［日］西田典之：《日本刑法总论》，刘明祥、王昭武译，中国人民大学出版社 2007 年版，第 119 页。

保留第22条而采用折中的观点去理解"正在进行",即将"正在进行"理解为不法侵害人已经"着手"实施侵害的实行行为且尚未结束,但在不法侵害的现实威胁已经十分明显,不实行正当防卫则无法避免危害时,也应认为不法侵害已经开始。① 这样看来,犯罪预备行为原则上不是"侵害行为",只是特别情况下才是"侵害行为"。这样的观点是与本书观点相符合的。但是不要忘记这样对"正在进行"的解释,从外延上看比立法意思要狭窄得多。

三、刑事司法的缺陷

在我国的司法实践中处罚犯罪预备的案例甚少,原因主要在于理论和立法的缺陷。首先,没有给出犯罪预备与犯罪未遂的界限。通说是用实行行为的着手来解决的,但正如有学者明确指出"实行的着手是一个似是而非的概念"。另外,有的国家立法中也已经开始加入"实行着手"这一概念,而试图对这个问题作出更具体的表述。如德国刑法中使用的是"根据行为人的计划直接开始实现构成要件"的行为,并以此来划分预备与未遂的界限。② 其次,正如上文所说理论并未指导立法,加之立法的模糊和法条的冲突使司法界更无所适从。最后,从司法角度看,区分预备行为与犯意表示,也并非学者们在书本中描述的那样清晰明了,易于操作,这也是刑法条文所难以解决的。

如果上面所说的刑事司法对预备犯处罚的缺陷是理论与立法缺陷的派生缺陷,那么证据的缺失是在这个问题上的实质司法缺陷。大多数处于预备阶段的行为主观要件在实践中几乎无法认定,主要是证据收集的困难,而且这种困难使得预备行为的追究成为天方夜谭。一般来说,预备行为只有与实行行为相联系才能证明出行为的主观要件,割裂实行行为是难以认定的。如买刀可以是为了杀人,也可以为了切水果,在银行附近走,可以是为了盗窃金融机构而视察环境,也可以是饭后散步。

在犯罪预备问题上,理论如此不足,立法如此模糊从而使预备犯的处罚权完全交给了司法人员。这种主观到主观的司法逻辑形式为何会在当今法治社会中出现呢?这是为提倡司法公正理念的我们所思考的。

---

① 陈忠林主编:《刑法总论》,中国人民大学出版社2003年版,第183页。
② 李海东:《刑法原理入门(犯罪论基础)》,法律出版社1998年版,第140—141页。

四、立法建言

行文至此，本书的观点应是明确的，对于预备犯，原则上是不当处罚的，但对于极少数严重犯罪的预备行为处罚是合理的。但如何在立法上体现才不至于理论、立法和司法上存在缺陷呢？对各国的处罚模式进行思考是必要的。

关于预备犯的处罚模式主要有以下五种：第一，预备不罚模式，对于预备犯完全不予处罚，如1954年《格陵兰刑法典》；第二，预备必罚模式，对于预备犯一律处罚，如1960年《苏俄刑法典》和我国刑法；第三，分则处罚模式，如日本刑法典和现行德国刑法典；第四，不区分处罚模式，不区分犯罪预备和未遂，将预备行为作为犯罪未遂的一种情形来处罚，如2001年意大利刑法典草案第41条规定：采取实施法律规定为重罪的行为，或者以直接接近实施的行动准备采取实行行为的人，如果行为未完成或者结果未发生，承担重罪未遂的责任①；第五，总则分则规定模式，如1994年的法国刑法典总则有关于"实施重罪未遂，或者在法律有规定之场合，实施轻罪未遂者"②的规定并在分则对种族灭绝等三种特别严重犯罪的预备犯规定处罚。③

就如何处罚严重犯罪的预备犯，有学者认为，对预备行为的可罚范围应予以严格限定，只有社会危害性极为严重的犯罪才有处罚其预备行为的必要，而犯罪的社会危害性是否极为严重，必然会在其法定刑的规定中反映出来。联系我国1997年刑法分则中法定刑的配置状况来考虑，可以认为法定刑幅度的下限为有期徒刑的犯罪属于危害性极为严重的犯罪。④尽管该观点缩小了预备犯的处罚范围，但我们依然认为这种观点带有不明确性。正如上文所说个罪中出现两个以上法定刑幅度是常见的，如抢劫罪。如何从预备行为中区分一般型抢劫和加重型抢劫呢？恐怕不好区分，落到最后还得交给法官自由裁量。

---

① ［意］杜里奥·帕多瓦尼：《意大利刑法学原理》（注评版），陈忠林译评，中国人民大学出版社2004年版，第264—265页。
② ［法］卡斯东·斯特法尼：《法国刑法总论精义》，罗结珍译，中国政法大学出版社1998年版，第696页。
③ 我国学者认为这里包括犯罪预备形态。
④ 王志祥：《犯罪预备行为可罚性的思考》，载《法制日报》2005年5月12日。

我们认为分则处罚模式是相对合理的。首先，分则性规定体现刑法的谦抑性，对不必处罚的预备犯可以直接不规定处罚；其次，作分则规定可以最大限度地符合修正的犯罪构成要件理论；最后，作分则规定可以使处罚更明确、更合理，符合罪刑法定原则和罪刑相适应原则。另外要提到的是分则处罚模式是不会导致立法资源的浪费，毕竟只有少数犯罪预备行为是当罚的。

如何在分则规定呢？德国学者给了我们很好的启示。立法者只是以特殊的刑事政策为依据，例外地将预备行为置于刑罚之下：首先，涉及特定构成要件的非独立的扩展，其特点要求特别早地采取措施，因为否则的话刑罚就不可能达到任何目的，如劫持飞机的预备行为（德国刑法第316条a）；其次，具有典型特征和高度危险性的犯罪预备，被作为独立的犯罪受刑法处罚，行为人没有必要已经实施一个完整的特定的犯罪，如诈骗保险金（德国刑法第265条）；最后，德国刑法第30条规定的因共犯心理上的内在联系，共犯预备行为的特别危险情况，要受刑法处罚。这里要说明的是德国刑法第30条对数人参与并表明是应处罚的共犯的初期阶段的特定重罪的预备行为作出了处罚规定。第30条第1款规定了教唆他人犯重罪未遂，第30条第2款规定了其他的预备行为如示意他人犯罪、接受他人的犯罪请求或与他人约定犯罪，这些预备行为表明了共同正犯、教唆犯或帮助犯的实质上的初期阶段。①

这样的观点是值得我们借鉴的，我国对预备犯处罚完全可以参照这样的思路进行，而总则规定充其量也只能是为犯罪预备给出一个合理的立法定义。

---

① ［德］汉斯·海因里希·耶赛克、托马斯·魏根特：《德国刑法教科书（总论）》，徐久生译，中国法制出版社2001年版，第627—628、850页。

专题九
不能犯可罚与否之问题的历史终结

一、问题的缘起

费尔巴哈教授于1804提出"不能犯"这一概念以降，中外刑法学界对此进行了持续两个多世纪的激烈争鸣，在主观主义与客观主义立场之间辗转反侧亦未能真正解决关于不能犯可罚与否的一系列问题，这便造就了不能犯可罚与否之问题的"哥德巴赫猜想"。客观主义与主观主义的分野产生于对犯罪有不同侧重的理解上，前者注重刑罚的轻重应当与行为的客观危害相适应，后者则强调刑罚的轻重应当与行为人的危险性（恶意）相适应。客观主义论者与主观主义论者皆被现代刑法学视为非"客观归罪"与"主观归罪"。鉴于各自的种种缺陷，客观主义与主观主义在百余年的发展中逐渐走向融合之路。"刑法客观主义在坚持自己的行为主义、非决定论的前提下，适当考虑社会政策和刑事政策的重要性；刑法主观主义在想尽办法对付个人的同时，适当保持客观化和有节制。"[①]

客观主义与主观主义在不能犯问题上的立场之争突出显现为客观未遂论与主观未遂论之争，前者基于行为未能在客观上致使法益处于危险境地而主张不能犯不具有可罚性，后者基于行为人由客观行为征表出的法规范违反意

---

① 周光权：《刑法客观主义和主观主义的融合》，载《江苏社会科学》2003年第2期。

思（恶性）而主张不能犯具有可罚性。客观未遂论与主观未遂论内部在如何判断不能犯问题上的行为危险性上呈现"百花齐放"状态，但皆未能撩开不能犯可罚与否之问题的全部面纱，亦未能为刑事司法实践提供十全十美的解决方案。本书拟对关于不能犯可罚与否的一系列问题做出合情合理的解答，以期裨益于刑事司法实践的理性抉择。

二、从概念界定到刑事立法介评

刑法理论渊源于刑罚的合理原因说以及刑罚的合理目的说。① 损害原则、法益侵害说、法规范违反说、法秩序敌视说、罪过说等关乎刑罚可罚根据的理论纷至沓来，不能犯可罚与否之问题的解决方案成为检验刑罚可罚根据理论品性的绝对试金石。而由于中外刑法学界对于其概念及其内涵的界定歧义横生，主观主义与客观主义的品性凸显其中，"名不正，则言不顺"，对于不能犯可罚与否之问题的种种理论聚讼的解析首先必须从其概念解析出发。

（一）不能犯概念的理性介析

我国刑法通说将不能犯未遂与能犯未遂统称为具有可罚性的犯罪未遂。不能犯未遂指的是，因犯罪人对有关犯罪事实认识错误而使犯罪行为不可能达到既遂状态的情形。能犯未遂指的是，由于行为人意志以外的原因致使实际有可能达到既遂状态的犯罪行为未能达到既遂而停止下来的情形。② 日本刑法通说认为，不能犯指的是，行为人意识到危害结果的发生，但其实施的是一个并不具有致使危害结果发生的危险性的行为。郑泽善博士认为："不能犯是指行为人主观上企图着手实行犯罪，但因为现实上不可能发生犯罪结果而不受处罚的情形。"③ 西原春夫教授认为："所谓不能犯，是指行为者自以为已经着手犯罪的实行，但因不可能发生结果，而使犯罪没有得逞的情况，对此不能作为未遂犯处罚，也称不能未遂。"④ 大塚仁教授认为："不能犯（不能未遂）是指行为人实施本来不具有完成犯罪的危险性的行为以实

---

① 参见［德］古斯塔夫·拉德布鲁赫：《法哲学》，王朴译，法律出版社2013年版，第185页。
② 参见高铭暄、马克昌主编：《刑法学》（第五版），北京大学出版社、高等教育出版社2011年版，第56页。
③ 郑泽善：《论未遂犯与不能犯之区别》，载《中国刑事法杂志》2005年第5期。
④ ［日］西原春夫：《刑法总论》，法律出版社2001年版，第295页。

现犯罪的情况。"① 德国刑法学界一般认为，不能犯是指行为人由于严重无知而对犯罪对象或者手段产生认识错误，继而导致不可能完成的情形，这是可以免除或酌情减轻刑罚的法定事由。②

"不能犯的概念不宜作为犯罪未遂的一种类型来使用；事实上，未遂都是由于某种原因而不能既遂，故也没有必要将犯罪未遂分为能犯未遂与不能犯未遂。"③ 未构成犯罪的行为本身便未踏入犯罪圈，将未踏入犯罪圈的行为称为不能犯未遂，实乃对此"不能犯行为"的不当评价。中外学界对于不能犯概念的界定，渗透了不同学者对于"不能犯行为"是否纳入犯罪的观点。换言之，对于不能犯是否可罚之问题的解读不同，也意味着对于不能犯概念界定的不同。作为关于不能犯可罚与否之问题的学术交流，必须构造不能犯的概念与不能犯可罚与否的二元建构体系，故而，应将不能犯理解为行为人在一定的认识错误下或一定的客观现实下实施了根本不可能完成犯罪的情形。有必要从不能犯可罚与否的中外刑事立法的理性解读入手，从宏观上把握不能犯可罚与否之问题的世界性，从而构建不能犯可罚与否之问题的中国主体适用性。

（二）不能犯可罚的刑事立法介评

对于不能犯是否可罚之问题，世界各国的刑事立法评价各异，大致可以划分为可罚与不可罚两种基本立场。《德国刑法典》第 23 条第 3 款规定："行为人由于对行为对象和手段认识错误，其行为根本不能实行终了的，法院可免除其刑罚，或酌情减轻其刑罚。"④《罗马尼亚刑法典》第 20 条第 2 款规定："由于力所不及，所用手段不力或犯罪实施终了而犯罪分子所追求的标的不在其所预料的地点，以至犯罪不能得逞的，都是未遂。"⑤《新加坡共和国刑法典》第 511 条更是以例释的方式，阐释了不能犯应与普通未遂同等处罚："打开了一只箱子企图偷珠宝，但在打开箱子后发现里面并没有珠宝，A 做了一次实施犯罪的行为，因此，A 的行为应按本条规定论处。A 把自己的手伸进 Z 的衣袋中企图掏兜，但因 Z 衣袋中什么都没有，致使 A

---

① 张明楷：《未遂犯论》，法律出版社 1997 年版，第 215 页。
② 参见张明楷：《外国刑法纲要》，清华大学出版社 2007 年版，第 275 页。
③ 张明楷：《刑法学》（第五版），法律出版社 2016 年版，第 386 页。
④ 《德国刑法典》，徐久生、庄敬华译，中国方正出版社 2004 年版，第 11 页。
⑤ 陈兴良：《刑法适用总论》（上卷），法律出版社 1999 年版，第 78 页。

的企图落空，A 实施了本条所规定的罪行。"① 《美国模范刑法典》规定，若行为人认为自己的行为或者不作为是实现意图完成的犯罪结果的"实质性步骤"时，不管实际情形本身如何，皆应当承担相应的刑事责任。《英国1981年犯罪未遂法》规定，若行为人具有犯罪故意，且基于该主观罪过实施了超越该罪预备阶段的行为（不管行为在客观上是否具有危险），行为人的行为即构成犯罪未遂。② 对于刑事立法规定不能犯可罚的国家而言，想象的社会公众的安全感的维护彰显其中，其间亦不免有主观归罪的幽灵散落其中。

（三）不能犯不可罚的刑事立法介评

明治维新时代的《日本帝国刑法草案》第115条规定："虽然存在欲实施犯罪的意图和行为，但由于其固有的性质或所使用的方法上的性质不可能构成进一步的危害，或者即使能够构成危害但轻于犯人所期望之目的的危害时，对犯人不应科处刑罚或仅就现实实现的危害科处刑罚。"③《日本帝国刑法草案（修正案）》第128条规定："由于行为性质或所使用方法之缘故，行为不可能发生任何危害时，无论犯人具有何种意图都应免予刑罚。"④ 1961年《改正刑法预备草案》第23条规定："行为在性质上完全不可能导致结果发生时，不以未遂犯处罚之。"⑤ 1974年《刑法改正草案》第25条继续沿用了1961年《改正刑法预备草案》第23条关于不能犯的内容。《意大利刑法典》第49条第2款规定："当因行为不适当或者行为的对象不存在而不可能发生损害结果或者危险结果者，也排除可罚性。"⑥ 《奥地利刑法》第15条第3款规定："犯罪行为如因欠缺法定之特定身份关系，或依行为之性质，或犯罪之对象，不能完成犯罪时，其未遂犯及未遂之参与行为均不罚。"⑦ 我国台湾地区"刑法"于2005年1月7日通过了部分修正草案，并于2006年7月1日起施行。经过此次幅度颇大的修改后，对比其新旧刑法总则的规定，不能犯从可罚转为不可罚。其"刑法"第26条原文

---

① 《新加坡共和国刑法典》，柯良栋、莫纪宏译，群众出版社1996年版，第58页。
② 参见郑军男：《不能未遂犯研究》，中国检察出版社2005年版，第33页。
③ [日] 野村稔：《未遂犯论》，成文堂出版社1984年版，第53页。
④ [日] 野村稔：《未遂犯论》，成文堂出版社1984年版，第23页。
⑤ [韩] 白源基：《未遂犯研究》，三知院出版社1995年版，第248页。
⑥ 《意大利刑法典》，黄风译，中国政法大学出版社1998年版，第12页。
⑦ 黄村力：《刑法总则比较研究》，三民书局1995年版，第56页。

为:"未遂犯之处罚,得按既遂犯之刑减轻之,但其行为不能发生之结果,又无危险者减轻或免除其刑。"① 经过修改后的刑法总则规定,行为不能发生犯罪之结果又无危险者不罚。不能犯不可罚的规定令权利保障与法治主义彰显其中。

现代刑法学已经果断抛弃主观归罪或客观归罪,任何不符合主客观相统一原则的归罪皆被禁止,这亦是理性民主立法不得踏入的禁区。民主并不是将一切事情进行投票决定,而是建立于一些基本的理性逻辑起点之上,譬如不得投票决定是否可以无端处罚国民。对于不能犯可罚与否之问题的解读,企图依赖社会公众的印象或者社会一般人的危险评价违背了理性民主评价的基本原则。

三、不能犯可罚与否之问题的理论聚讼

"不能犯不是故意的问题,而是客观的行为问题,故着眼点在于行为本身的危险性。"② 针对不能犯行为是否具有法益侵害的可能性,诸多学者基于基本的刑法立场,形成了客观主义与主观主义的两种解决方案。理性地梳理两派对于不能犯可罚与否之问题的解决方案,可以在其中获寻出问题的争议点以及问题的解决途径,或许,问题的解决方案的抉择的最终依据不在于理性推理,而在于人们内心的信仰。质言之,对于主观归罪的扬弃理性地决定着人们在逻辑上是否能够处罚不能犯。

(一) 客观主义解决方案的理性介析

客观危险说(旧客观说):费尔巴哈教授基于法律与道德的严格界分认为,若行为造成损害的情形是客观存在的或行为与可能出现的犯罪结果存有客观的潜在的因果关系,则该行为具有可罚性。③ 这个因果关系的判断标准便是事后查明的所有客观事实以及科学因果法则,若依据自然的、科学的因果法则得出行为绝对无法导致客观危险发生时,该行为即不属于犯罪未遂而属于不能犯。以米特梅尔教授为代表的学者在费尔巴哈教授的纯客观说基础上提出绝对不能—相对不能说。行为人在主观恶意的支配下实施的行为从一开始即根本无法实现犯罪意图时(绝对不能),成立不能犯。行为本身具有

---

① 马克昌:《我国台湾地区刑法修正述评》,载《中国刑事法杂志》2005年第4期。
② [日]团藤重光:《刑法纲要总论》,创文社出版社1990年版,第167页。
③ 参见[德]费尔巴哈:《德国刑法教科书》,徐久生译,中国方正出版社2010年版,第46页。

实现犯罪意图的可能性，但在特殊情形下未能实现犯罪意图时（相对不能），成立未遂犯。① 绝对不能与相对不能的界定依然显得十分模糊，无法为不能犯的划分梳理出一个清晰的基本原则。

具体危险说（新客观说）：依据行为时社会一般人可能认识到的事实以及行为人特别认识到的事实，判定法益侵害的有无，若存有具体的危险则为未遂犯（障碍未遂），若未存有具体的危险则为不能犯（不能未遂）。② 穷尽人类既有的知识程度后，我们会发现，行为人根本无从损害法益，但具体危险说却取道以第三人为中心的虚拟危险性。这种操作无法对客观未遂理论交待，因为只要采用更精密、更高阶的知识水平进行判断，许多案例都会得到无损害可能性的结论，但具体危险说却忽略这部分的理论一贯性。值得注意的是，一旦行为人属于特定专业社群，或当行为人采用专业与科学式的损害手法，法官在审判时势必会面临如何设定"客观第三人"的知识水平内容，具体危险说势必无法响应这些质疑。依据社会一般人的标准界定法益侵害的有无，易于落入民主下的强暴非正义。依据行为人特别认识到的事实界定法益侵害的有无，囿于这种事实的证明只能依赖行为人的供述，致使其最终落入依据社会一般人的认识标准的怪圈。

修正的客观危险说：以客观的危险说为基础，并对之进行修正的几种学说。具有代表性的有以下几种学说。

一是山口厚的观点：在判断行为有无具体的危险时，首先，应立足于事后判断的立场，若未发生法益侵害结果，即以此为前提。其次，代之以现实存在的事实，考虑大体上存在什么事实，依据科学的因果法则判定法益侵害结果可以发生。问题便在于这种现实并不存在的（假定的）事实被认为具有何种程度的存在可能性，即应通过考虑，根据科学的因果法则判断法益侵害结果发生的事实——是现实并不存在的事实——具有何种程度的存在可能性，来判断具体的危险。③ 质言之，山口厚教授认为，必须将现实存在的事实置换为假定的事实，通过考察假定事实的存在可能性来具体判断行为有无具体的危险。这种观点的特征为：事后的立场；依据科学的因果法则；判断的方法是用假定的事实置换现实发生的事实；以假定的事实具有何种存在的

---

① 参见张明楷：《未遂犯论》，法律出版社1997年版，第250页。
② 参见许恒达：《论不能未遂》，载《清华法学》2011年第4期。
③ 参见张明楷：《未遂犯论》，法律出版社1997年版，第265页。

可能性来判断危险的是否存在。这种观点看似抽象,实则意为将事后查明的事实替换为假定的事实,并考察假定事实的存在可能性而判断危险的有无,但这种可能性的判断主体为谁以及如何进行无缝地置换是其必须面对的困境。

二是前田雅英的观点:未遂犯处罚的根据在于行为具有法益侵害结果的具体危险;判断行为有无此危险时,以行为时的客观事实为基础,以行为时为判断的时点;对事实进行某种程度的抽象化;以人的眼光进行判断。① 这种观点的特点为:判断的基础是客观事实;行为时的判断;一定程度抽象的事实;人的判断而不是神的判断。这种观点较之客观危险说更为"客观",但无法合理阐述一定程度抽象的事实的抽象程度为何及其界限几何。

三是曾根威彦的观点:以客观存在的、物理的事态为前提,社会一般人在社会经验上一般不感到有危险的情况属于不能犯,感到危险的为未遂犯。② 这种观点的特征为:危险判断不是纯客观的,而是带有价值评价的性质;判断的基准不是科学的因果法则而是社会一般人的经验。

四是内田文昭的观点:主张基本上采取旧客观说,在必要最小限度内采用新客观说修正。其特点为以客观的危险说为基础,以具体的危险说为补充。③

第三种、第四种观点的困境在于,其无法解决本书对于具体危险说的缺陷批判。

五是名和铁郎的观点:主张可罚的未遂犯、不可罚的未遂犯、不能犯三分法,即不具有实行行为且不存在行为的危险时是不能犯,有实行行为而有行为的危险但无结果的危险时是不可罚的未遂犯,有行为的危险同时存在结果的危险时是可罚的未遂犯。④

六是团藤重光的观点:构成要件的行为是具有发生构成要件结果的一般危险行为,而不具有发生危害结果的危险的行为(不能完成犯罪的行为),不是实行行为,成立不能犯。⑤ 该种观点的特征是:从行为的实质性角度来说明实行行为是否存在,若行为不具有发生危害结果的危险,则不是构成要

---

① 参见张明楷:《未遂犯论》,法律出版社1997年版,第269页。
② 参见张明楷:《未遂犯论》,法律出版社1997年版,第272页。
③ 参见张明楷:《未遂犯论》,法律出版社1997年版,第274页。
④ 参见张明楷:《未遂犯论》,法律出版社1997年版,第275页。
⑤ 参见张明楷:《未遂犯论》,法律出版社1997年版,第265页。

件的行为，当然不成立犯罪；以普通的一般人的危险感作为判断危险的基准；行为时的判断。

第五种、第六种观点的困境在于，对实行行为的具体判断或者对构成要件的行为的具体判断，又回到判断不能犯危险有无的出发点，陷入循环往复的两难境地。

彻底客观主义立场说：从犯罪构成角度出发，判断客观行为是否是在一定的犯罪主观要件控制下实施的。行为人在一定的"认识状态"之前提下，其控制的客观条件作用于刑法保护的一定的人或物的存在状态时，行为的客观性质可以侵害或改变刑法保护的一定的人或物的存在状态，则行为人的意志状态中包含行为人能够控制的现实危险，犯罪主观要件的成立使得行为具有可罚性。① 这种观点虽标榜为彻底客观主义，实则深陷在主观主义的泥淖里而无法自拔，行为人对外在对象的认识并不能改变现实的外在对象，行为人对外在对象的未认识亦不能改变某些情形下的过失成立。

（二）主观主义解决方案的理性介析

纯粹主观说：行为人以犯罪意思实施了行为，即使没有发生结果，除迷信犯外，也应以未遂犯论处。以布黎教授为代表的学者认为，未遂的处罚根据不在于单纯的犯罪的意思，而在于通过行为（为实现意思而付出的所有努力）所表明的意思。② 因此，未遂以基于犯意开始实行外部行为的时点为标准。质言之，外在行为若已经表明了犯罪的意思，就存在"法的平稳的危险化"或者"对法所保护的秩序的反抗"，无论是否具有结果发生的危险性，都应当肯定可罚性。换言之，客观说主张的绝对不能犯在纯粹主观说眼里亦成为可罚的未遂犯。③ 以法比安（Fabian）教授为代表的小部分学者认为，处罚未遂在于预防犯罪，基于这种预防主义的观点，只要行为人以外部行为表现出犯罪的意图，即使手段具有迷信性，也不能以此为根据认定为不可罚。对于认为迷信犯不可罚的法院的判例，法比安批判说："这只能说是向客观主义的单纯的让步，即使这种观点有深远的实务上的动机，也改变不

---

① 参见安素洁：《不能犯研究》，西南政法大学 2015 年博士学位论文，第 119 页。
② 参见陈家林：《德国的不能犯理论及对我国的启示》，载陈兴良主编：《刑事法评论》（第 20 卷），中国政法大学出版社 2007 年版，第 453 页。
③ 毋庸置疑，对于犯罪未遂的处罚与否，只能依据各国刑事立法是否处罚未遂犯以及处罚什么犯罪类型的未遂犯而确定。若一国的刑事立法并不处罚未遂犯，则不能犯与未遂犯的区分亦成为多余的。

了让步这一本质。"① 由此可见，在纯粹主观说处罚根本不可能危害法益的行为的语境下，纯粹主观说无法解决迷信犯不处罚的现实困境。

抽象危险说：以行为人在行为当时所认识到的事实为基础，以一般人的见地来判断有无危险，若按照行为人的计划实施行为具有发生结果的危险性，则为未遂犯，反之，即使按照行为人的计划实施行为也不具有发生结果的危险时，则为不能犯。② 若以行为人自身的认识为基础，行为人认为其在被害人的茶杯里放入了砒霜（实为白糖），则依据抽象危险说，这种行为构成故意杀人未遂。这种观点忽视了主观认识与客观事实的统一在定罪中的绝对意义，容易陷入主观归罪的非理性。科勒尔认为未遂的可罚性不在于实行行为的现实性、客观性，而在于行为人计划内容对法秩序的危险性。例如，企图用咒语咒死对方的迷信犯，其计划本身就超越了自然的法则，因而不具有对法秩序的危险性，不属于犯罪。例如，行为人意图杀人实施时却误将白糖当作砒霜，这种行为是可罚的，因为在实行的时点按照行为人所认识的事实是不能否定其行为能够引起所意图的结果。相反，使用咒语杀人的行为则不可罚。两者的区别仅仅在于前者的知性具有危险的性格。据此，芬格揭示了抽象的危险说的基本内涵，即立足于实行的着手时点，以行为者的主观认识为基础，考虑其行为是否具有引起所意图的结果的抽象的危险。芬格认为，人类在经验上不可能完整地考察和认识事物的发展规律，"可能性"这一概念基于此才具有存在的价值和空间。根据芬格的观点，某种"可能性"概念是从自己的经验和他人的经验中所演绎出的一种经验的平均，是以对未来的事物的近似的并且不特定的期待的程度为基础的。盖然性并不是关于事物的法则，而是与我们的期待有关的法则，危险性在本质上依赖于判断者的主观，而这种判断则是以经验的平均为基础的，带有部分主观的性格，从而提出了"主观的危险概念"。③

印象说：印象理论主张必须从下列两个角度衡量处罚未遂犯的实质理由，一是行为人主观上的法规范敌对意志，二是行为人在实现敌对意志后，是否可以破坏公众对法秩序的信赖。通过对比分析障碍未遂与不能未遂得知，障碍未遂与不能未遂行为人都有侵害法益的敌对意志，也都以客观行动

---

① ［日］宗冈嗣郎：《客观的未遂论的基本构造》，成文堂出版社1990年版，第99页。
② 参见［日］牧野英一：《刑法总论》，有斐阁1958年版，第331页。
③ 参见安素洁：《不能犯研究》，西南政法大学2015年博士学位论文，第106页。

实现预期犯行（实现其敌对意志）。障碍未遂影响公众对法秩序的信赖，故需动用刑罚惩罚之，但刑量应低于既遂犯，而不能未遂因为已经实现敌对意志，已经影响到公众的法律确信效果，但鉴于程度非常轻微，可以在惩罚的基础上进行减刑。① 印象说虽更偏向于抽象危险说，但亦有客观说的若干影子。即便印象理论已经不再适合解释现行刑法条文，但支持重大无知说的见解仍旧认为，所谓的不能未遂，只限于从第三人观点来看，行为人出于重大无知的主观意思的犯行样态，判断方法是以社会第三人标准检视行为人主观意思。印象理论与具体危险说有着相似的不合理之处。

（三）印象理论的深度批判

在未遂犯历史发展过程中，印象理论从来不是新颖见解，从某种角度而言，印象理论的思考进路，是透过客观社会心理作用节制主观未遂理论的写照。其认为，行为人危害法益的来源，来自于行为人实现于外的主观侵害意志。印象理论仅仅强调，不是所有的侵害意志都值得处罚，毋宁仅限于已经严重撼动社会心理效果的侵害意志，而这社会心理效果的封锁作用，其实与法益本身无关。问题在于，如果法益损害或危险是一种现实世界中的状态改变事件，该事件必须导因于人的客观行动，欠缺外在可以观察的客观行动，根本无法干预外在世界的法益秩序，也不可能引发侵害后果。无论行为人的主观意志多么恶劣，只要他的客观行动尚未危害法益，刑罚的介入的必要性与合理性就值得仔细推敲。更进一步来说，当行为人已经把主观意志转换为客观行动，重点不会再是主观敌对意思的内容，而是客观行动对法益的干扰程度，主观敌对意思不必然会百分之百地转换而显露为同样意义的客观行动效果。

侵害法益的滥觞源头，虽可溯游而上至行为人的主观敌对意志，但只要主观敌对意志与客观行动表现具有不同的社会含义，主观敌对意思便成为一个次要的影响因素。刑法规范的规制重点，毋宁转换为客观行动表现的社会意义，行为人是否应承担法益侵害的刑事责任，也应优先观察客观行为。换言之，犯罪意志虽然渊源于主观恶性，但只要已经以行为的方式表现出来之后，主观恶性就不再是刑法学（犯罪成立评价）观察的第一重点，真正能够侵害法益的仍然是客观行为，主观恶性与犯罪意志绝对不能够自己实现法

---

① 参见黄荣坚：《基础刑法学》（下），元照出版有限公司2006年版，第498页。

益的侵害。倘若可以信服这种逻辑推理，印象理论显然过度强调侵害法益（尚未成为现实）的主观恶性，而轻忽客观行动危害法益的效果（注重现实的法益侵害），刑法的规制重点并不是行为人的主观恶性，而是客观行动是否干扰了刑法所保护的法益秩序（法益侵害）。印象理论虽企图以社会心理效益，形成对观点激烈的主观危险理论的缓和，然刑法之所以必须恪守罪刑法定主义，之所以必须形成统一的行为评价与裁判规范体系，乃是为了维护以刑法典为支撑的犯罪构成理论的稳定适用性，且避免公众舆论过度影响甚至决定犯罪的成立以及刑罚的轻重裁断。当印象理论依托社会心理学论证不能犯（未遂犯）的可罚性，实乃借助于一个令人恐惧又敬仰的普通群众情感，去裁决行为人的行为的犯罪与否乃至于刑罚的轻重程度的适用，这势必使刑事责任施加的方式与范围陷于混乱的局面。

现代法治民主强调基本的底限以及基本的自然法，绝对不允许被公众以民主投票的方式裁决，这是为了防止多数人对少数人的暴政的非正义出现。将不能犯的可罚性与否的问题探讨，托付于一个虚无缥缈的社会公众的印象，实则忽视了社会公众常常可能在尚未清楚最基本的案件情况下草率地跟风下结论的社会现状，甚至非常有可能出现下述矛盾局面：不能未遂行为人无视法律规范而顶风作案，普通群众强烈呼吁重重惩罚，应处以等同于既遂犯的刑事责任，罪刑法定原则与印象理论就这样出现了难以调和的局面。印象理论发展的极致便是推翻规范的刑法教义学，走出高深的刑法学象牙塔，一切罪与罚诉诸于民主决策，但正义的民主决策的前提是参与民主决策的人都有着清晰的头脑与基本的能力，可以胜任专业的罪与罚之决断，否则，民主决策的结果便是对自由乃至生命的亵渎。

四、主客观相统一原则视域下的法益侵害原则

（一）刑罚可罚原则：主客观相统一原则视域下的法益侵害原则

我国刑法理论上逐渐采用具体危险说或者客观危险说，因此更适宜于采用日本的模式区分未遂犯与不能犯：对于没有客观危险的不能犯不予处罚，具有客观危险但未达到犯罪既遂的情形，都称为未遂犯。在未遂犯中，不再

区分能犯未遂与不能犯未遂。① 其实，我国台湾地区刑法理论也同样面临这个问题。在"修法"以前，不能犯可罚，因而属于未遂犯，即未遂犯区分能犯未遂与不能犯未遂。但在"修法"以后，不能犯不罚，因而未遂犯中不复存在不能犯未遂。刑法典是规定某种行为在何种情形下构成犯罪的唯一依据。现代刑法学在摒弃客观归罪与主观归罪的革新之路上，选择主客观相统一原则作为定罪的基本原则，主客观相统一原则背后隐藏的是法益侵害（实害与危险）。犯罪的一个简单明了的基本原则，在不能犯可罚性问题上遗憾地被学者们所遗忘。

既然不能犯的概念已经可以被界定为行为人在一定的认识错误下或一定的客观现实下实施了根本不可能完成犯罪的情形。其实质内涵为行为人从一开始便无法造成任何法益侵害，而法益侵害的存在不仅仅是实行行为的基本要求，亦是刑事惩罚发生的基本逻辑。若认为处罚不能犯的理由在于行为人的法规范违背性或者社会敌视性，则可以认为这种观点视域下的刑法建立在主观归罪的基础上。显而易见，对于不能犯可罚性问题的观点决定了人们在刑罚可罚原则构建上的品性。

在我国刑法条文视域下考察，不能犯行为如果符合犯罪预备的构成要件，则可以以相应犯罪的预备犯罪处罚；其如果符合其他犯罪的构成要件，则应当以相应犯罪论处。譬如，行为人为了满足复仇心理实施故意杀人行为，而准备杀人凶器或者其他类似工具、制造便利条件的，属于故意杀人预备行为；行为人果真拿着菜刀对着仇人（实际上是稻草人）狂砍，这种狂砍行为根本不可能侵犯法益，属于不能犯行为。综合这个例子中的行为人的行为，依据我国《刑法》第 22 条以及第 232 条的规定，应当以故意杀人罪论处，判处的刑事责任量可以比照既遂犯从轻或者减轻择定，亦可以免除处罚。在当下的刑事司法实践中，几乎未曾出现过明文处罚预备犯的判例，刑事侦查机关一般也很难辨析预备犯的存在情形。故而，本书囿于我国刑事立法的规定，提出对于不能犯行为通过以相应犯罪的预备犯罪处罚的观点，就实际效果而言，仍是为不能犯行为完全出罪化立言。另外，若上个例子中的行为人拿着枪支向仇人（实际上是稻草人）扫射，其以为可以杀死仇人，则此人的行为至少可以构成非法持有枪支罪，刑事司法实践一般不会对其处以故意杀人罪（预备）。

---

① 参见陈兴良：《不能犯与未遂犯——个比较法的分析》，载《清华法学》2011 年第 4 期。

(二) 事实与价值的二元方法论支撑不能犯的不可罚构建

规范是社会的结构,换言之,其是规定人与人之间那种可以被期望并且不是必须考虑其对立面关系的内容的。因为涉及人们之间的关系,而不仅仅涉及某个个体及其心理状态。故此,规范是一种社会事件,并且,它的稳定就是社会的稳定。这绝不意味着主体要奉献给社会,而是意味着,重要的不是作为个别部分的主体,而是与自己在社会结构中的地位相联系的主体,即作为人。作为没有联系的孤立的私人而生活着的,但是又要享受一种由社会所组织的刑法保护的人,其实并不知道自己想要的是什么。[①] 刑法规范作为社会规范,并非仅仅从自然的角度来确认事实,而是同时要对事实做出价值评判,以便通过规则的设定来确认或者引导国民的行为,以形成社会秩序。这种社会规则与自然规则的不同,也就说明了作为社会科学的事项之判断标准不能仅仅依据自然科学的法则来进行。规范不是规则,不是一种一般性的命令。刑法规范具有社会性,是一种社会规范。社会规范具有两重含义:一方面,它表明通常的或者多数人的事实行为;另一方面,社会规范通过其存在和发展,影响着集体的、社会的意识。它调整着人们的行为,并因此规范地发挥作用。

一个人如果不想被孤立,就必须将社会规范作为自己的行为标准。[②] 这种对社会中生活的人进行规范引导的作用,是法规范的重要特性。这种刑法的特性意味着,法律规范首先是行为规范,是对社会一般设定并且具有一体遵行效力的规范。如果说法律的规范应该反映或者体现社会的一般观念的话,这种规范也是国民自己的行为规则。既然各种规范都统统刻在了人们的意识里,因此所有人都会懂得它们并觉得它们是合情合理的。就一般情况而言,这至少是符合事实的。如果一个成人对这些基本的规范一无所知,并且拒绝承认它的权威,那么这种无知和不从就会被人们毫不犹豫地说成是一种病态的征兆。

如果某种刑法尽管遭到了拒认但还能幸运地存活下去,这只是因为与此同时还存在某些例外情况,这当然是反常的,它不可能长久地存活下去。[③]

[①] 参见 [德] 雅克布斯:《刑罚保护什么:法益还是规范适用?》,王世洲译,载《比较法研究》2004年第1期。

[②] 参见周光权:《刑法学的向度》,法律出版社2014年版,第127页。

[③] 参见 [法] 涂尔干:《社会分工论》,渠东译,三联书店2000年版,第37页。

正是由于刑法规范首先是行为规范，而不是自然科学，判断行为是否违反规范的标准就不能到科学中去寻找，而应当从人们的一般观念中去寻找。将社会一般人的认识或者判断作为行为是否存在危险的依据而不是依据科学法则来确认，是在确认法律的规则。与之相反的是，依据自然科学的标准判断刑法中的危险是否存在，在有些情况下是在动摇法律的规则。李洁教授依据自然科学与社会科学的二元建构认为，依靠社会一般人的认知进行事前判断，同时考虑行为人的特别认知作为危险的判断标准是合理的。这种观点的不合理之处在于，不仅无法找寻出这个"社会一般人"的具体标准，其亦与行为人的特别认知标准存有不可调和的矛盾。以事实与价值的二元建构亦无法成为处罚不能犯的确凿理由，价值判断的标准写在规范的字里行间，每一个研读刑法典的人都不会否认主客观相统一原则对于定罪的重要性，而主客观相统一原则视域下的法益侵害不仅是刑罚可罚依据的一般原理，亦决定了不能犯不可罚（不可以相应的未遂犯处罚）。

（三）刑罚与保安处分的二元社会防卫建构对策

现代刑法学虽然建立了主客观相统一的定罪原则，但主观恶性增减变化的考量已经成为中国刑法乃至世界刑法的通例。对于思想犯的刑事惩罚之所以不合理，不仅仅在于主客观相统一原则的大旗，更在于思想犯并未对这个世界造成现实的损害。在社会化的时代里，个人仍然可以保有对于这个世界的种种批判的权利，故而，言论自由的保障成为思想不受惩罚的试金石。不能犯虽然未对这个世界造成现实的损害，但其所作所为毕竟展现了其对法益的敌视思想，保安处分这一非刑罚惩罚方式可以被加之于此类人之身，直到其被评估为未对这个世界有严重的法益侵害性。马克昌教授认为："保安处分是以特殊预防为目的，以人身危险性为适用基础，对符合法定条件的特定人可采用的以矫正、感化、医疗等方法，改善适用对象，预防犯罪的特殊措施。"[①] 保安处分措施适用的宗旨便是，在实现社会防卫的目标时亦实现使得越轨人顺利重返社会生活的目标。刑罚与保安处分的逻辑起点，在于刑法学与犯罪学的研究范围、方法以及目标的各异，前者严守主客观相统一原则与法益侵害原则，而后者从社会防卫视角处罚探寻各种"危害可能性"（"危险可能性"）。

---

① 马克昌主编：《刑罚通论》，武汉大学出版社2002年版，第759页。

某些情形下的未构成犯罪的行为在客观层面上，亦会对社会造成严重的危害或者隐藏有严重的危害可能性，保安处分这一刑罚之外的犯罪预防以及社会防卫措施便可以大展手脚。不能犯虽然不可罚，但并不意味着绝对不可以其实施一定的保安处分措施。囿于保安处分措施在西方适用进程中的泛滥性与随意性，也囿于其社会防卫效果不尽如人意，故而，需要在严格的程序约束之下以及严格的适用条件把控之下实施保安处分措施。譬如，当有充足理由预测到行为人将来实施的行为非常严重，即使其在某次活动中实施的行为属于不能犯，亦应当对其实施保安处分措施，以规训其心理、遏制其犯罪行为，使其得以重新接受常识、常理与常情的教化，从而复归社会正常生活。毋庸置疑，实施的保安处分措施应当尽可能以最为合适的方式存在，尽可能符合人道主义以及适当性原则的旨趣。

（四）个人权利与社会权利的博弈策略省视

由于受到风险社会理论以及社会防卫前置思潮影响，人们逐渐在刑事犯罪圈的前置性扩张中满足自身的安全感，这具体表现在刑法学领域中的法益精神化（甚至于否定法益侵害说）、实行行为的扩张化、责任形式的变更化等演变。客观主义刑法的逻辑起点日益受到社会风险控制这一公共政策的挑战。有学者认为，严格贯彻客观主义的客观危险说，明显未对这一全球化的趋势作出合理的回应，而注重法秩序安全的印象说则更契合当下的风险防控主旨。[①] 我国面临着持续地改革开放的历史重任，解放思想、尊重人权是改革开放的基本前提。法律与道德虽然有着不可绝对分离的关系，但法治化要求绝对排除违背法律基本原则以及基本逻辑下的道德法律化，关乎公众生死以及自由等权利的刑法必须遵守这一法治化的基本要求。若法益精神化、法益虚无化等违背主客观相统一立场的刑法变革可以更为合理地回应风险防控的要求，则刑法的彻底变革便取得了社会效应上的正当性，但违背主客观相统一原则的刑法变革，早已在客观归罪与主观归罪的"痛哭流涕"中被公众所果断抛弃，何以在秉承风险防控的旗帜下将历史的尘埃凝聚成供奉的神灵。权利的逻辑起点在于权利保护，而不在于义务遵守，一切义务的遵守皆为服务于权利保护这一目的。

社会权利体系构建与保障的基石在于个人权利的维护，民众往往不知道

---

① 参见刘晓山、刘光圣：《不能犯的可罚性判断——印象说之提倡》，载《法学评论》2008年第3期。

自己的权利在哪里以及如何获寻，个人权利的获寻恰恰是社会权利最大化的理性保障。细言之，个人权利的累积便是社会权利的形式所在，个人权利的公约数化便是社会权利的边界所在，个人权利的最大化亦使得作为被公约数化的社会权利最大化，通过个人权利保障的路径亦使得社会权利最大化的目标获得正当性与现实性。在不能犯的概念被严格界定在行为人从一开始便无法完成其预定的犯罪目标的情形下，以这一犯罪目标的实现结果为构成要件的设定则违背了个人权利在主客观相统一定罪原则的保障要求。

五、结论

不能犯的概念可以被理解为，行为人在一定的认识错误下或一定的客观现实下实施了根本不可能完成犯罪的情形。古今中外的刑法学者纷纷提出解决不能犯可罚与否之问题的建构方案，其无外乎在客观主义与主观主义之两大立场中辗转反侧，其间存在或多或少的缺陷。以主客观相统一视域下的法益侵害原则审视不能犯问题，应当果断废弃不能犯的可罚性之建构，在诸如中国处罚预备犯的场域内，若不能犯行为构成犯罪预备，则以相应罪名的预备犯论处。事实与价值的二元方法论启示人们，绝对不可将价值判断建立在虚构的事实或者想象的事实之基础上。社会权利与个人权利的博弈策略亦启迪人们，绝对不可依靠无视甚至于践踏个人权利，作为追求社会权利最大化的非正义手段。古往今来，多少人假借社会利益谋取个人利益，并导致适得其反的恶果出现。保安处分措施可以在不能犯不可罚的建构方案下，施加于以其无法益侵害的现实行为表现出蔑视或者漠视社会化及其良性发展的人。

专题十
共同犯罪视野下教唆行为之定性
——兼谈教唆犯从属性之提倡

我国《刑法》第29条第1款规定:"教唆他人犯罪的,应当按照他在共同犯罪中所起的作用处罚。教唆不满十八周岁的人犯罪的,应当从重处罚。"第2款规定:"如果被教唆的人没有犯被教唆的罪,对于教唆犯,可以从轻或者减轻处罚。"刑法理论上称之为教唆犯,"是指唆使他人产生犯罪的决意,进而使其基于此决意实行犯罪的情况"。[①] 对于教唆犯之属性,刑法理论上主要存在三种学说:独立性说,从属性说与二重性说。近年来,由于德、日刑法理论在我国逐渐兴起,其关于教唆犯的从属性说备受青睐。同时,刑法理论上也从教唆行为性质的界定对教唆犯之属性展开了讨论,形成一个崭新的视角。而无论是独立性说,抑或从属性说,还是二重性说,都必须建立在对教唆行为的正确定性的基础之上。因此,有关教唆行为性质的探讨正在成为研究教唆犯属性的新切入点。

一、共同犯罪语境下教唆行为之界定

探讨教唆行为的性质,必须先对研究范围进行界定,以免不当扩大,对

[①] 张明楷:《外国刑法纲要》,清华大学出版社2007年版,第322页。

教唆行为的探讨陷入无尽的漩涡之中,或者没有边际地泛滥,丧失共识基础,使讨论失去应有意义。

根据我国刑法总则第二章第三节(共同犯罪)第29条之规定,教唆犯罪是共同犯罪的一种,构成教唆犯罪,必须具备共同犯罪的构成要件:首先,主体必须是二个以上达到法定年龄、具有刑事责任能力的人,即教唆人与被教唆人均达到法定年龄、具有刑事责任能力;其次,犯罪主体之间必须有意思联络,形成共同的犯罪故意,即教唆人认识到他的教唆行为会使被教唆人产生犯罪意图并进而实施被教唆的犯罪行为,被教唆人也认识到自己受到他人教唆,产生犯罪意图并打算实施犯罪行为;最后,必须有共同的犯罪行为,且行为与法益侵害结果之间存在因果关系,即教唆人实施了教唆行为,被教唆人实施了犯罪行为,因此造成了侵害法益的结果。① 所以,教唆犯罪不是一个人可以完成的,它必须是二个以上主体的共同犯罪行为。

本书之研究范围,正是被教唆人着手共同犯罪行为之前,教唆人向被教唆人实施的、旨在促使教唆犯罪的共同主体和共同故意形成的行为,即教唆行为是共同犯罪的一部分。具体而言,它是指在共同犯罪中,一方主体以授意、劝说、请求、命令、鼓励、挑拨、刺激、收买、引诱、欺骗等方式实施的、意在使他人产生犯罪决意并实行犯罪的行为。②

二、教唆行为性质学说之概述

当前,有关教唆行为性质的学说主要有三种:

一是实行行为说。教唆行为是法益侵害(意欲)的征表,教唆行为的着手就是实行行为的着手,本身即具有一定的法益侵害性,是一种应承担刑事责任的实行行为,实行行为性是教唆行为的必然属性。③

二是共犯行为说。从实定法的角度来看,教唆犯是教唆他人使之实行犯罪的人,亦即通过教唆行为使他人产生犯意进而通过他人的实行行为引

---

① 张明楷:《刑法学》,法律出版社2007年版,第321—326页;马克昌:《犯罪通论》,武汉大学出版社2010年版,第505—514页。

② 本书中的"教唆行为",不涵盖刑法分则规定的"教唆他人吸毒罪""引诱卖淫罪"等罪行中的"教唆行为",如果下文没有特别说明,均在共同犯罪语境下使用"教唆行为"。

③ 李凤梅:《教唆行为:共犯行为抑或实行行为》,载《法学杂志》2009年第1期。

起法益侵害结果的发生，而其本人并不亲自参与犯罪的实行行为。如果行为人实施的教唆行为未被刑法分则规定的具体犯罪的构成要件行为所包含，那么这一教唆行为就是在客观上对共同犯罪的实行和完成起着加担和促进作用的行为，其本身不可能对法益造成直接、现实的侵害。所以，教唆行为属于加担正犯实行行为的共犯行为，而非实行行为，其原则属性是共犯性。①

三是预备行为说。从教唆行为本身的构造来看，教唆他人犯罪的行为是制造犯罪人的行为，教唆者为了实现自己的犯罪目的，选择一定的教唆对象和教唆行为方式，并在绝大多数情况下表现为说了什么或是表达了什么，以便使被教唆者产生犯意进而推动犯罪向前发展，这种选择教唆对象、制造犯罪人的行为，是为了有效地实施犯罪而寻找犯罪同伙——即为了实现犯罪目的而制造条件——的预备行为。犯罪预备性是教唆行为的原则属性。②

三、教唆行为之本质属性

基于上述界定，我们将以共同犯罪的整体视角来探讨教唆行为的性质。这是因为，教唆行为是共同犯罪发展过程中的一部分，我们必须立足于整体，才能发现教唆行为在整个共同犯罪中的地位和作用，进而正确定性教唆行为，确定教唆犯的属性。

（一）以共同犯罪的整体视野为视角——教唆行为发生于共同犯罪主体之间

在共同犯罪的视野下，教唆行为是教唆人以授意、劝说、请求、命令、鼓励、挑拨、刺激、收买、引诱、欺骗等方式寻找共同犯罪人、促使他人产生犯罪意图，进而实施犯罪的行为，是一方主体实施的旨在制造共同犯罪条件的单方行为。从具体内容来看，教唆人或者向被教唆人表达犯罪的意图，迫切希望被教唆人加入并具体实施犯罪行为，或者向被教唆人说明应该实施某种具体犯罪行为或者不特定犯罪的原因和理由，希望被教唆人实施犯罪行为，或者为被教唆人实施某种犯罪行为出谋划策，使被教唆人产生犯罪意

---

① 钱叶六：《教唆行为的实行行为性之否定》，载《中国刑事法杂志》2009年第9期。
② 朱道华：《论教唆行为的法律本质》，载《中国刑事法杂志》2011年第2期。

图,实施犯罪;从对象来看,教唆的对象是特定的,即被教唆人,教唆人只向特定人实施教唆行为,而不是向不特定群体实施教唆行为;① 从方式来看,教唆人一般会以秘密的至少是不公开的方式进行教唆,并且会采取相应的防范措施,以免被其他人发觉;② 从效果来看,教唆人的教唆原则上只会对被教唆人产生效果,而不会对第三人产生效果,换言之,教唆行为的效果不会超出教唆人与被教唆人的范围,即不会直接将教唆效果传递给被教唆对象以外的人。③

因此,从共同犯罪的整体视角来看,教唆人虽然使用了语言、手势、眼色、书信、电子邮件、传真、电话等可以从客观上加以识别的方式来传递犯罪意图,但这不能否认教唆行为的内部性,即教唆行为是教唆人与被教唆人之间发生的、以被教唆人为接受对象而实施的旨在生成共同犯罪条件的行为,这种行为的效果仅及于主体内部。所以,教唆行为具有内部性,它是特定主体之间发生的、只对特定对象产生特定效果的行为。

(二) 以犯罪行为发展阶段为视角——教唆行为游离于共同犯罪行为范畴之外

"我只是由于表现自己、只是由于踏入现实的领域,我才进入受立法者支配的范围。对于法律来说,除了我的行为,我是根本不存在的,我根本不是法律的对象。我的行为就是我同法律打交道的唯一领域……而且因此我才受到现行法的支配。"④ 马克思的这一经典表述表明,法律调整的是客观外在的行为。在客观主义视野下,刑法的调整对象就是行为人基于某种罪过实施的刑法所禁止的行为,具体表现为犯罪预备行为和实行行为。

从整个犯罪过程来看,犯罪行为的形成过程一般包括犯罪决意、犯罪准备、犯罪实施三个阶段。⑤ 而通说的故意犯罪阶段是表明直接故意犯罪行为

---

① 如:"教唆是使特定的'人'决意实行特定的犯罪,对不特定的人时,属于煽动的范畴,所以作为被教唆的人,必须是特定的人。"马克昌:《比较刑法原理》,武汉大学出版社2002年版,第644页。"如果唆使的对象不特定,则叫'煽动',不成立教唆;煽动是比教唆更为缓和的概念。"张明楷:《外国刑法纲要》,清华大学出版社2007年版,第232页。

② 当然,不排除一些人在公开的方式进行,比如以为被教唆人鸣不平的方式鼓励被教唆人实施某种不特定的犯罪行为。

③ 这里涉及"间接教唆""再间接教唆"与"连锁教唆"的问题,但笔者认为,无论教唆传递多少次,教唆行为的效果仅及于教唆人与被教唆人,不会被与教唆人、被教唆人无关的人知晓。

④ 《马克思恩格斯全集》(第1卷),人民出版社1971年版,第16—17页。

⑤ 许章润主编:《犯罪学》,法律出版社2007年版,第99页。

发展进程所经历的具有时间上先后次序的若干段落或时期。因此，故意犯罪可以分为犯罪预备阶段、犯罪实行阶段和实行后阶段。在共同犯罪语境下，只有基于共同犯罪主体和共同犯罪故意形成之后实施的行为，才是刑法调整的行为阶段，意即发生于这一阶段的行为，才是共同犯罪行为，才能由有关共同犯罪的刑法规范予以调整。对于教唆犯罪，则意味着被教唆人基于教唆人的教唆，实施被教唆犯罪的预备行为或者实行行为，才能进入有关共同犯罪的刑法规范的调整视野。如果共同犯罪主体没有形成，或者没有达成共同犯罪故意，任何一方行为人实施的行为，无论其是否为刑法规定的类型化行为，至少都不属于共同犯罪阶段的行为。

审视教唆行为，我们发现，教唆行为恰恰发生于促使共同犯罪人和共同犯罪故意形成的过程中，是一方主体寻找共同犯罪人、形成共同犯罪故意的行为。换句话说，这种行为发生于教唆人与被教唆人达成共同犯罪故意、被教唆人实施被教唆的犯罪行为之前，即还不是被教唆人基于共同犯罪故意实施的犯罪预备行为和实行行为。从其发展历程来看，教唆行为发生于共同犯罪阶段之前，不应划归共同犯罪阶段，在本质上应当归属于共同犯罪决意形成阶段，或者称其为"意思阶段"。因此，教唆行为还不是共同犯罪行为，不是规定共同犯罪的刑法条文的调整对象，它只有与共同犯罪行为（预备行为或者实行行为）相结合，才能进入到刑法规范的调整视野。

（三）以法益侵害为视角——教唆行为没有侵害法益性

根据当前刑法理论，对行为科以刑罚的根据在于该行为对法益造成了刑法规定的实害结果，或是现实、紧迫的危险。通常来说，行为之所以构成犯罪，就在于主体基于罪过实施了侵害法益的行为，且对法益的侵害已经进入现实的、可认知的范围，对法益造成了现实、紧迫的危险或者实害。预备行为和实行行为就是因为在不同程度上对法益造成了现实而又紧迫的危险，刑法才对其科以处罚。

那么，教唆行为是否会侵害法益呢？首先，教唆行为是一方主体实施的旨在促成共同犯罪条件形成的行为，教唆者旨在与被教唆者达成共同犯罪的意向，即形成共同犯罪主体和共同犯罪故意，为共同实施侵害法益的行为夯实基础，其本质不是要侵害被教唆人的法益。① 所以，教唆行为是侵害法益

---

① 如果教唆人的教唆行为侵害了被教唆人的法益，则教唆人的这种行为就有可能构成犯罪，而不再是简单的教唆行为。

的意欲的流露,而不是现实地侵害法益。其次,教唆行为发生于教唆人与被教唆人之间,故无论其是否会侵害法益,其效果都仅及于教唆人与被教唆人,尚不能对教唆人和被教唆人以外的其他人的法益产生效果。而教唆人并非要侵害被教唆人的法益,故而其并不会产生现实的法益侵害结果。再次,教唆行为还不是外化的共同犯罪行为,即还不是基于共同犯罪主体和共同犯罪故意实施的共同犯罪意义上的预备行为或者实行行为,其法益侵害性尚无法征表,无法得出其侵害了法益的结论。所以,"教唆行为只有同被教唆犯实施的犯罪行为结合在一起时,才会对法益产生紧迫或现实的危险,可以这样说:相对于正犯的实行行为,教唆行为在侵害性上具有间接性、依附性和不现实性,离开正犯的实行行为,教唆行为永远不会对法益造成现实的、紧迫的危险,至于侵害法益的现实结果的不会发生就自不用说了"。① 最后,教唆行为本身并不具有发生结果的现实、紧迫危险性,只有存在正犯行为时才会发生符合构成要件结果的现实危险,因而教唆行为在犯罪行为的定型性上不同于基本构成要件的实行行为,将二者视为同一类型的行为无疑等同于否定正犯行为与共犯行为在行为类型上的区别,无视二者离法益侵害的"远近"上的差异。②

所以,与共同犯罪的预备行为以及实行行为相比,教唆行为只是教唆人与被教唆人之间的犯意传递行为,一般不具有侵害法益的现实性与紧迫性,至少可以说距离法益侵害太远。其微乎其微的法益侵害性仅存于教唆人与被教唆人之间,还不具有现实性,显然小于预备行为或者实行行为的法益侵害性,尚未达到值得科处刑罚或者应负刑事责任的程度。故此,教唆行为的潜在法益侵害性并不能成为我们超越故意犯罪阶段理论,提前介入犯罪发展阶段,将尚未对法益造成直接、现实侵害或者紧迫危险的行为犯罪化的理由。所以,纯粹的教唆行为不具有构成犯罪的法益侵害性。

(四)以教唆行为在犯罪主观方面的作用为视角——教唆行为是个体罪过向共同罪过转化的桥梁

如前所述,从现有刑法的理论来审视,我们还无法为教唆行为找到居住的大厦,它绝不可能游离于刑法理论架构之外,我们必须为它找到合理居

---

① 钱叶六:《教唆行为的实行行为性之否定》,载《中国刑事法杂志》2009年第9期。
② 王昭武:《教唆犯从属性说之坚持与展开》,载赵秉志主编:《刑法论丛》(第15卷),法律出版社2008年版,第59页。

所。既然教唆行为游离于犯罪阶段之外,也许我们可以犯罪的主观方面为其找到合理存在的位置。

犯罪主观方面,有的论著将其称之为犯罪主观要件,通说认为是指行为人对其危害社会的行为及其危害结果所抱的心理态度。它包括罪过(犯罪的故意或者犯罪的过失)以及犯罪目的和动机这几种因素。[①] 在个体犯罪中,我们很容易理解罪过,即犯罪人的心理态度,是内在的意识活动,其形成可能有多种原因,亦可能有较长的过程,但都内在于犯罪人的思想意识中,不需要以外化的方式来形成。但对于教唆犯罪,其罪过是在两个以上主体之间形成的,不是两个以上主体的罪过的简单叠加,也不是教唆人的罪过简单地强加于被教唆人,而是教唆人与被教唆人罪过的整合——共同化,即最终形成共同犯罪的故意。因此,如何完成从分离的个体罪过到共同犯罪罪过的整合,或者说造意犯的罪过如何转化成为共同犯罪的罪过,决定了共同犯罪罪过的形成必然呈现出与个体罪过的不同之处。

"就共同犯罪这一有机体而言,教唆犯就像一个有机体的大脑,他是犯罪意图的源头。"[②] 那么,这一犯罪意图又是如何转化为共同犯罪的意图呢?仔细考察,教唆犯与被教唆犯正是借助于言语、书信、眼色、手势、电话等方式来进行犯意交流,进行意思联络,整合犯罪意图,达成共同犯罪意向。换句话说,教唆人必须通过教唆行为来完成犯罪意图的传递,向被教唆人表明犯罪意图以及希望被教唆人实施犯罪的态度,或者通过与被教唆人的协商赢得被教唆人的认可,与被教唆人达成共同犯罪的故意,最终完成从个体罪过到共同犯罪罪过的转化,为实施共同犯罪行为创造条件,生成共同犯罪主体和共同犯罪故意。所以说,教唆行为为共同犯罪罪过的形成架设起了桥梁,有效地实现了从个体罪过到共同罪过的转变。同时,作为主观的方面的犯罪目的,也正是通过教唆行为,从教唆者的个人犯罪目的转变为教唆人与被教唆人共同的犯罪目的。故此,教唆行为实际上发挥着整合个体犯罪意图、形成共同犯罪故意和共同犯罪主体的作用,虽然其已外化为可被识别的行为,但其整体上被包含于共同犯罪的犯罪意识变化过程之中,助推犯罪意识的变化——从个体犯罪意识到共同犯罪意识的变化。

---

① 高铭暄、马克昌主编:《刑法学》,北京大学出版社、高等教育出版社2007年版,第113页;马克昌:《犯罪通论》,武汉大学出版社2010年版,第304页。
② 赵莉:《浅析教唆犯的法律定位》,载《辽宁行政学院学报》2009年第8期。

当然，将共同犯罪拆解开来看，教唆行为是主体意识支配下的外化的身体活动，而意识行为则是主体内部的思想活动。两者在哲学意义上是有着质的区别的，如何在刑法理论中，特别是在共同犯罪的视野下，将其归一，也是一个难题。但就刑法理论上关于"行为"的界定来看，将教唆行为归入意识行为是完全可以的。如，美国1989年的得克萨斯州诉约翰逊案中，约翰逊及其同伴抗议里根总统被提名为总统候选人时，焚烧美国国旗以示抗议，尽管得克萨斯州的法律禁止亵渎"庄严的东西"（包括国旗），但得克萨斯州上诉法院最终将其认定为"象征性的言论"（symbolic speech），并未将其认定为犯罪行为。因此，行为并非在任何情况下都是犯罪意图的征表，有时它仅仅是意思的流露，表明行为人内心的真实意思，是一种犯意表示。再者，刑法理论上早期对于"行为"的界定争议颇大，无法涵盖"不作为""持有"这些没有身体动静的违反命令性规范的消极状态。虽然现在的刑法理论仍然将行为界定为"在人的意识支配下的外部活动"，[①]但"不作为""持有"归入刑法上的"行为"已经成为通说，不存在任何争议。

鉴于此，我们认为，在共同犯罪的整体视角下，教唆行为为分离的个体犯意向共同犯意的形成架设了桥梁，融于犯罪主观方面的变化过程之中。尽管教唆行为具有行为性，但它毕竟在共同犯罪主观方面的变化过程中占据很小的一部分，整体上归属于教唆犯罪的主观方面，从属于共同犯罪主体的意识变化过程。所以，教唆行为的本质属性应为意识行为。

四、教唆犯从属性说之提倡

在完成教唆行为定性之后，我们又将视角转向教唆犯的属性界定。首先，我们需要明确的是，二重性说是关于独立性说和从属性说的简单结合，毫无新意，我们既不能发现其行为论的基础，也无法找到非此即彼、完全对立的两种学说可以调和的理论依据。或许刑法的规定是其做出二重性解读的现实根基，但这并不能说明其正确性，因为这种解读未必是刑法规范的固有含义。因此张明楷教授说："所谓的二重性说，其实就是一种独立性说。"[②]

[①] 张明楷：《刑法学》，法律出版社2007年版，第137页；马克昌教授认为："刑法上的危害行为，是指由行为人的心理活动所支配的危害社会的身体动静。"参见马克昌：《犯罪通论》，武汉大学出版社2010年版，第156页。

[②] 张明楷：《刑法学》，法律出版社2007年版，第340页。

下面，我们通过批判预备行为说、实行行为说和共犯行为说，进而从犯罪意识行为说导出教唆犯的从属性。

就实行行为说而言，实行行为是形式上符合刑法规定的类型化的行为，或者是我国刑法分则规定的某种具体构成要件的行为，实质上具有法益侵害性的行为。首先，如前所述，与预备行为、实行行为相较，教唆行为至少没有现实、紧迫的法益侵害性，不值得科处刑罚。其次，虽然有些教唆行为已经实行行为化，但都是在非共同犯罪语境下界定的。我国刑法分则并无"共同犯罪中教唆行为构成……罪"的规定，故本书语境下的教唆行为的定性缺乏法律依据。虽然实行行为说坚持了修正的构成要件，企图通过修正的实行行为来将教唆行为实行行为化，但修正的构成要件的划分本身存在争议，理论基础存在严重缺陷。同时，这也将导致"以教唆的方式实施的犯罪都有两个实行行为，两个着手，这又有损于构成要件的定型作用，给人以削足适履之感，带来认定犯罪实行行为标准的泛化，也必将引起刑法理论的混乱和实践的困惑"[①]。最后，如果将教唆犯中的教唆行为实行行为化，共同犯罪理论则将失去意义。因为教唆行为已经构成犯罪，至于被教唆人是否接受教唆，充其量不过是量刑情节，对教唆行为的犯罪化没有任何影响，再以共同理论将其生硬地与被教唆人的实行行为联系起来，无异于画蛇添足。所以，在共同犯罪语境下，教唆行为实行行为化，是对刑法根基——行为类型化的否定，是对共同犯罪理论的否定。

就预备行为说而言，其缺陷更加明显。首先，预备行为是为了犯罪准备工具、制造条件的行为。很显然，以此观点，教唆者将被教唆者工具化或者条件化了，也许，在间接正犯的场合还具有一定的合理性，但是，并非所有的教唆犯罪都间接正犯，毕竟被教唆者是具有人格独立性的主体，具有自己独立的辨认与控制能力，完全将其工具化，显然难以成立，这是预备行为论面临的第一个困境。其次，教唆犯作为共同犯罪的一种，其共同犯罪的预备行为应当出现在教唆者与被教唆者达成共同犯罪故意之后，一个完整的犯罪中，通常不可能出现两个预备阶段，即一个是单个主体实施的预备行为，另一个是共同犯罪主体实施的预备行为，这与现有刑法理论无法契合。最后，在教唆人仅仅促使他人产生犯罪意图的情况下，犯罪的内容并不具体，预备行为指向不明，无法找到对应的构成要件行为，其定罪和量刑都面临困境。

---

① 朱道华：《论教唆行为的法律本质》，载《中国刑事法杂志》2011 年第 2 期。

如，甲要求乙想办法搞点钱，至于以什么方法、弄多少钱均不明确，而乙尚未实施犯罪行为，根据预备行为论，这种行为应当如何定罪呢？在罪刑法定主义下，亦只能无罪化。那么，预备行为论的又一困境就是罪与非罪的标准丧失。

就共犯行为说而言，共犯行为是在共同犯罪语境下相对实行行为而言的，是指不符合构成要件的、只加功于实行行为的行为。所以，共犯行为的犯罪化必须依赖于实行行为。虽然这种基于整体视角的考虑具有一定合理性，但其缺陷也非常明显。首先，共犯行为相对于正犯行为而存在，在没有正犯行为的情况下，共犯行为又何存？正所谓"皮之不存，毛将焉附"。所以，在正犯行为缺失的情况下，共犯本身都难以存在，更无法作为界定其他行为的标杆。其次，共犯行为本身立场不明。无论是在教唆犯从属性或者独立性的主张中，都不否认教唆行为是共犯行为，但对其可罚性提出了不同依据而已。所以，共犯行为说本身难以表明教唆犯的属性，失去了对教唆行为定性的意义。最后，逻辑顺序错误。一般而言，教唆行为先于正犯行为，且其存在不依附于正犯行为。因此，教唆行为的定性应当先于正犯行为的定性，而不宜在正犯行为发生后，把其他不能归属于正犯行为的行为统称为共犯行为。所以，只有在正犯行为发生后，这种相对的分类才具有意义，倘若正犯行为未发生，共同犯罪尚未着手，所谓的共同犯罪尚不存在，又何来共犯行为？

综上所述，基于共同犯罪的整体视角，我们认为：教唆行为只是教唆犯中形成共同犯罪主体和达成共同犯罪故意过程中主体内部的行为，其充其量不过是制造犯意，衔接个体犯罪意识，整合为共同犯罪意识，形成共同犯罪主体，达成共同犯罪故意，为共同犯罪创造条件。所以，在共同犯罪视野下，教唆行为实为共同犯罪意识形成过程之一部分，其整体上应当从属于意识行为。而犯罪意识以实行行为为征表，只有被教唆人基于共同犯罪故意实施犯罪行为后，教唆行为才具有可罚性。故而，我们只能坚持教唆犯从属性说。

五、结语

基于教唆行为的意识行为论，如果被教唆人没有产生犯罪决意或者没有付诸行动，教唆行为应当不可罚，但无论是德日刑法，还是英美刑法，抑或是我国刑法,都将教唆的未遂行为界定为可罚行为,只是可罚范围不同而已。① 同时,从国外刑法理论来看,共犯从属性学说还存在着最小从属性说(只要正犯的行为单纯地符合构成要件,共犯即成立)、限制从属性说(正犯的行为符合构成要件而且违法时,共犯才成立)、极端从属性说(正犯的行为具备构成要件符合性、违法性与有责性时,才成立共犯)与夸张从属性说(也称"最极端从属性",正犯的行为除了具备构成要件符合性、违法性与有责性之外,还要具备一定的可罚条件时,共犯才成立)等多种学说,从属性的实质内容包括实行从属性(只有正犯着手于犯罪的实行,共犯才能成立)、要素从属性(犯罪成立要件中哪些要件充足正犯的行为,共犯才能成立)、罪名从属性(共犯的罪名从属于正犯的罪名)、可罚从属性(共犯者的行为是由于加功于他人的犯罪,从属于正犯如受处罚)等,② 共同犯罪与个体犯罪还有一定区别,如在共犯主体形成和共同犯罪故意形成的情况下,制定犯罪计划的行为,应当是共同犯罪的预备行为,而单个主体制定犯罪计划的行为则可能不是犯罪行为。这些理论对教唆犯的从属性都有相当影响。在坚持教唆犯从属性时,如何合理解读我国《刑法》第29条的规定,使其与教唆犯从属性的内在要求保持一致,也是刑法规范解释论面临的重要问题。因此,教唆犯从属性说还有待深入探讨,以便正确理解教唆犯从属性说的界限与内容以及教唆行为的可罚性事由与可罚范围。

---

① 在英美刑法中,教唆行为属于共同犯罪视域外的实行行为,故不存在"教唆的未遂"。李琳、郭威:《英美刑法与中国刑法教唆犯罪之比较》,载《法制与社会》2010年第3期;陈雄飞:《英美法系教唆犯罪论要》,载《中国刑法法杂志》2006年第2期。日本刑法理论将"教唆未遂"称之为独立教唆犯予以处罚,实质上已将教唆行为实行行为化,不属于共同犯罪行为。参见:[日]大谷实:《刑法总论》,黎宏译,中国人民大学出版社2003年版,第400页。德国刑法第30条之规定,参见徐久生、庄敬华:《德国刑法典》,中国方正出版社2002年版,第12页。

② 马克昌:《比较刑法原理》,武汉大学出版社2002年版,第601页。

专题十一
刑罚的本质、功能、目的的内涵及其逻辑关系

刑罚,从我国词源学意义上其固有的字面含义理解,即指严厉惩罚的意思。惩罚,是一个既古老又现代的话题,我国自古以来流传着"杀人者死,伤人者毁"的谚语,但却显得报应有余而预防不足。由于刑罚学是一个舶来品,我国学者对刑罚学的研究显得较为断续零碎,在20世纪八十年代由邱兴隆教授推出《刑罚学》专著之后,这一学科陆续得到广大学者的关注。但我国学者对刑罚学内的诸多概念之间的关系的界定显得比较模糊,如有学者认为,报应既是刑罚的功能,又是刑罚的目的。[①] 这不仅源于翻译与汉语的矛盾,也源于对刑罚基本理念的误解。国内学者对刑罚本质、功能、目的三者之间的关系界定实难令我们"从容面对",故而有必要在厘定刑罚本质、功能以及目的的各自问题之后,对于三者之间的关系作一逻辑上与学理上的辩证分析。日本刑法学家泷川幸辰认为刑罚本质是法律方面的问题,刑罚目的是刑事政策方面的问题,而刑罚正当化根据则是文化方面的问题。[②] 陇川幸辰站在不同的思辨角度研究刑罚本质、目的与正当化根据这三者之间的各自问题,细言之,其分别以法律角度、刑事政策角度与文化角度来研究三者的价值基础,这是一个值得提倡与反思的方法论。

[①] 参见张明楷:《刑法格言的展开》(第三版),北京大学出版社2013年版,第475页。
[②] 参见马克昌主编:《近代西方刑法学说史》,中国人民公安大学出版社2007年版,第459页。

的确，站在行为人立场与站在行为立场来研究刑罚问题会得出不同的研究结论。但合理把握不同立场之间的和谐关联，审慎思考刑罚内在概念的语词内涵与相互逻辑关系，必将有助于破除刑罚内在概念逻辑关系的荆棘。

一、刑罚的本质

对于刑罚的概念国内外学者多是以刑罚本身固有的属性予以界定，且争论也只是在惩罚意义下的争论。李斯特教授认为刑罚是对犯罪人的严厉惩罚。① 但李斯特教授认为单纯的惩罚没有意义，惩罚是为了预防犯罪。牧野英一教授认为刑罚是对犯罪人自身法益的剥夺。② 宫内裕教授认为刑罚是国家施加于犯罪人恶害的强制手段。③ 我国学者对刑罚概念界定的通说也是在惩罚的意义下界定刑罚概念，"刑罚是刑法规定的由国家审判机关依法对犯罪人适用的限制或剥夺其某种权益的强制性制裁方法"④。由此观之，刑罚的概念在中外学者间的定义并无太大差异，天马行空般的定义是不切合实际的，但在国外作为刑罚概念界定的问题在我们看来恰恰可以作为对刑罚本质进行研究的一种史料。刑罚是什么与施以刑罚为了什么是两个不同的问题，实现二者良好衔接的主体恰恰是最易被忽略的人。

我们认为刑罚是什么与刑罚的本质是同一问题的不同阐释，这也是我们依据汉语意思进行的界定，刑罚的本质问题的厘清，关乎刑罚学的向度。唯有合理界定刑罚的本质方得以认清刑罚的手段作用，从而确定刑罚的制定、适用以及执行的价值诉求。众所周知，刑罚的本质在国外是作为刑罚的正当性根据来进行厘定分析的，报应论者主张刑罚在对犯罪人报应的意义上得以正当存在，目的论者则主张刑罚因预防犯罪而得以存在，而并合主义者无外乎目的论与报应论的诸多折中，质言之即包含报应底线下的预防与预防底线下的报应这两大类型。主张刑罚的正当性根据在国内外学者看来，无外乎报应论、预防论以及并合主义三种刑罚观，但我们认为将刑罚本质与刑罚的正当化根据混为一谈的研究路径，殊可怀疑。"正当性是一种价值判断，解决的是刑罚'为什么'存在的问题；而刑罚的本质应该是一种事实描述，主

---

① 参见［德］李斯特：《德国刑法教科书》，徐久生译，法律出版社2000年版，第401页。
② 参见马克昌主编：《比较刑法原理——外国刑法学总论》，武汉大学出版社2002年版，第823页。
③ 参见董淑君：《刑罚的要义》，人民出版社2004年版，第114页。
④ 高铭暄、马克昌主编：《刑法学》，北京大学出版社、高等教育出版社2007年版，第237页。

要解决刑罚'是什么'的问题。"① 将"是什么"与"为什么"的问题混为一谈的研究路径无法分辨二者的区别,也无法很好地界定各自的核心问题。本质在哲学上被定义为"由事物的内在矛盾构成,是事物的比较深刻的一贯的稳定方面……从整体上规定事物的性能和发展"②。由此可知,本质是归属于事物的客观范畴,是一事物区别于他事物的根本属性,且在其外化为主体评价与依赖的对象之前,其本质已然显现于天地之间。

而我国学者并未局限于国外学者的研究思路,大多在客观本体意义上研究刑罚本质问题:第一种观点认为,刑罚本质是对犯罪的惩罚性;③ 第二种观点认为,刑罚本质是惩罚的严厉性;④ 第三种观点认为,刑罚本质是严厉性与痛苦性;⑤ 第四种观点认为,刑罚本质是对犯罪人的权利剥夺;⑥ 第五种观点则认为,刑罚本质是惩罚性与教育性;⑦ 第六种观点则认为,刑罚本质是在三个层次上划分的,首先为政治阶级性,即刑罚是统治阶级统治社会工具,其次为法律上的严厉惩罚性,最后则为教育性。⑧ 国内学者对刑罚本质大多或是在报应意义上进行界定,或是在教育性意义上进行界定,或是在教育性与报应性统合意义上进行界定。我们认为将刑罚的本质划分为三个层次的观点值得商榷。人们在界定一个人的本质时,也不会认为的将一个人划分为几个层次,再予以界定他的本质,否则,人们很难懂得这个人的本质到底是什么。申言之,将刑罚本质界定为政治上的阶级性、法律上的严惩性与教育性,本身便有种种逻辑上的缺陷,到最后恐怕连作者本人都无法清楚刑罚本质是阶级性还是惩罚性抑或是教育性。

刑罚是一种社会治理手段,其针对的对象不是无生命的物体,而是有着肌肤感觉与心灵感觉的人,且其在刑法制裁犯罪的意义上才被动用,而刑罚是一种带有严重惩罚性的"恶",故而动用刑罚需审慎明辨。界定刑罚的本质必须以刑罚的内容为依归,客观的归客观,主观的归主观。"刑罚以剥夺

---

① 龙腾云:《刑罚本质理论的重构——以刑罚进化论为视角》,载《河北法学》2014年第7期。
② 《辞海》(缩印本),上海辞书出版社1980年版,第1247页。
③ 参见曲伶俐:《刑罚学》,中国民主法制出版社1999年版,第17页。
④ 参见邱兴隆、许章润:《刑罚学》,群众出版社1988年版,第60页。
⑤ 参见曲新久:《刑法的精神与范畴》,中国政法大学出版社2000年版,第293页。
⑥ 参见储槐植:《议论刑法现代化》,载赵秉志主编:《改革开放30年刑法学研究精品集锦》,中国法制出版社2008年版,第18页。
⑦ 参见樊凤林主编:《刑罚通论》,中国政法大学出版社1994年版,第46页。
⑧ 参见何秉松主编:《刑法教科书》,中国法制出版社2000年版,第525页。

人的权益与施加道德谴责为内容。"① 刑罚的内容皆是施之于罪犯痛苦性的剥夺权利的惩罚是毋庸置疑的。值得一提的是，费尔巴哈的"权利侵害说"也是在客观范畴内研究犯罪本质问题，其研究思路确实是值得提倡的。我们认为将犯罪的本质界定为权利的侵犯，并没有触及到犯罪的深层次本质，而"法益的侵犯"则更好地界定了犯罪的本质。我们所提倡的法益侵犯是指侵犯刑法所保护的利益，对其他法律所保护利益的侵犯只有刑法明文规定予以保护时方得以入刑，这样既兼顾了规范违反的形式合理性，也厘清了法益的概念界定，从而在坚持罪刑法定主义下防止刑法规制范围的不当扩张。由此可知，犯罪的本质是对刑法所保护的利益的侵犯，刑罚即是国家行使社会防卫权的手段，而刑罚的本质即是报应，细言之，即是指客观上带给犯罪人惩罚性痛苦的权利剥夺。

报应论经历了神义报应论、等量报应论、等价报应论、法律报应论的一般流变，换句话说，恣意报应、等量报应、等价报应以及相对报应书写了报应论的一般历史。我们认为，人道主义的觉醒支撑了刑罚轻缓化的持续改革之路，对犯罪人的报应与犯罪人造成的损害的等价问题，在刑罚轻缓化的进步之下，只能流变为一种相对等价主义，即重罪重罚、轻罪轻罚。但笔者并不认为所有的犯罪皆需刑罚加以论处，恰如在定罪之时目光在法条与事实之间的穿梭不是要往返到定罪为止一般，我国现行《刑法》第37条规定："对于犯罪情节轻微不需要判处刑罚的，可以免予刑事处罚，但是可以根据案件的不同情况，予以训诫或者责令具结悔过、赔礼道歉、赔偿损失，或者由主管部门予以行政处罚或者行政处分。"此处的予以训诫、具结悔过、赔礼道歉、赔偿损失以及其他的行政处罚或行政处分不属于刑罚的内容，刑法条文也已经予以显性的界定，这些处罚方式闪现有国外流行的保安处分的若干影子。但非刑罚处罚方法的存在也并不能否定刑罚的报应本质，而非刑罚处罚方法的存在也证实了刑法本质与刑罚本质并不一样。但这也是奠基于现有阶段下国民的一般理解。不可否认的是，"惩罚"本身是相对的，古代不会将吊销驾驶执照视为一项惩罚，而现在则可能会作为一项惩罚措施。随着社会物质与精神文明的进步，原来并不认为是给人以痛苦的措施现在很可能被视为给人以痛苦的措施，但我们考察不同时代不同严厉程度的刑罚措施，惊奇地发现他们所起到的社会效果几乎完全相等甚至于更为有益。的确，

---

① 邱兴隆：《关于惩罚的哲学——刑罚根据论》，法律出版社2000年版，第1页。

"在公民享受一种巨大自由的地方……公民也将生活在一种更高的富裕水平之中;他的心灵将会更加轻松愉快,他的幻想将会更加动人,而刑罚将能够在严厉方面有所松弛,又不丧失其效果"①。

二、刑罚的功能

清末以降,国人对于西方法律的引进与消化从未间断,但西方法律未深入研究过的对象只要有助于我国的法治建设,我们认为即有必要对其做一番梳理。"对于刑罚功能的概念,国外的刑法学者鲜有涉及,往往都是直接论述其内容。"② 但刑罚功能概念的合理界定不仅关乎刑罚功能本身问题的厘定,也关乎刑罚本质及刑罚目的相互关系的合理界定。国内学者对于刑罚功能的概念问题可谓是百家争鸣,虽有通说,但通说的观点仍有值得商榷之处。由此观之,对刑罚功能概念的梳理与界定刻不容缓。

在对刑罚功能概念问题的考察中,我国学者基于域外概念与我国国情的融合给出了诸多概念上的界定:第一种观点认为,刑罚功能指的是国家制定、适用与执行刑罚对人们可能产生的有利作用。第二种观点认为,刑罚功能指的是国家制定、适用与执行刑罚所产生的社会效应。第三种观点认为,刑罚功能指的是国家制定、适用与执行刑罚所直接产生的社会效应。第四种观点认为,刑罚功能指的是国家设置与运用刑罚所可能产生的积极的社会作用。第五种观点认为,刑罚功能指的是刑罚在同犯罪作斗争中对社会可能发挥的积极作用。第六种观点认为,刑罚功能指的是国家运用刑罚同犯罪作斗争所可能产生的积极的社会作用。第七种观点认为,刑罚功能指的是国家制定、适用与执行刑罚对人们可能产生的有利作用。第八种观点认为,刑罚功能指的是国家创制、适用与执行刑罚所可能产生的积极的社会作用。③

第二种与第三种观点将刑罚功能界定为刑罚所产生的社会效应,而其他观点则将其界定为刑罚所产生的对人或者社会的积极作用。第三种观点将刑罚功能界定为刑罚直接产生的社会效应,而其他观点则并不将刑罚功能限定

---

① [德] 威廉·冯·洪堡:《论国家的作用》,林荣远、冯兴元译,中国社会科学出版社1998年版,第145页。
② 阴建峰:《刑罚功能比较研究》,载赵秉志主编:《刑法论丛》(第6卷),法律出版社2002年版,第393页。
③ 参见陈兴良:《刑法适用总论》(下卷),中国人民大学出版社2006年版,第25页。

于直接产生的社会作用。

由此观之，学者间对于刑罚功能概念的争论集中于以下两个方面：第一，刑罚功能包不包括刑罚在被制定、适用与执行时所产生的不利作用；第二，刑罚功能限不限于刑罚在被制定、适用与执行时所直接产生的作用。对刑罚功能的概念界定必须正视这两个问题，有必要从"功能"的词义本身梳理刑罚功能的概念。

哲学上将功能界定为"有特定结构的事物或系统在内部和外部的联系和关系中表现出来的特性和能力"①。由此观之，哲学上的刑罚功能概念并不将其作用限定为积极的作用，而是特指客观的作用，既包括有利作用也包括不利作用。但在我国通行的观点是将刑罚功能界定为国家制定、适用与执行刑罚对人们所产生的有利作用，这实质上源于功能流行于我国的词典式定义，"功能"一词在《现代汉语词典》中被界定为"所发挥的有利作用"。笔者认为应在坚持通说观点的基础上做一些限定，刑罚功能的定义应与我国国民对"功能"一词的普遍理解相契合。我国国民普遍将"功能"理解为"有利的作用"，不应舍弃这一基本现实国情而以哲学上的依据故弄玄虚。现代刑法理论皆认可刑法的两大机能是保障人权与惩罚犯罪，几乎没有哪一个刑法学者从反面来研究刑法机能，对刑罚功能的研究也应遵循这一方法论，通过梳理刑罚对个人与社会所直接产生的积极作用着手认定刑罚功能有利于发挥刑罚功能所发挥的中介般的桥梁作用。虽有学者认为"刑罚对于预防犯罪的作用是十分有限的，而且受到诸多条件的限制，不能给予过高的估计"②，但也应当看到，诸多学者是在刑罚发挥预防犯罪的功能受限于诸多条件的制约而不能起到理想的效果的意义上来阐明刑罚功能局限性的，故此，刑罚功能的概念王国里不应有不利作用的存在余地。我们也认为社会是由众人所组成，事物对普遍意义上的人们所产生的作用也即是对社会所产生的作用，故此，将刑罚功能概念中的有利作用区分为对人们或社会所产生的是无必要的。

刑罚功能仍然属于客观的范畴，其只有在崇高理念的引领之下被良好地应用于司法实践之中，方能起到事半功倍的效果。我们认为刑罚功能必须限于直接所产生的有利作用。刑罚所产生的直接功能从总的来说，可以分为剥

---

① 《哲学大辞典》，上海辞书出版社1992年版，第317页。
② 张绍彦：《试论刑罚功能的局限性》，载《社会科学》2005年第1期。

夺功能、改造功能、感化功能、威慑功能、鉴别功能、补偿功能、安抚功能与鼓励功能。在刑罚制定、适用与执行的不同阶段刑罚功能的侧重点亦有不同，且在各个阶段对于犯罪人、被害人、一般民众与社会的作用也有所区别。运用任何制度所产生的间接作用都会过于庞大。值得关注的是，刑罚在制定、适用与执行中都会产生预防犯罪的作用，这也是立法制定刑罚的主观愿望。但笔者认为预防犯罪只是其产生的间接作用，而不宜界定为直接作用，否则刑罚的功能会显得无边无际，从而无法对其进行精确的界定，实质上也无必要对其进行概念上的界定。为了将刑罚功能这一本身范围过于庞大的概念不至于显得盲目，我们将其作用限定于直接产生的积极作用是合理的，这也不妨碍通过刑罚功能直接产生的有利的社会作用间接起到构建和谐社会的作用，也起到保卫社会的作用。但我们反思需不需要对社会直接积极的有利作用进行刑罚目的意义下的限定，从而将虽对社会产生有利作用，但并不是刑罚所需重点关注的对象排除到刑罚功能的考察范围之外呢？我们认为有必要进行刑罚目的意义下的限定将刑罚所产生的有利作用与刑罚所关注的对象相吻合，诸如刑罚的运用客观上增加了一些就业机会、物资生产并不是刑罚目的所应予关注的重点，也无必要在刑罚功能中予以研究。

综上所述，我们认为刑罚功能指的是国家制定、适用与执行刑罚对社会所直接产生的与预防犯罪相契合的积极的有利作用。

三、刑罚的目的

启蒙以降，关于刑罚目的的学派之争无外乎三大观点，即报应主义刑罚目的说、预防主义刑罚目的说与并合主义刑罚目的说。我国学者对刑罚目的的界定可谓众说纷纭，通说是"刑罚的目的是指人民法院代表国家对犯罪分子适用刑罚所要达到的目标或效果，它就是预防犯罪"[①]。我们认为通说将刑罚目的界定为预防犯罪的观点是合理的，但其将预防犯罪是单纯由人民法院对犯罪人适用刑罚所达到的目的则值得商榷。在法哲学上，刑罚目的是指我们运用刑罚所要达到的目的，人民法院只是适用刑罚的司法机关，目的是由代表最广大人民利益的立法机关界定并期待的，人民法院只是执行人民的意志而已。陈兴良教授认为刑罚的目的主要在于预防犯罪，也兼有报应的

---

① 高铭暄、马克昌主编：《刑法学》，北京大学出版社、高等教育出版社2011年版，第223页。

目的。① 其是并合主义观点的典型代表，将刑罚目的界定为一般预防、特殊预防与报应，且在刑罚制定、适用与执行的各个阶段给以不同的侧重。李永升教授认为刑罚的目的在于报应与一般预防，且报应在刑罚目的中的地位高于一般预防。② 在对特殊预防沉痛思考之后，其认为宜否定特殊预防包含于刑罚目的之中，否则，不利于保证刑罚的公正，客观上也无法收到特殊预防制度设置的效果。应当指出，学者之间争论颇大的一般预防与特殊预防的差别在笔者看来本不值得如此耗费笔墨争论。一般预防是指预防所有人犯罪，而特殊预防是指预防犯罪了的人再次犯罪。从二者的定义可得知特殊预防被包含在一般预防之内，刑罚预防的是所有人犯罪，并不需要对"人"再分为犯了罪的人与未犯过罪的人，这亦易给人以人权歧视的感觉。

　　学界一般认为，预防犯罪，理所当然地也应成为我国刑罚的目的。③ 其认定预防犯罪包含一般预防与特殊预防，但我们坚定认为刑罚目的在预防的意义上直接界定为预防犯罪或者一般预防即可，即使有详细探讨一般预防的再分类问题，也宜于做另一角度的探讨。我国学者对刑罚目的的其他观点也有许多，主要包括"惩罚说""改造说""双重目的说""三目的说""预防和消灭犯罪说"以及"根本目的和直接目的说"。④ 我们认为，诸多观点的争议仍然在三种刑罚目的观的争论范围之内。首先，目的即是指我们的主观目的，是我们运用外在对象所具有的主观上的心理追求。其次，刑罚目的与刑罚正当化根据在我国词源学的意义上并不是同一个概念。刑罚的正当化根据是指刑罚的存在合理性问题，"离群索居的人们被连续不断的战争状态弄得筋疲力尽，也无享受那种由于朝不保夕而变得空有其名的自由，法律就是把这些人联合成社会的条件"。⑤ 的确，惩罚权即是人们为了自己更大自由与安全的保障而交予立法机关的那一部分约束自身行为的权利。而刑罚目的是指人们运用刑罚这一惩罚手段所具有的主观心理追求，随着人类文明的进步，人们再也不将自己的视域仅仅单纯地限定于带有原始野蛮意味的报应了，预防犯罪这一人本主义刑罚目的的提出也昭示着政治文明与社会文明的进步。

---

　　① 参见陈兴良：《刑法适用总论》（下卷），中国人民大学出版社2006年版，第60页。
　　② 参见李永升、陈伟：《和谐社会语境下的刑法观沉思》，合肥工业大学出版社2009年版，第175页。
　　③ 参见张明楷：《刑法学》（第四版），法律出版社2011年版，第459页。
　　④ 参见陈兴良：《刑法适用总论》（下卷），中国人民大学出版社2006年版，第47页。
　　⑤ [意] 贝卡里亚：《论犯罪与刑罚》，黄风译，北京大学出版社2008年版，第7页。

我们认为运用刑罚的目的是为了世上不再有犯罪，惩罚性的报应只是达到这一良好愿望的手段，而报应所昭示的正义则在一个侧面揭示了刑罚存在的正当化根据。实质上，我们认为三种刑罚目的观是关于刑罚存在正当化根据争论的观点，并不是关于刑罚目的争论的观点。从我国国民普遍意义上的理解而言，目的肯定是良好的希望，而预防犯罪之良好愿望的实现必将间接促进社会主义和谐社会的实现以及伟大中国的全面复兴。"因为"与"为了"在刑罚的正当化根据视域下并不是完全对立的，而是可以相互支撑的。既不能将刑罚目的与刑罚正当化根据混为一谈，也不能割裂二者间的客观联系，刑罚目的在一定程度上证实着刑罚这一制度存在的正当性，但并不能完全证明其正当性，刑罚存在的正当化根据还需由刑罚为满足惩罚正义这一实然现状所证实。质言之，报应与预防对于刑罚存在正当化根据的作用正如硬币的两面共同支撑着硬币的存在。故此，我们认为刑罚的目的，是指国家制定、适用与执行刑罚的过程中主观上希求实现的预防犯罪的目的。细言之，刑罚的目的就是预防犯罪。

四、刑罚本质、功能与目的之间的逻辑关系

我们通过对刑罚本质、功能与目的进行一番梳理之后，窥探出三者之间的逻辑关系，这一关系在大多数时间内并不为我国的刑法学者所热心研究，或许这源于奥古斯丁似的困惑使得学者们望而却步。奥古斯丁曾感慨道："那么，什么是时间？若无人问我，我便知道；若要我向询问者解释，我便不知道。"① 对于刑罚内在概念的"相似而又不是"也许为众多学者所识别，但若要运用一种理性思维细以言之，却又感觉无处下笔，感到"拔剑四顾心茫然"。但我们认为，刑法学既是一种应用法学，也是一种概念法学，如果相关概念及其之间的逻辑关系是混淆的，我们难以想象这样的刑法学如何能得心应手地指导刑事司法实践。对公民的人身等权利关切重大的刑罚相关概念如果无法厘定，人民法院在适用刑罚时必然陷入盲目与不安之中，普通民众也会误入歧途。故此，我们不希望"抱残守缺"，对它们之间的逻辑关系必须厘定清晰，方才体现刑法学者的学格，方才可以"冲出牢笼"。刑罚本质、功能与目的之间的关系可以分为以下三种，即刑罚本质与刑罚功能的

---

① ［英］哈特：《法律的概念》，张文显等译，中国大百科全书出版社1996年版，第15页。

关系、刑罚本质与刑罚目的关系以及刑罚功能与刑罚目的关系,值得关注的是,我们认为刑罚功能是搭建在刑罚本质与刑罚目的之间的一座桥梁,使得刑罚制度得以坚实的存在下去。

(一) 刑罚本质与刑罚功能的逻辑关系

思考事物之间的联系必须以事物本身具有的属性界定为前提。我们认识到刑罚的本质是带有惩罚性的报应,从微观意义而言是对犯罪分子权利的剥夺,从宏观意义而言则是警戒所有公民的惩罚性存在。

马克昌教授认为刑罚的本质是惩罚,而预防犯罪则是刑罚的一项功能。前已所述,我们认为刑罚功能应限于其对社会所直接产生有利作用,预防犯罪只是其间接起到的作用,只是在刑罚被制定、适用与执行时将罪必刑至理念外化于民众的观念之中,从而强化公民的守法意识,达到预防犯罪的效果。应当认识到刑罚的本质是刑罚所具有的本质属性,而刑罚的功能即是指刑罚被制定、适用与执行所客观发挥的有利作用,二者都是在一个客观意义而言为主体所认识的外在对象。谢望原教授以太阳和大地上依赖太阳照射的光而生存的万物为依据,在哲学意义上认为事物的本质决定事物的机能,事物的本质是相对于其自身而言且完全独立于主体而存在的。相比之下,事物的机能的客观发挥离不开人的主观作用,且事物的机能是相对于事物的对象而言的。[①] 我们认为,该观点为我们理解刑罚本质与刑罚功能之间的关系打开了一个切口。机能与功能在我国汉语词义上的意思非常接近,且刑罚功能与刑罚机能只是学者间的提法不同而已,二者折射的实质概念相同。刑罚作为一种制度,必然刻上人为的印记,但刑罚作为一种惩罚犯罪的工具,其内容必然包含惩罚性痛苦的权利剥夺,生命刑、自由刑、财产刑、资格刑等分别剥夺了犯罪分子的生命、自由、财产与资格等权利。刑罚带有惩罚性痛苦的权利剥夺本质属于刑罚这一制度本身必有的属性,是外在于主体认识而客观存在的。刑罚的功能虽然也属于客观范畴,但其并不是纯粹的客观范畴,其顺利实现离不开主体的主观作用,这正如犯罪分子在感受到了刑罚的报应威慑力之后通过主观认识强化了以后不再犯罪的意识,才能达到感化与改造之功能。换句话说,离开主体的主观强化作用,无论带有多么大的痛苦性惩罚终究只是犯罪人与未犯罪人的饭后谈资,无法成为铭刻于其心灵的规范启

[①] 参见谢望原:《论刑罚本质、机能、目的的相互关系》,载《法律科学》1997年第5期。

示,"徒法而不足以自行"。

我们认为刑罚主要具有八项功能,即剥夺功能、改造功能、感化功能、威慑功能、鉴别功能、补偿功能、安抚功能与鼓励功能。邱兴隆先生从横向与纵向提出了刑罚在被制定、适用与执行各个阶段所具有的不同刑罚功能,这一思路是有开创性见解的。但我们认为,将刑罚功能再划分为不同阶段下的比较是没有多大意义的,因为刑罚功能是观念性存在于人们思维之中的,刑事一体化下的阶段只是验证了人们思维中定在的刑罚功能。如若按照邱兴隆先生的思路,我们还必须思考刑罚在被制定、适用与执行各个阶段下生命刑、自由刑、荣誉刑、财产刑与资格刑所具有的不同功能,这显然是另外一个问题。我们认为,刑罚功能本身即是一个宏观意义上的观念指导,是我们依托于刑事司法实践而总结出来的,不宜于再以刑事司法实践的层次性来对其进行划分,即使这样的细分有意义,这也与刑罚功能的概念不在同一个维度上。

通过对刑罚本质与刑罚功能的属性等内容的对比分析,我们认为:第一,刑罚本质与刑罚功能都是刑罚本身所具有的,属于客观范畴内被认识的对象,但刑罚功能的合理发挥又离不开人的主观作用,只有以惩罚的痛苦合理规训犯罪人之后,犯罪人以及其他涉事人员通过理解规训的意义方得以实现刑罚功能的实效化。第二,刑罚本质决定了刑罚功能,有什么样的本质就有什么样的功能,而刑罚功能的实现也体现了刑罚的本质。细言之,惩罚性的权利剥夺决定了刑罚的改造、威慑等功能,而刑罚的改造、威慑、剥夺等功能的顺利实现也体现了刑罚的权利剥夺属性。第三,刑罚本质是人们基于刑罚的内容认定的,带有惩罚性权利剥夺性质的刑罚给人以权利剥夺属性,质言之,属于静态范畴。而刑罚功能则是指刑罚在被制定、适用与执行的过程中对社会所直接产生的积极作用,刑罚功能在立法、司法与执法之后的实效状态盘根错节,给人以相互交叉之感,质言之,属于动态范畴。

(二)刑罚本质与刑罚目的的逻辑关系

在我国汉语词源上,本质是"指事物本身所固有的、决定事物性质、面貌和发展的根本属性"[①],而目的是指"想要达到的地点和境地;想要得到的结果"[②]。刑罚本质是指客观上带给犯罪人惩罚性痛苦的权利剥夺,而

---

① 《现代汉语词典》,商务印书馆1978年版,第52页。
② 田文昌:《刑罚目的论》,中国政法大学出版社1987年版,第9页。

刑罚目的即是预防犯罪。在合理界定了刑罚的惩罚本质之下，才有了给犯罪人以权利剥夺的种种惩罚措施。世界范围内的惩罚措施大致包括生命刑、自由刑、资格刑、财产刑与荣誉刑，而罪刑相适应、罪刑法定主义、平等适用刑法等基本原则的运用也是为了公正地实现刑罚的报应本质，使得每一个人都不被刑法错误地报应，公正地实施惩罚便是走向预防犯罪目的的坚实一步。刑罚本质与刑罚目的的哲学范畴是不一样的，依据词源学与哲学观念可得知刑罚本质属于客观范畴，而刑罚目的则属于主观范畴，二者在主客观属性上有着几乎对立的性质。

有学者认为："报应主义认为犯罪是对罪犯科刑的唯一原因，刑罚是犯罪的当然结果。也就是说，报应即是国家行使刑罚权的理由，也是刑罚的目的，除了报应之外，刑罚再无其他目的。"[1] 这种观点不仅将报应视为国家发动刑罚权的正当根据，而且将报应视为国家行使刑罚权的目的，这是对刑罚本质与目的未做理性区分必然导致的误解，也源于古代严刑峻法致使人们对刑罚的概念反映报应深于预防，在目的刑理念流传的当下愈发站不住脚跟。也有学者认为刑罚本质旨在研究"为什么惩罚人"的问题，而且将报应论定位于刑罚的本体价值，又将功利论定位于刑罚的工具价值。我们认为，此种观点混淆了刑罚本质与刑罚目的的不同属性，更多的是作者的"一厢情愿"，并不与刑罚概念的现实运用与词源本意"两情相悦"。价值本身便是一个评价问题，在新康德主义思潮涌入我国后，学者对规范与价值的区分愈发多见。但将刑罚本身具有的价值界定为报应，未免有些疏漏，而仅仅将刑罚界定为功利的手段，未免显得有些似语非语。我们实难看出此种观点合理地区分了刑罚本质与刑罚目的的关系，仍然落入刑罚概念的分析误区。

司法工作者在运用刑罚这一制度时本身是带着目的的。的确，为了不再有犯罪便是运用刑罚的目的，单纯的惩罚只是一种手段，不能成为目的性存在，其手段性的报应存在也抵消了报应虚无的观念。立法的目的是为了增大最广大公民的最大幸福，作为重要立法之一的刑事立法也概莫能外。我们认为在体现最广大公民最大幸福的指导原则中，功利主义为我们提供了一个崭新的思路。"功利原理承认这一被支配地位，把它当作旨在依靠理性和法律

---

[1] 赵秉志、张军、郎胜主编：《现代刑法学的使命》（上卷），中国人民公安大学出版社2014年版，第264页。

之手建造福乐大厦的制度的基础。凡试图怀疑这个原理的制度，都是重虚轻实，任性昧理，从暗弃明。"① 虽然对功利主义的批判也甚嚣尘上，但我们认为作为一种目的性追求，即追求最广大公民的最大幸福是毋庸置疑的，刑法作为法哲学理念指导下的部门法没有理由忽视这一立法目的，而刑罚视域下的预防犯罪目的则与这一价值追求相契合。故此，刑罚目的是指预防犯罪。

通过对刑罚本质与刑罚目的的属性等内容的对比分析，我们认为刑罚本质与刑罚目的的关系体现在以下三个方面：第一，刑罚本质属于客观认识的范畴，而刑罚目的则属于主观认识的范畴，二者实有客观范畴与主观范畴之极大对比区别。第二，刑罚本质是作为刑罚目的实现的手段，具有工具性价值。细言之，刑罚固有的惩罚性本质施加于犯罪人达致心理强制的效果，这使得预防犯罪的刑罚目的得以实现。刑罚本质的运用得当则必有益于刑罚目的的顺利实现，否则，不当使用刑罚本质必将危害刑罚目的的实现，刑罚目的的合理实现依赖于刑罚本质的理性应用。第三，刑罚本质并不决定刑罚目的，有什么样的刑罚本质也并不必然有什么相对应的刑罚目的。与之相反的是，刑罚目的在设置刑罚制度之前已存在于立法者观念之中，作为立法观念的刑罚目的指导刑罚本质的痛苦性程度设置。细言之，刑罚目的的预防观念使得刑罚本质的痛苦性程度设置变得"有法可依、有章可循"，并不是无的放矢的随意化设置。

（三）刑罚功能与刑罚目的的逻辑关系

对于刑罚功能与刑罚目的的关系，学界多有误解，例如有学者一方面将"教育"作为刑罚的功能，另一方面又将"教育"作为刑罚的一个直接目的。② 这种观点在我们看来是混淆了刑罚功能与刑罚目的。前已述及，刑罚功能属于客观范畴，但其功能的发挥又离不开人的主观作用，而刑罚目的则是观念性地存在于刑罚制度设计之前，属于主观范畴。应当指出的是，刑罚本质与刑罚功能都是为了实现刑罚目的的手段，但刑罚目的的顺利实现必须依赖动态意义上的刑罚功能的良好发挥，单纯的依赖刑罚这一静态意义上的制度是无法实现的。刑罚功能的顺利实现必然在一定程度上促使预防犯罪的实现，但这只是其间接作用，我们将刑罚功能界定为直接作用即是为了区分

---

① ［英］边沁：《道德与立法原理导论》，时殷弘译，商务印书馆2000年版，第58页。
② 参见何秉松主编：《刑法教科书》，中国法制出版社2000年版，第408页。

刑罚功能与刑罚目的，这也是许多学者误解刑罚功能与刑罚目的区别的原因所在。

值得一提的是，依据司法实践的动态发展，预防犯罪与惩罚犯罪有着微妙的互动关系。细言之，预防犯罪的目的实现的越是令人满意，报应刑的严厉性地位便会下降，反之，报应刑的严厉性地位便会上升。这也与"乱世用重典、盛世用轻典"的传统理念息息相关，而在当下的意义上以刑事政策的形式出现。但李斯特教授的"刑法是刑事政策不可逾越的鸿沟"的观点值得我们反思，决不能突破刑法的明文规定而随意提高具体案件的刑罚惩罚程度而追求犯罪率的降低，必须依据罪刑法定原则强化刑事政策的实践效果。刑罚目的的实现依赖于刑罚功能的良好发挥，而刑罚功能的良好发挥又依赖于刑罚本质的理性付诸实践，在此种意义上，刑罚功能充当了联接刑罚本质与刑罚目的桥梁作用。

通过对刑罚功能与刑罚目的的概念、属性、地位等内容的对比分析，笔者认为刑罚功能与刑罚目的的关系体现在以下三个方面：第一，刑罚功能是国家制定、适用与执行刑罚对社会所直接产生的积极作用，属于客观范畴。而刑罚目的则是国家在制定刑罚之前已观念性的存在于脑海中的主观愿望，并通过刑罚的制定、适用与执行而达成，属于主观范畴。第二，刑罚功能既是实现刑罚目的的手段，也是作为沟通刑罚本质与刑罚目的桥梁，细言之，刑罚功能的实现使得给人以惩罚性痛苦的权利剥夺得益于预防犯罪的目的而当然存在。刑罚功能的顺利实现离不开人的主观作用，而刑罚目的则指导刑罚功能的顺利实现，也只有在预防犯罪的目的指引之下，方可使刑罚功能顺利实现。第三，刑罚功能与刑罚目的具有一定的一致性，质言之，刑罚目的指引刑罚功能的顺利实现，而刑罚功能的发挥则间接促进了刑罚目的的实现。

五、结语

刑罚之正当化根据既不同于刑罚的本质，也不同于刑罚的目的。必须将为了惩罚犯罪与为了没有犯罪二者相结合，才能更加理性地阐明刑罚存在的正当化根据。刑罚本质是指客观上带给犯罪人惩罚性痛苦的权利剥夺，即报应的界定，使得刑罚这一沉重的话题为我们所熟知，而刑罚带有惩罚性质的权利剥夺性则决定了刑罚在被制定、适用与执行的过程中将对外在主体所发挥的功能。

为了与我国民众的普遍理解的"功能"意义相接轨，我们将刑罚功能界定为国家制定、适用与执行刑罚对社会所直接产生的与预防犯罪相契合的积极的有利作用。刑罚功能的界定依赖于对其客观意义的认识，但其被顺利地实现则依赖于外在主体的主观作用，从而证明出刑罚功能的顺利实现依赖于刑罚目的的理性指导。整体以观之，刑罚功能充当了联接刑罚本质与刑罚目的的桥梁，使得一个带着血腥复仇意味的刑罚得益于预防犯罪的旨意正当存在下去。期待我们梳理的刑罚本质、功能与目的概念及其之间的逻辑关系可以对刑罚理论与刑事司法实践的进步有所裨益，这也是我们的动力与目的。

专题十二
刑罚目的新界说

一、问题的缘起

犯罪与刑罚可谓是刑法学的两大根基性问题,有犯罪才会有刑罚,而无犯罪必将没有刑罚。刑罚的制定、适用与执行都是人的自觉活动展现,现代全景式刑罚展现的背后必然隐藏着刑罚运作者复杂的目的。惩罚哲学是一个古老而又时兴的话题,惩罚方式在代代相承的基础上不断变革,而惩罚的目的也有着相似的演变轨迹。人的情感诉求引导着法律规范与规则的制定、适用与执行,这在很大程度上归属于动机的功能。刑罚的制定、适用与执行不可能是在无欲无求的状态下进行的,大多数中外刑法学者关于刑罚目的的争论不外乎报应、预防、预防与报应的折中这三大类观点。关乎人这一社会权利基本主体的自由、财产、生命等法益的刑罚目的观念界定有着极其重要的价值与功能,不同维度上的刑罚目的界定关乎刑罚制定、适用与执行的不同维度上的决策样态,而进入人的法益维度上的刑罚目的是在实践运作层面而言的,不能对刑罚实践运作产生影响的刑罚目的观念无法对人的法益产生影响。

刑罚目的承载着人类的心灵追求,即使这种追求无法具有应用正当性与现实性亦不妨碍其成为人类稳固的心理倾向,对这种不具有应用正当性与现实性的刑罚目的的界定与解析亦可以助益于扑灭现有的刑罚目的的误区迷离之火。

二、刑罚目的概念界定

刑罚目的概念具有广义与狭义之界分。广义场域下的刑罚目的即为古往今来的制刑、量刑与行刑的所有主体所希冀实现的结果。这种意义上的刑罚目的既包括特定部落惩罚战犯的刑罚目的,也包括现代国家与地区运用刑罚所希冀实现的结果。狭义场域下的刑罚目的即为国家制刑、量刑与行刑所希冀实现的结果。① 从历史与刑罚主体的角度将刑罚目的概念区分为广义上的与狭义上的刑罚目的概念,却是一种比较新颖的角度,但是刑罚目的必然是制定的、适用的与执行的主体所希望达到的境地与结果,只是因为主体的不同便区别其概念的广义与狭义,确有不当之处。

刑罚目的概念在学界有三种范围上的表述方式,即狭义式、中义式与广义式。狭义式刑罚目的概念是指,国家审判机关在量刑活动中所追求的客观效果。中义式刑罚目的概念是指,国家立法机关制刑和国家审判机关量刑所追求的目的。广义式刑罚目的概念即指,国家通过制刑、量刑与行刑所希冀实现的目的。陈兴良教授认为,刑罚目的具有制约刑事立法、决定刑罚适用与指导刑罚执行的重大作用,刑罚目的的概念宜被界定为,国家制定、适用与执行刑罚所希冀的客观效果。② 刑罚目的应当在不同活动阶段、不同层次范围、不同作用对象等不同维度做出合理解读,广义上的刑罚目的概念已经成为不可争辩的通论。有必要从刑罚目的理论源头审视刑罚报应目的、预防目的理论与刑罚并合主义理论的基本观念,从而在对其做出合情合理分析的基础上阐述我国刑罚目的的合理定位。

三、现代刑罚目的理论的整体概析

(一)报应主义刑罚目的观介评

犯罪是一种应受刑罚惩罚的严重罪恶,刑罚是为了报应这种罪恶而施加于犯罪人的,这是报应主义的逻辑起点。报应思想曾经长期受到不公正的对待,菲利将报应贬低为"未开化时代的遗迹",③ 霍尔发出"报应被明显地

---

① 参见李川:《刑罚目的理论的反思与重构》,山东大学2007年博士学位论文,第58页。
② 参见陈兴良:《刑法哲学》,中国政法大学出版社2004年版,第440页。
③ [意]恩利科·菲利:《实证派犯罪学》,郭建安译,中国政法大学出版社1987年版,第21页。

贬低为复仇的一种伪装的形式"① 的不公平感叹，以为报应受到的不公平对待而呐喊。报应不等同于复仇，前者遵从的原则是以恶报恶和以善报善的对应报应，后者遵从的是非理性的超限施害原则。报应视域下的恶行与恶果，善行与善果皆需达致等价相称的关系。报应通常具有一定限度性与一定节制刑，而报复则往往是放肆而无节制的。富含报复色彩的惩罚多流行于以私力救济为主的初民社会，自从国家统一掌握刑罚权力之后，"以牙还牙，以眼还眼"② 的报复惩罚原则逐步进化到以自由刑与罚金刑为主的现代社会惩罚原则，国家刑罚越来越展现其节制性与人道性，以减少野蛮性、残酷性和暴力性。

遵行等价相称原则的报应主义展现其旺盛的进化生命力。作为近代报应论的奠基者之一的康德倡导等害报应原则，主张刑罚应当与犯罪所造成的损害形态相同。③ 康德所倡导的的等害报应不失为一种更为优越的，对抗其所处罪刑擅断、严刑峻法的时代的一种进化刑罚目的观。受制于犯罪的损害形态无限性，犯罪严重性的评价不仅仅在于客观危害更在于主观罪过及其背后的主观恶性，等害报应论的局限性可见一斑。黑格尔倡导等价报应原则，即刑罚的施加不再局限于必须与犯罪造成的损害相等同的维度上，需要二者的价值等同即可。④ 现代刑罚报应目的追求一种罪刑均衡的报应原则，即最严重的犯罪应得到相对最严厉的惩罚，最轻微的犯罪应得到相对最轻微的惩罚。换句话说，确定了的最严重的犯罪的刑罚不得低于较之轻微的犯罪的刑罚，而确定了的最轻微的犯罪的刑罚不得高于较之严重的犯罪的刑罚。罪行均衡式报应主义之所以可以持续支配人们的刑罚目的观念，最核心的因素在于其满足了公众最基本的正义观念和情感诉求，"人行善者，天赏之，行之不善者，天殃之"。⑤ 总之，报应主义刑罚坚持刑罚的目的是公正的惩罚犯罪。

---

① 邱兴隆：《关于惩罚的哲学——刑罚根据论》，法律出版社2000年版，第12页。
② 这个报复原则早在巴比伦的《汉谟拉比法典》既已展现，玄武岩柱上的楔形文字规定："倘自由民毁损自由民之眼，则应毁其眼。倘自由民折断自由民之骨，则应折其骨。"参见林山田：《刑法通论》（下册），北京大学出版社2012年版，第263页。
③ "如果你偷了别人的东西，你就是偷你自己的东西；如果你打了别人，你就是打了你自己；如果你杀了别人，你就是杀了你自己。"[德]康德：《法的形而上学原理》，沈叔平译，商务印书馆1997年版，第165页。
④ "在其天平上称出犯罪的严重性的分量，以便通过一种同等分量的惩罚重塑被犯罪所扰乱的平衡。"邱兴隆：《关于惩罚的哲学——刑罚根据论》，法律出版社2000年版，第18页。
⑤ 《晏子·春秋》。

（二）预防主义刑罚目的观介评

预防主义刑罚目的观的基本逻辑起点是为了预防犯罪而配刑于犯罪人，其可以被划分为一般预防主义与特殊预防主义，前者指的是为了预防犯罪人之外的其他潜在犯罪人犯罪，后者指的是为了预防犯罪人重新犯罪。一般预防早起奉行残酷的重刑威吓主义，古代中国商鞅阐述"去奸之本，莫深如严刑"①，重刑威吓主义往往突破公正报应的底线，甚至超出了同态复仇的惩罚力度，其隐藏的野蛮与残酷之火种随时可能迸裂出残忍的国家威权主义刑罚。"火炉不可碰，但并未告诉我们 300 度的火炉比 200 度的火炉的威吓大多少。"② 立足于预测主义方法论的重刑威吓主义将犯罪人作为一个预测思维下尚未发生的刑事犯罪的预防工具，罪及无辜、无罪施行的人权践踏行径已展露无遗。

重刑威吓时代往往伴随着令人恐惧与憎恨的罪刑擅断，而一般预防思想经由边沁与贝卡里亚等近代刑罚学者的改造形成立法威吓主义的古典功利论，二者都明确表达了一般预防与特殊预防的实质含义：阻止罪犯重新犯罪，并规诫其他人不要重蹈覆辙，反对司法上的重刑擅断而赞成罪刑法定原则，讲究以遏制犯罪为必要的刑罚效益原则。贝卡里亚认为，如果犯罪造成的社会危害性愈重，引发公众犯罪的力量愈强，阻止公众犯罪的方式就应愈强。③ 但并不是所有能够遏制犯罪的刑罚都是正当合理的，正义刑罚的强度只需足以制止人们犯罪以及重新犯罪。古典功利主义主张刑罚的合理性展现于必要性、必需性、有益性和节制性上面，明确反对"滥用之刑""擅断之刑""无效之刑""过分之刑""昂贵之刑"。④ 近代德国刑法学家费尔巴哈教授依托"心理强制说"对刑罚的威慑效力进行了心理学上的验证，其指出人人具有趋乐避苦、趋利避害的自然心理，这是人们行动的心理动机。犯罪人之所以实施犯罪动机乃在于犯罪行为带给他的快乐大于将要带给他的痛苦，故刑罚之痛必须大于犯罪之乐才能阻止人们犯罪。一般预防阵营中较为新锐的为复合预防主义，其综合依托于功利基础上的威吓预防和其他预防目

---

① 《商君书·开塞》。
② 邱兴隆：《关于惩罚的哲学——刑罚根据论》，法律出版社 2000 年版，第 80 页。
③ ［意］贝卡里亚：《论犯罪与刑罚》，黄风译，中国大百科全书出版社 1993 年版，第 65 页。
④ ［英］边沁：《立法理论——刑法典原理》，孙力等译，中国人民公安大学出版社 1993 年版，第 68 页。

的的实现机制而建立。①

自然科学在19世纪后半期的兴盛发展推动了自然科学实证主义研究方法的发展，犯罪现象的大量滋生以及累犯的显著增加等恶劣因素的急剧增长，使得龙勃罗梭、加罗法洛、菲利、李斯特等新派学者立足于实证主义的研究方法，提出对刑罚威慑以及一般预防效益的批判，提出刑罚的目的应当凸显特殊预防。

从特殊预防主义阵营中分化出的改造论与矫正论（康复论）之间并无明显的界限，特殊预防阵营中的剥夺犯罪能力论与改造论、矫正论（康复论）始终如影随形，将特殊预防主义划分为剥夺犯罪能力论与矫正论更合适。毋庸置疑，特殊预防论者并未认为应当剥夺所有罪犯的犯罪能力，即使推崇剥夺犯罪能力论的龙勃罗梭也并未认为应当对所有的犯罪人种类进行犯罪能力的剥夺，如其认为激情犯罪人具有可以改造与矫正的可能。②

意大利刑法学者龙勃罗梭教授基于"天生犯罪人"理论提出剥夺天生犯罪人的犯罪能力理论，其认为不应当脱离具体的犯罪人而研究抽象的犯罪，必须针对每个犯罪人的具体情况而施加具有针对性的处罚方法。质言之，其认为应当依托刑罚个别化原则实现特殊预防的效果。意大利刑法学者菲利教授认为，刑罚目的是为了对犯罪人进行改造教育，使其人身危险性逐渐降低并消失，从而不再危害社会。其将犯罪人分为天生罪犯、惯犯、偶然犯、激情犯、精神病犯人，从而选取有针对性的矫正措施，使其不再危害社会。③ 德国刑法学者李斯特教授认为，"应受惩罚的不是行为，而是行为人"，刑罚的目的不应当是对犯罪行为的事后惩罚，而应当是阻止具有社会危险性的人实施危害社会的危害行为。李斯特并不是纯粹的一般预防论者，但其刑罚目的思想凸显特殊预防的思想，综合来说是一种"社会防卫论"或"教育刑论"。其认为为了实现法益保护和社会防卫的刑罚目的，必须针对不同犯罪人的主观恶性与人身危险性等特殊情况，设置具有针对性而个别化的刑罚处罚方法。④ 质言之，应当矫正能够矫正的犯罪分子，应当使不能够被矫正的犯罪分子不为害。法国学者安塞尔提出的"新社会防卫论"认

---

① 如安德聂斯指出："刑罚的一般预防作用有三：恫吓；加强道德禁忌（道德作用）；鼓励习惯性的守法行为。"［挪］安德聂斯：《刑罚与预防犯罪》，种大能译，法律出版社1983年版，第5页。
② ［意］龙勃罗梭：《犯罪人论》，黄风译，中国大百科全书出版社2000年版，第13页。
③ ［意］恩利科·菲利：《实证派犯罪学》，郭建安译，中国政法大学出版社1987年版，第22页。
④ 林山田：《刑罚学》，台北商务印书馆1983年版，第76页。

为，犯罪分子们是一群无法正常适应社会一般生活的患有疾病的病人，刑罚的目的应当是治疗以及治愈这些病人，从而消除其犯罪意念与阻止其犯罪行动，使其顺利地重新回到正常的社会生活当中。刑罚运作应当保护人的尊严和尊重人本身，构建教育性与保安处分刑，从而使人类社会从法治国迈向福利国家或文化国家。①

总之，无论是一般预防论者、特殊预防论者，还是综合预防论者，都坚持刑罚的目的不在于事后惩罚，而在于预防犯罪。②

（三）并合主义刑罚目的观介评

并合主义又称折中主义或综合论或一体论，基于报应与预防单独作为刑罚目的的不合理性有余而合理性不足的缺陷，不同学者提出了各种形式上以及方式上的综合报应与预防作为作为刑罚目的的观点，形成了眼花缭乱的综合刑论。

一是内在外在目的之并合模式。基于惩罚的痛苦性，刑罚的内在目的便是报应；基于惩罚的价值性，刑罚的外在目的便是预防。二者综合构成刑罚的完整目的。根据报应与预防在刑罚目的中的比重位置，这种模式可以划分为三种观点。

第一种观点被称为真正的综合论。德国刑法学者科斯特林认为，报应与预防应当置于刑罚目的的同等位置，不可偏颇一方而疏落另外一方。③ 质言之，公正报应与功利预防的追求在真正的综合论者看来，均为同等重要的追求，不可以较其他一个目的而过于追求另外一个目的，也不可以较其他一个目的而冷落另外一个目的。

第二种观点被称为绝对综合论。这种观点是当下最为流行的综合论，冯·赫希、弗兰克、威尔采尔、耶赛克、罗克辛等学者持这种观点。他们站在客观主义刑法立场，遵守行为主义刑法原则，在责任主义视域下坚持与犯罪人的罪责相适应的刑罚是刑罚的第一要义，以达致符合公正理念的报应目的，在达致符合公正理念的报应目的的前提下才可以兼顾预防犯罪的功利目

---

① 谢望原：《欧陆刑罚制度与刑罚价值原理》，中国检察出版社2004年版，第342页。

② 李永升教授也曾提出，刑罚的目的是指国家制定、适用与执行刑罚的过程中主观上希求实现的预防犯罪的目的。参见李永升、冯文杰：《论刑罚的本质、功能、目的的内涵及其逻辑关系》，载《江西警察学院学报》2015年第3期。

③ 科斯特林强调："刑罚只有在报应主义的范围内且达到刑罚目的的范围内才得处之。"徐久生：《刑罚目的及其实现》，中国政法大学2009年博士学位论文，第45页。

的。当人们运用刑罚追求刑罚的外在功能时，就必须解释带给罪犯痛苦的惩罚何以符合正义理念，预防犯罪的功利主义时刻面临着这一诘问。质言之，绝对综合论坚持报应第一、预防第二，主张在报应刑的限制下去追求预防刑的功利主义。

第三种观点被称为相对综合论。这种观点认为，应当在追求功利的基础之上，在考虑报应正义的追求，其因此又被称为预防性的综合论。其主张为了预防犯罪的需要，可以制定和适用超过与行为人罪责相适应的刑罚，换句话说，为了实现预防犯罪可以牺牲犯罪人的某些正当权利。其认为，在特别预防的场域里，改善、威吓及淘汰应当成为刑罚的目的，而在一般预防的场域里，应当在满足公正报应的基础上满足威吓主义预防观念。① 质言之，相对综合论主张在追求功利主义的限度内追求报应正义。

二是从刑事活动三阶段运作过程出发，构建不同阶段上有着不同侧重点的刑罚目的模式。刑罚一体论认为，报应与预防应当在不同的刑罚运行阶段有着不同比重的追求，不能不区分刑罚运作实践现实而一般构建刑罚目的。刑罚一体论内部又可划分出多种刑罚一体论模式，诸多刑罚一体论模式的共同点在于它们都主张刑罚的目的是报应与功利的统一，而它们又之所以被称为不同的刑罚一体论模式乃在于它们对报应与功利在各个刑事运作阶段的侧重点不同。② 较为流行的一体论模式认为，在刑事立法阶段应当以一般预防为主要追求，同时兼顾报应与特殊预防的功能；在刑罚适用阶段，法官应当以代表公平正义的报应为主要追求，同时兼顾一般预防和特殊预防的机能；在刑罚执行阶段，应当注重对犯罪人的改造教育，以特殊预防为主要追求，兼顾报应与一般预防的追求。③ 这种模式的代表人物意大利学者帕多瓦尼教授认为，刑罚在各个刑事运作阶段对于报应与预防的两大目的选择侧重点不一。德国学者迈耶将刑罚运作阶段划分为法定刑、宣告刑与执行刑三个阶段，在每个刑罚运作阶段对于报应与预防的追求应当有不同的着重点。在制

---

① 参见马克昌主编：《刑罚通论》，武汉大学出版社2000年版，第57页。
② 刑罚一体论模式大致可以划分为九种模式，即"费尔巴哈模式""迈耶模式""奎顿模式""哈特模式""帕克模式""哈格模式""曼可拉模式""赫希模式"与"帕多瓦尼模式"，这九种模式均有着不同程度的合理性与不合理性。基于对这九种模式利弊详细分析的基础上，邱兴隆教授提出了其坚持的刑罚一体论模式，即"统一配刑论"。参见邱兴隆：《西方刑罚一体论的九大模式》，载《湖南省政法管理干部学院学报》2001年第1期。
③ 参见［意］帕多瓦尼：《意大利刑法原理》，陈忠林译，法律出版社1998年版，第349页。

刑阶段的刑罚应当主要追求公正报应,因为立法者对于造成不同社会危害性的犯罪规定不同的刑罚,具有满足罪刑均衡的报应价值;在量刑阶段的刑罚应当主要追求维护法规范的尊严,因为法官在审判时确定行为人的行为是否构成犯罪以及构成犯罪的行为应当获得怎样的刑罚,具有维护法规范尊严的价值;在行刑阶段的刑罚应当主要追求特殊预防,因为行刑机构在依据相关法律与政策要求下,对服刑人员进行合理的教育改造,达致使其重新正常进行一般社会生活的效果,无疑具有浓厚的预防犯罪意味。这一模式又被迈耶称作"分配理论"。① 总之,刑罚一体论者在刑事立法、审判与执行中大多都兼顾对报应与预防的追求,只是其侧重点不同而已。

四、刑罚目的的中国解析

自大陆法系与英美法系刑罚理论在我国纷至沓来后,国内学者对刑罚目的的阐述也呈现出百家争鸣的状态。有必要梳理并分析国内学者的前期成果,明白国内学者怎样在报应主义、预防主义、并合主义的立场上界定刑罚的目的。在对其进行一一分析的基础上,提出各种观点的优劣之处。

(一) 一元刑罚目的观介评

1. "惩罚说"与"报应基础上的人权保护说"

"惩罚说"认为,作为实现阶级专政工具以及一种国家强制方法的刑罚,其本质属性应当是带给犯罪分子痛苦的惩罚。质言之,刑罚的目的即为消减甚至于消灭犯罪分子的权利,在使其身受痛苦与压力的基础上达致阻止犯罪的发生。这种观点仍归属于现代刑罚报应目的观的范畴,虽然报应目的仍然是现代刑罚必须坚守的基本方向,但单纯的报应目的已然无法适应现代社会的急剧发展。

"报应基础上的人权保护说"认为,刑罚的目的是为了实现刑法保护法益和保障人权的机能。细言之,此说认为,建立在报应公正基础手段上的人权保护目的要求刑罚的运用必须整合自身的威慑预防、规范预防、鉴别安抚等多种合理功能,以行为人意志能够和应当能够控制前提下实施社会危害行为的性质与程度作为刑罚分配的主要参照值,提供符合报应公正的罪刑价目表,基于特殊预防而设置的多种刑罚变更措施与非监禁刑适用措施等也不得

---

① 参见马克昌主编:《近代西方刑法学说史》,中国人民公安大学出版社2007年版,第33页。

伤害社会报应犯罪的正当感情，从而促进刑法保护人权的效果产生。① 质言之，该说意图通过报应为主、预防为辅的基本规则即罪责刑相适应的原则贯穿于刑事法运作的整体过程，以求得保护包括犯罪人权益在内的法益的刑罚目的。应当指出的是，这种奠基于报应基础上的人权保护观点，仍然存在不合理性，下文对预防犯罪刑罚目的观的不合理地方的阐述可以回答这个问题。

2. "预防说""一般预防说"与"积极的一般预防说"

"预防说"认为，对犯罪分子适用刑罚的目的在于一般预防和特殊预防，前者是指通过惩罚犯罪分子，威慑社会上有可能犯罪的分子，使他们避免走上犯罪道路，后者是指对犯罪分子适用刑罚，以避免其再次犯罪。② 预防犯罪在我国处于通说地位，但在不区分刑事立法、审判、执行三阶段不同要求的基础上，将刑罚目的单一地界定为预防犯罪是不合理的。如果没有公正惩罚犯罪人的目的存在，仅仅依据预防犯罪的刑罚目的而言，我国对作案后逃案20多年且一直表现良好的犯罪嫌疑人适应刑罚就没有道德上的正当依据。

"一般预防说"认为，刑罚的目的应当是一般预防，且这种一般预防不同于传统的一般预防观点。基于刑法的目的是保护包括犯罪人在内的全体公民基本人权，实现刑法目的的手段便是减少犯罪。依据量刑基准只能是刚刚大于犯罪收益已足的原则限制，根据社会上一般人对具体案件事实的具体评价，决定人身危险性不同类型下受社会谴责程度不同的犯罪人的刑罚轻重，体现兼顾报应正义与特殊预防的一般预防论，而这样的一般预防应当是刑罚的目的。③ 报应与特殊预防、特殊预防与一般预防的志趣大相径庭，在刑罚运用的角度上而言，二者是无法统一的，本书在下文将回答这个问题。

"积极的一般预防说"认为，刑罚的目的是积极的一般预防，不同于将刑罚目的视为预防潜在犯罪人犯罪以及犯罪人再次犯罪的传统预防观念。其认为，报应论、一般预防论与特殊预防论在不同的历史时期发挥着重要作用，但这三种刑罚目的观绝有着不可磨平的缺陷，国家制定、适用与执行刑

---

① 参见王利荣：《论量刑的合理性》，西南政法大学2007年博士学位论文，第26页。
② 我国刑法学界通说认为："刑罚的目的是指人民法院代表国家对犯罪分子适用刑罚所要达到的目标或效果，它就是预防犯罪。"高铭暄、马克昌主编：《刑法学》（第五版），北京大学出版社、高等教育出版社2011年版，第223页。
③ 参见肖洪：《刑罚目的应该是"一般预防"》，载《现代法学》2007年第3期。

罚乃为了唤醒并强化犯罪人以及犯罪人之外的其他公民的规范维护意识，从而预防犯罪。① 质言之，这是一种推崇规范预防论的刑罚目的观。

3. "刑罚功能充分发挥说"

"刑罚功能充分发挥说"认为，刑罚目的是为了刑罚功能的充分发挥，明确说来，便是最大限度地预防犯罪。② 质言之，这种观点的实质仍然是刑罚目的是预防犯罪，而该观点的提出者邱兴隆教授早已抛弃这个观点。

（二）多元刑罚目的观介评

1. "双重目的说""直接目的与根本目的说"与"实然与应然刑罚目的说"

"双重目的说"认为，适用刑罚惩罚犯罪分子的目的，既包括惩罚犯罪分子，又包括教育改造犯罪分子。假如认为我国刑罚只有教育改造犯罪分子的目的，而不具有惩罚犯罪分子的目的，则失去了刑罚所固有的属性与存在的必要。

"直接目的与根本目的说"内部也有多种主张。第一种观点认为，我们对犯罪分子适用刑罚的直接目的是惩罚犯罪从而伸张公平正义，威慑犯罪分子以及具有犯罪意念的不安定分子，将犯罪分子改造教育成遵守社会主义法制的正常公民。我们对犯罪分子适用刑罚的根本目的是预防犯罪与防卫社会。③ 第二种观点认为，我们对犯罪分子适用刑罚的直接目的是预防犯罪，包括一般预防和特殊预防。我们对犯罪分子适用刑罚的根本目的是保护公众合法权利以及保障我国特色社会主义事业建设的良好发展。④ 刑罚如何可以承载如此多的功能，如此艰巨的任务只能留待他律来予以实现，但这并不妨碍这些艰巨的任务成为一种理念上的刑罚目的。

"实然与应然刑罚目的说"认为，我国运用刑罚的实然的目的是惩罚、改造犯罪分子，预防、减少犯罪，保护人民安全、国家安全、社会公共安全。我国运用刑罚的应然的目的是惩罚犯罪分子与防卫社会。⑤ 这种观点虽然以实然与应然的刑罚目的为外衣，亦是在报应与预防的场域内言及刑罚目的。

---

① 参见王振：《刑罚目的的新思维：积极一般预防》，载《太原师范学院学报》2008年第3期。
② 参见邱兴隆、许章润：《刑罚学》，中国政法大学出版社1999年版，第117页。
③ 参见田文昌：《刑罚目的论》，中国政法大学出版社1987年版，第52页。
④ 参见马克昌主编：《刑罚通论》，武汉大学出版社2000年版，第58页。
⑤ 参见谢望原：《刑罚价值论》，中国检察出版社1999年版，第120页。

2. "三层次说"与"直接目的、间接目的与根本目的说"

"三层次说"认为,我国刑罚的目的不应当是单一层次的,而应当被划分为三个层次上的目的。公正惩罚犯罪、有效预防犯罪与最大力度保护法益便是这三个依次递进的不同层次的刑罚目的。①

"直接目的、间接目的与根本目的说"认为,刑罚目的应当被划分为归属于三个层次上的直接目的、间接目的与根本目的。直接目的便是预防犯罪以及鼓舞公众与犯罪作抗争,间接目的便是防微杜渐与消除诱发犯罪的外部环境,根本目的便是惩罚犯罪与保护人民。②

3. "报应与特殊预防说""预防和消灭犯罪说"与"报应与一般预防说"

"报应与特殊预防说"认为,刑罚的目的应当是在偏重特殊预防的基础上,兼顾报应。细言之,其认为一般预防的刑罚目的必然违背罪刑均衡的基本原则,与特殊预防的追求相矛盾,其属于报应的下位概念,从而否定了一般预防的刑罚目的界说。③

"预防和消灭犯罪说"认为,我们用刑罚惩罚犯罪分子的目的便是,把他们当中的绝大多数改造为新人,从而达到预防犯罪,最终消灭犯罪,以保护国家和人民利益。世界历史已经证明,犯罪暂时无法被人类消灭,这种观点充其量是一种理想的刑罚目的。

"报应与一般预防说"认为,刑罚的目的应当是建立在报应基础上的一般预防,且坚持报应优先、一般预防第二的次序排列。细言之,其认为特殊预防因其存在着罪及无辜、无罪施刑等违背法治主义立场的种种不合理因素,应当被抛弃于刑罚目的之外。④

可应用于刑事活动的刑罚目的不同于刑罚理念上的刑罚目的,前者背后折射出刑罚加诸于行为人的可罚根据,而后者背后却可以透视出学者与公众间的自说自话。将一般预防与特殊预防作为可应用于刑事活动的刑罚目的有着不可填补的不合理性,公正报应天然地应当作为刑罚的目的,这是刑罚合

---

① 参见韩轶:《刑罚目的的建构与实现》,中国人民公安大学出版社2005年版,第80页。
② 参见何秉松主编:《刑法教科书》,中国法制出版社2000年版,第535页。
③ 赵秉志教授也认为,刑罚的目的应当是报应与特殊预防的统一,即由报应公正对特殊预防进行制约。参见田宏杰:《刑罚目的研究——对我国刑罚目的理论的反思》,载《政法论坛》2000年第6期。
④ 参见李永升、陈伟:《我国法治视野下刑罚目的的理性选择》,载《河南科技大学学报(社会科学版)》2006年第1期。

理存在的根基性前提。

（三）一体论刑罚目的观介评

刑事活动分为刑事立法、刑事审判与刑事执行三个阶段，而刑罚贯穿其中表现为刑罚创制或刑罚制定、刑罚裁量或刑罚适用与刑罚执行，与之相对应的刑罚目的也表现为三个方面，报应与预防的单一刑罚目的思维显然无法充分合理指导三个阶段的刑罚运用，从而出现了综合报应与预防各自优势的一体论。① 一体论亦成为综合理论，认为刑罚的意义和目的不仅在于公正地报应犯罪，亦在于威吓社会大众与教化犯罪人。综合理论是为了应对刑事立法与刑事司法实务的客观需要，对报应论与预防论进行一定的折中，形成了具有刑罚一体两面性的刑罚理论。虽然一体论刑罚观建构的逻辑起点也有多种版本，但比较通行的版本即是依据刑事活动三阶段而建构的刑罚目的观。国外学者多是从刑罚存在的正当化根据或刑罚为什么存在的角度论述刑罚的意义或目的。大体可以认为，刑罚目的、刑罚的正当化根据、刑罚为什么存在这三个问题谈论的是同一个问题。国内学者也有从这种思维出发构建刑罚目的的尝试，主要存在以下三种观点。

第一种观点认为，刑罚目的应是报应与预防的统一，即以报应为主要目的、预防为次要目的，从而维持刑罚的公正性与功利性，在各个刑事活动阶段则体现不同的主次关系。具体而言，在刑罚创制阶段，立法者更多的考虑以多重的刑罚预防犯罪的发生，一般预防应居于主导地位，但对一般预防的追求不得超过报应的限度，从而突破公正报应的承受力；在刑罚适用阶段，司法者应依据行为人所犯罪行的大小而决定刑罚的轻重，报应应占据主导地位，同时在法定刑幅度内兼顾一般预防与特殊预防的追求；在刑罚执行阶段，行刑者应依据犯罪人的人身危险性与犯罪情节而采取有效的改造教化措施，消除其再犯可能性，个别预防应居于主要地位，但对个别预防的追求同样必须受到一般预防与报应的限制。②

第二种观点即为以罪制约配刑的上限原则与以需缓和配刑的下限原则相融合构成的统一配刑论。此观点认为，在刑罚制定阶段上可以根据一般预防

---

① 一体论具有相当的合理性与世界代表性，正如哈特所认为的，围绕刑罚制度的困惑与日俱增。对这一制度的任何在道德上讲得通的说明，都必然表现为诸种性质各异且部分冲突的原理的一种折中。参见［英］哈特：《惩罚与责任》，王勇等译，华夏出版社1989年版，第1页。

② 参见陈兴良：《刑罚目的新论》，载《华东政法学院学报》2001年第3期。

的需要而加重配刑，但如此的刑罚增加量不得超过犯罪的轻重所允许的报应正义限度；在司法上绝对不允许以预防犯罪的需要而加重配刑；在刑事立法与司法上均可以依据一般预防需要而从轻配刑，但应注意衡平性；在刑罚制定与刑事司法上都可以依据特殊预防的需要而从轻配刑，但应控制从轻配刑的分量。① 以罪制约配刑的上限原则与以需缓和配刑的下限原则相融合构成的统一配刑论，虽然不是对于刑罚目的的正面介绍，但从其所划分的刑事活动三阶段不同的指导原则，也可以窥探出其在各个不同刑事活动阶段刑罚目的不同追求。

这种统一配刑论始终贯穿着报应制约预防的基本原则，统一配刑论看似在刑事立法阶段以一般预防为主要追求，以报应为次要追求。② 质言之，在刑事立法罪刑与刑罚轻重次序极其密切而被条理化地排列之后，这种一方面认为可以就一般预防而加重法定刑配置，另一方面又绝对肯定罪行轻的法定刑配置绝对不能超过罪行重的法定刑配置的观念，实则在刑事立法阶段追求报应、从轻型一般预防与从轻型特殊预防的目的，加重型一般预防的追求徒有其表。③ 统一配刑论在司法上同样追求报应、从轻型一般预防与从轻型特殊预防的目的。但统一配刑论在刑事立法与司法上对从轻型一般预防与从轻型特殊预防目的的追求，必须受到衡平性与控制分量的限制。有理由相信统一配刑论在行刑阶段依然追求着报应、从轻型一般预防与从轻型特殊预防的目的，对后两个目的追求依然受制于衡平性与控制分量的限制。

第三种观点认为，报应与预防都应当成为刑罚的目的，刑罚的发动着眼于已然之罪，报应成为刑罚的底基，而破除形式与僵硬的刑罚的社会意义决

---

① 参见邱兴隆：《刑罚的哲理与法理》，法律出版社2003年版，第371页。
② 作者言明在刑事立法阶段对一般预防的追求不得超出报应限制的内涵为："根据治安形势不好与某种罪发案率上升加重某种犯罪的法定刑时，不能导致由不同犯罪的主观恶性与客观危害所决定的配刑所应有的轻重次序，以致主观恶性与客观危害小的犯罪被以一般预防需要为由加重配之以与主观恶性与客观危害大的犯罪相同甚至更重之刑。"邱兴隆：《刑罚的哲理与法理》，法律出版社2003年版，第369页。
③ 积极的一般预防属于威吓主义的范畴，消极的一般预防属于规范维护主义的范畴，但这种划分无法得出前者与后者是否统一追求从重与从轻的配刑原则，故本书作者将一般预防的追求区分为从轻或减轻型一般预防追求和从重或加重一般预防型追求。从轻、减轻、从重、加重在这里并不是依据我国《刑法》条文的含义而做出的界定，只是为了说明轻刑型一般预防追求与重刑型一般预防追求。基于同样的理由，特殊预防亦被本书作者区分为从轻或减轻型特殊预防追求和从重或加重特殊预防型追求。

定了预防也应当成为刑罚的目的,但在三个不同刑事阶段应当有着侧重不一的理性追求。① 细言之,在刑罚制定阶段,应当以公正报应为主要追求,适当兼顾一般预防的追求;在刑罚适用阶段,兼顾报应与预防的追求;在刑罚执行阶段,在报应的制约下适当注重特殊预防的追求。

五、现代刑罚目的理论新界说

(一)预防主义在刑罚运作层面不具有运用的合理性与正当性

诸多刑罚一体论模式都将一般预防的需要作为加重刑罚的合理依据,但又都同时认为对一般预防的追求不得超出报应的限度。对一般预防的追求的本身含义意味着可以轻罪中罚甚至于轻罪重罚,也可以重罪中罚甚至于重罪轻罚。上述三种刑罚一体论者只有第二种指出对一般预防的追求不得超出报应限度的具体含义。本书已在前文指出这种对一般预防的追求是一种必须受到衡平性限制的从轻型一般预防目的的追求,但这种刑罚一体论并未确切指出这样的衡平性的确切含义,只是说明其是在按需缓和配刑的下限的维度上适用于所有犯罪(种罪发案率下降是适用于同一种罪中不同罪案的减轻因素)。② 对从重型一般预防的追求必然将犯罪人不合理地作为一种手段,因为其预防的是社会上除了犯罪人之外的公众的犯罪,这是一种罪及无辜、无罪额外施刑的不合理表现。国内学者大多赞同不应当在刑罚适用阶段根据一般预防的需要从重处罚犯罪人,而应当在刑罚制定阶段根据一般预防的需要加重刑罚设置。但在刑事立法、执行阶段根据一般预防的需要而从重制刑与行刑,是对公正的亵渎,是对犯罪人权利的玩弄。现代刑法学中的犯罪论体系以及刑罚的设置的基本逻辑起点是根据已然之罪定罪量刑,而不是根据未然之罪定罪量刑。换句话说,没有犯罪则没有刑罚,没有犯罪就没有刑事处罚。如果将案外情节的运用脱身于一般预防或特殊预防则是一个最显而易见的根基性错误,预防主义本身是一种预测主义,将其运用于对人性的推测显得支撑不足。

古今中外的犯罪数量、严重性等基本稳定特点的世代世有性,已清晰地告诉公众一个最明白不过的道理:社会不可能消灭犯罪,犯罪的总量与严重

---

① 参见张小虎:《报应主义与目的主义之对峙及调和》,载《社会科学》2003年第2期。
② 参见邱兴隆:《刑罚的哲理与法理》,法律出版社2003年版,第370页。

程度基本上保持了一个稳定平衡的状态。马克思也曾精辟地指出："历史和统计科学非常清楚地证明，从该隐以来，利用刑罚来感化和恫吓世界就从来没有成功过。适得其反。"① 毋庸置疑，人类运用刑罚的智慧的确起到了部分范围、部分程度上的预防犯罪的客观效果，但总体上的预防犯罪追求的不可得决定了不应当加重犯罪人应得的刑罚作为预防犯罪的工具，在刑事立法、司法与执法阶段同样不得突破这一原则。"无论理性的推理还是经验的实证都不但证明了刑罚一般预防功能的客观存在，而且还证明了其效果不容低估。"② 但一般预防效果的出现是公正适用刑罚的客观结果，并不意味着应当将一般预防的目的运用于刑罚的运作当中，也不意味着将一般预防的目的运用于刑罚运作当中具有正当性。"由于实证的研究表明，并不是尽可能严厉的刑罚，而是尽可能与行为人的罪责相称的公正刑罚，才能发挥高度的刑罚效果。"③ 在刑罚轻缓化趋势下对罪刑均衡的追求是通往报应正义的绝佳路径，也是通往社会化的持续健康发展的不二途径。

从轻型一般预防的前提是某种犯罪的发案率下降、某种犯罪的发案数极其有限等表明惩罚犯罪分子的刑罚量需要的降低，如果将治安形势好前提下全体犯罪刑罚的轻化裁量作为从轻型一般预防的成果，倒不如说这是基于人道主义的刑罚轻缓化结果。即使某种犯罪的发案率下降，也并不意味着就应当对这种犯罪刑罚轻化裁量，轻化裁量的结果失之于罪刑相称制约的正义。某种犯罪的发案率降低只是意味着其降低而已，只要对法益造成的侵害达到应受刑罚惩罚的程度，就应当秉持公正报应的立场对其处罚。如果某种犯罪的发案率极其有限，那么这种作为犯罪的行为或许不应当再被作为犯罪看待，但这样发案率极其有限的犯罪的存在与否是一个巨大的问题。

传统的特殊预防论奠基于人身危险性的理性评估之上，但犯罪人刑罚的裁量决定于不可得到的人身危险性的评估之上显得摇摇欲坠，人身危险性与犯罪轻重程度不具有对应性的一致关系，人身危险性的评估无法立足于犯罪轻重程度的界定。正如林山田教授所言："虽然行为与罪责可能当作判断危险性的依据，但是不能说，具有高程度的罪责者，既具有高度的危险性，低程度的罪责者，即为低度的危险者……罪责与社会危险性常可彼此独立，而

---

① 参见《马克思恩格斯全集》（第8卷），人民出版社1961年版，第578页。
② 邱兴隆：《关于惩罚的哲学——刑罚根据论》，法律出版社2000年版，第188页。
③ 林山田：《刑法通论》（下册），北京大学出版社2012年版，第272页。

且不相关。"① 报应制约下的主观恶性的评估是立法者、司法者、行刑者决定加重、减轻、从重、从轻裁量犯罪人刑罚轻重的决定依据。总之，预防主义建立在一个预测主义的方法论基础之上，将其运用于刑罚的运作之中缺乏正当性基础。对预防主义的追求，必将以未然之罪作为加重惩罚犯罪人的合理理由，但这是一种无罪施罚、有罪推定的恶果。施加刑罚之于犯罪人必须以犯罪人的行为作为依托，不能以虚无缥缈的预防主义作为基础。公正的设置刑罚以及对犯罪人的公正报应确有一般预防与特殊预防的客观效果，但这是公正惩罚的结果，而不是预防主义干预的结果。

（二）公正报应是刑罚的可应用于刑事活动的目的

刑罚的创制、适用与执行贯穿着报应主义的主线。传统刑法理论认为公正报应或者罪刑相称的衡量标准因素是犯罪的客观危害与主观罪过，但犯罪是行为人源于内心主观恶性的展开。在评价已然犯罪时，有什么样的主观罪过便会有什么样的客观行为，以已然犯罪为依托而征表出的主观恶性是决定犯罪轻重程度的可靠标准。报应的衡量标准是犯罪人的主观恶性，这个主观恶性不同于主观归罪，它是奠基于犯罪人犯罪行为之上所显现的对社会化的维持及其良性发展的轻视、蔑视态度。换言之，罪刑相称的基本原则实质上是恶刑相称，这个主观恶性是通过已然之罪等因素所表现的行为人对社会化的维持及其良性发展的轻视、蔑视态度。将公正报应的衡量标准作出合情合理的分析，必然可以将公正报应作为可应用于刑事立法、司法、执行三个阶段的刑罚目的，不仅可以保障犯罪人与其他公众的基本人权，还可以起到一般预防与特殊预防的客观效果。

刑罚的创制、适用与执行贯穿着报应主义的主线，公正报应的衡量标准是犯罪人的主观恶性。累犯与惯犯清楚地以其自己的行为表明其对社会更加轻视、蔑视的态度，自首者与立功者如果是清楚地表明其与社会的合作态度，则表明其对社会的尊重与维护。如果是恶性自首与立功的，在刑罚裁量时同样可以不从轻或减轻处罚。刑罚的确定以及确定基础上的刑罚增加与减少规则均奠基于犯罪人的主观恶性的消长之上，也只有奠基于犯罪人主观恶性的消长之上的刑罚运用规则，才获得其正义性。以恶刑相称原则为依托，在刑罚轻缓化趋势下不断形成序相称的罪刑设置，必然不会打破报应或者

---

① 林山田：《刑法通论》（下册），北京大学出版社2012年版，第279页。

报复"不能危害群体的生存"① 的基本要求,也可以大致获得镶嵌着受害人损失补偿诉求的社会层面上的惩罚正当性。

(三) 报应与预防的对立统一在于刑罚理念层面而不在于刑罚运作层面

报应正义追求的是使犯罪人获得公正的惩罚,现代性公正惩罚的基本原则便是罪刑相称原则,即重罪重刑、中罪中刑、轻罪轻刑。公正报应更为具体的一般衡量标准是刑罚与行为人的主观罪过与客观危害相适应,公正报应更为深刻而实用的衡量标准是刑罚与行为人的主观恶性相适应,这个主观恶性是从行为人主观罪过展开的客观危害以及罪前、罪后表明其人格态度的情节的综合提炼而出,不是主观归罪的变身。质言之,以按恶配刑为基本原则。预防主义追求刑罚运作应当以预防犯罪所必要的刑罚量为原则,质言之,以按需配刑为基本原则。按恶配刑与按需配刑是一组对立的矛盾,二者是可以统一的,但是统一的手段却并不在于刑罚运作层面,而在于理念层面上的统一或者说功能层面上的统一。

在刑罚理念层面,不同的人可以拥有秉持任何一种观点的权利,当这种观念应用于刑罚运作当中会产生种种不公正结果时,这种观念必然是一种不具有应用正当性的观念。但每一个人拥有这种一般预防或特殊预防或二者的综合为刑罚目的的权利,或者说这是一种理性主义的信仰,这种秉持报应与预防同时成为刑罚目的的观点可以在刑罚理念上获得对立统一。公正惩罚犯罪的客观效果既有一般预防,也有特殊预防,这也证实二者在刑罚理念层面是可以统一的。

(四) 社会化的维持与良性发展是刑罚的根本目的

人的本性决定了人注定要形成共同体,每一个个体的总和及其交往组成了每一个个体赖以生存与发展的社会,社会的维持与良性发展是每一个个体生存与发展的坚强后盾,一切刑罚方式与方法的制定、适用与执行都是为了社会化的维持与良性发展。"在法和'政府'提出的任务中,维护和平和秩序……刑罚作为法制的制裁,其发展与这项任务是密切相联系的。"② 依托于已然犯罪及案外情节的运用,考量出犯罪人的主观恶性的消长,从而在刑

---

① [德] H. 科殷:《法哲学》,林荣远译,华夏出版社2003年版,第135页。
② [德] H. 科殷:《法哲学》,林荣远译,华夏出版社2003年版,第118页。

罚制定、适用与执行中做出有针对性的应变，都是为了准确而公正地配置犯罪人的刑罚，从而为社会化的维持与良性发展做出贡献。① 在刑罚助益于行为人主观恶性的抑制甚至于消除的基础上，使犯罪人重返社会重新开始忠诚代表最基本正当价值的规范的生活，社会刑罚完成了其维持社会化及其良性发展的工作。"社会秩序乃是为其他一切权利提供了基础的一项神圣权利"②，社会秩序即是社会化的维持与良性发展，刑罚权作为公众约定给予国家的一项权利，必须在社会化的维持与良性发展的根本宗旨指导下运作，方得以完成其最终的社会使命。

---

① 正如高艳东博士所言："在犯罪发生后，刑罚根据刑法所肯定的底线价值内容，以强制再社会化的方式完成对行为人人格态度的改正，消除对立性意志态度。"高艳东：《刑罚可罚根据语境中预防论的否定与再生》，载《中外法学》2006年第6期。

② [法]卢梭：《社会契约论》，何兆武译，商务印书馆2003年版，第4页。

专题十三
经验主义视域下的量刑基准研究

一、问题的缘起

面对公众质疑的量刑不公现象，司法实务界与刑法学界不约而同地想到量刑规范化的破解路径，而这个方案成功与否的主要因素在于量刑基准的合理确定。量刑基准的刑法内涵是广义上的量刑原则，还是狭义上的刑罚量，抑或是融合广义与狭义场域的二元内涵，这些问题令刑法学者念念不忘却又无可奈何。量刑基准如果只是刑罚正当根据理论在量刑中的裁量原则延伸，则意味着量刑无法在一个相对精确的规范指导下被相对精确化；量刑基准如果是抽象个罪既遂状态下的犯罪构成事实所确定的一定的刑罚量（精确的刑罚点或幅度型刑罚量），如果量刑情节所带来的修正刑罚功能也可以被幅度化（比例化），则意味着量刑结果是在一个相对精确的规范指引下所确定的相对精准型刑罚量。量刑基准如果是上述两种内涵的融合，则意味着此种模式下的量刑过程在规范演绎上仍是狭义上的量刑基准模式下的翻版。量刑基准是否有必要存在，其存在的合理内涵以及具体形式如何界定，其如何可以被合理地应用于量刑之中得到令公众满意的量刑结果，这些由破解量刑不公问题的量刑基准所带来的问题的解决必须从量刑基准的合理界定出发。刑事实践中出现的所谓的相似案件量刑差异显著的现象是否为量刑不公以及如果认为这种相似案件量刑差异显著的现象确为量刑不公，如何削减这种量刑不公的判罚则是刑法学界与实务界期待以量刑基准所破解的难题。

二、量刑基准因何而生

比较案例一：某区法院分别审理甲、乙两个盗窃案，二人盗窃数额均为1600元，二人在宣告刑厘定仅仅相隔四天的情形下，却出现了甲被判处6年有期徒刑、乙被判处6个月有期徒刑的惊人量刑差异。①

比较案例二：福建省周宁县公安局原副局长陈某某强奸案，一审法院对其强奸罪判处3年有期徒刑，对其妨害作证罪判处有期徒刑1年，合并执行有期徒刑3年。二审宁德市中院在检察机关的抗诉下进行再审，对其强奸罪判处8年有期徒刑，对其妨害作证罪判处有期徒刑5年，合并执行有期徒刑12年。②

比较案例三：武汉市江汉区房地产管理局原局长方某受贿51.6万元，被法院判处有期徒刑3年，缓刑5年，并处没收财产3万元。而江西省上高县××镇教办会计陈某贪污11.8万元，被法院判处有期徒刑10年。③

比较案例一中的法院的刑事判决书中并未曾出现透彻的量刑说理部分，在二人盗窃数额相同情形下，两个案件的宣告刑即使在量刑基准上进行量刑比例调节亦不至于出现刑期悬殊12倍的不同结果，不由得使人对其产生量刑不公的质疑。比较案例二中出现陈某某强奸受害人与妨碍受害人作证行为，一审法院法官必然承受着某种外来压力或自身压力（犯罪人系本县公安局原副局长），此案中由行为人的行为所表现出来的客观危害与主观罪过程度非常严重，二审法官在检察机关抗诉的情形下择以重刑，无可指责。比较案例三中的二人受贿案，外在表象上的刑罚量确有不平意味。数额犯的量刑不能简单地以数额论处，已是刑法理论与刑事实践中的共识。两个受贿案中的行为主体、行为方式等因素不同，对其考量出的二人行为的客观危害与主观罪过程度轻重不同，量刑虽然从外在表象上确有不均，但在内在本质上却不属于量刑不公的范畴。量刑规范化缘起于司法实践中暴露的诸多量刑失衡现象，④ 有学者并不满足于司法实践中暴露出的量刑失衡现象的揭露，以

---

① 参见谢鹏程：《论量刑公正的程序保障》，载《法制日报》2001年8月5日。
② 参见杨志斌：《中英量刑问题比较研究》，知识产权出版社2009年版，第5页。
③ 参见石经海：《"量刑规范化"解读》，载《现代法学》2009年第3期。
④ 参见周长军、徐嚣：《量刑基准论》，载《中国刑事法杂志》2007年第2期。

实证调查分析的方法揭示了严重的量刑失衡问题。① 已被证实了的个别地区法院量刑失衡现状以及模拟出的量刑失衡现象,更加促使最高人民法院制定相对精确化的量刑指导意见,以制约随意化的法官自由裁量权。

以时空场域视角考察量刑的独特性,法官的自由裁量权绝不应当被武断废弃。否则,自1791年《法国刑法典》绝对期刑被废弃后发现法官自由裁量权必要性与合理性的经验实证主义则被无端削弱。"法治需要制定规则适用于一般情况,也允许对特殊情况具体处理,不受规则的束缚,法治与自由裁量权的关系不是互相排斥,而是互相补充,不允许自由裁量权的存在,任何法律体系都不能运行。"② 量刑规范化所排斥的法官自由裁量权的合理内涵应为随意化的、恣意化的、非理性的法官自由裁量权,应保留审慎的、谨慎的、合理性的法官自由裁量权。质言之,量刑是法官的良心活动,必须秉持公正、公平的原则依法裁量。最高人民法院量刑规范中的量刑情节比例幅度的规范构建从本质上依然来源于审慎合理的法官自由裁量权,离开这个审慎合理的自由裁量权,量刑无异于或必然走向相对罪刑法定主义的另一端即绝对罪刑法定主义。

经验主义可以依赖合理的计算方法考量出多个值得信赖的、适用于不同案件的不同量刑基准。合理的量刑基准具有指导量刑的具体裁量步骤、量刑的考虑因素及其相互次序选择、保障法定刑的基本应用地位的合理功能,其正当性毋庸置疑。没有量刑基准的刑罚裁量是一个没有具体原则的模糊量刑,无论这种模糊量刑是否依然可以保证量刑的结果不偏离法定刑。依赖具体原则的刑之裁量至少比模糊估堆量刑显得更为可靠与合理。正义不仅仅应当实现,且应当以公众看得见的方式实现。量刑基准的规范建构必然可以在最大限度上约束恣意的法官自由裁量权,使得公众可以在最大程度上一眼看穿不合理的量刑过程。因此得知,量刑基准的刑法内涵无论是广义式的,还是狭义式的,抑或是融合广义与狭义式的,至少较之没有这个量刑基准显得更为科学。职是之故,量刑基准承载着刑法人破解量刑不公的重要职能,应

---

① 作者将事先拟定的故意伤害案交予30个省级行政区不限层级的42个法院的209个法官进行量刑,全部量刑量从12个月到110个月不等,平均量刑量为44.86个月。以实证得出的法官同罪异刑容忍值为14.2个月为基准,得出了32.1%的量刑失衡率。参见蔡曦蕾:《量刑失衡归因论》,载《法制与社会发展》2015年第1期。

② 参见[德]克劳斯·罗克辛:《德国刑法总论》(第1卷),王世洲译,法律出版社2005年版,第359页。

当获得其神圣的正当性地位。

三、量刑基准的刑法内涵界定

作为德日刑法概念的量刑基准在被引入我国之后,其含义已与德日刑法量刑基准内涵主流观点大相径庭。综观中外刑法学界对于量刑基准的研究,不外乎是在四类场域内对其进行阐述。这四类量刑基准内涵界定貌似未能透过现象看本质,实质上是"现象未能把握,本质仍在天上"。

(一) 量刑基准刑法内涵介评

第一类观点总体认为,量刑基准指的是法官在量刑时应当考虑的量刑要素以及量刑原则,不外乎对于预防刑、责任刑及其各自程度的衡量原则(广义式)。这是德日刑法对于量刑基准内涵界定的主流观点,如罗克辛教授认为量刑基准就是量刑原则,即对犯罪人进行量刑时应当建立在何种基础之上,对于责任刑因素与预防刑因素应当进行何种程度的考量。① 大谷实教授亦认为量刑基准主要是解决责任刑与预防刑的考量问题。② 国内学者陈兴良教授认为,量刑基准主要用于解决量刑时,什么样的事项应当作为考虑对象以及应遵从何种原则进行量刑等问题。③ 张明楷教授亦认为,量刑基准指的是刑罚裁量原则,应当是刑罚正当化根据在量刑问题上的延伸,应在责任刑之下兼顾预防刑的考量。④ 这种观点将刑罚正当化根据应用于量刑领域,即将刑罚根据的考量(包含责任刑与预防刑因素)等同于量刑基准的考量,将二者等而化之貌似无懈可击,实则空空如也。责任刑与预防刑的具体因素界定往往彼此交叉,如故意杀人罪中的结果要素往往既是责任刑因素又是预防刑因素,法官在对这一类因素进行考量时往往无从着手。这种广义上的量刑基准内涵与当下刑事审判部门寻求规范意义上的确定刑量的模式努力方向背道而驰。⑤ 总而言之,法官无法仅仅依据责任刑与预防刑的优先次序以及辩证关系科学量刑。

---

① 参见 [德] 克劳斯·罗克辛:《德国刑法总论》(第1卷),王世洲译,法律出版社2005年版,第355页。
② 参见 [日] 大谷实:《刑法总论》,黎宏译,法律出版社2003年版,第232页。
③ 参见陈兴良:《刑法适用总论》(下卷),法律出版社1999年版,第282页。
④ 参见张明楷:《责任主义与量刑原理——以点的理论为中心》,载《法学研究》2010年第5期。
⑤ 参见王利荣:《量刑说理机制》,中国人民公安大学出版社2012年版,第119页。

第二类观点总体认为，量刑基准指的是，某种刑事立法已规定一定幅度法定刑的犯罪，在不考虑其他量刑情节的情形下，仅仅依据其基本犯罪构成所应当判处的刑罚量（狭义式）。从国内具有代表性的三种观点中可见一斑。第一种观点认为，量刑基准是指针对已经确定适用一定幅度法定刑的抽象个罪，在不考虑任何量刑情节的情形下仅仅依据其构成事实所应当判处的刑罚量。① 第二种观点认为，量刑基准是指某种犯罪在既遂状态下刑罚自然量的基本标准，且此时的刑罚量（基准点）表现为精确的数值点，而不是一定的幅度，其作为刑罚裁量的参照标准不含有任何影响量刑轻重的因素。② 第三种观点认为，量刑基准是指对刑法规定适用一定幅度法定刑的抽象个罪，在不考虑任何量刑情节的情况下，根据其犯罪构成事实所应当确定的基本刑罚量。③

第三类观点总体认为，量刑基准既是指量刑的考虑因素以及基本原则，又是指某种犯罪基本犯罪构成状态下应当适用的刑罚量。如有学者认为，量刑基准是法官在量刑时应当考虑的要素、原则和犯罪在典型状态下应当适用的一定的刑罚量。量刑基准既包括原则性量刑基准，又包括适用性量刑基准。④ 量刑基准的实践价值在于应用于法官的具体量刑活动中，以"抽象个罪既遂状态下犯罪构成的刑罚量"为内涵的量刑基准概念根本无法应用于量刑活动，这个概念实质上是法定刑建构的依归，而这种所谓的狭义量刑基准实质上是确定罪与非罪、此罪与彼罪不同法定刑的界定标准。如果不能破除对于量刑基准与法定刑之间关系的混乱界定，进而甚至直接将二者等而化之，则永远无法走出模糊量刑的怪圈。

第四类观点不同于其他三类观点之处，在于将量刑基准界分为第一层级与第二层级层次的量刑基准，与本书将狭义式的量刑基准界定为法定刑的观点以及原由大致相似。其认为第一层级的量刑基准是根据个案个罪的基本犯罪构成事实确定的具体法定刑，第二层级的量刑基准是根据个案个罪具体犯罪构成事实和实证、经验，在相应具体法定刑内确定的、用作量刑起点的刑罚量，量刑起点是根据犯罪构成事实确定的、供从轻或从重量刑情节发生调

---

① 参见周光权：《量刑基准研究》，载《中国法学》1999年第5期。
② 参见何鹏主编：《现代日本刑法专题讲座》，吉林大学出版社1994年版，第175页。
③ 参见梅传强、刘柏纯：《量刑基准要义》，载《中国人民公安大学学报（社会科学版）》2012年第4期。
④ 参见张明：《量刑基准的适用》，法律出版社2008年版，第3页。

节功能并形成宣告刑的相对固定的刑罚量（点）。① 这种层级量刑基准模式实质上将刑事实践适用中的量刑基准的内涵界定为用作起始尺度标准的量刑起点，将最高人民法院的量刑指导规范所确定的形成基准刑的事实（法定或酌定量刑情节），作为调节第二层级量刑基准的量刑情节形成宣告刑。但将量刑起点仅仅确定为一个点显得有些武断，从绝对罪刑法定主义进化到相对罪刑法定主义时代后，必须审慎对待出现于量刑过程中的一切一刀切的绝对值。这种模式仍然无法应用于科学刑事量刑中，究其缘由乃是当下量刑基准的刑法学界界定忽视了量刑基准是一个只能应用于"同类犯罪"量刑中的概念。

（二）量刑基准刑法内涵的科学界定

量刑的过程不应是刑罚的一次性量化，其需要法官全面考虑定罪事实与量刑情节事实后，依照公正的量刑原则在衡量各个量刑情节所应有的调节比例后，才可以在法定刑幅度内施加予行为人公正的刑罚。如果具有减轻情节与加重情节，法官则需要考虑依据法律规定是否必须或是否需要在法定刑之上或之下择定具体的刑罚（包含重罪与轻罪的法定刑区分）。犯罪人头顶上的宣告刑是一个非常精确的刑罚量，不是幅度型或模糊型的刑罚幅度值。与其将量刑基准仅仅作为整体上的量刑原则或抽象个罪刑罚量，不如将其作为融合量刑原则与抽象类罪刑罚量的整体概念。只能在犯罪性质相同、量刑情节貌似相似且对于犯罪的客观危害与主观罪过的程度影响相似的同类犯罪场域内，确定出合理的量刑基准值。

公众质疑的量刑不公案件往往是量刑情节貌似相似、犯罪性质相同的同种案件的量刑结果差异较大，其却忽视了即使是相同的量刑情节对于行为人犯罪行为客观危害与主观罪过程度的考量结果也是不一样的，但也不应当片面夸大这种差异。否则，这样的多种案件归属于同一性质的法定刑则显得不合理（但这是不可能的）。至于抽象类罪刑罚量获取的可得与不可得并不影响其作为这个概念存在的合理性与实践运用性。本书认为，量刑基准是法官在量刑中应当遵守的基本裁量原则与抽象类罪的具体刑罚量的统一。这个抽象类罪不等于既遂状态下基本犯罪构成相同的相同犯罪性质情形，也不等于既遂状态下基本犯罪构成事实稍有不同（但不至于影响法定刑幅度）的相

---

① 参见石经海：《量刑个别化的基本原理》，法律出版社2010年版，第258页。

同犯罪性质情形,而是等于犯罪性质相同、对于考量行为人犯罪行为客观危害与主观罪过程度大致相似的主要量刑情节相同的同类犯罪。限于文章篇幅与旨趣,本书主要在宣告刑意义上对量刑基准的一些问题进行研究,可以相信通过宣告刑意义上的量刑基准问题解决可以助益于广义量刑问题的解决。

本书所界定的量刑基准的刑法内涵,不仅仅包含犯罪性质相同的个罪法定刑选择相同的第一层次,也包含犯罪性质相同、对于考量行为人犯罪行为客观危害与主观罪过程度大致相似的主要量刑情节相同的同类犯罪的基准刑选择相同或相似的第二层次,更包含获取罪刑相适应效果的公正、平等量刑原则。这种融合量刑统一化与量刑个别化辩证原理的量刑基准界定必将助益于歧义横生的量刑基准概念界定。

四、量刑基准的经验确定

抽象个罪既遂状态下基本犯罪构成事实所对应的刑罚量,这个概念因为追求精确的刑罚值或者相对精确的幅度值而备受指责,而这个概念是刑事法官量刑中必须经过的具体步骤,没有这个概念的存之于心,则从重情节与从轻情节等量刑情节的运用成了飘忽不定的浮萍。犯罪性质相同、对于考量行为人犯罪行为客观危害与主观罪过程度大致相似的主要量刑情节相同的同类犯罪,这便是科学的量刑基准界定的前提。"形式是有本质的,本质是有形式的。"① 量刑基准的本质属性便是在抽象同类犯罪中获取大致一致的基准刑。刑法学界对于量刑基准的确定方法主要有中线论、分格论、主要因素论、危害行为论与重心论,这几种确定方法有着或多或少的缺陷,科学合理地确定其确定方法与应用方法仍是尚未解决的量刑难题。

(一) 量刑基准确定方法介评

早期中线论者认为:"如果某种罪的法定刑只有一种……从重的应在最高与最低的法定刑幅度的二分之一以上判处,从轻的在二分之一以下判处。如果某种罪的法定刑规定有两种以上刑罚的,从重的按次重或最重的刑罚判处,从轻的按二分之一以下判处。"② 尽管当下的大部分的刑法学者不赞同中线论,却也不乏其人力主量刑情节与量刑空间刻度等值对应关系的量刑方

---

① 《列宁全集》(第55卷),人民出版社1990年版,第320页。
② 李光灿主编:《中华人民共和国刑法论》,吉林人民大学出版社1984年版,第356页。

案，通过实证调研构建无期徒刑与死刑的自由刑系数折算后，根本上将法定刑的中间刑度和中间刑种作为从重与从轻情节适用的基准刑。① 刑事审判机构普遍接受中线论的原由不外乎以下几点：一是简便易行；二是在急需量刑规范标准的当下，通过司法统计结果方式确定基准刑的方法恰似"远水解不了近渴"；三是法院系统对于自己的经验量刑未有足够的自信。② 这种中线论不仅仅忽视了个案世界的复杂性，也是对平均刑量对应的必是最常见犯罪状态理论过于自信的表现，远水即使无法解决近渴的问题，也不能饮鸩止渴。每一组抽象类罪之间的量刑基准肯定有所不同，这是经验法则的普遍情感诉求，忽视或者误解这个原理都是走向量刑极端化的表现。无期徒刑、死刑与有期徒刑本身属于不同的刑种，将它们数字化只能是学者的一厢情愿，非理性有余而科学性不足。"中线论实际上抹杀了经验的作为空间，回避了司法加工的正当性，对立法者意图的简单臆测，很难让司法者在谋取量刑均衡方面取得实质进展。"③

分格论者认为，将法定刑幅度划分出若干个小格子，将具体案件划分为轻轻、轻重、重轻、重重等若干个等级，从而实现将案件轻重与各个小格子的一一对应。④ 这种确定量刑基准的方法无法给人以可靠的心理暗示，具体案件轻重等级的优先划分显得无法嵌入量刑基准应当先于案件轻重性质划分的质疑，简单地划分案件性质轻重，未考虑量刑个别化原理与经验量刑的深层互动。主要因素论认为，社会危害性是犯罪行为的最本质特征，社会危害性大小成为区别罪行轻重（量刑轻重）的主要标准。在犯罪性质、后果、手段、目的、动机等决定社会危害性程度轻重的因素中，总会有一个因素起着主要作用，找到影响某个罪量轻重的主要因素，从而确定这个罪的量刑基准点。"寻找量刑基准时的确应当考虑什么是对社会危害性大小其主要作用的因素，即危害行为论，因为在实践中，存在着大致的、可推算的将危害行

---

① 参见赵廷光：《法定刑中间线是量刑公正的生命线》，载《中国刑事法杂志》2010年第12期。
② 江苏省高级人民法院《量刑规则》要求，非数额型的一般犯罪以法定刑中间刑度或刑种为量刑基准，法定刑为两个刑种的，以其结合点为量刑基准，法定刑3—5年有期徒刑以下的有所微调。
③ 王利荣：《量刑说理机制》，中国人民公安大学出版社2012年版，第126页。
④ 例如法定刑为3年以上10年以下有期徒刑，那么就在这个幅度内再划分出4个小格子，轻罪中有从轻情节的，判处3至4年有期徒刑，轻罪中有从重情节的，判处5至6年有期徒刑，重罪中有从轻情节的，判处7至8年有期徒刑，重罪中有从重情节的，判处9至10年有期徒刑。参见苏惠渔等：《量刑与电脑——量刑公正合理应用论》，百家出版社1989年版，第101页。

为换算成一定刑罚量的方式，所以在抽象个罪中的危害行为在不考虑任何情节时的危害性考察就成为量刑活动开展的第一道工序。"① 这种将主要因素限定于危害行为的主要因素论又被称之为危害行为论，其认为不能依据行为的社会危害性来确定量刑基准点，应当根据行为人的责任厘定刑罚，同时考量刑事政策的作用。无论将影响某罪的社会危害性大小的主要因素找寻后，而确定"应在法定刑幅度的中间线以下确定固定式的量刑基准点"的主要因素论，② 还是认为应以行为人的责任来确定量刑基准点的危害行为论，皆未真正看到量刑统一化与量刑个别化的辩证原理。质言之，在变幻莫测的犯罪世界里若要追寻出一种一劳永逸的精确规范建构，不仅是对经验生活非理性的一刀切，且是对量刑情节的相似标准（对犯罪行为的客观危害与主观罪过程度的考量结果）不解与误解的表现。

重心论者认为，建立一套由法定刑与发案率组成的坐标系统，连接各点形成一条表明发案率高低的曲线，而曲线顶端便是最高发案率，也即是该罪的重心（基准点）。③ 但刑事发案率是与破案率相对应的一个概念，审判环节中的发案率似乎和刑罚没有必然联系，其在现实中也不是一个非常确切的概念。发案率的高低通常证明某种犯罪以何种形式经常出现，而这个通常出现的行为所折射出的社会危害性程度，无法代表此种犯罪所可能造成的社会危害性程度中的基本形态。这种量刑基准确定方法也无助于追求排除法定酌定情节适用的量刑基准的裸露。

（二）量刑基准的经验主义厘定

法官是否没有一个精确量刑基准值即无法进行刑罚的裁量，即从轻、从重情节的把控呢？可以相信的是，法官没有一个精确量刑基准值也可以进行合理的量刑，运用未知数求解数学原理和经验主义量刑方法可以窥探出这个奥秘。④ 每个人在从事数学研究上，对于未知的数字虽然暂时无法求解出，却可以依赖给定的多个条件，利用假设代入的方式最终寻求出最合理的数

---

① 何鹏主编：《现代日本刑法专题研究》，吉林大学出版社1984年版，第156页。
② 参见臧冬斌：《量刑基准点之确定基准》，载《河南师范大学学报（哲学社会科学版）》2009年第5期。
③ 参见郑伟：《法定刑的基准点与量刑的精雕细琢》，载《人民司法》2003年第7期。
④ 刑法学界已经出现个别学者运用数学原理解构刑法问题，如李永升教授运用数学集合原理解构犯罪构成成立理论，使得犯罪构成理论这个貌似玄之又玄的刑法难题得以清晰深刻地展现于刑法学人的面前。参见李永升：《犯罪构成集合论》，法律出版社2009年版，第5页。

值。公正而科学的量刑基准与量刑结果何尝不是一个无法一眼望穿的未知数呢？令人欣慰的是，这个未知数有一个幅度（法定刑之内），借助于未知数的数学原理，我们可以以将其代入量刑领域，结合获取的其他定罪事实与量刑情节事实，将量刑基准限定于法定刑幅度内。法官计算出从重、从轻等各种量刑情节的比例值，若干量刑情节比例值的计算可以在经验主义规范建构上获取合理性，即老年人、未成年人、累犯、自首、坦白等量刑情节具有的量刑比例值可以因其共性而获得规范比例建构的合理性。① 有学者提出可以借助于常见犯罪的量刑基准经验衡量，以解决最急迫的刑事实践问题，将其中的原理推行于与之蕴含的原理相似的犯罪类型中。② 马克思曾指出"一种科学只有在成功地运用数学时，才算达到了真正完善的地步"③。世界上没有两个完全相同的案件，但世界上有多个相似的案件，借助于相似案件的宣告刑可以建构相似案件刑罚的量刑基准，这个相似案件的界定便是依托于上文界定的抽象类罪的内涵。毋庸置疑，即使是相似案件，也会有不同程度、不同影响的差异，差异因素对各自案件的影响足够大时也会出现不同处理的量刑结果，但量刑个别化原理的运用也不能过分夸大这种差异，法官有足够的合理理由证实这种差异因素对于犯罪行为的客观危害与主观罪过程度的影响显著时，则可以奉行另一种经验刑的开端模式。

  法官对于相似案件的判罚结果趋于一致时，可以合理推定出此类案件的量刑基准值，以后的相似案件则可以摆脱未知数理论的代入程序，直接以此量刑基准值作为计算量刑情节比例的基准。这种数学原理依然可以在复杂的案件事实上得到应用的空间，当以后的案件事实与以前所认定的相似案件差异显著时，则以其作为创造新的量刑基准值的开端，以后的权威样本平均刑罚值与平均量刑基准值，则为这种相似案件的量刑基准值，不失为一个作为程序的正义所获取的正义实践。如果有显著差异因素，可以突破经验与逻辑共建的权威量刑基准值，国外荷兰北斗星量刑法则与美国量刑指南规则皆规定显著差异因素可以突破规则建构，重新使得法官的自由裁量获得应用。应当指出的是，如此建构的量刑基准仍然是法官自由裁量的结果，只不过是规范意义上的结果。法官天生具有自由裁量权，规范意义上建构的量刑因素比

---

  ① 参见姜涛：《为量刑比例辩护》，载《政法论坛》2010年第1期。
  ② 参见王利荣：《对常见犯罪量刑基准的经验分析》，载《法学研究》2009年第2期。
  ③ ［法］保尔·拉法格：《回忆马克思恩格斯》，马集译，人民出版社1973年版，第73页。

例与宣告刑结果皆是法官秉持正义理念依照刑法典规定所择定的,不免使人疑心法官是不是靠着直觉或感觉而择定宣告刑。没有足够生活经验与知识积累的直觉往往令人作呕,而相信富有生活经验与知识积累的直觉是这个世界良性发展的不二法则。直觉主义认为在可能是相互冲突的最初原则中择定符合正义理念的衡量结果只能依靠直觉。① 面对有一张变幻莫测的普罗透斯似的脸的正义,具有足够经验的直觉的厘定仍然是经验的择定,而这个世界几乎所有的规则建构来源于经验,经过不断地洗尽铅华的经验择定形成恰似先验的规范标准。从传统司法判断场域下依赖深厚的经验积累而避免武断的直觉判断,从而为法官的三段论推理堆砌出一个合适的现实经验中可见一斑。② 面对对于经验建构规范的质疑,有人曾指出:"经验法所要求于哲学者有两件事情:第一,精练的方法和产物应追溯到它们在原始经验中在它的全部丰富和错综复杂的状态中的来源,因而就要承认它们所由以及它们所必须满足的需要和问题。第二,派生的方法和结论要放回到平常经验的事物中来,在它们的粗糙和自然的状态中,求得实证。"③

规范来源于经验,规范指导经验,先验的概念由此而生。不断地往返于案件事实与规范之间,不断地经验,不断地提取案件事实衡量结果过程中的规范因子,不断地规范,规范与经验在互动的过程中实现接近于完善正义。正义虽然无法百分之分地被实现,但我们拥有一颗不断接近百分之百的正义的勇气之心和一种坚韧不拔地实现这种正义的实践品格。与上述从作为经验刑的宣告刑与量刑情节比例推导出量刑基准的原理相似的是,可以借助于法官的睿智经验直接推定出量刑基准与量刑因素比例,从而确定宣告刑。人人不免因为凡夫俗子性而带有或多或少的歧视立场或本能不公因子,二者相较之下,一个玄之又玄的因素确定到最后更加凸显出此因素的审慎性与合理性。质言之,模糊的概念值留给尽可能精确的因素来确定、留在尽可能最后的结局来确定,才可能使得最接近于这种概念值的实现变得理性与丰满。量刑基准以及宣告刑的结果合理性必须依赖于结果确定过程的合理性,也必须依赖于同类案件宣告刑与量刑基准确定结果对比分析的睿智取舍,规范意

---

① 参见[美]约翰·罗尔斯:《正义论》,何怀宏、何包钢、廖申白译,中国社会科学出版社2009年版,第27页。
② 参见郭建:《古代法官面面观》,上海古籍出版社1993年版,第107页。
③ [美]杜威:《经验与自然》,傅统先译,商务印书馆2015年版,第25页。

上的量刑基准值建构不是一蹴而就的。换句话说，既可能出现这种同类犯罪的量刑基准值，也可能出现那种同类犯罪的量刑基准值，但获取合理的量刑基准值的经验方法确是可以一劳永逸而获益无穷的。

五、科学量刑基准的刑事审判运用解析

科学的理论必须可以解决实践问题，方得以成为真正的科学理论。本书界定的量刑基准的刑法内涵可以称为不断地经验量刑法的规范建构，虽然无法一刀切地解决所有的合理的刑事审判宣告刑确定问题，却可以秉持这种经验与规范不断交替路径一劳永逸地解决不断出现的量刑问题。最高人民法院确定的量刑规范化的量刑具体分为三个步骤：首先依据基本犯罪构成事实在相对应的法定刑幅度内确定量刑起点；其次依据其他影响犯罪构成的犯罪次数、数额、后果等犯罪事实，确定量刑起点增加刑罚量后的基准刑；最后依据量刑情节调节基准刑后，根据全案情况确定宣告刑。量刑情节的裁量方法主要为：其一，只有单量刑情节的，采取依据单情节调节比例调节基准刑。其二，具有多个量刑情节的，采取"同向相加，逆向相减"方法调节基准刑。其三，法定量刑情节与酌定量刑情节并存时，先依据法定量刑情节调节基准刑，再依据其他量刑情节调节刑罚量。其四，在对数个犯罪进行裁量时，依据各个量刑情节调节对应犯罪的基准刑，确定各个犯罪应当判处的刑罚之后，再依法确定数罪并罚下的刑罚量。其五，对涉及不同量刑情节的同一事实，不重复评价。宣告刑的裁量方法主要是在进行量刑三步骤之后并依据罪责刑相适应原则，确定宣告刑。

当下的刑事审判秉持最高人民法院的量刑规范化改革，在确定基准刑的基础上依据量刑情节比例调节基准刑，在考量罪刑相称原则的大前提下做出宣告刑。对于基准刑的确定方法是依据其他影响犯罪构成的犯罪次数、数额、后果等犯罪事实，在量刑起点的基准上增加一定的刑罚量。依据刑事审判部门的运用标准，"盗窃数额较大……盗窃次数又在三次以上的，在以盗窃数额……超出相应数额起点的部分以及三次以上的盗窃次数，均可作为增加刑罚量的根据……但对于盗窃次数未达到三次的，则盗窃次数不能作为增加刑罚量的事实，在确定量刑起点时一并考虑。在起点数额相同的情况下，

盗窃两次的量刑起点可以比盗窃一次的相对高一些。"① 经验虽然建构了整个世界的规范标准，但不宜于对暂时的经验有过多苛求。面对变幻莫测、呈现不同形状的犯罪事实，即使是相同犯罪性质的案件也难免因为犯罪情节的变化多端而差异显著，可靠的路径并不是一刀切地规定相同犯罪性质案件的基准刑确定方式，而是考量出不同种类的抽象类罪所衍生出的不同量刑基准值。

当下的量刑规范化一方面认为基准刑是"在不考虑任何量刑情节的情况下仅依其构成事实所应当判处的刑罚量"，另一方面又将量刑情节作为确定基准刑的根据，从重庆市高级人民法院确定的"盗窃数额每增加1000元，可以增加1个月至2个月刑期"这个条款中可见一斑，这种"1个月至2个月"的量刑幅度留给法官的自由裁量权已少之又少，甚至于已是二选一的量刑选择。这其中的缘由在于定罪情节与量刑情节的交互关系，一般情形下的定罪情节与量刑情节可以在不同的事实中厘定，而特殊情形下的定罪情节与量刑情节则必须在相同事实的不同属性或侧面中厘定。"'量刑基准'的基础不是量刑情节，而是定罪情节。"② 而刑事实务部门的当下走向确是量刑情节在确定基准刑时功能显著。面对定罪情节与量刑情节范围厘定的争论，不如撇开这些无谓的争论，承认定罪情节与量刑情节的交叉关系。③ 依据本书所界定的宣告刑与量刑比例溯游而上找寻经验世界里的基准刑，可以突破定罪情节与量刑情节在确定基准刑时出现的剪不断、理还乱的复杂关系。科学的量刑基准值不是一个一蹴而就的概念值确定，其需要考量不同犯罪性质犯罪、相同性质犯罪量刑情节内在本质不同的所有情形，依据不断地经验主义建构，实现一个又一个适用于不同抽象类罪的量刑基准值确定，从而为消除公众的量刑不公质疑做出贡献。

六、结论

量刑基准的合理规范建构必然可以在最大限度上约束恣意的法官自由裁量权，使得公众可以在最大程度上一眼看穿不合理的量刑过程。量刑基准是一个只能应用于"同类犯罪"量刑中的概念。量刑基准的刑法内涵，不仅

---

① 黄尔梅主编：《量刑规范化案例指导》，法律出版社2012年版，第57页。
② 石经海：《"量刑规范化"解读》，载《现代法学》2009年第3期。
③ 参见王利荣：《量刑说理机制》，中国人民公安大学出版社2012年版，第152页。

仅包含犯罪性质相同的个罪法定刑选择相同的第一层次，也包含犯罪性质相同、对于考量行为人犯罪行为客观危害与主观罪过程度大致相似的主要量刑情节相同的同类犯罪的基准刑选择相同或相似的第二层次，更包含获取罪刑相适应与罪刑均衡效果的公正、平等量刑原则。运用未知数求解数学原理和经验主义量刑方法所界定的宣告刑与量刑比例溯游而上找寻经验世界里的基准刑，可以突破定罪情节与量刑情节在确定基准刑时出现的剪不断、理还乱的复杂关系。量刑基准的确定不是一蹴而就的，有此种情形的抽象类罪量刑基准，也有他种情形的抽象类罪量刑基准。换句话说，既可能存在此时此地的量刑基准，也可能存在他时他地的量刑基准。必须在归纳出合理的抽象类罪的同时，清醒地认识到某些抽象类罪量刑基准的确定不是万能公式，可以依赖经验主义量刑方法的不断积累，构建适用于不同情形下的抽象类罪的量刑基准。法官有足够的合理理由证实以后的案件事实与以前的案件事实的差异因素，对于犯罪行为的客观危害与主观罪过程度的影响显著时，则可以奉行另一种经验刑的开端模式。规范与经验在互动的过程中实现接近于完善正义，而经验主义量刑方法在承载着人类量刑规范文明建构功能的同时，也寄托了公众对量刑均衡的情感诉求。

专题十四
二律背反视域下量刑规范化研究

  作为古典哲学集大成者的康德为我们展现了"理性"的尴尬境地：理性一方面以感性与知性为基础，处于形而上学的认识地位，另一方面却往往对人施加种种误导作用，以至于"超幻现象"若隐若现。① 作为此种困境的极端展现便是著名的"二律背反"。康德以四组彼此相反的命题组成"二律背反"，以揭示理性辩证法的消极误导作用与积极范导作用。这四组二律背反分别为：空间和时间的有限性与无限性，物质实体在其结构上的组合性与单一性（数学的二律背反），必然因果律链条是以自由为开端的有无，宇宙间的绝对必然性的有无（力学的二律背反）。这四组下的两个相反的命题似乎都可以得到有说服力的论证，从而出现了逻辑矛盾。量刑规范化的实质内涵在不同学者的演绎体系之下似乎都得到了充分合理的支持，二律背反的规律在量刑规范化问题上得到展现，使得量刑规范化这一概念变成了一个歧义横生的概念，但其中隐含的逻辑误区有必要细心对待，以助力于公众对这一概念内涵的相对合理认知。

---

  ① 作为康德笔下的"先天综合判断"与"先验范畴"虽属于形而上学范畴，却均来源于经验而运用于经验，并不超越于经验，超越于经验的认识往往只是人们的假象认识，被称为"超幻现象"。

一、量刑规范化的概念解读

最高人民法院从 2009 年 6 月 1 日起在全国试点法院开展量刑规范化工作,以《人民法院量刑指导意见(试行)》与《人民法院量刑程序指导意见(试行)》作为量刑规范化试点工作的规范指导方针,从此拉开了量刑规范化在我国的实践与理论双重热议的大幕。实际上,最高人民法院早在 2006 年已把刑事量刑规范问题确定为年度全国法院重点调研项目。量刑规范化缘起于司法实践中暴露的诸多量刑失衡现象,① 有学者并不满足于司法实践中暴露出的量刑失衡现象的揭露,以实证调查分析的方法揭示了严重的量刑失衡问题。② 已被证实了的个别地区法院量刑失衡现状以及模拟出的量刑失衡现象,更加促使最高人民法院制定相对精确化的量刑指导意见,以制约随意化的法官自由裁量权。万众期待的《人民法院量刑指导意见(试行)》于 2010 年 10 月 1 日起试行,③ 其在客观上为各级法院的量刑工作的规范化开展起到了重要作用。随着量刑规范化工作的持续开展,量刑规范化的制度设计与实践需求出现的矛盾显现出来,例如个罪的量刑起点的确定幅度过窄,使得法官的自由裁量权受到极大的限制。最高人民法院于 2013 年 12 月 23 日颁发《关于常见犯罪的量刑指导意见》(以下简称为《量刑意见》),系统总结与努力解决量刑规范化进程中的各种问题。各个省高级人民法院亦陆续根据要求制定出所谓的适宜本地特殊情况的量刑指导意见。《量刑意见》采取精确量刑与相对精确刑相结合的方式制约法官的自由裁量权,虽然对司法实践中的量刑失衡现状有一定的改善作用,但其中所隐藏的问题亦为数不少。若要理性认知并解决量刑规范化的实质问题,对其概念的理性解读便是必要和必需的。

---

① 参见徐噶:《山东省淄博市中级人民法院关于量刑规范化的调研报告》,载最高人民法院刑事审判第一庭编:《刑事审判要览》(第 6 期),法律出版社 2004 年版,第 59 页。

② 作者将事先拟定的故意伤害案交予 30 个省级行政区不限层级的 42 个法院的 209 个法官进行量刑,全部量刑量从 12 个月到 110 个月不等,平均量刑量为 44.86 个月。以实证得出的法官同罪异罚容忍值为 14.2 个月为基准,得出了 32.1% 的量刑失衡率。参见蔡曦蕾:《量刑失衡归因论》,载《法制与社会发展》2015 年第 1 期。

③ 最高人民法院《关于废止部分司法解释和司法解释性质文件(第十一批)的决定》(法释〔2015〕2 号)已经废除了这个 2010 年版的量刑指导意见,但最新的 2013 年版的量刑指导意见(针对常见犯罪)并未对前者进行大幅度的改动,基本的量刑指导原则、量刑方法以及常见量刑情节的适用大致相同,常见个罪的量刑幅度出现了一定程度上的扩大,更加注重发挥法官的自由裁量权。

有学者指出，量刑规范化指的是将抽象的法律规范与具体的案件事实相结合并上升为理性与具体的过程的规范化。① 毋庸置疑，量刑规范化是对量刑这一客观活动的规范化，而量刑这一客观活动因夹杂着太多的主观因素，使得量刑完全等同不可得，世界上并不存在两个完全等同的案件也决定了量刑不能完全等同。也有学者认为量刑规范化指的是，在司法阶段如何实现法官对于个案中犯罪人的具体刑量确定标准的统一化与程式化。② 这种定义凸显了量刑规范化的规范意义，但并未展现非刑罚处罚措施裁量的实际存在，稍显不足。另有学者认为量刑规范化指的是，为了约束多余的法官自由裁量权和实现量刑公正，以相对确定的实体性与程序性量刑规范为法官提供明确的、规范的量刑依据。③ 这种定义并未洞穿多余的法官自由裁量权的实质内涵即是随意自由裁量权，而相对确定的实体与程序量刑规范为法官提供的也只是一个相对精确的量刑依据。也有学者在总结诸多硕士学位论文中的量刑规范化概念的基础上，④ 提出量刑规范化应是量刑方法的规范化，意在以经验思维解析量刑规律的前提下，在立法机关、审判机关、行为主体以及社会公众的共同交流中，伴随落实刑事责任而生成的量刑和谐状态与明理趋向。⑤ 这种定义意在突出经验主义在提出合理的量刑方法上的前瞻性，充分吸收多方立场的合理建议，进而达到量刑的公正与和谐，理念较为新颖，立意较为深远。但美中不足的是，其并未突出规范化量刑方法的核心主体，容易落入民粹主义的庸俗化立场。

量刑规范化是指规范地量刑，即应通过规范的指导以确定法官规范地量刑。值得一提的是，诸多学者将自由裁量权的行使权主体赋予法官个人，实

---

① 参见石经海：《"量刑规范化"解读》，载《现代法学》2009年第3期。
② 参见蔡一军：《量刑规范化模式的域外考察与现实启示》，载《河北法学》2011年第2期。
③ 参见姜涛：《认知量刑规范化》，中国检察出版社2010年版，第6页。
④ 时下，鲜有专门的博士学位论文与专著论述量刑规范化概念的定义，择取时下的硕士学位论文分析，出现了"标准说""合理结果说""统一化与个别化结合说""标准可预测说"这四种定义模式。参见周其玉：《规范化量刑方法进路的经验分析》，西南政法大学2016年硕士学位论文，第10页。这四种定义模式实际上大同小异，皆以使量刑符合一定的标准与规则，使得量刑活动合理化、透明化与具有可预测性，继而达到量刑公正的结果为主要内容。
⑤ 参见周其玉：《规范化量刑方法进路的经验分析》，西南政法大学2016年硕士学位论文，第13页。

质上这一主体在中国语境中无法得到支持。① 量刑权首先是依附于审判权的，没有审判权便没有量刑权。自由裁量权虽然是由法官行使，但法官行使自由裁量权的依据是其代表人民法院行使具体的自由裁量权的客观现实，法官个人在没有代表人民法院的情形下是无权行使自由裁量权的。由此可知，自由裁量权的行使权属于人民法院，法官属于自由裁量权的行使者。量刑规范化指的是，代表人民法院的法官在一定的规则和标准之下进行刑罚以及非刑罚处罚措施的经验主义裁量。

二、三类量刑规范化的背反前提解读

学者间对量刑规范化的概念、性质、实质路径等问题争论颇多，但依据学者自己构建的量刑规范化的实质内涵，却得到了很有说服力的解释。这不禁使人想到二律背反思维下的量刑规范化问题。通过对这三类典型量刑规范化模式的解读，以二律背反思维出发，厘定三类典型量刑规范化的背反前提，即学者自己阐述的其界定的量刑规范化模式的合理性，从而既为下文分析其超幻因素做出铺垫，又助力于公众认知这三类量刑规范化的模式构建路径。

（一）精确制导视域下的量刑规范化

依据我国《刑法》第5条"刑罚的轻重，应当与犯罪分子所犯罪行和承担的刑事责任相适应。"此为刑法基本原则之一罪责刑相适应原则的立法展现，即重罪重刑、轻罪轻刑与重责重刑、轻责轻刑的有机统一。有学者指出量刑公正的内在要求便是精确制导，只有精确制导才能真正做到重罪重刑、轻罪轻刑，而量刑规范化应当是精确制导的规范化。细言之，将法定刑空间平均划分为200个刻度，依据刑种的幅度刑罚量计算出每个刻度所展现的异质的刑罚量（法定刑"刻度月"），坚守法定刑中间线作为从重、从轻、加重、减轻的基准，根据量刑空间中的各刑种所占空间刻度的轻重顺序排列，便为衡量犯罪人罪责程度的公正标尺。② 循着这一精确制导思路，计算出减轻、从轻处罚以及从重、加重处罚情节所对应的法定刑空间幅度，似乎便可以得出精确的刑罚量的大小，这样的精确制导似乎也是合情合理的。马

---

① 我国《宪法》第131条规定："人民法院依照法律规定独立行使审判权，不受行政机关、社会团体和个人的干涉。"由此得知，人民法院才是依法享有审判权的合法主体。

② 赵廷光：《论量刑精确制导》，载《现代法学》2008年第4期。

克思曾指出"一种科学只有在成功地运用数学时，才算达到了真正完善的地步"。① 这样一种运用数学方法的精确制导在马克思主义数学方法论的映衬之下显得更加合理，以至于看似达到了真正完善的地步。

（二）刑之裁量视域下的量刑规范化

依据我国《刑法》第61条得知，② 刑罚施加的依据是犯罪事实、性质、情节及其所展现的社会危害程度。本条规定的是"刑之裁量"，而不是"刑之量化"，量化的精准结果只待个案中的法官的规范裁量。众所周知，本条规定的事实根据并不仅仅包含犯罪的社会危害性程度因素，也包含犯罪人的人身危险性程度因素，但即使将人身危险性程度解释为现有的人身危险性与将来的人身危险性的统一，也仍然无法事先量化人身危险性程度。人身危险性程度只能在个案中由法官依据事实根据与法律根据进行理性裁量，而无法简单地依照量化表进行量化。刑罚的裁量本意意味着法官自由裁量权的不可剥夺性，但这种自由裁量权并不是随意裁量权。这种自由裁量权指的是，法官依据当时当地的情况酌情做出符合正义、公正、正确、公平与合理的决定权。③ 有学者循着这一量刑思路，认定量刑均衡并非绝对反对"同案异判"，量刑均衡是量刑统一化与量刑个别化的辩证统一，量刑均衡是量刑情节与量刑基准共同作用的结果。总之，遵循量刑统一化与量刑个别化的辩证统一方法，可以做到实质意义上的量刑均衡。④

毋庸置疑，只要各事实情节做到了适法、适当的处理，就能做到"同案不同判"下的量刑均衡，而这种量刑和谐下的差异量刑即是积极差异。质言之，即适法与均衡视野下的量刑。有必要指出的是，世界上不可能有完全相同的两个案子，只有犯罪性质相同的两个以及多个案子，此处的"同案"实指适用基准刑相同的两个案子。量刑统一化在刑之裁量视域下是指，同样的案件在不考虑量刑情节时应得到同样的基准刑，即规范标准意义上的"同案同判"。量刑个别化在刑之裁量视域下指的是，个体量刑结果必须与

---

① ［法］保尔·拉法格等：《回忆马克思恩格斯》，马集译，人民出版社1973年版，第7页。
② 我国《刑法》第61条规定："对于犯罪分子决定刑罚的时候，应当根据犯罪的事实、犯罪的性质、情节和对于社会的危害程度，依照本法的有关规定判处。"这个条款被学界作为量刑的基本指导原则构建的法律依据。
③ 参见［英］戴维·M.沃克：《牛津法律大词典》，邓正来译，光明日报出版社1988年版，第261页。
④ 参见石经海：《"量刑规范化"解读》，载《现代法学》2009年第3期。

反映社会危害性、人身危险性以及其他情节的事实相适应。刑之裁量视域下的量刑基准的依据是定罪情节，不是量刑情节，它是立法上的公正量刑与司法上的"同案同判"相统一的展现。这样的量刑统一化与量刑个别化的辩证互动的刑之裁量，辅以公正量刑追求的精神以及独立的量刑程序保证显得尤为说服人心，在法有限而事无穷、法纷繁而择优适、个体正义与实质正义的互动视野下显得更为有理有据。

（三）有权解释视域下的量刑规范化

《量刑意见》指出量刑的指导原则主要包括：第一，以事实为依据，以法律为准绳，即依据犯罪事实、情节及其造成的社会危害程度判处公正的刑罚；第二，依据罪责刑相适应原则对被告人判处刑罚，既考虑报应主义又兼顾预防主义；第三，以宽严相济刑事政策作为指导原则，做到法律效果与社会效果的统一；第四，客观而全面地把握不同地区与时期下的社会治安与社会形势变迁，进行相同地区、相同时期、相似或相近案件得到符合刑法任务实现的基本均衡量刑。质言之，量刑指导前两个原则分别是对《刑法》第61条、第5条的具体阐述，而其后两个原则是对宽严相济刑事政策与一般量刑正义与实质量刑正义辩证统一的动态把握。

量刑具体分为三个步骤：一是依据基本犯罪构成事实在相对应的法定刑幅度内确定量刑起点；二是依据其他影响犯罪构成的犯罪次数、数额、后果等犯罪事实，确定量刑起点增加刑罚量后的基准刑；三是依据量刑情节调节基准刑后，根据全案情况确定宣告刑。

量刑情节的裁量方法主要有：第一，只有单量刑情节的，采取依据单情节调节比例调节基准刑；第二，具有多个量刑情节的，采取"同向相加，逆向相减"方法调节基准刑；第三，法定量刑情节与酌定量刑情节并存时，先依据法定量刑情节调节基准刑，再依据其他量刑情节调节刑罚量；第四，在对数个犯罪进行裁量时，依据各个量刑情节调节对应犯罪的基准刑，确定各个犯罪应当判处的刑罚之后，再依法确定数罪并罚下的刑罚量；第五，对涉及不同量刑情节的同一事实，不重复评价。宣告刑的裁量方法主要是在进行量刑三步骤之后并依据罪责刑相适应原则，确定宣告刑。应当指出的是，最高人民法院确定的规范化量刑并不是绝对精确制导型规范化量刑，而是相对精确制导型规范化量刑（依然尊重法官的自由裁量权），在"已满14周岁不满16周岁的未成年人犯罪，可以减少基准刑的30%－60%"这个规范化量刑意见条款中可见一斑。各省高级人民法院确定的规范化量刑意见较之最高人民法院在相对精确制导型量刑的路上越走越远，从重庆市高级人民法院确定的"盗窃数额每增加1000元，可以增加1个月至2个月刑期"这个条款中可见一斑。这种"1个月至2个月"的量刑幅度留给法官的自由裁量权已少之又少，甚至于已是二选一的量刑选择。①

最高人民法院法官撰文解读《量刑意见》时指出，缘起于法定刑幅度较宽泛、量刑情节统一量化标准的欠缺、科学规范量刑方法的欠缺、相对独立量刑程序的缺失，司法实践中的量刑规范化显得不规范，引起最高人民法院引入"定性与定量分析"相结合的量刑模式。概言之，精确量刑三步骤、改变传统"估堆式"量刑方法、引入量刑建议、建立相对独立的量刑程序，②以掣肘较粗放刑罚制度、较大法定刑幅度、较大裁量空间视域下的模糊化裁量权。③量刑起点不绝对等同于法定刑起点，在基本犯罪构成事实相同的犯罪案件中也会出现罪质差异较大的情形，从而由不同罪质反映出的社会危害性程度也不相同，必然引起量刑起点的不同。在持刀捅刺胸部与持刀捅刺大小腿致人重伤下，两起故意伤害罪的量刑起点应当有所不同（或者说两起故意杀人罪的量刑起点应当有所不同）。数额犯情形下的相同数额犯罪，在不同社会治安形势的不同地区、时期考量下所反映出的社会危害性也不相同，量刑起点有时高于法定刑起点，有时也等于法定刑起点。基准刑的确定是在量刑起点确定之后，考量其他影响犯罪构成事实的其他犯罪事实确定可增加的刑罚量，这种"其他犯罪事实"限于刑法分则明确规定的符合个罪犯罪构成要件的事实（包含加重的犯罪构成要件）。如果行为人具有两种以上重罪犯罪构成要件事实情形，则择取社会危害性程度最重的情形作为确定基本犯罪构成事实的因素，而其他情形则归属于"其他犯罪事实"。宣告刑的确定是在运用量刑三步骤标准之后，并依据刑法总则的罪责刑相适应原则，做出一个符合法定刑规定的公正量刑结果。

这种"定性加定量"的规范化量刑操作模式着实让人震撼于其所谓的公正量刑，循此定性分析，蹈此定量分析，鉴于每一个量刑步骤在各个高级

---

① 笔者查阅中国裁判文书网上的刑事判决书，在查阅过的中国法官刑事裁判文书上尚未见到过有一个月零一天或几个月零几天或几年零几天的宣告刑，这意味着刑事司法实践视域下的"1个月至2个月"只是1个月或2个月的翻版。
② 参见戴长林、陈学勇：《量刑规范化改革与实践》，载《法律适用》2011年第9期。
③ 模糊化裁量是与最高人民法院确定的规范化裁量相反的一个概念，主要指随意裁量与失衡裁量的含义。

人民法院都有一个相对精确的刑罚量的确定（这也是通过实证调研获得的平均幅度），从而使得法官的随意裁量权无处施展，似乎也有相当诱人的说服力，于是乎出现了第三种情形下的合理性（这也昭示着逻辑误区）。

三、三类量刑规范化的超幻因素分析

量刑规范化这个概念内涵似乎可以说既有刑之裁量视域下的合理性，也有精确制导视域下的合理性，更有相对精确制导视域下的合理性，出现了三律背反。人们从经验之中提炼出形而上学的"超验知识"，并用来指导之后的经验实践。这种"超验知识"也是一个随时间、地域等情形变动而变动的范畴（仍然具有一定时期、一定地域适用的相对固定阶段），不存在超越于经验（不来源于经验）的"超幻知识"（虚假的表象）。有必要解读上述三律背反的超幻性因素，以厘定三类量刑规范化的逻辑误区。

（一）刑之精确视域下量刑规范化的超幻因素分析

精确制导型量刑规范化将法定刑中间线作为基准刑，即从重、从轻、减轻与加重裁量的基准。但将法定刑中间线作为基准刑的合理性事实上无法得到有力的支持，学者间对基准刑的定位千差万别，法定刑中间线这一表象式基准刑的定位只是精确制导的一厢情愿。① 将法定刑中间线作为基准刑必然会突破责任刑（报应刑）的限制，而陷入因过度追求预防刑导致的人权侵害误区。② 精确制导量刑模式将从重、从轻与减轻等量刑情节划定出各自的刑罚量刻度值，从而刻画出以法定刑中间线为依托的精确量刑情节。但精确制导下的从重、从轻、加重、减轻的具体刑罚量刻度无法得到统一精确的分析，精确制导量刑模式下的刻度值只是作者的一家之谈，由法官在个案中理性裁量的刻度也只是一个幅度而已，这也宣告了精确制导量刑的失败。将法定刑中间线作为基准刑以及精确划定不同量刑情节的刻度值的构想，便是精确制导型量刑规范化的超幻因素。

---

① 即使将量刑基准刑的内涵界定为，已确定适用一定幅度法定刑的抽象个罪，在不考虑任何量刑情节的情况下，仅依其犯罪构成事实所应当判处的刑罚量，也无法确定法定刑中间线便是这样的刑罚量。将中间线作为基准刑虽然简单明了、便于掌握，但完全抛弃了对罪质轻重的分析，这种思维方式的简单化与片面化在大多数情况下，无法对准确运用法定刑提供指导。参见周光权：《量刑基准研究》，载《中国法学》1999 年第 5 期。

② 参见张明楷：《责任主义与量刑原理——以点的理论为中心》，载《法学研究》2010 年第 5 期。

(二) 刑之裁量视域下量刑规范化的超幻因素分析

刑之裁量视域下的量刑规范化舍弃精确制导型量刑模式的刻度精确化模式，在充分尊重法官自由裁量权的基础上，以量刑基准与量刑情节的辩证统一寻求公正量刑。但是，正如作者所言，"'量刑基准'的基础不是量刑情节，而是定罪情节"。① 量刑基准刑以立法视域考察，则是由抽象个罪所需刑罚量的概括刑。毋庸置疑，剥落量刑情节后的定罪情节本身便是类型化的犯罪构成要件组合体，它决定了某一类犯罪的犯罪性质，立法者在这个类型化犯罪性质的基础上配置刑罚量。在这个意义上的基准刑实质上指的是法定刑，刑法为具体犯罪设置的法定刑才是真正的基础刑，在法定刑范围内另外设立一个作为基础刑的基准刑实难成立。② 且《刑法》第62条所界定的从重、从轻处罚并未规定量刑基准，仅仅要求其必须限定于法定刑幅度之内。③ 人为的硬性设定不同于法定刑的基准刑，不仅会在处置复杂交错的定罪情节与量刑情节时，遭遇罪行法定主义的责难，且会令人产生对于刑法典设置法定刑的质疑与困惑。

在绝对罪刑法定主义过渡到相对罪刑法定主义之后，绝对期刑的法定刑设置基本上被废止，我国刑法分则有在加重的犯罪构成基础上直接确定死刑的，这是一种绝对期刑的法定刑配置，但这是少有的，无法否定相对期刑的支配地位。作为基准刑的"刑罚量"也是相对期刑的法定刑设置，且其本身便是立法意义上的法定刑设置（也可以说是罪刑关系视域下的刑之设置）。许多学者将基准刑的内涵与法定刑的内涵相混淆，则是没有理性地看出基准刑的确定基础与法定刑的确定基础如出一辙的缘故。由此观之，企图以基准刑的确定为基础，以程序约束下的自由裁量权视域下的量刑情节考量为"量刑主战地"，实质上仍然是受传统"估堆式"量刑的启发所致。

即使学者不同意基准刑与法定刑的等同，基准刑存在的无法衡量也是基准刑思维推进的关键障碍，即使有当时当地的基准刑，也会有变换的当时当地的基准刑。质言之，在基准刑不等于法定刑的视域下，不存在规范意义上的基准刑，只存在个案中的基准刑。作为公正量刑风向标的"相似案件相

---

① 石经海：《"量刑规范化"解读》，载《现代法学》2009年第3期。
② 参见苏惠渔、[日]西原春夫主编：《中日刑事法的理论问题》，上海人民出版社1992年版，第40页。
③ 参见马克昌主编：《刑罚通论》，武汉大学出版社1995年版，第328页。

似处理原则",只可能出现在同时同地相似案件的适用之下,且即使是相似案件,也会有不同程度、不同影响的差异,差异因素对各自案件的影响足够大时也会出现不同处理的量刑结果。总之,基准刑的妖魔化便是这类刑之裁量量刑模式的超幻因素。

(三)刑之相对精确视域下量刑规范化的超幻因素分析

基准刑的相对精确以及个别刑罚量选择余地非常少的量刑情节的存在,在不同程度上突破了相对罪刑法定主义的价值诉求。择取社会危害性程度最重的情形作为确定基本犯罪构成事实的因素,而"社会危害性程度最重的情形"本身便是规范下的个案裁判结果,无法得到完全的统一,以规范世界意义上的标准言之必然无法与万千差异的类型化(性质)犯罪世界一一对应。持刀捅刺胸部与持刀捅刺大小腿致人重伤二者相较之,很难从规范意义上断定前者的社会危害性程度一定会轻于后者。一方面认为持枪在抢劫罪中是影响犯罪构成的犯罪事实,在故意伤害罪中只能作为酌定从重处罚情节调节基准刑;另一方面又认为行为人冒充警察在旅客列车上抢劫的,应当将持枪抢劫作为基本犯罪构成事实,而将"冒充警察"以及"在旅客列车上"作为其他影响犯罪构成的犯罪事实。"持枪抢劫"是作为基本犯罪构成事实,还是作为影响犯罪构成的其他犯罪事实,则显得前后矛盾。基本犯罪构成指的是,刑法条文对某一犯罪的基本形态所规定的犯罪构成,也可以说是单独犯的既遂状态的犯罪构成。加重的犯罪构成指的是,以普通的犯罪构成为基础,因具有较重社会危害性而从普通犯罪构成衍生出的犯罪构成。①《刑法》为基本的犯罪构成与加重的犯罪构成所配置的刑罚是法定刑,而基准刑的确定依据在《量刑意见》中依然是基本的犯罪构成与加重的犯罪构成,《量刑意见》将基准刑与法定刑不同对待的观念实不可取。

依据《量刑意见》所确定的从轻、从重量刑情节的调节幅度,完全可能出现量刑结果的刑罚量为零。如行为人既是15周岁的人,又是犯罪较轻的从犯,但却具有其他表现其主观恶性巨大的情节,依据未成年人、从犯量刑情节优先适用的安排,完全有可能出现量刑结果的刑罚量为零。但一律将这种量刑结果确定为宣告刑,必然存在放纵犯罪与突破责任刑限制的缺陷。如果为了避免这种结果而不去适用《量刑意见》所规定的量刑情节减少基

---

① 参见陈兴良:《刑法学》(第二版),复旦大学出版社2009年版,第42页。

准刑的幅度，即使不适用"可以型"减少幅度，也必然在一定程度上违背了《量刑意见》约束法官自由裁量权的宗旨。《量刑意见》确定了"法律效果与社会效果相统一""适应变迁的社会经济发展与治安形势"原则，但这两个量刑基本指导原则很难相对精确化，既然是基本指导原则，则可以在为了追求更为公正的量刑结果的特殊情况下突破一般规则设置。循此思路，相对精确量刑模式的合理性已岌岌可危。总之，前文分析的这类基准刑内涵的超幻因素性与量刑情节幅度的适用安排缺陷，也是刑之相对精确量刑模式的缺陷。

四、量刑规范化的真谛：合理量刑

法官的自由裁量权不应当受到不合理的限缩，事实判断与价值判断的有机统一在量刑活动中必不可少，而《量刑意见》却存在忽视法官价值判断的可能性。[①] 法官应在掌握案情的基础上，充分考虑案件性质以及各种法定情节与酌定情节，运用价值判断做出公正而合理的量刑。只要法官充分运用理性的自由裁量权，在不超出法定刑上限的限制下裁定刑罚量，就符合法律规范的要求，也符合理性的自由裁量本意，这样的合理量刑也即是量刑规范化的真谛。有必要透视法官自由裁量权的必要性与合理性，坚持责任刑制约下的预防刑裁量原则，增加必要的配套措施，达到量刑的公正与合理。

（一）法官自由裁量权存在的必要性与合理性

1791年的《法国刑法典》针对具体犯罪规定了细致的构成要件与绝对精确的法定刑，完全否定了法官依据犯罪情节酌定量刑的自由裁量权，量刑在这里变成了一个机械的规范适用活动，名存实亡。[②] 刑事古典学派所推崇的严格规则主义，使得法官自由裁量权无处容身，从"他的判决是对单纯

[①] 如《量刑意见》规定入户抢劫的量刑，可以在10年到13年的幅度内确定量刑起点，即行为人只要有入户抢劫情节，就将面临10年到13年的有期徒刑判罚，但其不公正性十分值得怀疑。刑法之所以较之普通抢劫加重入户抢劫的刑罚，是因为后者不仅具有前者的社会危害性，还具有非法侵入他人住宅的犯罪事实，应当加重处罚。如果缺乏侵入他人住宅的前提行为，对户内突发的一般性抢劫适用加重刑罚就缺乏足够的依据，且在农村地区走家串巷十分普遍的情况下，机械适用这一规定的不合理性凸显。参见彭文华：《量刑的价值判断与公正量刑的途径》，载《现代法学》2015年第2期。

[②] 参见何庆仁：《量刑公正的实体研究》，载陈兴良主编：《刑事法评论》（第14卷），中国政法大学出版社2004年版，第466页。

的事实作出单纯的肯定或否定"中可见一斑。① 随着实证研究的广泛兴起，犯罪世界里千差万别的犯罪情节与犯罪人的个人情况凸显，法官一定自由裁量权存在的必要性凸显出来。世界各国基于公正量刑的需要，纷纷废弃绝对确定的法定刑立法模式，采取相对确定法定刑的立法模式，罪刑法定原则亦从绝对确定的罪刑法定过渡到更能保证公正量刑的相对的罪刑法定。"法治需要制定规则适用于一般情况，也允许对特殊情况具体处理，不受规则的束缚，法治与自由裁量权的关系不是互相排斥，而是互相补充……"② 毋庸置疑，自由法治主义应是规则与自由裁量权并行的模式构建，企图以一种"放之四海而皆准"的精确化量刑模式制约法官自由裁量权是走了绝对期刑的老路。

如果否定法官的自由裁量权便是量刑的合理价值诉求，那么1791年法国刑事立法绝对期刑的立法模式就是最好的立法模式，量刑也就不成为一个伤身痛经的问题，但绝对期刑的立法模式早已湮没在历史的长河中。刑事立法从确定相对期刑法定刑之时，便赋予法官依据自己的良心与刑法的量刑规定裁量被告人的刑罚量，法官自由裁量权的存在不仅必要而且合理。正如科殷所言："面对具体的个案，永远也不可能放弃个人所感觉到的正义的活生生的声音……法官是法律生活的占主导地位的形象。"③

（二）坚持责任刑制约下的预防刑裁量原则

当前所谓的量刑失衡现象，有些情形不容否定是真正的量刑失衡（多源于滥用职权以及随意量刑），而有些情形则是在人们仅仅依据表面量刑结果而推测的，缺乏合理的支撑。④ 以臆测的或者盲目的或者少数的量刑失衡观念否定法官自由裁量权，不仅是不科学的，还很有可能误入上述绝对期刑

---

① [意] 贝卡里亚：《论犯罪与刑罚》，黄风译，中国大百科全书出版社1993年版，第13页。
② 周长军：《刑事裁量权论》，中国人民大学出版社2005年版，第54页。
③ [德] H. 科殷：《法哲学》，林荣远译，华夏出版社2003年版，第186页。
④ 如武汉市江汉区房地产管理局原局长方某受贿51.6万元，被法院判处有期徒刑3年，缓刑5年，并处没收财产3万元，而江西省上高县田心镇教办会计陈某贪污11.8万元，被法院判处有期徒刑10年。正如石经海教授所言，数额犯的量刑不能简单地以数额论处，已是理论与实践中的共识。参见石经海：《"量刑规范化"解读》，载《现代法学》2009年第3期。

的陷阱。我国刑事司法中的法官的自由裁量权是一种弱自由裁量权，① 其是在法律规范制约下，将抽象的法律规范的合理解释适用于具体案件的解释适用权，不存在"法官造法"性质的强自由裁量意味。② 这种弱自由裁量权正是保证规范正义与个案正义的统一的必要武装，既不突破罪刑法定原则，又可以做到总体上的罪刑相适应。

在刑法规范与犯罪事实之间横亘着强硬的隔阂，主观恶性与客观危害性是我们将行为人纳入犯罪人圈的强力理由，但无论是客观危害性还是主观恶性都是一个歧义横生的概念，因为二者皆是可以动态变化的。如果一个人在财产犯罪中可以返还远远高于其所非法占有的财产数额，且已经真心忏悔不再犯罪，而努力做一个道德楷模，我们拿什么理由来惩罚他呢？毋庸置疑，报应主义便是可以给予这种情形惩罚的正当理由，但也可以基于预防主义而对其免予处罚或适用缓刑。报应主义是惩罚的原始正义，基于预防主义与人道主义的兴起，报应制约下的预防主义是现有惩罚正当性理论与实践的共识。量刑的合理性必须依托于刑罚的正当性原理，由报应主义制约下的预防主义便是刑罚的正当化原理，而量刑必须遵从责任刑制约下的预防刑原理，即只能在遵从责任主义的原则下追求预防犯罪的目的。换句话说，对一般预防与特殊预防的追求皆不能突破责任刑的上限，但如果一般预防的必要性小，可以对行为人从轻处罚；如果没有特殊预防的必要性，则可以免予处罚或者适用缓刑。不能因为有一般预防的必要性，而使得刑罚超出责任刑的上限。③

但责任刑并不是量刑基准性质的幅度刑，也不是量刑基准性质的起点刑，而是法定刑。法官在相对法定刑幅度内依据案件事实根据与法律根据，对被告人判处既符合报应主义，也符合预防主义的刑罚。对报应主义与预防

---

① 英国学者德沃金将自由裁量权区分为强自由裁量权与弱自由裁量权，前者指的是，官员不受某个权威确定的、先前存在的标准的约束；后者指的是，当标准不能以机械适用时，就需要思考和评价在新案件中该标准意味着什么。后者的潜在意思为，在法律上不存在漏洞，自由裁量是司法功能的必然组成部分，是可以接受的。参见［英］韦恩·莫里森：《法理学》，李桂林译，武汉大学出版社 2003 年版，第 451 页。

② 参见王利荣、姜永涛：《规制量刑权的路径探析》，载《中国刑事法杂志》2013 年第 11 期。

③ 报应刑是指责任报应，报应刑就是责任刑，故而本书中的责任刑即指报应刑。责任主义是刑法的基本原理，不仅制约定罪，也应当制约量刑，而"没有责任就没有刑罚"的消极责任主义，是当今刑法理论的通说。参见张明楷：《责任刑与预防刑》，北京大学出版社 2015 年版，第 126—135 页。

主义的追求并不需要孰优孰次的界定,而是需要充分发挥二者的优势,弥补二者的劣势。① 坚持责任刑制约下的预防刑裁量原则不仅仅是合理量刑的必要手段,而且是穿透上述的隔阂的强力剂。

(三) 坚持量刑程序独立化

英美学者通过实证调研得出结论,如果罪犯是被通过正当程序追究刑事责任的,则感觉自己被公正地对待了,而其重新犯罪的可能性会降到最小程度。② 正义不仅必须实现,而且必须以公众看得见的方式实现,方显得真切可得,而程序公正便是保证正义以看得见的方式实现的合理路径。正如美国威廉大法官所言:"坚定地遵守严格的法律程序,是我们赖以实现人人在法律面前平等享有正义的主要保证。"③ 我国当下的刑事审判总体上缺失独立的量刑程序,使得当事人以及公众无法以看的见的方式理解相同犯罪性质的案件的刑量差异较大的缘由,这也在一定程度上导致司法公信力的下降。任何伟大的思想如果没有技术与制度的支撑,都不可能实现,还会出现重大的失误。④ 建立真正的独立的量刑程序迫在眉睫,必须引导控辩审三方积极参加量刑程序,使得辩方的量刑辩护真正为法官所重视。⑤ 一般而言,由控方提出量刑建议,并提供支撑其量刑建议的量刑证据,而辩方则质证这类量刑证据,并提出各种法定从轻或减轻量刑情节以及酌定从轻量刑情节,以求得刑罚量的降低乃至免予处罚。法官应当在采纳部分或者全部控方量刑建议与辩方部分或者全部量刑辩护的同时,积极说明采纳与反对的理由,使得法官的刑罚裁量不仅做到"心中有数",而且要做到"以理待人"。法官的自由裁量必须以社会常识、常理、常情作为基础,量刑结果的拍板也必须吸收合理的公众建议。

(四) 强化量刑说理制度

有学者通过实证调研认为,我国现有刑事裁判文书很少有阐明量刑理由的,但被告人以及辩护人对法律适用争议辩护的比例很高,如是否符合正当

---

① 参见张明楷:《责任刑与预防刑》,北京大学出版社2015年版,第126页。
② 姜涛:《量刑程序研究》,载《中国刑事法杂志》2009年第7期。
③ 转引自姜涛:《量刑程序研究》,载《中国刑事法杂志》2009年第7期。
④ 参见苏力:《送法下乡——中国基层司法制度研究》,中国政法大学出版社2000年版,第2页。
⑤ 参见姜涛:《量刑辩护制度研究》,载《浙江社会科学》2009年第6期。

防卫、是否符合从犯等。① 在出现犯罪性质相同的两个案件量刑结果差异较大的情形时，量刑理由的缺失很可能引起普通公众将这样的量刑视为量刑失衡与不公的表现。但即使是两个相同犯罪性质的案件，也会出现是否属于正当防卫、紧急避险、从犯、未成年人、自首等法定量刑情节的不同，也会出现表现行为人主观恶性不同的酌定量刑情节，仅仅以犯罪性质相同而量刑不同的表现，就将这样的量刑视为量刑不公，是对量刑这一主客观相统一复杂活动的误解。法官应当以透彻的说理将法定量刑情节与酌定量刑情节的适用法理书写下来，既可以正当消散此类案件量刑不公的社会呼声，又可以引导公众理性对待法官的自由裁量权，从而引领公众尊重并信赖法官的自由裁量权。作为这种比较合理的思路的必要配套措施，我国的刑事判决文书应当增加并强化量刑说理制度，减少空话、套话，以使得法官必须书写各种量刑情节的裁量理由，也使得法官可以有制度上的支撑来面对量刑不公的质疑。

五、结论

量刑规范化是指规范地量刑，在二律背反视域下考察三类典型量刑规范化的各自模式及其超幻因素，凸显出基准刑思维的误区。法官自由裁量权在历史与现实的双重映衬下显得必须而必要。目光必须在罪前、罪中、罪后事实与规范之间来回穿梭，寻找出公正、合理量刑的事实依据与法律依据，而这样的穿梭必须由法官的自由裁量来完成，且其中必须渗透价值判断与事实判断的统一。这种自由裁量权即是合理的自由裁量，不是随意或滥用的自由裁量，也不是机械化的自由裁量权。量刑公正价值诉求的可行路径是合理量刑，这里的合理是基于报应主义与预防主义动态平衡的正义合理，即坚持责任刑制约下的预防刑裁量原则，这即是量刑规范化的真谛。量刑必须做到形式逻辑与辩证逻辑的统一，做到事实判断与价值判断的统一，做到事实依据与法律依据的统一。作为公正与合理量刑的支撑制度与技术设置，必须建立独立的量刑程序，引导控辩审三方积极参加量刑程序，使得辩方的量刑辩护真正为法官所重视；增加量刑说理制度，法官应当以透彻的说理将法定量刑情节与酌定量刑情节的适用法理书写下来，从而引领公众尊重并信赖法官的自由裁量权。

---

① 参见李滇、樊华中：《刚弱两需分野下我国判决说理模式新探——以 S 市 F 区法院判决书为样本的调查》，载《法制与社会发展》2015 年第 3 期。

下编

刑法分论问题研究

专题一
关于"两高"确立的刑法罪名再探讨

自从1997年3月14日全国人民代表大会对1979年施行的《刑法》修订以来,为了适应我国各个不同时期的政治、经济和社会治安等发展形势的需要,全国人大常委会先后颁布了一系列单行刑法法规。它们分别为1998年12月29日全国人大常委会通过的《关于惩治骗购外汇、逃汇和非法买卖外汇犯罪的决定》(以下简称《决定》)、1999年12月25日全国人大常委会通过的《中华人民共和国刑法修正案》(以下简称《刑法修正案》)、2001年8月31日全国人大常委会通过的《中华人民共和国刑法修正案(二)》(以下简称《刑法修正案(二)》)、2001年12月29日全国人大常委会通过的《中华人民共和国刑法修正案(三)》(以下简称《刑法修正案(三)》)、2002年12月28日全国人大常委会通过的《中华人民共和国刑法修正案(四)》(以下简称《刑法修正案(四)》)、2005年2月28日全国人大常委会通过的《中华人民共和国刑法修正案(五)》(以下简称《刑法修正案(五)》)、2006年6月29日全国人大常委会通过的《中华人民共和国刑法修正案(六)》(以下简称《刑法修正案(六)》)、2009年2月28日全国人大常委会通过的《中华人民共和国刑法修正案(七)》(以下简称《刑法修正案(七)》)、2011年2月25日全国人大常委会通过的《中华人民共和国刑法修正案(八)》(以下简称《刑法修正案(八)》)、2015年8月29日全国人大常委会通过的《中华人民共和国刑法修正案(九)》(以下简称

《刑法修正案（九）》以及 2017 年 11 月 4 日全国人大常委会通过的《中华人民共和国刑法修正案（十）》（以下简称《刑法修正案（十）》）。

由于这些刑法法规颁布以后，刑法理论界和司法实务界对其规定的罪名众说纷纭，为了统一起见，最高人民法院、最高人民检察院先后通过《关于执行〈中华人民共和国刑法〉确定罪名的规定》（以下简称《规定》）、《关于适用刑法分则规定的犯罪的罪名的意见》（以下简称《意见》）、《关于执行〈中华人民共和国刑法〉确定罪名的补充规定（一）》（以下简称《补充规定（一）》）、《关于执行〈中华人民共和国刑法〉确定罪名的补充规定（二）》（以下简称《补充规定（二）》）、《关于执行〈中华人民共和国刑法〉确定罪名的补充规定（三）》（以下简称《补充规定（三）》）、《关于执行〈中华人民共和国刑法〉确定罪名的补充规定（四）》（以下简称《补充规定（四）》）、《关于执行〈中华人民共和国刑法〉确定罪名的补充规定（五）》（以下简称《补充规定（五）》）和《关于执行〈中华人民共和国刑法〉确定罪名的补充规定（六）》（以下简称《补充规定（六）》）等八个方面的罪名解释。尽管"两高"的这些罪名解释对于正确地理解这些刑事立法的精神，保证司法适用的统一提供了明确的指导方向和具体的执行标准，然而就其解释的内容本身来看，却并非尽善尽美，无懈可击。本书不揣冒昧，拟就"两高"对这些罪名的司法解释中存在的缺憾及其完善问题，略陈管见，以资共同研究。

一、"两高"对刑法立法所作罪名解释中存在的缺憾

"两高"的司法解释对刑法立法的罪名所作的规定与刑法学界的专家、学者们对刑法罪名所作的学理解释相比，就其定罪的科学性而言，确实有相当大的进步。其主要表现在"两高"的司法解释中所确定的罪名与刑事立法的精神更贴近、更吻合，且在某些罪名的概括方面显得更精确、更简洁，在整体上体现了我国法律界对刑法罪名解释的最高水平。但尽管如此，就某些局部性的问题来看，"两高"的司法解释仍旧存在着诸多不尽如人意之处，这一方面的缺憾主要有以下几点：

第一，"两高"的司法解释对少数罪名的概括不够精炼。从"两高"的司法解释对刑法规定的 460 多种具体罪名进行抽象概括的角度来看，绝大多数罪名的概括是比较简洁、精炼的。然而，由于受刑事立法因素的影响，尽管"两高"的司法解释对某些犯罪一再进行提炼，仍有少数罪名显得比较

冗长，例如"两高"的《规定》和《意见》将《刑法》第130条规定的罪名确立为非法携带枪支、弹药、管制刀具、危险物品危及公共安全罪，将《刑法》第229条规定的罪名确立为提供虚假证明文件罪、出具证明文件重大失实罪，将《刑法》第297条规定的罪名确立为非法携带武器、管制刀具、爆炸物参加集会、游行、示威罪，将《刑法》第306条规定的罪名确立为辩护人、诉讼代理人毁灭证据、伪造证据、妨害作证罪，将《刑法》第363条第1款的罪名确立为制作、复制、出版、贩卖、传播淫秽物品牟利罪，《补充规定（一）》将《刑法修正案》第1条规定的罪名确立为隐匿、故意销毁会计凭证、会计帐簿、财务会计报告罪，将《刑法修正案（三）》第6条第1款、第2款规定的罪名确立为盗窃、抢夺枪支、弹药、爆炸物、危险物质罪和抢劫枪支、弹药、爆炸物、危险物质罪，等等。"两高"的司法解释所确立的上述罪名似乎仍旧不够精炼，尚有对其进行进一步抽象和概括的必要。

第二，"两高"的司法解释对少数罪名的确定没有考虑罪质的差异。按照我国刑法理论之通说，一种犯罪与另一种犯罪之间的区别关键在于犯罪构成的本质特征不同，某种行为之所以确定为某种犯罪是由其罪质决定的。我们既不能将同一罪质的两种行为作为数罪处理，也不能将两种不同罪质的行为作为一罪处理。根据我国有的刑法学者的观点："作为刑法分则规定的某种具体犯罪本质特征的反映，罪名必须具有界定该罪行为存在范围、概括该种犯罪共同特点、说明该罪与其他犯罪的根本区别的功能。"[1] 例如，盗窃罪与抢夺罪是两种罪质完全不同的犯罪，无论是在刑法理论界还是司法实务界，基本没有争议，大凡行为人触犯以上两种犯罪的，均会实行数罪并罚，而无人将其作为选择性罪名视为一罪。然而，从"两高"的《规定》和《意见》来看，对少数罪名的确定却有违常理，将不同罪质的犯罪纳入了一种犯罪的名下，例如，《刑法》第127条第1款规定的盗窃、抢夺枪支、弹药、爆炸物、危险物质罪，第280条第1款规定的盗窃、抢夺、毁灭国家机关公文、证件、印章罪，第302条规定的盗窃、侮辱、故意毁坏尸体、尸骨、骨灰罪，第329条第1款规定的抢夺、窃取国有档案罪，第375条第1款规定的盗窃、抢夺武装部队公文、证件、印章罪，第438条规定的盗窃、抢夺武器装备、军用物资罪，就它们的行为本质特征而言，均系罪质不同的

---

[1] 陈忠林主编：《刑法学》（下），法律出版社2006年版，第8页。

两种以上的犯罪,而"两高"的司法解释却统统将其作为选择性罪名视为一罪,显然忽略了这些犯罪行为本身之间的罪质差异。

第三,"两高"的司法解释对少数罪名的概括存在逻辑关系的混乱问题。根据形式逻辑的一般原理,任何反映现实事物的概念都有其确定的内涵和外延。反映属和种的属概念和种概念,它们的内涵和外延有一定的逻辑关系。属概念与种概念的内涵有多少之分,属概念与种概念的外延有大小之别。这一原理告诉我们,作为反映事物质的规定性的属种概念有其内在的逻辑关系。①

具体而言,"所谓属种关系是指:如果一个概念的外延包含另一个概念的全部外延的关系;反之,如果一个概念的全部外延被另一个概念的部分外延所包含的关系"②。例如,《规定》和《意见》将《刑法》第114条、第115条中规定的以其他危险方法危害公共安全的行为分别确定为"以危险方法危害公共安全罪"和"过失以危险方法危害公共安全罪",将《刑法》第167条规定的国有公司、企业、事业单位直接负责的主管人员签订、履行合同失职被骗的行为确定为"签订、履行合同失职被骗罪",将《刑法》第209条第4款规定的非法出售可以用于骗取出口退税、抵扣税款的发票以外的其他发票的行为确定为"非法出售发票罪",将《刑法》第236条第1款规定的以暴力、胁迫或者其他手段强奸妇女的行为确定为"强奸罪",将《刑法》第385条规定的国家工作人员受贿的行为确定为"受贿罪"等,均存在属种概念不清的问题。以《刑法》第114条、第115条规定的罪名为例,"以危险方法危害公共安全罪"本是一属概念,它不仅包括以其他危险方法危害公共安全这一法定的犯罪行为,还包括放火、决水、爆炸、投放危险物质这四种法定的犯罪行为,但是"两高"的司法解释却以偏概全,将以其他危险方法危害公共安全的行为概括为"以危险方法危害公共安全罪",以属概念作为种概念来使用,从而严重混淆了二者之间的逻辑关系。再以《刑法》第209条第4款规定的罪名为例,该款中所指的"发票"就其外延而言,不仅包括一般的普通发票,还包括增值税专用发票以及用于骗取出口退税、抵扣税款的发票等专用发票,而本款所称的发票实际上指的是除了那些专用发票以外的普通发票,因此,将本罪确定为"非法出售发票

---

① 莫曾萌、黄孟洲主编:《形式逻辑》,电子科技大学出版社1994年版,第54—70页。
② 陈兴良:《刑法疏议》,中国人民公安大学出版社1997年版,第90—91页。

罪"不妥,而应当改为"非法出售普通发票罪"为好。

第四,"两高"的司法解释对少数罪名没有设置明显的识别标志。根据《刑法》第 14 条第 2 款和第 15 条第 2 款之规定:"故意犯罪,应当负刑事责任。""过失犯罪,法律有规定的才负刑事责任。"从我国刑事立法的趣旨来看,立法机关在对故意犯罪与过失犯罪的惩治上奉行的是"以处罚故意犯罪为原则,以处罚过失犯罪为例外"的精神。根据刑事立法的这一基本精神,在确定具体罪名时也应将过失犯罪与故意犯罪区别开来。虽然"两高"的司法解释对大多数过失犯罪均设置了较为明显的识别标志,如在某种过失犯罪之前加上"过失"二字,或者在罪名之中加上"事故""失职"等字样,从而有效地将故意犯罪与过失犯罪区别开来,但是,对少数犯罪却忽略了这一问题。如"两高"的《规定》和《意见》对《刑法》第 330 条规定的"妨害传染病防治罪",第 331 条规定的"传染病菌种、毒种扩散罪",第 363 条第 2 款规定的"为他人提供书号出版淫秽书刊罪",因缺乏过失犯罪的识别标志,令人无法从罪名中直接判别是故意犯罪还是过失犯罪。另外,对于危害国家安全、国防利益和国家军事利益的犯罪,在立法中亦有平时犯罪与战时犯罪之分,从刑法治罪的角度来看,一般采取的是"以平时犯罪为基础,以战时犯罪为例外"的立法精神,这样对于某些战时才能构成的犯罪,自应设置特定的识别标志。尽管"两高"的司法解释对大多数战时犯罪均有所标明,但对于少数战时犯罪仍付厥如,如"两高"的《规定》和《意见》对《刑法》第 112 条规定的"资敌罪",第 428 条规定的"违令作战消极罪",第 429 条规定的"拒不救援友邻部队罪",第 444 条规定的"遗弃伤病军人罪"等罪名均没有加上"战时犯罪"的识别标志,从而无法判断其是战时犯罪还是平时与战时均可构成的犯罪。

第五,"两高"的司法解释对少数罪名的表述存在前后不一的现象。由于司法解释是具有法律效力的司法文件,因此,保持司法解释的严肃性,避免司法解释的随意性,便是一个最基本的要求。这一要求不仅需要司法机关在确定罪名时应尽量做到与立法精神相吻合,还要注意保持同一类型或同一性质的两种犯罪行为在确立罪名时的前后一致性。而在这一问题上,"两高"的司法解释似有少数疏漏之处。例如,《刑法》第 160 条规定的"欺诈发行股票、债券罪"与第 178 条第 2 款规定的"伪造、变造股票、公司、企业债券罪"以及第 179 条规定的"擅自发行股票、公司、企业债券罪",前者于债券之前没有标明"公司、企业"字样,而后二者则均有此字样。

又如,《规定》将《刑法》第167条规定为"签订、履行合同失职被骗罪",而将第406条规定为"国家机关工作人员签订、履行合同失职罪",在罪名中缺少"被骗"二字,本属于同一性质的犯罪行为,而前后两罪的罪名表述却有所出入,这种确定罪名的随意性行为应当注意避免。值得一提的是,《意见》在这一问题上则有所注意,故对此二罪未出现前后罪名表述不一的现象。更令人注目的是,"两高"在《补充规定(一)》当中终于就此罪名达成一致,将其确定为"国家机关工作人员签订、履行合同失职被骗罪"。

第六,"两高"的司法解释对少数罪名的规定存在互不协调的问题。例如《规定》和《意见》在《刑法》第358条中除将第1款的罪名确立为"组织卖淫罪"和"强迫卖淫罪"之外,还于第3款单独设立了"协助组织卖淫罪",而《补充规定(五)》将《刑法修正案(八)》第38条第2款规定的"协助强迫劳动"的行为纳入"强迫劳动罪"之中,没有单独设立"协助强迫劳动罪",从而出现前后罪名规定互不协调的情况。又如,《补充规定(一)》将《刑法》第397条规定的罪名分别确定为"滥用职权罪"和"玩忽职守罪"(取消《意见》中规定的"国家机关工作人员徇私舞弊罪"),将第168条(《刑法修正案》第2条)规定的罪名确立为"国有公司、企业、事业单位人员失职罪"和"国有公司、企业、事业单位人员滥用职权罪"(取消《规定》和《意见》中规定"徇私舞弊造成破产、亏损罪"),《补充规定(二)》将《刑法》第399条第3款(《刑法修正案(四)》第8条第3款)规定的罪名确立为"执行判决、裁定失职罪"和"执行判决、裁定滥用职权罪",从而将滥用职权的行为和玩忽职守的行为分别设立为两个独立的罪名,而《补充规定(五)》却将《刑法修正案(八)》第49条规定的罪名确立为"食品监管渎职罪",将滥用职权的行为和玩忽职守的行为合为一种罪名,这一罪名的确立同样存在与"两高"的司法解释中其他罪名不相协调的问题。上述罪名存在的互不协调的现象不仅给司法实际部门的具体操作带来人为的困惑,同时对刑事立法本身的严肃性也会造成一定的损害。

二、关于"两高"对刑法立法罪名所作解释的完善意见

针对"两高"的司法解释中存在的以上缺憾,结合确定罪名的原则要求和一般规律,我们认为,为了更好地贯彻落实《刑法》和其他单行刑法法规的立法精神,切实保证司法适用的高度统一,有必要对现行司法解释中

存在的问题作进一步的完善。其完善建议主要有以下几个方面：

第一，对现行司法解释中少数较为冗长的罪名可以将其概括得更为简洁、精炼一些。根据我国刑法理论之通说，罪名是对某种犯罪行为最本质特征的简明概括，这一通说既是对罪名的内涵和本质的揭示，同时也是对确定罪名的原则要求。一般来讲，罪名是对罪状的进一步抽象和概括，作为罪名而言，既不能脱离罪状，也不能等同于罪状。对罪名的概括来讲，只要不违背刑事立法原意，不影响司法认定，当然是抽象得越简练越好。正如有的学者所言："所谓罪名'必须具有简明精炼的特点'，首先是指罪名用语的含义要明确，不能使用含义模糊的表述方式。同时，作为某种具体犯罪的名称，罪名的用语就必须尽量精炼，避免冗长。"① 而目前"两高"的司法解释中的少数罪名尚显冗长，有对其进行进一步抽象与概括的必要。例如对《刑法》第130条、第223条和《刑法修正案（三）》第6条第1款、第2款，根据行为人所携带和盗窃、抢夺的物品的性质，可将"枪支、弹药、管制刀具、危险物品""武器、管制刀具、爆炸物"和"枪支、弹药、爆炸物、危险物质"抽象概括为"治安管制物品"，这样对上述三罪即可精炼为"非法携带治安管制物品危及公共安全罪""非法携带治安管制物品参加集会、游行、示威罪"和"盗窃、抢夺治安管制物品罪"，另外，对《刑法》第306条中所规定的"毁灭证据、伪造证据、妨害作证"的行为根据其行为方式所共有的性质可以将其统一概括为"妨害证据、作证"的行为，从而可以将本罪精炼为"辩护人、诉讼代理人妨害证据、作证罪"，对《刑法》第363条第1款中所规定的"制作、复制、出版"的行为根据其行为性质相近的特点，将其统一概括为"制造"的行为，从而可以将本罪精炼为"制造、贩卖、传播淫秽物品牟利罪"，对于《刑法修正案》第1条规定的"会计凭证、会计帐簿、财务会计报告"根据其犯罪对象的性质相近的特点，可以将其概括为"会计凭据"，从而可以将本罪精炼为"隐匿、故意销毁会计凭据罪"，对于以上所述之外的其他较为冗长的罪名亦可采取以上方式进行适当的压缩。

第二，对不同罪质的犯罪行为应当分别确定独立的罪名。一般来讲，不同的犯罪行为，由于其罪质的差异，在确定罪名时也应当注意将其单独成罪，而不能考虑减少罪名数量的需要，把本来是两种不同罪质的犯罪强捆在

---

① 陈忠林主编：《刑法分论》，高等教育出版社2007年版，第7页。

一起。由于刑法分则中规定的选择性罪名较多，将同一罪质、前后行为互有联系的数个犯罪行为确定为一个罪名是无可非议的，然而将罪质完全不同、前后行为毫无联系的数个犯罪行为确定为一个罪名，则大可厚非。众所周知，盗窃罪与抢夺罪是两个不同罪质的犯罪，行为人若先后实施这两种犯罪行为，决不可能将其视为选择性罪名定为盗窃、抢夺罪，而在"两高"的司法解释中则有多种类似的情况被定为一罪。这种确定罪名的方法不仅有违常理，同时也给司法实践带来了诸多困惑。为使刑法规定的罪名更具科学性，我们认为，不同罪质的犯罪行为应当分别独立成罪。例如，对《刑法》第127条第1款和第2款和《刑法修正案（三）》第6条第1款、第2款规定的"盗窃、抢夺治安管制物品罪"应当分别定为"盗窃治安管制物品罪"和"抢夺治安管制物品罪"；对《刑法》第280条第1款规定的"盗窃、抢夺、毁灭国家机关公文、证件、印章罪"应当分别定为"盗窃、毁灭国家机关公文、证件、印章罪"和"抢夺、毁灭国家机关公文、证件、印章罪"；对《刑法》第302条规定的"盗窃、侮辱、故意毁坏尸体、尸骨、骨灰罪"，应当分别定为"盗窃尸体、尸骨、骨灰罪""侮辱尸体、尸骨、骨灰罪"与"故意毁坏尸体、尸骨、骨灰罪"；对《刑法》第329条第1款规定的"抢夺、窃取国有档案罪"，应当分别定为"抢夺国有档案罪"和"窃取国有档案罪"；对《刑法》第375条第1款规定的"盗窃、抢夺武装部队公文、证件、印章罪"，应当分别定为"盗窃武装部队公文、证件、印章罪"和"抢夺武装部队公文、证件、印章罪"；对《刑法》第438条规定的"盗窃、抢夺武器装备、军用物资罪"，应当分别定为"盗窃武器装备、军用物资罪"和"抢夺武器装备、军用物资罪"。只有这样，才能完全符合确定罪名的原则，并在司法实践中做到罪刑相适应。

第三，弄清各种具体罪名之间的内在逻辑关系，努力避免属种概念之间存在的错位现象。鉴于目前"两高"的司法解释对某些罪名的规定存在逻辑关系混乱的现象，我们认为，为避免类似的情况出现，司法机关今后在确定某一具体犯罪的罪名时，应当注意弄清各种具体犯罪概念之间的内在逻辑关系，分清某一犯罪的上位概念和下位概念，切忌混淆属种概念之间的界限。

例如，对《刑法》第114条、第115条中规定的"以危险方法危害公共安全罪"和"过失以危险方法危害公共安全罪"应分别改为"以其他危险方法危害公共安全罪"和"过失以其他危险方法危害公共安全罪"，这里面的道理已如前所述。又如，对《刑法》第 167 条规定的"签订、履行合同失职被骗罪"应当改为"国有公司、企业、事业单位主管人员签订、履行合同失职被骗罪"，这是因为，"签订、履行合同失职被骗罪"是一个上位概念，若将其作为具体罪名，实际上它就包含了《刑法》第 406 条规定的"国家机关工作人员签订、履行合同失职被骗罪"，但是刑法对这两种犯罪的规定却各有其特定的主体范围，后者并不能为前者所取代，为避免两者发生矛盾，因此，在确定罪名时还是以其下位概念作为具体罪名更为科学。与此同理，《刑法》第 109 条规定的"叛逃罪"，第 385 条规定的"受贿罪"与第 389 条规定的"行贿罪"均系属概念的范畴，将它们作为具体罪名，则与第 430 条规定的"军人叛逃罪"，《刑法修正案（六）》第 7 条规定的"非国家工作人员受贿罪"（《补充规定（三）》取消了刑法第 163 条规定的公司、企业人员受贿罪）和《刑法修正案（六）》第 8 条规定的"对非国家工作人员行贿罪"（《补充规定（三）》取消了刑法第 164 条了对公司、企业人员行贿罪）之间发生属种概念之间的错位问题，因此，对以上诸罪名还是改成"国家机关工作人员叛逃罪""国家工作人员受贿罪"和"对国家工作人员行贿罪"为好。有人可能会对此观点持反对意见，认为上述法律规定属于普通法条与特别法条之间竞合关系，然而，从刑法对这些犯罪所规定的具体内容来考察，上述各种具体犯罪在主体或者对象方面实际上并非竞合关系，而是一种反对关系，即从种概念的角度来考察，它们之中的任何一种犯罪并不能为另一种犯罪所包含，反而带有十分明显的排他性，因此，在确定上述罪名的过程中，以属概念取代种概念的做法是不科学的。

第四，对某些特定的犯罪应当加上便于识别的标志，以便司法操作和辨认。如前所述，我国刑事立法对过失犯罪和战时犯罪均是作为故意犯罪和平时犯罪的补充或者例外来加以规定的，因此，在确定某一具体罪名时，对故意犯罪和平时犯罪一般无须标明特别的识别标志即可辨认，而对于过失犯罪与战时犯罪，由于受罪刑法定原则的要求，应当在罪名中加以标明。尽管"两高"的司法解释对绝大多数绝大多数的犯罪均加上了特有的标志，然而有少数犯罪仍付厥如。为了弥补这一方面的缺陷，我们认为，在司法实践中，对于下列犯罪在确定罪名时仍需加上"过失"或者"战时"的标志，例如，对《刑法》第 330 条规定的"妨害传染病防治罪"，第 331 条规定的"传染病菌种、毒种扩散罪"，第 363 条第 2 款规定的"为他人提供书号出版淫秽书刊罪"应分别修改为"过失造成传染病传播罪""过失造成传染病菌种、毒种扩散罪""过失为他人提供书号出版淫秽书刊罪",从而排除该类犯罪在主观上由故意构成的可能性。又如,对《刑法》第 112 条规定的"资敌罪",第 428 条规定的"违令作战消极罪",第 429 条规定的"拒不救援友邻部队罪",第 444 条规定的"遗弃伤病军人罪"应分别修改为"战时资敌罪""战时违令作战消极罪""战时拒不救援友邻部队罪"和"战时遗弃伤病军人罪",从而排除平时构成该类犯罪的可能性。

第五,统揽全局,保持刑法规定的同种性质的犯罪在称谓上的前后一致性。由于我国 1997 年《刑法》是一部统一的刑法,刑法分则所规定的各种具体罪名也带有一定的系统性,为保持整个刑法罪名的协调统一,应尽量保持同种性质的犯罪和犯罪称谓的前后一致性。例如,为使《刑法》第 160 条规定的罪名与第 178 条第 2 款和第 179 条规定的罪名相一致,可以将第 160 条规定的罪名修改为"欺诈发行股票、公司、企业债券罪",亦可保持第 160 条的罪名不变,而将第 178 条第 2 款和刑法第 179 条规定的罪名分别修改为"伪造、变造股票、债券罪"和"擅自发行股票、债券罪"。又如,为使《刑法》第 167 条规定的罪名与第 406 条规定的罪名相互一致,可将第 167 条规定的罪名修改为"国有公司、企业、事业单位主管人员签订、履行合同失职被骗罪",将第 406 条规定的罪名修改为"国家机关工作人员签订、履行合同失职被骗罪"。

第六,统一认识,加强沟通,保持司法部门所作解释之间的协调统一性。为保证刑事立法的贯彻实施,刑事司法的协调统一,作为国家最高司法机关来讲,应当注意确立罪名的相互协调与统一,切忌出现前后罪名相互抵牾的现象,从而影响司法机关的实际操作。例如,《补充规定(五)》将《刑法修正案(八)》第 38 条第 2 款规定的"协助强迫劳动"的行为纳入"强迫劳动罪"之中,与《刑法》第 358 条第 3 款单独设立的"协助组织卖淫罪"相形见绌。为保持"两高"前后罪名解释的一致性,笔者认为应将将《刑法修正案(八)》第 38 条第 2 款规定的"协助强迫劳动"的行为单独设立罪名,即增设"协助强迫劳动罪"。又如,《补充规定(五)》将《刑法修正案(八)》第 49 条规定的罪名确立为"食品监管渎职罪",将滥用职权的行为和玩忽职守的行为合为一种罪名,这一罪名的确定与"两高"对《刑法》第 397 条的规定以及对《刑法修正案》第 2 条规定的罪名十分不协调。这是因为,《刑法修正案(八)》第 49 条规定的内容与前面所述二罪无论在客观表现形式还是主观罪过形式方面都十分接近,而前二者在罪名的确定上是以两个罪名来规定的。因此,我们建议对《刑法修正案(八)》第49条的规定,也应当分别确定为"食品监管失职罪"和"食品监管滥用职权罪"。这样不仅使该条规定的罪名与"两高"以前所确定的罪名保持一致,同时还有利于司法机关正确地处理这一方面的犯罪。

专题二
我国刑法规定的选择性罪名研究

关于选择性罪名问题既是一个刑法理论问题，又是一个司法实践问题，因此，如何把握好选择性罪名的适用，是我们值得重视的一个问题。本书仅就我国新刑法中规定的选择性罪名作一初步的探讨，以资共同研究。

一、选择性罪名的概念和特征

关于何为选择性罪名，目前在刑法理论界还是一个有所争议的问题，主要有以下几种不同的观点。第一种观点认为，选择性罪名是指一个法律条文规定两种以上有内在联系的犯罪行为。① 第二种观点认为，选择性罪名是指罪状中暗含两种或两种以上的独立罪名，由于它们具有密切的联系而形成一个概括罪名。② 第三种观点认为，选择性罪名是指所包含的犯罪构成的具体内容复杂，反映出多种犯罪行为，既可概括使用，也可分解拆开使用的罪名。③ 第四种观点认为，所谓选择性罪名，是指所包含的数个犯罪行为或犯罪对象，既可连用，又可分解使用的罪名。④ 第五种观点认为，选择性罪名

---
① 赵长青主编：《刑法学》，法律出版社1999年版，第375页。
② 何秉松主编：《刑法教科书》，中国法制出版社1999年版，第527页。
③ 苏惠渔主编：《刑法学》，中国政法大学出版社1997年版，第395页。
④ 陈明华主编：《刑法学》，中国政法大学出版社1999年版，第358页。

是指一个法律条文规定两种以上有内在联系的犯罪行为,司法人员根据案件的具体情况,可以选择其中之一作为罪名,也可以概括定为一个罪名,而不实行数罪并罚的情形。① 第六种观点认为,选择性罪名是指同一刑法分则条款规定的具体罪状中包含了行为方式与行为对象的多种结合方式,而这些结合方式都可以独立为单独罪名的情况。② 第七种观点认为,选择性罪名是指分则条文对一个犯罪规定了不同的行为手段或不同的行为对象,根据行为人的行为手段或行为对象不同可能定不同罪名的情况。③

从以上几种观点来看,第一种观点将选择性罪名认为是一个法律条文规定的两种以上有内在联系的犯罪行为。这一说法显得过于笼统,且缺乏两个以上的犯罪对象这一重要的内容,因此,这一观点是不科学的。

第二种观点存在的问题似乎更多,其一,将选择罪名认为是罪状中暗含的两种或两种以上的独立罪名,这里的暗含不符合立法的实际情况,因为选择罪名无论是两种以上的犯罪行为还是两种以上的犯罪对象,都是明示的,而不是暗含的;其二,将选择罪名称之为概括罪名也不符合选择罪名的实际情况,因为选择罪名既包括多个行为或对象的连用,也包括多个行为或对象的分解使用,在分解使用的情况下,不能将其称之为概括罪名。

第三种观点和第四种观点都忽略了选择性罪名的前置条件必须是一个法律条文,因为只有在具备一个法律条文的情况下,才谈得上选择性罪名的适用,若是两个以上的条文,就谈不上选择性罪名的适用。

第五种观点看似概括得比较全面,但其最大的缺陷是忽略了两个以上对象的选择。因为选择性罪名不仅包括多个行为的选择,而且包括多个对象的选择。

第六种观点强调指出选择性罪名是指同一刑法分则条款规定的具体罪状中包含了行为方式与行为对象的多种结合方式,这一前提是正确的,但是其认为这些结合方式都可以独立为单独罪名则没有指出这种罪名既可连用,又可分解使用,而不实行数罪并罚的罪名特性,因而也具有一定的缺陷。

第七种观点认为,选择罪名是指分则条文对一个犯罪规定了不同的行为手段或不同的行为对象,根据行为人的行为手段或行为对象不同可能定不同

---

① 刘明祥:《选择性罪名初探》,载《河北法学》1992年第4期。
② 陈忠林主编:《刑法分论》(第四版),中国人民大学出版社2016年版,第7页。
③ 朱建华主编:《刑法分论》(第三版),法律出版社2018年版,第4页。

罪名的情况，这一观点较之以上几种观点而言有一定的进步，但是其将刑法分则条文规定的不同的行为手段或不同的行为对象的犯罪认为是一个犯罪，而没有指出这些犯罪在行为方式与行为对象之间都存在着一定的联系，同时也没有指出这些罪名既可连用，又可分解使用，而不实行数罪并罚的罪名特性，因此也没有完全概括这一罪名的全部特征。鉴此，我们认为，所谓选择性罪名是指刑法分则规定的一个法律条文的具体罪状中有两个以上有密切联系的犯罪行为或者犯罪对象，司法工作人员在具体定罪时，既可连用，又可分解使用，而不能实行数罪并罚的罪名。例如，《刑法》第128条规定的非法持有、私藏枪支、弹药罪，如果行为人只实施了其中一个行为或对象，那么就只能定为非法持有枪支罪、非法持有弹药罪或者非法私藏枪支罪、非法私藏弹药罪，如果行为实施了所有的行为并触犯了全部对象的，则应定为非法持有、私藏枪支、弹药罪，但不实行数罪并罚。

以上本书对选择性罪名的概念作了较为具体的探讨，接下来需要探讨的问题便是选择性罪名的具体特征。弄清选择性罪名的特征是从整体上把握它的关键，从我国刑事法律的规定来看，选择性罪名具有如下主要特征：

第一，选择性罪名是由刑法分则一个法律条文中的具体罪状规定的，在两种以上可供选择的罪名之间通常使用"或者"一词连接或用顿号隔开。前者如《刑法》第146条规定的"生产不符合保障人身、财产安全的国家标准、行业标准的电器、压力容器、易燃易爆产品或者其他不符合保障人身、财产安全的国家标准、行业标准的产品，或者销售明知是以上不符合保障人身、财产安全的国家标准、行业标准的产品，造成严重后果的"，后者如《刑法》第347条规定的"走私、贩卖、运输、制造毒品，无论数量多少，都应当追究刑事责任，予以刑事处罚"。不是由同刑法分则同一法律条文中的具体罪状规定的犯罪行为，不能作为选择性罪名使用。

第二，两种以上可供选择作为罪名的犯罪行为或者犯罪对象之间具有内在的联系。这种内在联系的存在的前置条件是犯罪的客体相同。如果犯罪客体不相同，就不可能有内在联系，也就不能视为选择性罪名。例如，强迫卖淫罪与引诱、容留、介绍卖淫罪虽然都是使妇女卖淫，但前者是在妇女不愿卖淫的情况下，迫使其卖淫，其侵犯的客体是妇女的人身权利，后者则是在妇女自愿卖淫的前提下，引诱、容留、介绍其卖淫，不存在侵犯妇女的人身权利问题。因此，不能把强迫卖淫罪与引诱、容留、介绍卖淫罪结合在一起，作为选择性罪名使用。从法律的规定和司法实践来看，作为选择性罪名的两种犯罪行为之间的内在联系，通常表现为以下几种情形：一是目的行为和手段行为的关系，如在生产、销售假药罪中，生产假药是销售牟利的手段，而销售假药以牟利是生产行为的目的，它们二者之间构成手段与目的的关系。二是甲行为包含乙行为的关系，如在非法收购盗伐、滥伐的林木罪中，滥伐的林木与盗伐的林木之间具有包含与被包含的关系，因此，盗伐行为本身包含有滥伐的成分。三是前行为与后行为的关系，如在窝藏、转移、收购、销售赃物罪中，一般要销售赃物，就得先控制赃物，将赃物隐藏于一定的处所，自然是窝藏赃物在前销售赃物在后，因此后者的危害性大于前者。正因为两种以上的行为之间存在上述内在联系，所以，在定罪时仅概括定为一罪，处罚也只按一罪处罚，而不实行数罪并罚。

第三，两种以上的犯罪行为或对象既可以被单独分解拆开作为一个罪名，也还可以合在一起作一连用的罪名使用。这是选择性罪名不同于单一罪名的一个重要特征。

从选择性罪名的选择范围来看，一种是行为对象相同，行为方式不同，不同行为方式可以分解拆开作为不同的罪名，例如《刑法》第 310 条规定的窝藏、包庇罪，其行为对象都是行为人，只是行为方式不同，一为窝藏，二为包庇，以此为根据可以将本罪分解拆开成为窝藏罪和包庇罪。另一种是行为方式相同，但行为对象不同，根据不同对象，可以定为不同罪名。例如《刑法》第 313 条规定的拒不执行判决、裁定罪，其行为相同，而对象有二，一为判决，二为裁定，这样就可以分解拆开分别定为拒不执行判决罪和拒不执行裁定罪。

再从选择性罪名的层次来看，有单层选择与双重选择之分。单层选择，如《刑法》第 126 条规定的违规制造、销售枪支罪，在此条中，就只有行为方式这一层次可供选择，可选择的罪名有三个，即违规制造枪支罪、违规销售枪支罪和违规制造、销售枪支罪。在规定有两种以上行为方式的法律条文中，可供选择的罪名就更多。如《刑法》第 363 条第 1 款规定的制作、复制、出版、贩卖、传播淫秽物品牟利罪，这里规定了五种有内在联系的行为，可以作为选择性罪名使用的，除了制作淫秽物品牟利罪、复制淫秽物品牟利罪、出版淫秽物品牟利罪、贩卖淫秽物品牟利罪、传播淫秽物品牟利罪和制作、复制、出版、贩卖、传播淫秽物品牟利罪这六个基本罪名之外，还可以是五种行为之中某两种或某三种或某四种行为混合作为一个罪名，如制作、复制淫秽物品牟利罪，复制、出版、贩卖淫秽物品牟利罪，复制、出版、贩卖、传播淫秽物品牟利罪等等。双层选择，是行为方式和行为对象两个层次的选择。如《刑法》第 125 条第 1 款规定的非法制造、买卖、运输、邮寄、储存枪支、弹药、爆炸物罪，第一层次的选择是非法制造、买卖、运输、邮寄、储存五种行为的选择，第二层次的选择是枪支、弹药、爆炸物三种对象的选择。由于这种双层选择比单层选择多了一个层次，故可供分解拆开使用的罪名也就越多。如非法制造枪支罪，非法买卖枪支罪，非法运输枪支罪，非法邮寄枪支罪，非法储存枪支罪，非法制造弹药罪，非法买卖弹药罪，非法运输弹药罪，非法邮寄弹药罪，非法储存弹药罪，非法制造爆炸物罪，非法买卖爆炸物罪，非法运输爆炸物罪，非法邮寄爆炸物罪，非法储存爆炸物罪，非法制造、买卖枪支罪，非法制造、买卖、运输枪支、弹药罪，非法制造、买卖、运输、邮寄枪支、弹药、爆炸物罪，等等。

关于选择性罪名只有同时具备以上三个方面的特征才能构成，若缺少了其中任何一个方面的特征，都不能作为选择性罪名来加以适用。

二、认定选择性罪名应注意的问题

由于选择性罪名涉及多个犯罪行为或者犯罪对象，因此在司法实践中，我们就应当充分注意，在我国刑法分则中虽然有的条文也规定有多个犯罪行为或者犯罪对象，但它们并非选择性罪名，因而不得依选择性罪名来加以适用。这种立法例概括起来主要有以下几种情况：

第一，有的条文并列规定了几种不同的行为，但彼此之间没有任何内在的联系，因而不属于选择性罪名，其中每一种行为就是一个独立的罪名。例如《刑法》第 114 条规定："放火、决水、爆炸以及投放毒害性、放射性、传染病病原体等物质或者以其他危险方法危害公共安全，尚未造成严重后果的，处三年以上十年以下有期徒刑。"在本条的规定中，虽然规定了放火、决水、爆炸、投毒或者以其他危险方法五种行为，但由于这五种行为之间没有内在的必然联系，因此它们是五个独立的罪名，若行为人实施了两种或者两种以上的行为，就应当实行数罪并罚，而不能像选择性罪名那样，只能概括地定为一罪。

第二，有的条文举例式地列出几种行为，但并非该条的全部行为，即使列举的行为之间有某种联系，也不能把每种行为抽取出来作为罪名使用，而只能概括定一个罪名。例如《刑法》第 196 条规定："有下列情形之一，进行信用卡诈骗活动，数额较大的，处五年以下有期徒刑或者拘役，并处二万元以上二十万元以下罚金……（一）使用伪造的信用卡的，或者使用以虚假的身份证明骗领的信用卡的；（二）使用作废的信用卡的；（三）冒用他人信用卡的；（四）恶意透支的。"这里的使用伪造的信用卡、使用作废的信用卡、冒用他人信用卡、恶意透支就只是信用卡诈骗罪的几种常见的表现形式，而并非信用卡诈骗罪的整体，因此只能定信用卡诈骗罪一个罪名，而不能分别定使用伪造的信用卡罪、使用作废的信用卡罪、冒用他人信用卡罪，等等。

第三，有的条文列举了多种犯罪对象，但并未列举完毕，所有犯罪对象均属于同一种类可以概括定为一罪，而不能根据不同的犯罪对象确定为不同的罪名。例如，《刑法》第152条规定："以牟利或者传播为目的，走私淫秽的影片、录像带、录音带、图片、书刊或者其他淫秽物品的，处三年以上十年以下有期徒刑，并处罚金；情节严重的，处十年以上有期徒刑或者无期徒刑，并处罚金或者没收财产；情节较轻的，处三年以下有期徒刑、拘役或者管制，并处罚金。"本条所列举的淫秽的影片、录像带、录音带、图片、书刊等都属于淫秽物品的范畴，但淫秽物品又不仅限于所列举的这些，如果破坏某种对象就作一个罪名使用，势必出现罪名过多的混乱局面。因此，无论走私何种淫秽物品均应概括定为走私淫秽物品罪一罪。

第四，有的条文所规定的几种行为中有一部分行为之间有内在联系，可以作为选择性罪名使用，另一部分行为则没有内在联系，不属于选择性罪名。例如《刑法》第375条规定："伪造、变造、买卖或者盗窃、抢夺武装部队公文、证件、印章的，处三年以下有期徒刑、拘役、管制或者剥夺政治权利；情节严重的，处三年以上十年以下有期徒刑。"这一条文包括伪造、变造、买卖、盗窃和抢夺五种犯罪行为，但是这五种行为之间只有前三种行为之间具有必然的内在的联系，因为行为人伪造、变造公文、证件、印章往往是为了出售牟利，这样，伪造、变造与买卖之间就存在一种必然的联系，但后二种行为之间，以及它们与前三种行为之间并无此种联系。因此，虽然本条的规定就其犯罪对象而言，无论是伪造、变造、买卖还是盗窃或者抢夺均属于选择性罪名，但是就伪造、变造、买卖、盗窃和抢夺这五种行为本身而言，只有前三种行为构成选择性罪名，可定为伪造、变造、买卖武装部队公文、证件、印章罪，而盗窃、抢夺公文、证件、印章的行为则不构成选择性罪名，而属于单一性罪名，应分别定为盗窃武装部队公文、证件、印章罪和抢夺武装部队公文、证件、印章罪。在行为人同时实施了该两种行为时，应实行数罪并罚。

在司法实践中使用选择性罪名时，要注意选择与犯罪事实相符合的罪名，避免出现名不符实的现象。例如，行为人非法制造的是枪支，就应定为非法制造枪支罪，不要定为非法制造枪支、弹药罪，反过来，行为人既制造枪支、又制造了弹药的，则要定为非法制造枪支、弹药罪，不能仅定非法制造枪支罪或非法制造弹药罪。又如，行为人非法提供的是麻醉药品，就应定非法提供麻醉药品罪，不要定为非法提供麻醉药品、精神药品罪，反过来，行为人既非法提供了麻醉药品、又非法提供了精神药品的，则要定为非法提供麻醉药品、精神药品罪，而不能仅仅定为非法提供麻醉药品罪或非法提供了精神药品罪。

除此之外，还应当指出，选择性罪名中的数种犯罪行为之间由于具有内在联系，在罪数论上一般认为是概括的一罪，而不是数罪。但是，也要看到在具体案件中实施选择性罪名中的数种行为而不具有内在联系的情形是存在的。例如，行为人先引诱甲妇女到某地去卖淫，后又容留乙妇女在自己家里卖淫，这显然不同于引诱某一妇女卖淫，并容留其在自己家中卖淫的情形。二者之间谈不上有内在的联系，而是先后实施的两个独立的行为。对此应该作数罪看待，不过考虑到两种行为的性质相同，又是要适用同一法条之中的选择性罪名定罪，可以视作同种数罪，按照司法实践中的通常作法，不实行并罚，而只是在量刑时适当从重。至于罪名，可以用一个包括二种以上行为的概括性罪名，即按照引诱、容留卖淫罪从重处罚。

三、我国刑法中规定的选择性罪名及其立法完善

我国刑法中规定选择性罪名较多，大约占刑法分则所规定的全部罪名的四分之一以上，其具体分布于以下各章之中：

第一章危害国家安全罪中的选择性罪名有2个，即《刑法》第104条规定的武装叛乱、暴乱罪，第111条规定的为境外窃取、刺探、收买、非法提供国家秘密、情报罪。

第二章危害公共安全罪中的选择性罪名有15个，即《刑法》第120条规定的组织、领导、参加恐怖组织罪，第120条之三规定的宣扬恐怖主义、极端主义、煽动实施恐怖活动罪，第120条之五规定的强制穿戴宣扬恐怖主义、极端主义服饰、标志罪，第120条之六规定的非法持有宣扬恐怖主义、极端主义物品罪，第122条规定的劫持船只、汽车罪，第124条第1款规定

的破坏广播电视设施、公用电信设施罪，第 124 条第 2 款规定的过失损坏广播电视设施、公用电信设施罪，第 125 条第 1 款规定的非法制造、买卖、运输、邮寄、储存枪支、弹药、爆炸物罪，第 125 条第 2 款规定的非法制造、买卖、运输、储存危险物质罪，第 126 条规定的违规制造、销售枪支罪，第 127 条第 1 款、第 2 款规定的盗窃、抢夺枪支、弹药、爆炸物、危险物质罪，第 127 条第 2 款规定的抢劫枪支、弹药、爆炸物、危险物质罪，第 128 条第 1 款规定的非法持有、私藏枪支、弹药罪，第 128 条第 2 款、第 3 款规定的非法出租、出借枪支罪，第 130 条规定的非法携带枪支、弹药、管制刀具、危险物品危及公共安全罪。

第三章破坏社会主义市场经济秩序罪中的选择性罪名有 48 个。

第一节生产、销售伪劣商品罪一节中有 9 个，即刑法第 140 条规定的生产、销售伪劣产品罪，第 141 条规定的生产、销售假药罪，第 142 条规定的生产、销售劣药罪，第 143 条规定的生产、销售不符合安全标准的食品罪，第 144 规定的生产、销售有毒、有害食品罪，第 145 条规定的生产、销售不符合标准的医用器材罪，第 146 条规定的生产、销售不符合安全标准的产品罪，第 147 条规定的生产、销售伪劣农药、兽药、化肥、种子罪，第 148 条规定的生产、销售不符合卫生标准的化妆品罪。

第二节走私罪一节中有 4 个，即第 151 条第 1 款规定的走私武器、弹药罪，第 151 条第 2 款规定的走私珍贵动物、珍贵动物制品罪，第 151 条第 3 款规定的走私国家禁止进出口的货物、物品罪，第 153 条规定的走私普通货物、物品罪。

第三节妨害对公司、企业的管理秩序罪一节中有 9 个，即第 159 条规定的虚假出资，抽逃出资罪，第 160 条规定的欺诈发行股票、债券罪，第 161 条规定的违规披露、不披露重要信息罪，第 162 条之一规定的隐匿、故意毁灭会计凭证、会计账簿、财务会计报告罪，第 164 条第 2 款规定的对外国公职人员、国际公共组织官员行贿罪，第 167 条规定的签订、履行合同失职被骗罪，第 168 条规定的国有公司、企业、事业单位人员失职罪，国有公司、企业、事业单位人员滥用职权罪，第 169 条规定的徇私舞弊低价折股、出售国有资产罪。

第四节破坏金融管理秩序罪一节中有 14 个，即第 171 条第 1 款规定的出售、购买、运输假币罪，第 171 条第 2 款规定的金融工作人员购买假币、以假币换取货币罪，第 174 条第 2 款规定的伪造、变造、转让金融机构经营许可证、批准文件罪，第175条之一规定的骗取贷款、票据承兑、金融票证罪，第177条第1款规定的伪造、变造金融票证罪，第177条之一第2款规定的窃取、收买、非法提供信用卡信息罪，第178条第1款规定的伪造、变造国家有价证券罪，第178条第2款规定的伪造、变造股票、公司、企业债券罪，第179条规定的擅自发行股票、公司、企业债券罪，第180条第1款规定的内幕交易、泄露内幕信息罪，第181条第1款规定的编造并传播证券、期货交易虚假信息罪，第181条第2款规定的诱骗投资者买卖证券、期货合约罪，第182条第1款规定的操纵证券、期货市场罪，第189条第1款规定的对违法票据承兑、付款、保证罪。

第六节危害税收征管罪一节中有6个，即第205条第1款规定的虚开增值税专用发票、用于骗取出口退税、抵扣税款发票罪，第206条第1款规定的伪造、出售伪造的增值税专用发票罪，第208条第1款规定的非法购买增值税专用发票、购买伪造的增值税专用发票罪，第209条第1款规定的非法制造、出售非法制造的用于骗取出口退税、抵扣税款发票罪，第209条第2款规定的非法制造、出售非法制造的发票罪，第209条第3款规定的非法出售用于骗取出口退税、抵扣税款发票罪。

第七节侵犯知识产权罪中有1个，即第215条规定的非法制造、销售非法制造的注册商标标识罪。

第八节扰乱市场秩序罪一节中有5个，即第221条规定的损害商业信誉、商品声誉罪，第224条之一规定的组织、领导传销活动罪，第227条第1款规定的伪造、倒卖伪造的有价票证罪，第227条第2款规定的倒卖车票、船票罪，第228条规定的非法转让、倒卖土地使用权罪。

第四章侵犯公民人身权利、民主权利罪中的选择性罪名有10个，即《刑法》第237条第1款规定的强制猥亵、侮辱罪，第240条规定的拐卖妇女、儿童罪，第241条第1款规定的收买被拐卖的妇女、儿童罪，第242条第2款规定的聚众阻碍解救被收买的妇女、儿童罪，第249条规定的煽动民族仇恨、民族歧视罪，第250条规定的出版歧视、侮辱少数民族作品罪，第253条第1款规定的私自开拆、隐匿、毁弃邮件、电报罪，第255条规定的打击报复会计、统计人员罪，第260条之一第1款规定的虐待被监护、看护人罪，第262条之一规定的组织残疾人、儿童乞讨罪。

第六章妨害社会管理秩序罪中的选择性罪名有56个。

第一节扰乱公共秩序罪一节中有26个，即《刑法》第280条第1款规定的伪造、变造、买卖国家机关公文、证件、印章罪，盗窃、抢夺、毁灭国家机关公文、证件、印章罪，第 280 条第 2 款规定的伪造公司、企业、事业单位、人民团体印章罪，第 280 条第 3 款规定的伪造、变造、买卖身份证件罪，第 280 条之一第 3 款规定的使用虚假身份证件、盗用身份证件罪，第 281 条规定的非法生产、买卖警用装备罪，第 282 条第 2 款规定的非法持有国家绝密、机密文件、资料、物品罪，第 283 条第 3 款规定的非法生产、销售专用间谍器材、窃听、窃照专用器材罪，第 284 条规定的非法使用窃听、窃照专用器材罪，第 284 条之一第 3 款规定非法出售、提供试题、答案罪，第 285 条第 2 款规定的非法获取计算机信息系统数据、非法控制计算机信息系统罪，第 285 条第 3 款规定的提供侵入、非法控制计算机信息系统程序、工具罪，第 290 条第 4 款规定的组织、资助非法聚集罪，第 291 条规定的聚众扰乱公共场所秩序、交通秩序罪，第 291 条之一第 2 款规定的编造、故意传播虚假恐怖信息罪，第 294 条第 1 款规定的组织、领导、参加黑社会性质组织罪，第 294 条第 3 款规定的包庇、纵容黑社会性质组织罪，第 296 条规定的非法集会、游行、示威罪，第 297 条规定的非法携带武器、管制刀具、爆炸物参加集会、游行、示威罪，第 298 条规定的破坏集会、游行、示威罪，第 299 条规定的侮辱国旗、国徽罪，第 300 条第 1 款规定的组织、利用会道门、邪教组织、利用迷信破坏法律实施罪，第 300 条第 2 款规定的组织、利用会道门、邪教组织、利用迷信致人重伤、死亡罪，第 302 条规定的盗窃、侮辱、故意毁坏尸体、尸骨、骨灰罪。

第二节妨害司法罪一节中有 7 个，即第 306 条第 1 款规定的辩护人、诉讼代理人毁灭证据、伪造证据、妨害作证罪，第 307 条第 2 款规定的帮助毁灭、伪造证据罪，第 310 条规定的窝藏、包庇罪，第 311 条规定的拒绝提供间谍犯罪、恐怖主义犯罪、极端主义犯罪证据罪，第 312 条规定的掩饰、隐瞒犯罪所得、犯罪所得收益罪，第 313 条规定的拒不执行判决、裁定罪，第 314 条规定的非法处置查封、扣押、冻结的财产罪。

第三节妨害国（边）境管理罪一节中有 2 个，即第 320 条规定的提供伪造、变造的出入境证件罪，第 323 条规定的破坏界碑、界桩罪。

第四节妨害文物管理罪一节中有 6 个，即第 325 条规定的非法向外国人出售、赠送珍贵文物罪，第 327 条规定的非法出售、私赠文物藏品罪，第 328 条第 1 款规定的盗掘古文化遗址、古墓葬罪，第 328 条第 2 款规定的盗掘古人类化石、古脊椎动物化石罪，第 329 条第 1 款规定的抢夺、窃取国有档案罪,第329条第2款规定的擅自出卖、转让国有档案罪。

第五节危害公共卫生罪一节中有3个,即第331条规定的传染病菌种、毒种扩散罪,第334条第1款规定的非法采集、供应血液、制作、供应血液制品罪,第334条第2款规定的采集、供应血液、制作血液制品事故罪。

第六节破坏环境资源保护罪一节中有5个,即第341条规定的非法猎捕、杀害珍贵、濒危野生动物罪,非法收购、运输、出售珍贵、濒危野生动物、珍贵、濒危野生动物制品罪,第344条规定的非法采伐、毁坏国家重点保护植物罪,非法收购、运输、加工、出售国家重点保护植物国家重点保护植物制品罪,第345条第3款规定的非法收购、运输盗伐、滥伐的林木罪。

第七节走私、贩卖、运输、制造毒品罪一节中有5个,即第347条规定的走私、贩卖、运输、制造毒品罪,第349条第1款规定的窝藏、转移、隐瞒毒品、毒赃罪,第352条规定的非法买卖、运输、携带、持有毒品原植物种子、幼苗罪,第353条第1款规定的引诱、教唆、欺骗他人吸毒罪,第355条规定的非法提供麻醉药品、精神药品罪。

第八节组织、强迫、引诱、容留、介绍卖淫罪一节中有1个,即第359条第1款规定的引诱、容留、介绍卖淫罪。

第九节制造、贩卖、传播淫秽物品罪一节中有1个,即第363条第1款规定的制作、复制、出版、贩卖、传播淫秽物品牟利罪。

第七章危害国防利益罪中的选择性罪名有12个,即《刑法》第369条第1款规定的破坏武器装备、军事设施、军事通讯罪,第369条第2款规定的过失破坏武器装备、军事设施、军事通讯罪,第370条第1款规定的故意提供不合格武器装备、军事设施罪,第370条第2款规定的过失提供不合格武器装备、军事设施罪,第375条第1款规定的伪造、变造、买卖武装部队公文、证件、印章罪,盗窃、抢夺武装部队公文、证件、印章罪,第375条第2款规定的非法生产、买卖武装部队制式服装罪,第375条第3款规定的伪造、盗窃、买卖、非法提供、非法使用武装部队专用标志罪,第376条第1款规定的战时拒绝、逃避征召、军事训练罪,第376条第2款规定的战时拒绝、逃避服役罪,第380条规定的战时拒绝、故意延误军事订货罪,第381条规定的战时拒绝军事征收、征用罪。

第九章渎职罪中的选择性罪名有13个,即《刑法》第399条第2款规定的民事、行政枉法裁判罪,第399条第3款规定的执行判决、裁定失职罪,执行判决、裁定滥用职权罪,第401条规定的徇私舞弊减刑、假释、暂予监外执行罪，第 403 条规定的滥用管理公司、证券职权罪，第 404 条规定的徇私舞弊不征、少征税款罪，第 405 条第 1 款规定的徇私舞弊发售发票、抵扣税款、出口退税罪，第 406 条规定的国家机关工作人员签订、履行合同失职被骗罪，第 410 条规定的非法批准征收、征用、占用土地罪，第 416 条第 1 款规定的不解救被拐卖、绑架妇女、儿童罪，第 416 条第 2 款规定的阻碍解救被拐卖、绑架妇女、儿童罪，第 418 条规定的招收公务员、学生徇私舞弊罪，第 419 条规定的失职造成珍贵文物损毁、流失罪。

第十章军人违反职责罪中的选择性罪名有 8 个，即《刑法》第 422 条规定的隐瞒、谎报军情罪，拒传、假传军令罪，第 425 条规定的擅离、玩忽军事职守罪，第 431 条第 2 款规定的为境外窃取、刺探、收买、非法提供军事秘密罪，第 438 条规定的盗窃、抢夺武器装备、军用物资罪，第 439 条规定的非法出卖、转让武器装备罪，第 442 条规定的擅自出卖、转让军队房地产罪，第 446 条规定的战时残害居民、掠夺居民财物罪。

从我国新刑法对选择性罪名的规定来看，其对选择性罪名的绝大多数规定是科学的，但是对少数罪名的规定则有些不妥之处，值得进一步研究。例如第 127 条第 1 款、第 2 款规定的盗窃、抢夺枪支、弹药、爆炸物、危险物质罪，第 280 条第 1 款规定的盗窃、抢夺、毁灭国家机关公文、证件、印章罪，第 329 条第 1 款规定的抢夺、窃取国有档案罪，第 375 条第 1 款规定的盗窃、抢夺武装部队公文、证件、印章罪，第 438 条规定的盗窃、抢夺武器装备、军用物资罪，这几种犯罪中都将盗窃、抢夺行为作为选择适用的行为，实际上盗窃与抢夺行为之间根本没有什么实际的内在联系，因为在这里，盗窃是行为人以自认为不被财物的所有人、保管人发觉的方法而秘密窃取财物的行为，而抢夺则是行为人采取乘人不备、公然夺取的方法抢走他人的财物的行为，二者在质的方面来讲大相径庭，很难说有什么内在的联系。因此，我们认为，将上述罪名作为选择性罪名显然不妥，对于以上行为应当实行数罪并罚。又如第 302 条规定的盗窃、侮辱、故意毁坏尸体、尸骨、骨灰罪，也存在着与前述罪名同样不妥之处，因为，在这里，盗窃是秘密窃取，侮辱是使他人人格或名誉受到损害，故意毁坏是故意损毁破坏，这三者之间也没有什么内在的联系。因此，我们认为对于本罪名也应当作为三个独立的罪名为宜，若行为人实施了上述三种行为的，也应当实行数罪并罚。再如第 347 条规定的走私、贩卖、运输、制造毒品罪，这几种犯罪行为之间虽然有些行为有内在联系，例如贩卖、运输、制造毒品罪的各种行为之间前后相继，其共同指向的客体都是国家对毒品的管理制度，这几种行为之间构成选择性罪名没有什么疑义，但有的行为就没有必然的联系，例如走私毒品的行为，其客体主要是国家的对外贸易管制，且其行为本身有其独特性，因此，将走私毒品的行为与贩卖、运输、制造毒品的行为作为选择性罪名，其非科学性显而易见。故我们建议，对于本罪，应当将走私毒品行为单独成罪，对行为人既实施走私毒品的行为又实施贩卖、运输、制造毒品的行为，应当实行数罪并罚。

此外，关于选择性罪名的法定刑的设置问题在立法上也存在着不科学之处，其表现在刑法对选择性罪名的处罚上没有做出区分，不管行为人实施的是一个行为还是多个行为，其法定刑的规定都完全一致，这就违背了罪刑相适应的原则，在犯罪与刑事责任的设置上没有收到罪刑均衡的效果。鉴此，我们建议，对于选择性罪名在法定刑的设置上，应当分清行为人实施犯罪行为的多与少，然后据此做出处罚的规定，对行为人实施多个犯罪行为或触犯多个犯罪对象的，应当规定从重处罚，而不应当与行为人实施一个行为或触犯一种对象在处罚上完全相同，从而达到罪与刑的协调与统一。

专题三
关于完善分裂国家犯罪的立法研究

前几年，在国外的敌对势力操纵下，我国拉萨和乌鲁木齐市发生一系列打砸抢烧暴力犯罪事件。面对如此猖狂的分裂主义行径，我们认为，除了要依法严惩为非作歹的犯罪分子以外，还一个问题就是要完善我国的分裂国家犯罪的刑事立法，从而严密法网，使国内外的分裂国家势力和分裂主义分子无空可钻。下面我们拟就我国的分裂国家犯罪的立法沿革、立法现状和立法完善作一系统研究，以飨读者。

一、关于分裂国家犯罪的立法沿革

分裂国家犯罪是指行为人组织、策划、实施或者实行其他各种分裂国家的活动，企图破坏我国各民族相互团结、各地区相互统一的行为。分裂国家的犯罪由于其社会危害性严重，历来是我国刑法打击的重点。自从新中国成立以来，关于惩治分裂国家的立法内容主要表现在以下几个方面。

（一）新中国成立初期

根据1951年2月20日中央人民政府委员会第11次会议批准的《中华人民共和国惩治反革命条例》（以下简称《惩反条例》）第10条、第17条规定："以反革命为目的，有下列挑拨、煽动行为之一者，处3年以上徒刑；其情节重大者处死刑或无期徒刑：（1）……（2）挑拨离间各民族、各民主阶级、各民主党派、各人民团体或人民与政府间的团结者；（3）……""犯本条例之罪者，得剥夺其政治权利，并得没收其财产之全部或一部。"《惩反条例》是新中国用以惩治反革命罪的第一部单行刑事法律。这部法律虽然没有采用单独的条文对分裂国家犯罪作出专门的规定，但是在反革命宣传煽动罪中却专门列出一项对此作了规定。虽然本项立法从立法技术上来讲还不够成熟，但是在当时的历史条件下已足以惩治和打击在各民族、各民主阶级、各民主党派、各人民团体或人民与政府间进行挑拨离间的犯罪行为，从而在惩治反革命活动中起到了积极的作用。

（二）新中国成立至1979年《刑法》颁布期间

新中国成立以后，为了有效地打击国内外的反动势力和阶级敌人，保卫新生的中华人民共和国，中央人民政府法制委员会从1950年7月就开始了《刑法》的制定工作。根据1950年7月25日中央人民政府法制委员会起草的《中华人民共和国刑法大纲草案》（以下简称《刑法大纲草案》）第二部分分则第四章反革命罪第47条、第57条规定："以反革命为目的，用挑拨、离间、煽动或其他方法，破坏各民主党派间、各民主阶级间、各民族间之团结者，处死刑，终身监禁，或3年以上15年以下监禁，并可没收其财产之全部或一部。""犯本章各条之罪者，根据犯罪的轻重，并可剥夺其政治权3年至10年。"从该大纲草案的规定来看，它不仅用专条对反革命挑拨离间的行为作出了规定，而且对该罪还分别适用了死刑、终身监禁、有期监禁、没收财产和剥夺政治权利等刑罚方法，从而为我国后来的刑事立法奠定了坚实的基础。

1954年9月30日，中央人民政府法制委员会在《刑法大纲草案》的基础上起草了《中华人民共和国刑法指导原则草案（初稿）》（以下简称《刑法指导原则草案》），该指导原则草案第三章几类犯罪量刑的规定第一节反革命罪第33条规定："以反革命为目的，犯下列罪行之一者，判处3年以上徒刑；情节重大的，判处无期徒刑或者死刑：（1）……（2）挑拨离间各民族、各民主阶级、各民主党派、各人民团体或者群众和政府间的团结的；（3）……（4）……"该《刑法指导原则草案》继续沿用了《惩反条例》的立法模式，在反革命宣传煽动罪中用专项规定了反革命挑拨离间的行为，同时规定了有期徒刑、无期徒刑和死刑等刑罚方法。这一立法模式没有什么创新之处，给人有立法技术倒退的感觉。

1956年11月12日，全国人民代表大会常务委员会办公厅法律室在

《刑法指导原则草案》的基础上起草了《中华人民共和国刑法草案（草稿）（第 13 次稿）》（以下简称第 13 次稿），根据第 13 次稿第二编分则第一章反革命罪第 111 条、第 114 条规定："以反革命为目的，挑拨离间各民族、各民主阶级、各民主党派、各人民团体或者人民与政府间的团结的，处 3 年以上 10 年以下有期徒刑。""犯本章之罪的，可以没收一部或者全部财产。"从第 13 次稿规定的内容来看，该稿恢复了《刑法大纲草案》的立法模式，不仅单独规定了反革命挑拨离间行为，而且在刑罚方法上只规定了有期徒刑和没收财产两种刑罚方法，将该罪的法定最高刑由死刑降低为 10 年有期徒刑。此稿规定的法定刑显然有轻纵该类犯罪之嫌。

1957 年 6 月 27 日全国人民代表大会常务委员会法律室在第 13 次稿的基础上起草了《中华人民共和国刑法草案（草稿）（第 21 次稿）》（以下简称第 21 次稿），根据第 21 次稿第二编分则第一章反革命罪第 100 条、第 111 条、第 112 条规定："阴谋颠覆政府分裂国家而着手实行的，处死刑或者无期徒刑。""犯本章之罪的，可以没收一部或者全部财产。""犯本章之罪，情节轻微的，可以判处管制。"从该稿的规定来看，不仅设专条规定了阴谋颠覆政府分裂国家罪，而且规定了死刑、无期徒刑、没收财产和管制等刑罚方法，这一规定首次明确地提出了阴谋分裂国家罪，从而为 1979 年刑法典的制定奠定了坚实的基础。但是，值得注意的是，该稿规定的法定刑中删除了有期徒刑，而只规定了死刑、无期徒刑、没收财产和管制等四种刑罚方法，这就使得本罪出现了"重刑偏重、轻刑偏轻"的不平衡现象。

1957 年 6 月 28 日，全国人民代表大会常务委员会办公厅印制的《中华人民共和国刑法草案（初稿）（第 22 次稿）》（以下简称第 22 次稿）第二编分则第一章反革命罪第 99 条、第 110 条、第 111 条规定："阴谋颠覆政府分裂国家的，处死刑或者无期徒刑。""犯本章之罪的，可以没收一部或者全部财产。""犯本章之罪，情节轻微的，可以判处管制。"该稿与第 21 次稿规定的内容完全相同，其存在的特点和缺陷也与第 21 次稿相同。

根据 1962 年 12 月全国人民代表大会常务委员会办公厅印制的《中华人民共和国刑法草案（初稿）（第 27 次稿）》（以下简称第 27 次稿）第二编分则第一章反革命罪第 97 条、第 108 条规定："阴谋颠覆政府、分裂国家的，处死刑、无期徒刑或者 10 年以上有期徒刑。""犯本章之罪的，可以没收一部或者全部财产。"

根据 1963 年 2 月 27 日全国人民代表大会常务委员会办公厅印制的《中

华人民共和国刑法草案（初稿）（第 30 次稿）》第二编分则第一章反革命罪第 98 条、第 109 条规定："阴谋颠覆政府、分裂国家的，处死刑、无期徒刑或者 10 年以上有期徒刑。""犯本章之罪的，可以并处没收财产。"

根据 1963 年 10 月 9 日全国人民代表大会常务委员会办公厅起草的《中华人民共和国刑法草案（修正稿）（第 33 次稿）》第二编分则第一章反革命罪第 98 条、第 110 条规定："阴谋颠覆政府、分裂国家的，处死刑、无期徒刑或者 10 年以上有期徒刑。""犯本章之罪的，可以并处没收财产。"

根据 1978 年 12 月《中华人民共和国刑法草案》联合修订组起草的《中华人民共和国刑法草案（修订稿）（第 34 次稿）》分则第一章反革命罪第 78 条、第 91 条规定："阴谋颠覆政府、分裂国家的，处死刑、无期徒刑或者十年以上有期徒刑。""犯本章之罪的，必要时可以并处没收财产。"

根据 1979 年 2 月《中华人民共和国刑法草案》联合修订组起草的《中华人民共和国刑法草案（修订二稿）（第 35 次稿）》分则第一章反革命罪第 77 条、第 90 条规定："阴谋颠覆政府、分裂国家的，处死刑、无期徒刑或者 10 年以上有期徒刑。""犯本章之罪的，必要时可以并处没收财产。"

从 1962 年 12 月第 27 次稿至 1979 年 2 月修订二稿，关于本罪的罪状与法定刑完全相同。其特点是不仅设专条规定了阴谋分裂国家罪，而且规定了死刑、无期徒刑、有期徒刑、没收财产等刑罚方法，删除了管制这一刑罚方法，且将有期徒刑的起刑点提高到十年，从而使本罪的最低刑偏高。继此之后，根据 1979 年 3 月 31 日全国人民代表大会常务委员会办公室印制的《中华人民共和国刑法草案（法制委员会修正第一稿）（第 36 次稿）》（以下简称第 36 次稿）第二编分则第一章反革命罪第 92 条、第 104 条、第 105 条规定："阴谋篡夺国家最高权力颠覆政府、分裂国家的，处无期徒刑或者 10 年以上有期徒刑。""本章上述各条应处无期徒刑的反革命罪中，情节特别恶劣、对国家和人民危害特别严重、不杀不足以平民愤的，经最高人民法院判决或者核准，可处死刑。""犯本章之罪的，可以并处没收财产。"此稿在立法过程中，鉴于"四人帮"阴谋篡夺国家最高权力的惨痛教训，在罪状当中着重强调了"阴谋篡夺国家最高权力"的字眼，并对该罪的死刑适用作了严格限制，规定本章上述各条应处无期徒刑的反革命罪中，情节特别恶劣、对国家和人民危害特别严重、不杀不足以平民愤的，经最高人民法院判决或者核准，方可判处死刑。这一规定表明了立法者对死刑适用的慎重。

根据 1979 年 5 月 12 日全国人民代表大会常务委员会办公室印制的《中

华人民共和国刑法草案（法制委员会修正第二稿）（第 37 次稿）》（以下简称第 37 次稿）第二编分则第一章反革命罪第 90 条、第 101 条、第 102 条规定："阴谋颠覆政府、分裂国家的，处无期徒刑或者十年以上有期徒刑。""本章上述反革命罪行中，除第 96 条、第 97 条、第 100 条外，对国家和人民危害特别严重、情节特别恶劣的，经最高人民法院判决或者核准，可处死刑。""犯本章之罪的，可以并处没收财产。"从第 37 次稿规定的内容看，与第 36 次稿相比，在本罪的罪状上删除了"阴谋篡夺国家最高权力"的字眼，在死刑适用中删除了"不杀不足以平民愤"的字眼，因而使本罪的立法更趋规范化、法律化，抹去了其浓厚的政治色彩。

根据 1979 年 6 月 30 日五届全国人大二次会议秘书处印制的《中华人民共和国刑法草案（第 38 次稿）》（以下简称第 38 次稿）第二编分则第一章反革命罪第 90 条、第 103 条、第 104 条规定："阴谋颠覆政府、分裂国家的，处无期徒刑或者十年以上有期徒刑。""本章上述反革命罪行中，除第 98 条、第 99 条、第 102 条外，对国家和人民危害特别严重、情节特别恶劣的，可处死刑。""犯本章之罪的，可以并处没收财产。"此稿鉴于第 38 次稿第一编总则第三章刑罚第五节死刑第 43 条第 2 款明文规定："死刑除依法由最高人民法院判决的以外，都应当报请最高人民法院核准。死刑缓期执行的，可以由高级人民法院判决或者核准。"因此在本罪的死刑适用方面，删除了"经最高人民法院判决或者核准"的字眼，从而使刑法分则的规定与刑法总则的规定相互协调一致。

根据 1979 年 7 月 1 日第五届全国人民代表大会第二次会议通过、1979 年 7 月 6 日中华人民共和国全国人民代表大会常务委员会委员长令第 5 号公布、自 1980 年 1 月 1 日起施行的《刑法》第二编分则第一章第 92 条、第 103 条、第 104 条规定："阴谋颠覆政府、分裂国家的，处无期徒刑或者 10 年以上有期徒刑。""本章上述反革命罪行中，除第 98 条、第 99 条、第 102 条外，对国家和人民危害特别严重、情节特别恶劣的，可处死刑。""犯本章之罪的，可以并处没收财产。"鉴于刑法草案第 38 次稿较为成熟，因此，1979 年刑法对于本罪罪状和法定刑的规定与第 38 次稿完全相同，没有作任何修改。

（三）1979 年《刑法》颁行以后至 1997 年《刑法》颁布期间

自从 1979 年刑法典颁布以后，随着我国政治、经济形势的发展，旧刑法在很多方面已不能适应社会发展的需要。在旧刑法实施近十年后，从

1988年，全国人大常委会即开始着手对旧刑法的修改工作。从刑法典历次修改、修订草案来看，关于分裂国家犯罪的立法修改也经历了一个曲折的历程。根据1988年9月全国人大常委会法制工作委员会起草的《刑法（修改稿）》第二编分则第一章危害国家安全罪第92条、第104条规定："阴谋颠覆政府、分裂国家的，处无期徒刑或者10年以上有期徒刑；情节特别严重的，处死刑。""犯本章之罪的，可以并处没收财产。"本修改稿除了对死刑的适用没有设立专条规定外，其他内容与1979年刑法典没有多少差别。

根据1988年11月16日全国人大常委会法制工作委员会起草的《刑法（修改稿）》第二编分则第一章危害国家安全罪第94条规定："阴谋颠覆人民民主专政的政权、分裂国家的，或者与外国、境外地区的敌对势力相勾结，阴谋危害国家的主权、安全的，处7年以上有期徒刑或者无期徒刑，可以并处没收财产；情节特别严重的，处死刑，并处没收财产。"本稿将本罪与阴谋颠覆政权罪、背叛国家罪混合规定在一起，虽然符合"立法宜粗不宜细"的指导思想，但由于过于简略，使本条的规定在立法上有失科学性。

根据1988年12月25日全国人大常委会法制工作委员会起草的《刑法（修改稿）》第二编分则第一章危害国家安全罪第95条规定："阴谋颠覆国家政权、分裂国家的，处7年以上有期徒刑或者无期徒刑，可以并处没收财产；情节特别严重的，处死刑，并处没收财产。"本稿的规定与上稿相比，虽然将背叛国家罪与阴谋颠覆国家政权、分裂国家罪分开加以规定，但仍然比较粗化，没有解决上稿存在的遗留问题。

1989年以后，对于刑法的修改特别是对危害国家安全罪的修改处于一个敏感时期，因此，刑法的修订工作也被暂时搁浅，停顿了大约五年的时间。从1993年10月开始，全国人大常委会法制工作委员会又重新将刑法修订工作提上议事日程。根据1993年10月19日全国人大常委会法制工作委员会刑法修改小组《刑法分则条文汇集》的整理，刑法分则原有8章、103条，本汇集调整补充为28章、292条，其中将阴谋颠覆政府、分裂国家罪置于刑法分则第一章危害国家安全罪第2条。由于危害国家安全罪在修订的过程中，从类罪名到各种具体罪名的设置均比较敏感，因此，1993年11月21日、1994年3月3日、1995年8月8日全国人大常委会法制工作委员会刑法修改小组整理的《刑法分则条文汇集》，对于刑法分则第一章危害国家安全罪均提出"本章条文待补，拟作专题研究"。

1996年8月8日全国人大常委会法制工作委员会起草的《刑法分则修

改草稿》将刑法分则定为 10 章，其中第一章危害国家安全罪共 11 条，内容暂缺。1996 年 8 月 31 日全国人大常委会法制工作委员会起草的《刑法（修改草稿）》将刑法分则定为 10 章，其中第一章危害国家安全罪内容暂缺。

1996 年 10 月 10 日全国人大常委会法制工作委员会起草的《刑法（修改草案）（征求意见稿）》将刑法分则定为 9 章，其中对第一章提出待研究修改。1996 年 12 月中旬全国人大常委会法制工作委员会起草的《刑法（修改草案）》将刑法分则定为 9 章，在第二编分则第一章危害国家安全罪中于刑法第 105 条、第 108 条、第 113 条规定："组织、策划、实施分裂国家、破坏国家统一活动的，对首要分子或者罪恶重大的，处无期徒刑或者 10 年以上有期徒刑；对积极参加的，处 3 年以上 10 年以下有期徒刑；对其他参加的，处 3 年以下有期徒刑、拘役、管制或者剥夺政治权利。煽动分裂国家、破坏国家统一的，处 5 年以下有期徒刑、拘役、管制或者剥夺政治权利；首要分子或者罪恶重大的，处 5 年以上有期徒刑。""与境外机构、组织、个人相勾结，实施本章第 104 条、第 105 条、第 106 条、第 107 条规定之罪的，依照各该条的规定从重处罚。""本章上述危害国家安全罪行中，除第 105 条第 2 款、第 107 条外，对国家和人民危害特别严重、情节特别恶劣的，可以判处死刑。犯本章之罪的，可以并处没收财产。"从本稿规定的内容来看，较之 1979 年刑法的规定，本稿不仅对分裂国家罪设专条予以了规定，而且在罪状和法定刑方面也采取了进一步细化处理的方式，从而使刑法立法更加科学化。另外，由于 1979 年刑法第 102 条所规定的反革命宣传煽动罪内容比较抽象，加上反革命罪修改为危害国家安全罪后，其主观上的目的在司法实践中很难认定，因此，为了与修订后的类罪名相适应，本稿采取将反革命宣传煽动罪具体化、专门化的方法，于本条第二款规定了煽动分裂国家罪，从而使分裂国家犯罪的立法更趋科学。此外，本稿于第 108 条规定与境外机构、组织、个人相勾结，实施本罪的从重处罚，对于打击国外反动势力的渗透具有十分重大的意义。

1996 年 12 月 20 日全国人大常委会办公厅秘书局印制的《刑法（修改草案）》将刑法分则定为 10 章，在第二编分则第一章危害国家安全罪中于刑法第 105 条、第 108 条、第 113 条规定："组织、策划、实施分裂国家、破坏国家统一活动的，对首要分子或者罪恶重大的，处无期徒刑或者 10 年以上有期徒刑；对积极参加的，处 3 年以上 10 年以下有期徒刑；对其他参加的，处 3 年以下有期徒刑、拘役、管制或者剥夺政治权利。煽动分裂国家、破坏国家统一的,处 5 年以下有期徒刑、拘役、管制或者剥夺政治权利;首要分子或者罪恶重大的,处 5 年以上有期徒刑。""与境外机构、组织、个人相勾结,实施本章第 104 条、第 105 条、第 106 条、第 107 条规定之罪的,依照各该条的规定从重处罚。""本章上述危害国家安全罪行中,除第 105 条第 2 款、第 107 条外,对国家和人民危害特别严重、情节特别恶劣的,可以判处死刑。犯本章之罪的,可以并处没收财产。"本稿的内容与上稿的内容完全相同。

1997 年 1 月 10 日全国人大常委会法制工作委员会、1997 年 1 月 13 日至 24 日全国人大法律委员会、全国人大内务司法委员会讨论的《刑法(修改草案)》将刑法分则定为 11 章,在第二编分则第一章危害国家安全罪中于刑法第 106 条、第 109 条第 1 款、第 114 条规定:"组织、策划、实施分裂国家、破坏国家统一活动的,对首要分子或者罪行重大的,处无期徒刑或者 10 年以上有期徒刑;对积极参加的,处 3 年以上 10 年以下有期徒刑;对其他参加的,处 3 年以下有期徒刑、拘役、管制或者剥夺政治权利。煽动分裂国家、破坏国家统一的,处 5 年以下有期徒刑、拘役、管制或者剥夺政治权利;首要分子或者罪行重大的,处 5 年以上有期徒刑。""与境外机构、组织、个人相勾结,实施本章第 105 条、第 106 条、第 107 条、第 108 条规定之罪的,依照各该条的规定从重处罚。""本章上述危害国家安全罪行中,除第 106 条第 2 款、第 108 条外,对国家和人民危害特别严重、情节特别恶劣的,可以判处死刑。犯本章之罪的,可以并处没收财产。"本稿的内容除了将罪状和法定刑中的"罪恶"改为"罪行"和对条款的序号作了修改外,其他内容与上稿基本相同。

1997 年 2 月 17 日全国人大常委会办公厅秘书局印制的《刑法(修改草案)(修改稿)》、1997 年 3 月 1 日八届全国人大五次会议秘书处印制的《刑法(修改草案)(修改稿)》均将刑法分则定为 10 章,均在第二编分则第一章危害国家安全罪中于第 105 条、第 108 条、第 115 条规定:"组织、策划、实施分裂国家、破坏国家统一活动的,对首要分子或者罪行重大的,处无期徒刑或者 10 年以上有期徒刑;对积极参加的,处 3 年以上 10 年以下有期徒刑;对其他参加的,处 3 年以下有期徒刑、拘役、管制或者剥夺政治权利。煽动分裂国家、破坏国家统一的,处 5 年以下有期徒刑、拘役、管制或者剥夺政治权利;首要分子或者罪行重大的,处 5 年以上有期徒刑。""与境外机构、组织、个人相勾结,实施本章第 105 条、第 106 条、第 107

条规定之罪的，依照各该条的规定从重处罚。""本章上述危害国家安全罪行中，除第105条第2款、第107条、第109条外，对国家和人民危害特别严重、情节特别恶劣的，可以判处死刑。犯本章之罪的，可以并处没收财产。"

1997年3月13日第八届全国人民代表大会第五次会议主席团第三次会议通过、八届全国人大五次会议秘书处印制的《刑法（修改草案）》将刑法分则定为10章，在第二编分则第一章危害国家安全罪中于《刑法》第103条、第106条、第113条规定："组织、策划、实施分裂国家、破坏国家统一的，对首要分子或者罪行重大的，处无期徒刑或者10年以上有期徒刑；对积极参加的，处3年以上10年以下有期徒刑；对其他参加的，处3年以下有期徒刑、拘役、管制或者剥夺政治权利。煽动分裂国家、破坏国家统一的，处5年以下有期徒刑、拘役、管制或者剥夺政治权利；首要分子或者罪行重大的，处5年以上有期徒刑。""与境外机构、组织、个人相勾结，实施本章第103条、第104条、第105条规定之罪的，依照各该条的规定从重处罚。""本章上述危害国家安全罪行中，除第103条第2款、第105条、第107条、第109条外，对国家和人民危害特别严重、情节特别恶劣的，可以判处死刑。犯本章之罪的，可以并处没收财产。"本稿的内容除了将"破坏国家统一活动"修改为"破坏国家统一"以及对条文顺序上作了修改外，其他内容与上稿内容完全相同。

根据1997年3月14日第八届全国人民代表大会第五次会议修订、1997年10月1日起施行的《刑法》第二编分则第一章危害国家安全罪第103条、第106条、第113条规定："组织、策划、实施分裂国家、破坏国家统一的，对首要分子或者罪行重大的，处无期徒刑或者10年以上有期徒刑；对积极参加的，处3年以上10年以下有期徒刑；对其他参加的，处3年以下有期徒刑、拘役、管制或者剥夺政治权利。煽动分裂国家、破坏国家统一的，处5年以下有期徒刑、拘役、管制或者剥夺政治权利；首要分子或者罪行重大的，处5年以上有期徒刑。""与境外机构、组织、个人相勾结，实施本章第103条、第104条、第105条规定之罪的，依照各该条的规定从重处罚。""本章上述危害国家安全罪行中，除第103条第2款、第105条、第107条、第109条外，对国家和人民危害特别严重、情节特别恶劣的，可以判处死刑。犯本章之罪的，可以并处没收财产。"鉴于刑法修改草案规定的内容较为成熟，因此，1997年《刑法》对于本罪罪状和法定刑的规定与刑法修改草案完全相同,没有作任何修改。

1997年《刑法》较之1979年《刑法》的规定,其变化主要体现在以下两个方面:一是在罪名体系上,1997年《刑法》不再将本罪与颠覆国家政权罪并列,而且置于危害国家安全罪前列,紧随"背叛国家罪"其后,成为危害国家安全罪一章中第二重罪,而颠覆国政权罪则退居第四位,充分反映了立法者对本罪的高度重视。二是1997年《刑法》删除了1979年《刑法》中"反革命目的"和"阴谋犯"的规定,列举规定了分裂国家罪的几种具体行为方式,使罪状表述更加明确、具体、科学,明确采取了"必要共同犯罪"的立法方式,准确反映了当前这种犯罪的规律和特点,并体现了多种犯罪分子在共同犯罪中的作用,具有层次性,既符合客观现实,也有利于贯彻罪刑相适应的原则。

(四)1997年《刑法》颁布实施以后至反分裂国家法颁行期间

1997年《刑法》颁布实施以后,在我国台湾地区以陈水扁为首的"台独"分裂主义势力甚嚣尘上,极力推行"两个中国"和"一中一台"以及"一边一国"的反动分裂活动。为了反对和遏制"台独"分裂势力分裂国家,促进祖国和平统一,维护台湾海峡地区和平稳定,维护国家主权和领土完整,维护中华民族的根本利益,2005年3月14日第十届全国人民代表大会第三次会议通过了中华人民共和国《反分裂国家法》,该法明确宣称:"世界上只有一个中国,大陆和台湾同属一个中国,中国的主权和领土完整不容分割。维护国家主权和领土完整是包括台湾同胞在内的全中国人民的共同义务。台湾是中国的一部分。国家绝不允许'台独'分裂势力以任何名义、任何方式把台湾从中国分裂出去。""台湾问题是中国内战的遗留问题。解决台湾问题,实现祖国统一,是中国的内部事务,不受任何外国势力的干涉。""完成统一祖国的大业是包括台湾同胞在内的全中国人民的神圣职责。"

该法明确规定:"国家主张通过台湾海峡两岸平等的协商和谈判,实现和平统一。协商和谈判可以有步骤、分阶段进行,方式可以灵活多样。台湾海峡两岸可以就下列事项进行协商和谈判:正式结束两岸敌对状态;发展两岸关系的规划;和平统一的步骤和安排;台湾当局的政治地位;台湾地区在国际上与其地位相适应的活动空间;与实现和平统一有关的其他任何问题。"与此同时,该法也严正声明:"'台独'分裂势力以任何名义、任何方式造成台湾从中国分裂出去的事实,或者发生将会导致台湾从中国分裂出去的重大事变，或者和平统一的可能性完全丧失，国家得采取非和平方式及其他必要措施，捍卫国家主权和领土完整。""依照本法规定采取非和平方式及其他必要措施并组织实施时，国家尽最大可能保护台湾平民和在台湾的外国人的生命财产安全和其他正当权益，减少损失；同时，国家依法保护台湾同胞在中国其他地区的权利和利益。""国家在不得已的情况下采取非和平方式及其他必要措施捍卫祖国领土完整时，任何国际势力出面干涉，中国人民将奋起抵抗，誓死捍卫祖国领土完整。"该法的出台，对于坚决反对和遏制"台独"分裂势力具有十分积极和重要的意义。但是，该法将反分裂国家活动仅局限于"台独"势力，而对"藏独"和"疆独"等其他分裂势力没有作出相应的宣告与声明，这或许是本法存在的一大遗憾。

二、关于分裂国家犯罪的立法现状

根据我国《刑法》第二编第一章危害国家安全罪第103条第1款、第2款的规定，有关分裂国家犯罪的罪名有二，一是分裂国家罪，二是煽动分裂国家罪。

（一）分裂国家罪

1. 分裂国家罪的概念和特征

分裂国家罪是指行为人组织、策划、实施各种分裂国家的活动，企图破坏我国各民族相互团结、各地区相互统一的行为。根据这一概念，构成本罪必须具备以下几个方面的特征。

（1）犯罪客体

本罪侵犯的直接客体是国家的统一与民族的团结。中华人民共和国是全国各族人民共同缔造的统一的多民族国家，台湾是中华人民共和国的神圣领土的一部分。实现包括台湾在内的全中国完全统一是我党和政府的一贯方针，也是包括台湾同胞在内的全体中国人民的愿望。为尽快达到统一，我国政府适时地提出了"一国两制"的方针。这一方针最初是针对台湾问题而作出的，后来被成功地适用到香港、澳门问题，事实证明，"一国两制"是可行的，切实有效的，符合全体中国人民的根本利益。但是，总有一小撮分裂势力罔顾历史事实，为了个人小集团利益，妄图把台湾从中国版图分裂出去。近些年来，以陈水扁为首的台独势力甚嚣尘上，提出"一中一台""两个中国"等企图分裂国家的口号，他们的罪恶活动受到了包括台湾同胞在内的全体中国人民的反对。虽然陈水扁已经垮台，但岛内分裂主义势力仍在不同程度上存在。另一方面，西方敌对势力从未放弃对我国"西化"和"分化"的图谋，他们利用所谓"西藏问题""人权问题"向联合国人权委员会不断炮制反华提案，向我国政府施加压力，妄图分裂中华民族，企图破坏国家的统一。由于历史遗留下来的各民族经济文化的发展不平衡，狭隘的民族主义思想仍然存在，主要是大民族主义和地方民族主义，历史遗留下来的民族隔阂也依然存在，分裂主义分子分裂国家的活动将随着国内外形势的变化而或者有所平息或者有所激化。所有这一切深刻提醒着人们：我国维护国家统一的工作仍很艰巨，不容丝毫懈怠，为更准确有效地打击分裂国家、破坏国家统一的犯罪活动，维护国家统一，将上述危害国家安全的活动予以明确的法律惩治是非常必要的。

(2) 犯罪客观方面

本罪在客观方面表现为组织、策划、实施各种分裂国家的活动，企图破坏我国各民族相互团结、各地区相互统一的行为。关于本罪的特征有以下两个方面：

特征一表现在行为内容。本罪的行为内容是分裂国家、破坏国家统一。在这里，分裂即使整体的事物相分离。我国是一个多民族国家，这是长期以来历史地形成的，尽管历史上曾经出现分裂割据的局面，但不是主流。分裂国家，就是把统一的中华民族、中华人民共和国分裂成几个部分，或者使不可分割的其中一部分人为地分离出去。分裂国家的行为，除了行为人指挥、组织所谓的"民族大迁徙"，即将部分少数民族从中华民族中分裂出去，企图投奔境外这一情形之外，还有以下两种典型形式：一是煽动地方民族主义，策动叛乱，制造内乱，制造民族矛盾和民族分裂，建立所谓"独立王国"，破坏国家和民族的统一。西藏达赖集团即为典型的例子。另一种表现形式即为策划反动政变，或者实施武装割据，使中华人民共和国领土的一部被分离出去，另立伪政府，拒绝、对抗中央政府的统一领导，割据一方，谋求国际上的承认。从广义上讲，分裂国家的行为就是一种"破坏国家统一"的行为，分裂国家是破坏国家统一的手段，而破坏国家统一则是分裂国家的一种特殊形式或结果。在1979年刑法典中并没有规定"破坏国家统一"的内容，这是修订后刑法新增加的。笔者认为，这里的"破坏国家统一"是指阻挠国家统一进程的行为，比如破坏祖国大陆与台湾和平统一。

特征二表现在行为方式。与1979年刑法相比，本罪在罪状上删除了原来的"阴谋",代之以"组织、策划、实施",从而使罪状表述更加具体、明确和完备。本罪是一种聚众犯罪,单个人无法实施,且属必要的共同犯罪中的聚合犯。聚合犯,是指所有参与者均朝向同一目标,共同参与者实施其所实现的构成要件的犯罪类型。对于聚合犯的每一个参与者都属实行犯,但同时根据其参与行为的不同状态和程度等予以类型化,并分别规定轻重不等的刑罚幅度。就本罪而言,无论是组织、策划,还是实施行为,都属于法律规定的实行行为。同时,由于组织、策划者大都是在犯罪中起主要作用的首要分子或主犯,因而,法律对之规定了较重的法定刑,而对于其他参加者则规定了相对较低的法定刑。在这里,所谓组织是指行为人为了分裂国家而按一定的形式将分散的人集合起来使之具有一定的系统性或者整体性。这里的"组织"既包括犯罪预备过程中的组织行为,也包括犯罪实行过程中的组织行为。所谓策划是指行为人为了分裂国家而暗中进行密谋、筹划。比如制订实施分裂国家的犯罪行为计划、方案,确定参加犯罪活动的人员名单和具体实施步骤。所谓实施是指行为人已经着手、正式开始实行分裂国家的行为,既包括组织、策划者将其策划的内容付诸实施,也包括组织、策划者以外的其他人在组织、策划者的组织、指挥下参与的实施分裂国家、破坏国家统一的活动。值得注意的是,由于本罪的性质非常严重,因此,构成本罪,只要行为人在客观上实施了分裂国家的行为即可,而不需要有实际危害结果的发生。

(3) 犯罪主体

本罪的主体为一般主体。无论是中国公民、外国公民或者无国籍的人,都可构成。但由于本罪是共同犯罪,主体又有首要分子、罪行重大的、积极参加者、其他参加者之分。在一般情况下,首要分子、罪行重大者都是钻进我们党、政、军领导机关内部,窃据了重要权力的野心家、阴谋家以及具有一定社会影响的地方分裂主义分子和民族分裂主义分子。就前者而言,他们有的是长期潜伏在人民队伍内部的老反动分子,有的则是蜕化变质的新势力。他们一旦大权在握,其阴谋、野心就会膨胀,伺机进行分裂国家的活动,正是由于他们大都是混入我党政军领导机关、窃踞较高职位、善于利用合法形式进行阴谋活动、具有重大社会影响的两面派,因此,他们的犯罪活动具有更大的欺骗性和更大的危险性,同时也决定了同这种犯罪分子进行斗争的复杂性和重要性。其他积极参加者、一般参加者,他们在共同犯罪中多处于从犯、胁从犯之地位,没有担任重要职务的普通公民也可以成为犯罪主体,且他们多是直接实施犯罪活动的主体。

在这里,"首要分子"是指在分裂国家犯罪集团中或聚众犯罪中起组织、策划、指挥作用的犯罪分子。首要分子有时并不直接参与实施具体的分裂国家、破坏国家统一的犯罪活动,但他们是共同犯罪人中危险最大的一类犯罪人。"罪行重大者"是指除首要分子以外的其他罪行比较严重的,在犯罪活动中起主要作用的犯罪分子,即除首要分子以外的主犯。"积极参加者"是指除"首要分子"和"罪行重大者"以外的,直接参加犯罪活动比较多或表现比较积极主动的犯罪分子。"积极参加者"是对参与共同犯罪活动的人参与犯罪程度的评价,这种评价既考虑其实施危害社会的犯罪行为在共同犯罪中的作用大小,也要考虑行为人主观恶性的轻或重。"其他参加者"是指除上述几种情况以外的一般参加者,其中包括被胁迫、利诱而参加的人员,即包括相当于共同犯罪中的胁从犯。应当指出的是,上述几种犯罪分子身份主要是根据其在共同犯罪中的作用而界定的,由于整个犯罪活动是一个动态的发展过程,行为人将会随着其在共同犯罪中的表现和作用而转变其身份,从而导致法定刑量刑档次的变化。比如,在整个分裂国家的犯罪活动中,有些犯罪分子由开始的一般参加者,转变成积极参加者,进而成为犯罪活动中的"罪行重大者",从而显现一种由次渐主、由弱渐强的趋势;也有的犯罪分子在开始的犯罪活动中表现突出,是一名积极参加者,后来转变成一般参加者,甚至退出整个犯罪活动,从而呈现出一种由主渐次、由强渐弱的趋势。对于他们的身份的认定一定要从案件的实际情况出发,实事求是地加以认定,既不能轻纵犯罪分子,也不要人为地扩大其在犯罪中的地位、作用,进而加重其刑。对于前者,要根据案发时行为人在犯罪活动中现实地起到的作用来认定其身份,是属于罪行重大者,还是积极参加者,或其他一般参加者;对于后者,则应以整个犯罪活动中所处的地位、作用的最高阶段来认定其身份,比如行为人起初是积极参加者,后来成为一般参加者,甚至退出犯罪活动,对之则应以"积极参加者"对待,而不再适用其后来的"一般参加者"身份所确定的法定刑幅度,至于其后来的主动退出犯罪活动,可视为一种酌定从轻情节,在量刑时确定考虑。

(4) 犯罪主观方面

本罪的主观方面只能是直接故意。由于本罪是行为犯,并不以发生危害国家统一的结果为要件,因而从主观态度上只要行为人明知自己的行为是分裂国家、破坏国家统一、危害国家安全,而积极实施包括组织、策划、实施即构成本罪的直接故意。至于行为人对危害国家统一、危害国家安全的结果是持希望还是放任态度并不影响本罪直接故意的成立，这是应该特别注意的。有的论者将行为人对危害国家统一的结果的希望或放任态度作为本罪主观要件之一，从而得出本罪也可由间接故意构成是不当的。而有的教科书虽认为本罪只能由直接故意构成，但认为这是由行为人对危害国家统一这一结果积极追求而得出的结论。这也是不当的，不仅犯了上述论者同样的错误，而且也不符合行为人的真实心理。事实上，确有行为人对危害国家统一的结果持放任态度的，只是这种意志态度不作为本罪的主观要件罢了。尽管不同的犯罪人主观意志强弱程度不同，但均须出自直接故意。一般而言，首要分子和罪行重大者分裂国家的意志最坚决，而且对这一危害结果的发生也是持积极追求态度的，而积极参加者的意志坚决程度则次之，其他参加者更次之，意志坚决程度渐弱。另外，本罪也可以说是目的犯，即须以分裂国家、破坏国家统一为目的，这种目的决定了在某些情况下尽管客观行为相似但都构成不同的犯罪。因此，行为人若不知其所参与实施的行为是在分裂国家、破坏国家统一，而是被诱骗参加的，则不构成本罪，而只能以其直接实施具体行为的客观性质加以认定。当然，尽管开始时行为人是被诱骗参加了，但在参与实施犯罪行为过程后，知道了其行为的性质而仍继续参与的，仍以本罪论处。例如，在以暴乱、骚乱形式实施的分裂国家罪中，行为人并不知其所参与的犯罪行为是分裂国家的性质，但却具体实施破坏财物、抢劫钱财、冲击机关等行为的，则可以根据其实施的具体的行为所构成的犯罪，比如故意毁坏财物罪、抢劫罪、聚众冲击国家机关罪等论罪。如果行为人在实施上述分裂国家行为后知道其行为性质而仍继续参与的，则应以本罪论处。另外，值得注意的是，本罪只要求行为人在主观上出于直接故意即可，至于行为人出于何种动机而实施分裂国家的行为，对于构成本罪不发生影响。

2. 分裂国家罪的刑罚适用

根据《刑法》第103条第1款、第113条、第106条、第56条第1款规定，犯本罪，对首要分子或者罪行重大的，处无期徒刑或者10年以上有期徒刑；对积极参加的，处3年以上10年以下有期徒刑；对其他参加的，处3年以下有期徒刑、拘役、管制或者剥夺政治权利；对国家和人民危害特别严重，情节特别恶劣的，可以判处死刑。与境外机构、组织、个人相勾结，实施本罪的，依照前述规定从重处罚。犯本罪的，除单处剥夺政治权利者外还应当附加剥夺政治权利，并且可以并处没收财产。

关于本罪的刑罚适用，在司法实践中应当注意下列几个方面的问题：

第一，本罪设置了三个量刑幅度，且差异较大，重者处无期徒刑，最轻者则处管制或剥夺政治权利，反映了立法者对具有不同社会危害程度的行为及行为人予以不同的刑事惩罚强度。立法的这种规定是完全合理的，符合罪刑相适应的原则。应当看到，立法者设置不同的量刑幅度的主要根据是行为人的身份，因此实践中，一定要严格认定不同行为人的身份，只有如此，才能做到罪刑均衡和罪责自负。在确定了各自的身份后，还要综合考虑行为人的主客观因素，行为的后果等，在各自相应的法定刑幅度内适用刑罚。比如考虑行为人的自首、立功情节。不同身份的行为人自首、立功的要求是不同的，同时在法定刑幅度内从轻或者法定刑幅度之下减轻的幅度也是不同的。比如对首要分子的自首和立功的要求就不应与一般参加者相同。另外，根据《刑法》第106条的规定与境外机构、组织、个人相勾结犯分裂国家罪的，应从重处罚。这主要是针对分裂国家的组织、策划者而言的，对于"积极参加""一般参加者"一般不会与境外相勾结。故《刑法》第106条规定之"从重"，主要定在"无期徒刑或者10年以上有期徒刑"之刑罚幅度内的从重。

有的学者认为，"对必要的共同犯罪量刑时，仅只根据刑法分则有关条文的规定就够了，不需要再适用刑法总则规定的关于共同犯罪的条文"[①]。笔者认为，尽管分则已经规定了必要共犯的法定刑，比如本罪，但是，共同犯罪人参与犯罪的程度，在共同犯罪中的作用仍有不同。对不同身份的行为尽管只需适用在各自的法定刑幅度，但是仍需根据刑法总则对主犯、从犯、胁从犯的不同处罚原则，考虑案件的具体情况，在法定刑幅度内适用合适的刑罚。

第二，分裂国家罪也是直接从总体上危及国家安全、具有使"国将不国"的现实可能性的犯罪，其社会危害性极大，属于危害国家安全罪中最为严重的犯罪之一。对其规定死刑，符合死刑的分配的价值性原则的规定，即其所侵犯的权益的价值至少不低于人的生命价值的犯罪才可适用死刑。分裂国家罪的直接侵犯的权益要高于人的生命价值，但是，应当严格掌握死刑适用的条件，认真领会刑法在死刑问题上采取的限制，减少死刑的价值取向。根据《刑法》第113条的规定，犯分裂国家罪，只有对国家和人民危

---

① 高铭暄主编：《中国刑法学》，中国人民大学出版社1989年版，第189页。

害特别严重，情节特别恶劣的，才可以处死刑。理解本条需要注意以下问题：其一，"危害特别严重、情节特别恶劣"是适用死刑的必要条件。这两者是并列选择要件，而不是同时具备，缺一不可。"危害特别严重"主要是指已实际分裂了国家，或虽未实际分裂国家但使国家统一发生严重危险，或组织、策划活动后又实施分裂活动，社会影响极为严重；为分裂国家而进行暴乱造成人身伤亡或巨大财产损失，等等。"情节特别恶劣"主要是指犯罪手段特别残忍，如采取暗杀、爆炸等手段；与境外反动势力勾结进行分裂国家活动；犯罪集团人数多、组织大、活动猖獗；犯罪动机特别恶劣等等。其二，由于法律对"积极参加者""其他参加者"的法定刑幅度的规定是3年以上10年以下有期徒刑，所以，不可能对之适用死刑。就本罪而言，危害特别严重、情节特别恶劣，是针对首要分子和罪行重大分子来说的，其他参加者包括积极参加者，都不存在这个问题。其三，法律规定是可以判处死刑，而不是应当判处死刑，死刑包括死缓在内。①

第三，根据《刑法》第56条第1款和第113条规定，犯本罪除单处剥夺政治权利者外还应当附加剥夺政治权利，并且可以并处没收财产。这是因为，对于此类犯罪如不剥夺犯罪分子政治权利，将会给犯罪分子留下可乘之机，借以进一步实施分裂国家的犯罪活动。对于此类犯罪可以判处没收财产，一是从经济上给犯罪分子以严厉处罚，二是剥夺犯罪分子进一步实施此类犯罪的经济基础，使犯罪分子丧失重新犯罪的资本。

（二）煽动分裂国家罪

1. 煽动分裂国家罪的概念和特征

煽动分裂国家罪是指行为人以分裂国家为目的，煽动他人实施分裂国家、破坏国家统一的行为。从本罪的概念来看，构成本罪有以下几个方面的特征。

（1）犯罪客体

本罪侵犯的直接客体是国家的统一与民族的团结，与分裂国家罪的直接客体完全相同，这也是刑法将这两种不同的犯罪规定于同一条文之中的直接原因。关于本罪的犯罪对象，即煽动对象是不特定人或多数人，往往具有群体性特征，一般是三人以上。如果行为人煽动某一个人去实施分裂国家、破

---

① 于志刚主编：《危害国家安全罪》，中国人民公安大学出版社1999年版，第126—127页。

坏国家统一的行为，若以本罪论处并不违背法律规定。但笔者认为这并非立法本意，上述行为宜以分裂国家罪的教唆犯来处理。因为煽动在某种意义上也具有教唆的性质。《刑法》将教唆行为独立成罪，并不是否定了关联的实行行为教唆犯的存在，就本罪而言，《刑法》虽明确规定了煽动分裂国家罪，但除此之外还存在分裂国家罪的教唆犯。

(2) 犯罪客观方面

本罪在客观方面表现为行为人实施了分裂国家、破坏国家统一的行为。即以怂恿、鼓动、号召等方式煽动分裂国家、破坏中华人民共和国国家和民族统一的行为。关于本罪的客观行为关键是如何理解"煽动"行为。

所谓"煽动"一词，据《辞海》解释系"怂恿、鼓动"之义，据《现代汉语大辞典》的解释是"鼓动（别人专做坏事或者不应该做的事）"。因此，所谓煽动行为，就是行为人以劝诱、造谣、诽谤、迷惑等方式，蛊惑人心、怂恿、鼓动他人实施违法犯罪的行为。煽动行为并不以公然实施为必要，既可以当面直接煽动，也可以委托他人转达进行间接煽动。可以是以语言的形式，如公开呼喊反动口号，发表反动演说，也可以是用文字的形式，比如在公开场所书写、张贴、散发反动传单、标语、大小字报，向机关、团体、大专院校等单位广泛投寄煽动分裂国家的信件，编辑、出版含有煽动性分裂国家内容的反动刊物、发表反动文章。随着科学技术的进步，犯罪手段带来相应变化，行为人通过计算机信息网络也可以达到煽动效果。从实践看，发表演讲、张贴、书写、散发反动传单、标语、口号等最为常见。

从历史上的有关规定来看，煽动型犯罪多数情况下与"惑众"有密切的联系。"惑众"是多数煽动型犯罪的重要特点。本罪也不例外。行为人为达到分裂国家、破坏国家统一的目的，仅靠单纯的劝说、鼓动难以使他人产生犯意进而实施分裂国家的行为，为此往往采取造谣、诽谤、歪曲历史事实，借政府工作中的失误挑起群众的激愤情绪，将政府对某些问题的处理大肆进行不恰当的渲染等挑起他们实施分裂国家、破坏国家统一的行为决意，进而实施分裂国家的行为。

从煽动程度来看，行为人实施煽动行为既包括使他人产生分裂国家的犯罪决意，进而实施分裂国家的犯罪行为，也包括他人已经产生分裂国家的犯罪意图，但尚处于犹豫阶段，通过行为人煽动，犯意进一步坚定的情况。二者都构成"煽动"。

从煽动的内容看，本罪是分裂国家、破坏国家统一，这是行为人目的之所在，也是本罪区别于其他煽动型犯罪的关键所在。实践中曾经发生的比如公开叫嚣、发表文字认为西藏不是中国领土，而是独立的国家，并进而煽动人们为实现西藏独立而行动，即是煽动分裂国家的行为。例如，20 世纪 80 年代后期，西藏发生的被告人土登某某煽动分裂国家案，就是一起典型的煽动分裂国家案件。①

此外，本罪的构成并不以被煽动者实施分裂国家罪即具体地着手组织、策划、实施分裂国家、破坏国家统一的行为为必要。即只要行为人实施了煽动行为，无论被煽动者是否实施分裂国家、破坏国家统一的犯罪行为，行为人即构成煽动分裂国家罪的既遂。

（3）犯罪主体

本罪的主体为一般主体，既可以是在国内有一定政治、社会影响的人物，也可以是普通的公民，既可以是中国人，也可以是外国人、无国籍人。不过，从实践经验来看，多是具有民族分裂思想倾向的地方分裂主义分子和民族分裂主义分子。

（4）犯罪主观方面

本罪在主观上只能是故意。有的论者将本罪的主观特征表述为明知自己的煽动行为会导致他人实施分裂国家、破坏国家统一的行为，发生危害国家安全的结果，并且希望或者放任这种结果的发生。② 我们认为，从行为人实际的心理态度来看，上述论者将本罪的主观方面概括为对危害国家安全结果的希望或者放任的意志态度是正确的，但是并不能将这种意志态度规定为本罪的主观构成要件的内容，否则就会得出本罪既可以由直接故意构成，也可以由间接故意构成之错误的结论。本罪属于行为犯，不要求实施危害后果的发生为既遂条件，故在行为人主观态度上须考虑对危害后果的认识和意志态度，只要求行为人对作为构成要件的客观内容具备必要的认识和意志态度。从这种意义上来说，本罪只能由直接故意构成，即行为人明知自己是在实施煽动分裂国家、破坏国家统一的行为而仍然决意而为之。

2. 煽动分裂国家罪的刑罚适用

根据《刑法》第 103 条第 2 款、第 106 条、第 56 条第 1 款、第 113 条

---

① 案件内容详见于志刚主编：《危害国家安全罪》，中国人民公安大学出版社 1999 年版，第 132—133 页。

② 张明楷：《刑法学》（下），法律出版社 1997 年版，第 545 页。

第 2 款规定，犯本罪，处 5 年以下有期徒刑、拘役、管制或者剥夺政治权利；首要分子或者罪行重大的，处 5 年以上有期徒刑。与境外机构、组织、个人相勾结，实施本罪的，依照前述规定从重处罚。犯本罪的，除单处剥夺政治权利者外还应当附加剥夺政治权利，并且可以并处没收财产。

煽动分裂国家罪的法定刑相对于分裂国家罪的法定刑来讲要低得多。这是因为这种犯罪不像分裂国家罪那样直接从整体上危及国家安全，同时手段不具有暴力性，不具有致人于死的可能性，因而不规定死刑是合理的。同时也体现了刑罚程度的序列性，有利于贯彻罪刑相适应原则。

根据《刑法》的规定，本罪有两个量刑档次。这里的"首要分子"是指在煽动分裂国家犯罪集团或共同犯罪中起组织、策划、指挥作用的犯罪分子，比如为积极组织成员，散发含有分裂国家内容的反动传单或者在聚众分裂国家的过程中起主要作用的行为人，相对于一般地跟从他们随声附和、高喊口号煽动分裂国家的犯罪分子来说，他们是首要分子。这里的"罪行重大者"包括的情形比较多，比如煽动他人暴力分裂国家的，或煽动分裂国家、聚众冲击国家机关，扰乱公共场所秩序、交通秩序，致使生产、工作、科研、教育无法正常进行，严重扰乱社会秩序的，或者行为人的煽动行为产生了他人实施分裂国家、破坏国家统一的后果的，等等。

三、关于分裂国家犯罪的立法完善

由于我国现行刑法只规定了分裂国家罪和煽动分裂国家罪两个具体罪名，对于司法实践中出现的组织、领导、参加分裂国家组织以及入境发展分裂国家组织成员和包庇、纵容分裂国家组织等犯罪行为就无法可依，不能对其进行有效地惩治和打击。另外，将分裂国家犯罪的主体仅限于自然人，而不包括单位犯罪主体，也不能适应打击分裂国家犯罪活动的需要。此外，鉴于煽动分裂国家罪的社会危害性在某种程度上并不比分裂国家罪要轻，因此有必要适当提高煽动分裂国家罪的法定刑。具体来说，要完善分裂国家犯罪的刑事立法，必须注意以下几个方面的问题：

（一）增加单位犯罪主体

我国现行刑法关于分裂国家犯罪的主体，只限于年满 16 周岁、具有刑事责任能力的人，而将单位犯罪主体排除在本罪的主体之外。虽然《刑法》第 106 条规定："与境外机构、组织、个人相勾结，实施本章第 103 条、第

104 条、第 105 条规定之罪的，依照各该条的规定从重处罚。"但是从该条规定的内容来看，与境外的机构、组织相勾结从重处罚，只是将境外的机构、组织作为刑事责任适用的主体，而非犯罪主体。

从司法实践当中所发生的分裂国家犯罪来看，分裂国家犯罪的主体除了自然人主体之外，还有单位犯罪主体的存在。这主要表现为国内某些公司、企业、事业单位不仅存在着组织、策划、实施分裂国家的行为，而且还存在着包庇、纵容分裂国家组织的行为。从国外的情况来看，某些国外的机构、组织不仅对我国国外的分裂组织和势力给予物质和精神上的支持和帮助，而且与我国国内的分裂组织和势力相勾结，遥相呼应，共同从事分裂中国的犯罪活动。由于单位实施的分裂国家犯罪活动较之自然人犯罪社会危害性更大，因此，将单位作为本类犯罪的犯罪主体，不仅更加符合司法实践的需要，而且能够更加有效地打击该类犯罪活动，从而使我国刑事立法对本类犯罪的规定更为完善。在这里，作为国内的公司，主要是指以营利为目的从事生产和经济活动的经济组织，包括有限责任公司、股份有限公司和一人公司。作为国内的企业，是指公司以外的，以从事生产、流通、科技等活动为内容，以获取赢利和增加积累、创造社会财富为目的的营利性社会组织。作为国内的事业单位，是指依法成立的从事各种社会公益活动的组织。这里所说的公司、企业和事业单位，是指所有的公司、企业、事业单位，既包括国有的公司、企业、事业单位，也包括集体所有制的公司、企业、事业单位以及合资或独资、私人所有的公司、企业、事业单位。[1] 在这里，作为境外机构，是指中华人民共和国边境以外的国家和地区的官方机构。作为境外组织，是指中华人民共和国边境以外的国家和地区的政党、社会团体以及其他企事业单位，例如商会、报社等。这里将机构与组织分别规定是考虑到危害国家安全的行为背后往往有某一国家的政府、军队或者其他地方机构的支持、操纵，因而将机构单列，特指具有官方性质的组织，其他组织则是民间的。[2]

增加单位犯罪主体后，关于境外的机构、组织触犯本类犯罪的应当如何追究刑事责任，我们认为，可以适用《刑法》第 8 条关于"保护原则"的规定。根据第 8 条规定："外国人在中华人民共和国领域外对中华人民共和

---

[1] 高铭暄、马克昌主编：《刑法学》（上编），中国法制出版社 1999 年版，第 193 页。
[2] 陈兴良：《刑法疏议》，中国人民公安大学出版社 1997 年版，第 216—217 页。

国国家或者公民犯罪，而按本法规定的最低刑为 3 年以上有期徒刑的，可以适用本法，但是按照犯罪地的法律不受处罚的除外。"在这里，外国人按一般法理来理解，当然也包括外国的机构、组织。据此解释，外国机构、组织在中华人民共和国领域外实施分裂中国的行为属于对中华人民共和国国家的犯罪，而按照我国刑法的有关规定，这类犯罪的法定最低刑大多为 3 年以上有期徒刑。与此同时，分裂国家的行为在世界其他各国刑法的规定中也是犯罪。因此，我国完全可以依据"保护原则"的规定对此类犯罪进行管辖。

（二）增设其他相应罪名

1. 增设组织、领导、参加分裂国家组织罪，以有效地打击有组织的共同犯罪

由于我国现行刑法只规定了分裂国家罪和煽动分裂国家罪，从其行为表现方式来看，仅仅囊括了一般必要的共同犯罪，而无法将处于共同犯罪最高形态的有组织的分裂国家的犯罪行为包括进来。因此，为了有效地打击有组织的分裂国家的犯罪行为，我们认为有必要增设组织、领导、参加分裂国家组织罪。

组织、领导、参加分裂国家组织罪，是指行为人以分裂国家为目的，组织、领导、参加分裂国家组织的行为。从本罪的概念来看，构成本罪必须具备以下几个方面的特征。

（1）犯罪客体

本罪所侵犯的直接客体是国家与民族的团结与统一。我国是一个统一的多民族的国家，国家的统一，民族的团结，是我们顺利地进行社会主义现代化建设和改革开放事业的前提和基本保障，也是全国各族人民的根本利益之所在。因此，一切国内外的敌对势力和敌对分子无不将其作为对我国进行颠覆、破坏的矛头所向。他们为了达到某种不可告人的政治目的，总是企图通过建立分裂国家的反动组织对其进行分裂和破坏。因此，他们所侵犯的社会关系就是我们国家与民族的团结与统一。

（2）犯罪客观方面

本罪在客观上表现为行为人实施了组织、领导、参加分裂国家组织的行为。从本罪的客观方面来看，构成本罪的客观特征，必须具有以下两个方面的内容。

首先，行为人必须实施了组织、领导、参加分裂国家组织的行为。具体而言，包括以下三种行为方式。

组织行为。所谓组织，从静态上讲，作为名词使用，是指按照一定的宗旨、目的和系统建立起来的集体、集团。我们通常所说的恐怖组织、黑社会性质组织中的"组织"就是这一含义。从动态上讲，作为动词使用，是指安排分散的人或事物使之具有一定的系统性或整体性。这样，从广义上讲，其又包括两种意义：一是使一些分散的人按照一定的宗旨、目的使他们形成一个相互联系、不可分割的利益整体或集团。在本罪中，即为通过策划、倡议、指使、鼓动、召集、引诱、胁迫、招揽、拉拢、安排等手段，使分散的个人基于分裂国家的目的而成立一个比较稳定组织的行为，包括创立、组建分裂国家组织，确定分裂国家组织的目的、宗旨，以及组织机构、人员安排、行为规范、活动方式，发展分裂国家组织成员等具体活动。在分裂国家组织尚未建立起来之前所进行的一系列成立分裂国家组织的活动，固然属于本罪的组织行为，另外，在分裂国家组织成立后，采取引诱、胁迫、招揽、拉拢、鼓动、召集等方法使他人加入分裂国家组织，或者采取胁迫、利诱、打击、报复等手段控制成员，不让其脱离组织的行为也应理解为本罪的组织行为。二是对一定的事物进行处置，使之具有系统性、整体性。在本罪中，即对分裂国家组织内部事务或所进行的各种活动予以策划、指挥、安排、协调等，使之按照分裂国家组织的宗旨、目的进行统一的行动。这种对分裂国家组织内外事务及犯罪活动的策划、指挥、安排、调节，更具有领导行为的特征，因而又是领导行为。为了将之与组织建立的领导行为相区别，不至使其在含义上交叉、重复，我们认为，组织行为宜作狭义理解即取第一种意义，第二种意义上的行为宜归属于领导行为之列。

领导行为。所谓领导，是指在分裂国家组织成立之后，处于统率、支配地位的成员通过策划、决定、指挥、率领、安排、调查、协调等手段指挥、管理分裂国家组织人员及其活动的行为，其对象为分裂国家组织。既包括对分裂国家组织成员的率领、指挥、管理及其分工、任务的安排、调配，又包括对分裂国家组织的各种内外事务、活动的策划、管理和安排，如对本组织财物的管理、经费筹集、犯罪活动计划的策划、协商、确定等。

参加行为。所谓参加，则是指明知为分裂国家组织而主动、积极要求加入组织，或者基于组织者、中介人的鼓动、利诱、招揽、威胁、欺骗等而加入分裂国家组织，成为其中一员。然后，在他的领导、指挥下为分裂国家组织进行某一方面的工作，如协助发展分裂国家组织成员，为分裂国家组织打探信息、情报，或者联络组织成员，或者筹措经费，具体实施某项分裂国家犯罪活动，等等。其中，积极参加，既包括在明知是分裂国家组织的情况下，积极、主动要求直接加入或让第三人介绍加入的行为，又包括在加入分裂国家组织后，主动、积极参加分裂国家犯罪的重要事务，如具体进行分裂国家犯罪活动，或者努力、积极完成领导者所交付的任务，还包括在组织、领导者的指使下，安排、指挥一些具体的犯罪活动等。其他参加，则主要是指被胁迫、诱惑加入分裂国家组织，从事的是一些辅助性的非分裂国家犯罪活动方面的工作，或者虽然参加了分裂国家的犯罪活动，只是消极对付，起次要作用或辅助作用等。就参加的形式而言，有的采取书面的方式申请加入，有的履行一定的仪式加入，有的明知是分裂国家组织而参入其中进行分裂国家犯罪或者其他活动，然后为该组织所认可，有的是口头要求加入，被分裂国家组织接受，等等。无论采取何种方式加入，只要得到了分裂国家组织的批准、认可，即可构成本罪且为既遂。

由上可知，组织、领导、参加分裂国家组织的行为既相区别，又相联系。组织行为，一般发生在分裂国家组织建立之前。组织建立之后，为了壮大组织，采取各种手段使他人加入或者控制成员，不许脱离组织的行为，也应属于组织的范畴。领导，作为指挥、管理分裂国家组织的行为，必须在组织成立后实施。组织成立前，不存在对其的管理、指挥等领导行为，因此，在组织成立分裂国家组织的过程中进行领导、策划、指挥创建、成立组织的行为均应以组织行为论处。参加行为，则为分裂国家组织创立初期到其整个持续存在的过程中，均可发生。就三者的联系而言，实施组织行为的组织者在组织建立后通常会成为领导者而处于支配地位，组织的领导者在指挥、管理组织的过程中，为了壮大组织，扩大实力，常常又会实施一些组织行为。这在规模较小、成员不多的分裂国家组织中尤其如此。参加者，可能由一般参加者转变为积极参加者，甚至最终成为领导者。在组织中，究竟是组织者、领导者还是积极参加者、一般参加者，都应当根据其具体实施的行为、在组织中的地位、作用确定，不能简单地根据其在组织中的名分认定。

还应指出，就本罪的构成而言，并不要求三种行为同时具备，只要实施其中之一，即可构成本罪，具体应根据其行为的特征选择罪名适用，如只实施了组织行为的，则定为组织分裂国家组织罪；实施了领导行为的，则定为领导分裂国家组织罪，等等。实施了两种以上行为，也只构成一罪，不实行数罪并罚，如既实施组织行为又实施领导行为的，则定组织、领导分裂国家组织罪；既实施组织或领导行为，又实施了参加行为的，如起初是一般参加者后又转化为组织者、领导者的，或者先是组织者、领导者后又成为一般参加者的，参加行为应被组织、领导行为吸收，以组织分裂国家组织罪、领导分裂国家组织罪或组织、领导分裂国家组织罪依法定罪处罚。

其次，组织、领导、参加的必须是分裂国家组织。行为人虽有组织、领导、参加的行为，但组织、领导、参加的并非分裂国家组织，也不能构成本罪。至于分裂国家组织，是境内孳生的，还是境外人员到境内建立的，以及境外分裂国家组织渗透后成立的，甚或是上述多种组织相互联合成立的，则不影响本罪成立。在这里，需要弄清的问题就是何谓分裂国家组织。所谓分裂国家组织，是指三人以上（包括三人）基于分裂国家的政治目的，共同进行分裂国家犯罪活动而形成的较为固定的犯罪组织。其基本特征如下：

第一，组织成员的多数性。任何犯罪组织，都以具有三个或者三个以上的成员为构成必要，二人不能构成犯罪组织，只能成立共同犯罪，作为犯罪组织之一的分裂国家组织也不能例外。三人，是指至少具有三名达到刑事责任年龄即年满16周岁具有刑事责任能力的人。虽有多人，但达到刑事责任年龄具有刑事责任能力的自然人没有三人，也不能构成犯罪组织。另外，三人都具有结成组织以进行分裂国家犯罪活动的故意。虽有多人，但基于此种故意的人没有三人，如有的是因蒙蔽而为分裂国家犯罪分子招揽从事打扫卫生等非犯罪性的日常辅助事务，没有进行分裂国家犯罪活动的意图，则也不能构成分裂国家组织。还应指出，三人仅是分裂国家组织成立的成员底线，至于上限没有任何限制。在司法实践中，有的少则几人，有的多则数十上百成千上万，这对构成分裂国家组织没有影响。

第二，犯罪目的的明确性。分裂国家组织设立的目的，就是共同进行分裂国家的犯罪活动。这种进行分裂国家犯罪的目的，将分裂主义分子紧密联系在一起，相互配合，相互支持，形成一个罪恶的整体，共同危害社会。因此，行为人在主观上不具有分裂国家这一犯罪目的的，不能认定为分裂国家组织。当然，基于共同进行分裂国家犯罪的主观意图组成分裂国家组织，并不要求每一成员都实际会进行具体的分裂国家犯罪活动。尤其是规模庞大的分裂国家组织，其成员之间基于不同分工，有的专门进行具体的犯罪，有的则专司管理成员、筹措经费、对外联系等活动，但其基于分裂国家犯罪这一目的而联系成为一个整体，因而仍然构成组织、领导、参加分裂国家组织罪。

第三，较强的组织性。分裂国家组织，作为一种有组织工作犯罪的结构形态，成员之间由于一致的犯罪目的而存在较为紧密的联系，结构比较严密，如组织特别是规模较大的组织成员之间一般有明确的分工，有组织工作、领导犯罪组织的首要分子；重要成员尤其是骨干成员基本固定；组织、领导者和一般参加者之间，层次通常比较分明，等级界线比较森严；纪律比较严格，有的还较为残酷，等等。

第四，一定的稳定性。分裂国家组织一旦成立，成员之间因为明确一致的目的和较为严格的纪律约束，相对稳定。他们以首要分子为核心，相互联系，在较长的时间内进行各种分裂国家的犯罪活动，或以此为常业，表现出一定的稳定性。

第五，严重的危害性。分裂国家组织所犯罪行基于其目的，不仅性质严重，而且因为犯罪时通常都有比较周密的计划，手段狡猾，举组织之余力，从而对社会所造成的危害性异常严重，有的甚至骇人听闻，危害之巨，无法想象。

分裂国家组织，除了具有上述内在的基本特征外，还具有以下非本质的外在表现特征，即犯罪活动的公然性、犯罪方式的多样性以及犯罪活动的日趋国际化，等等。应当指出，上述分裂国家组织的外在非本质特征与内在的本质特征具有不同的意义。前者这些外在特征，并不影响分裂国家组织的本质，缺少它们分裂国家组织仍可成立。而前者乃是分裂国家组织构成的必要条件，是认定分裂国家组织及其犯罪活动的基本依据，是每一分裂国家组织所具有的共同特征，缺一即不能成立为所谓的分裂国家组织。因此，在司法实践中不能将二者混为一谈。需要注意加以区分。

（3）犯罪主体

本罪的主体为一般主体。凡年满16周岁具有刑事责任能力的自然人，无论是我国公民，还是外国人、无国籍人，均可构成本罪。但是，在司法实践中，实际能够成为本罪主体的应是组织、领导或者参加分裂国家组织的人员，多为分裂国家组织的成员，包括首要分子及其参加者。对于一般参加者，不能绝对化地不分情况一律以犯罪论处。对于那些因不明真相而参加分裂国家组织，一旦发现即脱离关系，实际上也未参加分裂国家组织活动或只是一般性的日常活动的，或者受欺骗、蒙蔽、利诱或者胁迫参加分裂国家组织，但消极对待，经教育后痛改前非，积极检举、揭发分裂国家组织成员及其犯罪活动的，则可根据《刑法》第13条"但书"的规定认定为"情节显著轻微危害不大"而不认为是犯罪。另外，年满14周岁不满16周岁的人参加甚至组织、领导分裂国家组织的，不能以本罪论处。但是如果组织、领导、参加分裂国家组织的故意杀人、伤害致人重伤或者死亡、放火、爆炸、投放危险物质、强奸、抢劫、贩卖毒品等八种犯罪的，则应依法追究其刑事责任。

(4) 犯罪主观方面

本罪在主观方面必须出于故意。即行为人明知是分裂国家的犯罪组织而仍决意组织、领导和参加。对于组织者而言，其主观意图上必须是组织成立以进行分裂国家犯罪为目的的组织，不以组织进行分裂国家犯罪组织的目的而组织成立其他组织如黑社会性质组织，即使该组织也实施了打、砸、抢、烧等犯罪行为，也不能以组织分裂国家组织罪论处，构成犯罪的，应是他罪，如组织黑社会性质组织罪等。对于领导者而言，则明知自己领导、指挥的是分裂国家组织及其有关事务而仍决意而为之。一般说来，对于分裂国家组织的组织者、领导者，其故意内容和以进行分裂国家犯罪活动为宗旨的行动目的非常清楚。对参加者而言，其明知是分裂国家组织而仍决意参加，即自愿从属于所要参加的分裂国家组织，遵守规章制度，服从组织领导指挥。倘若确实不知道是分裂国家组织，如在完全受蒙蔽的情况下参加了组织，则不应以本罪论处。当然，参加时不知道是分裂国家组织，但事后知道了仍不退出，并不影响本罪成立。应当指出，明知是分裂国家组织，既包括确知是分裂国家组织，也包括可能知道是分裂国家组织，而不要求参加者完全肯定是分裂国家组织。另外，无论是组织者、领导者还是参加者，都以进行分裂国家活动为目的，但不要求其在分裂国家组织中实际进行了分裂国家活动。在分裂国家组织中，其成员的分工并不一定都与分裂国家活动直接相关，如分工从事经营活动而为分裂国家组织筹集经费，但这都是分裂国家组织赖以存在、发展的组成部分，与分裂国家组织所进行的分裂国家活动不可分割。总而言之，只要行为人出于进行分裂国家活动的目的而组织、领导、参加了分裂国家组织，不论其实际分工如何，都可构成本罪，不能以其分工作为区分本罪与非罪的界限。

关于本罪的刑事责任，依据有关法律结合本罪的实际情况，可能规定如下：组织、领导、参加分裂国家组织的，处 10 年以上有期徒刑、无期徒刑或者死刑；积极参加的，处 3 年以上 10 年以下有期徒刑；其他参加的，处 3 年以下有期徒刑、拘役、管制或者剥夺政治权利。犯本罪并同时实施其他犯罪的，依照数罪并罚的规定处罚。

2. 增设入境发展分裂国家组织成员罪，以有效地防范境外势力的渗透

在司法实践中，由于分裂国家的犯罪组织具有国际化的趋势，因此，境外人员入境发展分裂国家组织成员的现象也比较常见。因此，为了有效地防范境外势力的渗透，增设入境发展分裂国家组织成员罪就十分必要。

入境发展分裂国家组织成员罪，是指境外的分裂国家组织人员到中华人民共和国境内发展组织成员的行为。从本罪的概念来看，构成本罪必须具备以下几个方面的特征。

(1) 犯罪客体

本罪侵犯的直接客体是我国的统一与民族的团结。境外的分裂国家组织一旦渗入我国境内，便会造成当地分裂国家组织犯罪萌芽的严峻形势，从而给我国的统一与民族团结造成严重的威胁和危害。因此，这种犯罪行为具有严重的社会危害性，必须依法严惩。

(2) 犯罪客观方面

本罪在客观方面表现为行为人到中华人民共和国境内发展境外分裂国家组织成员的行为。此处的"发展"，是指通过引诱、腐蚀、强迫、贿赂、欺骗或其他手段在我国境内吸收组织成员。行为人必须是为境外的分裂国家组织发展成员方可构成本罪，如果是其自行创建、组织一个独立的分裂国家组织，则应以组织、领导分裂国家组织罪论处。行为人只要实施了在我国境内发展组织成员的行为，不论其是否发展成功，也不论其发展的是否中国公民，均构成本罪。若行为人在入境发展分裂国家组织的同时又犯有其他罪行，则应依法实行数罪并罚。

(3) 犯罪主体

本罪的主体是特殊主体，亦即必须是境外的分裂国家组织的成员。这里的境外分裂国家组织，主要是指在中华人民共和国领域外建立的分裂国家组织。某一违法犯罪组织究竟是否系境外的分裂国家组织，应参酌其是否已被境外国家和地区明确宣布为分裂国家组织进行认定，但不应以此作为唯一标准，因判断某一组织是否为境外的分裂国家组织，最终仍应由我国司法机关依我国法律的规定和我国刑法理论的通行认识作出认定。这里的境外分裂国家组织的人员，应是指正式参加境外分裂国家组织的人员，如非系正式加入境外分裂国家组织的人员，他们到我国境内替境外分裂国家组织发展其成员的，不构成本罪，而应以参加分裂国有组织罪论处。至于这些人员的身份、国籍，是境外分裂国家组织的一般参加者，还是组织者、领导者，是中国

人、外国人还是无国籍人,则非所问。

有些学者认为,本罪的主体必须是外国人或无国籍人,且为分裂国家组织成员。① 这种认识亦显失偏颇:一者我国新刑法并未对境外分裂国家组织的人员的国籍作出明确限制,此应意味着无论这些人员国籍如何,均可成为本罪主体;二者境外的分裂国家组织的人员具有中国国籍的绝非少数,若将他们排斥在本罪主体的范围之外,无疑将会削弱刑法设立本罪惩治和防范境外分裂国家组织向我国境内渗透的功能,且有放纵犯罪之嫌疑。

(4) 犯罪主观方面

本罪的主观方面须出自故意,且只能是直接故意,间接故意或者过失均不能构成本罪。行为人实施本罪的动机多种多样,有的是为了在我国建立分裂国家犯罪的据点,壮大境外分裂国家组织的势力,有的是寻求避风港和保护伞,有的是为了牟取不法经济利益,有的是为了对我国的统一和民族团结进行破坏,等等。行为人的犯罪动机如何,不影响本罪的成立,但可作为量刑情节予以考虑。

关于本罪的刑事责任,依据有关法律结合本罪的实际情况,可能规定如下:入境发展分裂国家组织成员的,处3年以上10年以下有期徒刑。犯本罪又有其他犯罪行为的,依照数罪并罚的规定处罚。

3. 增设包庇、纵容分裂国家组织罪,以有效地打击"黑保护伞"

近年来,分裂国家的犯罪活动之所以甚嚣尘上,与极少数国家工作人员的包庇、纵容行为不能说没有一定的关系。因此,为了有效地打击"黑保护伞",在刑法中增设包庇、纵容分裂国家组织罪是十分必要的。

包庇、纵容分裂国家组织罪,是指国家机关工作人员包庇分裂国家组织,或者纵容分裂国家组织进行违法犯罪活动的行为。从本罪的概念来看,构成本罪必须具备以下几个方面的特征。

(1) 犯罪客体

本罪所侵犯的直接客体是我国的统一和民族团结。国家机关工作人员对分裂国家组织的包庇、纵容行为,不仅使这些分裂国家组织的犯罪分子胆大妄为,而且严重损害国家机关形象,对我国的统一和民族团结具有极大的社会危害性,因此,对之进行打击的惩治是完全必要的。

---

① 参见周振想主编:《中国新刑法释论与罪案》(下),中国方正出版社1997年版,第1228页。

（2）犯罪客观方面

本罪在客观方面表现为包庇分裂国家组织，或者纵容分裂国家组织进行违法犯罪活动的行为。关于何为"包庇""纵容"行为，根据最高人民法院的有关司法解释，这里的"包庇"，是指国家机关工作人员为使分裂国家组织及其成员逃避查禁，而通风报信、隐匿、毁灭、伪造证据，阻止他人作证、检举揭发，指使他人作伪证，帮助逃匿，或者阻挠其他国家机关工作人员依法查禁等行为。这里的"纵容"，是指国家机关工作人员不依法履行职责，放纵分裂国家组织进行违法犯罪活动的行为。由于本罪在客观上属于选择性行为，因此，只要行为人具备其中之一的，即可构成本罪。此外，由于本罪属于行为犯的范畴，只要行为人实施了包庇或者纵容的行为，即可构成本罪的既遂。

（3）犯罪主体

本罪的主体是特殊主体，即必须是国家工作人员方可成为本罪的主体。其他人员若对分裂国家的组织进行包庇，或放纵其从事违法犯罪活动的，不能成立本罪。如符合其他犯罪构成特征的，应以其他罪论处。在这里，所谓国家机关工作人员，是指在各级国家权力机关、行政机关、审判机关、检察机关以及军事机关中依法从事公务的人员。但是，对于本罪的"国家机关工作人员"是否必须为非分裂国家组织的成员，我国刑法学界尚有不同的理解。少数学者对此持肯定说，大多数学者对此持否定说。我们认为，本罪的主体只须系国家机关工作人员即可，至于是否同时为分裂国家组织成员，则在所不问。若其同时具备分裂国家组织成员的身份，则应以本罪与组织、领导、参加分裂国家组织罪实行并罚。

（4）犯罪主观方面

本罪在主观方面必须出于故意，且多系直接故意，但亦不排除间接故意的存在。其具体表现为行为人明知是分裂国家组织，或者分裂国家组织所进行的违法犯罪活动，明知其包庇、纵容行为会发生危害社会的结果，仍希望或者放任这一危害结果的发生。本罪的成立必须以行为人对其所包庇、纵容的是分裂国家组织、分裂国家组织所进行的违法犯罪活动这一事实有明知，如果缺乏这一明知，则说明行为人主观上并无犯罪之故意，不能成立本罪。此外，若行为人过失地包庇了分裂国家组织，或者过失地纵容了分裂国家组织所进行的违法犯罪活动，那么，虽然不能成立本罪，但有可能构成玩忽职守罪等渎职犯罪。

关于本罪的刑事责任，依据有关法律结合本罪的实际情况，可能规定如下：包庇、纵容分裂国家组织的，处3年以下有期徒刑、拘役、管制或者剥夺政治权利；情节严重的，处3年以上10年以下有期徒刑。犯本罪又有其他犯罪行为的，依照数罪并罚的规定处罚。

（三）适当提高煽动分裂国家罪的法定刑

根据我国《刑法》第103条第2款规定："煽动分裂国家、破坏国家统一的，处五年以下有期徒刑、拘役、管制或者剥夺政治权利；首要分子或者罪行重大的，处五年以上有期徒刑。"我们认为，我国现行刑法对煽动分裂国家罪的法定刑与其实际的社会危害性相比显然过轻。因为，煽动分裂国家的行为与组织、策划、实施等其他各种分裂国家的行为相比，对我国的统一和各民族的团结的破坏虽然行为方式不同，社会危害性程度也有一定的区别。但是，值得我们注意的问题是，煽动分裂国家的行为往往是其他分裂国家行为的源头与祸水，虽然其行为方式多以造谣、诽谤或者其他非暴力的方式实施，但是其行为对我国的统一和民族的团结的破坏并不亚于其他各种分裂国家的行为。所以，我们认为，对于煽动分裂国家的犯罪行为虽不至于判处死刑，但起码应提高到无期徒刑。

之所以提出这一立法建议，除了上述理由之外，还有其他理由如下：

一是该类犯罪在司法实践中所占的比例较大。据统计，在1979年刑法颁布后的十多年时间内，反革命宣传煽动罪占全部反革命犯罪总数的20%左右。① 可见，该类犯罪不仅犯罪率较高，比例较大，对我国人民民主专政的国家政权和社会主义制度的破坏也比较严重，因此，必须从严惩处。

二是从新中国成立以来的刑事立法来看，对于本罪的法定最高刑都规定得比较高。例如，根据1951年2月20日中央人民政府委员会第11次会议批准的《惩反条例》第10条规定："以反革命为目的，有下列挑拨、煽动行为之一者，处三年以上徒刑；其情节重大者处死刑或无期徒刑：（1）……（2）挑拨离间各民族、各民主阶级、各民主党派、各人民团体或人民与政府间的团结者；（3）……"该条例将本罪的法定最高刑规定为死刑。又如，根据1950年7月25日中央人民政府法制委员会起草的《刑法大纲草案》第二部分分则第四章反革命罪第47条的规定："以反革命为目的，用挑拨、离间、煽

---

① 参见于志刚主编：《危害国家安全罪》，中国人民公安大学出版社1999年版，第129页。

动或其他方法，破坏各民主党派间、各民主阶级间、各民族间之团结者，处死刑，终身监禁，或 3 年以上 15 年以下监禁，并可没收其财产之全部或一部。"该草案将本罪的法定最高刑也规定为死刑。再如，根据 1954 年 9 月 30 日，中央人民政府法制委员会起草的《刑法指导原则草案》第三章几类犯罪量刑的规定第一节反革命罪第 33 条规定："以反革命为目的，犯下列罪行之一者，判处 3 年以上徒刑；情节重大的，判处无期徒刑或者死刑：(1) ……(2) 挑拨离间各民族、各民主阶级、各民主党派、各人民团体或者群众和政府间的团结的；(3) ……(4) ……"该草案将本罪的法定最高刑亦规定为死刑。

三是从我们的现实生活来看，无论是"台独""藏独"或者"疆独"及其他分裂势力，之所以敢于为非作恶，发动骚乱，实施打、砸、抢、烧等暴乱行为，与某些"台独""藏独"或者"疆独"分子的造谣诽谤、挑拨离间、蛊惑人心、煽风点火都有着千丝万缕的密切联系。对分裂国家的狂热分子煽动分裂国家的行为若不从严惩治，则很难遏制其实行分裂国家的活动。因此，将煽动分裂国家罪的法定最高刑提高到无期徒刑，不仅是必要的，也是应当的。

专题四
间谍罪的司法误区及立法完善

一、问题的缘起

2008年至2009年6月间,胡士泰利用担任力拓新加坡公司(隶属澳大利亚)上海代表处首席代表,并负责在中国地区销售铁矿石及发展长期销售协议客户之便利,与王勇等人为掌握中国钢铁企业对2009年度国际铁矿石价格谈判的策略以为己所用,先后从李德、王洪九、谭以新等人处获取中国钢铁协会有关铁矿石谈判的价格信息等秘密。力拓公司在掌握中国钢铁企业有关谈判策略等秘密后,在2009年突然中止与中国钢铁企业的谈判,致使中国钢企与境外三大铁矿石生产商长期协议降价40%的谈判失败,并被迫接受力拓公司所提出的明显不合理的贸易条件,给中方造成重大损失。上海市第一中级人民法院经审理后以侵犯商业秘密罪判处被告人胡士泰有期徒刑5年,并处罚金人民币50万元。①

我们注意到,胡士泰是2009年7月5日因涉嫌间谍罪被公安机关带走调查的,但批捕、起诉以至于最后的判决结论都一致认为构成侵犯商业秘密罪。此种行为已然严重威胁国家经济安全,并且给国家造成了重大经济损失,为何处罚却如此之低?这是司法者的失误抑或是法律的无奈?仔细分析

---

① 上海市第一中级人民法院(2010)沪一中刑初字第34号刑事判决。

便会发现,本案直接反映的是我国间谍罪立法现状与司法运行的法律尴尬。由此,我们将在对间谍罪构成要件进行规范分析的基础上,就间谍罪立法完善进行长远路径规划。

二、间谍罪构成要件解读

(一) 学说纵览

《刑法》第110条规定:"有下列间谍行为之一,危害国家安全的,处10年以上有期徒刑或者无期徒刑;情节较轻的,处3年以上10年以下有期徒刑:(一)参加间谍组织或者接受间谍组织及其代理人的人任务的;(二)为敌人指示轰击目标的。"这是我国刑法关于间谍罪的基本设置。对此,我国传统刑法学说一般认为间谍罪是行为犯(也有称之为抽象危险犯),并不以实际上发生法定的危害结果作为犯罪成立的要件。传统刑法权威教科书指出"只要实施了参加间谍组织、接受间谍组织及其代理人的任务、为敌人指示轰击目标三种间谍行为之一,即构成既遂。至于行为人参与间谍组织后是否实施了进一步的间谍活动;接受外国间谍组织或者其代理人派遣的任务后是否完成了任务等都不影响犯罪既遂的成立"[1]。就司法实务界而言,由最高人民法院相关负责人主编,并具有一定官方色彩的权威教材也认为"参加了间谍组织,就意味着要从事间谍活动,但构成间谍罪,不以已经从事间谍活动为要件,只要参加了间谍组织,即使尚未从事间谍活动,也构成犯罪"[2]。在间谍罪的构成要件理解上,上述观点,在我国刑法学界占绝对性统治地位,远近以来,鲜见有论者进行质疑。

(二) 笔者见解

在我们看来,传统观点过于武断,甚至存在违反罪刑法定原则之嫌。笔者以为,间谍罪是危险犯,而非行为犯。构成间谍罪仅具备三种间谍行为之一还不够,其必须具备危害国家安全这一要素。

1. 罪刑法定原则方面的考量

罪刑法定原则是现代刑法的基本基石,其经典表述为"无法无罪,无法无刑"。根据我国1997年刑法第3条关于罪刑法定的规定,定罪处刑都必

---

[1] 高铭暄、马克昌主编:《刑法学》,北京大学出版社、高等教育出版社2000年版,第350页。
[2] 周道鸾、张军主编:《刑法罪名精释》,人民法院出版社1998年版,第54页。

须依法进行。即使行为再值得处罚，但只要法无明文规定，就不得定罪处罚。由此，不能以打击犯罪为由，弱化、增减刑法规定的犯罪构成要件要素也就成为罪刑法定原则的应有之义。确实，从我国《刑法》第 110 条的内容来看，间谍罪的客观行为只有参加间谍组织、接受间谍组织及其代理人的任务、为敌人指示轰击目标三种，但仔细分析便会发现，在这三种行为之前，都有一个限制定语，即"危害国家安全的"。因而，根据汉语表达，完全可将第 110 条还原成有参加间谍组织、接受间谍组织及其代理人的任务、为敌人指示轰击目标行为之一，危害国家安全的，构成间谍罪。因而，除非有正当理由能说明"危害国家安全的"这一限制定语属于提示性规定，立法者如此规定没有实际意义，否则传统观点人为地将"危害国家安全的"这一要素遗漏，很可能导致对罪刑法定原则的公然违背。遗憾的是，传统观点对此未做任何说明，其得出"危害国家安全的"不是间谍罪的构成要素并未进行任何法理论证，这显然过于武断，不符合罪刑法定基本精神。且若将其解释精神贯彻到底，将致使刑法分则的很多规定流于形式，导致要么过分重视保护法益而忽视人权保障，要么过分保障人权而忽略社会防卫，不利于刑法社会保护与人权保障双重机能的实现。

2. 立法层面的考量

"只有对法益的攻击行为，即侵害法益或者使法益蒙受危险的行为才是犯罪。"① 近年来，刑法的目的是保护法益已成为越来越多学者的共识。站在法益保护说的立场，司法者只应将实质上侵害或者威胁法益的行为解释为犯罪，立法者也只应将值得处罚的行为规定为犯罪。以此视角出发，在立法层面上，立法者并无理由将"危害国家安全的"这一要素设置为无实际意义的提示性规定。因为无论是参加间谍组织或者接受间谍组织及其代理人的人任务还是为敌人指示轰击目标，都并不一定威胁到国家法益，不一定就非得处罚。

首先是关于参加间谍组织，按传统观点，只要参加间谍组织就构成犯罪，则由于本罪并无犯罪主体之限，无论中国人还是外国人抑或无国籍人都可构成，这就意味着在理论上如果某一外国人参加了其本国的间谍组织，则不论出于什么理由来到中国，都可能构成间谍罪，理由是因为其参加了间谍组织，而这显然是荒唐可笑的。不仅如此，参加间谍组织未必实施针对我国

---

① ［日］大塚仁：《犯罪论的基本问题》，冯军译，中国政法大学出版社 1993 年版，第 4 页。

的间谍活动。即使是中国人参加外国间谍组织，事实上，如果自始就没有针对我国从事间谍活动的想法，其实质危害何在，处罚依据何在？难道因其参加了外国间谍组织就一定入罪？相反，如果其参加外国间谍组织的目的针对的是我国敌对势力，难道也有社会危害性可言？不过，必须承认的是，也不排除立法者将参加间谍组织拟制为抽象危险的可能性，但那也必须是以针对我国为前提，如此理解，自然也就具备"危害国家安全的"这一要素。

其次是关于接受间谍组织及其代理人的任务和为敌人指示轰击目标。诚然，这两类行为一般而言具有危害国家安全的抽象危险，但也并非就绝对是抽象危险。根据汉语习惯表达，接受可以表示动作，此时即按对方要求做出某种行为。如按教唆犯的意思将对方杀死。但除此以外，接受也可以仅仅是口头承诺。如对方表达某种观点时，表示接受。就接受间谍组织及其代理人的任务而言，事实上完全可存在两个阶段：一是在对方提出要求后口头承诺，二是付诸实施。对于仅仅口头承诺，而未付诸实施的行为人而言，实质上并无任何危险可言。为敌人指示轰击目标也是如此，即使行为人承诺为敌人指示轰击目标，客观上也有相应指示行为，也未必就一定威胁到国家安全。如指示的并非是事关国家安全的军事设施、重要交通枢纽等，而是普通民房或者其他一般财产的，就不一定非得以间谍罪论。

3. 体系性刑法解释层面的考量

根据我国权威学者的说法，"只有进行体系解释，才能妥当处理各种犯罪的构成要件之间的关系，使此罪与彼罪之间保持协调"[①]。间谍罪规定在刑法分则危害国家安全罪这一章中，因而首先得在危害国家安全罪这一章节内部进行体系性解释。确实，整体而言，大都只要有危害国家安全的行为就构成危害国家安全罪，在整个危害国家安全罪十二个罪名中，只有间谍罪的构成要件带有"危害国家安全的"这样的字眼。但这并不意味着间谍罪就是行为犯。

首先，在《刑法修正案（八）》颁布之前，叛逃罪的构成要件也有"危害中华人民共和国国家安全的"，这几乎与间谍罪的规定如出一辙。但在刑法修改之前，几乎没有人认为一般国家机关工作人员在履行公务期间，擅离岗位，叛逃境外或者在境外叛徒就构成叛逃罪。即使是主张实质刑法解释的张明楷教授也指出"本条原本将'危害中华人民共和国国家安全'规定为

---

① 张明楷：《刑法分则的解释原理》，中国人民大学出版社2011年版，第54—55页。

构成要件要素，但《刑法修正案（八）》删除了这一要素"①。由此，对于原本十分类似的规定，就没有理由将"危害国家安全"仅仅解释为叛逃罪的构成要件，而不认为其同样是间谍罪的构成要件。

其次，从整个刑法体系来看。在刑法分则第二章危害公共安全罪这一章中，也有类似结构的条款。如第 125 条非法制造、买卖、运输、储存危险物质罪这一款："非法制造、买卖、运输、储存毒害性、放射性、传染病病原体等物质，危害公共安全的，依照前款的规定处罚。"有论者指出，该条是抽象危险犯，也即只要有相应行为就构成犯罪，而无须危害公共安全。对此，孙万怀教授做了尖锐批判，孙教授指出"就非法买卖危险物质罪而言，将其作为抽象危险犯也不符合法条本身设定的条件。根据《刑法》第 125 条第 2 款的规定，非法买卖危险物质罪的罪状明确要求出现'危害公共安全'的结果，只有对公共安全产生危害的时候才构成该罪"②。从立法结构上来看，该条应当说与间谍罪是一致的，其都将"危害……安全的"作为相应相应行为的限制定语，既然如此，在刑法解释上亦应采用相同规则。因而，在刑法体系上，根据体系解释的需要，也应将"危害国家安全"解释为间谍罪的必要构成要件。

4. 刑法适用效果层面的考量

刑法解释应当考虑相应法律后果。对此，其一，若无"危害国家安全的"这一限制定语，可能导致"心情刑法"死灰复燃。无行为即无责任是现代刑法的基本共识。在汉语意思上，承诺、实施都是接受间谍组织及其代理人的任务的应有之义。实施自不必说，当构成间谍罪无疑。但对于承诺而言，若无实施行为，那仅仅只是一种意思表示，甚至仅仅是莫须有的意思表示。此时，承诺行为最多只是行为人思想的外化。若将承诺行为也以间谍罪论，显然与"法律只处罚行为而不处罚思想"这一刑法理念相违背。其二，无"危害国家安全的"这一限制定语也不利于行为人改过自新，不利于为犯罪分子搭起一座"后退的黄金桥"。毕竟，如若只要行为人参加了间谍组织，只要承诺接受间谍组织及其代理人的任务就构成犯罪的话，则对行为人而言，很难有中止犯存在空间。试想之下，不论是否进一步实施都构成间谍

---

① 参见张明楷：《刑法学》（第四版），法律出版社 2011 年版，第 598 页。
② 孙万怀：《买卖毒害性化学品的对象性质——以刑法解释的协调性原则为视角》，载《法学杂志》2013 年第 1 期。

罪，相反实施了可能还会从间谍组织处获取相应好处的情况下，难道不是人为将那部分因权宜之计加入间谍组织、答应间谍组织及其代理人的任务之人推向不归路吗？因此，在解释效果上，将"危害国家安全"作为间谍罪的构成要件，不仅可以维护客观主义这一现代刑法之基本基石，在刑事政策上也可能极大地鼓励犯罪分子及时悬崖勒马，在客观上减少对法的敌视态度，进而起到更好的社会效果。

三、间谍罪的立法缺陷与要件重置

（一）间谍罪的规制困境

在我国，间谍罪不仅在理论层面极少有人论及，且在司法实务中也是困境重重。在我们看来，间谍罪的立法规制至少存在四个方面的问题。

1. 例举体例不当

根据罪刑法定原则的基本要求，刑法的规定应当尽可能具体明确。受立法"宜粗不宜细"思想的影响，我国刑事立法整体而言相对粗犷，但少部分犯罪规定的却相当明确，间谍罪便是其中之一。根据我国《刑法》第110条的规定，间谍罪采用的是例举式的立法体例。行为人必须要有参加间谍组织、接受间谍组织及其代理人的人任务、为敌人指示轰击目标行为之一才构成犯罪。本来，这种明确的立法体例是值得肯定的。不过，在间谍罪中采用此种过于明确的立法体例反而稍显不当。当然，我们并不是要反对明确的立法体例，而是说例举的方式不当。我们注意到，1979年刑法并无为敌人指使轰击目标这一规定，1997年刑法在旧刑法例举式的立法体例基础上，根据需要添加了这一规定。由此可以看出，立法者明知采用简单的例举式立法体例难免会存在立法漏洞，可遗憾的是在新刑法中却仍采用了此体例。也许，此种修订在当时是合适的，但由于时代的发展，过于死板的规定会导致刑法条文很可能难以适用时代脉络。事实上，在立法当时由于国际局势比较紧张，敌对分子破坏活动压力较大，但在这十几年来，世界局势整体缓和，特别是在和平与发展成为当今时代主题的情况下，敌对分子的破坏活动已悄然发生了特别大的转变，更多的由实物等有形破坏转为窃取国家经济、科技秘密等无形破坏。在这样的大背景下甚至可以说，在当代，为敌人指示轰击目标的规定更多的是处于无意义的宣示层面。更可怕的是，随着科学技术的日新月异，间谍行为还不知会演化出何种难以预料的方式。简单地采用并无兜底条款的立法体例致使刑法典一经制定出来便落后于时代要求，以至于当出现类似诸如"胡士泰案"行为方式时，我国司法机关无法及时做出有效回应。

2."间谍组织"规定多余

在间谍罪的构成要件中，"间谍组织"这一规定是多余的，胡士泰案就是反映这种规制尴尬的鲜活例证。正如我国学者在评价胡士泰案中所言，"如果将胡士泰的行为定性为间谍罪的话，侦查机关就需要调查是否存在一个指派胡士泰行动的间谍组织，胡士泰是否履行了加入手续，这对于侦查机关来说恐怕是短时间难以完成的任务，或者说根本难以完成的任务"[1]。

确实，间谍组织本身就具有极高的隐密性，对于一个国家而言可谓机密，甚至是绝密资料。对位于境外的间谍组织而言，其所在国压根不可能将其间谍组织及人员资料提供给第三方，诸如普通的司法协助等境外取证根本无从谈起，要想准确认定无异于难于上青天。查处和证明间谍组织的困难重重使司法陷入了这样的悖论：像胡士泰之类常发、多发且严重威胁国家安全的事实意义上的间谍性犯罪，即使侦查机关高度怀疑其间谍属性，刑法也无法用间谍罪进行规范评价。我国法律的此种规定甚至为外国间谍组织规避职业风险提供了避风港。毕竟，像力拓公司这样的大型跨国商业公司，其人员十分庞杂，外国员工亦不在少数，一方面不能绝对排除澳大利亚政府根据需要赋予该公司本身某种间谍职能，从而使其职员具备间谍与合法商人的双重身份；另一方面，即使该公司本身系正规商业公司，也不能排除个别员工浑水摸鱼，借助合法身份掩饰间谍身份之可能。由此种种，将致使我国安全机关难以甚至无法识别。这其实并非危言耸听，也不是杞人忧天，事实上诸如欧美、印度等国家对我国国有高科技企业是高度戒备的。据报道，印度政府因担心"中国威胁"，拟修改电力行业规则以防范中国电力企业进军印度市场。[2] 虽然这不排除印度政府奉行本国商业保护主义的可能，但其实更主要的恐怕是印度一直以来将中国视为假想敌，其担心中国国有公司本身及其员工具备某种特殊职能，威胁其国家安全。在这个意义上，我国刑法关于间谍组织的规定实乃有自我禁锢之嫌，正如某些学者所呼吁，"应当借鉴美国的

---

[1] 张洁、王大海：《铁矿石贸易纠纷的法律救赎》，载《法学杂志》2011年第2期。
[2] 郭西山：《印度欲修改行业规则以防范中国电力企业》，载《环球时报》2012年10月16日第10版。

模式与经验,创设经济间谍罪"①。此种提议并非全无道理。

3. 与其他法律规定相冲突

根据 2014 年颁布的《中华人民共和国反间谍法》(以下简称《反间谍法》)第 38 条的规定,间谍行为,是指下列行为:(一)间谍组织及其代理人实施或者指使、资助他人实施,或者境内外机构、组织、个人与其相勾结实施的危害中华人民共和国国家安全的活动;(二)参加间谍组织或者接受间谍组织及其代理人的任务的;(三)间谍组织及其代理人以外的其他境外机构、组织、个人实施或者指使、资助他人实施,或者境内机构、组织、个人与其相勾结实施的窃取、刺探、收买或者非法提供国家秘密或者情报,或者策动、引诱、收买国家工作人员叛变的活动;(四)为敌人指示攻击目标的;(五)进行其他间谍活动的。将其与我国刑法有关间谍罪的规定简单对比便会发现两个主要问题:刑法关于间谍罪的规定范围较窄,且全部能为反间谍法所涵括;《反间谍法》意义上的间谍行为无法进行刑法意义上的间谍罪规范评价。此种规定的不统一在很大程度上致使《反间谍法》的规定流于形式,难以发挥《反间谍法》的预防、威慑等效果。不仅如此,《反间谍法》的此种规定更凸显了间谍罪构成要件的不足。比如,《反间谍法》规定"为敌人指示攻击目标的"属间谍行为,而根据刑法的规定,必须要是"为敌人指示轰击目标的"才构成间谍罪。根据我国学者的解释,"所谓'为敌人指示轰击目标',是指为敌人指明、显示其所轰炸的我方目标的方位、特征、时间、线路等"②。最高人民法院相关负责人也持类似观点,主张将"轰击"解释为"轰炸"。果真如此,则除轰炸之外,一般的攻击行为便不构成间谍罪。但这显然是不妥当的,比如,为敌人指示用枪刺杀国家领导人的行为,应当说这是极其严重的间谍行为。但缘何必须要为敌人指示轰炸国家领导人才构成间谍罪,指示枪击就不行呢?不得不说这是立法者的疏忽,也是解释者的误区。

4. 导致刑法处罚有失公平

在间谍罪之外,我国刑法第 111 条设立了为境外刺探、窃取、收买、非法提供国家秘密、情报罪。从立法目的来看,是为了严密刑事法网,避免中

---

① 章强明、郭林将:《由"力拓案"反思经济间谍罪》,载《国家检察官学院学报》2009 年第 5 期。

② 钊作俊:《间谍罪若干问题研析》,载《河北法学》2002 年第 3 期。

国公民为无法查明是间谍组织的境外机构、组织、个人刺探、窃取、收买、提供国家秘密、情报而逃离间谍罪的惩治。但此种看似合理的立法明显对外国人更为有利,其有对外国人犯罪给予"超国民待遇",而导致对中国公民有失公平之嫌。此种不公平从"胡士泰案"就可窥见一斑。毫无疑问,力拓公司属境外组织,胡士泰等也属境外个人,其非法获取的中国钢铁协会相关信息也属于国家秘密、情报,但最终我国司法机关对于胡士泰仅仅以侵犯商业秘密罪判处有期徒刑5年,并处罚罚金人民币50万元。而为胡士泰提供信息的李德等人却面临为境外刺探、窃取、收买、非法提供国家秘密、情报罪被判处10年以上有期徒刑,无期徒刑甚至死刑的处罚。按理说,胡士泰系教唆犯,其行为无论如何也不会比李德轻,无论是根据罪责相适应还是共犯原理,其刑罚都理应不低于李德才对。可对比司法实践中二者的刑罚,这是何其不公。而如若将第111条归入第110条间谍罪中,不仅可避免处罚漏洞,也可以避免刑法适用之尴尬。

(二) 间谍罪构成要件的理性重置

通过以上分析,我们认为,我国刑法关于间谍罪构成要件的设置不仅过于陈腐,也不利于对间谍罪的打击,因而完全有必要进行理性重置。

在对间谍罪的构成要件进行重置之前,必须先弄清除间谍罪的本质属性。关于何谓间谍,我国刑法理论鲜见有人论及,早在二十多年前有个别论者指出,"间谍是一国为秘密获取政治、经济、军事、科技等各种情报而派往境外的秘密人员"[①]。传统刑法教科书也未对间谍进行定义,只是在论及间谍罪侵犯的客体时指出,"间谍罪侵犯的是中华人民共和国国家安全"。[②]结合学界观点以及我国刑事立法,我们以为间谍罪在本质上应当是与境外因素有关的、严重危及政治、经济、军事、科技安全等的国家安全犯罪。质言之,间谍罪有两个明显特征:一是涉外性,即与境外因素有关,具体表现为或由境外因素单独进行,或与境外因素相互勾结进行;二是国家安全性,即以事关国家政治、经济、军事、科技等安全事项为犯罪对象,这也是间谍罪的本质属性。以此为出发点和落脚点,我们认为,不应该对间谍罪的构成要件做过多限制,只要具备这两个因素的,就应该以间谍罪论。事实上,欧美一些国家也是如此规定的。比如加拿大,其刑事法律规定:明知或应知军事

---

① 李敏、陈传荣:《我国法律中的间谍罪及有关问题》,载《法学杂志》1994年第5期。
② 高铭暄、马克昌主编:《刑法学》,中国法制出版社1999年版,第604页。

或科学资料及有关文件等可能被他人用于危害加拿大的安全或国防,而交付加拿大以外国家利用或与之通讯的,为间谍行为。采用此种立法的好处在于明确了间谍罪的本质属性,使得立法既能跟上时代发展,实现刑法的社会保护机能,又能尽可能具体明确,实现刑法的人权保障机能。由此,我们在综合间谍罪的本质属性、国外相关立法经验以及我国刑法关于反间谍立法相关规定的基础上,主张将我国刑法第 110 条与第 111 条合并成一个新的间谍罪,具体条文可设计如下:从事下列间谍行为之一,危害国家安全的,处 10 年以上有期徒刑或者无期徒刑;情节较轻的,处 3 年以上 10 年以下有期徒刑:(一)间谍组织及其代理人实施或者指使、资助他人实施危害中华人民共和国国家安全活动的;(二)间谍组织及其代理人以外的其他境外机构、组织、个人实施或者指使、资助他人实施,或者境内机构、组织、个人与其相勾结实施危害中华人民共和国国家安全活动的;(三)参加针对我国的间谍组织或者实施间谍组织及其代理人交代的任务的;(四)为敌人指示攻击目标的;(五)进行其他间谍活动的。

四、余论

间谍罪是严重威胁国家安全的犯罪,但由于时代发展,间谍行为、方式已然发生较大改变,这就需要刑法与时俱进,及时对新型间谍行为做出有效回应。尽管立法机关在一定程度上已注意到了这一点,然而我国刑法在这方面却仍迟迟未做出有效回应,这不仅不利于法律衔接,更不利于新形势下对国家安全的维护。由此,修改间谍罪的相关立法就势在必行,我国立法机关应尽快行动。

专题五
金融诈骗罪若干争议问题解析

自20世纪八九十年代以来，中华大地开始进行一场振奋人心的市场经济改革开放战役。为了有效打击扰乱社会主义市场经济秩序的破坏金融秩序犯罪，全国人大常委会于1995年出台《关于惩治破坏金融秩序犯罪的决定》（以下简称为《决定》），首次运用金融诈骗罪以有效打击此类犯罪，其规制的该类犯罪行为在1995年之前通常由诈骗罪予以规制。《刑法》吸收这个《决定》的合理内核后在刑法分则破坏社会主义市场经济秩序一章中整节规定金融诈骗罪。刑法学界与司法实务界对这个罪名的诸多争论在二十年间从未停止，这也在一定程度上影响了金融诈骗罪的准确司法认定以及应然走向问题。合理解析刑法学界以及实务界对金融诈骗罪的主要争议问题，必然有益于金融诈骗罪诸多问题"向何处去"的精准解决，亦可以为金融诈骗罪的司法认定提供一些合情合理的可靠标准。

一、金融诈骗罪概念界析

（一）金融诈骗罪概念多维界定介评

我国刑法学界大致从金融学、犯罪学、刑法学角度界定金融诈骗罪的概念，即使从刑法学角度对这类犯罪的概念界定也在内涵、外延方面有诸多不一致之处，故而我国刑法学界对金融诈骗罪的概念界定差异较大。

通过贯通金融学与刑法学的视角界定金融诈骗罪的概念，较为新颖与独特，其间富含细化金融刑法学的意味。此类中较为典型的观点认为，金融诈骗罪是指通过虚构事实或者隐瞒真相等非法手段，骗取金融机构的财产或者信用而导致金融秩序遭受破坏，国家财产遭受损失的行为。① 有学者通过侧面解释在金融诈骗罪的概念界定中，金融学与刑法学互融互通的必要性与可行性。如其认为，金融诈骗犯罪行为的侵害对象较为复杂以及多样，其不仅包括银行或者其他金融机构的货币资金（有形资产），而且包含它们的信用和资信证明（无形资产）。② 不同于一般犯罪中的受损主体的信誉损失的财产价值属性，金融行业中的信誉的受损从财产价值属性而言，往往要重于纯粹的资金损失。这类似于聚集着经营者商誉的驰名商标受损的事实，极其严重于财产损失甚至达到数百万元的纯粹的资金损失。相当一部分金融机构以及类似于金融机构的公司在受到诈骗后，即使资金损失严重也往往并不公之于众，这也在另一个侧面证实了信誉（信用）构成了金融业的生命支柱。也有学者认为："破坏金融秩序的欺诈性犯罪主要是指破坏我国金融管理秩序和银行信用以及商业信用的各种欺诈性犯罪的总称。"③ 这种从金融学视角对金融诈骗罪的界定精准正视了金融业不仅仅包括银行机构的金融学发展规律，为金融诈骗罪的概念界定拓宽了必要而合理的视域。

从刑法学角度界定金融诈骗罪概念的内涵与外延也有相差较大之处，大致有五种有代表性的观点。第一种观点认为，金融诈骗罪是指行为人为了骗取财产或银行信用，而恶意利用被害人的自身缺陷，通过虚构事实或隐瞒真相的非法手段，导致金融机构、开户单位或开户个人陷入认识错误，主动向诈骗犯交付财产或提供银行信用的行为。④ 第二种观点认为，金融诈骗罪是指行为人为了骗取或占有金融机构的财产，通过虚构事实或掩盖真相的非法手段，骗取金融机构的较大数额财产的行为。⑤ 第三种观点认为，金融诈骗罪是指行为人在金融领域内，以非法占有为目的，通过虚构事实或隐瞒真相的欺诈手段，骗取银行或其他金融机构的贷款、保险金或进行非法集资诈

---

① 参见戴相龙：《领导干部金融知识读本》，中国金融出版社1997年版，第311页。
② 参见王新：《危害金融犯罪的刑事立法及其评析》，载陈兴良主编：《刑事法评论》，中国政法大学出版社1999年版，第75页。
③ 邓又天、李永升：《关于欺诈性犯罪的若干问题研究》，载《现代法学》1996年第5期。
④ 参见白建军：《金融欺诈及其预防》，中国法制出版社1994年版，第2页。
⑤ 参见舒慧明：《中国金融刑法学》，中国人民公安大学出版社1997年版，第258页。

骗、金融票据诈骗和信用证、信用卡诈骗，数额较大的行为。① 第四种观点认为，金融诈骗罪是指行为人以非法占有为目的，采取虚构事实或隐瞒真相的非法手段，骗取公私财产或金融机构信用，破坏国家金融管理秩序的行为。② 第五种观点认为，金融诈骗罪是指行为人以非法占有为目的，通过虚构事实或隐瞒真相的法定方法，进行集资、贷款、金融票据、金融凭证、信用卡、保险、有价证券诈骗，数额较大，或进行信用证诈骗的行为。③

第一种观点忽视了骗取银行信用入罪化的可靠征表依然是数额较大财产的侵犯；第二种观点忽视了骗取普通公众数额较大财产的行为也可能构成金融诈骗罪，如集资诈骗罪的一般情形便是对公众财产的严重侵犯；第三种观点是一种列举式概念表述，不仅未能追寻出金融诈骗罪的深层本质，也未能完全列举八种金融诈骗犯罪模式；第四种观点虽然在一定程度上认识到金融诈骗罪的深层本质，但未能以"数额较大"作为入罪化的具体标准，尚有欠缺；第五种观点也是一种完整列举式概念表述，其优点在于包容全部八种金融诈骗犯罪模式，但未能找寻出金融诈骗罪的深层本质。

（二）金融诈骗罪概念新界说

"金融就是资金融通，是指货币流通、信贷和与之相联系的经济活动的总和。"④ 金融诈骗罪衍生于金融关系严重破坏行为的刑法规制，而金融关系是指人们在金融活动中产生的关系，不仅包括金融监管关系，也包括金融活动自身所发生的社会关系。在互联网金融创新模式不断涌现的当下，其既有几乎等同于纯粹私法性质的关系，亦有公私融合性质的关系。《刑法》规制的金融诈骗犯罪，莫不与经过国家批准经营金融产业的金融机构的利益密切相关，这也是诸多学者认为金融诈骗犯罪的主要法益为社会主义金融管理秩序的深层原因。但这个金融诈骗犯罪胎生于规制严重诈骗行为的1979年《刑法》中的诈骗罪，这亦是诸多学者认为金融诈骗罪的主要法益为公私财产的历史原因。

金融管理秩序利益与财产利益本身是呈交叉关系的，某种行为可能既会侵害大量财产性利益，也会严重破坏金融管理秩序；某种行为也可能会严重

---

① 参见陈兴良：《刑法疏议》，中国人民公安大学出版社1997年版，第333页。
② 参见孙军工：《金融诈骗罪》，中国人民公安大学出版社1999年版，第20页。
③ 参见赵秉志：《论金融诈骗罪的概念和构成特征》，载《国家检察官学院学报》2001年第1期。
④ 史际春主编：《经济法》，中国人民大学出版社2009年版，第281页。

破坏金融管理秩序，但不会侵害大量财产性利益；某种行为也可能会侵害大量财产性利益，但不会严重破坏金融管理秩序，甚至于根本不会破坏金融管理秩序。在罪刑法定视野下审视金融诈骗罪，其法益虽然被金融管理秩序所笼罩，但其规制的行为莫不是侵害了作为法定金融产品经营机构的金融机构的权利，包括吸收储户存款的权利、资金安全的特殊权利、金融信用稳定权利以及国家资金安全、信用稳定权利。实质上国家在发行国库券以及其他有价证券时承担了金融机构的社会角色，此种情形下的国家在某种意义上可以被视为金融机构。

在金融领域内发生的诈骗行为入罪化之所以必须借助于财产刑利益损失数额较大作为入罪条件，在于行为人利用诈骗手段破坏金融机构吸收储户存款的权利、金融信用稳定权利时，"数额较大"便是严重社会危害性评价的一个可靠的合理标准，这与普通诈骗罪将数额较大作为犯罪化必要条件的缘由有异曲同工关系。有些学者认为，根据刑法典的文字规定，信用证诈骗罪的成立不需要"数额较大"为必要条件。刑法典的文字表述是符合正义的文字表述，其是对符合"常理、常识、常情"社会基本价值观念的阐述，正如马克思所言："立法者应该把自己看成一个自然科学家，他不是在制造法律，不是在发明法律，他把精神关系的内在规律表现在有意识的现行法律之中。"[①] 如果文字简洁的刑法典的字面含义不符合正义理念，也应该通过实质解释方法将其解释到符合正义理念的司法适用含义。[②] 市场经济下的信用证诈骗行为诈骗的数额通常非常巨大，换句话说，信用证诈骗行为诈骗的数额非常巨大是一个在市场经济金融领域内的常识。这是刑事立法规定信用证诈骗罪并未突出"数额较大"的深层原因，也启迪我们必须联系社会现实理解刑法典文字背后的合理内涵，才能够准确界定现实生活中的罪与非罪、轻罪与重罪。金融诈骗罪是指行为人在金融领域通过虚构事实或者隐瞒财产等非法方法，以非法占有财产为目的，骗取了数额较大的财产，从而严重侵犯金融机构吸收储户存款的权利、金融信用稳定权利的行为。

---

① 梁根林：《论犯罪化及其限制》，载《中外法学》1998 年第 3 期。
② 参见李永升、冯文杰：《实质解释视域下的假冒注册商标罪研究——以商标侵权"混淆可能性"标准为视角》，载《昆明理工大学学报（社会科学版）》2015 年第 6 期。

二、金融诈骗罪在主观要件上是否皆需要"以非法占有为目的"

将1995年《决定》进行法典化处理的《刑法》，仅仅在第192条规定的集资诈骗罪与第193条规定的贷款诈骗罪中，明文规定了"以非法占有为目的"的主观要件，其在金融诈骗犯罪中的其他六个罪名的规范表述中，均未明文规定以"非法占有为目的"为主观要件。这种表面上的矛盾抑或有意为之的规定，使得刑法学界对金融诈骗犯罪其他六个罪名的主观要件，是否必须包括"非法占有目的"争鸣不断，大致有三类代表性观点，即"必要说""不要说"与"具体分析说"。

（一）"以非法占有为目的"的学说介评

"必要说"认为，这六个罪名的主观要件全部包括"以非法占有为目的"。具体原由为：其一，金融诈骗罪属于诈骗罪的一种特殊形式，理应遵从属于取得型财产犯罪类型的普通诈骗罪"以非法占有为目的"的主观要件构造原则，这是评价行为具有严重社会危害性的可靠征表。其二，我国刑法典与相关司法解释，对于合同诈骗罪、贷款诈骗罪、恶意透支型信用卡诈骗罪和集资诈骗罪的主观要件，均明文规定其包含"以非法占有为目的"。"以非法占有为目的"具有区分社会危害性的程度轻重、说明对法益的侵犯的程度轻重、区分民事纠纷与刑事犯罪的重要功能，这种规定与这些功能较为契合。其三，除刑法典明文规定的以"非法占有目的"为主观要件的金融诈骗犯罪外，金融诈骗犯罪中的其他犯罪以及信用卡诈骗罪的客观行为，已经可以清晰地表明行为人具有非法占有目的。与其说刑法典在这几个罪名中没有规定"非法占有目的"，倒不如说其只是省略了规定。[1] 其四，集资诈骗罪与贷款诈骗罪的客观行为还无法征表出行为人的非法占有目的，故而立法明文规定之。除了这两个罪名以及恶意透支型信用卡诈骗罪，其他金融诈骗犯罪的客观欺诈行为本身足以表明行为人的非法占有目的，并非不要求行为必须具有非法占有目的。[2] 质言之，"必要说"主要以财产犯罪界定金融诈骗罪的性质归属，"以非法占有为目的"便是其当然认定的金融诈骗罪主观要素。

---

[1] 参见张明楷：《诈骗罪与金融诈骗罪研究》，清华大学大出版社2006年版，第408页。
[2] 参见陈兴良：《当代中国刑法新境域》，中国政法大学出版社2002年版，第617页。

"不要说"认为，除了恶意透支型信用卡诈骗罪情形之外的六个罪名均无需非法占有目的。具体原由为：其一，刑法典并未明文规定这六个罪名"以非法占有为目的"的主观要素，并非是立法的疏忽轻视，而是经过慎重的抉择，不要这个主观要素遵从了立法原意。其二，刑事立法将金融诈骗罪从侵犯财产罪一章中变换到破坏社会主义市场经济秩序罪一章中，透视出金融诈骗罪的主要法益是国家金融管理秩序，而不是财产。若行为人的行为严重破坏了国家金融管理秩序，即便其并未侵犯公私财产，也应当论以金融诈骗罪惩罚。行为人的行为即使并未侵犯公私财产，但国家金融管理秩序因其行为遭受严重危害时，对这种行为不予刑事惩罚不利于国家正常的金融管理秩序。①

"具体分析说"认为，并不是全部的金融诈骗犯罪皆需要非法占有目的的主观要素，亦不是全部的金融诈骗犯罪皆不需要非法占有目的的主观要素，必须具体问题具体分析。"占用型"金融诈骗罪的主观要素不需要非法占有目的，如《刑法》第195条第3项规定的"骗取信用证的行为"，即符合信用证诈骗罪的犯罪构成。② 典型案例如南德集团骗开信用证案，③ 通过南德集团的客观行为，只能推定出其具有非法占有这些信用证所代表的资金的主观故意，而无法推断出其具有非法占有信用证的目的。如果没有行为人的自愿供述以及其他证明证据（刑事司法实践中大多数案件不可能收集到这样的证据），很难或者几乎无法证明其具有"以非法占有为目的"的主观要素。但面对诸如此类严重扰乱国家金融管理秩序的，且具有严重社会危害性的行为，并不是必须强加于行为人头上一顶"以非法占有为目的"的帽子，而是可以通过常理、常识、常情推定行为人的非法占有目的。悠悠此理，南德集团的种种行为，只能使得南德集团之外的公众认为其明显具有非法占有目的，依相关金融诈骗犯罪惩罚其行为亦合情理与法理。

（二）金融诈骗罪的主观要素必定包含"以非法占有为目的"

金融诈骗罪中的主观要素必定包含非法占有意图，不仅仅是所有明文规

---

① 参见罗欣：《关于金融诈骗罪的两个问题》，载《法学研究》2000年第9期。
② 参见陈兴良：《金融诈骗罪主观目的的认定》，载姜伟主编：《刑事司法指南》（第1辑），法律出版社2000年版，第63页。
③ 南德集团在1995年至1998年通过虚构进口货物的手段，通过湖北省轻工业进出口公司从中国银行湖北分行骗开信用证共计有33份，总金额达8000余万元，并通过香港以及海外公司议付。参见鄂刑终字第201号刑事裁定书（2000）。

定非法占有目的的金融诈骗犯罪必定具备，且并未明文规定非法占有目的的金融诈骗犯罪也具备。除了上文提出的必要说的四种强硬理由外，主要还有以下三个比较清晰透彻的原由。

第一，金融诈骗罪胎生于诈骗罪，在1995年《决定》出台之前的发生于金融领域的诈骗行为皆由诈骗罪予以规制。实质上在互联网金融迅猛发展的当下，发生于金融领域的诈骗犯罪远远超过刑法典所规定的八种犯罪，这也是有些学者反思金融诈骗罪立法例应当回归到传统诈骗罪立法例的深层原因。财产犯罪中必定包括行为人的非法占有财产意图，这是财产犯罪中外刑法学界的一致观点，归属于财产犯罪类型的金融诈骗罪理应具备这个非法占有目的主观要素。

第二，即使金融诈骗罪的主要客体是金融管理秩序，但这个主要客体的严重侵犯的可靠征表是行为人非法占有意图下数额较大财产的侵犯，这是为许多只是推崇金融管理秩序法益的学者所忽视之处。换句话说，我们即使不否定其主要客体为金融管理秩序，也并不代表不具有非法占有目的的行为就会严重扰乱国家金融管理秩序。这也是在金融诈骗罪的语境中获得此种界定的合理性。非法吸收公众存款罪同样严重危害了国家金融管理秩序，但非法吸收公众存款的行为并不符合金融诈骗罪的构成要件。

第三，《全国法院审理金融犯罪案件工作座谈会纪要》（以下简称为《纪要》）中明确指出金融诈骗罪全部以非法占有目的作为必要的主观要素。根据刑事司法实践的经验总结，归纳出在行为人通过诈骗手段非法获取资金致使数额较大财产不能归还的，以六种典型客观行为以及其他相当行为推定行为人的非法占有目的。有些学者认为"只要使用了欺诈方法就足以说明行为人具有非法占有目的"①，有权解释部门显然也不是仅仅凭借行为人的诈骗行为即认定其具有非法占有目的，这种仅仅通过欺诈行为便认定行为人构成诈骗的情形的确违背了主客观相统一原则。也有学者认为，使用骗取的资金进行违法犯罪活动的不一定具有非法占有目的。② 适用骗取的资金进行违法犯罪活动的行为本身已使得这些资金不可能通过违法犯罪活动归还，并且在行为人已经具备数额较大财产不能归还的前提下，运用中外一致赞同的

---

① 侯国云、陈丽华：《金融诈骗罪认定的几个问题》，载《中国刑事法杂志》2001年第5期。
② 参见许其勇：《金融诈骗罪的立法重构——从非法占有目的谈起》，载《中国刑事法杂志》2004年第3期。

推定理论只能认定行为人具备非法占有目的。发生于金融领域的"事后故意"在符合金融诈骗罪主体、客体、客观要件时也构成金融诈骗罪,如行为人申请贷款时无非法占有意图,但在获得贷款后产生了非法占有意图,最后实际获取了数额较大财产并且未归还。这种"事后故意"行为也构成金融诈骗罪,只不过其故意的对象不是申请贷款行为,而是"行为人在发现危险后没阻止危害结果发生的不作为",[①] 质言之,行为人在"事后故意"场合应当对危害结果承担刑事责任。由此观之,《纪要》所确立的通过可靠路径确定的非法占有目的不仅必要而且可行。

三、金融诈骗罪犯罪主体是否皆可以由单位构成

以罪刑法定主义视角观察金融诈骗罪的主体要件,刑法典明文规定的单位可以构成金融诈骗罪犯罪主体的有金融凭证诈骗罪、保险诈骗罪、集资诈骗罪、票据诈骗罪与信用证诈骗罪,其明文未规定单位可以构成金融诈骗罪犯罪主体的有有价证券诈骗罪、贷款诈骗罪与信用卡诈骗罪。现有立法仅仅规定了前述五种犯罪可以由单位构成,刑事司法实践也只能对单位实施的这五种金融诈骗罪惩罚单位,这是罪刑法定主义视域下的单位犯罪以明文规定为限论处的必要结果。但面对现实生活中诸多单位通过虚构事实或者隐瞒真相等非法方法,实施贷款诈骗、有价证券诈骗、信用卡诈骗,并将骗取的资金归单位所有不予归还的恶劣现象大量存在,刑法典对此却无能为力,显得难以恢复被扰乱了的国家金融管理秩序,也对恢复侵犯财产造成危害与危机的正当性造成了一定的恶劣影响。应不应当惩罚这些现有立法虽不惩罚单位实施的这三个罪名的行为,是学界争议所在。即使在现有立法不惩罚单位实施的这三个罪名的前提下,当单位实施这三个罪名时,应不应当以这三个罪名惩罚单位直接负责的主管人员以及其他直接责任人员,也是学界争议所在。对罪刑法定主义的坚持,目光应当不仅仅在现有的刑法条文上来回往返。一些值得科处刑罚的单位金融诈骗行为,虽在现有的刑法条文语境下不得定罪量刑,但将其梳理而出,必定对以后的立法修改完善有所裨益。这亦契合罪刑法定实质侧面提升处罚的合理性的要求。

对于单位实施的这三种刑法无明文规定处罚单位的金融诈骗犯罪,刑法

---

① 参见高艳东:《金融诈骗罪立法定位与价值取向探析》,载《现代法学》2003 年第 3 期。

学界大致有四种观点。第一种观点认为，由单位为单位利益实施的犯罪行为，虽然刑法典明文规定只有规定处罚单位犯罪的，单位才应当负刑事责任，但面对归属于法益侵犯的犯罪行为与归属于法益保护的刑法典之间的辩证统一关系，必须对单位直接负责的主管人员以及其他直接责任人员处以该罪。① 第二种观点认为，在刑法典明文规定只有规定处罚单位实施的犯罪行为，才能够对单位定罪量刑的罪刑法定语境下，不管是对单位定罪处罚，还是对单位直接负责的主管人员以及其他直接责任人员定罪处罚，统统是违背罪刑法定主义的前法治行为。第三种观点认为，在单位实施单位不符合犯罪主体要求的金融诈骗犯罪行为时，若可以对单位判处相对应的单位犯罪，则以相对应的单位犯罪定罪处罚。如对单位实施的贷款诈骗犯罪行为，应当处以合同诈骗罪，其理由主要是单位利用特殊合同（借款合同）诈骗了金融机构（对方当事人）的贷款。第四种观点认为，对单位直接负责的主管人员以及其他直接责任人员定罪处罚是以处罚单位犯罪为前提的，如果单位不构成犯罪，则对这些直接责任人员也不应当定罪处罚。以经济制裁、行政处罚等手段进行处理也是一种补救方法，必要时也可以通过立法机关修改法律或者推行立法解释，以惩罚单位实施的贷款诈骗等犯罪行为。②

应当指出的是上述第三种折中观点被最高人民法院采纳，《纪要》明文规定对单位实施的贷款诈骗行为，对单位、单位直接负责的主管人员和其他直接责任人员都不能以贷款诈骗罪定罪处罚。对于司法实践中发生的单位十分明显的以非法占有为目的，利用签订、履行借款合同诈骗银行或其他金融机构贷款符合合同诈骗罪的犯罪构成的，应当以合同诈骗罪定罪处罚。最高人民法院的这种折中立场与其以往发布的司法解释观点有一定的冲突，如其曾经明文规定由单位实施的诈骗行为，单位所得诈骗数额达到 5 万元以上的，应当以诈骗罪对单位直接负责的主管人员以及其他直接责任人员以诈骗罪定罪处罚。

也有学者认为，单位为了单位利益通过杀人、放火等犯罪行为手段制造保险事故骗取保险金的现实是存在的，应当以保险诈骗罪对单位定罪处罚，对单位直接负责的主管人员以及其他直接责任人员应当以故意杀人罪、放火

---

① 参见张明楷：《新刑法与法益侵害说》，载《法学研究》2000 年第 1 期。
② 参见陈兴良：《盗窃罪研究》，载陈兴良主编：《刑事法判解》（第 1 卷），法律出版社 1999 年版，第 36 页。

罪和保险诈骗罪数罪并罚，只有这样才能合理地评价犯罪人的犯罪行为并给予其应得的惩罚。有学者指出，在我国刑法明文规定单位犯罪模式之前，刑事司法实践中也是要对为单位利益实施的犯罪惩罚相关直接责任人员的，刑法典之所以规定单位犯罪的深层原由在于惩罚直接责任人员的同时，为惩罚单位提供明文刑法条文依据。以刑罚惩罚某种行为的前提在于该行为达到公众所界定的应受刑罚惩罚的社会危害性，① 这种社会危害性追根溯源是由社会中的大多数人决定的，不是由个别人决定的。毋庸置疑，刑事立法往往由精英传播教义从而影响甚至于改变公众的惩罚理念，使得一个民族的人民准确把握自己的权利以及地位的生活情感。深受罗马法"社团不能构成犯罪"信条影响的大陆法系国家纷纷改变其否定单位犯罪立法，增加单位犯罪立法惩罚社会危害性重大的单位犯罪行为，这亦是正视英美法系深信"单位犯罪应与个人同受刑罚惩罚"的合理性所致。

在我国刑法典已经肯定单位犯罪模式的语境下，没有可靠而合理的理由不惩罚由单位实施的这三种金融诈骗行为，即使在罪刑法定主义视角下无法定罪量刑，也可以在将来的刑事立法修改中予以完善，从而惩罚由单位实施的社会危害性重大的金融诈骗行为。在罪刑法定语境下无法惩罚单位实施的这三种金融诈骗行为，也并不代表不可以以其他相应的罪名惩罚单位，更不代表不可以以这三种金融诈骗罪惩罚相应的直接责任人员。

四、互联网金融视域下金融诈骗罪理念变革探析

渊源于美国亚特兰大安全第一网络银行的互联网金融模式在金融市场准入和管制非常严厉的我国，获得了不可比拟的发展速度。从互联网金融的发展历程以及大众的投融资反馈而言，2013 年是"互联网金融发展元年"，2014 年是"互联网金融创新发展年"。国务院于 2015 年 7 月 4 日印发《关于积极推动"互联网+"行动的指导意见》致力于推进"互联网+"行动，提出"互联网+"创业创新、普惠金融等 11 个具体行动，保证会积极出台相关政策法规以保障这个利国利民的行动顺利发展。

2015 年的互联网金融在政策的鼓励与引导下迅猛发展。顾名思义，互联网金融即是借助于互联网进行融资的资金流通投资模式。金融学界以及金

---

① 参见李永升：《刑法学基本范畴研究》，中国检察出版社 2011 年版，第 114 页。

融实践界一致认为，互联网金融主要包括四种业务模式。第一类是银行通过互联网技术拓展支付业务；第二类是第三方支付业务以及在第三方支付业务基础上衍生出的新型网络金融投融资平台；第三类是网络信贷业务，主要是P2P网络信贷业务；第四类是众筹融资业务。① 互联网金融已经成为公众投资、中小微企业乃至个人募资的重要途径，有理由相信未来的融资走向是互联网融资。理由大致有四个：第一，互联网金融创新性的融资模式，助推普惠金融发展；第二，便利中小微创新企业与创业个人发展，提升经济发展活力；第三，激发大众创新创业热情，促成创新创业良性传统；第四，传统金融活力比较衰弱、贷款资质较高、审批程序烦琐，使得中小微企业很难通过传统金融模式融资贷款。大陆法系刑法理论与判例均形成了定式的诈骗罪规范构造，即行为人在以非法占有为目的实施了欺骗行为后，对方当事人陷入错误认识或者继续维持错误认识并基于这种错误认识处分财物，行为人自己或者使得第三人取得财物，从而致使对方当事人损失财物。② 互联网金融的迅猛发展冲击着金融诈骗罪的罪与非罪的认定标准，刑法学必须正视金融业的金融创新发展模式，正视国家营造的鼓励互联网金融创新、引导互联网金融创新、支持互联网金融创新的政策走向，正确区分合法民间融资行为与非法吸收公众存款罪、集资诈骗罪、贷款诈骗罪的认定标准。"如果刑法对民间金融不加区分地予以犯罪，则意味着法律助长了制度不公。"③

营造助力于大众创新的普惠金融发展刑法环境，依赖于金融业界与刑法学界的共同努力。金融业监管部门可以参照互联网金融发展经验成熟的国家，制定投资人资格、网络投融资平台权利义务披露制度、融资人身份公开以及募资用途公开透明等一整套的监管规范制度，使得互联网金融的发展不是"无政府主义"的放任自流，而是在必要性与合理性监管的环境下健康发展。刑法学界可以在非法吸收公众存款罪、集资诈骗罪、贷款诈骗罪的犯罪构成认定上，将企业乃至于个人为正常生产、经营、创新业务发展而融资的行为划出犯罪圈，以契合国家营造的全民创新、全民融资、全民受益的"互联网+"行动。例如，当企业本着诚实信用原则充分披露企业生产、经

---

① 参见孙国茂：《互联网：本质、现状与趋势》，载《理论学刊》2015年第3期。
② 参见[日]西田典之：《日本刑法各论》，刘明祥、王昭武译，中国人民大学出版社2007年版，第185页。
③ 姜涛：《非法吸收公众存款罪的限缩适用新路径：以欺诈和高风险为标准》，载《政治与法律》2013年第8期。

营信息，并与被融资人约定与企业合理预期利润相匹配的利率时，不宜于在融资人头上高悬非法吸收公众存款罪、集资诈骗罪等达摩克利斯之剑。对于贷款诈骗罪犯罪构成的认定上，不宜于将企业乃至于个人为正常生产、经营、创新业务发展而使用一定的手段"诚心"贷款，其后因为生产、经营亏损、创业失败无法归还贷款的行为认定为贷款诈骗罪。对于利用互联网平台进行的众筹融资业务，当融资人充分披露个人信息、预期投资收益与风险、募资合法用途等权利义务信息，投资人进行风险投资的，融资人因为正常的募资合法用途模式无法归还投资人投资的，不宜于将融资人的行为认定为集资诈骗罪。

在严厉的金融管制语境下，通过银行等渠道获得贷款的机会大多属于国有企业以及大型私营企业，融资难的问题一直深刻困扰着中小微企业以及创新个人，使得他们不得不在如履薄冰的危险境地下涉足民间融资这一融资危险境地。① 是否有利于经济发展水平以及活力的提升、是否有利于公众利益、是否有利于形成健康而充满活力的金融体制，这是法律介入民间融资监管必须坚持的三个大方向。尽管一些民间融资行为违背了这三个大方向，但这也无法否认民间融资促进我国经济活力提升的巨大作用。李克强总理在前海微众银行考察后不禁感慨："微众银行一小步，金融改革一大步。""密纳发的猫头鹰要等黄昏到来，才会起飞。"② 即使是痛定思痛之后"幡然悔悟"，也为时不晚。在我国这样一个刚刚看到互联网金融发展的普惠作用的国度，与其严厉打击所谓的"非法集资行为"，不如在金融创新领域制定一些可靠而合理的法规，构建各类投融资主体能够公平竞争的投融资制度，以规范互联网金融的理性发展，解决非法集资的泛滥化问题，为全民"互联网+"行动的健康发展做出制度保障。

---

① 参见刘宪权：《刑法严惩非法集资行为之反思》，载《法商研究》2012年第4期。
② [德]黑格尔：《法哲学原理》，商务印书馆1961年版，第13页。

专题六
审计犯罪及其预防探析

一、问题的缘起

国家审计指的是，受到社会公众委托的审计机关依法对受托单位以及个人的财政、财务收支资料的真实性、合法性以及效益性进行监督与评价的审计行为。① 作为预防、揭示与抵御扰乱经济健康运行的风险因素的国家审计（政府审计），其在国家治理能力现代化战略中占据极其重要的地位。富有独立性的国家审计是反腐倡廉战略顺利实施的重要基底，而国家审计工作人员在审计工作中能否洁身自好，这是事关国家反腐倡廉乃至经济健康运行的重大问题。② 有些国家审计人员滥用职权、徇私舞弊、玩忽职守、非法泄露国家秘密以及商业秘密，造成了严重的社会危害后果，在以刑罚这一最为严厉的制裁措施严厉处罚审计渎职人员的同时，也启迪学界思索何以有效地预防审计犯罪。

二、审计犯罪的犯罪构成探析

我国《审计法》第52条规定："审计人员滥用职权、徇私舞弊、玩忽职守或者泄露所知悉的国家秘密、商业秘密的，依法给予处分；构成犯罪

---

① 参见刘三昌主编：《政府审计学》，东北财经大学出版社2012年版，第7页。
② 参见刘家义：《论国家治理与国家审计》，载《中国社会科学》2012年第6期。

的,依法追究刑事责任。"这个条款与相关刑事法律规范的罪刑设置,共同形成了审计犯罪的罪刑规制体系。审计犯罪并不是刑法学上的犯罪分类概念,而是一个犯罪学上的犯罪研究概念。审计犯罪指的是,国家审计工作人员在从事国家审计工作中所实施的应负刑事责任的具有严重社会危害性的行为。常见的审计犯罪包括受贿罪、滥用职权罪、玩忽职守罪、泄露国家秘密罪、徇私舞弊不移交刑事案件罪、巨额财产来源不明罪以及侵犯商业秘密罪,研究审计犯罪意在指出其犯罪原因与预防措施。"犯罪构成是在主客观相统一原则的指导下,由主观要件与客观要件形成的,任何坚持这一原则的犯罪构成理论皆有益于理性地刑事定罪。"[1] 审计犯罪的犯罪构成解析同样必须坚持作为刑事定罪黄金法则的主客观相统一原则。

(一)审计犯罪的主观要件探析

责任主义作为现代刑法的基本原则,意在强调任何人都不应当对其不应负责的行为受到惩罚。在客观与主观之间来回往返,寻求主客观之间的和谐统一,是刑事定罪应当坚守的基本立场。审计犯罪的主观要件不外乎犯罪主体、主观罪过、动机、目的等,其犯罪主体是国家审计工作人员,即在国家审计系统从事审计监督工作的政府机关工作人员。主观罪过的确定随着滥用职权罪与玩忽职守罪的主观罪过的争论而变得不甚清晰,滥用职权罪与玩忽职守罪的主观罪过在刑法学界有"故意说""过失说"与"并存罪过说"。滥用职权罪与玩忽职守罪中的危害结果即为"公共财产、国家和人民利益遭受重大损失",国家审计人员在从事政府审计工作中完全存在对于这种危害结果的故意以及过失,审计犯罪故意与过失的司法实践存在也是一个不争的事实。

囿于审计犯罪的犯罪学视域下的类型化构造,对其常见疑难犯罪主观罪过作一梗概界说,便可窥探出审计犯罪主观罪过的复杂性以及包容性。审计犯罪动机与目的是研究审计犯罪治理措施的关键问题,审计犯罪动机与目的常见的有徇私舞弊、贪恋钱财美色、侥幸色彩浓厚,其更多的是国家审计人员内在素质的反映,并不是一时一地形成的。

(二)审计犯罪的客观要件探析

以一般犯罪客观要件原理考察审计犯罪的客观要件,可以得知其犯罪客

---

[1] 冯文杰:《试论中国商标权的刑法保护——以商标权的本源意义为视角》,载《鄂州大学学报》2015年第10期。

观要件仍然不外乎行为、因果关系、危害结果、地点、时间等客观要件要素。国家审计人员在审计被审计单位财务收支信息的合法性、真实性、效益性时，容易受到被审计单位糖衣炮弹的侵袭，在贪恋钱财美色以及侥幸色彩浓厚的犯罪动机支配下实施了违背社会公共利益的审计违法犯罪行为，造成社会公共利益的严重损失，这即是审计犯罪的一般生成过程。犯罪时的客观行为是行为人主观罪过的展开，犯罪时及其后的客观行为在他人观之既可能是行为人主观罪过的揭示，也可能不是行为人主观罪过的揭示，而是主客观相统一定罪原理确定罪名时的这个罪名的主观罪过的揭示。

结合我国《审计法》第52条以及相关刑事法律法规可以得知，非法侵犯商业秘密行为、滥用职权行为、玩忽职守行为、徇私舞弊行为、受贿行为等客观行为皆是审计犯罪体系中的客观行为，地点与时间客观要素在犯罪构成客观要件中是一个选择性的客观要件要素，即并不必然出现于每一个犯罪的客观要件中。审计犯罪常见的危害后果有：商业秘密权利人的重大损失，国家公务行为的可收买性恶劣影响，社会公共利益遭受重大损失，国家秘密泄露情节严重，刑事司法秩序的严重破坏。审计犯罪中的因果关系亦不外乎因果关系的刑法学内涵，只有具有造成法益侵害可能性的国家审计行为才可能纳入刑法学范畴内的实行行为，国家审计犯罪行为与犯罪结果之间的因果关系判定仍需坚持条件说的基本立场，辅之以合法则的因果关系判定模式。① 换言之，国家审计行为符合客观规律必然地造成危害结果时，该危害结果便是此审计行为的危险的实现化，二者即具备因果关系。当审计行为与危害结果中间出现诸多介入因素时，则先依赖条件关系的基本原理，继而择定危害结果是否为审计行为的危险的实现化。

三、审计犯罪的特征探析

（一）审计犯罪主体的特殊性

审计犯罪是由国家专业审计人员实施的犯罪，必然具有自身的独特性与复杂性。其犯罪主体的特殊性表现为必须是在审计署及其派出机构与各级审计局从事审计工作的国家机关工作人员。审计机关工作人员的特殊身份更加决定了其必须奉公职守、廉洁自律，在国家防汛抗旱、急救灾难等特殊时

---

① 参见张明楷：《刑法学》，法律出版社2011年版，第181页。

期，审计机关工作人员实施审计犯罪更加凸显其严重的社会危害性，以当今刑法学界的主流观点，必然要依法从重惩罚。

(二) 审计犯罪实行行为的不作为泛滥性

审计犯罪的主要场域便是审计报告。滥用职权、徇私舞弊、玩忽职守、侵犯商业秘密行为等行为皆是审计犯罪的实行行为，但这些实行行为的着力点即在审计报告的字里行间。换言之，审计犯罪的危害结果即在于国家相关审计工作人员在审计被审计单位以及个人后，在审计报告上对于被审计主体的严重违规行为甚至犯罪行为隐瞒不报或避重就轻或变相开脱甚至于变相私了。根据审计工作的基本原则，审计人员应当严格对被审计单位的财政、财务收支事项做出审计，若发现违规违法犯罪现象，必须及时上报有关部门乃至及时移交刑事侦查部门。不作为在刑法学上指的是，行为人有义务做出某种法益救济行为（具有法益补救可能性）而未做出这种行为。审计人员在审计报告里暗藏乾坤，常常是以不作为的形式为相关违法犯罪人开脱罪责。这些常常以在审计报告上的不作为的行为方式造成了严重社会危害性，满足刑法典规定的犯罪成立条件时，即构成相应的具体审计犯罪。

(三) 审计犯罪的强隐蔽性

审计学实质上属于经济学与管理学的交叉性学科，审计犯罪必然也有经济犯罪的若干特点。经济犯罪最先由英国学者希尔提出，我国1980年的全国人大常委会通过的《关于严惩严重破坏经济的罪犯的决定》首次以刑事立法方式规定"经济犯罪"。犯罪学界普遍认为经济犯罪具有复杂多变性、极强的隐蔽性、较重的社会危害性、跨国跨省地域性等传统犯罪所不显现的特点。审计犯罪具有较强的专业技术性，且在国家新一轮的"审计风暴"以及"反腐倡廉"的政策下，出现了诸多被审计单位向审计工作人员进行权力寻租的违法犯罪行为。审计人员与违法犯罪的被审计单位达成攻守同盟关系，双方的非法利益高度一致，双方揭露彼此的可能性极小，故而审计犯罪的隐蔽性凸显。

(四) 审计犯罪专业技术的高智商性

审计犯罪不仅仅是一种带有经济犯罪特点的犯罪类型，且是发生于审计专业人士之外的人难以理解的审计领域。审计工作强调合法、独立与客观公正，继而较为依赖国家审计人员的综合专业素养。其通过包含法律、计算机、会计、审计、管理甚至于侦查的综合知识搞清楚被审计单位的财政、财务收支情况,审计其是否有违法犯罪现象,通过审计报告反映出其审计结果,在某些情况下也要认定被审计单位的领导个人经济责任。[①] 质言之,审计工作的专业技术性需要专业高智商人才,而审计报告字里行间潜藏的不作为手段需要专业的高智商人才才能发现,否则,审计专业人员之外的人查看财务报表、会计账簿等审计报告中出现的专业知识时必然出现"丈二和尚摸不着头脑"的现象。总之,审计犯罪带有极强的专业技术性,相关审计犯罪人员一般亦不会故意或过失出具极其低质量的审计报告,这便给审计犯罪侦查带来相当大的难度。

四、审计犯罪的原因探析

(一) 审计法制不健全,审计法治欠缺

我国专门规定旨在进行审计制度监督、维护国家财经秩序、促进廉政建设以及保障国民经济发展的《审计法》肇始于1994年并被修订于2006年,加之2010年实施的《审计法实施条例》以及不断变化的《审计准则》,这些审计法律法规构成了我国审计法制的主体部分,相关刑事法律与行政法律也是审计法制的重要部分。我国审计法制的建设历程较短,在看到其取得一定成就的同时亦应看到其薄弱之处,如审计技术规则中并未具体规定如何提高审计质量的权责条款,《审计法》第43条至第52条规定了被审计单位与审计人员的法律责任,仅仅在第52条规定审计违法犯罪人员的法律责任,造成二者对比后的法律责任条款严重比例不均。审计执法责任、审计执法程序以及审计听证制度等欠缺专门的法律法规,显出审计法制的薄弱性。现代法治追求权力的制衡原则,《审计法》第四章第31条至第37条规定国家审计机关以及执法人员的检查、取证与采取强制措施的权力,这对于监督国家其他机关事业单位的财政、财务收支合法合理具有极大的必要性。但审计法律法规遍布权力条款,责任条款较之显得颇为不足。审计机关以及执法人员进行审计工作时,常常是审前调查、审计方案编制、现场审计、审计处理、审计执行以及审计归档等审计环节均由同一审计业务部门的执法人员负责,缺乏必要的内部制衡监督,更加缺乏必要的外部制衡监督,这与现代法治的权力制衡原则相悖。

[①] 安徽省审计学会课题组:《国家审计与反腐倡廉》,载《审计研究》2012年第2期。

（二）审计人员道德素养欠缺，法律责任意识不足

审计监督业务需要较强的审计专业知识以及其他综合知识，现实实践中的审计部门对相关执法人员的审计专业以及其他专业能力培训力度颇大，而道德素质提升工作却略有欠缺。执法实践中存在审计人员为了完成审计收缴任务而违规向被审计单位收取罚没款，甚至于私自截留审计罚没款的现象，这是其道德素养低下的真实表现，也是其法律责任意识淡薄的强烈现象反映。责任与权力同在出现于现代行政权力的第一原理，审计执法行为滥用职权等等违规违法行为是将公共权力作为谋取私利的恶劣表现。审计执法人员的整体专业素养也有待于进一步提升，无法完全适应高速发展的现代市场经济的审计思维与技术，其法律素养也有待于进一步的普法教育。

（三）少数审计人员存在"权力出售"行为和侥幸意识

"审计风暴"以及"反腐倡廉"工作提高了审计工作人员的社会地位，使得少数审计人员借此向被审计单位进行"权力出售"，通过索贿、受贿，使得被查出违法犯罪的被审计单位逃脱法律责任的制裁。① 审计人员在触犯滥用职权罪、玩忽职守罪、受贿罪等审计犯罪时，往往心存侥幸意识，认为凭借审计领域的强技术性以及强隐蔽性可以逃脱刑事法律的制裁。这启迪刑事侦查部门在侦查此类专业犯罪案件时必须借助于专业人才的引导，决不能搞部门主义。犯罪学界普遍认为，犯罪动机对于犯罪的生成占有极其重要的位置，犯罪动机加之犯罪便利条件很可能促成行为人犯罪的完全生成。② 审计犯罪之所以屡禁不止，这与其行为人的侥幸心理与名利动机有着非常重大的关系。

五、审计犯罪的预防措施探析

审计犯罪严重扰乱了国家审计管理秩序，其给国家与人民利益造成了不可估量的损失，也严重破坏了审计机关在社会公众面前的公信力，必须有针对性地严厉打击审计犯罪。在运用刑法这一社会管理最后的手段打击审计犯罪的同时，必须针对审计犯罪的特点与原因，制定具有可行性与效益性的预防措施，以利于从源头上治理审计犯罪。

---

① 参见彭华彰：《国家审计推进腐败治理的路径研究》，载《审计研究》2013 年第 4 期。
② 参见许章润：《犯罪学》，法律出版社 2007 年版，第 99 页。

（一）建立"检审一体化"制度，提高审计犯罪侦查技术

审计犯罪侦查人员应当着力提升侦查技术，不断强化自身的证据收集意识观念，通过证据的侦查从而获取证据背后的线索。审计犯罪的高智商性往往使得审计犯罪侦查人员一筹莫展，经过刑事侦查实践的不断探索，从江西省出台的预防职务犯罪工作的相关条例开始，全国各省陆续出台了此类预防职务犯罪的工作条例，为职务犯罪的预防工作探索出了多种可行的路径。

审计犯罪预防领域的"检审一体化"机制的实施，为审计犯罪侦查工作的突破提供了一个可行的配合机制。在审计犯罪侦查领域，应当结合审计机关与侦查机关的各自优势，使得侦查机关与审计机关相互配合而共同及时查处审计犯罪证据，共同服务于打击犯罪与保护人民的刑法典的目的。"检警一体化"机制的实施在吸收检察机关与公安机关各自优势的同时，也弥补了各自的不足，从而在符合法律规定的程序下更加及时有效地获取犯罪证据，及时将惩罚的正义以看得见的方式实现。[①] 检察机关与审计机关亦可以相互取彼之长而补彼之短，从而为富含专业技术性的审计犯罪的证据收集等侦查工作，开启一个崭新的天窗。

（二）加强审计法制建设，推进审计法治进程

正处于转型时期的我国虽然基本上建立了完备的社会主义特色法律制度，但在一些专业领域的法制建设也有着种种不足之处，审计法制建设的薄弱正是其突出领域。《审计法》的权责不均衡条款设置必须在以后的修订中予以完善，细化审计工作人员违法以及犯罪的具体惩处措施，不能仅仅依赖刑法典的惩罚条款，需要在审计人员的违法行为未到达犯罪程度时便动用更加便宜性的行政违法处罚措施，以遏制违法行为继续转化为更加严重危害社会的犯罪行为。设置审计质量标准体系，规范审计人员审计质量工作，使得现实实践中的重审计工作任务完成而轻审计工作质量的审计工作作风有所转变，也为及时查处审计工作人员的违法犯罪行为作出有力铺垫。

应当督促立法机关及时在审计听证程序、审计执法责任、审计回访工作、审计效益监督工作等方面做出立法规定，使得相关方面的审计工作可以有法可依。作为现代法治核心原则之一的权力制衡原则要求权力之间必须相

---

① 参见冯文杰：《我国检警关系的问题考察及其改进——以英国检警关系演进为视角》，载《公民与法》2015年第8期。

互制衡，而这看似与审计机关的独立性有所冲突。可行的解决方案是在审计机关内部建立不同部门，从审计方案制定到审计方案的实施再到审计报告的制定可以由不同部门审计人员进行，且在审计机关内部建立专业审计工作监督部门，这样可以在最大程度上实现审计机关内部的法治化。

（三）提高国家审计人员道德与法律素质，改进审计机关软硬件设备

审计犯罪的实践结果表明，审计人员的法律素质与道德素质有待提高。少数审计人员以侥幸的投机动机实施给国家和人民利益造成严重损害的审计犯罪行为，其认为其高智商性的审计行为并不会为专业外的侦查人员识破，但最终难逃法网。相当多的审计人员在实施具有严重社会危害性行为的同时，并未意识到其行为已经触犯了刑事法律，这也表明审计人员的法律意识尤其是刑事法律意识亟待提升。

犯罪学认为，轻微的违法行为久而久之很可能发展为严重的犯罪行为，审计人员与被审计单位之间的权钱交易行为，极可能从轻微的违法行为演化为严重的犯罪行为。审计部门的审计工作经费问题必须得到及时的解决，使得审计工作人员不会因为工作经费问题而向被审计单位进行权力出售行为。审计工作是专业技术性极强的工作，其对高科技设备的需要往往也是其他种类的行政工作所无法比拟的。审计实践中往往出现，因为科技设备的不足以及落后问题严重影响审计质量的现象发生，以致于兢兢业业的审计工作人员囿于外部原因而无法找寻出被审计单位违法犯罪的确凿证据，使得审计工作的公信力大打折扣。提高审计工作人员的道德与法律素质，改进审计机关的软硬件设备，这是当前审计犯罪预防工作的重点。

专题七
中国商标权的刑法保护
——以商标权的本源意义为视角

一、商标权刑法保护存在的问题

商标权的刑法保护必须结合商标法学的相关法理而构造，但我国刑事法律构建的对商标权的刑法保护并未准确结合商标法学的法理而构造，致使其存在缺陷。立法虽将非法制造注册商标标识罪的主观心理界定为故意，却并未突出以销售为目的的"主观的超过要素"。[①] 立法对假冒注册商标罪等罪名的罪状设置忽视了使消费者产生混淆性认识的客观基础。质言之，假冒注册商标罪以及非法制造注册商标标识罪的主观要素必须限定在商业业务限定下的销售目的之中，否则，其很难使消费者对商标施指对象产生混淆性认识。我们拟结合商标法学的价值构造与刑法学的相关理论，针对存在诸多缺陷的中国商标权的刑法保护体系作一理论上的若干改进。

---

① 主观的超过要素是指"在某些犯罪中，主观要素仅存在于行为人的内心即可，不要求有与之相对应的客观事实。"参见张明楷：《刑法学》，法律出版社2011年版，第731页。

二、商标的核心特征考察

《与贸易有关的知识产权协议》（以下简称为 TRIPS 协议）第 15 条则规定："能够将一个企业商品或服务与其他企业的商品或服务区别开来的任何标识或者标识的组合，即可构成商标。"刘春田教授主编的教科书认为："商标是商品的生产者或经营者用来标明自己、区别他人同类商品的标志。"① 从世界各国关于商标的立法定义与学者间对商标的理论定义而言，商标的首要特征便在于区别性。无法将自己的商品或服务与其他人的商品或服务区别开来的商业标识，无法被称作为真正意义上的商标。毋庸讳言，区别性的前提建立在指示性的基础之上。若要继续追问指示性的基础为何，则不得不从商标的显著性谈起。曾陈教授认为"商标之显著性乃为商标表彰自己商品以与他人商品相甄别之固有属性"②。无论是注册取得模式下，还是使用取得模式下，抑或是注册与使用并存取得模式下，商标的显著性是商标得以指示自己从而区别他者的主要依据，这也是建立在公共利益与私人利益平衡的基础之上。

在三种商标取得模式下，商标显著性是标识成为商标所必须具备的特征，也为各国商标立法与商标国际公约所达成的共识。即便是在承认使用取得主义下的美国，《兰哈姆法》认为该标志在指独一无二（a unique product）的产品时，也应起着标识和区别作用的，方得以成为商标。商标的显著性分为固有的显著性与获得的显著性。固有显著性指的是，某一标志自身便拥有商标法所要求的显著性。获得的显著性亦称"第二含义"，指的是原本并不具备显著性的标志通过作为商标的长期使用，而具有区别商品来源或出处且被市场认同的能力。③ 依据我国《商标法》第 11 条的规定，"经过使用取得显著特征，并便于识别的，可以作为商标注册"。细言之，站在我国注册主义视域下，一些仅仅只表明商品质量、功能、主要原料等不具有显著性的标志不可以作为商标注册，④ 但对于经过商业使用而取得显著性并便于

---

① 刘春田主编：《知识产权法》，高等教育出版社、北京大学出版社 2010 年版，第 258 页。
② 曾陈明汝：《商标法原理》，中国人民大学出版社 2003 年版，第 131 页。
③ 参见吴汉东主编：《知识产权法》，中国政法大学出版社 2004 年版，第 231 页。
④ 我国《商标法》第 11 条规定："下列标志不得作为商标注册：（一）仅有本商品的通用名称、图形、型号的；（二）仅直接表示商品的质量、主要原料、功能、用途、重量、数量及其他特点的；（三）其他缺乏显著特征的。"

识别的标志，可以作为商标注册。

三、商标权刑法保护的中国范式考察

为应对加入 TRIPS 协议下对商标刑法保护的需要，① 《刑法》在分则第三章破坏社会主义市场经济秩序罪中加入了三个侵犯商标权的罪名：假冒注册商标罪，销售假冒注册商标的商品罪，非法制造、销售非法制造的注册商标标识罪。依据学界对这三个罪名的普遍定义可知，假冒注册商标罪指的是未经注册商标权人的授权，在同一种商品上使用与其注册商标相同的商标，情节严重的行为；销售假冒注册商标的商品罪指的是违反商标管理法规，销售明知是假冒注册商标的商品，且销售数额较大的行为；非法制造、销售非法制造的注册商标标识罪指的是违反商标管理法规，伪造、擅自制造他人注册商标标识或销售伪造、擅自制造的注册商标标识，且情节严重的行为。

为了应对司法实践中的入罪统一标准的呼声，最高法与最高检在 2004 年联合发布司法解释，对"情节严重""情节特别严重""数额较大""数额巨大"等罪量问题进行了解释。尤其值得一提的是，该解释对"相同的商标"扩大解释为完全相同或较之视觉基本无差异且足以误导公众的商标。不仅将使用于商品上界定为"使用"，而且将用于商品包装、容器、产品说明书、商品交易书、广告宣传、展览等其他商业范围上界定为"使用"。为了应对大量商标刑事侵权案件，2011 年，最高法联合最高检、公安部以及司法部颁布新的司法解释，对"同一种商品"的比较认定对象、"与其注册商标相同的商标"的判断方法做出了明确的规定，另外设置销售假冒注册商标的商品罪（未遂），如规定在销售明知是假冒注册的商品时，即使尚未销售，但货值 15 万元以上的，处以销售假冒注册商标的商品罪（未遂）。对商标犯罪的本质问题没有解决之前，再多的司法解释也只是隔靴搔痒。令人遗憾的是，历经八次修订的新《刑法》仍然囿于 1997 年《刑法》的窠臼，其并未还原商标犯罪的本来面目，也未合理地具体界定相关罪名的构成要件。

---

① TRIPS 协议第 61 条规定："各成员应规定至少将适用于具有商业规模的蓄意假冒商标或盗版案刑事程序和处罚，可使用的救济应包括足以起到威慑作用的监禁和（或）罚金，并应与适用于同等严重性的犯罪所受到的处罚水平相一致。"

四、重塑保护商标所有权的理念

以历史的脉络审视，商标权是个人权利与公共利益折中的产物。细言之，商标权既为商品或服务提供者作为指示商品或服务、培育品牌所用，也为国家维持正常品牌竞争秩序、造福广大消费者所用。依据康德与卢梭的观点，所有权产生于个人意志与国家意志的结合。但所有权产生的基础确是个人的劳动，公权力的运行只是为其提供一个庇护的港湾。正如为了保护更多更广泛意义上的自由而限制自由一样，为了保障更多更广泛意义上的商标权而限制商标权，而利益平衡下的表象使得我们误把限制、平衡作为目的。

我国《商标法》第 1 条关于立法宗旨的表述是"保护商标专用权"，注册视域下的我国商标专用权只有注册商标权人享有。① 司法实践中也有一些法院认为侵犯商标权就是侵犯商标专用权，② 这与商标法的运行规则与商标权的私权本性有所冲突，不当限缩了商标权的权利范围以及实际享有主体范围。众所周知，商标权的权利范围至少包含商标专有使用权、商标许可使用权、商标转让权、商标投资权、商标融资权、商标续展权以及商标禁用权。商标专有使用权即是商标专用权，是商标权的核心权利。商标权与商标专用权是两个不同的概念，正如冯晓青教授所言："商标所有人对自己的注册商标可以独占使用，也可以许可他人使用，可以将其转让、放弃，也可以禁止他人使用，而'商标专用权'这一表述未能揭示出商标权作为无形财产权的精髓，它只是商标权中最基本的内容，不能涵盖商标权的全部内容。"③ 其虽然站在注册商标所有权的立场上阐述商标所有权与商标专有权的区别，但对我们认识二者的权利范围差异启迪较多。刘春田教授亦从注册商标支配权的立场转向商标所有权的立场，认为商标权不仅可以为注册人享有，未注册商标人亦享受不完整的商标权。1998 年其认为商标权，是指依法对注册商标进行支配的权利。而在 2010 年其主编的教科书认为："商标权是商标所有人依法对其使用的商标所享有的权利。"④ 毋庸置疑，商标权即指商标权

---

① 依据我国《商标法》第 57 条的规定，我国立法视域下的商标权即是注册商标专用权。
② 参见北京市第一中级人民法院课题组：《驰名商标司法保护中存在的问题及解决对策》，载《中华商标》2007 年第 11 期。
③ 冯晓青主编：《知识产权法》，中国政法大学出版社 2008 年版，第 314 页。
④ 刘春田主编：《知识产权法》，高等教育出版社、北京大学出版社 2010 年版，第 286 页。

人对其固有商标的一系列权利,主要包括专用权、禁用权、转让权、使用许可权,并不限于对商标进行专有使用的权利。而"所有权者,除法律禁止外,得对有体物享有不受限制的处分的权利"①。不仅注册商标人如何享有商标权,未注册商标所有人也享有若干商标权利,这在当下的商标法律中亦有显现。

现行《商标法》的立法宗旨沿袭了传统视域下的管制思维,但《商标法》的实际规则已与传统规则下的注册商标一统天下的局面大不相同,这也是反思符号保护缺陷的结果。《商标法》为应对改革开放引导的激烈商标竞争秩序,与世界商标保护实践潮流接轨,特别在 2001 年修订的《商标法》里增加了未注册驰名商标的特别保护。细言之,商标注册与否不再是商标所有权是否受到法律保护的绝对标准,这也昭示着商标权的私权本性。否则,未注册商标人如何可以享有如此广泛的权利,未注册驰名商标人如何享有对注册该驰名商标人的抗辩权与禁用权?"已经使用并有一定影响的"未注册商标人,可以提出对以不正当手段抢先注册该商标人的禁止注册权,而未注册普通商标人则享有一定的在先权。② 商标取得模式即便是以注册为唯一条件,也不能忽视商标侵权的内在基础。细言之,如果无商业使用甚至连商业使用意图都没有的注册商标人难以称之为市场经济竞争者,而多数抢注商标的人也为注册制度所迫不得已。唯有以保护商标所有权为宗旨,方得以更为全面地保障注册商标人与未注册商标人。

五、商标犯罪核心要素辨析

犯罪构成是在主客观相统一原则的指导下,由主观要件与客观要件形成的,任何坚持这一原则的犯罪构成理论皆有益于理性地刑事定罪。商标犯罪的判定同样必须坚守主客观相统一原则,在判定刑事违法性的限定下判断其是否具有社会危害性以及是否值得刑罚处罚。TRIPS 协议认定假冒商标犯罪必须由客观要件下的商业规模以及主观要件下的蓄意为必要条件,这也印证

---

① 王泽鉴:《民法物权》,中国政法大学出版社 1992 年版,第 127 页。
② 我国现行《商标法》第 13 条规定:"……就相同或者类似商品申请注册的商标是复制、摹仿或者翻译他人未在中国注册的驰名商标,容易导致混淆的,不予注册并禁止使用。"第 32 条规定:"申请商标注册不得损害他人现有的在先权利,也不得以不正当手段抢先注册他人已经使用并有一定影响的商标。"

了主客观相统一原则对犯罪构成的制约与指导意义。

(一) 客观要件下的施指混淆化

在语言学大师索绪尔的眼中，符号是由"能指"（signifier）①与"所指"（signified）构成的二元实体。②商标犯罪侵犯的是社会主义市场经济秩序。细言之，以商业利用的方式而假冒他人的注册商标应用在自己的商品或者服务上，造成消费者对相关商品或者服务的混淆，从而无法清晰分辨各个商标所施指的商品或服务，致使商标指示市场的混乱。

没有消费者对商标市场施指的混淆，便没有社会主义市场经济秩序的紊乱，更没有商标犯罪的发生。伪造、擅自制造他人注册商标标识或者销售伪造、擅自制造的注册商标标识，即是指未经注册商标权人的许可而制造、销售其注册商标标识的行为。如果伪造、擅自制造他人注册商标标识的人并没有将这样的商标标识使用于商品上进行销售，也就没有造成消费者对相关商品的混淆可能性，根本谈不上对商标权的侵害，此时伪造的"商标标识"也无所谓真正的商标。③如果商标权人没有将商标应用于具体的商业使用行为中，消费者也不会对该商标所施指的对象有认识。他人即使假冒该注册商标应用于同一种商品上，也不会使得消费者混淆商标施指的对象，亦谈不上经济秩序的紊乱，作为保障法的刑法在此时当然不应当介入。

(二) 主观要件下的商标犯罪辨析

结合《商标法》第57条、第60条、第64条以及最高法颁布的相关司法解释来看，我国是以无过错责任为原则来界定商标侵权行为的，但不知者并有合法理由正当使用者"不承担赔偿责任"。但是，罪刑法定视域下的犯罪必须符合主客观相统一的原则，客体、客观方面、主体、主观方面皆必须得到严格满足，且未有阻却违法或者责任的事由，方得以认定为犯罪。刑法思维与民法思维不同，民法规制强调预留空间，而刑法一般强调"近距离的危害感觉"。只有在民事、行政法规等法规范对社会关系无法调节或调节失效时，刑法方能介入此社会关系的调整。刑法本身是一种极大的"恶"，

---

① 依据国人的用语习惯将"signifier"翻译为施指更贴近汉语本意。
② 参见彭学龙：《商标法的符号学分析》，法律出版社2007年版，第24页。
③ 如果某个消费者因对"王老吉"品牌比较感兴趣，便独自去制作了大量的"王老吉"商标，而且是红罐"王老吉"商标。也难以想象这样的一个人竟然犯了《刑法》所规定的"处3年以下有期徒刑、拘役或者管制，并处罚金"的罪名。

并不是所有的行为都以刑法来规制便会取得良好的社会效果。李斯特依据犯罪二元论认为"最好的社会政策就是最好的刑事政策",如果滥用刑法,必将引致民众诉诸上帝,致使更大的也是本不必要的灾难降临。质言之,刑法应当是内缩的,而不是外扩的,宜作为法益保护与社会秩序维持的最后手段。

《刑法》以及相关司法解释虽已明确将假冒注册商标罪、销售假冒注册商标的商品罪以及非法制造、销售非法制造的注册商标标识罪的主观心理界定为故意,但仍有值得商榷的地方。在对非法制造注册商标标识罪的判定中,必须限定在"在商业业务中以销售为目的"的主观目的之中,否则很难对商标施指的对象产生混淆。这与《商标法》规定的商标间接侵权行为的主观状态不明有着紧密的联系。

(三) 商标权刑法保护的根基:以商誉为中心

商标权之所以受到商标权人的如此重视,国家之所以大力倡导与实施"民族品牌战略",皆因为商标背后隐含了商标权人的艰辛付出以及辛勤培育。美国最高法院认为,商誉是指立足并超越于资金股票等实体财产、源于前期消费者的恩惠和依赖而产生的利益。[①] 吴汉东教授认为,商誉权指的是民事主体对在工商业活动中产生的商誉而享有的不受他人侵犯的利益。[②] 质言之,商誉代表企业的无形商业资产,包含自身优势以及消费者的选择偏好与信赖情感。任何事物都有两面性,商誉的妖魔化也带来了商标的妖魔化,致使商标立法落后的我国出现大量的商标抢注等"符号圈地运动"。注册商标的资产化与空置化所带来的"符号膜拜"必须得到遏制,而商业使用行为的限制便成为恶意抢注商标人的掘墓人。商标所承载的商誉,系通过商标的使用而获得。在奉注册为圭臬的商标取得制度下,注册商标可以通过不断地使用获得一定的商誉,商品质量以及品质的提高亦使得广大消费者受益。刑法对严重侵犯商标权的犯罪行为进行打击亦是为了稳定而有序的社会主义市场经济秩序的构建。商标犯罪必须联系商标侵权的法理,民事侵权与否是衡量是否需要刑法介入的前提,这是由商标法律制度的构造以及民刑法律各自的特点所决定的。

[①] 参见李国庆:《论商誉、商标与商品包装装潢——"王老吉"包装装潢案的法律分析》,载《中华商标》2013 年第 5 期。

[②] 参见吴汉东:《论商誉权》,载《中国法学》2001 年第 3 期。

我国在商标民事侵权中，应当借鉴 TRIPS 协议的规定，紧扣"混淆可能性"的法理，并联系我国《商标法》第 57 条以及 TRIPS 协议第 16 条的规定做出合理的认定标准。混淆可能性类型的商标侵权行为的法定构成要件可以分为三部分：首先，行为人在商业上使用了特定的标识；其次，该商业使用行为可能导致消费者对相关商品或服务的混淆；最后，行为人在未经商标权人的许可之下实施上述行为。细言之，在相同商品上使用了相同的商标，则推定为存在混淆的可能，则会对经济秩序造成紊乱。如果在注册的相同或者近似的商标上使用了相同或者类似的商标，并且这种使用可能会产生混淆，则会对经济秩序造成紊乱。在上述情况达到应受刑罚处罚时（情节严重的），刑法这一守卫法益的重器当然不会视而不见。

六、结论

刑法学唯有吸收其他学科的进步理论，方得以为司法实践中疑难问题的解决提供可行之策。在商标权的刑法保护问题上，必须吸收商标权理论的合理发展。刑事法律不仅应当保护注册商标的所有权，对于达到一定知名度的未注册商标也应予保护，这是由现有注册商标的刑法保护体系得出的必然逻辑。商标犯罪核心要素（客观要件下的施指混淆化法理以及由商誉保护所决定的主观要素），是认定商标犯罪成立的主要参考标准。在竞争秩序下考察商标权的功能与价值定位，确有打破符号垄断与规范竞争秩序的意味，所有的商标法律制度皆应当围绕保护商标权下的技术手段"防止混淆"而运转。商标犯罪必须限定于商业范围内，且无法致使消费者对商标施指对象产生混淆的，也就谈不上对市场经济秩序的扰乱，刑法在此时不宜介入。

专题八
商标侵权的正义标准界定
——平衡理论视域下的权利侵犯原则

一、问题的缘起

我国商标注册申请事宜得到极速的发展,其高速发展的同时亦带来了诸如商标恶意抢注、商标侵权乃至商标犯罪的肆意增长问题,恶劣问题的存在意味着问题的解决方案的备受期待。商标的本质内涵是一种联系并区分不同生产者或服务提供者与其各自的商品或服务的对应关系的符号工具,这需要现代法律制度的保护。否则,商标的区别功能不仅无法得到展现,商标也难以被称为真正意义上的商标。[①] 对于商标及其蕴含的商标权的保护的一个最为基础的工作,是合理界定商标侵权的正义标准,当下的对于商标权的保护的不力或困境或多或少都与这个商标法上的基本问题的混乱相关。

[①] 参见吴汉东:《知识产权基本问题研究(分论)》(第二版),中国人民大学出版社2009年版,第340页。

二、商标权的多维界说

（一）商标权：自然权利抑或法定权利

1. 商标的概念界定：一种共时性分析

《英国商标法》第1条将商标界定为："能够清晰而明确地将某主体的商品或服务与其他主体的商品或服务相区别的标识。"日本2008年《商标法》第2条将商标界定为："文字、图形、记号、立体形状或者它们的组合，或者它们与颜色的组合，作为以营利为目的生产、证明或者转让商品者（服务者）在其商品上（服务上）使用的标识。"① TRIPS协议第15条第1款则规定："能够将一个企业的商品或服务与其他企业的商品或服务区别开来的任何标识或者标识的组合，即可构成商标。"《法国工业、商业和服务业商标法》将商标界定为："一切用于识别任何企业的产品、物品或服务的有形标记都可视为工业、商业或服务业商标。"② 《美国商标法》认为，商标是指能够将申请人的商品或服务与他人的商品或服务区别开来的，且具有显著性的可视标记。③《德国商标法》认为，商标是指任何足以将不同企业的商品或服务区别开来的，由文字、图形、字母、数字、听觉标志、三维外形以及包含颜色及其组合的装潢，具有显著性的标记。④ 世界主要国家对于商标的立法定义大同小异，差异大致在于对于商标的组成要素的认定的些微不同。

我国2013年《商标法》第8条规定，能够将适格主体的商品与他者的商品相区分的标志，皆具有作为商标进行注册的资格，这些标志主要由文字、图形、数字、三维标志、字母、颜色组合、声音及其组合构成。我国知识产权法学界通说将商标界定为，商品的生产者或经营者用来标明自己、区别他人同类商品的标志。⑤ 综观世界主要国家对于商标的立法定义，并结合学者对于商标的立法定义的学理阐述得知，商标即为一种区别不同商品或服

---

① 参见《日本商标法》，李扬译，知识产权出版社2011年版，第2页。
② 冯晓青主编：《知识产权法》（第二版），中国政法大学出版社2010年版，第307页。
③ 参见《美国商标法》，杜颖译，知识产权出版社2013年版，第6页。
④ 参见《德国商标法》，范长军译，知识产权出版社2013年版，第3页。
⑤ 参见刘春田主编：《知识产权法》（第四版），高等教育出版社、北京大学出版社2010年版，第258页。

务的生产经营者所提供的商品或服务的商业标志。商标获准注册抑或未注册的首要特征便在于区别性（识别性）。商标的确立及其使用在于服务其区别不同生产经营者的商品与服务的各自归属。

2. 劳动财产权论与法定权利论在论证商标权取得模式上具有互补性

对于正义的不懈求索是人类良知的光辉闪现，而正义却有着一张普罗透斯似的脸，变幻多端而形态各异，其在各得其所之含义的解说下仍旧暧昧不已。① 早有哲人以实用主义的哲学态势展现了其对于正义的现实解读，保护财产权不仅是维护人格权的坚固基石，更是正义与非正义的有力证明。换言之，侵害财产权意味着破坏正义，保障财产权即意味着保障正义，所谓的非正义的观念是指侵犯或破坏财产权利。② 知识产权的法定权利性与私有财产性之争彰显着，知识产权的获得机制仍然是一个有待解决的问题。知识产权的设定是遵守权利法定主义，还是遵循权利设定较为宽松的原则，这将影响对于知识产品上涵括的利益受到的保护方式，即法益保护与权利保护之别。权利法定主义的坚持意味着知识产品法益无法受到权利保护，若在一定范围上突破权利法定主义，将现有立法未涵括的（未定型的）知识产品法益作为某种知识产权加以保护，则权利设定的宽松化又潜藏着知识产权泛化的危险。③ 权利的功利创设者无疑属于法律，而法律创设权利的凭靠却是权利取得的道德正当性。常识、常理、常情（公规）决定法律，而非法律决定常识、常理、常情（公规）。以之贯通于商标权的形成机制，则商标权的自然正当性在于商标使用人的劳动付出与伦理努力，而非法律断然决定商标权的形成。我国知识产权法学界通说认为，知识产权属于私权意义上的民事权利，且是一种不同于所有权的无形财产权，类似于"准物权"。④ 法律只是遵循客观事物变化与发展的规律，绝不是客观事实变化与发展的规律决定于法律。有学者认为，自然权利较为抽象与模糊，功利主义的设计是法定权利成为可操作的具体权利的可靠条件。⑤

---

① 参见房清侠、冯文杰：《正义的救赎反思——从"洞穴奇案"谈起》，载《河南财经政法大学学报》2015年第1期。
② 参见[英]洛克：《人类理解论》（下册），关文运译，商务印书馆1983年版，第540页。
③ 参见谭华霖：《知识产品法益保护模式探讨——兼论法益与权利之冲突》，载《政治与法律》2011年第7期。
④ 参见吴汉东主编：《知识产权法》，中国政法大学出版社2004年版，第5页。
⑤ 参见彭学龙：《知识产权：自然权利亦或法定之权》，载《电子知识产权》2007年第8期。

抽象的权利仍是一种权利，法律不会无缘无故地创设一项权利，法律亦不会妄加断送基于合法劳动获得的私权。职是之故，无论是单一的劳动财产权论，还是单一的法定权利论，在解读商标权的取得机制问题上皆无法完全契合现实中的商标权取得以及流转模式，不妨承认二者的共同作用。商标法上的注册制度是为了鼓励人们进行有使用目的的注册，以便在满足私人商标使用需求与优化商标管理秩序之间取得最大化的功利。商标使用要求虽具有守护商标注册制度上的诚实信用原则的功能，但无法否定商标注册制度的巨大功利价值，若无注册制度的规制，难以形成有序的良性竞争秩序。故而，在注册取得商标权制度下，亦应当基于平衡利益原则的考虑，适度保护驰名商标所有人的合法权利；基于商标正当使用原则、商标法宗旨以及诚实信用原则，适度保护未注册商标利益人。

有学者基于融合私权与法定权利的思路认为，以权利来源而言，其属于自然权利，创造性活动是知识产权产生的源头；以权利依据而言，其属于法定权利，立法规定是知识产权产生的现实依据。[①] 从商标权、专利权以及著作权的产生机制而言，法律规定无疑是其产生的法定依据，但这只是一种循环定义。试问若无法律制度，则这些名为商标权的权利到底还是不是一种权利呢？若法律可以断然规定一种权利，则在自然法理论的审视下，势必出现法定权利亦需符合伦理道德的情势。不如承认商标权具有私权属性，好在 TRIPS 协议即认为，知识产权在本质上属于私权范畴，归属于知识产权范畴的商标权同样具有私权属性。[②] 这为我们提供了一些佐证。

3. 营造公平的市场竞争环境的商标法目的决定了注册与使用都应当成为商标权的取得手段

商标法的目的是，通过阻止他人使用相同或相似的标记欺骗消费者或造成后者的混淆，从而营造一种公平的市场竞争环境。[③] 商标法的基本逻辑构造以及设计技巧皆需要围绕这一目的（宗旨）而运转。当下的商标法条文与司法实践均承认未注册商标人的一定的商标权，商标权的生成机制隐含着平衡利益，既考虑注册取得商标权制度的效率，又兼顾了未注册商标人基于

---

① 参见吴汉东：《关于知识产权本质的多维度解读》，载《中国法学》2006年第5期。
② 参见刘春田：《知识财产权解析》，载《中国社会科学》2003年第4期。
③ 参见 Robert G. Bone, "Hunting Goodwill: A History of the Concept of Goodwill in Trademark Law," 86 Boston University L. Rev, vol. 19, 2006, p. 547。

真实使用而衍生的公平。从这个意义上而言，商标使用在满足一定的条件下已获取了商标法所承认的商标权，故而注册与使用皆为商标权正当性的显现方式，亦可将二者皆作为取得商标权的正当手段，二者皆具有公示公信力是如此主张的主要原因。① 但商标使用获得的商标权仍是一种不完整的商标权，且这种不完整的商标权的获得亦需要一定的条件。若未注册商标人的真诚使用不侵害注册商标专用权，这即会带给其一定的正当利益，这种正当利益在满足一定的条件时即可上升为一种权利。利益的获取与利益冲突的解决皆需要评价利益的正当性，唯有获得正当性评价的利益方可质变为某种权利。② 这种正当性评价无疑属于正义的课题范畴，权利的内核即正义，其也是某种利益转换为权利的中介。

寻求注册与使用的平衡利益，并承认商标权的私权性，二者并不是一种矛盾的表现，完全可以将注册理解为一种完整意义上的商标权获得的便宜路径，将未注册情形下的使用理解为一种不完整意义上的商标权获得的正当途径。如此理解，既是对于商标权获取路径的应然构建，也是对于我国当下商标权的现实运作的真实反映。总之，既不能绝对夸大注册这一权利法定化手段的功能，也不能盲目地信奉"使用霸权主义"。

（二）商标权与注册商标专用权辨析

1. 商标权与商标专用权的内涵与外延存在显著差异

一般而言，唯有注册商标权人才享有注册商标专用权。虽然商标权与注册商标专用权并不应当被等而划之地对待，但"侵犯商标权就是侵犯注册商标专用权"的观念依然盛行于时下的我国法院。商标法学界对于注册商标权的定义大同小异，大致可以分为以下三类：其一，强调商标权人对于注册商标的专有使用性与排他性；其二，强调注册商标权的所有权性；其三，强调商标权人对于商标可以进行独占使用与排除他人使用。③ 实质上，这三种定义可谓是"形异神同"，皆是将注册商标权定义为一种包含使用权与禁止权的权利类型，只不过第二种定义概括得较为完整而已。商标法学界将注册商标权与注册商标专用权（商标专用权）在同一个意义上进行阐述，实

---

① 参见汪泽：《论商标权的正当性》，载《科技与法律》2005 年第 2 期。
② 参见彭诚信：《从利益到权利——以正义为中介与内核》，载《法制与社会发展》2004 年第 5 期。
③ 参见［日］纹谷畅男：《商标法 50 讲》，魏启学译，法律出版社 1987 年版，第 16 页。

属不当。即使在承认注册取得制的前提下，注册商标专用权与商标权（注册商标权）的内涵与外延也均存在显著差异。从历史的角度而言，制定于1982年的《商标法》虽然以"注册商标专用权"保护商标权，囿于彼时的私权神圣的观念较为淡薄，立法者仅仅以"注册商标专用权"指代商标权。这里隐含的含义是，若彼时的以及此后的私权神圣观念流传，则可以在我国语境下，将"注册商标专用权"与"商标权"画等号。但"注册商标专用权"与商标权在当下的区别是较为明显的，硬性地将二者画等号，并不明智，也不可取，可等同看待"注册商标专用权"与"商标专用权"的含义。

商标所有权人有权自由地独占使用自身的注册商标，亦有权自由地许可他人使用（有偿或无偿），还有权自由地转让、放弃以及禁止他人使用该注册商标。"商标专用权"这种表述仅仅展现了商标权的最基本的权利内容，无法完全展现商标权的所有权利内容，也无法完全体现商标权的无形财产性的精髓。① 商标权主要由使用权与禁止权组成，前者即商标权人享有的独占使用权，后者即商标权人享有的禁止侵害权。除了这两个主要权利之外，商标权还包括诸如转让、注销注册商标等处分权利。继而可知，侵害商标权之意不仅仅包含对于《商标法》第56条规定的"商标专用权"的侵害，也包含对于禁止权的侵害，更包含对于其他商标权的侵害。故而，将商标专用权与商标权等而待之的理论与实践是不合理的。②

2. 商标权的广义与狭义二分论

有学者精辟地指出，商标权有广义与狭义之分，广义的商标权指的是，商标所有人对其注册商标享有的专有权以及未注册商标使用人对其使用的未注册商标享有的使用权；狭义的商标权是指，商标所有人对其注册商标所享有的所有权。③ 注册商标权的权利范围至少包含注册商标专有使用权、转让权、许可使用权、融资权、投资权、续展权以及禁用权，这些诸如许可使用权等权利皆由专有使用权以及禁用权衍生而来，故又可称注册商标权人享有专有使用权与禁用权，也可称之为注册商标所有权。未注册商标权利人享有一定条件下的注册抗辩权以及在先使用权等权利，知名商品特有名称、包装装潢人亦享有一定程度的合理使用权，我国《商标法》中的诸多条文对此

---

① 参见冯晓青主编：《知识产权法》，中国政法大学出版社2008年版，第314页。
② 参见汪泽：《商标专用权与商标权辨析》，载《中华商标》2015年第4期。
③ 参见刘期家：《商标权概念的反思与重构》，载《知识产权》2009年第7期。

有详细记载。即使在注册取得商标权制度下，商标人持续的真诚使用行为亦会带给其一定的商标权，这虽是当下的商标法制度的一个矛盾之处，却也符合商标权的自然权利与法定权利的双重解释理论。故而，广义上的商标权不仅包含注册商标人享有的注册商标使用权与禁用权（狭义上的商标权），也包含一定范围内的未注册商标人所享有的不完整的商标权。注册商标专用权指的是，注册商标所有人所享有的独占使用权。

三、商标侵权界定标准的学理聚讼

（一）混淆可能性标准的立场与困境

1. 混淆可能性标准的基本立场

我国商标法学界的多数学者认为，混淆可能性标准应当被作为商标侵权的基本标准。"混淆"被通说解读为"无法律上之权源而使用相同或近似于他人注册商标于同一商品或类似商品致使消费者对商品之来源发生混淆误认之谓"。[①] 有学者立足于商标法的基本功能（防止混淆），进而将"混淆"作为商标直接侵权的基本条件。[②] 有学者认为，2013年之前的《商标法》及其实践运行模式已经证明了，我国《商标法》虽在形式上避开了"混淆"概念，但在实质上已然形成了贯彻制止混淆的主旨。譬如，商标主管部门针对有可能导致混淆的商标注册申请不予核准，在先商标注册人也有撤销请求权这一事后补救利器。不得导致混淆应当作为注册商标的转让与许可使用的前提，而是否导致混淆是判定某种行为是否属于商标侵权行为的可靠标准。[③] 不仅在经过2013年重新修订之前的商标法条文以及司法实践中，无法认为以混淆可能性作为商标侵权的具体标准，且在经过2013年重新修订的商标法条文以及司法实践中，亦无法简单地断定以混淆可能性为商标侵权的具体标准。修法之前的司法实践中，经常出现将混淆可能性作为确定商标相似的一个要件，这与国内学界比较推崇的对于混淆可能性的体系定位与功能设定并不相符，实质上是借鉴了日本司法实践的做法。

2. 混淆可能性标准的困境介析

毋庸置疑，"双相同"商标侵权类型往往会透视出混淆可能性的存在，

[①] 曾陈明汝：《商标法原理》，中国人民大学出版社2003年版，第96页。
[②] 参见王迁主编：《知识产权法教程》，中国人民大学出版社2007年版，第502页。
[③] 参见彭学龙：《商标法基本范畴的心理学分析》，载《法学研究》2008年第2期。

这大概是国内学者乐此不疲地将"混淆可能性"作为商标侵权标准的原由。"对于大多数商标来说，其权利边界都取决于'混淆可能性'。"① "双相同"商标侵权类型的存在与其说证明了混淆可能性标准的一统天下，倒不如是承认了混淆可能性标准只是判定商标侵权的重要标准，符号保护规则在判定这种商标侵权类型上占据了主导地位。若重构商标权的内涵以及取得模式，则混淆可能性标准的地位必是另一套说辞。法律的目的并不是财富的最大化，而是给予每一个人他自己所应得的正义。② 胸怀这种经济社会规划论正义观，必然会兼顾商标权人与消费者的利益平衡，混淆可能性标准的推行无疑凸显了对消费者利益的保护。

"混淆可能性标准"针对的往往是普通商标侵权行为，它在应对驰名商标侵权行为的判定上出现诸多困境。《巴黎公约》第 6 条第 2 款对于驰名商标保护的具体规定，针对的是在成员国的未注册驰名商标。未注册驰名商标受到深度保护的深层原因是其背后隐含着巨大的商誉。在诸多情境下，他人未经许可擅自使用注册商标权利人或未注册商标权利人的驰名商标并未造成消费者的混淆，但遵循权利救济的公平原则，难以认定这种行为不构成侵权。③ 这种行为仍然侵犯了商标权人的商标权及其背后的巨大商誉，若未经他人许可擅自使用与注册商标权利人的注册商标相同的商标的情形，还可以在现行商标法的第 57 条第 1 款的"双相同"商标侵权类型下得到合理的解释；而未经他人许可擅自使用与注册商标权利人的注册商标相似的商标的情形，已经无法在现行商标法的商标侵权标准下得到合理的解释，商标淡化侵权标准即呼之欲出。

（二）淡化标准的立场与困境

1. 淡化标准的基本立场

商标侵权淡化标准在我国商标法学界"大有市场"。淡化概念在学理上最早出自于美国法学家斯科特于 1927 年发表的《商标保护的理论基础》一

---

① 彭学龙：《论"混淆可能性"——兼评〈中华人民共和国商标法修改草稿〉（征求意见稿）》，载《法律科学》2008 年第 1 期。

② 参见 N. Stephan Kinsella, "Against Intellectual Property," *J. Libertarian Stud.* Vol15, 2001, p. 12。

③ 事实上，越是使用驰名商标的商品，消费者越是熟悉，在这个意义上，消费者越是不容易混淆在后商标与在先商标的关系。具体参见孔祥俊：《商标与反不正当竞争法》，法律出版社 2009 年版，第 298 页。

文。斯科特教授认为,所谓驰名商标的淡化,是指非权利人借助驰名商标在公众心目中的良好形象,将驰名商标用在非竞争性的商品或服务上,因而造成驰名商标信誉逐渐降低或弱化。① 根据1996年美国《联邦商标反淡化法》(FTDA)的规定得知,商标淡化系"减少、削弱驰名商标对商品竞争的识别性和显著性的行为,不管驰名商标所有人与他人之间是否存在竞争关系,或存在混淆或误解的可能性"②。换言之,即便没有混淆,商标的活力仍可能因他人的使用而受损。如果任由他人在非竞争商品上使用同一商标,必然会破坏商标的广告价值。《布莱克法律大辞典》对于商标淡化的内涵的阐述颇有启发意义,其意为,他人通过对于先前商标的使用而对识别性较强的商标或商誉较为显著的商标的淡化。③ 针对因使用他人驰名商标而致使权利人受到侵害的行为,即使其未导致消费者产生混淆,也应当认定其为侵权行为,这即是"淡化标准"。淡化行为通常被分为三种类型,即"弱化"行为、"丑化"行为以及"搭便车"行为。若后商标的使用致使前商标的识别度被降低,即商标识别商品或服务来源的能力被削弱,这种损害就产生了。

"弱化"通常发生于在先商标能够立即触发与其注册的商品和服务之间的联系而现在却不再具有这种能力时。"联系可能性"的发生通常都会导致弱化的损害。当第三方商标使用的商品或服务被相关公众认为将降低商标的吸引能力(power of attraction)时,对驰名商标"丑化"的损害就发生了。尤其当第三方提供的商品或服务具有对商标形象产生负面影响的某种特征或质量时,发生这种损害的可能性就会产生。"搭便车"即"不当利用商标的显著性特征或声誉",这种行为无关对商标的损害,而关乎第三方由于使用相同或近似标记为其带去竞争优势。④ 这三种形式的淡化损害实际上具有非常明确的界限:"弱化"的损害对象是"显著性","丑化"的损害对象是"声誉","搭便车"属于一种不当利用在先驰名商标的显著性或声誉的行为。这三种形式的淡化损害均以"驰名商标""相当程度的联系"为前提条件。

---

① 参见[美]苏珊·瑟拉德:《美国联邦商标反淡化法的立法与实践》,张今译,载《外国法译评》1998年第4期。
② 黄晖:《商标法》,法律出版社2004年版,第263页。
③ 参见李玉香:《著名商标保护的屏障——商标"反淡化"理论的探索》,载《武汉大学学报(哲学社会科学版)》,1999年第5期。
④ 参见Case C 487/07 L'Oréal SA, paragraph 41 (ECJ 2009)。

2. 淡化标准的困境介析

诸多美国学者认为，商标淡化行为仅仅是一种与商标侵权行为并列的不当行为，其并不是一种真正意义上的商标侵权行为。① 由此可知，商标侵权的淡化标准虽有歧义，但可以确定的是，若商标权人的商标的知名度达到一定程度，他人的使用行为即使未引起消费者产生混淆可能性，也应当依据淡化标准予以制止。"驰名商标保护的必要性原则意味着只要能够用混淆理论解决的案件，则没有必要适用淡化理论。"② 淡化标准的适用范围较为狭窄，至少无法解决尚未形成驰名的商标的保护问题。商标侵权的淡化标准可以作为商标侵权的混淆性可能标准的一种补充，二者共同服务于商标侵权标准的具体建构与实践认定。

（三）显著性受损标准的立场与困境

1. 显著性受损标准的基本立场

商标侵权显著性受损标准支持论在我国也较为流行。有学者认为，商标显著性包含来源显著性以及区别显著性，分别指代着表示商品或服务来源以及区别不同生产经营者的功能。其将混淆可能性、淡化作为侵犯商标权的具体类型，而不是将混淆可能性与淡化作为商标侵权的具体标准。二者服务于对于侵犯商标显著性的认定，前者损害的是商标的区别显著性，而后者主要损害的是商标的来源显著性。"保护商标权，就是保护商标所具有的标识功能和区别功能，就是保护商标的显著性。"③ 将混淆可能性作为确定显著性受损的条件，是坚持商标侵权显著性侵犯标准的通行做法。

2. 显著性受损标准的困境介析

混淆可能性标准在我国商标法学界受到了一定程度上的批判。有学者认为，混淆可能性标准是以消费者为中心的标准，理性消费者在商标对消费者的符号暴力的冲击下，变得异常缺失，这使得以理性消费者作为判别侵权的主体的混淆可能性标准失去了依靠。使消费者受益仅仅是商标法保护商标权人的结果，保护商标权人才是商标法的第一要旨。商标权本身是否受到侵害

---

① See D. Vaver&L. Bently, *Intellectual Property In the New Millennium*, Cambridge: Cambridge University Press, 2004, p. 173.
② 刘维：《我国注册驰名商标反淡化制度的理论反思——以 2009 年以来的 35 份裁判文书为样本》，载《知识产权》2015 年第 9 期。
③ 邓宏光：《商标法的理论基础——以商标显著性为中心》，法律出版社 2008 年版，第 330 页。

是判定某种行为是否构成侵权的标准。商标的本质特征是显著性，商标侵权的判定标准即"商标的显著性受到损害或者受到损害之虞"。① 严格遵循部门法宗旨，将商标法的第一宗旨归纳为保护商标所有人，而将消费者权益保障法的第一宗旨归纳为保护消费者，进而承认商标的符号暴力实质，举出诸如"知假买假"等并无混淆性可能情形存在的消费实践，亦被法官判处存有混淆性可能，进而保障商标权人的利益。混淆可能性标准期待的消费者中心主义与商标权人的利益出现了不可调和的矛盾，最终确定权利侵犯原则（显著性受损）即为商标侵权标准，便是显著性受损标准的逻辑展开。显著性受损标准同样会面对相似的逻辑背反责难，将商标侵权原则的建构依托于商标权受损本无可厚非，但这仅仅是一种循环论证，将商标权受损等同于显著性受损未免夸大了显著性的功能，也未充分把握显著性的受损与商标侵权之间的逻辑关系。

显著性并不是一个自己可以完全将自己阐述清晰的概念，其需要借助于某种外在关系才能够清晰地展现自己，这即是企业、商标与商品或服务之间的关系。当人们认为某某商标具有较高显著性时，实指这个标识和商品或服务联系在一起时所具有的较高显著性。② 譬如，"苹果"这个词不具有显著性，但当它用于电脑或者手机上时就在同类商品中具有了显著性。若无混淆可能性的存在，则又如何判定显著性受损的存在呢？若无淡化的存在，则又如何判定显著性受损的存在呢？换言之，若无法查明消费者是否对两个商标与各自商品的关系产生混淆可能性，则消费者此时已经不知道前一个商标与后一个商标之间的关系，显著性受损必然是以消费者为判断主体，又如何谈显著性受损呢？域外商标法学界将显著性程度受损作为商标侵权混淆可能性标准的实践，大抵亦是捕捉到了二者的此种逻辑关系而形成的。

商标显著性本身是一个含义隽永的概念，显著性的高低并不是一蹴而就的，其属于动态变化范畴，既难以细化，也难以量化。并不是只有商标本身的显著性受损时才会获得商标法的保护，商标本身的显著性未受到损害并不必然决定某一行为即不构成侵权行为，若商标使用行为使得满足一定条件的商标的声誉（商誉）受到不当侵害，则这种商标使用行为也属于商标侵权行为，域外国家与组织多有类似规定。我国在对驰名商标提供跨类保护时区

---

① 参见李雨峰：《重塑侵害商标权的认定标准》，载《现代法学》2010年第6期。
② 参见李雨峰：《重塑侵害商标权的认定标准》，载《现代法学》2010年第6期。

分了三种情形，即减弱显著性、贬损声誉以及不当利用声誉，这其中的第三种情形显然难以被显著性受损标准所概括。职是之故，将显著性受损标准确立为商标侵权的唯一标准，有着显而易见的缺陷。

（四）商誉受损标准的立场与困境

1. 商誉受损标准的基本立场

有学者基于商标的实体是商誉的解说，将混淆可能性、显著性受损以及淡化行为的结果一律解释为侵犯商誉的行为，从而将侵犯商誉作为商标侵权的唯一标准。[①] 商标仅仅是作为实体的商誉的影子，只有商誉而不是商标方是需要法律加以保护的财产，从而防止其受到侵占。[②] 这种美国式解读有断章取义之嫌。

2. 商誉受损标准的困境分析

生产经营者对其在生产经营活动中所创造的商誉，享有不受他人不当侵害的利益的权利，便是商誉权。[③] 商誉作为生产经营者诚信使用商标的产物，有一定的知名度要求，并不是任何注册商标或未注册商标一经使用，便具有可被称之为"商誉"的知名度。商誉是一种形成于长期的劳动积累中的"私有知识"，其价值性与效益性凸显。[④] 世界通行的立法与司法实践保护策略是将对于商誉的保护纳入反不正当竞争法中，例外是将对于驰名商标的保护主要纳入商标法中。商标法学界普遍认为商誉的形成需要一定的时间积累，并不是商标一经使用或注册便具有了学理意义上的商誉内涵，这使得商誉受损标准推崇者至少无法合理解释这样一个问题：为何当下的商标法律保护已注册而未使用或已使用而未注册，并且尚未形成商誉的商标。

若认为任何商标一经使用便具有语义上的商誉，则将商标侵权标准的建构寄托于商誉受损，又必将陷入权利侵权的标准是权利受损的尴尬循环境地。如此以创设的语义来论证自身理论的合理性，无非是假借了权利受损原则的合理性而已，倒不如直接承认这个原则在判断商标侵权与否上的合理性。这样一种路径也是对于商誉本身的"轻视"，商誉怎能如此随便被界定？

---

① 参见高荣林：《侵犯商誉才是认定商标侵权的唯一标准》，载《中华商标》2015年第6期。
② 参见Jason J. Bosland, "The Culture of Trade Marks: An Alternative Cultural Theory Perspective," Media & Arts Law Review, Vol10, 2005, p.8.
③ 参见吴汉东：《论商誉权》，载《中国法学》2001年第3期。
④ 参见谢晓尧：《论商誉》，载《武汉大学学报（社会科学版）》2001年第5期。

四、商标侵权的正义标准界定

（一）商标侵权的正义标准的试金石：在保护商标权人、消费者利益以及国家商标注册秩序之间保持合理的平衡状态

现代侵权法学界公认的侵权标准是，在界定某行为是否为侵权行为时皆应当将权利或利益是否受到侵害作为必要考察条件。① 广义上的知识产权不仅仅包含受到法律明确保护的权利，也包含受到法律保护的利益。一般侵权标准应当作为确定知识产权的侵权标准的指导原则，商标侵权标准的界定亦遵循着相似的原理。商标权的广义与狭义界分亦是遵循商标权的私权本性与公权介入的事实与规范的结合原理而形成的，在经济社会规划理论视域下考察商标价值的产生以及增长机制，商标权人与消费者无疑皆做出了突出的贡献，甚至于"商标被赋予的含义是被络绎不绝的听众、消费者、读者强加的可能性解释"②。商标权的权利以及利益享有人不仅仅包含商标权人，亦应当包含消费者。世界各国的商标法总体上皆确立了保护商标权人利益与防止消费者混淆的双重保护目的。知识产权法的平衡利益原则指导着商标侵权标准的具体建构，如何在保护商标权人、消费者利益以及国家商标注册秩序之间保持合理的平衡状态，便成为考验商标侵权的具体建构标准的重大关节点。

（二）商标侵权的正义标准是平衡理论视域下的权利侵犯原则

商标侵权的正义标准即是平衡理论视域下的权利侵犯原则（标准）。显著性标准的判断者是融合社会一般民情民意的法律以及文化，而混淆可能性标准的判断者是一定语境下的商品或服务的通常的消费群体，二者确有一定的矛盾冲突性。但这两个标准作为技术手段可以统一于商标权的保护之上，商标权的本质在于商品和服务——提供者和销售者——商标符号的指代关系，保护这种指代关系必然意味着保护构成这种指代关系的原点——区别性（显著性），消费群体的混淆定然可以稀释这种显著性，显著性的降低继而可以降低商标权人的商标权利。故而，混淆可能性与显著性标准皆为判定商标侵

---

① 参见王泽鉴：《侵权行为法》，中国政法大学出版社 2001 年版，第 87 页。
② Jason J. Bosland, "The Culture of Trade Marks: An Alternative Cultural Theory Perspective", *Media & Arts Law Review*, Vol10, 2005, p.7.

权的技术手段，前者较为间接，后者较为直接。换言之，显著性的降低必然构成商标侵权，而混淆可能性的未发生也并不必然意味着商标侵权的未发生。驰名商标淡化侵权标准亦是商标权与公众权利平衡下的真实写照。淡化的实质是对驰名商标显著性的减弱，对于普通商标显著性的减弱必须上升为混淆可能性方构成规范意义上的侵权，这亦是商标权利与公众权利利益平衡的结果。故而，淡化标准、显著性标准、混淆可能性标准有着不一样的逻辑认定，又有着若干联系性的逻辑认定。职是之故，商标侵权的正义标准即是平衡理论视域下的权利侵犯原则。

五、结论

法律规范的设定是以创设权利为起点，以保护权利为联结设定义务的关键环节，最终仍然回归到权利保护的路途上。这是现代法律，尤其是民事法律构建的基本逻辑。商标法学者前赴后继地构建商标侵权的具体标准，却在重重困境下迷失了自我，显得无法抽身。权利侵犯原则虽然较为模糊而笼统，但这是唯一正确的研讨方向，因为这契合商标法的宗旨，也契合商标权运作的现实需求。将这个方向进一步限缩为平衡理论视域下，显得较为合情合理。混淆可能性与显著性标准皆为判定商标侵权的技术手段，淡化的实质是对驰名商标显著性的减弱，对于普通商标显著性的减弱必须上升为混淆可能性方构成规范意义上的侵权，驰名商标淡化侵权标准亦是商标权与公众权利平衡下的真实写照。权利侵犯的判定并不是直线式的思维判定，而是交叉线式的思维判定，在权利日益复杂的当下，对于权利之间的位阶大小以及冲突后的择定都需要综合判别，这是坚持平衡理论视域下的权利侵犯原则需要进一步研究的问题。

专题九
实质解释视域下的假冒注册商标罪研究
——以商标侵权"混淆可能性"标准为视角

一、问题的缘起

注册商标的刑法保护必须结合商标侵权标准的相关法理而构造,但我国刑事法律构建的对注册商标的刑法保护并未准确结合商标侵权标准的法理而构造,致使其存在诸多缺陷。形式解释视域下的假冒注册商标罪的行为方式不仅过于严格,亦未准确把握假冒注册商标罪的法益侵害核心要素,且无视与假冒注册商标罪具有相似的法益侵害性的假冒服务商标行为以及反向假冒行为。站在实质解释视域下,立法对假冒注册商标罪的罪状设置忽视了使消费者产生混淆性认识的客观基础。质言之,假冒注册商标罪的违法构成要件必须达到严重的商标侵权标准,否则,无法使消费者对商标施指的对象产生混淆性认识的假冒注册商标行为,也不会扰乱市场经济秩序,难以称得上犯罪行为。我们拟结合假冒型商标侵权的实质标准、TRIPS协议视域下的商标权刑事保护体系以及刑法中的实质解释理论,针对存在诸多缺陷的假冒注册商标罪作一理论上的若干改进。

二、假冒注册商标罪的犯罪构成

我国现行《刑法》第213条规定了假冒注册商标罪,旨在打击扰乱社会主义市场经济秩序的假冒商标行为。假冒注册商标罪指的是,未经注册商标所有人的许可,在相同的商品上使用与其注册商标相同的商标,情节严重的行为。本书拟以德日犯罪构成通说观点,即包括构成要件符合性、违法性、有责性的"犯罪构成三阶层",梳理假冒注册商标罪的犯罪成立条件。本书坚持构成要件符合性的自由保障机能、犯罪个别化功能、故意规制机能以及违法评价机能,其由行为主体、行为、行为对象、结果等要素组成,但特定的行为状况、条件、时间、地点、对象以及手段则是某些犯罪的构成要件符合性要件所要判断的要素。违法性要件主要在实质违法性视域下进行阻却事由有无的判断,这源于具备构成要件符合性的行为被推定为具有违法性。① 通常认为违法阻却事由包括正当防卫、紧急避险、法令行为、正当业务行为、自损行为、被害人的承诺以及推定的承诺等。有责性要件则由故意、过失、目的、动机以及责任阻却事由组成。通常认为,责任阻却事由包括缺乏责任能力、缺乏违法性认识以及缺乏期待可能性。②

(一) 假冒注册商标罪的构成要件符合性梳理

站在形式解释视域下,本罪的构成要件符合性内容为,未经注册商标所有人的许可,在相同的商品上使用与其注册商标相同的商标,情节严重的行为。本罪的行为对象即是注册商标,而对保护对象的认定则各执己见。③ 对于以什么标准来判断立法条文中的"同一种商品""相同""使用""情节严重""情节特别严重"等词语的含义,这是一个颇为棘手的问题。对于

---

① "M. E. 麦耶认为,所有的构成要件都是违法性的征表,是违法性的认识根据。二者如同烟与火的关系,只要不存在违法阻却事由,符合构成要件的行为就是违法性。"张明楷:《刑法学》,法律出版社2011年版,第129页。

② 参见[日]西田典之:《日本刑法总论》,刘明祥、王昭武译,中国人民大学出版社2007年版,第44—244页。

③ 德日犯罪构成三阶层在构成要件符合性中讨论行为对象,将保护对象界定为构成要件所要保护的客体,即法益。行为对象与保护对象通常是一致的,但也存在不一致的情形。任何犯罪皆侵犯保护客体,但并非任何犯罪都有行为客体。有理由认为,在"不存在无法益侵犯的犯罪"的意义上而言,法益侵害也是构成要件符合性中必须判断的要素,拟在下文对本罪的法益进行合理地实质解释。参见张明楷:《外国刑法纲要》(第二版),清华大学出版社2007年版,第58页。

"同一种商品"的认定,有学者主张,不能简单地以人们的习惯为标准,应以《商品分类(组别)表》为依据,① 也有学者主张其一般指的是与其名称相同的商品或名称不同但指向的是相同的商品的商品,判断依据则是商品的原料、形状、功能等用途以及公众习惯。② 有司法部门依据商品投放市场由消费者购买的客观现实,认为应以消费者的判断标准作为判断依据。③ 为应对司法实践统一标准的客观需求,相关司法部门颁布司法解释,认定"同一种商品",应当在行为人实际生产销售的商品与权利人注册商标核定使用的商品之间进行比较,名称相同的商品以及名称不同但指向同一事物的商品,④ 也属于"同一种商品"。"名称"是依据国家工商行政管理总局商标局在进行商标注册工作中对商品的称谓,通常也即是《商标注册用商品和服务国际分类》中所规定的商品称谓。"相同"在理论上的认定有"广义说"与"狭义说"之分,二者的区别在于是否将"基本相同"的两个商标作为"相同的商标",前者赞成而后者反对。⑤ 现实生活中出现的与注册商标完全相同的假冒商标几乎很少,大多数假冒者会改变一些细微的外观,但消费者通常会错误地认为这样仅仅改变细微之处的假冒商标就是他们所认定的注册商标。如果采用"狭义说",则会纵容假冒者使用与他人注册商标基本相同的商标的行为,从而疏忽对市场经济合理秩序的保护。相关司法解释采纳"广义说",认定"相同"指的是,假冒的商标与被假冒的注册商标完全相同,或者与其仅仅在商标字体、字母大小写、文字横竖排列上有细微差别,或者与其仅仅在颜色上不同,或者与其在文字、字母、数字等之间的间距不同但并不影响体现注册商标显著性的,以及其他与其在视觉上基本没有

---

① 参见王作富主编:《刑法分则实务研究》(上册),中国方正出版社2003年版,第791页。
② 参见赵秉志主编:《侵犯知识产权犯罪研究》,中国方正出版社1999年版,第94页。
③ 参见赵芳:《假冒注册商标罪罪状的司法研究》,载《广东广播电视大学学报》2011年第5期。
④ 2011年最高人民法院、最高人民检察院、公安部《关于办理侵犯知识产权刑事案件适用法律若干问题的意见》第5条规定:"'名称不同但指同一事物的商品'是指在功能、用途、主要原料、消费对象、销售渠道等方面相同或者基本相同,相关公众一般认为是同一种事物的商品。"值得深思的是,该类同种商品是指在功能、用途、主要原料、消费对象、销售渠道等所有方面皆完全相同或基本相同,还是仅仅在某一个或某几个方面完全相同或基本相同?相关公众的判断能不能取代功能、用途等方面的认定,且相关公众的判断从何获取?笔者初步认为,该类同种商品的认定条件不仅需要主要客观标准基本相同,且相关公众也必须一般认为其为同种商品,且可以实证测试的方法抽样调查获取相关公众的判断意见。
⑤ 参见张玲玲:《假冒注册商标罪中"相同商标"的认定》,载《中华商标》2010年第8期。

差别且足以对公众产生误导的情形。笔者认为,"相关公众"的界定应借鉴域外成熟经验,将其界定为购买使用该商标的商品的广大消费者以及使用该商标的商品的销售渠道等环节所涉及的有关人员。①

"使用"在理论上的认定有"广义说"与"狭义说"之分,前者认为"使用"指的是,将商标用于商品、商品包装、商品容器、商品交易书上以及广告宣传、展览等业务活动中。②后者认为"使用"指的是,可能表现为将他人注册商标标示于商品的包装上,或者表现为将其标示于商品本身。③相关司法解释则采纳了"广义说",认为"使用"指的是,将注册商标或假冒的注册商标用于商品、商品包装、容器、商品交易书、产品说明书以及广告宣传、展览等商业活动中的行为。④"情节严重"指的是,行为人在假冒他人注册商标于同一种商品进行销售时,非法经营数额达到5万元以上或者违法所得达到3万元以上的;假冒两种以上注册商标,非法经营数额达到3万元以上或者违法所得达到2万元以上的。本罪的加重处罚情节指的是,非法经营数额达到基本构成要件的五倍数额,即在"3年以下有期徒刑或拘役的处罚,并处或单处罚金"的处罚基础之上,增加至"3年以上7年以下有期徒刑,并处罚金"。"非法经营数额"指的是,行为人在实施假冒注册商标行为过程中,制造、储存、运输、销售侵权产品的价值。假冒注册商标的商品的价值,以实际销售价格为计算标准,以标价与实际销售平均价格为补充标准,但假冒商品并无标价或者也无法查清实际销售价格的,按照被假冒商品的市场中间价格计算。多次实施假冒行为,未经行政处理或者刑事处罚的,非法经营数额、违法所得数额或者销售金额累计计算。⑤ 笔者认为,将未经行政处罚的假冒行为的非法经营数额作为日后触犯《刑法》的假冒行

---

① 保护工业产权巴黎联盟和世界知识产权组织大会于1999年通过的《关于驰名商标保护规定的联合建议》认为:相关公众应当包括,但不限于:(1)使用该商标的那类商品或服务的实际或潜在的消费者;(2)使用该商标的那类商品或服务的销售渠道所涉及的人员;(3)经营使用该商标的那类商品或服务的商业界人士。参见张玲玲:《假冒注册商标罪中"相同商标"的认定》,载《中华商标》2010年第8期。
② 参见赵秉志、田宏杰:《侵犯知识产权犯罪比较研究》,法律出版社2004年版,第129页。
③ 参见张明楷:《刑法学》(第二版),法律出版社2003年版,第65页。
④ 依据2004年最高人民法院、最高人民检察院《关于办理侵犯知识产权刑事案件具体应用法律若干问题的解释》第8条规定,得知采纳了"广义说"。
⑤ 依据2004年最高人民法院、最高人民检察院《关于办理侵犯知识产权刑事案件具体应用法律若干问题的解释》第12条规定,得知"情节严重""非法经营数额"等要素的司法内涵。

为的非法经营数额累加的基础,有混淆行政处罚与刑事处罚的嫌疑。质言之,将两种不同程度的违法行为相提并论并不符合现代法治民刑分立的主流思潮,也不符合宽严相济形势政策的谦抑性要求。对未经销售的侵权产品的价值的价格计算标准应该有所侧重,质言之,通常以已经查清的侵权产品的实际销售平均价格为计算标准。① 但在该侵权产品市场价格已经根据成本以及其他因素提高的情况下,如果标价更能反映该侵权产品的市场价值,则宜以标价计算。本罪的行为主体是指自然人与单位,1993 年《关于惩治假冒注册商标犯罪的补充规定》将本罪的行为主体有所扩充,即包括"企事业单位"的一般主体皆可以构成本罪的主体。②

(二) 假冒注册商标罪的违法性梳理

众所周知,德日通说犯罪构成三阶层体系将构成要件符合性推定为具有违法性,在违法性阶层主要判断违法阻却事由的有无。质言之,具有违法阻却事由,则不具备违法性。形式解释视域下的假冒注册商标罪的违法性要件由构成要件符合性推定即可。但实质违法论认为构成要件符合性必须经过违法阻却事由的检验,方得以最终认定为客观违法,通常认为违法阻却事由包括正当防卫、紧急避险、法令行为、正当业务行为、自损行为、被害人的承诺以及推定的承诺等。但由于假冒注册商标犯罪属于经济犯罪的范畴,一般不存在以上所讲的违法阻却事由,所以,只要行为人的行为符合构成要件的该当性,即可推定行为人的行为违法,即具有违法性。

(三) 假冒注册商标罪的有责性梳理

本罪的责任形式为故意,有学者认为本罪的故意既有直接故意,也有间接故意。质言之,某些情形下的帮助犯的主观罪过为间接故意。③ 而多数学者认为本罪的主观罪过只能是直接故意。④ 细言之,行为人不仅需要认识到自己使用的商标与他人的注册商标相同,且需认识到自己在同一种商品上使

---

① 赵芳博士认为,标价往往与实际销售价格有出入;实践中行为人为了逃避打击与减轻责任,故意将标价定的很低;以实际销售的平均价格作为未经销售的侵权产品的计算标准更为科学。这种观点值得深思,但也不应对其进行绝对化理解,应全面把握现实情况作出具体认定。参见赵芳:《假冒注册商标罪罪状的司法研究》,载《广东广播电视大学学报》2011 年第 5 期。
② 参见张惠芳:《论假冒注册商标罪》,载《山西高等学校社会科学学报》2005 年第 4 期。
③ 参见范茜:《假冒注册商标犯罪问题初探》,载《黑龙江政法管理干部学院学报》2014 年第 1 期。
④ 参见张明楷:《刑法学》(第四版),法律出版社 2011 年版,第 731 页。

用与他人注册商标相同的商标的行为，并未经过注册商标所有人的许可。我们认为依据假冒注册商标行为的司法实践，不仅主犯的主观罪过为直接故意，且某些情形下的帮助犯的主观罪过亦为直接故意。帮助犯虽对假冒行为是否为假冒注册商标的状态持放任态度，但其对该假冒行为所必然产生的危害结果必定已经认识，此时已无间接故意的容身之处。但如何判断行为人的"明知"仍然是一个有待进一步解决的难题。何秉松教授认为应在以下三个方面判断行为人是否"明知"：假冒注册商标商品的批发、零售价格以及该注册商标的品牌知名度，行为人对该种商品的认知程度，假冒注册商标商品的进货渠道、买卖以及交接地点、方式与时间。① 总之，应结合行为人的客观假冒行为因素以及对被假冒商标的主观认知状态，综合判断行为人的"明知"与否。出于什么样的动机或目的而实施假冒注册行为，并不影响该罪的成立。无责任能力、无违法性的意识、无期待可能性等则为该罪的责任阻却事由。② 在行为人不可能认识到自己的假冒行为属于违法行为时以及行为人不具备实施适法行为的期待可能性时，则阻却行为人的有责性。

但仅仅形式化地解释《刑法》第 213 条的文字规定并不能合理界定假冒注册商标罪的实质内涵，亦不能准确将不值得科处刑罚的假冒行为出罪化，也无法准确将应当科处刑罚的假冒行为解释出来。罪刑法定原则不仅仅要求依照刑法条文定罪量刑，而且要求法的明确性以及刑罚处罚的合理性。必须在立足于假冒型商标侵权"混淆可能性"标准的基础之上，以刑法实质解释的观念，将全部的法律规范纳入解释的视域，厘定值得与不值得科处刑罚的假冒行为，为假冒注册商标罪的立法完善与司法认定提供一个合理的解释。

三、实质解释视域下的假冒注册商标罪的法益厘定

有学者认为形式解释与实质解释的分歧并不在于罪刑法定的坚持与否，而在于刑法的解释限度问题，即可不可以突破刑法条文的字面含义做出扩大

---

① 参见何秉松主编：《刑法教科书》（下册），中国法制出版社 2002 年版，第 832 页。
② 违法性的意识，是指认识到自己的行为是违法的。《德国刑法典》第 17 条规定："行为人在行为时没有认识其行为是不法的，如果该认识错误不可避免，则是无责任的行为。"期待可能性，是指根据具体情况，有可能期待行为人不实施违法行为而实施其他适法行为。期待可能性理论认识，如果不能期待行为人实施其他适法行为，就不能对行为人的行为进行非难，即不存在刑法上的责任。德国"癖马案"的免责判决运用了期待可能性理论。参见张明楷：《外国刑法纲要》（第二版），清华大学出版社 2007 年版，第 244—257 页。

解释。① 有理由认为二者并不存在实质差异，只是一种口号之争。质言之，形式解释论与实质解释论都是一种实质解释的观点。陈兴良教授主张的形式解释指的是，对刑法条文的解释必须先进行形式判断后进行实质判断。质言之，形式解释者主张阶层的解释方法，对刑法条文的解释最终也运用实质判断。② 其所谓的形式解释论已经与实质解释论的价值取向几乎无差别，只是说法不一而已。实质解释者主张在"有限的法"与"无限的情"之间进行实质判断，将实质上值得科处刑罚但又缺乏形式规定的情节，在不违反民主主义与预测可能性的前提下，通过扩大解释将其入罪化；将仅仅符合刑法条文的字面含义而实质上不值得科处刑罚的行为，通过实质解释予以出罪化。③ 形式解释者并不反对上述出罪化的实质判断，但反对以形式规定的欠缺而将值得科处刑罚的行为入罪化。认为即使法律在没有显性规定但有隐性规定的情形下，也可以通过解释方法的完整运用将其犯罪本性解释出来，如果以法律无形式规定即将其实质入罪化，则必将践踏罪刑法定主义的尊严。④ 对于"法律无形式规定"的理解不一，貌似造就了形式解释论与实质解释论的分歧，但形式解释论者所谓的"隐性规定"实质上即是实质解释论者所提倡的"包含在可能的文义的范围内"。⑤ 总之，形式解释论与实质解释论皆在遵守罪刑法定原则与实质判断的基础上，主张双重限制的定罪思路。细言之，形式解释论先排除法无明文规定的行为，再排除不值得科处刑罚的行为；实质解释论先排除不值得科处刑罚的行为，再排除法无明文规定的行为。

针对刑法条文的解释主要是对构成要件及其要件要素的解释。实现正义的实质解释必须遵守三个大的方向：第一，对构成要件的解释不能仅仅停留于字面含义上，必须以条文的法益保护为解释原则的指导思想；第二，对行为的违法程度解释，必须使行为的违法程度达到值得科处刑罚的程度，而对

---

① 参见许浩：《刑法解释的基本立场——对实用主义法律解释观的论证》，载《东方法学》2008 年第 6 期。
② 参见陈兴良：《形式解释论的再宣示》，载《中国法学》2010 年第 4 期。
③ 参见李立众、吴学斌主编：《刑法新思潮——张明楷教授学术观点探究》，北京大学出版社 2008 年版，第 67 页。
④ 参见陈兴良：《形式解释论的再宣示》，载《中国法学》2010 年第 4 期。
⑤ 参见苏坤：《形式解释论与实质解释论：刑法解释学上的口号之争》，载陈兴良主编：《刑事法评论》（第 31 卷），法律出版社 2012 年版，第 55 页。

于责任的解释，必须使违法行为的有责性达到科处刑罚的程度；第三，在不违背罪刑法定原则的前提下，为了使应当受处罚的行为得到应有的评价，可以做出不利于被告人的扩大解释。① 在繁复而多变的现实世界里，拘泥于条文字面含义的规范的弊端必定会不断地显露出来，疲于并盲目应对值得科处刑罚的行为。为了保持刑法的稳定性，亦为了不使公众丧失对刑法的可预测性，对刑法条文的解释必定需要我们的目光在规范与事实之间不断往返，将值得科处刑罚的违法行为"解释"出来，亦将不值得科处刑罚的违法行为"解释"出来。但我们的"往返"并不是一定要将行为人的行为解释到有罪为止，② 而是在遵从罪刑法定的基本立场下做出一定的扩大解释，从而检验行为人的行为是否值得科处刑罚与是否不值得科处刑罚。

学界有一种有力的观点认为我国传统理论所谓的犯罪客体即为法益，法益即是由法律所确认与保护的利益。③ 关于本罪侵犯的法益，学者之间众说纷纭，而不同的法益观点必定影响该罪名的司法认定，有必要厘定该罪的实质法益。第一种观点认为本罪侵犯的法益是国家商标管理制度；④ 第二种观点认为本罪侵犯的法益是国家商标管理制度与注册商标专用权；⑤ 第三种观点认为本罪侵犯的法益是注册商标专用权；⑥ 第四种观点认为本罪侵犯的法益是注册商标专用权、相关公众的知情权与国家商品生产与交易秩序；⑦ 第五种观点认为本罪侵犯的法益是商标权与消费者的合法权益。⑧ 对该罪法益的理解不同必将引致对该罪的构成要件解释的不同，也必将误解本罪的实质含义。如果主张本罪的法益为注册商标专用权，则所有未经注册商标所有人的许可，在相同的商品上使用与其注册商标相同的商标，情节严重的行为，皆构成假冒注册商标罪。但该罪被规定在刑法分则第三章破坏社会主义市场经济

---

① 参见张明楷：《实质解释论的再提倡》，载《中国法学》2010 年第 4 期。
② 参见张明楷：《刑法的私塾》，北京大学出版社 2014 年版，第 16 页。
③ "犯罪客体，是指被犯罪行为所侵害的、由我国刑法所保护的法益。"魏东：《论作为犯罪客体的法益及其理论问题》，载《政治与法律》2003 年第 4 期。
④ 参见马克昌主编：《刑法学全书》，上海科技文献出版社 1993 年版，第 293 页。
⑤ 参见高铭暄、马克昌主编：《刑法学》，高等教育出版社、北京大学出版社 2011 年版，第 440 页。
⑥ 参见周振想主编：《刑法学教程》，中国人民公安大学出版社 1997 年版，第 454 页。
⑦ 参见刘平、邓鹤：《假冒注册商标罪法律适用问题探究》，载《深圳大学学报（人文社会科学版）》2009 年第 2 期。
⑧ 参见周详：《论假冒注册商标罪——兼议刑法典第二百一十三条的修改》，载《知识产权》2002 年第 6 期。

秩序类罪之中，本罪的法益必定是社会主义市场经济秩序。质言之，假冒注册商标罪的违法行为以侵犯注册商标专用权的形式侵犯社会主义市场经济秩序，单纯的侵犯注册商标专用权的行为并不必然侵犯市场经济秩序，而单纯的侵犯注册商标专用权，但并未扰乱市场经济秩序的假冒行为并未触犯假冒注册商标罪。质言之，无法导致消费者对相关商品的混淆，进而也无法导致社会主义市场经济秩序的混乱。商标犯罪侵犯的是社会主义市场经济秩。细言之，行为人以商业利用的方式，假冒他人的注册商标应用在自己的商品或者服务上，造成消费者对相关商品或者服务的混淆，从而无法清晰分辨各个商标所施指的商品或服务，致使商标指示市场的混乱。① 没有消费者对商标施指商品的混淆，便没有社会主义市场经济秩序的紊乱，更没有商标犯罪的发生。

四、"混淆可能性"视域下的假冒注册商标罪

"未经注册商标所有人的许可，在相同的商品上使用与其注册商标相同的商标"的行为只是假冒注册商标罪的形式表现行为，必须以实质解释的理念认定该罪名的实质。吴汉东教授认为："商标（trademark），是指能够将不同的经营者所提供的商品或者服务区别开来，并可为视觉所感知的显著标记。"② 商标的基本功能便是区别不同经营者的商品，使得消费者区别不同商誉的商品，而"商标法的目的是阻止他人使用相似的标记欺骗消费者或者造成消费者的混淆"③。我国《商标法》第57条规定的假冒注册商标型商标侵权的类型主要有两种，一是"未经商标注册人的许可，在同一种商品上使用与其注册商标相同的商标的"，二是"未经商标注册人的许可，在同一种商品上使用与其注册商标近似的商标，或者在类似商品上使用与其注册商标相同或者近似的商标，容易导致混淆的"④。依据立法得知，传统商标侵权的判断标准为"相同性"与"混淆可能性"，但这仍旧无法解决

---

① 参见王太平：《论商标法中消费者的地位》，载《知识产权》2011年第5期。
② 参见吴汉东主编：《知识产权法》（第四版），法律出版社2011年版，第209页。
③ 付存伟：《商标法的价值构造研究——以商标权的价值与形式为中心》，中国政法大学出版社2012年版，第161页。
④ 本书探讨的商标侵权行为为假冒型商标侵权行为，即是传统商标侵权行为，并不包括商标淡化等侵权行为。从相关国际公约可知，混淆可能性标准已为世界各国和地区所广泛接受。王太平：《商标侵权的判断标准：相似性与混淆可能性之关系》，载《法学研究》2014年第6期。

2001年商标侵权标准视域下的商标侵权司法实践的困境。①

最高人民法院在解释2001年《商标法》第52条的侵权认定标准时，将是否容易使相关公众产生混淆、误认，作为判定"商标相同""商标近似""类似服务""类似商品"的最重要的参考因素。② 而北京高院则认为："足以造成相关公众的混淆、误认是构成商标近似的必要条件……仅商标文字、图案近似，但不足以造成相关公众混淆、误认的，不构成商标近似。"③ 但在相同商品或相同服务上使用相同或近似商标，只是可能导致相关公众的混淆性认识，例如消费者对韩国现代汽车商标与日本本田汽车商标（二者属于近似商标）并未产生混淆性认识。质言之，以混淆可能性作为判断"商标相同""商标近似"的观点，不仅不当缩小了近似商标的范围，且未准确把握二者的逻辑顺序。2013年修改后的传统商标侵权标准虽突出了"混淆可能性"的标准，但并未明确"混淆可能性"与"相同"的关系，使人怀疑现有的立法只是2002年侵权认定标准解释的翻版而已。

传统商标侵权的判断标准在不同国家有着不同的标准，世界范围内的传统商标侵权大致有三种立法体例：第一，以美国商标法及其判例为典型的混淆可能性吸收相似性的认定标准；第二，以日本商标法及其司法判例为典型的混淆可能性内化于相似性的认定标准；第三，以欧盟商标法及其判例为典型的混淆可能性限定下的相似性基础的认定标准。④ 上述三种商标侵权认定标准实质上皆吸收了TRIPS协议第16条第1款规定的商标侵权"混淆可能

---

① 注册取得模式下，未实际使用的注册商标同样受到实际保护，大量的"垃圾商标"呈滋生蔓延之势，几近"商标圈地运动"。"垃圾商标"不仅导致大量商标资源的闲置与浪费，且耗费了商标审查资源。未使用的注册商标人注册商标不是为了自己使用，而是为了借机向他人索要高价转让费、等待他人侵权以索赔高额授权费，"红河红"商标侵权案、"家家"商标侵权案皆是形式注册主义酿成的苦果。参见邓宏光：《论商标侵权的判断标准——兼论〈中华人民共和国商标法〉第52条的修改》，载《法商研究》2010年第1期。

② 依据2002年10月12日最高人民法院《关于审理商标民事纠纷案件适用法律若干问题的解释》第9条和第11条，得知相同商标与影射商标的最重要判断标准。

③ 参见邓宏光：《论商标侵权的判断标准——兼论〈中华人民共和国商标法〉第52条的修改》，载《法商研究》2010年第1期。

④ 参见王太平：《商标侵权的判断标准：相似性与混淆可能性之关系》，载《法学研究》2014年第6期。

性"标准的合理内涵。① 顺应世界商标侵权判定趋势,将"混淆可能性"作为商标侵权的判定标准,不仅符合商标联系商品或服务与消费者的通信本质,且对商标侵权索赔的条件更是一语中的。"任何人不得误导公众其产品是原告的,除非原告证明该行为将有可能导致这种结果,否则不能获得救济。"② 商标的商业使用过程是一个商誉积累的过程,也是商标权的真正价值源泉,更是赋予了商标成为合法财产的正当伦理性。站在实质解释视域下,商标没有使用便不会产生商标人之外的市场价值,别人的使用行为亦谈不上损失的大小。行为人假冒未实际使用商标的注册商标人的注册商标,难以认定相关公众会产生对相关商品商标的混淆性认识,亦使得未使用商标的注册商标人没有充分的依据进行侵权索赔。

行为人假冒注册商标行为的实质并不是随意假冒一个标志指示自己的商品,而是为了混淆消费者对相关商品的认知,窃取他人注册商标的商誉从而谋取不正义的利益。如果此种假冒行为并不会造成公众对商标指示商品的混淆,也未利用他人商标的商誉,不仅民事侵权索赔未有坚实的正当化伦理基础,更谈不上假冒注册商标罪的违反。相关司法解释以非法经营数额的大小作为认定"情节严重"的主要标准,正是看到了假冒商标者必须有商业范围内使用的行为,方可能造成公众对相关商标指示的商品的混淆,但经营数额的大小只是判定混淆可能性的一个必要条件。值得一提的是,美国司法实践的实证测试认为,"实际混淆的证据""商标的相似性""商品的类似性""原告商标的强度""被告的意图"是判断混淆可能性的核心因素。③ 而 TRIPS 协议第 16 条第 1 款认为,在同一商品上使用相同的商标,则推定为具有混淆可能性;在类似商品上使用类似商标,必须证明混淆可能性的存在,方得以认定商标侵权的存在。我国在确立假冒商标型"混淆可能性"的商标侵权标准时,亦应当以实证主义的观念更加细化"混淆可能性"判断的参考因素。

---

① TRIPS 协议第 16 条第 1 款规定:"注册商标的所有人应有专用权来阻止所有第三方未经其同意在交易过程中对与已获商标注册的货物或服务相同或类似的货物或服务使用相同或类似的标记,如果这种使用会产生混淆。若对相同货物或服务使用了相同的标记,则应推定为存在混淆的可能。"参见邓宏光:《论商标侵权的判断标准——兼论〈中华人民共和国商标法〉第 52 条的修改》,载《法商研究》2010 年第 1 期。

② 邓宏光:《论商标侵权的判断标准——兼论〈中华人民共和国商标法〉第 52 条的修改》,载《法商研究》2010 年第 1 期。

③ 参见王太平:《商标侵权的判断标准:相似性与混淆可能性之关系》,载《法学研究》2014 年第 6 期。

五、假冒注册商标行为的罪与非罪的界限剖析

"法无明文规定不为罪,法无明文规定不处罚。"罪刑法定主义是解释刑事具体罪名必须坚持的基本原则,但罪刑法定主义在现代的展开已不仅仅包含形式侧面,亦有实施侧面的展开。① 实质解释论的功能不仅仅有立法完善意义上的,亦有司法认定意义上的功能。我们以实质解释的观点将值得科处刑罚的假冒商标行为与不值得科处刑罚的假冒商标行为梳理而出,以罪刑法定主义为考量,做出罪刑法定视域之下罪与非罪以及罪刑法定视域之外的入罪化的区分,以期解决假冒注册商标罪的理论与实践困境。

(一)罪刑法定视域下的罪与非罪

假冒注册商标行为,在未达到现有"情节严重"标准时,或在行为人主观上不存在故意的情形时,均不得纳入刑法的规制范围。假冒注册商标行为,即使满足现有"情节严重"以及主观故意等要素,但实际上并未造成相关公众对商标施指商品混淆的,亦未造成经济秩序的紊乱,也不得纳入刑法的规制范围。在先使用未注册商标的行为人在他人将该商标注册后,依据现有法律规定在同一种商品上继续使用的行为,不应当被作为假冒注册商标行为,亦谈不上假冒注册商标罪的违反。② 海外定牌加工行为,③ 在委托人符合商标使用资质的情形下,即便受托人在相同商品上使用了相同商标,且非法经营数额达到情节严重的标准时,也不应当一律纳入刑法的规制视域。

---

① 一般认为,当代罪刑法定主义已将形式侧面与实质侧面融合起来,形式侧面包括:成文法主义、禁止事后法、禁止类推解释、禁止不定期刑;实质侧面包括:刑罚法规的明确性原则、刑罚法规的适正原则。参见张明楷:《罪刑法定的两个侧面对法治的启示》,载《法学论坛》2003年第2期。

② 我国2013年《商标法》第32条规定:"申请商标注册不得损害他人现有的在先权利,也不得以不正当手段抢先注册他人已经使用并有一定影响的商标。"而2010年最高人民法院《关于审理商标授权确权行政案件若干问题的意见》第17条指出:"人民法院审查判断诉争商标是否损害他人现有的在先权利时,对于商标法已有特别规定的在先权利,按照商标法的特别规定予以保护;商标法虽无特别规定,但根据民法通则和其他法律的规定属于应予保护的合法权益的,应当根据该概括性规定给予保护。"正如唐荣娜法官所言,在先使用的未注册商标人享有对未注册商标享有至少在原有地域、原有商品类型继续使用的民事利益。参见唐荣娜:《对在先使用的普通未注册商标的司法保护》,载《人民司法》2012年第3期。

③ 指的是承揽人按照委托人的要求生产商品,在商品上使用委托人指定的在中国大陆之外注册使用的商标,所生产的商品一律由委托人包销的生产方式。参见曾品、杨宇舸:《假冒注册商标罪认定问题研究》,载《湖南医科大学学报(社会科学版)》2010年第2期。

质言之，如果海外定牌商品全部在中国以外的地区进行销售，基于商标的地域性，这种"假冒行为"实际上不可能使我国境遇内的相关公众对商品来源产生混淆，消费者利益与经济秩序亦不会受到非法侵害。基于经济发展的客观现状，这种定牌加工行为并未对地域内的相关公众对使用该商标的商品产生混淆性认识，根本不会对地域内的市场经济秩序造成混乱，亦不应当被纳入刑法的规制范围。

诸多学者认为，即使在现有法律规定下，也可以将假冒注册服务商标且情节严重的行为纳入假冒注册商标罪的规制视域。我们认为，在现有《刑法》法条已经明文规定假冒注册商标罪的行为对象为商品的情形下，基于罪刑法定原则的坚守，不应将这一虽值得科处刑罚的行为在刑事司法实践中入罪化。有学者依据《商标法》第 4 条规定的"本法有关商品商标的规定，适用于服务商标"，将服务商标作为假冒注册商标罪的行为对象范围，无疑是运用了违背罪刑法定原则的类推解释的缘故。总之，假冒注册商标行为只有在满足现有假冒注册商标罪的违法与有责构成要件的前提下，且造成对经济秩序法益的侵害并不违反商标法的相关规定，才真正应当纳入假冒注册商标罪的规制视域。

（二）罪刑法定视域之外的入罪化分析

对罪刑法定主义的坚持，目光不仅仅在现有的刑法条文上来回往返。一些值得科处刑罚的假冒商标行为，虽在现有的刑法条文语境下不得定罪量刑，但将其梳理而出，必定对以后的立法修改完善有所裨益。这亦契合罪刑法定实质侧面提升处罚的合理性的要求。服务商标作为四种商标种类的一种，指的是金融、建筑、餐饮、运输、旅店等服务行业为把自己的"服务"业务与他者相区别而使用的符合法定要求的商标。① TRIPS 协议正视服务商标也可能被侵犯，假冒服务商标的行为也可能扰乱经济秩序的现实，将假冒服务商标行为纳入刑事法律的制裁范围。将服务商标纳入刑法的保护范围，亦有我国《商标法》的制度支持。② 作为世界贸易组织成员国，我国仅仅在民事与行政规制上将商品商标与服务商标等而待之，而在刑事规制上对二者

---

① 参见张明楷：《刑法学》（第四版），法律出版社 2011 年版，第 730 页。
② 我国 2013 年《商标法》第 4 条规定："自然人、法人或者其他组织在生产经营活动中，对其商品或者服务需要取得商标专用权的，应当向商标局申请商标注册。本法有关商品商标的规定，适用于服务商标。"

进行不平等对待，既不合理也不公正。实践已经证明，迈入知识经济时代的世界，假冒注册服务商标的违法行为越来越多，且对经济秩序的扰乱并不亚于假冒注册商品商标的行为。将其纳入假冒注册商标罪的规制视域，不仅不违反刑法谦抑性的要求，且符合刑法正义的要求。① 质言之，未经注册服务商标人的许可，在同一种服务上使用与其服务商标相同的商标，造成市场秩序紊乱的情节严重的行为，且并不违反商标法的相关规定时，亦应当纳入假冒注册商标罪的规制视域。

对于在类似商品或服务上使用近似或相同商标，或者在相同商品或服务上使用近似商标的假冒行为，在达到情节严重的情形下，且对相关公众对商标施指商品产生混淆性认识而扰乱了正常的市场经济秩序时，亦应当纳入刑法的规制范围（以下简称为"类似商品"与"类似商标"行为）。普通公众一般无法辨认"类似商品"与"类似商标"的假冒行为，该种假冒行为亦会混淆消费者对相关商标的认知，造成市场经济秩序的混乱，其社会危害性亦不弱于"两同"情况的假冒。正如王作富教授所言："其他三种假冒注册商标的行为也同样侵犯了他人注册商标专用权……损害注册商标所有人和消费者的合法权益。"② 也为了与世界范围内以刑事手段打击"类似商品"与"类似商标"侵权行为的潮流接轨，将严重的"类似商品"与"类似商标"的假冒行为纳入刑法的规制视域势在必行。1994年，新加坡鳄鱼公司将北京市服装厂制作的"枫叶牌"西服替换成"鳄鱼"商标，在商场进行销售的行为，即为典型的"反向假冒行为"。③ 严重的反向假冒行为，在对相关公众对商品来源产生混淆性认识，且对正常的经济秩序产生扰乱作用时，亦应当纳入刑法的规制视域。④ 反向假冒行为不仅是一种不正当竞争行为，且不当窃取了商标权人的商誉，不仅侵犯了商标权人的商标权，且侵权犯了消费者的合法权利。我国《商标法》第57条亦认为反向假冒行为是侵

---

① 参见罗开卷：《TRIPS协议下我国假冒注册商标罪的立法完善》，载《法学论坛》2006年第3期。
② 王作富、赵永红：《"入世"后我国商标犯罪的立法完善》，载《现代法学》2001年第2期。
③ 刘远山：《论我国侵犯商标权犯罪的定罪和处罚及其刑法完善》，载《河北法学》2006年第3期。
④ "商业反向假冒是指反向操作商标的假冒行为，也就是说，在没有经过商标所有权人同意的情况下，将他人商品上的商标替换成其他商标，从而将这些商品销售的行为。"李来生：《商标的反向假冒研究》，载《河南科技学院学报》2014年第11期。

犯注册商标专用权的行为，这种行为对市场经济秩序的扰乱亦有一定的作用。将严重扰乱市场经济秩序的反向假冒行为，纳入刑法的规制视域，确为顺应加大经济秩序稳定以及相关主体利益保护的世界立法趋势。

六、结语

对假冒注册商标罪的解释，不应将自己的眼光仅仅局限于刑法条文的字面含义，也不应当将自己的眼光仅仅局限于一部刑法典的条文的整体解释视域。应当结合商标法学的传统型商标侵权的"混淆可能性"标准、TRIPS 协议的刑事保护体系以及刑法实质解释的观点，将值得科处刑罚的假冒行为纳入刑法的规制视域。即使囿于罪刑法定原则而不能现在将其定罪处罚，亦可以在将来的立法之中将其纳入刑法的规制范围将不值得科处刑罚的假冒行为排除出刑法的规制视域，使包含了不应当被处罚的假冒行为的刑法条文，被解释得仅能对值得科处刑罚的行为进行处罚。理性界定假冒注册商标罪的法益，即社会主义市场经济秩序，必定有助于我们准确界定假冒商标行为的罪与非罪。质言之，假冒注册商标行为只有在满足现有假冒注册商标罪的违法与有责构成要件的前提下，且造成对经济秩序法益的侵害并不违反商标法的相关规定，才真正应当纳入假冒注册商标罪的规制视域。在不满足上述条件时，皆不应当作为犯罪处罚。严重的反向假冒行为、"类似商标"与"类似商品"下的严重假冒行为以及严重的假冒注册服务商标的行为，皆会对消费者的合法权利以及商标权人的商标权造成比较严重的损害，进而扰乱社会主义市场经济秩序，将来的刑事立法需将其纳入规制范围方显得比较合理又合情。期待对该罪名的实质理性梳理，可以为该罪名的立法完善与司法认定有所裨益。

专题十
我国刑法应当增设栽赃陷害罪

一、增设栽赃陷害罪的必要性

对于栽赃陷害的行为为什么要作为犯罪追究行为人的刑事责任,我们可以从以下五个方面来论证其设罪的必要性。

(一)增设栽赃陷害罪有利于保障人权

人权作为一个公民所享有的最基本权利,在我国自2004年以来,在宪法和其他法律中均对此作了明确的规定。根据2004年《中华人民共和国宪法修正案》规定:"宪法第33条增加一款,作为第3款:'国家尊重和保障人权'。"根据《刑事诉讼法》第2条亦规定:"中华人民共和国刑事诉讼法的任务,是保证准确、及时地查明犯罪事实,正确应用法律,惩罚犯罪分子,保障无罪的人不受刑事追究,教育公民自觉遵守法律,积极同犯罪行为作斗争,维护社会主义法制,尊重和保障人权,保护公民的人身权利、财产权利、民主权利和其他权利,保障社会主义建设事业的顺利进行。"《宪法》和《刑事诉讼法》对人权的尊重和保障的规定,向世界宣告了中国的法律对人权的尊重和保障已成为中国法治建设的一项重要内容,无疑改变了西方国家对中国人权状况的无知和攻击,其巨大的现实意义是无可比拟的。然而,在我国刑事立法中,虽然对公民的人身权利、民主权利和财产权利均作了详细的规定，但是对公民的隐私权及其他权利仍付阙如，这就不能不引起我们的高度关注。例如，在对公民人身权利的保障当中，栽赃陷害就是刑法存在的一大立法盲区。虽然我国刑法在侵犯公民人身权利、民主权利罪当中规定了诬告陷害罪和报复陷害罪，但是，与诬告陷害罪和报复陷害罪相比，在很多情况下栽赃陷害的行为具有更大的社会危害性，因此，不得不提上立法议事日程。这是因为栽赃陷害的行为不仅违背了《宪法》和《刑事诉讼法》对人权的尊重和保障的规定，而且在司法实践中也对人权的侵犯带来了诸多恶劣的影响，如果行为人栽赃陷害得逞，不仅会使无辜的公民带来牢狱之灾，更为严重的是将会使无辜的公民付出生命的代价。因此，栽赃陷害罪具有其他两罪难以比拟的严重的社会危害性，理应纳入刑事立法的内容。

（二）增设栽赃陷害罪有利于维护国家形象

在我国，司法机关及其工作人员本应奉行"立法为公、执法为民"和"全心全意为人民服务"的宗旨，将人民的生命、健康和自由自觉地摆在日常工作的核心位置，从而使人民的权利得到应有的尊重和保障。这不仅是党和国家对司法机关和工作人员的殷切期望，也是司法机关及其工作人员的应尽之责。然而，极少数国家机关及其工作人员却反其道而行之，对于应当保护的公民权利漠不关心、漠然视之，甚至通过极其卑劣的手段对无辜的公民进行栽赃陷害，这一行为不仅是对司法机关及其人员的形象的严重损害，也是对国家形象的严重侮辱。由此可见，栽赃陷害的行为不仅严重地侵犯了公民应有的权利，也直接影响到国家在人民心目中的形象。对于这一问题如不加以及时处置，并将其纳入刑事立法之中，其影响和后果都是非常严重的。

（三）增设栽赃陷害罪有利于维护司法声誉

在我国，司法机关及其工作人员是惩治犯罪、保护人民的重要力量，本应是非清晰、黑白分明、真假明辨，成为广大公民合法权益的保护神。然而，在我们的司法实践中，却有极少数司法机关及其工作人员对公民的合法权益漠然处之，是非混淆，黑白不分，真假不辨，栽赃陷害，以至于使无辜的公民轻则锒铛入狱，重则丢掉性命。这种对人民群众的生命、健康和自由的严重侵害的行为，不仅有违国家法治，同时也是对人民群众合法权益的严重不负责任。虽然有些冤案最后由于被害人复活、真凶发现等偶然的因素的出现而平反昭雪，但是这些案件给司法机关的声誉带来了极大的损害，以至于在佘祥林、赵作海等冤案发生后，最高人民法院和当地法院的领导也不得不承认这是"司法界的耻辱"。由此可见，栽赃陷害，不仅殃及百姓，而且祸及司法声誉，其严重的社会危害性不可小觑。

（四）增设栽赃陷害罪有利于实现司法正义

德国的耶林曾经说过这样一句名言，刑法犹如一柄双刃之剑，用之不得其当，则国家与当事人两受其害。英国的哲学家弗兰西斯·培根也曾经说过，一次不公正的裁判，其恶果甚至超过十次犯罪。因为犯罪是无视法律——好比污染了水流，而不公正的审判是毁坏法律——好比污染了水源。以上这些名言，都告诉我们这样一个真理，刑法虽然具有抑恶扬善之功效，但如果使用不当，则会给国家与当事人带来双重的灾难。一次不公正的裁判其恶果会超过十次犯罪，因为不公正的裁判背后直接关系到司法的正义能否真正地实现，它无时无刻不在挑战着法律的底线。在构建和谐社会的当下，民主法治、公平正义是其追求的最高价值目标，以人为本是其核心的核心，因此，作为司法工作者在执法过程中，应当将其作为自己的一切工作的指南和行为准则。如果司法机关及其工作人员偏离这一准则，就会对无辜公民的合法权益带来不应有的损害。其不仅对司法正义造成严重的侵害，而且还会严重损害公民的各项权利，社会危害性由此可见一斑。

（五）增设栽赃陷害罪有利于降低社会危害

社会危害性是我国刑法立法的根据，是立法机关之所以将某种行为规定为犯罪的理由之所在，同时也是判断行为人的行为是否构成犯罪的本质属性。一般来讲，在所有的陷害型犯罪之中，栽赃陷害的行为，较之诬告陷害、报复陷害的行为具有更大的社会危害性。因为，栽赃陷害的行为，不仅侵犯公民的人身权利和民主权利，同时也妨害司法机关的正常活动。就其危害后果而言，轻则剥夺公民的人身自由，重则伤及公民的人体健康，尤其严重的是，这种行为往往还会直接导致对他人生命权利的剥夺，所以其社会危害非常严重，必须将其纳入刑事立法的范畴。有鉴于此，为了更好地保护公民的生命、健康和人身自由以及公民的民主权利，保障司法机关的正常活动的顺利进行，对于栽赃陷害的行为必须及时纳入法制的轨道，否则，一味地对其漠视不管，任其自然，将会给我们的社会造成无穷的后患。因此，无论从何种角度出发，将栽赃陷害的行为及时纳入刑事立法的议事日程，都是非常必要的。

二、栽赃陷害罪的概念与构成特征

所谓栽赃陷害罪是指行为人故意捏造犯罪事实，嫁祸于人，足以使他人受刑事处罚的行为。根据这一概念，我们不难看出，构成本罪必须具备以下几个方面的特征。

(一) 犯罪客体

本罪侵犯的客体是公民的人身权利、民主权利和司法机关的正常活动，在上述客体中，公民的人身权利、民主权利是主要客体，司法机关的正常活动是次要客体。在司法实践中，栽赃陷害是一种捏造犯罪事实，嫁祸于人，意图使他人受刑事处罚的行为。这种行为往往导致司法机关开始刑事诉讼活动，使被害人的人身权利、民主权利受到侵犯，例如，致使司法机关对被害人采取逮捕、拘留的措施，使被害人正常的生活、工作、学习受到严重的影响。至于栽赃陷害罪侵犯司法机关的正常活动，也是毫无疑问的。因为被害人无某一犯罪事实行为人却故意捏造这一犯罪事实，必然破坏、干扰司法机关的正常活动，使司法机关浪费人力、物力、财力，甚至铸成冤假错案，其对司法机关正常活动的侵害由此可想而知。在栽赃陷害罪侵犯的复杂客体中，公民的人身权利和民主权利之所以成为主要客体，这是因为，栽赃陷害之目的就在于使被害人受到错误的刑事追究，而不在于妨害司法活动。也正是基于这种理由，我们建议将栽赃陷害罪纳入"侵犯公民的人身权利、民主权利罪"一章之中，与诬告陷害罪、报复陷害罪一样，作为行为人侵犯人权的犯罪，而不是将其归入妨害司法罪之中。

(二) 犯罪客观方面

本罪在客观方面表现为行为人捏造犯罪事实，嫁祸于人，足以使他人受刑事处罚的行为。本罪在客观方面必须具有以下几个方面的构成要素。

1. 行为人必须具有捏造犯罪事实、嫁祸于人的行为

所谓捏造犯罪事实、嫁祸于人的行为，一般是指行为人采取无中生有、借题发挥、添油加醋、掐头去尾、捕风捉影、张冠李戴、瞎编乱造、断章取义、预设陷阱、瞒天过海、心理干扰、无端联想、无端猜测、恶意攻击、自欺欺人、混淆视听、声东击西、挑拨离间、托梦栽赃、测谎栽赃、咬文嚼字、偷换概念、含沙射影、颠三倒四、倒打一耙、借力打力、意念控制、污人清白、强加罪名、委过于人、不按常规出牌、以其人之道还治其人之身、

故意栽赃雷人话语、捎带引出雷人话语、进行以非为是的验证、同假想的敌人作战、情境转换、自说自话、自编自演、自导自播、回溯栽赃、站在敌人立场说话等。具体说来：

（1）无中生有，即根据行为人的主观想象，将根本不存在的犯罪事实变成所谓的犯罪事实强加给被害人；

（2）借题发挥，即行为人针对被害人存在的一些客观情况加以夸大，把他人的不道德行为、错误行为等非犯罪事实上升、扩大为犯罪事实，或者歪曲原来事实，重新编构新的犯罪事实或情节，将道德范畴和一般违纪问题刻意扩大为犯罪事实等；

（3）添油加醋，即在行为人所掌握的他人非犯罪事实的基础上，进行过分渲染、夸大，依据行为人个人的主观想象，将根本不存在的犯罪事实经过编造加工强加于被害人；

（4）掐头去尾，又称减词删句，即行为人将被害人所想所说的语言通过剪头除尾的方式，然后根据行为人的需要进行肆意拼接，再将不利于被害人的语言变成所谓的罪证强加于被害人；

（5）捕风捉影，即将行为人根据自己的精神妄想编造出来的各种犯罪事实和行为人根据自己主观想象杜撰出来的根本不存在的犯罪事实以及将行为人道听途说的非犯罪事实经过编造加工变成所谓的犯罪事实强加于被害人；

（6）张冠李戴，又叫移花接木，即行为人将与被害人毫无关系的第三人的犯罪事实经过加工改造强加于被害人；

（7）瞎编乱造，即行为人根据自己的主观想象，进行非合理化嫁接，将根据自己事先瞎编乱造出来的所谓罪证强加于被害人；

（8）断章取义，又称之为寻章摘句，即行为人根据自己的主观需要，对被害人所想所说所写的语言或文字，根据个人的需要进行筛选、加工，专门选择对被害人不利的语言、文字，加以编串，然后以所谓的罪证强加于被害人；

（9）预设陷阱，即行为人根据自己的主观想象，事先设计好各种所谓的犯罪方案，然后借助高科技手段，将其植入被害人头脑之中，从而使被害人根据行为人臆想出来的犯罪事实产生联想，误入行为人事先设置的圈套，将根本不存在的犯罪事实强加于被害人；

（10）瞒天过海，即行为人在被害人毫无察觉的情况下，编造各种各样的犯罪情景，使被害人在毫无设防的情况下误入行为人设置的各种犯罪歧途，从而将所谓的犯罪事实强加于被害人；

（11）心理干扰，又称精神控制，或心理控制，即行为人采取所谓的高科技手段，编造各种犯罪假想，通过"测谎"等各种伪科学手段，对被害人进行心理测试，在被害人心理出现波动时，将事先经过臆想编造出来的各种所谓的犯罪事实强加于被害人；

（12）无端联想，又称为精神妄想，瞎思乱想，即行为人根据被害人所想所思的语言或文字，进行非合理性想象，将与被害人所思所想无关的事实进行非法联想，然后作为罪证强加于被害人；

（13）无端猜测，即行为人根据自己精神妄想，对他人的所作所为进行非合理性推测，然后将根据自己的主观想象臆造的犯罪事实将其作为罪证强加于被害人；

（14）恶意攻击，即行为人采用凭空捏造或者道听途说的各种谣言，对被害人进行人格或名誉上侮辱和损害，意图使被害人在精神上屈服，然后将无端联想的所谓罪证强加于被害人；

（15）自欺欺人，即行为人凭空捏造一些连自己都不相信的所谓罪证在社会上广泛加以传播，借以欺骗自己和他人，从而达到栽赃陷害的目的；

（16）混淆视听，即行为人在他人不明真相、受到蒙蔽的情况下，混淆是非、颠倒黑白、不分真假，对被害人进行人身攻击、政治抹黑、道德摧残，从而对他人的辨别力、判断力进行误导，造成对被害人不利的后果，从而意图将自己编造的所谓罪证强加于被害人；

（17）声东击西，又称指桑骂槐，即行为人利用自己的精神妄想，表面上是在攻击、污蔑某一特定对象的人，然而在实际上却是另有其人，从而达到借刀杀人的目的；

（18）挑拨离间，又称搬弄是非，即行为人为达到栽赃陷害的目的，在被害人与他人之间进行肆意挑拨，离间干群关系、同事关系、师生关系、家庭关系、邻里关系，以便引起他人对被害人产生恶意，从而将被害人置于不利地位，然后将栽赃的事实强加于被害人；

（19）托梦栽赃，即行为人将经过自己主观假想编造出来的所谓犯罪事实，通过被害人做梦的方式，利用所谓的高科技手段，植入被害人的梦境，然后根据行为人的一厢情愿，将所谓的犯罪事实强加于被害人；

（20）测谎栽赃，即行为人将经过自己主观假想编造出来的所谓犯罪事实,通过测谎的方式,利用行为人编造的各种假想的情境,通过所谓的高科技手段,将其植入被害人的大脑,然后以所谓的测试结果将其强加于被害人;

(21)咬文嚼字,即行为人对被害人所思所想所说之语言文字死抠字眼而不领会其精神实质,然后将自己对被害人语言文字的错误理解作为罪证强加于被害人;

(22)偷换概念,亦称偷梁换柱,即行为人借中文一字多音或者一音多字,将本来原有的字词句进行概念偷换,然后植入被害人大脑,以便栽赃陷害;

(23)含沙射影,即行为人躲在暗处使用所谓的高科技手段编造所谓的犯罪事实对被害人进行侮辱诽谤,借以达到造谣污蔑,使被害人受到恶意中伤的目的;

(24)颠三倒四,又称情境回放,即行为人利用自己的精神妄想,将自己构筑的各种所谓的犯罪情境注入被害人的头脑,然后翻来覆去地进行情境回放,以造成被害人由此进行联想,从而将所谓编造的犯罪情境强加于被害人,达到所谓取证的目的;

(25)倒打一耙,即行为人将自己的所作所为,通过所谓的高科技手段植入被害人的大脑,使被害人产生联想,从而将自己的犯罪事实强加于被害人,以达到陷害被害人的目的;

(26)借力打力,即行为人将自己编造的各种谣言或者其他对被害人不利的语言文字,转交其他人以一定的方式(诸如网络、短信、电视等媒介)在社会上加以传播,对被害人进行舆论攻击,从而加大对被害人的心理恐吓,并意图栽赃成功;

(27)意念控制,又称精神控制,即行为人编造所谓的清规戒律,通过所谓的高科技手段将其植入被害人的大脑,从而使被害人按其意图行事,如若不遵,便施以精神恐吓,从而达到对被害人的精神控制;

(28)污人清白,又称颠倒黑白,即行为人心怀叵测,以小人之心度君子之腹,将被害人所做的好事、善行进行歪曲、丑化,借混淆视听等手段对被害人进行污蔑,从而达到栽赃陷害的目的;

(29)强加罪名,又称"莫须有",即行为人在采取各种方法都无法搜集到被害人罪证的情况下,肆意编造根本不存在的罪名将其强加于被害人,从而达到栽赃陷害之目的;

（30）委过于人，即行为人将自己所作所为之坏事借所谓的高科技手段转嫁于被害人，以便借此作为被害人的"罪证"进行栽赃；

（31）不按常规出牌，即行为人借所谓的高科技手段控制被害人的意念，将生活常规、常识打乱对被害人进行精神折磨，然后伺机捕风捉影，对被害人进行栽赃；

（32）以其人之道，还治其人之身，即行为人将自己的意念或者其他想法颠三倒四、混淆黑白、进行反复回放然后借所谓的高科技手段栽赃被害人，从而达到陷害被害人的目的；

（33）故意栽赃雷人话语，即行为人借所谓的高科技手段将自己事先编好的雷人话语植入被害人的大脑，然后强加于被害人。比如在被害人睡觉醒来之时将其栽赃为"惊醒"，在被害人对其他事情进行联想过程中栽赃"后怕"之类的话语对被害人进行心理威慑；

（34）捎带引出雷人话语，即行为人在被害人从事正常或者正当工作的过程中，利用被害人所言所思捎带引出雷人话语，将自己事先编造的雷人话语植入被害人大脑，以便对被害人进行栽赃陷害；

（35）进行以非为是的验证，又称之为进行以错为对的验证，即行为人利用自己掌握的根本与犯罪无关的的信息和事实，进行人为的假想，然后再将其通过高科技手段或者医疗手段进行验证，意图将行为人自己的假想强加于被害人。例如行为人将他人编造的"笑话"当成密码在电脑上进行验证，实在是丢人现眼，贻笑大方。又如行为人将自己假想的"断头再植"通过医院的"放射技术"进行验证，实在是令人震惊；

（36）同假想的敌人作战，又称之为唐吉诃德式风车之战，即行为人将根本不是犯罪的对象作为假想的目标和靶子予以打击，从而闹出各种笑话的愚蠢行为。即行为人不管被害人有无不正当或者不正常的行为事实，而根据自己的一厢情愿进行瞎编乱造，从而闹出风马牛不相及的笑话；

（37）情境转换，即行为人将自己捏造的所谓犯罪情境通过所谓的高科技转换手段强加于被害人或者与被害人有关的第三人，妄图以此达到栽赃陷害的目的；

（38）自说自话，即所谓测谎专家根据自己所编出的瞎话，通过所谓的心境转换，将其编造的犯罪情境植入被害人的大脑，从而达到栽赃陷害的目的；

（39）自编自演，即所谓的测谎专家自己编出各种各样的犯罪情境，然后再按照自己设计的犯罪陷阱进行自我表演，然后再将自我表演的内容植入被害人的大脑，强加于被害人；

（40）自导自播，即所谓的测谎专家根据自己的设想制造各种各样的犯罪情境，将其植入被害人的大脑，实际上对于被害人而言并无此事，所谓测谎专家编造的各种犯罪情境，只不过是其自己所犯罪行的有力见证；

（41）借用过往事实，又称为回溯栽赃，即行为人根据被害人已经想到或者说过的话进行回溯栽赃，意图将被害人事先说或者想到的话，通过所谓的高科技手段植入被害人的大脑，然后借以作为被害人有问题的证据，从而达到栽赃陷害的目的。如利用被害人所想或所说的对敌人不利的事实，通过回溯的方法，颠倒黑白，倒因为果，将其变成对被害人不利的事实，从而达到栽赃陷害的目的；

（42）站在敌人立场说话，即行为人为了栽赃被害人，故意站在敌人的立场上为敌人说话，然后将其编造的雷人话语强加给被害人，从而达到栽赃陷害的目的；

（43）呓语栽赃，即行为人利用被害人处于睡眠状态，采取所谓的高科技手段，将自己编造的各种所谓的犯罪语言，通过被害人说呓语的方式表达出来，然后对被害人进行栽赃并同时对被害人施以精神恐吓，妄图使被害人承认根本不存在的所谓犯罪事实；

（44）公然栽赃，即行为人利用事先已经编造好的各种所谓的犯罪语言，通过所谓的高科技手段植入被害人的大脑，使被害人产生语言联想，然后以所谓的犯罪事实强加于被害人进行公开栽赃；

（45）无厘头栽赃，即行为人根据自己的一厢情愿，将各种互不相干、没有任何逻辑关系的所谓的犯罪事实莫名其妙地串在一起，然后再通过所谓的高科技手段植入被害人的大脑进行栽赃陷害；

（46）模拟仿真栽赃，即行为人利用所谓的模拟仿真技术，将自己编造的各种所谓的犯罪情境植入被害人的大脑，然后对被害人施以精神恐吓，妄图将其伪造的犯罪情境强加于被害人，从而达到栽赃陷害的目的。

2. 行为人捏造的必须是犯罪事实

所谓犯罪事实是指行为人编造的必须是能够引起刑事诉讼程序的事实。关于这一点，可以从行为人在主观上是"意图使他人受刑事处罚"来考察。这是因为，只有行为人捏造的是犯罪事实，才有可能引起司法机关的重视，从而有可能促使司法机关启动刑事诉讼程序，达到使被害人受刑事处罚的目的。如果行为人捏造的不是犯罪事实，而是捏造被害人有一般违法违纪行为的事实，一般不可能受到司法机关的刑事追诉，所以从其社会危害性程度上来考察，一般可不作为犯罪进行处理。当然，这种情况下要求行为人在主观上必须认识到其捏造的是违法违纪事实而非犯罪事实，否则有可能构成栽赃陷害罪的未遂。

3. 行为人捏造犯罪事实、嫁祸于人的行为必须具有特定的对象

一般来讲，作为栽赃陷害的行为必须具有特定的对象，如果没有特定的、具体的对象而只是告知有犯罪发生，尽管有可能妨害司法机关的正常活动，但不致于引起司法机关对特定的人追究刑事责任，不会侵犯到公民的人身权利和民主权利，一般可不作为犯罪处理。但是，需要指出的是，栽赃陷害要求有特定的、具体的对象，并不要求指名道姓，只要从栽赃的内容中能够推测到是谁，就可以构成本罪。

4. 行为人捏造的犯罪事实、嫁祸于人的行为足以使他人受刑事处罚

所谓足以使他人受刑事处罚，是指行为人捏造的犯罪事实只要达到使他人有可能被司法机关追诉的危险，即可构成本罪。至于被害人实际上是否受到刑事处罚，对于构成犯罪不发生影响。如果在司法实践中，行为人通过捏造的犯罪事实已经使他人受到刑事追究的，则可以在构成本罪的基础上作为一个严重情节在量刑时予以从重处罚。

（三）犯罪主体

本罪的主体为一般犯罪主体，只要是年满16周岁具有刑事责任能力的自然人和单位，都可以构成本罪。亦即是说，构成本罪的主体，既可以是一般公民，也可以是国家工作人员，在某些特殊条件下，单位也同样可以构成本罪的主体。例如，某单位领导出于个人恩怨，指使其所属部门的工作人员或者下属部门的工作人员对被害人进行栽赃陷害，同样可以构成本罪的主体。只不过，在这种情况下，除了对其单位领导要追究刑事责任外，对其单位的主管人员和其他直接责任人员亦应追究相应的刑事责任。

（四）犯罪主观方面

本罪在主观方面表现为直接故意，即行为人明知捏造犯罪事实嫁祸于人的行为会造成他人蒙冤入狱以至丧失生命的结果并且希望这一危害结果发生，其犯罪目的在于意图使他人受刑事处罚。我们认为，栽赃陷害罪在主观上必须以使他人受刑事处罚的目的为要件，也正是由此决定了本罪只能由直接故意而不能由间接故意构成。在司法实践中，确实有的人出于一些非属让

他人受刑事处罚为目的而栽赃的情况，如在被审讯过程中，出于推卸责任的目的将罪嫁祸于人；在被查禁过程中为引起同情，诬蔑司法工作人员对其进行搜身、索贿行为等。在这些情况下，由于行为人在主观上并不具有使他人受刑事处罚的目的，因此，不能构成本罪。另外，有的行为人对某种行为是否构成犯罪并不明知，对其捏造事实的行为能否引起司法机关对被害人进行刑事处罚的认识也不明确，在这种情况下行为人也很难说具有明确的使他人受刑事处罚的目的，因此，也不能以本罪论处。对于行为人的行为构成本罪而言，在主观上必须具有使他人受刑事处罚的目的，如果行为人在主观上不具有这一目的，则不能以本罪论处。如前所述，本罪在主观上只能由直接故意构成，如果行为人即使在客观上具有捏造犯罪事实、嫁祸于人的行为，但如果不是出于希望使他人受刑事处罚的目的，而是对自己所实施的行为持放任的态度，则可以根据《刑法》第 13 条 "但书" 的规定，不作为犯罪予以认定。

三、栽赃陷害罪与相关犯罪的界限

在刑法理论和刑事立法中，栽赃陷害罪与诬告陷害罪、报复陷害罪、诽谤罪和伪证罪以及打击报复证人罪等在构成特征上都具有一定的相似之处，尽管如此，它们之间的区别仍然是主要的，这也是我们将本罪独立成罪的主要理由。为了更好地说明本罪独立成罪的合理性，下面笔者拟就本罪与上述各种犯罪之间的界限作一细致的分析。

（一）栽赃陷害罪与诬告陷害罪的界限

诬告陷害罪，是指行为人故意捏造犯罪事实，向国家司法机关或者其他有关单位告发，意图使他人受刑事追究，情节严重的行为。① 本罪与诬告陷害罪有诸多相同之处，如犯罪侵犯的客体都是他人的人身权利、民主权利和司法机关的正常活动，犯罪的主观方面都是故意且具有意图使他人受刑事处分的目的。其主要区别在于：

第一，犯罪主体有所不同。前者的犯罪主体是一般主体，即年满 16 周岁具有刑事责任能力的人均可以构成本罪，亦本罪的主体既可以是自然人，也可以是单位；而后者的犯罪主体只限于自然人，而不包括单位。

---

① 肖中华：《侵犯公民人身权利罪》，中国人民公安大学出版社 1998 年版，第 290 页。

第二，犯罪客观方面有所不同。前者的犯罪客观方面表现为行为人捏造犯罪事实、嫁祸于人，足以使他人受刑事处罚的行为，而后者则表现为行为人捏造犯罪事实，向国家司法机关或者其他有关单位告发的行为。这是本罪与诬告陷害罪的本质区别。因为本罪在客观上只有捏造犯罪事实、嫁祸于人的行为，而后罪不仅在客观上具有捏造犯罪事实的行为，同时还具有向有关机关告发的行为。

（二）栽赃陷害罪与报复陷害罪的界限

报复陷害罪是指国家机关工作人员滥用职权、假公济私，对控告人、申诉人、批评人、举报人实行报复陷害的行为。[1] 本罪与报复陷害罪的相同之处表现为主观方面都是直接故意。其主要区别在于：

第一，犯罪客体有所不同。前者侵犯的客体是复杂客体，包括公民的人身权利、民主权利和司法机关的正常活动，且主要客体为前者；后者侵犯的客体是公民的民主权利，具体是指公民的控告权、申诉权、批评监督权和举报权。

第二，犯罪客观方面有所不同。前者的犯罪客观方面表现为行为人捏造犯罪事实、嫁祸于人，足以使他人受刑事处罚的行为；后者的犯罪客观方面表现为行为人滥用职权、假公济私，对控告人、申诉人、批评人和举报人进行政治、经济、物质等方面的压制报复陷害的行为。所谓行为人实施了滥用职权、假公济私，对他人实施报复陷害的行为，即违反有关规定，超出职权范围，假借公事的名义，报复陷害他人。至于报复陷害的方式则是多种多样的，如制造种种借口或理由，非法克扣工资、奖金，开除公职、党籍，或降职降级，或压制学术职称，或篡改档案等。根据最高人民检察院《关于渎职侵权犯罪案件立案标准的规定》，报复陷害有下列情形之一的，应予立案：报复陷害，情节严重，导致控告人、申诉人、批评人、举报人或者其近亲属自杀、自残造成重伤、死亡，或者精神失常的；致使控告人、申诉人、批评人、举报人或者其近亲属的其他合法权利受到严重损害的；其他报复陷害应予追究刑事责任的情形。

第三，犯罪对象有所不同。前者对犯罪对象的身份没有任何限制，任何人都可成为本罪侵害的对象，而后者的犯罪对象必须是具有特定身份的人，

---

[1] 朱建华主编：《刑法分论》，法律出版社2011年版，第232页。

亦即其犯罪对象必须是控告人、申诉人、批评人和举报人。在这里，控告人是向司法机关或者其他国家机关告发国家工作人员违法失职行为的人；申诉人是对自己或亲属所受处分不满，请求改变或撤销处分的人；批评人是指对国家机关及其工作人员提出批评建议的人；举报人是指了解案件实际情况的人向国家司法机关和执法监督机关检举、报告案件情况的人。应该注意的是，这里的控告人、申诉人、批评人、举报人，并不限于对实施报复陷害行为的国家工作人员进行控告、申诉、批评或举报的人。与被控告、被申诉、被批评、被举报的行为无关的国家工作人员只要是对公民因上述行为而进行报复陷害的，都可以构成本罪。

第四，犯罪主体有所不同。前者的犯罪主体是一般主体，可以是一般公民，也可以是国家工作人员，在某些特殊情况下也可以是单位；而后者的犯罪主体是特殊主体，只限于国家机关工作人员。其他国家工作人员以及非国家工作人员不能构成该罪，构成其他犯罪的，以其他罪论处。

第五，犯罪目的有所不同。前者的犯罪目的是意图使他人受到刑事处罚，该目的是本罪的主观超过要素，属于目的犯。如果行为人不具有这一目的，则不构成本罪。而后者的犯罪目的则是一般的报复陷害，如政治、经济、物质上的压制报复等，不是目的犯。如果国家机关工作人员为了报复陷害控告人、申诉人、批评人、举报人，利用职权，捏造犯罪事实、嫁祸于人，足以使他人受刑事处罚的，则行为人同时构成报复陷害罪和栽赃陷害罪，属于想象竞合犯，应以栽赃陷害罪论处。

（三）栽赃陷害罪与诽谤罪的界限

诽谤罪是指行为人捏造并散布某种虚构的事实，足以贬低他人人格、败坏他人名誉，情节严重的行为。① 本罪与诽谤罪有诸多相同之处，如犯罪对象都是特定的对象，犯罪客观方面都实施了捏造事实的行为，犯罪主体都包括自然人，犯罪主观方面都是直接故意，且均属于目的犯。其主要区别在于：

第一，犯罪客体有所不同。前者侵犯的客体是复杂客体，包括公民的人身权利、民主权利和司法机关的正常活动，且主要客体为前者；后者侵犯的客体是单一客体，即公民的人格权和名誉权，并不构成对司法机关正常活动

---

① 朱建华主编：《刑法分论》，法律出版社2011年版，第223页。

的妨害。

第二，犯罪客观方面有所不同。前者在客观方面表现为捏造犯罪事实，嫁祸于人，足以使他人受刑事处罚的行为。后者在客观方面则表现为捏造并散布某种虚构的的事实，足以贬低他人人格、败坏他人名誉，情节严重的行为。二者在客观方面有以下不同之处：（1）行为人捏造的事实性质不同。尽管二者都有捏造事实的行为，但其性质是不同的。前者捏造的事实只能是犯罪事实，如果捏造的不是犯罪事实，而是一般的违法违纪事实，则不能构成栽赃陷害罪。而后者捏造的事实不以达到犯罪程度为要件，行为人捏造的事实只能是犯罪事实以外的其他一般事实。如果行为人误以为某种非犯罪事实为犯罪事实，并通过足以引起司法机关对被害人追究的公开散布的方法向公众散布，在这种情况下，如果依主观说，则行为人构成栽赃陷害罪；如果以客观说，行为人不构成栽赃陷害罪。从行为方式看，行为人的行为符合诽谤罪的特征，如果达到"情节严重"的，可以按诽谤罪定罪。（2）是否要求公然性不同。构成诽谤罪，必须具有"公然性"，即必须公然实施，这是由其"散布"事实的行为要件决定的。而栽赃陷害罪只要行为人实施了捏造犯罪事实、嫁祸于人，足以使他人受刑事处罚的行为即可，因此不一定要具有公然性。

第三，犯罪目的有所不同。前者的犯罪目的是使他人受刑事处罚，后者的目的是损害他人的人格和名誉。如果行为人不以使他人受刑事处罚为目的，而是以损害他人人格和名誉为目的进行栽赃陷害的，如果"情节严重"的，可以按诽谤罪进行论处。

第四，案件的性质有所不同。前者属于公告罪，不管被害人有无告诉，国家公诉机关都应当依法主动追究行为人的刑事责任；后者属于亲告罪，一般情况下，必须由被害人向人民法院起诉的，方可受理，但是严重危害社会秩序和国家利益的除外。

（四）栽赃陷害罪与伪证罪的界限

伪证罪，是指在刑事诉讼中，证人、鉴定人、记录人、翻译人对与案件有重要关系的情节，故意做虚假证明、鉴定、记录、翻译，意图陷害他人或者隐匿罪证的行为。[1] 本罪与伪证罪有诸多相同之处，如犯罪客体都侵犯了

---

[1] 朱建华主编：《刑法分论》，法律出版社2011年版，第223页。

司法机关的正常活动,犯罪主观方面都是直接故意,且均具有陷害他人的目的。其主要区别在于:

第一,犯罪客体有所不同。前者侵犯的客体是复杂客体,包括公民的人身权利、民主权利和司法机关的正常活动,且主要客体为前者;后者侵犯的客体是单一客体,即司法机关的正常活动与司法公正。

第二,犯罪行为表现方式有所不同。前者表现为行为人凭空捏造他人的犯罪事实、嫁祸于人,足以使他人受刑事处罚的行为;后者表现为行为人对与案件有重要关系的情节,做虚假证明、鉴定、记录、翻译的行为。在这里,所谓作虚假证明,是指证人违背事实,提供不实证言;作虚假鉴定,是指鉴定人不依据客观事实,做出错误的鉴定结论;作虚假记录和翻译,是指记录人、翻译人背离诉讼参与人表述的真实原意,进行不实记录和翻译。

第三,发生的时间有所不同。前者发生于刑事诉讼开始之前的过程之中;后者则发生于刑事诉讼过程中,即从立案到终审裁判生效的侦查、起诉、审判活动整个过程之中。对于同属做虚假证明、鉴定、记录、翻译的行为,如果这些行为发生于刑事诉讼开始之前,应当以栽赃陷害罪论处;如果这些行为发生于刑事诉讼过程中,则应当以伪证罪论处。

第四,犯罪主体有所不同。前者的犯罪主体是一般主体,可以是一般公民,也可以是国家工作人员,在某些特殊情况下也可以是单位;而后者的犯罪主体是自然人特殊主体,只限于刑事诉讼的证人、鉴定人、记录人、翻译人。在这里,所谓证人,是指知道案件情况,并向司法机关作出陈述的人;所谓鉴定人,是指由司法机关指定,对案件中的某些专门性问题进行鉴定,并作出鉴定结论的人;所谓记录人,是指在司法机关办理刑事案件的过程中,为调查、搜查、询问等活动担任文字记录的人;所谓翻译人,是指在刑事诉讼中,受司法机关指派或聘请,担任外国语、民族语或哑语翻译的人。

第五,犯罪目的有所不同。前者的犯罪目的具有单向性,即陷害他人,意图使他人受刑事处罚;后者的犯罪目的具有双向性,包括陷害他人和包庇罪犯。所谓陷害他人,是指使无罪的人受追诉,或使罪轻的人受重罪追诉;所谓包庇罪犯,是指使有罪的人不受追诉,或使罪重的人受轻罪追诉。

(五)栽赃陷害罪与打击报复证人罪的界限

打击报复证人罪,指行为人以各种方式对证人进行打击报复的行为。[①]

---

① 朱建华主编:《刑法分论》,法律出版社2011年版,第323页。

本罪与打击报复证人罪有诸多相同之处，如侵犯的客体都是复杂客体，包括公民的人身权利、民主权利和司法机关的正常活动，犯罪主体都是一般主体，犯罪的主观方面都是出于直接故意。其主要区别在于：

第一，犯罪客体主次有所不同。前者侵犯的客体是复杂客体，包括公民的人身权利、民主权利和司法机关的正常活动，且主要客体为前者；后者侵犯的客体是司法机关的正常活动与证人的人身权利及其他权利，且主要客体为后者。

第二，犯罪客观方面有所不同。前者在客观方面表现为捏造犯罪事实，嫁祸于人，足以使他人受刑事处罚的行为；后者在客观方面表现为以各种方式对证人进行打击报复的行为。所谓打击报复，是指对已在诉讼中如实提供证言的证人及其亲友事后进行打击报复陷害，如骚扰、非法拘禁、殴打、伤害、杀害、侮辱、诽谤以及利用职权对其降级、降薪、开除等。采取伤害的方法打击报复证人的，如果造成轻伤及其以下结果，仍定本罪，若造成重伤甚至杀害的，定故意伤害罪（重伤）或故意杀人罪。以非法拘禁、侮辱、诽谤、故意毁坏财物、诬告陷害等方法打击报复证人并构成犯罪的，属本罪与相应之罪的想象竞合，应择一重处断。

第三，犯罪对象有所不同。前者对犯罪对象的身份没有任何限制，任何人都可成为本罪侵害的对象；后者犯罪的对象是刑事诉讼、民事诉讼或者行政诉讼的证人，对证人的亲友进行打击报复的，也视为打击报复证人。

第四，犯罪主体有所不同。前者的犯罪主体是一般主体，可以是一般公民，也可以是国家工作人员，在某些特殊情况下也可以是单位；后者的犯罪主体只能是自然人一般主体，可以是一般公民，也可以是国家工作人员，单位不可能构成本罪的主体。

第五，犯罪目的有所不同。前者的犯罪目的是使他人受刑事处罚，即行为人明知自己栽赃陷害的行为会造成他人蒙冤入狱的结果并对之持希望的态度；后者的犯罪目的是对证人进行事后打击报复，即对已在刑事诉讼中如实提供证言的证人及其亲友事后进行打击报复。

（六）栽赃陷害罪与徇私枉法罪的界限

徇私枉法罪，是指司法工作人员徇私枉法、徇情枉法，对明知是无罪的人而使他受追诉、对明知是有罪的人而故意包庇不使他受追诉，或者在刑事审判活动中故意违背事实和法律作枉法裁判的行为。① 本罪与徇私枉法罪有诸多相同之处，如行为人在主观上都是直接故意，在客观上都实施了有可能使无罪的人受到刑事追诉的行为，等等。其主要区别在于：

第一，犯罪客体不同。前者侵犯的客体是复杂客体，包括公民的人身权利、民主权利和司法机关的正常活动，且主要客体为前者；后者侵犯的客体是简单客体，即国家司法机关的正常活动。

第二，犯罪的行为方式不同。前者在客观方面表现为行为人捏造犯罪事实，嫁祸于人，足以使他人受刑事处罚的行为；后者在客观方面表现为行为人枉法追诉或枉法裁判的行为。这里的枉法追诉或枉法裁判的行为，仅限于三种：

一是对明知是无罪的人而使他受追诉。这里所说的无罪的人，包括根本没有实施危害行为的人和虽实施了危害行为但尚不构成犯罪的人。这里的追诉，是指对无罪的人采取伪造、隐匿、毁灭证据或者其他隐瞒事实、违背法律的手段，以追究刑事责任为目的进行立案、侦查、采取强制措施、起诉或者审判。

二是对明知是有罪的人而故意包庇不使他受追诉。对明知是有罪的人，是指对于明知有证据证明有犯罪事实需要依法追究刑事责任的人。故意包庇不使他受追诉，是指采取伪造、隐匿、毁灭证据或者其他隐瞒事实、违背法律的手段，故意对其不进行立案、侦查、采取强制措施、起诉或者审判。故意包庇不使他受追诉的犯罪事实，既可以是全部犯罪事实，也可以是部分犯罪事实或情节。在司法实践中，司法工作人员故意违背事实真相，违法撤销、变更强制措施，或者虽然采取强制措施，但无正当理由中断侦查或者超过法定期限不采取任何措施，实际放任不管，致使犯罪嫌疑人、被告人实际脱离司法机关侦控的行为，本质上仍然属于故意包庇不使他受追诉的行为。

三是在刑事审判活动中故意违背事实和法律作枉法裁判。这种行为只能发生在人民法院的刑事审判过程中。故意违背事实和法律的枉法裁判，既包括不依据已经查清的客观事实和法律的明文规定进行判决或裁定，也包括故意歪曲客观事实和法律的规定进行判决或裁定。刑事审判活动中的枉法裁判，既可以表现为对有罪的人作无罪裁判，对无罪的人作有罪裁判，也可以表现为对罪重的人作轻刑裁判，对罪轻的人作重刑裁判。

---

① 朱建华主编：《刑法分论》，法律出版社 2011 年版，第 421 页。

第三，犯罪的行为途径不同。前者故意使无罪的人受刑事处罚必须是由行为人利用司法机关进行的；后者故意使无罪的人受追诉的行为是由行为人利用自身的职权直接实施的。

第四，犯罪主体不同。前者的犯罪主体是一般主体，可以是一般公民，也可以是国家工作人员，在某些特殊情况下也可以单位；后者的主体是司法工作人员。这里的司法工作人员，是指那些负有侦查、检察、审判职责的工作人员，包括具体负责办理刑事案件的人员和主管刑事案件侦查、检察、审判的负责人员。即使某些人员并不属于司法机关的正式编制，但只要他依法负有侦查、检察、审判职责，都可以成为本罪的主体。非司法工作人员虽然不能单独实施本罪，但可构成本罪的共犯。

第五，犯罪的主观目的与动机不同。前者的犯罪目的和动机是意图使他人受刑事处罚，即行为人明知自己栽赃陷害的行为可能造成他人被蒙冤入狱的结果并对之持希望的态度；后者的目的和动机主要是基于徇私或徇情。在这里，徇私是指为了谋取个人利益，如贪图他人钱财等；徇情是指为了私情，如照顾朋友、袒护亲人或者泄愤报复等。

四、栽赃陷害罪的刑事责任

关于本罪的刑事责任，可以在刑法立法上采取修正案的方式于侵犯公民人身权利、民主权利罪一章中，增设一条，即规定："故意捏造犯罪事实嫁祸于人，意图使他人受刑事处罚的，处3年以下有期徒刑、拘役或者管制；情节严重的，处3年以上10年以下有期徒刑；情节特别严重的，处10年以上有期徒刑、无期徒刑或者死刑。国家工作人员栽赃陷害的，从重处罚。"这是因为，如刑法不对此行为进行严厉惩治，将难以避免一般冤假错案的发生，从而使本不应该出现的冤假错案一再出现，使某些办案人员心存侥幸，逃脱法律的应有制裁。只有在刑法上作出如此严厉的规定，才有可能使栽赃陷害者受到法律的应有制裁和打击，让一切栽赃陷害的犯罪分子为自己所从事的非法行为付出法律上的代价，从而依法清除司法机关和司法工作人员中的害群之马，使办案人员真正做到依法办案，谨慎从事，严格执法，不敢造次。

专题十一
嫖宿幼女罪存废争鸣的反思与启示

一、嫖宿幼女罪存废的立法沿革与争鸣背景

1957年实施的《治安管理处罚条例》第5条规定了奸宿暗娼行为的规制措施，但并未特别规定嫖宿幼女行为的规制措施。1979年《刑法》也并未特别规定嫖宿幼女罪，其在第139条第2款规定，奸淫不满14周岁幼女的，以强奸罪从重处罚。1986年修订的《治安管理处罚条例》第30条第2款规定，嫖宿不满14周岁幼女的，以刑法第139条规定的强奸罪论处。1991年全国人民代表大会常务委员会《关于严禁卖淫嫖娼的决定》第5条第2款关于嫖宿不满14周岁幼女行为的处罚与1986年《治安管理处罚条例》的处罚规定相同。1994年修订的《治安管理处罚条例》维持将嫖宿幼女行为界定为强奸行为的定性。由此得知，1997年《刑法》实施之前，立法一直将嫖宿幼女行为界定为强奸行为。1997年《刑法》第360条第2款规定，嫖宿不满14周岁幼女的，处5年以上有期徒刑，并处罚金，真可谓石破天惊。多年来，这一前后名称不一致的罪名在学者间争议纷纷，从未停止。这个罪名虽然已经在最新的刑事立法修改中被废除，但废除之前的争鸣如果不被深刻解析，而找寻出保留论与废除论的支撑理由的合理性与不合理性，则这个罪名的废除断然不会平息已经争吵了多年的学界以及争议纷纷的公众界。细心梳理这个罪名废除之前的存废争鸣并加以合理解析与认知，必

将助益于公众以及学界清晰合理地认知这个已被废除了的罪名。

全国人大常委会法工委刑法研究室认为，为了严厉打击嫖宿幼女行为，将此类行为纳入犯罪的规制视域，行为人只要实施嫖宿幼女行为，不问嫖客是否在主观上明知卖淫者为幼女，一律处5年以上有期徒刑，并处罚金。① 2003年1月8日最高人民法院通过《关于行为人不明知是不满14周岁的幼女，双方自愿发生性关系是否构成强奸罪问题的批复》，明确主客观相统一原则在定罪中的运用，也引发学者对奸淫幼女型强奸罪是否需要主观明知的争论，② 但这个司法解释不久即被废除。有学者基于对法律的信仰，运用实质解释认为双方自愿发生性关系时，行为人确实不知对方是不满14周岁幼女的，即使造成严重后果，也应依据严重后果的性质与主观责任性质，以相对应的犯罪论处。③ 毋庸置疑，这种解释也是遵从了主客观相统一原则。刑法学大致经历了客观归罪—主客观相统一归罪—主观归罪—主客观相统一归罪的历史循环，这一演变轨迹为我们展现了主客观相统一原则的坚守，既反对客观归罪，也反对主观归罪。

2013年10月23日最高人民法院、最高人民检察院、公安部、司法部联合发布《关于依法惩治性侵害未成年人犯罪的意见》（以下简称《性侵意见》），以加大对未成年人身心健康等合法权利的保护力度，依法惩治性侵未成年人犯罪。《性侵意见》第19条被不同学者解读为严格责任与推定责任的对立，《性侵意见》第20、21条的出现不仅源于日渐增多的各式各样嫖宿幼女案件的压力，且有强烈附和"完全废除嫖宿幼女罪"的众意的潜在意味。

---

① 参见全国人大常委会法工委刑法室编：《中华人民共和国刑法释义》，法律出版社1997年版，第474页。

② 邱兴隆教授认为，行为人确实不知对方为幼女，双方自愿发生性关系的，无论造成的结果是否严重以及情节是否显著轻微，都不能被认定为奸淫幼女罪。苏力教授则认为，无论行为人是否明知对方为幼女，都应当被认定为奸淫幼女罪，在确实不知对方为幼女的，可以引入奸淫幼女罪的过失犯罪概念或者将其作为法定从轻或减轻量刑情节。参见邱兴隆：《一个半公正的司法解释——兼与苏力教授对话》，载《法学研究》2004年第6期。苏力：《司法解释、公共政策和最高法院——从最高法院有关"奸淫幼女"的司法解释切入》，载《法学》2003年第8期。虽然司法机关已废除奸淫幼女罪这个罪名，但为了论述的方便，本书将奸淫幼女型强奸罪，即国外视为准强奸的一种，直接简称为奸淫幼女罪。

③ 参见张明楷：《刑法学》（第四版），法律出版社2011年版，第781页。

四川邛崃男子因嫖宿幼女被诉强奸罪这一案件的出现,① 使得最高人民法院"完全赞成废除嫖宿幼女罪"的呼声更上一层楼。②

2015年全国十二届两会前夕,诸多公众与部分学者强烈建议废除嫖宿幼女罪,《刑法修正案(九)草案一》(以下简称为刑九草案一)和《刑法修正案(九)草案二》(以下简称为刑九草案二)并未附和废除嫖宿幼女罪的呼声,即并未正式将废除嫖宿幼女罪纳入刑九修正草案稿中。2015年《刑法修正案(九)草案三》(以下简称为刑九草案三)加入废除嫖宿幼女罪的条款,短短几天内全国人大常委会便通过这个加入废除嫖宿幼女罪条款的刑九草案三,部分学者"备受鼓舞",部分学者"心情大好以至于彻夜未眠"。值得追问的是:废除嫖宿幼女罪的原由是否透彻合理?即使不废除这个引起众多学者争鸣的罪名是否就无法实现公平正义?学者本身负有指引公众合情合理地理解法规范的合理旨趣的使命,如果一味附和立法态度则丧失了学者本身治学为民的基本人格立场。如果仅仅以嫖宿幼女罪的废除为神圣理由来指责曾经以及现在仍然赞同保留这个罪名的学者以及公众,未免显得肤浅而粗俗。这个罪名废与不废对刑事司法实践造成的影响有多大或者有无影响,是刑法学者必须细心考究的问题。这个罪名是否有如废除论者所言的种种缺陷,即这个罪名是将卖淫幼女作为"不良少女"歧视对待,是对嫖宿幼女者的不当轻罚与放纵,是对卖淫幼女性自主能力的不当承认与弱化保护,等等,是必须予以深刻解析的问题。而这个罪名是否值得相当宝贵的立法资源泼墨于重构上,其缺陷是否达到不可解释乃至不可合理指导司法实践的程度,又是一个不得不审慎面对的问题。如果不对这个现在已经被废除了的罪名的废除理由做出合情合理的深刻剖析,这个罪名的争议不仅不会随着立法的一锤定音而戛然而止,反而会引起更大的争鸣与争议。这些并未随着嫖宿幼女罪的废除而终止的争议,使得刑法专业学者不得不对这一事关幼女身心健康权益、社会管理秩序利益以及公众舆论指引的已废罪名,作一合情合理的剖析,以

---

① 有学者认为检察机关对此案的定性错误,违背罪刑法定原则,嫖宿幼女罪与奸淫幼女型强奸罪的关系为法条竞合,按"从特兼从重"处罚即可做到公正量刑。参见刘宪权、房慧颖:《嫖宿幼女罪存废的刑事立法与司法应保持理性》,载《青少年犯罪问题》2015年第3期。学者之间与司法机关内部对嫖宿幼女罪存废的争议相当大,公众对此罪存废的态度则呈现一边倒趋势,但公众往往并不懂得嫖宿幼女罪与奸淫幼女型强奸罪的联系与区别。

② 《最高法表态:赞成废除嫖宿幼女罪》,载 http://news.xinhuanet.com/legal/2013-12/08/c_118466865.htm,2015年6月25日访问。

定争议、止混淆。

二、嫖宿幼女罪的存废之理论聚讼

（一）嫖宿幼女罪的法益之聚讼

渊源于密尔政治哲学而被称为刑法规范合法性基础的损害原则，① 解释了为何可以对一个人施加处罚。这种可罚哲学在刑法学犯罪本质上的运用，主要是费尔巴哈权利侵害说到法益侵害说的演变。犯罪是侵犯法所赋予的权利的危害行为，无权利侵犯则无刑罚，权利侵害说可以限制被科处刑罚的行为范围，也印证了违法的实质是权利侵害（结果无价值）。② 渊源于权利侵害说的法益侵害说，在后者的基础上将法益引入，使得刑罚发动的前提更为明确，作为具体的刑罚可罚起点的具体前提必须是社会化评价下的法益侵害严重程度。刑法作为社会成员法益保护的最后阵地，必须审慎克制。大致而言，法益保护的不同也决定了刑法罪名设置的差别，探究嫖宿幼女罪存与废问题的学者无不阐述自己对其法益的理解。嫖宿幼女罪的法益到底为一元法益还是二元法益，即幼女身心健康权利型的一元法益、保护幼女社会观念型的一元法益、幼女身心健康权与社会管理秩序并存的二元法益，在不同学者间争鸣甚激。

本罪的犯罪客体即法益，在学界大致有八种代表性观点。第一种观点认为，嫖宿幼女罪的主要法益是指幼女身心健康及其性权利，而不是社会管理秩序或社会风化，嫖宿幼女行为应受刑罚惩罚的主要与直接原因便是其侵犯了幼女的身心健康及其性权利。③ 第二种观点认为，嫖宿幼女罪的法益一定是幼女的身心健康权利。④ 第三种观点认为，嫖宿幼女罪的法益主要是幼女的性的自己决定权，并兼有社会管理秩序。⑤ 第四种观点认为，嫖宿幼女罪

---

① 公权力被应用于市民社会成员的唯一目的，便是阻止一成员对另一成员的损害，不论这种权力的运用是否违背这个成员的意志。参见［英］安德鲁·冯·赫尔希：《法益概念与"损害原则"》，载樊文译、陈兴良主编：《刑事法评论》（第24卷），北京大学出版社2009年版，第190页。
② 参见马克昌主编：《近代西方刑法学说史略》，中国检察出版社1996年版，第87—89页。
③ 参见安翱：《奸淫幼女罪相关问题探讨》，载《法学评论》2002年第4期。
④ 因幼女身体发育尚未成熟，与男子性交会对其生殖系统以及生理发育造成严重损害，心理健康的损害在当时也会出现。参见刘明祥：《嫖宿幼女行为适用法条新论》，载《法学》2012年第12期。
⑤ 参见张明楷：《刑法学》（第四版），法律出版社2011年版，第1027页。

的法益是复杂的,不仅仅包含幼女的性自主权与健康安全,还包括社会管理秩序,即国家对妨害社会风化的行为予以取缔、制约、惩罚而形成的社会管理秩序。① 第五种观点认为,嫖宿幼女罪保护的优势法益为社会管理秩序,次要法益为"保护幼女"的社会观念。② 第六种观点认为,嫖宿幼女罪的法益为幼女性生理、心理的健康成长权。③ 第七种观点认为,嫖宿幼女罪的法益是幼女社会健康人格的培养,以避免幼女通过出卖肉体获得生活物质保障的生活方式的养成。④ 第八种观点认为,嫖宿幼女罪的保护法益为社会主义道德风尚与幼女身心健康。⑤ 总体而言,学者间对嫖宿幼女罪法益的界定可以归入三类。第一类认为该罪的法益为纯粹的社会法益,以第五种观点为代表。第二类认为该罪的法益为纯粹的个人法益,将该罪的保护法益直接界定为"幼女身心健康权利""幼女性生理、心理的健康成长权""幼女社会健康人格的培养",都是这一类观点的表现,以第二种、第六种、第七种观点为代表。第三类认为该罪的法益是社会法益与个人法益的融合,但侧重点不同,一是侧重于社会法益,以第八种观点为代表;二是侧重于个人法益,以第一种、第三种、第四种观点为代表。细心梳理废除论与保留论对嫖宿幼女罪法益的厘定,则会窥探出部分废除论者与部分保留论者对嫖宿幼女罪的法益厘定并无较大争议。

有废除论者认为,设置于刑法分则"妨害社会管理秩序罪"一章中的嫖宿幼女罪,其侵犯的主要客体为幼女身心健康,而不是社会管理秩序或社会风化,嫖宿幼女行为构成犯罪的主要与直接原因便是其侵犯了幼女的身心健康及其性权利。⑥ 有保留论者旗帜鲜明地指出,以罪名所在刑法分则章节变化为由认为其法益也会变化的观点荒唐不已,嫖宿幼女罪的法益只可以是

---

① 参见肖怡、龚力:《从法定刑配置与量刑均衡的视角论奸淫幼女与嫖宿幼女的关系》,载《人民司法》2014年第5期。
② 参见车浩:《强奸罪与嫖宿幼女罪的关系》,载《法学研究》2010年第2期。
③ 参见林贵文、朱建华:《嫖宿幼女罪保护法益的正本清源——兼谈嫖宿幼女罪未来的修法方向》,载《现代法学》2014年第5期。
④ 参见牛牪、魏东:《驳嫖宿幼女罪取消论》,载《国家检察官学院学报》2009年第4期。
⑤ 参见高铭暄、马克昌主编:《刑法学》(第四版),高等教育出版社、北京大学出版社2010年版,第674页。
⑥ 参见安翱:《奸淫幼女罪相关问题探讨》,载《法学评论》2002年第4期。

幼女的身心健康。① 也有保留论者认为嫖宿幼女罪的法益是复杂的，不仅仅包含幼女的性自主权与健康安全，还包括社会管理秩序，即国家对妨害社会风化的行为予以取缔、制约、惩罚而形成的社会管理秩序。② 有学者认为嫖宿幼女罪并无废除的必要性，运用法条竞合理论可以兼顾其刑罚合理配置，其法益主要是幼女的性的自主决定权，并兼有社会管理秩序。③ 也有学者认为嫖宿幼女罪的法益是社会管理秩序与保护幼女的社会观念，嫖宿幼女罪的成立以具有性同意能力的幼女卖淫为必要条件。④ 但认为嫖宿幼女罪以幼女的有效同意为成立条件，而奸淫幼女罪不以幼女有效同意为成立条件的观点，违背刑法规范否定幼女性同意能力与性自主能力的规范评价。通常认为，法益必须是现实生活中可能受到他人危害的利益，将保护幼女的社会观念作为法益，隐藏着将道德、宗教等价值观泛刑化的危险，且暗含着"卖淫幼女"权利不值得保护的意味。部分废除论者认为，嫖宿幼女罪的设置是对幼女本人的"二次伤害"，违反了《消歧公约》与《儿童权利公约》中的全面消除对妇女歧视原则与对儿童的非歧视原则，应对嫖宿幼女行为以奸淫幼女罪论处。⑤ 也有保留论者认为，嫖宿幼女罪的设置实质上是对幼女身心健康权利的特殊保护，并不因"嫖客"字眼的存在而标签式歧视幼女为卖淫幼女或不良幼女。⑥ 有学者认为嫖宿幼女罪设置的存在之所以没有对幼女的歧视立场，是因为先有"卖淫女"这一客观现实存在，该罪法定刑较之其他嫖宿十四岁以上女性的行为的处罚力度，凸显了其对幼女权利的特殊保护。⑦

---

① 因幼女身体发育尚未成熟，与男子性交会对其生殖系统以及生理发育造成严重损害，心理健康的损害在当时也会出现。参见刘明祥：《嫖宿幼女行为适用法条新论》，载《法学》2012年第12期。

② 参见肖怡、龚力：《从法定刑配置与量刑均衡的视角论奸淫幼女与嫖宿幼女的关系》，载《人民司法》2014年第5期。

③ 参见张明楷：《刑法学》（第四版），法律出版社2011年版，第1027页。

④ 参见车浩：《强奸罪与嫖宿幼女罪的关系》，载《法学研究》2010年第2期。

⑤ 参见张荣丽：《"嫖宿幼女罪"存废论——基于儿童优先和非歧视原则的分析》，载《妇女研究论丛》2013年第1期。

⑥ 参见李永升、冯玉东：《嫖宿幼女罪不可废——兼论性侵幼女犯罪相关问题》，载《湖北行政学院学报》2014年第5期。

⑦ 参见肖怡、龚力：《从法定刑配置与量刑均衡的视角论奸淫幼女与嫖宿幼女的关系》，载《人民司法》2014年第5期。参见周宜俊：《立法与司法双重视角下的嫖宿幼女罪》，载《青少年犯罪问题》2015年第3期。

部分嫖宿幼女罪废除论者与保留论者都可能赞同嫖宿幼女罪的法益为幼女身心健康及其性自主权利，而部分嫖宿幼女罪废除论者与保留论者也都可能赞同嫖宿幼女罪的法益为社会管理秩序与身心健康权。一言以蔽之，嫖宿幼女罪的法益界定虽然与其存废争议关联较多，却并不是嫖宿幼女罪存废的主要区别点，关键在于如何看待嫖宿幼女罪与奸淫幼女罪二者的相互关系，是否赞同法条竞合适用"从特兼从重"处罚原则，是否认同嫖宿幼女罪存在歧视"卖淫幼女"立场。任何侵害某一个"人"的犯罪，必然会侵害到"整体社会"的生活秩序，[①] 但这种对社会秩序的侵害只是因为经由报纸、广播等新闻媒介或其他途径的传播，引起了社会各界的关切与注目所造成的。嫖宿已满 14 周岁的女性与嫖宿不满 14 周岁的幼女的行为都违法了行政处罚意义上的社会管理秩序，为何刑法却单单对后者予以惩罚，忽视前者呢？侵犯幼女性的自己决定权及其身心健康权利显然是其入罪的原因，而社会管理秩序的侵犯只是附带的结果。

（二）嫖宿幼女罪的歧视立场之聚讼

有学者认为，嫖宿幼女罪的存在本身意味着对幼女的性别歧视、"卖淫女"标签式歧视，是为嫖宿幼女者开脱死刑的恶法，强烈建议取消嫖宿幼女罪。[②] 也有学者以女权主义视角批判嫖宿幼女罪的歧视立场，认为嫖宿幼女罪的设立显示了男人歧视女人的立场，这个罪名是站在可以被理解的嫖客立场来区分是非善恶的，将误入歧途的卖淫幼女作为"不良少女"对待，对其保护力度小于"良家少女"。[③] 更有学者认为，嫖宿幼女罪的设立承认了卖淫幼女具有法律意义上的性自主能力，此与奸淫幼女型强奸罪否定幼女的性自主能力的立场相悖，造成法理的混乱与社会的不安。[④] 但也学者认为，嫖宿幼女罪是正视事实世界在规范世界的合理演绎与评价表现，不存在对幼女的性别歧视，也不存在对卖淫幼女"不良幼女"标签式恶评，更不存在较奸淫幼女罪惩罚力度小的弊端，反而体现了刑法规范对失足幼女的特

[①] 参见林山田：《刑法通论》（上册增订十版），北京大学出版社 2012 年版，第 2 页。
[②] 参见但未丽：《嫖宿幼女罪存废之再思考》，载《中国刑事法杂志》2012 年第 12 期。参见张荣丽：《"嫖宿幼女罪"存废论——基于儿童优先和非歧视原则的分析》，载《妇女研究论丛》2013 年第 1 期。参见何萍、吴越：《论嫖宿幼女罪之废除》，载《青少年犯罪问题》2015 年第 3 期。
[③] 《嫖宿幼女罪：法律的男权症结》，载 http://www.zj.xinhuanet.com/newscenter/2012-06/01/content_25330998.htm，2015 年 7 月 10 日访问。
[④] 参见周宜俊：《立法与司法双重视角下的嫖宿幼女罪》，载《青少年犯罪研究》2015 年第 3 期。

殊保护。① 嫖宿幼女罪的设置本身是否存在对卖淫幼女的歧视，不能仅仅从语言文字本身进行分析，必须从事实与规范的二元方法视角出发对其进行探索，且必须在合理界定嫖宿幼女罪与奸淫幼女罪二者之间的一系列问题之后，方可以较为清晰透彻地指出歧视立场的存在与否。

(三) 嫖宿幼女罪的法定刑配置不公之聚讼

嫖宿幼女罪的法定刑为 5 到 15 年有期徒刑，并处罚金。刑法分则第 236 条第 2 款规定，奸淫幼女的，以强奸罪论处并从重处罚，而强奸罪的第一档法定刑为 3 年到 10 年有期徒刑，具备奸淫幼女情节恶劣、奸淫幼女多人、在公共场所强奸、两人以上轮奸、致使被害人重伤、死亡或者造成其他严重后果的加重情节的，法定刑为 10 年以上有期徒刑、无期徒刑或死刑。部分废除论者依据这两个罪名的法定刑配置，认为若行为人在幼女不同意的情况下，以暴力方式强奸了幼女，同时具备其他很轻的犯罪情节，以强奸罪论处也可能会被判处 5 年以下有期徒刑。若这个人支付卖淫幼女嫖费，并征得其同意，以嫖宿幼女罪论处反而会被判处 5 年以上有期徒刑。后者的社会危害性和犯罪情节显然较前者轻，却得到了比较重的刑罚，法定刑配置明显不公平。② 质言之，其认为嫖宿幼女罪的法定刑配置偏高。也有部分废除论者认为，嫖宿幼女罪的存在是对一部分幼女"同意"的性行为的分离，虽未被作为无罪化对待，但较之奸淫幼女型强奸罪作了轻罪化处理，在一定程度上降低了对幼女的保护程度。③ 质言之，其认为嫖宿幼女罪的法定刑配置偏低。

有保留论者认为，在刑法并不规制一般的卖淫嫖娼行为的形势下，单独将嫖宿幼女行为纳入刑法的规制视域并课以重罪，充分显示了嫖宿幼女罪的法定刑设置的公平合理，是对幼女身心健康权利的特殊保护，奉行了未成年人利益特殊保护的刑事政策。④ 也有保留论者通过比较法的视角认为，我国嫖宿幼女罪的法定刑设置与世界其他国家的性侵未成年人犯罪法定刑相比而言，刑罚量适中而合理，且嫖宿幼女罪设置的本身便已否定了幼女卖淫的

---

① 参见蔡道通：《嫖宿幼女罪"污名"化幼女论质疑》，载《国家检察官学院学报》2014 年第 6 期；宁利昂：《对"嫖宿幼女罪是恶法"的一点思考》，载《湖南工业大学学报（社会科学版）》2014 年第 1 期；韩笑：《嫖宿幼女罪存废之思考》，载《人民检察》2013 年第 16 期。

② 参见孙晓梅：《废除"嫖宿幼女罪"的研究综述》，载《中华女子学院学报》2013 年第 3 期。

③ 参见叶良芳：《存与废：嫖宿幼女罪罪名设立之审视》，载《法学》2009 年第 6 期。

④ 参见韩笑：《嫖宿幼女罪存废之思考》，载《人民检察》2013 年第 16 期。

"自愿性"这一说辞。① 由此可见，嫖宿幼女罪的法定刑在不同学者眼中出现了较重、较轻、适中的不同评价结论。嫖宿幼女罪法定刑设置的合理与否，将思维仅仅固限于这个罪名的法定刑本身是无法得出合理结论的，必须将其余奸淫幼女罪的法定刑相比较方可得出合理结论。若要合理地比较这两个罪名的法定刑，则必须清晰界定二者之间的相互关系。

三、嫖宿幼女罪与奸淫幼女罪相互关系的合理解释

司法机关、学界以及公众强烈建议废除嫖宿幼女罪的一个重要原因，便是认定嫖宿幼女罪的存在不当放纵了对嫖宿者的处罚，更加不当放纵了对具有奸淫幼女罪加重情节的嫖宿者的刑事惩罚。质言之，废除论者认为嫖宿幼女罪法定刑配置不公。嫖宿幼女罪的法定刑配置的公正与否，必须结合其与奸淫幼女罪的法定刑配置比较来考察，否则，以互斥关系认定二者的关系进而认定二者法定刑差异巨大，更进而认定与前者行为方式差异不大的嫖宿幼女罪的法定刑配置不公，这只是一个由于立场不稳而得出的不太恰当的结论。相似的问题还有许多，必须结合二者之间的相互关系来对嫖宿幼女罪法定刑配置的公平与否作一合情合理的分析。

（一）互斥关系说

车浩博士认为，缺乏有效同意是奸淫幼女罪的必要构成要件要素，而具备有效同意则是嫖宿幼女罪的必要构成要件要素。一个案件中的性同意能力不可能既有效又无效，行为人在与不满14周岁的幼女间发生双方自愿的、性交易形式的性行为时，如果该幼女具备有效性同意能力（即是其所界定的"卖淫幼女"的显著标志），则构成嫖宿幼女罪；如果该幼女不具备有效性同意能力，则构成奸淫幼女罪。奸淫幼女罪与嫖宿幼女罪为互斥关系。② 认为嫖宿幼女行为中存在与奸淫幼女罪加重情形的相同情形时，法条竞合存在适用困难，这是没有适用法条竞合"从特兼从重"处罚规则所必然导致的结论。即使其不赞同法条竞合"从特兼从重"处罚原则，从其将嫖宿幼女罪与奸淫幼女罪作为独立的两个罪名而言，也意味着奸淫幼女罪的加重条款在嫖宿幼女罪上无用武之地。但以幼女有无性同意能力这一视角出发，看

---

① 参见李永升、冯玉东：《性侵幼女犯罪相关问题探析》，载《河南财经政法大学学报》2014年第4期。

② 参见车浩：《强奸罪与嫖宿幼女罪的关系》，载《法学研究》2010年第2期。

待奸淫幼女罪与嫖宿幼女罪的区别本身便违背刑法规范对幼女无性自主能力的立场。其将具备有效性同意能力作为界定从事卖淫服务的"真正卖淫幼女"的标志，但卖淫幼女的真正成立与否并不以性同意能力为前提。

一个有效同意来自于一个在主观认知上具有充分理性能力的头脑，① 但幼女在刑法规范上并不具备充分理性头脑。其认为刑法上的同意能力不等同于刑事责任能力，也不等同于民事行为能力，这是值得商榷的。民事规范规定未满8周岁的公民为完全无民事行为能力人，只能由他的法定代理人代理民事活动，例外是可以独立实施纯获利益而不负担义务的法律行为。而限制民事行为能力人只能从事与他的年龄、智力相适应的民事行为，其他民事活动需征得其法定代理人同意或由其法定代理人实施。民事规范已经界定了完全无民事行为能力人只在纯受益行为中才有同意能力，而限制行为能力人只有在与他的年龄、智力相适应的场合才具有同意能力。不满14周岁的幼女即使因为身体发育早熟、社会历练持久，具备了事实上的性同意能力，刑法规范也基于法律父爱主义否定其在与嫖宿者进行性行为时有性同意能力。如刑法分则第236条第2款认定行为人只要满足奸淫幼女罪的犯罪构成，不论幼女是否同意，都定性为奸淫幼女罪，便是刑法规范否定幼女性同意能力的具体展现。

毋庸置疑，罪刑相适应是一种仁智互见的价值判断，但必须注意的是，这种价值判断必须建立在对相关犯罪行为客观社会危害性与主观恶性的合理界定上。在嫖宿幼女罪的客观行为与奸淫幼女罪的客观行为相似时，并不会因为仅仅具有钱性交易这一外在条件而改变这样的嫖宿幼女罪属于奸淫幼女罪一种类型的界定，车浩博士也同意这样的观点（其认为有无卖淫幼女性同意能力存在是两罪的显著区别）。但以性同意能力为视角不仅仅将两罪的竞合关系否定，且将罪刑相适应的基本前提混淆化。其也认为无论幼女身份为卖淫幼女还是非卖淫幼女，只要幼女不同意性交，行为人与幼女性交后当然构成奸淫幼女罪。殊不知，即使幼女同意性交，行为人在与幼女性交后仍然构成奸淫幼女罪。毋庸置疑，运用体系解释方法解释性侵幼女犯罪，必然得出刑法规范否定幼女性同意能力的价值判断。性交型嫖宿幼女罪与奸淫幼女罪的客观行为与主观罪过完全竞合时（规范层面），以类推思维批判"重罪优先于轻罪"处罚原则的诘难不攻自破。一言以蔽之，只要将卖淫幼女

---

① Amelung/Eymann, Die Einwilligung des Verletzen im Strafrecht, JuS2001.

性同意能力作为区分二者的显著差异，从逻辑上确可以得出，刑法分则第236条第3款的加重情形在嫖宿幼女罪的天地里，仍然由法官基于该罪本身合理量刑。反之，则得出完全相反的结论。

（二）法条竞合说

张明楷教授认为，刑法学的主体不是立法学而是解释学。这种见解对司法实践公平定罪量刑确有"前罪刑合理性时期"的助推力，但构筑完善而又合理的立法更是信仰法律的体现，解释刑法与完善刑法二者可以并行不悖。其认为嫖宿幼女罪的客观行为完全符合奸淫幼女罪的构成要件，行为人在与幼女发生性交后，在不构成嫖宿幼女罪时，认定为奸淫幼女罪；行为人在与幼女发生性交后，构成嫖宿幼女罪时，以嫖宿幼女罪处以5年以上有期徒刑，在具有刑法分则第236条规定的加重情形时，以奸淫幼女罪处以10年以上有期徒刑、无期徒刑或者死刑。① 由此观之，其认为嫖宿幼女罪与奸淫幼女罪属于法条竞合关系，遵从"从特兼从重"处罚原则。这样的竞合关系认定及其处罚路径选择，合理回应了嫖宿幼女罪法定刑配置不公的质疑论。劳东燕教授认为，刑法分则第236条第2款将幼女从女性总体中独立出来，作为强奸罪的特殊对象（不论幼女是否同意），已暗含刑事政策的寓意：只要是不满14周岁的幼女，都被推定为欠缺无性同意能力。其认为成立嫖宿幼女罪不以"卖淫幼女"存在事实上的"同意"或"自愿"为前提，性交易形式下的强行性交，尚未达到刑法第236条第3款规定的"情节恶劣的"，仍然构成嫖宿幼女罪。如果嫖宿幼女行为具有第236条第3款规定的加重情形的，以奸淫幼女罪论处。第236条第1款规定的行为对象为妇女，其第2款规定的才是幼女，嫖宿幼女罪只是与奸淫幼女罪形成法条竞合，同样适应奸淫幼女罪的加重条款。② 奸淫幼女罪的成立并不考虑幼女的同意与否，嫖宿幼女罪也并不应当考虑幼女的同意与否，后者的构成要件比前者多了一个性交易。这样的逻辑在规范意义上确有合理性。

刘明祥教授认为，嫖宿幼女属于奸淫幼女的特殊形式，前者可以被后者所包容，其属于特别犯，只能以嫖宿幼女罪对行为人定罪量刑，以求得罪刑法定原则与罪刑相适应原则的稳定。其认为《刑法》236条第1款、第3款分别属于奸淫幼女罪的基本犯的法定刑、加重犯的法定刑，而第236条第2

---

① 参见张明楷：《嫖宿幼女罪与奸淫幼女型强奸罪的关系》，载《人民检察》2009年第17期。
② 参见劳东燕：《强奸罪与嫖宿幼女罪的关系新论》，载《清华法学》2011年第2期。

款规定的则是其构成要件要素，嫖宿幼女罪是与第236条规定的完整意义上的奸淫幼女罪构成法条竞合。① 但既然承认嫖宿幼女属于奸淫幼女的一种特殊形式，则应该承认其满足第236条规定的加重情形时，也应当加重处罚。

(三) 想象竞合说

刑法理论通说认为，一个法益侵害事实与多个法益侵害事实是法条竞合与想象竞合的显著区别。② 一些学者认为，在承认嫖宿幼女罪具有多个法益时（幼女身心健康与社会管理秩序），则嫖宿幼女罪与奸淫幼女罪构成想象竞合关系，故而一个行为同时触发嫖宿幼女罪与奸淫幼女罪，从一重论处便可以做到与法条竞合关系下同样的罪刑相适应。③ 但坚持在"从一重论处"视角下，想象竞合与法条竞合的区分对公正量刑并没有多大意义。学界公认的一行为触犯数罪名的想象竞合关系，并不是恒定的和必然的，反之，则为法条竞合关系。④ 嫖宿幼女罪与奸淫幼女罪的重合部分是处于两罪构成要件核心地位的犯罪对象（幼女）与犯罪行为（性交），两罪的竞合是必然的与恒定的，并不存在想象竞合的适用余地。

四、嫖宿幼女罪废除论的重构方案述评

综合嫖宿幼女罪废除论者的废除理由，嫖宿幼女罪的设置大致有以下五种所谓的不合理因素：一是对部分女性的公然歧视，即是对被害幼女的"卖淫幼女"标签式公然歧视；二是破坏了儿童优先保护原则，将男性权利优先考虑于卖淫幼女权利；三是弱化了对卖淫幼女的刑事保护，放宽了对嫖宿幼女者的惩罚力度，法定刑配置不合理；四是肯定幼女自愿卖淫行为的有效性，加剧了性侵幼女案件恶劣程度，严重阻碍了幼女的身心健康成长；五是违背逻辑常识，不符合文明社会的一般法理，是对恶性文化的助长。⑤ 对于这些看似十分合理的理由，实则是因为这些废除论者的目光，并未在固定

---

① 参见刘明祥：《嫖宿幼女行为适用法条新论》，载《法学》2012年第12期。
② 参见［日］山口厚：《刑法总论》，有斐阁2007年版，第378页。
③ 参见张明楷：《嫖宿幼女与奸淫幼女型强奸罪的关系》，载《人民检察》2009年第17期。
④ 参见车浩：《强奸罪与嫖宿幼女罪的关系》，载《法学研究》2010年第2期。
⑤ 参见但未丽：《嫖宿幼女罪存废之再思考》，载《中国刑事法杂志》2012年12期；张荣丽：《"嫖宿幼女罪"存废论——基于儿童优先和非歧视原则的分析》，载《妇女研究论丛》2013年第1期；何萍、吴越：《论嫖宿幼女罪之废除》，载《青少年犯罪问题》2015年第3期；周永坤：《嫖宿幼女罪之法理学与法社会学思考》，载《暨南学报（哲学社会科学版）》2014年第10期。

的规范与多变的社会现实之间合理往返,也未以合理的刑法解释方法与事实与价值二元方法对待嫖宿幼女罪的犯罪构成等问题。下文对嫖宿幼女罪的犯罪构成分析以及坚持将一一给出一些令公众信服的批驳理由。嫖宿幼女罪废除论内部也存在一定的争执,表现在重构方案及其支撑理由的不同,以下对具有代表性的三种重构方案述评。

（一）将嫖宿幼女罪修改为奸淫幼女罪

大部分嫖宿幼女罪废除论者认为,宜将嫖宿幼女罪纳入奸淫幼女罪之中。未成年幼女被害人的身份不应当影响嫖宿幼女行为的定罪,嫖宿幼女行为应当像奸淫幼女行为一样纳入强奸罪的规制之下。全国人大常委会于2015年8月29日通过的《刑法修正案（九）》亦将嫖宿幼女罪条款直接删除掉,相关负责人在对其进行解说时认为今后的嫖宿幼女行为直接依据奸淫幼女行为的刑法规制条款定罪量刑。①质言之,这种重构思路主张恢复到1997年《刑法》之前的规制路径,将嫖宿幼女行为一律以奸淫幼女罪论处。"明知是幼女而嫖宿的,实际上是一种奸淫幼女的行为,以奸淫幼女罪论处并无不可。"②罗克辛认为,法条竞合中的特别关系指的是,一个罪刑规范不仅包含另一个罪刑规范的所有要素,而且具有另外一个罪刑规范不具备的特别要素。③张明楷教授也表达了相同的观点:特别关系是指一个行为既符合特别法条的犯罪构成,又符合普通法条的犯罪构成。④陈兴良教授认为,一个罪名概念的外延完全包含在另一个罪名概念的外延之中时,二者即形成法条竞合关系的独立竞合（特别关系）。⑤毋庸置疑,嫖宿幼女罪与奸淫幼女罪是一种法条竞合关系中的特别关系类型,嫖宿幼女行为当然不仅构成嫖宿幼女罪,也构成奸淫幼女罪。

（二）将嫖宿幼女罪消解为奸淫幼女罪与猥亵儿童罪

也有相当一部分嫖宿幼女罪废除论者认为,应当将嫖宿幼女行为纳入刑法的规制视域,且应当具体问题具体分析,将其分解为奸淫幼女罪与猥亵儿

---

① http://www.npc.gov.cn/npc/xinwen/lfgz/2015-08/25/content_1944085.htm,2015年8月25日访问。
② 陈兴良:《刑法疏议》,中国人民公安大学出版社1997年版,第583页。
③ 参见劳东燕:《强奸罪与嫖宿幼女罪的关系新论》,载《清华法学》2011年第2期。
④ 参见张明楷:《刑法学》,法律出版社2007年版,第370页。
⑤ 参见陈兴良:《规范刑法学》(上),中国人民大学出版社2008年版,第276页。

童罪。① 这种观点存在的前提便是，其认为嫖宿幼女行为不仅仅包括性交行为或发生的性关系行为，还包括除性交之外的猥亵行为。仅仅从字面解释嫖宿幼女行为，必然认为"嫖宿幼女罪是奸淫或猥亵，而奸淫幼女型强奸罪和猥亵儿童罪也是奸淫或猥亵……嫖宿幼女和后两者在行为内容上没有任何区别"②。但仅仅从字面含义解释嫖宿幼女罪是不合理的，经不起立法原意与社会实践情理的推敲，也经不住刑法罪刑相适应原则的限制。即使认为"将所谓'嫖宿'过程中与幼女发生性关系的，以强奸罪论处；具有猥亵行为的，以猥亵儿童罪论处"③，这也是一种根据事实形态所形成的规范适用解析，并未真正合理解释嫖宿幼女罪的行为构成。

（三）将嫖宿幼女行为作为行政违法行为处理

有极少数学者认为嫖宿幼女行为不应当作为犯罪处理，依据行政法规严厉处理便可。其认为嫖宿幼女行为只是一种违反道德规范要求、违背善良社会风尚、破坏社会秩序的腐朽的社会现象，是一种封建社会的遗毒，但不是一种刑事违法行为，只是一种违反治安管理处罚法规的行为，按照治安管理处罚法处理即可。支撑这种观点的理由便是：卖淫幼女主动引起的性行为不同于其他类型的奸淫幼女行为，不能统一认定为奸淫幼女罪。④ 这种将嫖宿幼女行为划出犯罪圈的建议已经基本上没有人赞同，这种重构方案才是对幼女身心健康权利的极大侮辱，没有遵从法律父爱主义的优先保护立场。即使是性文化开放的欧美诸国，都毫无例外地以刑事手段严厉打击性侵幼女案件，在这一世界潮流的映衬下，嫖宿幼女行为无罪化显得荒诞不经。

五、嫖宿幼女罪保留论的重构方案述评

与嫖宿幼女罪废除论的废除理由针锋相对的是，嫖宿幼女罪保留论的保留理由也更为坚决而合理，嫖宿幼女罪的设置并不存在废除论所言的种种不合理因素。第一，嫖宿幼女罪是正视事实世界在规范世界的合理演绎与评价表现，不存在对幼女的性别歧视，也不存在对卖淫幼女"不良幼女"标签

---

① 参见叶良芳：《存与废：嫖宿幼女罪罪名设立之审视》，载《法学》2009年第6期。
② 张永红、吴茵：《论嫖宿幼女行为的刑法规制》，载《中国刑事法杂志》2010年第11期。
③ 张华：《嫖宿幼女罪与奸淫幼女型强奸罪的法规冲突——从司法看废除嫖宿幼女罪之必要》，载《青少年犯罪研究》2015年第3期。
④ 参见方令：《对幼女卖淫问题管见》，载《法学评论》1984年第4期。

式恶评。第二，嫖宿幼女罪的设置本身便是否定幼女性承诺行为能力的展现，与刑法并不处罚一般的嫖娼行为相比，立法对失足幼女（卖淫幼女）的保护力度可见一斑。① 第三，嫖宿幼女罪的法定刑配置不存在较奸淫幼女罪惩罚力度小的弊端，与世界上其他国家对性侵幼女处罚力度比较而言，反而体现了刑法规范对失足幼女的特殊保护。② 第四，嫖宿行为即使出现了《刑法》第 236 条第 3 款所规定的加重情节，也可以依据法条竞合处罚规则从一重处罚，便可做到罪刑相适应。③ 嫖宿幼女罪保留论虽然总体上倾向于保留嫖宿幼女罪，但其内部对嫖宿幼女罪的适用范围、处罚原则等问题也存在着不一致，故而也出现了几种不同的弱重构主张，以下对具有代表性的三种重构方案述评。

（一）限缩解释与特殊情况从重罪论处

也有学者认为应当在承认嫖宿幼女罪与奸淫幼女罪的行为构成不同的前提下，对嫖宿幼女罪的适用进行限缩解释以区别于奸淫幼女罪的适用；承认特定情形下的两罪重合关系，以罪刑相适应原则与竞合论处断原则，从一重处罚。细言之，该重构方案认为嫖宿幼女罪的适用前提是失足幼女的性行为承诺有效，而失足幼女的性行为承诺有效应当符合下列条件："幼女应当明知自己正在从事性服务行业；幼女从事性服务行业具有长期性（最低期限为 1 个月）……且行为人具有嫖宿幼女的故意，对价购买幼女的性服务。"④ 其所谓的特定情形指的是，嫖客在获得自愿卖淫的失足幼女有效性行为承诺后，"行为人使用鞭子、捆绑等极其恶劣的手段，致幼女重伤"⑤。此类恶劣情节的出现使得主要保护社会秩序利益的嫖宿幼女罪，无法合理兼顾幼女的身心健康权利保护，故此时的嫖宿幼女行为的重点法益保护已由社会秩序法

---

① 参见蔡道通：《嫖宿幼女罪"污名"化幼女论质疑》，载《国家检察官学院学报》2014 年第 6 期；宁利昂：《对"嫖宿幼女罪是恶法"的一点思考》，载《湖南工业大学学报（社会科学版）》2014 年第 1 期；韩笑：《嫖宿幼女罪存废之思考》，载《人民检察》2013 年第 16 期。

② 参见李永升、冯玉东：《性侵幼女犯罪相关问题探析》，载《河南财经政法大学学报》2014 年第 4 期。

③ 参见张明楷：《嫖宿幼女罪与奸淫幼女型强奸罪的关系》，载《人民检察》2009 年第 17 期。

④ 陈伟、谢可君：《嫖宿幼女罪与奸淫幼女型强奸罪的关系新论》，载《青少年犯罪研究》2015 年第 3 期。

⑤ 陈伟、谢可君：《嫖宿幼女罪与奸淫幼女型强奸罪的关系新论》，载《青少年犯罪研究》2015 年第 3 期。

益保护"转向幼女身心健康权的法益保护"①。幼女身心健康权利法益保护成为这种情形下的嫖宿幼女罪与奸淫幼女罪的重合因素。对《刑法》第 236 条规定"奸淫幼女"做出扩大解释,可以使得上述情节恶劣情形下的嫖宿幼女行为解释为加重情节下的奸淫幼女行为,从而在 10 年以上有期徒刑或无期徒刑或死刑的选择型法定刑内量刑,以兼顾罪刑相适应原则。

此种重构思路以失足幼女性承诺有效作为嫖宿幼女罪适用的前提,是一个与规范层面一概否定幼女性承诺能力规定不符的前提,而将作为恶劣情节的嫖宿幼女行为适用具有加重情节的奸淫幼女罪,则与其所认为的《刑法》第 236 条第 2 款所规定的"奸淫不满 14 周岁的幼女"所做的平义解释,不包括情节恶劣情形的嫖宿幼女行为相矛盾。并且,《刑法》第 236 条第 3 款的前提便是奸淫幼女罪的罪名认定,将嫖宿幼女罪与奸淫幼女罪做一对立理解,反而认为情节恶劣的嫖宿幼女行为可以适用加重情节下的奸淫幼女罪,真是咄咄怪事。

(二) 司法机关限缩适用论

2013 年 10 月 23 日最高人民法院、最高人民检察院、公安部、司法部联合发布《性侵意见》,以加大对未成年人身心健康等合法权利的保护力度。《性侵意见》第 20 条指出,以金钱财物等方式引诱幼女与其性交的,明知或者应当明知卖淫幼女是被强迫的仍与其性交的,都以强奸罪论处。反之,嫖客被引诱与自愿的卖淫幼女发生钱性交易下的性交关系,则以嫖宿幼女罪论处。司法机关主张对嫖宿幼女罪限缩适用,这个限缩主张在很大程度上是迎合不懂刑法的公众的曲解的结果。被媒体不断曝光的种种对未成年人负有教育、保护等特殊职责的领导、校长、养父、干爹奸淫幼女事件,② 在一定程度上解释了《性侵意见》第 21 条的出台背景。以《刑法修正案(九)》实施前的刑法条文以及司法解释为基础,奸淫幼女行为的定罪差异大致可分为以下几种情形:

其一,不管幼女同意与否,无钱性交易情形的奸淫幼女行为,一律以强

---

① 陈伟、谢可君:《嫖宿幼女罪与奸淫幼女型强奸罪的关系新论》,载《青少年犯罪研究》2015 年第 3 期。

② 海南省万宁市第二小学校长陈某与房管局职员冯某带着校内 6 名女学生开房,其中 4 名为不满 14 周岁的幼女,这种违背社会最基本道德底线的禽兽行径不仅给被害人造成了难以磨灭的心理与生理痛苦,也激起了社会各界人士严惩行为人的呼声。参见 http://news.hsw.cn/system/2013/05/15/051668359.shtml,2015 年 7 月 20 日访问。

奸罪论处并从重处罚。只有符合法定条件的不满16周岁的未成年人可以基于司法解释脱罪。

其二，在自愿卖淫幼女同意的情形下，嫖客被引诱以金钱等作为对价与幼女发生性关系的，以嫖宿幼女罪论处；嫖客以金钱财物等方式主动引诱卖淫幼女与其发生性关系的，以强奸罪论处并从重处罚。

其三，在被强迫卖淫幼女的同意情形下，嫖客明知或者应当明知卖淫幼女是被他人强迫卖淫的，却以金钱等作为对价与其发生性关系的，以强奸罪论处并从重处罚；嫖客既不明知，也不应当明知卖淫幼女是被他人强迫卖淫的，此时以金钱等作为对价与其发生性关系的，以嫖宿幼女罪论处。

其四，行为人如果对幼女负有特殊职责，其与幼女发生性关系的，一律以强奸罪论处。行为人如果对已满14周岁的未成年女性负有特殊职责，其利用自身的优势地位或者未成年女性孤立无援的处境，迫使未成年女性被害人就范，从而与其发生性关系的，一律以强奸罪论处。

由此观之，嫖客是否以金钱财物等方式引诱卖淫幼女，嫖客是否明知或者应当明知卖淫幼女被强迫，是认定嫖宿幼女行为构成嫖宿幼女罪，还是构成奸淫幼女罪的关键因素。但无论嫖客是否以金钱财物等方式引诱卖淫幼女发生性关系，无论嫖客是否明知或应当明知卖淫幼女被强迫卖淫而与其发生性关系，只要是具有奸淫不满14周岁幼女事实的，都符合奸淫幼女罪的犯罪构成，只不过立法将这种事实单独规定为嫖宿幼女罪，其与奸淫幼女罪属于法条竞合中的特别关系。

(三) 将嫖宿幼女罪置于刑法分则第四章之中

有学者认为，从法条竞合关系展开嫖宿幼女罪与奸淫幼女罪的相互关系，嫖宿幼女行为往往采取的是非暴力行为，基本上很少出现致使幼女重伤、死亡等刑法分则第236条第3款规定的加重情形，而嫖宿幼女罪的法定刑重于普通情形的强奸罪的法定刑配置，显示了立法对卖淫女的保护重于普通幼女。嫖宿者具有轮流嫖宿幼女、在公众场合嫖宿幼女、嫖宿幼女致其重伤、死亡等特殊恶劣情节的，直接依据《刑法》第236条第3款以强奸罪论处10年以上有期徒刑或者无期徒刑或者死刑，便可避免罪刑不均衡的问题。这也正是许多赞同保留嫖宿幼女罪的学者避免出现罪刑不相适应所做出的努力，① 由此引申出正义需要借助于良好的刑法理念作为支撑，需要完备而合理的刑法解释作为支撑，需要目光在规范与事实之间来回往返，直到罪刑法定制约下的正义解决方案被找寻出。②

但其认为嫖宿幼女行为入罪的原因便是其对幼女的身心健康权利的侵犯程度达到了应受刑罚惩罚的程度，故而其应被置于刑法分则第四章"侵犯公民人身权利、民主权利罪"之中。③ 毋庸置疑，一般从某罪所在的章节便可窥探出其所保护的法益，但"很多时候，立法者是基于便宜性的考虑（甚至根本未认真斟酌）而将特定犯罪放在某一章之中"④。该种重构思路主张保留嫖宿幼女罪，并将其重置于刑法分则第四章中，势必更加凸显本罪的法益是幼女身心健康权利（包括性自主权），也会助益于扑灭纷纷攘攘的法益争执虚火。

六、重返嫖宿幼女罪罪体本身

立法不是随意嘲笑的对象，在罪刑法定视域下应当将不合理的立法条款解释得符合刑法基本理念，基于对罪刑法定原则实质侧面的坚守，也应当及时将不合理的立法条款解释出来，以便在将来的修法中予以完善。对于嫖宿幼女罪与奸淫幼女罪的关系解析、嫖宿幼女罪的保留与否以及嫖宿幼女罪的重构方案合理与否，都必须回到嫖宿幼女的犯罪构成本身来进行梳理，才显得不至于"隔空打物"。有必要重返嫖宿幼女罪的犯罪构成本身，对其犯罪构成本身进行理性地合理梳理，方才助益于问题的实际解决与选择的理性抉择。嫖宿幼女罪，是指嫖宿不满14周岁幼女的行为。⑤ 在学界并无争议的本罪的犯罪主体即为一般自然人主体，质言之，即实施危害社会的行为而应

---

① 张明楷教授、劳东燕教授皆认为，普通情形的嫖宿幼女罪的处罚以其犯罪构成作为定罪的基础，当出现刑法分则第236条第3款的加重情节时，以奸淫幼女罪的加重法定刑作为处罚依据，这样便可以做到罪刑法定原则与罪责刑相适应原则的兼顾。质言之，虽然二者的具体理由不同，但都基于法条竞合中特别关系而选择在特殊情况系，从一重论处。参见张明楷：《嫖宿幼女罪与奸淫幼女型强奸罪的关系》，载《人民检察》2009年第17期；劳东燕：《强奸罪与嫖宿幼女罪的关系新论》，载《清华法学》2011年第2期。
② 参见张明楷：《刑法格言的展开》（第三版），北京大学出版社2013年版，第5页。
③ 参见刘娥：《从习水案探析嫖宿幼女罪》，载《云南大学学报（法学版）》2010年第1期。
④ 劳东燕：《强奸罪与嫖宿幼女罪的关系新论》，载《清华法学》2011年第2期。
⑤ 几乎所有的刑法教科书对嫖宿幼女罪的定义皆相同。参见高铭暄、马克昌主编：《刑法学》（第四版），高等教育出版社、北京大学出版社2010年版，第674页。

负刑事责任的自然人。本罪的主观罪过为故意，包括直接故意与间接故意，即行为人明知或者应当明知被害人为幼女或者可能是幼女。行为人是否需要在主观上明知被害人为幼女的身份，虽然在 2003 年引起学界的争议，但对"严格责任"的摒弃以及对主客观相统一定罪原则的坚守，使得这一主观罪过的坚守已成为共识，这也是现代刑法责任主义原则的展现。问题的关键在于，嫖宿幼女罪是不是一个有着法定刑配置不公、歧视立场浓郁等问题的恶法，有必要从其罪体本身出发来合理探索。嫖宿幼女罪的犯罪构成部分真正具有争议的地方，主要在嫖宿行为的界定问题上，对这个地方的合理界定关系着嫖宿幼女罪应然意义上的何去何从。

(一) 嫖宿幼女罪中"嫖宿行为"的厘定

本罪的客观行为方式即嫖宿行为仅仅是性交行为，还是除性交行为之外还包括猥亵行为，抑或包含猥亵幼女行为在内的性交行为，是学界的争议所在。学界对嫖宿行为的界定主要有以下几种观点。第一种观点认为，嫖宿幼女行为是指以支付金钱或其他财物为代价，与卖淫幼女性交以及实施类似性交的行为。① 第二种观点认为，嫖宿幼女行为是指行为人与不满 14 周岁的卖淫幼女发生性关系的行为。② 第三种观点认为，嫖宿幼女行为是指以给付物质性利益为代价，取得卖淫幼女的自愿同意，奸淫或猥亵幼女的行为。③ 第四种观点认为，嫖宿幼女行为不仅包括性交行为，还包括猥亵行为在内的性交行为。④ 依据现代汉语词典的解释，嫖宿指强调在一起过夜的嫖妓，嫖指的是"男子玩弄妓女"。⑤ 若依据"嫖"字的字面含义来看，性交、类似

---

① 参见张明楷：《刑法学》（第四版），法律出版社 2011 年版，第 1026 页。
② 参见高铭暄、马克昌主编：《刑法学》（第四版），高等教育出版社、北京大学出版社 2010 年版，第 674 页。
③ 参见黄旭巍：《嫖宿幼女罪若干疑难问题研究》，载《武汉理工大学学报（社会科学版）》2006 年第 1 期。
④ 彭文华博士虽然认为嫖宿行为指的是，以金钱财物等为支付对价，不违背幼女意愿，与其发生性关系的行为，但其又认为行为人在与幼女发生性关系的过程中，会发生口淫、手淫等性行为，所以嫖宿幼女行为不仅包括性交行为，还包括手淫、口淫、肛交等性行为。众所周知，发生的性关系指的是性交行为，口淫、手淫等行为是类似性交的方式，其观点的前后矛盾可见一斑。但由此引发出一种新观点，即嫖宿幼女行为有两种表现，一是单纯的性交行为，二是既有性交行为又有猥亵行为。参见彭文华：《嫖宿幼女罪之罪刑辨析》，载《河南师范大学学报（哲学社会科学版）》2006 年第 6 期。
⑤ 参见中国社会科学院语言研究所词典编辑室编：《现代汉语词典》，商务印书馆 2006 年版，第 1045 页。

性交以及猥亵行为，都属于嫖的行为。嫖宿行为意指不仅仅实施性交行为或类似性交行为或猥亵行为，还必须在一起过夜。但仅仅依据嫖宿一词的字面意思，无法贯穿刑事政策以及刑法立法目的（打击犯罪与预防犯罪）的良苦用心，也无法与情势不断发生变动的社会现实相适应。

从这个罪名的立法流变考察"嫖宿"二字可以得知，嫖宿一词的合理解释不应当也不可能是其字面含义即"嫖妓（强调在一起过夜）"①，符合钱性交易性质等其他条件的奸淫幼女行为，但不与卖淫幼女在一起过夜的，就不定嫖宿幼女罪，恐怕没有人会赞同。② 在"嫖宿"二字解释问题上的立法原意重视的是"嫖"，只嫖不宿以及又嫖又宿的皆可以构成嫖宿幼女罪。现实世界必须通过文字等语言符合来表达意思，而法律文本便是人们通过具体文字符号表达诉求的展现，符号意义的有限性决定了人们对法律文本的解释不能断然仅仅依据字面含义做出解释。"人类思想所储存的概念增长速度要大于表达这些概念的语言的增长速度"③，不断变化的社会观念也可能将以前的类似性交行为理解为性交行为，但至少现在的中国公众仍未接受这样的已经出现在一些国家和地区的新观念。提供或接受性交、类似性交或猥亵行为固然可以在字面含义上被理解为卖淫嫖娼行为，而性交的内涵在个别国家、地区与某些公众的眼中已经不仅仅局限于男性与女性之间，性交的方法也不限于生殖器的插入，包括口交、肛交等其他方法。④《德国刑法典》第177条将行为人强行与被害人的性交行为与类似性交行为统统归入强奸行为中，即表明其对性交行为与猥亵行为的弱化区分。但对刑法罪名的解释不能仅仅依据字面含义做出解读，必须依据体系解释、目的解释等解释方法寻求最佳含义。⑤

精炼而浓缩的刑法规范必须使用简练而概括的语言文字作为立法目的与刑事政策的诉求载体，刑事立法对事物进行的抽象与规范概括不仅仅需要保持语言文字内涵的相对精确性与稳定性，还意味着其筛选相关事物的主要信

---

① 中国社会科学院语言研究所词典编辑室编：《现代汉语词典》，商务印书馆2006年版，第1045页。
② 参见叶良芳：《存与废：嫖宿幼女罪罪名设立之审视》，载《法学》2009年第6期。
③ [美] 托马斯·门罗：《走向科学的美学》，石天曙、腾守尧译，中国文联出版公司1984年版，第48页。
④ 参见张明楷：《罪刑法定与刑法解释》，北京大学出版社2009年版，第220页。
⑤ 参见刘明祥：《嫖宿幼女行为适用法条新论》，载《法学》2012年第12期。

息并突出其主要信息,不可避免地忽视或屏蔽其与刑事立法目的无关的次要信息。① 若将嫖宿幼女行为解释为包含猥亵行为,则意味着给予自愿的卖淫幼女金钱并对其实施猥亵行为,便构成嫖宿幼女罪,但这是不可思议的。由此推论,嫖宿幼女罪与奸淫幼女罪既不是法条竞合关系,也不是想象竞合关系,更不是互斥关系,而是交叉关系。没有聚众或者在公共场所当众犯猥亵儿童罪的,在5年以下有期徒刑的量刑空间里从重处罚,但嫖宿幼女罪的法定刑最低也是5年有期徒刑。换句话说,如果嫖宿幼女行为包含猥亵幼女行为,则意味着有着钱性交易性质的自愿型猥亵幼女行为既符合猥亵儿童罪的犯罪构成,也符合嫖宿幼女罪的犯罪构成,以"重罪重罚、轻罪轻罚"为核心的罪刑相适应原则便遭到严重破坏。德国刑法典对强奸行为与猥亵行为的弱化区分在中国刑法学语境中是一个不合时宜的立场,中国刑法的猥亵儿童罪与强奸罪的各自犯罪构成泾渭分明,猥亵行为不可能被解释为强奸行为,强奸行为也不可能被解释为猥亵行为。性交革新方法的出现也并未被中国大多数公众所接受,肛交、口交等行为并未归入在中国法院判定的强奸罪下的强奸行为一类。刑法的保障法地位以及谦抑性原则,使得刑法不可能将组织他人仅仅为异性提供手淫服务的活动与组织女性用乳房为男性提供摩擦生殖器服务的活动,直接定性为组织卖淫罪。② 而为异性提供手淫服务的行为或用乳房为男性摩擦生殖器的行为,只是为公安机关所打击的卖淫嫖娼行为,而公安机关将此类行为认定为卖淫嫖娼行为的合法性与合理性值得慎重反思,这已经引起诸多学者的非议。

(二) 奸淫幼女行为属于嫖宿幼女罪成立的必要条件

1997年新刑法颁布之前的嫖宿幼女行为一律定性为强奸罪的久远历程,已经向我们昭示了嫖宿行为在刑法中的定位解释必须是奸淫幼女行为,除奸淫行为之外的类似性交行为与猥亵行为必须依附于奸淫行为之上,只有猥亵行为或类似性交行为的,只能按照其符合的其他犯罪的犯罪构成定罪量刑。周光权教授有鉴于此而明确指出:"嫖宿者与不满14周岁幼女之间发生的必须是性交行为才能够构成本罪。"③ 而长期从事刑事司法实践的实务专家

---

① 参见蔡道通:《嫖宿幼女罪"污名"化幼女论质疑》,载《国家检察官学院学报》2014年第6期。
② 参见张明楷:《罪刑法定与刑法解释》,北京大学出版社2009年版,第220页。
③ 周光权:《刑法分论》(第二版),中国人民大学出版社2011年版,第395页。

也断言:"嫖宿,应当是指行为人以支付金钱财物的形式获取卖淫幼女自愿性服务的行为,这里的性服务应仅限于性交,而不包括猥亵。"① 立法不是随意嘲笑的对象,更不是借题发挥的工具,立法者不可能注意不到这样的立法解释严重违背罪刑相适应原则。问题的关键并不在于嫖宿行为的解释内涵,而在于这个嫖宿幼女罪的立法由来是胎生于奸淫幼女罪,即立法者将这一类的奸淫幼女行为规定为嫖宿幼女罪。没有奸淫幼女行为的嫖卖幼女行为不符合嫖宿幼女罪的犯罪构成。所以,对嫖宿幼女行为的解释只能是性交行为,而嫖宿幼女行为的定义以刑法通说为佳。

七、保留嫖宿幼女罪的合理性

通过上文理性的梳理得知,嫖宿幼女的行为方式只能是性交行为,奸淫幼女的行为方式也仅限于性交行为。嫖宿幼女罪的客观行为完全符合奸淫幼女罪的构成要件,行为人在与幼女发生性交后,在不构成嫖宿幼女罪时,认定为奸淫幼女罪;行为人在与幼女发生性交后,构成嫖宿幼女罪时,以嫖宿幼女罪处以5年以上有期徒刑,在具有刑法分则第236条规定的加重情形时,以奸淫幼女罪处以10年以上有期徒刑、无期徒刑或者死刑。② 由此观之,嫖宿幼女罪与奸淫幼女罪属于法条竞合关系,遵从"从特兼从重"处罚原则,这样的竞合关系认定及其处罚路径选择,合理回应了嫖宿幼女罪法定刑配置不公的强烈质疑论。嫖宿幼女罪的存在并不存在废除论所言的种种缺陷乃至人格歧视立场,坚持保留嫖宿幼女罪主要具有五大优势,这可以作为保留嫖宿幼女罪的强硬支撑理由。

(一)法定刑配置公平合理

通常认为,一行为触犯的数罪,若是由存在重合或交叉关系的数法条所规定,则为法条竞合;若是不存在这种情形,则为想象竞合。质言之,想象竞合是事实意义上的竞合,而法条竞合为法律意义上的竞合。③ 有学者认为,这种对于法条竞合与想象竞合的划分必然受到事实的诘难。例如在行为人明知他人包中既有枪支又有大量现金而整体窃取的,既符合盗窃罪的构成要件,又符合盗窃枪支罪的构成要件,依据上述想象竞合与法条竞合区分的

---

① 周宜俊:《立法与司法双重视角下的嫖宿幼女罪》,载《青少年犯罪研究》2015年第3期。
② 参见张明楷:《嫖宿幼女罪与奸淫幼女型强奸罪的关系》,载《人民检察》2009年第17期。
③ 参见陈兴良、周光权:《刑法学的现代展开》,中国人民大学出版社2006年版,第383页。

标准，盗窃罪与盗窃枪支罪无疑属于法条竞合，只能认定为盗窃枪支罪。当大量现金带给行为人的刑罚量高于盗窃枪支罪的刑罚量时，枪支可以包容或吸收现金的判断便不适宜，将其认定为想象竞合从一重处罚更具合理性。质言之，若一行为触犯数罪名，如果选择适用一个刑法条文即可对案件事实作出完整评价，则为法条竞合，仅需宣告行为构成一罪即可；反之，则属于想象竞合，应宣告行为人构成数罪并从一重论处。① 但嫖宿幼女行为本身便是奸淫幼女行为的一种特殊行为方式，二者本身便是一种竞合关系，刑法规范对其处置而形成的罪名形成竞合关系当属无疑。行为人触犯嫖宿幼女罪之后，在没有《刑法》第 236 条所规定的加重情形时，以嫖宿幼女罪或奸淫幼女罪对其定罪量刑都可以对案件事实作出完整评价，二者在此时即为法条竞合关系。若存在《刑法》第 236 条所规定的加重情形时，嫖宿幼女罪本身便无法对其作出完整评价，必须以奸淫幼女罪对其定罪处罚并适用加重法定刑，并无适用嫖宿幼女罪的余地。这样的逻辑处理以及法定刑选择，符合罪刑相适应原则与罪刑法定原则，也无疑可以消除废除论者法定刑配置不公的质疑声。从世界范围内比较考察，嫖宿幼女罪的普通法定刑设置做到了对幼女的特殊保护，更加做到了对卖淫幼女的特殊保护。普通公众以这个罪名没有无期徒刑与死刑配置而质疑这个罪名法定刑的合理性，正是看到了这个罪名与奸淫幼女罪存在主客观相重合的部分，而正是这个主客观相重合部分决定了二者的法条竞合关系，二者的法条竞合关系决定了嫖宿幼女罪的法定刑设置不会冲击罪刑相适应原则。

（二）法律父爱主义保护立场显性张扬

渊源自拉丁文 pater 的法律父爱主义不同于中国古代以及古罗马时的家父权制，又被称为家长主义，② 其意为对待他人像有责任心和有爱心的家长对待自己的孩子一般。软父爱主义与硬父爱主义构成了法律父爱主义的主体，前者的核心观念指的是，只有那些在主观认知与意志上无缺陷的决定才应当被尊重；后者的核心观念指的是，管理者在善良目的的指引下，为了增加当事人利益或防止其受到伤害，不管当事人的主观意愿而限制其自由的行为。③ 无论是软父爱主义，还是硬父爱主义，都体现了保护并提升当事人自

---

① 参见刘明祥：《嫖宿幼女行为适用法条新论》，载《法学》2012 年第 12 期。
② 参见舒国滢：《权利的法哲学思考》，载《政法论坛》1995 年第 3 期。
③ 参见孙笑侠、郭春镇：《法律父爱主义在中国的适用》，载《中国社会科学》2006 年第 1 期。

治权的意图，尤其是软父爱主义保护当事人免于"不真实反映其意志的危险的选择"的危害。① 法律父爱主义突出保护弱者权利，尤其是尚未被被害人完全理解的权利以及不容许被害人私自滥用的权利。自从事实世界与价值世界的关联性与分离性在休谟那里得到充分阐明以来，"是"与"应当"的关系问题便成为人们魂牵梦绕而又无法充分解决的世界性难题。② 事实世界与价值世界的中间横亘着看似不可穿越的障碍，而现代政治理论通常寻求众意以求得事实世界在价值世界中的判断，以众意寻求正当也切合马克思主义价值评价实践化的目的追求。③ 公众权利与社会秩序需要刑法规范予以保护，自由在合理秩序下才显得切合实际，无约束的自由很可能成为人与人之间无休止争斗的黏合剂。

我国刑法规范一刀切地规定，不满14周岁的公民为完全无刑事责任能力人，而不满16周岁的公民为部分刑事责任能力人（只对刑法明确规定的几种犯罪负责任），不满18周岁的公民应当从轻或减轻处罚。毋庸置疑，公众与社会需要的不仅仅是刑法规范，而且是明确性的刑法规范，罪刑法定原则的法理基础同样包含着规范的明确性及有效性。不满14周岁的幼女在我国刑法规范上被认定为完全无刑事能力人，无性自主能力与性同意能力。但这并不意味着幼女的卖淫行为在事实上可以被否定，承认幼女事实上的卖淫行为与价值规范层面上否定其对卖淫行为的主观认识与责任并行不悖，这也是事实与价值二元论思维的一种具体展现。否则，如果刑法规范否定卖淫幼女的卖淫行为，何以得出嫖宿者的嫖宿行为，这便出现了逻辑上的悖论：一个嫖宿者何以嫖宿一个行为不是卖淫行为的幼女呢？一个组织卖淫者如何组织一个行为不是卖淫行为的卖淫幼女呢？以事实与价值二元方法视角出发，幼女卖淫行为是一个自然意义上的卖淫行为，只是刑法规范在价值层面上否定了幼女对她的卖淫行为的主观认识及刑事责任。幼女对性行为无自主能力与同意能力，这是刑法规范基于父爱主义设置的价值评价，但女性生来具有性自主权，这种权利作为基本人权的一种，不分年龄、性别、国别、智

---

① Joel Feinberg, Moral Limits of the Criminal law, vol Ⅲ: Harm to Self. Oxford University Press, 1989, p.99.
② 参见［英］休谟：《人性论》（下册），商务印书馆1980年版，第509—510页。
③ 不以"上帝意志"为评判标准，也不以"自然事实"为评判标准，而以人的实践活动目的为评判标准。参见李顺德：《价值论》（第二版），中国人民大学出版社2007年版，第25—29页。

力而人人有之。① 只是刑法规范对幼女的性自主权进行一定的限制，这个限制是基于父爱主义原则对她的特殊保护。

民事规范虽然规定任何自然人都具有民事权利能力，但未满8周岁的公民被视为完全无民事行为能力人，只能由他的法定代理人代理民事活动。而限制民事行为能力人只能从事与他的年龄、智力相适应的民事行为，其他民事活动需征得其法定代理人同意或由其法定代理人实施。民事规范已经界定了完全无民事行为能力人只在纯受益行为中才有同意能力，而限制行为能力人只有在与他的年龄、智力相适应的场合才具有同意能力。这样的民事权利能力与民事行为能力的建构体系，既体现了对完全无民事行为能力人的特殊保护，也并未否定他的民事权利能力，刑事规范对刑事责任能力与刑事行为能力的建构体现了相同的法理。这样事实与价值二元方法论统摄下的权利能力与行为能力二分的建构，彰显了法律父爱主义对幼女人身健康权利的呵护与关爱，体现了对其特殊保护的合理立场。目光必须在规范与事实之间多次来回往返，既要看得见并敢于承认事实，又要在价值上理智对待事实，"不要将从具体生活事实中发现法条含义，视为类推解释。"② 无刑事责任行为并不代表其是无违法的行为，行政法规对幼女卖淫行为的规制措施是"可以不以收容教养"，意味着卖淫的幼女有可能被收容教养，这恰恰印证了刑事无责任行为无法否定其违法事实。

（三）歧视立场认定的误解与不解

嫖宿幼女罪中将失足幼女指称为卖淫幼女，并不是对失足幼女的歧视，也不是对卖淫幼女的偏见。幼女的卖淫行为之所以可以被界定为事实上的卖淫行为，是因为这一行为是被在客观事实层面上言之，是被在卖淫幼女之外的具有性自主能力的人的主观认识上言之，但这并不妨碍人们在价值上否定幼女对其卖淫行为的刑事责任能力。符号具有任意性特点，任何语言的构建又必须具有大量的符号，而语言系统却是极其复杂的，很难轻易去改变或重构另外一套语言系统，公众的集体惰性也抗拒着一切语言的创新。③ 语言符号的能指与所指含义具有相对不变的继承性，即使出现某些词语的含义变动，也无法撼动整体语言符号的稳定性。语言符号又具有一定的无奈匮乏

---

① 参见赵合俊：《性权利与人权——从〈性权宣言〉说起》，载《环球法律评论》2002年第1期。
② 张明楷：《罪刑法定与刑法解释》，北京大学出版社2009年版，第2页。
③ 参见［瑞士］费尔迪南·德·索绪尔：《普通语言学教程》，商务印书馆1980年版，第110页。

性，总有一些"只可意会，不可言传"的意思，无法以文字形式恰当地表述出来。语言文字总体上的稳定性与匮乏性使得人们很难找到一个恰当的词语，来表述失足幼女的"失足行为"。而"卖淫幼女"或"卖淫幼女的卖淫行为"这样的表述却会激起相当一部分民众的反感，但这却是一种无奈的最好事实表述。《刑法修正案（九）》虽然废除了与奸淫幼女罪形成竞合关系的嫖宿幼女罪，却也规定了"组织、强迫未成年人卖淫的，依照前款的规定从重处罚"。如果嫖宿幼女罪的存在真的具有立法废除原由所言的歧视立场，则这个"组织未成年人卖淫"的条款即不应当出现，同理可推出"引诱不满14周岁的幼女卖淫的"等类似的条款也不应当出现在刑法条文中，因为在这些条款中已经暗含着为立法废除嫖宿幼女罪认可的歧视幼女意味。实质上，"卖淫幼女"字眼条款的出现并不是对失足幼女的歧视与侮辱，只是受到语言符号表现人类情感的限制性与无奈性所约束的结果而已。

质言之，幼女虽有性自主权，在法律父爱主义的约束下无法自己决定与他人发生性关系，也被禁止与他人发生性关系，他人对她受到这种限制的性自主权的侵害同样会受到刑罚的惩罚。嫖宿幼女罪中所衍生的"卖淫幼女"指称并不存在废除论者所言的种种歧视，即嫖宿幼女罪是对幼女的"二次伤害"，是不当标签式评价幼女为"卖淫女"，是对"不良幼女"与"失足幼女"的不平等看待。认为这个罪名存在着浓烈歧视立场的深层原由在于，这些废除论者并未合理认知事实与价值二元方法论与语言符合表彰功能缺陷，这是对嫖宿幼女罪存在歧视立场的误解与不解。

（四）满足刑事立法节俭性与稳定性的要求

刑法规范的构建来自于众意，但制定了的规范条文并不屈从于盲目的民意，也不受制于小范围的民意，更不束缚于无端泛滥的文字游戏。刑法法条是正义的文字表述，但正义的获取往往无法仅仅通过法条的字面含义而实现，需要我们的目光在刑法法条与不断变动的社会事实间多次来回往返，以发现与时刻变动的社会事实相适应的刑法法条含义，从而在不突破文字含义的射程之外寻找出最符合正义理念的解释。对嫖宿幼女罪的司法适用既然可以通过体系解释、目的解释等解释方法的合理运用，又不超出嫖宿幼女罪的法条字面含义的射程之外，便可以恰当的实现罪刑相适应的一般正义理念，实无必要耗费巨大的立法资源泼墨于这个罪名的存与废上。国民的行为合理性预见依赖于稳定的规范信赖，新的规范需要公众新的规范信赖，不断变动的规范往往打破国民原有的规范信赖。如果原有的规范信赖符合正义理念，那么看不出新的规范建立的正当性与经济性何在。

　　造法的重要目的便是保障自由与安全，而法所提供的自由与安全恰恰建立在法的不可破坏性之上。① 法律的制定与解释应当摆脱随心所欲，制定法的人与法所约束的人都应当尊重并遵守它，而它也应当是趋于持久的，人们可以预测出一个自由而安全的大致活动范围。毋庸置疑，如果一个国家是法西斯独裁专制政府当权，公众奋起反对是有正当道德根据的；如果一个国家的法律违背了基本的自然法，公众自觉抵制也是有正当道德根据的。但如果这个国家的政权以及法律总体上是合理适当的，则这样的反抗者毫无疑问会被认定为内乱或外患犯罪人，不仅不具有合理理由，且远远偏离法治国家要求。② 嫖宿幼女罪与奸淫幼女罪形成法条竞合关系，嫖宿幼女行为若存在《刑法》第236条所规定的加重情形时，依据奸淫幼女罪对其定罪并加重处罚既遵守了罪刑法定原则，又达到了满足罪刑相适应的实质正义，并不需要废除嫖宿幼女罪。将宝贵而有限的立法资源运用于真正需要它的地方，才是法治中国建设迫切需要的建设课题。若将其运用在通过实质解释即可以妥当达到罪刑相适应状态的嫖宿幼女罪的修改上，则是对宝贵的立法资源的浪费，不符合刑事立法节俭性的要求。刑事立法应当保持稳定性，以使得公众可以合理预测自己的安全活动范围，频繁的立法变动会破坏公众的法预测感。

　　刑法规范一经制定便应当被遵守并被信赖是正义的表达，对于刑法条文的合理解释必须从不断变化的社会现实中寻找，从而使刑法条文保持生命力与正义力。③ 一个在事实上与奸淫幼女罪的客观行为方式与主观意志存在重合的嫖宿幼女罪，与规范上与奸淫幼女罪形成法条竞合关系的嫖宿幼女罪，可以恰当运用刑法解释方法与法条竞合定罪原则，合理消除这个罪名法定刑配置所招致的废除问题。"一个完全不具稳定性的法律制度……它会缺乏一致性与连续性……人们在为将来安排交易或制定计划的时候，就会无从确定。"④ 通过富有生命力的刑法解释方法赋予刑法规范一定的生命力，使得刑法规范与社会现实之间实现合理互动，从而使得刑法规范既具备外在的稳

---

① 参见［德］H. 科殷：《法哲学》，林荣远译，华夏出版社2003年版，第120页。
② 参见［德］考夫曼：《法律哲学》，刘幸义等译，法律出版社2004年版，第284页。
③ 参见张明楷：《罪刑法定与刑法解释》，北京大学出版社2009年版，第2—3页。
④ ［美］E. 博登海默：《法理学——法哲学及其方法》，邓正来、姬敬武译，华夏出版社1987年版，第311页。

定理性，又具有内在的生命理性，以达到合情合理调整社会关系的预期目标。稳定的刑法规范可以使得"人们能够在这个范围内安排自己的事情；它能够在这种制度的保护下建设自己的生活"①。既然通过合理的解释方法即可以保证嫖宿幼女罪的适用符合罪刑相适应与罪刑法定原则，就没有必要大费周章去废除一个可以合理适用的罪名。总之，保留嫖宿幼女罪不会造成罪刑不相适应的局面，也不会形成对罪刑法定原则的冲击，更加符合刑事立法节俭性与稳定性的要求。

（五）一般预防必要性增大的理性审视

奸淫幼女罪的行为方式包括强迫暴力型与平和自愿型。嫖宿幼女罪中奸淫行为是事实意义上的平和自愿型的，其较之强奸罪的暴力、胁迫等手段显示了行为人较轻的社会危害性。② 其较之奸淫幼女罪的行为方式虽显示不出其较低的社会危害性，但也同样显示不出其较高的社会危害性。嫖宿幼女罪的量刑如不考虑一般预防的必要性因素，应当轻于普通奸淫幼女罪的量刑。虽然在嫖宿幼女罪定罪的犯罪构成上并不考虑卖淫幼女的"过错因素"，但在量刑中考虑这一因素对行为人主观恶性的考量，却是必不可少而又正当合理的。事实上的幼女性同意虽无法否认规范意义上的幼女性承诺能力缺失，却印证了嫖宿者的主观恶性低于强迫型以及无钱性交易型奸淫幼女罪的行为人的主观恶性，在将这种行为的定罪修改为嫖宿幼女罪之前，当然可以作为量刑的酌定从轻处罚情节。即使将嫖宿幼女罪归入奸淫幼女罪，也可以将这些情节作为酌定从轻处罚的量刑情节。

苏力教授直言："证明是双方自愿同 14 岁以下幼女的性行为也仍以强奸论，但无须从重处罚，鉴于目前的社会变迁，甚至可以考虑比强奸罪处罚略轻。"③ 更有学者认为，嫖宿幼女罪的法定刑设置虽然没有区分普通型与加重型的情节设置，但《刑法》第 236 条第 3 款的加重情节出现在嫖宿幼女行为中时，无须借助奸淫幼女罪的加重刑来确保罪刑相适应，仅仅依据最高刑为 15 年有期徒刑的嫖宿幼女罪的法定刑便可以做到罪刑相适应。④ 但

---

① ［德］H. 科殷：《法哲学》，林荣远译，华夏出版社 2003 年版，第 120 页。
② 参见刘飞、温建辉：《嫖宿幼女罪存与废之立法选择》，载《湖南工业大学学报（社会科学版）》2014 年第 1 期。
③ 苏力：《司法解释、公共政策和最高法院——从最高法院有关"奸淫幼女"的司法解释切入》，载《法学》2003 年第 8 期。
④ 刘明祥：《嫖宿幼女行为适用法条新论》，载《法学》2012 年第 12 期。

立法将嫖宿幼女罪的法定刑设置为 5 年至 15 年有期徒刑,而普通强奸罪的法定刑设置为 3 年至 10 年有期徒刑,普通奸淫幼女罪在 3 年至 10 年有期徒刑法定刑幅度内从重处罚。至少可以认为,嫖宿幼女罪的法定刑设置重于普通奸淫幼女罪的法定刑设置。有学者声称,刑事司法实践中 99% 的嫖宿幼女罪的量刑比强奸罪的量刑重。[①] 长期从事刑事司法实践的专家型法官也认为,刑事司法实践中 99% 的嫖宿幼女罪的量刑比强奸罪的量刑重的论断,大体符合刑事司法实际,毕竟对具备《刑法》第 236 条第 3 款加重情节的奸淫幼女行为判处无期徒刑乃至死刑的范围相当有限。[②] 以此窥探出立法对嫖宿幼女罪的法定刑设置重于普通奸淫幼女罪的法定刑设置,且嫖宿幼女罪在司法实践中的量刑较普通奸淫幼女罪的量刑更重。

如果仅仅从各自犯罪构成本身来比较,无从得到这样的法定刑设置的合理性,只能从一般预防的角度合理审视这样的立法设置。"由于幼女已经处于卖淫状态,导致对嫖宿行为进行一般预防的必要性增大,为了实现一般预防的效果,刑法对嫖宿幼女罪规定了高于普通的奸淫幼女罪的法定刑。"[③] 从包含生理需求等人性的一般立场出发,男性与卖淫幼女发生性交行为的可能性必然高于男性与未失足幼女发生性交行为的可能性,因为前者的卖淫场所管理者以及卖淫幼女个人必然对男性形成更大的吸引力,男性此时的内控力与抵制力会更加脆弱,嫖宿幼女的案发相对比较容易。为了降低这种嫖宿幼女行为的案发数量,履行对幼女这一未成年特殊主体的特殊保护义务,基于一般预防必要性增大的考虑而设置如此的法定刑完全是合情合理的。

八、结论

《性侵意见》第 20 条指出,以金钱财物等方式引诱幼女与其性交的,明知或者应当明知卖淫幼女是被强迫的仍与其性交的,都以强奸罪论处。全国人大常委会于 2015 年通过的《刑法修正案(九)》删除《刑法》第 360 条第 2 款嫖宿幼女罪,将嫖宿幼女行为依据《刑法》第 236 条第 2 款以强奸罪从重处罚。实质上,无论是否具有这个司法解释和《刑法修正案(九)》,

---

[①] 参见苏希杰、王梦婕:《学者称司法实践中 99% 嫖宿幼女罪判得比强奸罪重》,载《中国青年报》2012 年 7 月 20 日。

[②] 参见周宜俊:《立法与司法双重视角下的嫖宿幼女罪》,载《青少年犯罪研究》2015 年第 3 期。

[③] 张明楷:《嫖宿幼女罪与奸淫幼女型强奸罪的关系》,载《人民检察》2009 年第 17 期。

刑法对嫖宿幼女行为的惩罚完全可以堵住质疑者的法定刑配置不公、歧视卖淫幼女、规范建构不一等质疑声。卖淫幼女这一称谓只是基于语言符号表彰功能的局限性所构建的无奈性指称，并不存在误解乃至不解这个罪名背后的哲理与法理的公众与学者所言的种种歧视立场。以事实与价值二元方法视角考量"卖淫幼女"的事实称谓，并不代表规范价值层面上的歧视立场。嫖宿幼女罪的法益主要是幼女自身的人身健康权利以及性自主权利，嫖宿幼女行为只能被合理地解释为性交行为，单纯的猥亵幼女行为只能以猥亵儿童罪论处。目光在嫖宿幼女罪与奸淫幼女罪的犯罪构成之间来回往返，必然可以找寻出二者的客观罪行与主观罪过的竞合关系，也必然可以发现二者的法条竞合关系。依据法条竞合"从特兼从重论处"的处罚方法，便可以实现对嫖宿幼女行为定罪量刑的合情与合理，无须借助于废除这个罪名或其他重构方案的辅助。保留嫖宿幼女罪彰显了法律父爱主义对卖淫幼女特殊保护的合理立场。其满足了刑事立法节俭性与稳定性的合理要求，使得人们能够合理预期自己的行为计划方式与范围抉择。刑法分则对嫖宿幼女罪所规定的高于普通的奸淫幼女罪的法定刑设置，合理考虑了嫖宿幼女行为一般预防必要性较之普通奸淫幼女行为一般预防必要性增大的客观现实，其法定刑配置彰显了一般预防必要性增大合理审视的刑事立法技术，对其法定刑的严格量定必将助益于嫖宿幼女行为的减少。

专题十二
关于走私毒品罪若干问题研究

一、走私毒品罪的概念

关于走私毒品罪的概念，目前在我国刑法学界对此观点不一，主要有以下几种不同的观点：

第一种观点认为，走私毒品罪，是指违反过境国家海关法规，逃避海关监管、检查，擅自将毒品输入或输出国边境的行为。①

第二种观点认为，走私毒品罪，是指违反国家对毒品的管制法规和海关管理法规，逃避海关监管，非法运输、携带、邮寄国家禁止进出口的鸦片、海洛因、甲基苯丙胺、吗啡、大麻、可卡因等毒品进出国边境的行为。②

第三种观点认为走私毒品罪，是指违反国家毒品管理法规和海关法规，逃避海关监管，非法运输、携带、邮寄国家禁止进出境的毒品出境的行为。③

以上三种定义各有优缺点。对于第一种观点来说，其重点解释了"走私"的含义，没有解释"毒品"的含义，在用词上简单明了，有一定程度

---

① 赵秉志：《毒品犯罪的研究》，中国人民人学出版社1993年版，第352页。
② 郑蜀饶：《毒品犯罪的法律适用》，人民法院出版社2001年版，第25页。
③ 陈晖：《走私犯罪论》，法律出版社2002年版，第270页。

上的抽象、概括性，因此，也富有弹性，可以根据新的情况，将新型的毒品走私罪纳入进来，当然，缺点也很明显，即该罪没有把走私罪的外延划分清楚。第二种观点不仅解释了"走私"的含义，而且还对"毒品"进行了一一列举，比较清晰明了地界定了走私毒品罪的范围，缺点是，定义过于臃肿，但是该定义符合罪刑法定原则的"明确性"的要求。第三种观点与第一种观点有些相似，不过，其中附加了"非法"二字，显然多此一举，存在着重复的嫌疑。综观以上观点，我们认为第二种观点较为全面地涵盖了走私毒品犯罪的特征，因为走私毒品不仅违反海关法规，而且违反了国家对毒品的管制法规，在客观上实施了将毒品进出境的行为，因而是客观而全面的定义，也为司法实务界所通用。

二、走私毒品罪的构成特征

（一）犯罪客体

关于走私毒品罪的客体，我国刑法学界对此有不同观点的争议，主要有以下几种不同的观点：

第一种观点认为，本罪侵犯的客体是复杂客体，既侵犯了国家的毒品管理制度，又危害人民健康，还破坏国家的对外贸易管制。[1]

第二种观点认为，本罪侵犯的客体是国家对毒品进出口的管理。[2]

第三种观点认为，本罪侵犯的客体是国家对进出口物品的管理。[3]

第四种观点认为，本罪侵犯的客体是国家对麻醉药品和精神药品的进出口管理制度。[4]

第五种观点认为，本罪侵犯的客体是国家对毒品的管理制度、社会管理制度，以及国家的对外贸易管理制度。[5]

第六种观点认为，本罪侵犯的客体是国家对毒品的管理制度和人民的生命健康。[6]

---

[1] 赵秉志、吴振兴主编：《刑法学通论》，高等教育出版社1993年版，第736页。
[2] 欧阳涛、陈泽宪：《毒品犯罪及对策》，群众出版社1993年版，第52页。
[3] 邹涛、邵振翔：《关于禁毒的决定和关于惩治走私、制作、贩卖、传播淫秽物品的犯罪分子的决定释义》，群众出版社1991年版，第9页。
[4] 赵长青主编：《中国毒品问题研究》，中国大百科全书出版社1993年版，第292页。
[5] 周道鸾：《单行刑法与司法适用》，人民法院出版社1996年版，第116页。
[6] 林准主编：《中国刑法教程》，人民法院出版社1994年版，第519页。

第七种观点认为,本罪侵犯的客体为国家对毒品的管制,以及公民的身体健康。①

我们认为,走私毒品罪所侵犯的客体只能是国家对毒品的管制和国家的对外贸易管制,属于复杂客体。其他几种观点实质上的不同在于以下几点:

其一,走私毒品罪所侵犯的客体是否包括人民的生命健康。我们认为不应当包括。这是因为,具体到刑法典所规定的罪种而言,其所侵犯的客体是指直接客体,即犯罪行为直接作用到的犯罪对象所体现的社会关系。走私毒品行为之毒品虽然被吸食、注射后无益于公民的身体健康,但其犯罪行为即走私行为却不直接损害公民的身体健康,因而我们认为,不能认为走私毒品罪的犯罪客体包括公民的身体健康。

其二,走私毒品罪所侵犯的客体是否包括国家的对外贸易管制。我们认为这是当然的,之所以该罪名定义为走私毒品罪,顾名思义,其行为之本质在于毒品的走私行为,如果此行为不直接侵犯国家的对外贸易管制,而只是简单地从境外向境内或者由境内向境外运输毒品的话,则其行为本质显然与运输毒品罪无异,应该归入运输毒品罪的范畴,而不成立独立的罪名。单独规定这一罪名,仅从表面上我们即可看出刑法对此类行为打击的重点,一是"走私"毒品行为,侧重点在于"走私";二是走私"毒品"行为,侧重点在于"毒品"。这两个打击重点同时表明了走私毒品罪的直接客体有两个,因而是复杂客体。

其三,走私毒品罪的客体是否包括社会管理秩序。根据我国传统刑法学理论,犯罪客体包括三个层次,一是一般客体,二是同类客体,三是直接客体,三者层次不同。而社会管理秩序无论从传统刑法学理论还是从1979年刑法典及1997年刑法典出发考虑,都是作为一章的客体存在的,是一个大概念,毒品犯罪及其他扰乱社会秩序罪如扰乱公共秩序罪、妨害司法罪、破坏环境资源保护罪等,均属于妨害社会管理秩序的犯罪,因而我们认为,作为具体犯罪罪种的走私毒品罪的犯罪客体只能是直接客体,即其行为所直接侵犯的社会关系,亦即国家对毒品的管制和国家的对外贸易管制,而不可能是作为同类客体的社会管理秩序。

(二) 犯罪客观方面

走私毒品罪的客观方面,表现为行为人违反毒品管理法规和海关法规,

---

① 杨敦先主编:《刑法运用问题探讨》,法律出版社1992年版,第351页。

逃避海关监管，运输、携带、邮寄毒品进出国境的行为。一般来说，走私毒品罪的客观方面表现为：其一，行为人违反了毒品管理法规和海关法规，这是区别罪与非罪、走私毒品罪与其他罪的关键。如果行为人违反了毒品管理法规如非法持有毒品，没有违反海关法规，或者违反了海关法规进行走私，但走私的不是毒品，则不构成走私毒品罪。其二，行为人有逃避海关监管的行为。如果行为人有违反毒品管理法规和海关法规的事实，但在通过海关时并不隐瞒，而是如实交验，就不能以走私毒品罪论处。行为人的行为只有既违反毒品管理法规和海关法规，又逃避海关监管的行为，二者结合起来，才能构成走私毒品罪。

走私毒品罪的行为方式是多种多样的，根据毒品管理法规和海关法规的有关规定。主要表现形式有：第一，从境外购买毒品后非法入境，或者与境外贩毒分子相勾结，将毒品偷运入境；第二，将非法入境的毒品偷运出境，或者把在境内购买的毒品偷运出境；第三，为走私毒品的犯罪分子或集团购买、运输毒品，或者在边境地区与境外走私毒品分子相勾结，买卖、运输毒品；第四，与走私毒品的犯罪分子通谋，为其提供贷款、资金、实物或为其提供运输、保管、藏匿以及其他方便；第五，与走私毒品分子相勾结，在内地直接向走私毒品分子购买毒品；第六，依法从事生产、运输、管理、使用国家管制的麻醉药品、精神药品的单位或人员，违反国家规定，向走私毒品犯罪分子提供国家管制的麻醉药品或精神药品并偷运出境。①

走私毒品的行为表现方式多种多样，且不断变化，花样翻新。以上所列六种，只是较常见的、基本的形式。具体认定时，应注意抓住本质特征去分析，即凡是违反毒品管理法规和海关法规，逃避海关监管，破坏国家对毒品的管制的行为，均应以走私毒品罪论处。不具有这种性质的行为，则不能以走私毒品罪论处。

（三）犯罪主体

该罪的主体是一般主体，即个人和单位均可以成为该罪的主体。根据我国《刑法》的规定，任何年满16周岁、具有刑事责任能力并实施了走私毒品行为的人，均可以构成该罪的主体。这里的个人，既可以是中国人，也可以是外国人或无国籍人；既可以是一般公民，也可以是国家工作人员。但是，

---

① 赵秉志、于志刚：《毒品犯罪》，中国人民公安大学出版社2003年版，第157页。

《刑法》第 17 条第 2 款规定，已满 14 岁不满 16 岁的人，犯贩卖毒品罪的，应负刑事责任。那么，年满 14 周岁不满 16 周岁的未成年人犯走私毒品罪的，该不该负刑事责任？从字面的含义的角度看，答案应当是否定的。但其实不然，如果认真分析一下，不难发现，其实"走私"在很大程度上属于"贩卖"的下位概念，即贩卖可以分成国内的贩卖和跨国贩卖，跨国贩卖其实与走私是无异的，从这个角度看，走私毒品罪的主体可以包括年满 14 周岁和 16 周岁的未成年人。不过从《刑法》第 347 条规定看，"走私"与"贩卖"进行并列，从这里似乎可以看出，这里的贩卖不包括跨国贩卖，言外之意，对于未成年来说，从国外贩买毒品到国内出售，不构成犯罪，而那些在国内从事贩卖的年满 14 周岁不满 16 周岁的未成年人则构成犯罪，这种做法虽然可以用"常发性"进行解释，但很难用"严重性"进行解释。① 而且，能够进行跨国交易的未成年人的心智显然高于只是从事国内交易的未成年人的，认为前者构成犯罪、后者不构成犯罪的做法是欠妥的。因此，笔者建议，未成年从事贩卖毒品的犯罪的，其刑事责任的年龄起点仍然是 16 周岁比较合适。

（四）犯罪主观方面

走私毒品罪的主观方面只能出于故意，即行为人明知是毒品而非法运输、携带、邮寄该毒品进出境。如果行为人不知是毒品，受他人之托，以为是其他物品帮助其携带进出境，则携带人无罪，只有物主才构成本罪。

走私毒品罪在主观上是否要求以牟利为目的，法律上没有明文规定，理论上有肯定和否定两种见解。我们认为，走私毒品，通常是以牟利为目的的，即大多数犯罪分子都是为了牟利（获得非法利润）而走私毒品，但对于本罪的构成来说，则并不以牟利之目的为限。在个别情况下，行为人走私毒品即使主观上不具有牟利的目的，也同样构成本罪。因为，走私毒品罪的社会危害性及其危害程度，主要反映在对国家毒品管理秩序的侵犯、对社会风尚毒化和对人民身心健康的危害上，而不在于行为者主观上是否具有牟利之目的、是否实现等方面。事实上，有些走私毒品的犯罪分子将毒品免费提供给青少年，引诱、教唆他们吸食、注射毒品，还有的则是为了自己吸食、注射毒品而走私毒品，在这类情况中，行为人走私毒品虽不具有牟利的目的，仍应以走私毒品罪论处。

---

① 张明楷：《刑法学》，法律出版社 2007 年版，第 185—192 页。

三、走私毒品罪的司法认定

（一）罪与非罪的界限

关于本罪与非罪的区别主要在于如何正确地理解本罪的主客观要件。一般来讲，首先，本罪在客观上要求行为人必须违反海关法规并有逃避海关监管的行为，如果行为人的行为没有违反海关法规或者只有违反海关法规的行为而无逃避海关监管的行为，均不构成本罪。其次，本罪在主观上要求行为人必须出于故意，如果行为人不是出于故意，而是由于过失实施了运输、携带、邮寄毒品进出境的行为，或者行为人不知是毒品，而是受他人之托，以为是其他物品帮助其携带进出境，行为人均不构成犯罪。

（二）本罪与相近犯罪的界限

1. 走私毒品罪与走私普通货物、物品罪的界限

所谓走私普通货物、物品罪是指行为人违反海关法规，逃避海关监管，非法运输、携带、邮寄依法应当如实申报纳税而未如实申报纳税的普通货物、物品进出境，或者变相从事上述活动，偷逃应纳税额较大的行为。本罪与走私毒品罪在法律上存在着一定的重合性。比如二者的客观前提都是行为人违反了海关法规，在客观行为方式上都有逃避海关监管的行为，行为人在主观上都是出自故意。但是，它们二者之间也有明显的区别。其区别表现在：

第一，犯罪客体不同。走私毒品罪所侵犯的客体只能是国家对毒品的管制和国家的对外贸易管制，属于复杂客体。而走私普通货物、物品罪的客体则只能是国家的对外贸易管制，属于单一客体。

第二，犯罪对象不同。走私毒品罪的犯罪对象只能是毒品，即鸦片、海洛因、甲基苯丙胺（冰毒）、吗啡、大麻、可卡因以及国家规定管制的其他能够使人形成瘾癖的麻醉药品和精神药品。而走私普通货物、物品罪的对象则是除了《刑法》第151条和第152条规定的特定对象以外的普通货物、物品。从对象范围上来加以考察，显然后者的对象范围比前者要广泛得多。

第三，犯罪数额规定不同。走私毒品罪属于一种严重危害社会的行为，因此，根据《刑法》第347条第1款规定，走私毒品，"无论数量多少，都应当追究刑事责任，予以刑事处罚"。而走私普通货物、物品罪的社会危害性相对较小，因此，根据《刑法》第153条规定，必须犯罪数额达到较大的标准才能构成本罪。

2. 走私毒品罪与走私特定对象的犯罪的界限

所谓走私特定对象的犯罪是指行为人违反海关法规，逃避海关监管，运输、携带、邮寄武器、弹药、核材料、假币、文物、贵重金属等特定对象进出国边境，情节严重的行为。本罪与走私毒品罪在法律上存在着一定的重合性，比如二者的客观前提都是行为人违反了海关法规，在客观行为方式上都有逃避海关监管的行为，行为人在主观上都是出自故意。但是，它们二者之间也有明显的区别。其区别表现在：

第一，犯罪客体不同。走私毒品罪所侵犯的客体只能是国家对毒品的管制和国家的对外贸易管制，属于复杂客体。而走私特定对象犯罪的客体虽然各有差异，但主要客体只能是国家的对外贸易管制。

第二，犯罪对象不同。走私毒品罪的犯罪对象只能是毒品，即鸦片、海洛因、甲基苯丙胺（冰毒）、吗啡、大麻、可卡因以及国家规定管制的其他能够使人形成瘾癖的麻醉药品和精神药品。而走私特定对象犯罪的对象则比较广泛，具体包括《刑法》第151条和第152条规定的武器、弹药、核材料、假币、文物、贵重金属以及国家禁止进出口的货物、物品、淫秽物品、废物等对象。

第三，犯罪数额规定不同。走私毒品罪属于一种严重危害社会的行为，因此，根据《刑法》第347条第1款规定"走私毒品，无论数量多少，都应当追究刑事责任，予以刑事处罚。"而走私特定对象的犯罪的社会危害性虽然也比较严重，但是，根据刑法和有关司法解释的规定，构成本类犯罪除走私废物罪必须达到情节严重的程度才能构成犯罪外，对于其他犯罪，只要实施了相关行为，即可构成犯罪。但是，根据《刑法》第13条"但书"的规定，如果走私特定对象的犯罪"情节显著轻微危害不大的"，不应当作为犯罪处理。

（三）本罪的罪数形态问题

关于本罪的罪数形态主要涉及两个方面的问题：一是行为人既实施了走私毒品的行为，同时又实施了贩卖、运输、制造毒品的行为，应否实施数罪并罚。我们认为，由于走私、贩卖、运输、制造毒品罪属于选择性罪名，因此，在司法实践中，对于行为人在实施走私毒品行为的同时，又实施了其他犯罪行为的，只按一罪论处，不实行数罪并罚。如行为人既实施了走私毒品的行为，又实施了贩卖、运输行为的，只定走私、贩卖、运输毒品罪一罪即可，而不需要实行数罪并罚。二是行为人既实施了走私毒品的行为，同时又实施了走私武器、弹药和普通货物、物品的行为，应否实施数罪并罚。笔者认为，对于这一情形，虽然行为人在客观上只实施了一种走私行为，但是其犯罪对象各有不同，应当依据其走私行为所涉对象分别定罪，然后进行并罚。即对行为人应以走私毒品罪、走私武器、弹药罪和走私普通货物、物品罪进行数罪并罚。

（四）本罪的共犯问题

根据《刑法》第25条第1款规定："共同犯罪是指二人以上共同故意犯罪。"根据这一规定，要构成共同犯罪，必须同时具备以下三个条件：行为主体必须在二人以上；行为人具有共同的犯罪行为；行为人具有共同的犯罪故意。根据刑事立法与司法实践，走私毒品罪的共同犯罪类型主要有以下三种。

1. 走私毒品的犯罪集团

这种犯罪集团是指三人以上为共同实施走私毒品犯罪而组成的较为固定的犯罪组织。构成走私毒品的犯罪集团，必须具备如下条件：主体数量的特定性，即该犯罪集团的主体数量必须是在三人以上；犯罪目的的明确性，即该犯罪集团一般都是为走私毒品犯罪而组织起来的；犯罪活动的组织性，即该犯罪集团组成人员比较固定，内部之间具有领导与被领导的关系，其中有首要分子，有骨干分子，还有一般成员；犯罪成员的稳定性，即该犯罪集团中的成员比较固定，他们在实施一次或多次走私毒品的犯罪后，其组织形式仍然存在，集团的成员并不因某次走私毒品犯罪的完成而发生较大的变化。

2. 走私毒品的一般共同犯罪

这是走私毒品共同犯罪的典型形式。它的成立必须具备共同犯罪成立的一般条件，即从事走私毒品犯罪主体必须是二人以上；行为人必须具有共同的走私毒品犯罪行为；行为人必须具有共同的走私毒品犯罪的故意。

3. 以走私毒品的共同犯罪论处的情形

根据《刑法》第349条规定："包庇走私、贩卖、运输、制造毒品的犯罪分子的，为犯罪分子窝藏、转移、隐瞒毒品或者犯罪所得的财物的，处3年以下有期徒刑、拘役或者管制；情节严重的，处3年以上10年以下有期徒刑。缉毒人员或者其他国家机关工作人员掩护、包庇走私、贩卖、运输、制造毒品的犯罪分子的，依照前款的规定从重处罚。犯前两款罪，事先通谋的，以走私、贩卖、运输、制造毒品罪的共犯论处。"这里的"事先通谋"，是指行为人在走私毒品犯罪分子进行毒品犯罪活动之前，与走私毒品犯罪分子共同策划、商议，并事后窝藏、转移、隐瞒毒品、毒赃的行为。

（五）本罪的停止形态认定

关于走私毒品犯罪的既遂标准，有的学者认为，从总体上来讲，应当以毒品是否进入我国境内作为判断标准，毒品进入我国境内的为既遂，毒品没有进入我国境内的为未遂。另有学者认为，按照毒品的流向，走私毒品主要分为输入毒品与输出毒品，只要明确了输入毒品的既遂与未遂标准，输出毒品的既遂与未遂标准就容易解决了，但必须分为陆路输入与海路、空路输入来讨论。① 陆路输入应当以逾越国（边）境线作为判断标准，但是，在具体认定时，还会因为行为人所选择的走私方式而有所不同。关于海路、空路输入毒品的既遂，在外国刑法理论上有五种不同观点：一是领海、领空说，即装载毒品的船舶或航空器进入本国领海或领空时为既遂，否则为未遂。二是登陆说，即将毒品从船舶中转移到本国领域内（不问是否保税区）时，将毒品从航空器中转移到地面时为既遂，否则为未遂。三是关税线说，即在毒品经由保税区等海关支配、管理的地域的场合，转移到保税区等之外才是既遂，否则为未遂。四是搬出可能说，即装载毒品的船舶或航空器在本国港口停靠或在机场着陆后，出现可能将毒品转移到船舶或航空器外的状态时为既遂，否则为未遂。五是到达说，即装载毒品的船舶到达本国港口或航空器到达本国领土内时为既遂，否则为未遂②。

张明楷教授认为，上述第五种观点可以被我国采用。第一种观点将既遂时刻过于提前，而且也不现实。第二种至第四种观点则使既遂标准过于推后，其中有的标准也不易掌握，不利于打击毒品犯罪，也不符合司法实践。第五种观点则使既遂与未遂的标准适中，而且容易认定。③ 关于陆路运输毒品的行为，应当以毒品越过国（边）境线，进入我国领域内为既遂标准，否则为未遂。对于以运输、携带毒品的方式走私毒品的，应当以其经过海关或者国（边）境线进入我国境内为既遂，否则为未遂。

我们认为，走私毒品犯罪行为是指违反国家毒品管制和海关监管的法律、法规，非法运输、携带、邮寄毒品进出国（边）境的行为。行为人实施走私毒品的行为的目的在于将毒品运输、携带、邮寄进出国（边）境。

---

① 梅传强、胡江、赵亮：《走私、贩卖、运输、制造毒品罪立案追诉标准与司法认定实务》，中国人民公安大学出版社 2010 年版，第 91 页。
② 赵秉志、于志刚：《毒品犯罪》，中国人民公安大学出版社 2003 年版，第 186—187 页。
③ 张明楷：《刑法学》（第三版），法律出版社 2007 年版，第 830—831 页。

因此，毒品是否顺利进或出国（边）境是判断走私毒品犯罪行为既遂与否的标准。其中，在设立海关或边卡的地点，以通关验关或毒品越过国（边）境线为既遂；在未设海关、边卡的陆地边境或以海路运输方式偷运毒品的，以毒品进出国（边）境线或领海为既遂；以空中运输方式走私毒品的，以飞机着陆为既遂；以谎报、藏匿、伪装等手段逃避邮检和海关查验非法邮寄毒品进出境的，毒品一旦交寄即为既遂。①

四、走私毒品罪的刑事责任

根据《刑法》第 347 条、第 356 条的规定，走私毒品，无论数量多少，都应当追究刑事责任，予以刑事处罚。

走私毒品，有下列情节之一的，处 15 年有期徒刑、无期徒刑或者死刑，并处没收财产：第一，走私鸦片 1000 克以上、海洛因或者甲基苯丙胺 50 克以上或者其他毒品数量大的；第二，走私毒品集团的首要分子；第三，武装掩护走私毒品的；第四，以暴力抗拒检查、拘留、逮捕，情节严重的；第五，参与有组织的国际贩毒活动的。

走私鸦片 200 克以上不满 1000 克、海洛因或者甲基苯丙胺 10 克以上不满 50 克或者其他毒品数量较大的，处 7 年以上有期徒刑，并处罚金。

走私鸦片不满 200 克、海洛因或者甲基苯丙胺不满 10 克或者其他少量毒品的，处 3 年以下有期徒刑、拘役或者管制，并处罚金；情节严重的，处 3 年以上 7 年以下有期徒刑，并处罚金。

单位犯第 2 款、第 3 款、第 4 款罪的，对单位判处罚金，并对其直接负责的主管人员和其他直接责任人员，依照各该款的规定处罚。

利用、教唆未成年人走私毒品，或者向未成年人出售毒品的，从重处罚。因走私毒品罪被判过刑，又犯本罪的，从重处罚。

对多次走私毒品，未经处理的，毒品数量累计计算。

---

① 梅传强、胡江、赵亮：《走私、贩卖、运输、制造毒品罪立案追诉标准与司法认定实务》，中国人民公安大学出版社 2010 年版，第 92 页。

专题十三
关于运输毒品罪若干问题研究

一、运输毒品罪的立法沿革

运输毒品行为作为一种犯罪，早在我国1979年《刑法》颁布之前就可以寻找到其踪迹，其立法过程可以从以下几个阶段来加以说明。

（一）新中国成立至1979年《刑法》颁布期间

新中国成立以后，为了有效地惩治毒品犯罪现象，1954年9月30日，中央人民政府法制委员会在《中华人民共和国刑法大纲草案》的基础上起草了《中华人民共和国刑法指导原则草案（初稿）》（以下简称《刑法指导原则草案》）。该指导原则草案第三章几类犯罪量刑的规定第三节破坏公共秩序的犯罪第48条规定："制造鸦片、吗啡、白面或者其他毒品的，判处流放或者3年以上10年以下有期徒刑；贩运或者售卖毒品的，判处流放或者7年以下有期徒刑；一贯制造、贩运或者售卖毒品的，判处流放或者7年以上有期徒刑；情节特别严重的，判处无期徒刑或者死刑。对于制造、贩运或者售卖毒品的罪犯，可以并处罚金或者没收财产的一部或全部。"

1956年11月12日，全国人民代表大会常务委员会办公厅法律室在《刑法指导原则草案》的基础上起草了《中华人民共和国刑法草案（草稿）（第13次稿）》（以下简称第13次稿）。根据第13次稿第二编分则第六章妨害管理秩序罪第 212 条规定:"制造、贩卖、运输鸦片、海洛英、吗啡或者其他化合配置的毒品的,处 7 年以下有期徒刑,可以并处 3 千元以下罚金。一贯或者大量制造、贩卖、运输前款毒品的,处 7 年以上有期徒刑,可以没收一部或全部财产。第一款罪的未遂犯,应当处罚。"从第 13 次稿规定的内容来看,该稿不仅第一次将运输毒品的行为从贩运行为中分离出来,还将该罪的法定最高刑由死刑降低为 15 年有期徒刑。

1957 年 6 月 27 日全国人民代表大会常务委员会法律室在第 13 次稿的基础上起草了《中华人民共和国刑法草案(草稿)(第 21 次稿)》(以下简称第 21 次稿)。根据第 21 次稿第二编分则第七章妨害其他管理秩序罪第 200 条规定:"制造、贩卖、运输鸦片、海洛英、吗啡或者其他毒品的,处 7 年以下有期徒刑或者管制,可以并处 1 万元以下罚金。一贯或者大量制造、贩卖、运输前款毒品的,处 7 年以上有期徒刑,可以没收一部或全部财产。"从该稿的规定来看,除了增设管制这一刑罚方法外,而且提高了罚金的最高限额。

1957 年 6 月 28 日,全国人民代表大会常务委员会办公厅印制的《中华人民共和国刑法草案(初稿)(第 22 次稿)》(以下简称第 22 次稿)第二编分则第七章妨害其他管理秩序罪第 199 条规定:"制造、贩卖、运输鸦片、海洛英、吗啡或者其他毒品的,处 7 年以下有期徒刑或者管制,可以并处 1 万元以下罚金。一贯或者大量制造、贩卖、运输前款毒品的,处 7 年以上有期徒刑,可以没收一部或全部财产。"该稿与第 21 次稿规定的内容完全相同。

根据 1962 年 12 月全国人民代表大会常务委员会办公厅印制的《中华人民共和国刑法草案(初稿)(第 27 次稿)》(以下简称第 27 次稿)第二编分则第七章妨害管理秩序罪第 183 条规定:"意图营利,制造、贩卖、运输鸦片、海洛英、吗啡或者其他毒品的,处 7 年以下有期徒刑,可以并处罚金。一贯或者大量制造、贩卖、运输前款毒品的,处 7 年以上有期徒刑,可以没收一部或全部财产。"从该稿的规定来看,对于毒品犯罪不仅增加了意图营利这一主观要件,同时对罚金的数额由有限额罚金变为无限额罚金。

根据 1963 年 2 月 27 日全国人民代表大会常务委员会办公厅印制的《中华人民共和国刑法草案(初稿)(第 30 次稿)》第二编分则第七章妨害管理秩序罪第 186 条规定:"制造、贩卖、运输鸦片、海洛英、吗啡或者其他毒品的,处 7 年以下有期徒刑,可以并处罚金。一贯或者大量制造、贩卖、运输前款毒品的,处7年以上有期徒刑、无期徒刑或者死刑,可以并处没收财产。"此稿除取消了第27次稿中规定的"意图营利"这一主观要件外,还将该罪的法定最高刑提高到死刑。

根据1963年10月9日全国人民代表大会常务委员会办公厅起草的《中华人民共和国刑法草案(修正稿)(第33次稿)》(以下简称第33次稿)第二编分则第七章妨害管理秩序罪第188条规定:"制造、贩卖、运输鸦片、海洛英、吗啡或者其他毒品的,处7年以下有期徒刑,可以并处罚金。一贯或者大量制造、贩卖、运输前款毒品的,处7年以上有期徒刑或者无期徒刑,可以并处没收财产。"此稿除了取消死刑的规定外,其内容与第27稿无异。

根据1978年12月《中华人民共和国刑法草案》联合修订组起草的《中华人民共和国刑法草案(修订稿)(第34次稿)》分则第十章妨害管理秩序罪第210条规定:"制造、贩卖、运输鸦片、海洛英、吗啡或者其他毒品的,处7年以下有期徒刑或者管制,可以并处罚金。一贯或者大量制造、贩卖、运输前款毒品的,处7年以上有期徒刑或者无期徒刑,可以并处没收财产。"此稿除增加管制刑之外,与第33次稿无异。

根据1979年2月《中华人民共和国刑法草案》联合修订组起草的《中华人民共和国刑法草案(修订二稿)(第35次稿)》(以下简称第35次稿)分则第十章妨害管理秩序罪第210条规定:"制造、贩卖、运输鸦片、海洛英、吗啡或者其他毒品的,处5年以下有期徒刑,可以并处罚金。一贯或者大量制造、贩卖、运输前款毒品的,处5年以上有期徒刑或者无期徒刑,可以并处没收财产。"此稿除取消了管制刑期的规定外,还有一个显著的特点就是降低了法定刑的起点,由原来的7年降低到5年。

继此之后,根据1979年3月31日全国人民代表大会常务委员会办公室印制的《中华人民共和国刑法草案(法制委员会修正第一稿)(第36次稿)》(以下简称第36次稿)第二编分则第六章妨害管理秩序罪第177条规定:"制造、贩卖、运输鸦片、海洛英、吗啡或者其他毒品的,处5年以下有期徒刑,可以并处罚金。一贯或者大量制造、贩卖、运输前款毒品的,处5年以上有期徒刑或者无期徒刑,可以并处没收财产。"这一规定与刑法第35次稿完全相同。

根据1979年5月12日全国人民代表大会常务委员会办公室印制的《中华人民共和国刑法草案(法制委员会修正第二稿)(第37次稿)》(以下简

称第 37 次稿）第二编分则第六章妨害社会管理秩序罪第 169 条规定："制造、贩卖、运输鸦片、海洛英、吗啡或者其他毒品的，处 5 年以下有期徒刑，可以并处罚金。一贯或者大量制造、贩卖、运输前款毒品的，处 5 年以上有期徒刑，可以并处没收财产。"第 37 次稿规定的内容，与第 36 次稿相比，除了取消了无期徒刑的规定外，并无其他差异。

根据 1979 年 6 月 30 日五届全国人大二次会议秘书处印制的《中华人民共和国刑法草案（第 38 次稿）》（以下简称第 38 次稿）第二编分则第六章妨害社会管理秩序罪第 171 条规定："制造、贩卖、运输鸦片、海洛英、吗啡或者其他毒品的，处 5 年以下有期徒刑，可以并处罚金。一贯或者大量制造、贩卖、运输前款毒品的，处 5 年以上有期徒刑，可以并处没收财产。"此稿的规定与第 37 次稿完全相同。

根据 1979 年 7 月 1 日第五届全国人民代表大会第二次会议通过、1979 年 7 月 6 日中华人民共和国全国人民代表大会常务委员会委员长令第 5 号公布、自 1980 年 1 月 1 日起施行的《刑法》第二编分则第六章妨害社会管理秩序罪第 171 条规定："制造、贩卖、运输鸦片、海洛英、吗啡或者其他毒品的，处 5 年以下有期徒刑或者拘役，可以并处罚金。一贯或者大量制造、贩卖、运输前款毒品的，处 5 年以上有期徒刑，可以并处没收财产。"1979 年《刑法》在第 38 次稿的基础上，除了增加了拘役刑这一刑种外，对其他内容没有作任何修改。

（二）1979 年《刑法》颁行以后至《关于禁毒的决定》颁布期间

自从 1979 年《刑法》颁布以后，随着我国政治、经济形势的发展，旧刑法在很多方面已不能适应社会发展的需要，这样，在旧刑法实施近十年后，从 1988 年，全国人大常委会即开始着手对旧刑法的修改工作。从刑法典历次修改、修订草案来看，关于运输毒品犯罪的立法修改也经历了一个曲折的历程。

根据 1988 年 9 月全国人大常委会法制工作委员会起草的《刑法（修改稿）》第二编分则第七章妨害社会管理秩序罪第 8 条规定："制造、贩卖、运输鸦片、海洛英、吗啡或者其他毒品的，处 5 年以下有期徒刑或者拘役，可以并处罚金。一贯或者大量制造、贩卖、运输前款毒品的，处 5 年以上有期徒刑，可以并处罚金；情节严重的，处无期徒刑或者死刑，可以并处没收财产。"本修改稿除了增加"拘役"和"情节严重的，处无期徒刑或者死刑"的规定外，其他内容与 1979 年刑法典没有多少差别。根据 1988 年 11

月16日全国人大常委会法制工作委员会起草的《刑法（修改稿）》第二编分则第七章妨害社会管理秩序罪第180条规定："制造、贩卖、运输鸦片、海洛英、吗啡或者其他毒品的，处5年以下有期徒刑或者拘役，可以并处罚金。一贯或者大量制造、贩卖、运输前款毒品的，处5年以上有期徒刑，可以并处罚金；情节特别严重的，处无期徒刑或者死刑，可以并处没收财产。"本稿除将"情节严重"修改为"情节特别严重"外，其他内容与1988年刑法修改稿没有多少差别。

根据1988年12月25日全国人大常委会法制工作委员会起草的《刑法（修改稿）》第二编分则第八章妨害社会管理秩序罪第193条第一款、第二款规定："制造、贩卖、运输鸦片、海洛英、吗啡或者其他毒品的，处5年以下有期徒刑或者拘役，可以并处罚金。一贯或者大量制造、贩卖、运输前款毒品的，处5年以上有期徒刑，可以并处罚金；情节特别严重的，处无期徒刑或者死刑，可以并处没收财产。"本稿的规定与上稿相比内容完全相同。

1990年12月28日第七届全国人大常委会第十七次会议通过了《关于禁毒的决定》，这一决定的颁布，对于集中打击毒品犯罪提供了有力的法律依据。根据该决定第2条规定："走私、贩卖、运输、制造毒品，有下列情形之一的，处15年有期徒刑、无期徒刑或者死刑，并处没收财产：（一）走私、贩卖、运输、制造鸦片1000克以上、海洛因50克以上或者其他毒品数量大的；（二）走私、贩卖、运输、制造毒品集团的首要分子；（三）武装掩护走私、贩卖、运输、制造毒品的；（四）以暴力抗拒检查、拘留、逮捕，情节严重的；（五）参与有组织的国际贩毒活动的。走私、贩卖、运输、制造鸦片200克以上不满1000克、海洛因10克以上不满50克或者其他毒品数量较大的，处7年以上有期徒刑，并处罚金。走私、贩卖、运输、制造鸦片不满200克、海洛因不满10克或者其他少量毒品的，处7年以下有期徒刑、拘役或者管制，并处罚金。利用、教唆未成年人走私、贩卖、运输、制造毒品的，从重处罚。对多次走私、贩卖、运输、制造毒品，未经处理的，毒品数量累计计算。"该决定对于运输毒品犯罪的规定不仅较为全面，而且对构成犯罪的数额作了量化规定，并且对于走私、贩卖、运输、制造毒品处15年有期徒刑、无期徒刑或者死刑的适用范围作了明确的规定，这对于打击运输毒品犯罪无疑具有十分重要的意义。

(三)《关于禁毒的决定》实施以后至1997年《刑法》颁布期间

1989年以后,刑法典的修订工作被暂时搁浅,停顿了大约五年的时间。从1993年10月开始,全国人大常委会法制工作委员会又重新将刑法修订工作提上议事日程。根据1993年10月19日全国人大常委会法制工作委员会刑法修改小组《刑法分则条文汇集》的整理,刑法分则原有8章、103条,本汇集调整补充为28章、292条。其中将走私、贩卖、运输、制造毒品罪置于刑法分则第二十四章制造、贩卖毒品罪第2条。

1993年11月21日、1994年3月3日、1995年8月8日全国人大常委会法制工作委员会刑法修改小组整理的《刑法分则条文汇集》,于刑法分则第二十三章制造、贩卖鸦片毒品罪所规定的内容与禁毒决定所规定的内容完全相同。

1996年8月8日全国人大常委会法制工作委员会起草的《刑法分则修改草稿》,于刑法分则第六章妨害社会管理秩序罪第六节走私、贩卖、运输、制造毒品罪所规定的内容与禁毒决定的规定基本一致。

1996年8月31日全国人大常委会法制工作委员会起草的《刑法(修改草稿)》,于刑法分则第六章妨害社会管理秩序罪第六节走私、贩卖、运输、制造毒品罪第1条除删去了"对多次走私、贩卖、运输、制造毒品,未经处理的,毒品数量累计计算"外,其他内容与禁毒决定相同。

1996年10月10日全国人大常委会法制工作委员会制订的《刑法(修订草案)(征求意见稿)》,于刑法分则第六章妨害社会管理秩序罪第七节走私、贩卖、运输、制造毒品罪第310条在修改草稿的基础上除增加"走私、贩卖、运输、制造毒品,无论数量多少,都应当追究刑事责任,予以刑事处罚"外,其他内容相同。

1996年12月中旬全国人大常委会法制工作委员会制订的《刑法(修订草案)》,于刑法分则第六章妨害社会管理秩序罪第七节走私、贩卖、运输、制造毒品罪第317条和1996年12月20日全国人大常委会办公厅秘书局印制的《刑法(修改草案)》,于刑法分则第六章妨害社会管理秩序罪第七节走私、贩卖、运输、制造毒品罪第316条规定的内容与征求意见稿内容完全相同。

1997年1月10日全国人大常委会法制工作委员会和1997年1月13日至24日全国人大法律委员会、全国人大内务司法委员会讨论的《刑法(修改草案)》于刑法分则第六章妨害社会管理秩序罪第七节走私、贩卖、运输、制造毒品罪第329条在1996年10月10日全国人大常委会法制工作委员会制订的《刑法（修订草案）（征求意见稿）》的基础上除增加"对多次走私、贩卖、运输、制造毒品，未经处理的，毒品数量累计计算"外，其他内容与征求意见稿相同。

1997年2月17日全国人大常委会办公厅秘书局印制的《刑法（修改草案）（修改稿）》、1997年3月1日八届全国人大五次会议秘书处印制的《刑法（修改草案）（修改稿）》的内容与修改草案的内容完全相同。

1997年3月13日第八届全国人民代表大会第五次会议主席团第三次会议通过、八届全国人大五次会议秘书处印制的《刑法（修改草案）》将刑法分则定为10章，在第二编分则第六章妨害社会管理秩序罪第七节走私、贩卖、运输、制造毒品罪第347条中规定："走私、贩卖、运输、制造毒品，无论数量多少，都应当追究刑事责任，予以刑事处罚。走私、贩卖、运输、制造毒品，有下列情形之一的，处15年有期徒刑、无期徒刑或者死刑，并处没收财产：（一）走私、贩卖、运输、制造鸦片1000克以上、海洛因50克以上或者其他毒品数量大的；（二）走私、贩卖、运输、制造毒品集团的首要分子；（三）武装掩护走私、贩卖、运输、制造毒品的；（四）以暴力抗拒检查、拘留、逮捕，情节严重的；（五）参与有组织的国际贩毒活动的。走私、贩卖、运输、制造鸦片200克以上不满1000克、海洛因或者甲基苯丙胺10克以上不满50克或者其他毒品数量较大的，处7年以上有期徒刑，并处罚金。走私、贩卖、运输、制造鸦片不满200克、海洛因或者甲基苯丙胺不满10克或者其他少量毒品的，处3年以下有期徒刑、拘役或者管制，情节严重的，处3年以上7年以下有期徒刑，并处罚金。单位犯前三款罪的，对单位判处罚金，并对其直接负责的主管人员和其他直接责任人员，依照前三款的规定处罚。利用、教唆未成年人走私、贩卖、运输、制造毒品的，或者向未成年人出售毒品的，从重处罚。对多次走私、贩卖、运输、制造毒品，未经处理的，毒品数量累计计算。"此稿与禁毒的决定及其后来的修改稿相比，除了增加"甲基苯丙胺"这一毒品种类外，还增设了单位犯罪主体，另外，对运输毒品犯罪的法定刑作了细化处理，这样更方便司法操作，也更好地贯穿了罪刑相适应的原则。鉴于刑法修改草案对运输毒品犯罪的规定比较科学、全面，1997年3月14日第八届全国人民代表大会第五次会议修订、1997年10月1日起施行的《刑法》第二编分则第六章妨害社会管理秩序罪第七节走私、贩卖、运输、制造毒品罪所规定的内容与刑法修改草案完全相同，没有作任何修改。

二、运输毒品罪的概念和构成特征

关于运输毒品罪的概念，目前在各种专著和教材中的定义有所差异，归纳起来，主要有以下几种不同的观点：

第一种观点认为，运输毒品罪是指违反国家毒品管理法规，运输毒品的行为。[1]

第二种观点认为，运输毒品罪是指违反国家毒品管制法规，运输鸦片、海洛因、甲基苯丙胺（冰毒）、吗啡、大麻、可卡因以及其他毒品的行为。[2]

第三种观点认为，运输毒品罪是指行为人明知是毒品，本身或者利用他人携带、邮寄、或使用运载工具非法运送毒品的行为。[3]

第四种观点认为，运输毒品罪是指违反毒品管制法规，运输鸦片、海洛因、甲基苯丙胺（冰毒）、吗啡、大麻或者其他毒品，破坏国家毒品管制的行为。[4]

第五种观点认为，运输毒品罪是指违反国家毒品管制法规，利用交通工具或者其他手段非法运输、携带、邮寄或交付托运鸦片、海洛因、吗啡或者其他毒品的行为。[5]

从以上五种观点来看，第一种观点虽然指出了运输毒品罪的犯罪前提是违反国家毒品管理法规，但对运输毒品的行为的解释过于笼统，因此没有全面地揭示运输毒品罪的内涵。第二种观点和第四种观点虽然也指出了运输毒品罪的犯罪前提，并且列举了运输毒品罪的犯罪对象，但对运输毒品的行为的解释如同第一种观点存在的弊病一样过于笼统，因而其缺陷是明显的。第三种观点虽然对运输毒品罪的主观方面和客观行为方式都作了明确的解释，这是其有别于其他各种观点的优点之所在，但这种观点对于运输毒品罪的犯罪前提和犯罪对象均未涉及，这是其不足之处。第五种观点虽然相对于前述四种观点比较全面，但未指明运输毒品罪的主观方面，这是其最致命的缺陷。鉴于以上几种观点都存在着这样或那样的缺陷，因此我们认为要对运输

---

[1] 王作富主编：《刑法》，中国人民大学出版社1999年版，第505页。
[2] 陈忠林主编：《刑法分论》，高等教育出版社2007年版，第209页。
[3] 蒋筑君：《新刑法与毒品犯罪》，西苑出版社1998年版，第56页。
[4] 赵秉志、于志刚：《毒品犯罪》，中国人民公安大学出版社1998年版，第147页。
[5] 云南省高级人民法院：《惩治毒品犯罪理论与实践》，中国政法大学出版社1993年版，第211页。

毒品罪下一个科学的定义，必须结合运输毒品罪本身的特点和犯罪构成特征进行概括的总结，方能达到其应有的目的。故我们认为，运输毒品罪是指行为人违反国家毒品管制法规，明知是毒品而利用交通工具或者其他手段非法运输、携带、邮寄或交付托运鸦片、海洛因、甲基苯丙胺（冰毒）、吗啡、大麻或者其他毒品的行为。

从我们对运输毒品罪所下的定义来分析，关于运输毒品罪的构成特征有以下几个方面。

（一）运输毒品罪的客体

运输毒品罪所侵犯的客体是国家对毒品的管制。根据国务院关于《麻醉药品管理办法》和《精神药品管理办法》等有关规定，麻醉药品和精神药品的生产、供应和运输，非经国家指定的单位或部门按照规定的程序上报审批，其他任何单位和个人均不得经营。其中有的毒品，如海洛因、大麻等，国家本身就不生产、不供应、不运输，因而自然也就不存在合法经营的问题。而运输毒品罪，正是违反毒品管理法规，破坏国家的毒品管制，进而危害人民的健康。

关于运输毒品罪的对象是什么，这是一个在刑法理论上有所争议的问题。如有的学者认为并强调该罪的对象必须是毒品。[1] 有的学者持相似的观点，认为该罪的对象单指鸦片、海洛因、吗啡、大麻、可卡因以及其他可能使人上瘾成癖的毒品。[2] 有的学者经过理论论证认为，运输毒品罪的对象必须是毒品，如果不是毒品，不构成运输毒品罪。[3] 我们认为，运输毒品罪的对象只能是毒品，如果不是毒品，则不构成运输毒品罪。在这里，所谓毒品，根据《刑法》第357条之规定，是指鸦片、海洛因、甲基苯丙胺（冰毒）、吗啡、大麻、可卡因以及国家规定管制的其他能够使人形成瘾癖的麻醉药品和精神药品。《刑法》对毒品概念的规定采用了概括与列举相结合的方法。从这一概念所涉及的内容不难看出，能使人形成瘾癖是毒品的根本特征。毒品与药品的界限在于是否超过了国家的管制范围，在国家管制范围之内的是药品，而超越了国家的行政管制范围的则为毒品。毒品按其效能来分，可以分为麻醉药品和精神药品。与此同时，这一概念列举了比较高发的

---

[1] 何秉松主编：《刑法教科书》，中国法制出版社1994年版，第720页。
[2] 赵秉志、吴振兴主编：《刑法学通论》，高等教育出版社1993年版，第736页。
[3] 赵秉志主编：《毒品犯罪研究》，中国人民大学出版社1993年版，第120页。

毒品犯罪中所涉及的毒品种类，即鸦片、海洛因、甲基苯丙胺（冰毒）、吗啡、大麻、可卡因6种毒品，而对其他毒品则以引证罪状的方式，由国家卫生机关以行政法规的方式进行规定。

（二）运输毒品罪的客观方面

无论是天然毒品还是经加工或者合成的毒品，在最终进入市场、产生实际危害社会的结果之前，大多要经过运输这一环节。那么，对于"运输"行为的含义应当如何理解，在我国刑法学界主要有以下几种不同的观点：

第一种观点认为，所谓运输，是指在境内自身携带、托人或雇人携带、以及经伪装后以合法形式交由运输部门托运。①

第二种观点认为，所谓运输毒品，是指将毒品从某一地点运往另一地点，区域范围则限于我国国内。②

第三种观点认为，运输毒品，是指明知是毒品而采用携带、邮寄、利用他人或者使用交通工具等方法非法运输毒品的行为，也包括明知是毒品而受雇帮助运输。③

第四种观点认为，运输毒品是指行为人明知是毒品而为他人运送，包括利用飞机、火车、汽车、船只等交通工具或采用随身携带的方法将毒品从甲地送到乙地的运输行为，转移运送毒品的区域，应以国内领域为限，而不包括进出国境。④

第五种观点认为，所谓运输，是指转运和输送，不论是自身携带或交运输部门承运，还是在国内各地之间运输或国内运往国外或国外运至国内，只要实施了运输行为即构成犯罪。⑤

第六种观点认为，所谓运输，既是指犯罪分子自己使用交通工具亲自进行运送毒品的行为，也是指犯罪分子利用各种商业承运、海上货运、邮件传递等为掩护，进行偷运毒品的行为。⑥

第七种观点认为，运输毒品是指违反交通运输法规，明知是毒品而为他

---

① 赵秉志、吴振兴主编：《刑法学通论》，高等教育出版社1993年版，第736页。
② 赵秉志：《毒品犯罪研究》，中国人民大学出版社1993年版，第120页。
③ 林准主编：《中国刑法教程》，人民法院出版社1994年版，第519页。
④ 赵长青主编：《中国毒品问题研究》，中国大百科全书出版社1993年版，第292页。
⑤ 邹涛、邵振翔：《关于禁毒的决定和关于惩治走私、制作、贩卖、传播淫秽物品的犯罪分子的决定释义》，群众出版社1991年版，第9页。
⑥ 欧阳涛、陈泽宪主编：《毒品犯罪及对策》，群众出版社1993年版，第52页。

人运送，包括利用飞机、火车、汽车等交通工具或采用随身携带的方法将毒品从一地送往另一地的运输行为。①

我们认为，以上各种观点见仁见智地从各个不同的角度论述了"运输"行为的含义，都有可取之处，但尚需进一步深入研究。一般来讲，所谓"运输"行为，应当具备以下特征：

第一，运输行为的主观性，即明知是毒品而进行运输。根据这一特征，行为人未认识到是毒品而替他人携带、邮寄或者以各类交通工具将毒品进行空间转移的行为，不构成犯罪，是受他人蒙骗的行为，主观无特定的危害，显然不能构成运输毒品罪。

第二，运输行为的空间性。关于这一特征有两层含义：一是运输的空间范围以不超越国（边）境线为要求，否则构成走私毒品行为，而不再属于运输行为；二是运输的距离特征，即运输是从一地到另一地的毒品的空间位移，这两地之间的距离不能过短，如从同一城区的一家房屋内到另一房屋内的毒品位移，显然不能以运输论。这是在距离上的要求。

第三，运输行为与人的关系。既可以是行为人自己运输自己所有的毒品，也可以是受雇为他人运输；既可以是人货同行，也可以是委托商业承运机构的委托运输；既可以是明确告知他人并雇用他人进行运输，也可以是欺骗他人，以他人为犯罪工具而进行运输。

第四，运输行为与运输工具。这里的运输工具既可以是任何形式的交通工具，也可以是人体隐藏的携带，还可以是其他方法，如利用动物携带毒品，等等。

以上是运输毒品行为的行为特征，至于运输毒品的具体行为方式一般有以下几种：

第一，自身携带。这种方式通常是指行为人本人通过隐藏的方式将毒品由甲地运往乙地。这是传统且常见的运输毒品方式。

第二，伪装后以合法形式由交通运输部门托运或者交邮电部门邮寄。这种方式通常是行为人将毒品经过伪装后以货物或者邮件的形式出现，通过交通运输部门或者邮电部门托运或邮寄。

第三，利用、教唆未成年人、老年人或怀孕、哺乳的妇女携运毒品。未成年人运输毒品往往便于隐蔽、伪装，一般不会引起注意，所以毒品罪犯经

---

① 周其华：《全国人大常委会修改和补充的犯罪》，中国检察出版社1992年版，第245页。

常利用他们进行毒品犯罪以逃避法律制裁。而利用体弱多病的老人或利用妇女怀孕、哺乳期"抓住了也关不了"的空子运输毒品,则也是近年来较常见的一种运输毒品方式。

第四,以运货为名,雇人雇车运输毒品,毒贩和毒品分开而行(即人货分离、人货分行),分段转运。这是近年来狡猾、老练的毒贩常用的伎俩。一旦毒品被查获,他们宁肯丢货不丢人,故这种情况亦属于侦破运输毒品的难点之一。

第五,以金钱、女色收买和勾引公安、武警或部队中少数腐败分子,身着制服,持枪携证,驾驶车辆,合伙贩运。这是内外勾结共同犯罪的一种典型方式。这类案件尽管实际发案不多,但影响极坏,危害甚大,不容忽视。

(三)运输毒品罪的主体

运输毒品罪的主体是一般主体,凡是年满16周岁、具有刑事责任能力的人实施了运输毒品的行为,均可以构成本罪。本罪的犯罪主体既可以是中国人,也可以是外国人或者无国籍人;既可以是一般公民,也可以是国家工作人员。凡是年满16周岁、具有刑事责任能力的人利用未满16周岁的人或者精神病人人实施运输毒品的行为的,不构成共同犯罪,对于此类行为应当依照间接正犯处理。

根据《刑法》第347条第5款规定,单位也可以构成运输毒品罪的主体。这里的单位包括公司、企业、事业单位、机关和团体。这里的公司,是指以营利为目的的从事生产和经济活动的经济组织,它包括有限责任公司和股份有限责任公司。企业,是指公司以外的,以从事生产、流通等活动为内容,以获取利润和增加积累、创造社会财富为目的的营利性社会经济组织。事业单位,是指依法成立的从事各种社会公益活动的组织。机关,是指具有执政党和国家的领导、管理职能和保卫国家安全职能的机构,包括国家各级权力机关、行政机关、审判机关、检察机关、军事机关。团体,主要指人民团体和社会团体。根据1999年6月18日最高人民法院通过的《关于审理单位犯罪案件具体应用法律有关问题的解释》,刑法规定的"公司、企业、事业单位",既包括国有、集体所有的公司、企业、事业单位,也包括依法设立的合资经营、合作经营企业和具有法人资格的独资、私营等公司、企业、事业单位。

(四)运输毒品罪的主观方面

运输毒品罪的主观方面必须出于故意,即行为人明知自己运输的是毒品，而有意去实施毒品的行为，过失的行为不构成运输毒品罪。如果行为人确实没有运输毒品的故意，客观上却实施了运输毒品的行为，则不能认定构成运输毒品罪。发生这种情况，一般是由于不知道他人所交带运的东西是毒品，或毒品已经他人伪装，不知道所带东西里面藏匿毒品。至于构成运输毒品罪是否还必须同时具有犯罪的目的或者必须具有牟利的目的，不能一概而论，要根据具体的运输毒品行为而具体论定。在司法实践中，大多数运输毒品的犯罪分子主观上都具有通过帮助他人运输毒品，达到牟取非法利润或者其他非法利益的犯罪目的，但是，也不排除有少数出于亲情和朋友义气，明知对方所托的东西是毒品，仍然同意帮助其运输的。《刑法》第347条的规定，没有把牟利等犯罪的目的规定为运输毒品罪的构成要件，因而我们在认定该罪时，关键是审查行为人是否明知自己所携带、运输的是毒品，无论行为人出于何种目的，只要明知是毒品，仍为他人携带、邮寄、托运的，均应当以此罪论处。

三、运输毒品罪的司法认定

（一）运输毒品罪与非罪的界限

1. 运输毒品罪与合法行为的界限

在临床实践中，鸦片、吗啡等毒品是某些药品的主要原料，根据我国《麻醉药品管理办法》和《精神药品管理办法》的有关规定，凡是根据医疗、教学、科研等的需要，经政府特许从事买卖、运输、制造毒品的是合法行为。从这一规定不难看出，毒品与药品的界限在于是否超过了国家的管制范围，在国家管制范围之内的是药品，而超越了国家的行政管制范围的则为毒品。因此，在处理毒品案件时，要注意从主体资格、目的、用途等方面区分合法行为与犯罪行为的界限。

2. 运输毒品罪与一般违法行为的界限

虽然《刑法》第347条规定运输毒品罪在毒品数量上没有下限的限制，无论数量多少都应当追究刑事责任，但这是否意味着运输极少量的毒品都要构成犯罪呢？关于这一问题，笔者认为应当依照《刑法》第13条规定的"但书"来进行处理。根据第13条"但书"的规定："情节显著轻微危害不大的，不认为是犯罪。"这一规定同样可以适用于运输毒品罪，即行为人运输毒品的行为，如果情节显著轻微危害不大的，不应当认定为犯罪。

(二) 运输毒品罪与相关犯罪的界限

1. 运输毒品罪与走私毒品罪的界限

走私毒品罪是指行为人违反海关法规和国家对毒品的管制，逃避海关监管，非法运输、携带、邮寄鸦片、海洛因等毒品进出国（边）境的行为。本罪与运输毒品罪既有相似之处，也有不同之处。相似之处在于二者的犯罪对象都是毒品，主观方面都出于故意，主体均为一般主体，客观方面都有运输毒品的行为。它们之间的不同点主要表现在以下几个方面：

第一，在客观方面，两者的行为表现不同。其主要不同之处在于犯罪行为实施的地点不同，运输毒品罪的行为只能发生在境内，行为人所实施的行为只能是与走私行为无直接联系的位移行为。而走私毒品罪的行为只能发生在进出国（边）境的过程中，或者与进出国（边）境有直接联系的贩毒行为。从行为的具体表现来看，运输毒品罪表现出为违反国家对毒品的管制法规，逃避公安机关和其他监管机关的管理，在境内非法运输毒品，或者非法进行与走私无直接联系的运输毒品的行为。而走私毒品罪则表现为直接违反海关法规，逃避海关监管，非法运输、携带、邮寄鸦片等毒品进出国（边）境，或者在内海、领海运输、收购、贩卖毒品，或者直接向走私人非法收购毒品的行为。凡属这几种具体形式的贩毒行为，都应当以走私毒品罪论处。

第二，在客体方面，两者侵犯的法益不同。由于两罪在客观方面的行为表现不同，两罪直接违反的行政管理法规和逃避监管的行政机关也大不相同，因而两罪所侵犯的客体也有所不同。运输毒品罪的直接客体，是国家对毒品的管制和国家的社会管理秩序，而走私毒品罪的直接客体，既侵犯了国家对毒品的管制和国家的社会管理秩序，也侵犯了国家对外贸易管制和社会主义市场经济秩序，但它主要是直接侵犯了国家对外贸易管制和社会主义市场经济秩序，因而运输毒品罪与走私毒品罪在侵害的法益上有着十分重要的区别。

在司法实践中，走私毒品一般都要实施运输、携带、邮寄的行为，通常可以遇到以下几种情况：一是走私毒品犯自己实施，即行为人将收购或赊来的毒品携带进出国（边）境；二是有预谋的参与走私毒品活动，在共同犯罪中虽然不拼资，不直接去赊购毒品，但专门负责运输；三是对毒品来龙去脉一概不知，仅仅是被临时雇用为走私毒品犯运输毒品，一般往往是熟悉山路的边民。对上述几种情况，是否一概认定为走私毒品罪？我们认为不能一概而论，要根据具体情况具体分析。对于第一种情况，应当认定为走私毒品罪，因为它完全符合走私毒品罪的特征。第二种情况也不例外，它是走私罪中的共同犯罪，专门从事运输是共同犯罪中的分工，是整个走私毒品活动中的必要组成部分，因而运输毒品行为人仍应以走私毒品罪论定。第三种情况比较特殊，为走私毒品犯运输毒品的边民，有的是走私毒品犯在境外雇用，按照老板的要求，将毒品从境外某地运往境内某地，有的则是走私毒品犯在边境内雇用的，按要求将毒品运到某地或运过某个关卡。对于这两种情况，有一种主张认为，一律按运输毒品罪论处，其理由是：其一，这些边民主要是受雇于走私毒品的"老板"，主要行为是运输毒品；其二，尽管这里存在出入国（边）境的行为，但因其长期生活在边境地区，边民之间素有通婚、往来关系，对国境的概念并不是那么明确；其三，对他们以运输毒品罪论定，有利于分化瓦解毒品犯罪分子。我们认为，上述主张有一定的道理，对于类似情况，按照运输毒品罪论处比按走私毒品罪论处更为科学。

2. 运输毒品罪与贩卖毒品罪的界限

贩卖毒品罪是指明知是毒品而非法转手销售或自制销售，或者以贩卖为目的而非法收买毒品的行为。运输毒品罪与贩卖毒品罪在侵害的客体、犯罪对象、犯罪的主观方面都有共同之处，其区别主要在于以下几个方面：

第一，犯罪的客观表现不同。运输毒品罪在客观方面的表现主要是运输，即行为人将毒品以携带、运输、邮寄等方式从甲地运往乙地。贩卖毒品罪在客观方面，则主要表现是转手倒卖毒品，即行为人低价买进，高价卖出。贩卖毒品罪的行为比较复杂，既有买卖行为，又有运输行为，而运输毒品罪的行为则比较单一，仅是运输。换言之，贩卖毒品罪中可包含运输行为，但运输毒品罪中就不能包含贩卖行为。如果运输毒品行为人将他人交运的毒品进行贩卖，则应按运输、贩卖毒品罪论处。

第二，行为人对毒品占有的内容不同。运输毒品罪的行为人对毒品的占有是暂时的，行为人只完成将毒品从甲地运往乙地这一行为，毒品仅在运输途中归他控制，他对所运输的毒品一般没有处分的权利。而贩卖毒品罪的行为人对毒品一般具有占有或处分的权利，从毒品被购进到卖出期间，行为人对该毒品都有实际控制和处分的权利。

第三，获取非法利益的方式不同。运输毒品罪的行为人主要是通过为他人运输毒品，来达到获取非法利益的目的。贩卖毒品罪的行为人则是通过买卖毒品来获取非法利益。

在司法实践中，贩卖毒品的行为与运输毒品的行为紧密相联，犯罪分子收购到毒品后,往往都要通过各种方式将毒品运输到别地去贩卖,而且运输的路程越长,获得的暴利越大,同时,为保险起见,犯罪分子一般都是自己贩卖,自己运输。同时实施了贩卖、运输毒品几种行为,对于这种情况应如何确定其罪名?实践中做法不一。一种是根据行为选择罪名,然后并列认定,另一种是按照吸收原则,确定一个主要罪名。我们认为,对于同一犯罪人实施了多种毒品犯罪行为的案件,应当根据犯罪行为的彼此联系来定罪,例如被告人甲从边境贩卖了数量较大的毒品(其中海洛因100克,鸦片200克),然后运往内地出售。对甲就应定贩卖毒品一罪,因为甲虽然实施了两种毒品犯罪行为,但这两种行为是彼此联系的,后一行为是前一行为的必然延伸,因此以其中的主要罪名定罪即可。但如果甲在贩卖的同时,又帮另一毒贩捎带了数量较大的毒品,他就构成贩卖、运输毒品两种罪名,应以两罪分别定罪量刑,然后实行数罪并罚。

3. 运输毒品罪与非法持有毒品罪的界限

非法持有毒品罪是指行为人违反国家毒品管制法规,明知是毒品而非法持有数量较大的行为。运输毒品罪与非法持有毒品罪在犯罪主体、犯罪对象、犯罪的客观前提和犯罪的主观方面都具有相同之处。它们之间的区别主要表现在以下几个不同的方面:

第一,两者的行为表现不同。运输毒品罪是指明知是毒品而采用携带、邮寄、利用他人或者交通工具等方式非法移转毒品的行为,包括毒品所有者为自己运输,也包括毒品所有者之外的人受雇用或指使为他人运输;非法持有毒品罪是指明知是毒品而无合法理由持有。

第二,两者的主观故意内容不同。运输毒品罪的行为人主观故意的内容是确定的,即主观上是以运输为目的;非法持有毒品罪的行为人的主观故意内容则是不确定的,持有者可能是自己吸食,也可能是为了进行贩卖、运输或走私。

第三,两者对毒品数额的要求不同。根据《刑法》第347条第1款的规定,运输毒品罪无论数量多少,都应当追究刑事责任。而根据刑法第348条的规定,非法持有毒品必须达到数量较大才能构成犯罪。

一般情况下,运输毒品罪和非法持有毒品罪比较容易区分,但由于运输毒品通常表现为非法持有毒品,两者有时也难以准确界定。我们认为,从立法目的来看,非法持有毒品罪是针对行为人持有数量较大的毒品,但无证据证明其实施了其他毒品犯罪行为而设立的,因此,准确界定运输毒品罪和非法持有毒品罪的关键，一是在于有无充分的证据证明毒品持有人主观上具有运输其持有的毒品的故意，二是在于行为人客观上是否实施了运输毒品行为。此外，这里还涉及如何理解刑法意义上的"运输毒品"的含义问题。是不是只要行为人使毒品发生空间位移的都属于运输毒品，这个问题对于准确界定运输毒品罪至关重要。司法实践中，之所以对吸毒者携带毒品在交通工具上被抓获但无证据证明其实施了其他毒品犯罪行为的情形的定性产生分歧，原因就在于没有从根本上准确理解刑法意义上的运输毒品的含义，以至于认为，凡是毒品处于运动状态并发生空间位移的都是运输毒品。我们认为，我国刑法设立运输毒品罪的目的是在于阻止毒品流通，故刑法意义上的运输毒品，其本质是使毒品进行流通。从这个角度而言，运输毒品主要是作为贩卖、走私、制造毒品的一个环节而存在的，具有其自身的独立性和独立评价价值。例如，在贩卖毒品的情况下，运输毒品就是贩毒分子异地贩卖毒品的一个必不可少的环节。故无论是毒品所有人本人运输毒品，还是毒品所有人之外的其他人受雇用或指使运输毒品，凡构成运输毒品罪的，运输毒品行为都是一个相对独立的事实。如果行为人只是基于窝藏、隐匿毒品而转移毒品，尽管毒品发生了空间位移，也只不过是改变毒品隐匿场所的一种方式，而不是贩卖、走私、制造毒品的一个环节，故不属于运输毒品。同样，吸毒者出于供本人吸食目的而携带毒品的，尽管其行为客观上使毒品发生了空间位移，但该携带毒品行为不会导致毒品流通，也不属于运输毒品。因此，尽管运输毒品的方式包括携带毒品，但不等于说凡是携带毒品的都是运输毒品。所以，吸毒者携带毒品在交通工具上被抓获，但没有证据证明其实施了其他毒品犯罪行为的，不宜都以运输毒品罪论处。

（三）运输毒品罪的既遂与未遂的界限

根据我国刑法理论之通说，犯罪既遂是指已经成立直接故意的犯罪，其客观方面齐备法律规定的犯罪结果或行为要件的犯罪形态。由于法律规定的要件因罪而异，所以犯罪既遂表现为四种形态，即结果犯、行为犯、举动犯、危险犯。如果将举动犯归属于行为的一种即即时行为犯，那么原来意义的行为犯则可称之为过程行为犯，分类的结果便成了三种，即结果犯、行为犯、危险犯。从运输毒品罪本身所具有的特点来考察，它既不属于结果犯，也不属于危险犯，因而探讨运输毒品罪的既遂与未遂，应将其置于行为犯或者举动犯的理论框架下来进行研究。因即时行为犯与举动犯没有实质性的差异，为了区别起见，我们在此使用举动犯的概念。从刑法理论上讲，行为犯与举动犯有着明显的区别。行为犯与举动犯的相同点在于两者都不以发生实际的危害结果作为犯罪构成的必要条件;两者的区别在于举动犯的既遂以着手实行犯罪为标志,而行为犯只有当实行行为达到一定的程度时,才过渡到既遂状态。①

那么运输毒品行为是否属于举动犯呢?按照我国刑法理论界的总结,举动犯或即时行为犯一般包括以下几种形态:第一类是指德日刑法理论中的形式犯(主要是行政犯),第二类是指诸如参加恐怖活动组织罪等独立的预备犯,第三类诸如传授犯罪方法罪、煽动颠覆国家政权罪等主要以言辞方式实施的抽象危险犯。② 从我国刑法规定来看,运输毒品的行为是一种独立的犯罪行为,在共同犯罪中虽然可以成为其他犯罪行为如走私、贩卖毒品行为的帮助行为,成为其他行为的一个组成部分,但运输毒品行为并不是走私、贩卖毒品行为的预备行为。刑法理论界有一种观点认为,应将运输毒品罪的既遂形态界定为即成犯,与从严惩治毒品犯罪的立法本意相吻合。③ 我们认为这种理解是不恰当的。刑法学是一个周延的理论体系,在刑法解释的过程中,虽然为了某种司法实践的需要,可以通过扩大化的解释方法超越法律理论,但只有立法解释才能担负这一职责。在刑法立法解释相对滞后的情况下,至少需要最高司法机关的司法解释来完成,学理解释不能为了某种司法解释的需要,而违背刑法理论体系的周延性,同时也违背刑法的谦抑精神。因而我们认为,为了加强对运输毒品行为的打击而将其解释为举动犯,在理论上是不科学的。

运输毒品罪在理论上讲只能是行为犯,这也是我国刑法理论界的通说。下面我们就如何界定行为犯的既遂与未遂问题作一探讨。从表面上看,刑法理论界对行为犯的既遂标准似乎没有争议,但仔细比较可以发现各种学说之间还是有区别的。第一种观点认为"以法定的犯罪行为的完成作为既遂标准"④。第二种观点认为"只有当实行行为达到一定程度时,才过渡到既遂形态"⑤。两种理论比较,第一种理论标准较为明确,而第二种理论标准则较为含混。究竟哪种理论更为合理呢?我们认为,也正是第一种观点过于明

---

① 马克昌主编:《犯罪通论》,武汉大学出版社1999年版,第499页。
② 刘之雄:《犯罪既遂论》,中国人民公安大学出版社2003年版,第109页。
③ 王武:《运输毒品犯罪适用法律研究》,载《上海市政法管理干部学院学报》2001年第3期。
④ 高铭暄、马克昌主编:《刑法学》,北京大学出版社、高等教育出版社2000年版,第151页。
⑤ 马克昌主编:《犯罪通论》,武汉大学出版社1991年版,第499页。

确,却失之武断。这里试举一例加以说明。我国刑法分则规定了脱逃罪,按照第一种标准,"以法定的犯罪行为完成"作为犯罪既遂的标准,法定的犯罪行为是脱逃行为,该怎样界定脱逃行为完成呢?以犯罪嫌疑人或罪犯逃跑成功作为标准明显是不合理的。同样强奸罪也不能认为其以强奸行为完全完成作为既遂标准。第二个标准虽然不够明确,但它能够结合不同的罪名从而确定一个合理的既遂标准,既能照顾司法惯例的需要,又能结合个案给司法工作人员留有一定的自由裁量空间,兼顾到罪刑相适应原则的需要。

在弄清了运输毒品罪在理论上的犯罪形态之后,我们拟结合本罪的具体形态作一探讨。关于运输毒品罪的既遂标准,在刑法理论界有两种不同的观点:第一种以"起运说"为代表,第二种以"到达目的地说"为代表。第一种观点将运输毒品的行为当作举动犯看待,虽有利于打击运输毒品的犯罪行为,但在理论上是不周延的,体现出过于功利性的特征,在刑法理论上是不合理的。第二种将运输毒品行为看作行为犯,在刑法理论上比较合理,但在判断行为犯既遂标准上又坚持以"犯罪行为完成"作为标准。以"犯罪行为完成"作为既遂标准,在运输毒品罪中,只有运输到达目的地才算作行为完成。如果按照这种理论,在司法实践中几乎不存在运输毒品的既遂犯,因为在多数情况下,运输毒品几乎都是运输途中。如果都按照未遂犯处理,则犯罪既遂的规定形同虚设,法网过于宽松。在另外一种情况下,即使运输已经达到目的地,犯罪分子往往会表示"其运输未达到目的地",而运输目的地又很难查明,以"目的地到达说"为标准就给犯罪分子提供了一个减轻罪责的借口。运输毒品罪的既遂形态之所以会出现认识上的混乱,是因为对行为犯沿袭了不合理的"犯罪行为完成"标准,如果对行为犯既遂依照"行为适度说"则上述矛盾就迎刃而解。

首先,运输毒品罪的既遂不采用"起运说",因为毕竟不能将运输毒品罪理解为举动犯。其次,虽然运输毒品罪是行为犯,但将"行为完成"作为行为犯的既遂标准是不科学的,故应该抛弃"目的地到达说"。最后,应该采用"行为一定程度说"作为既遂标准。按照行为程度说,犯罪既遂要求运输毒品的行为达到一定的程度。什么是运输毒品的一定程度呢?运输毒品达到合理的位移,则可视为运输毒品"行为达到一定程度"。那么,该怎样判断运输毒品既遂标准的合理位移呢?我们认为,这一具体的标准应留给司法机关在个案中加以认定。我们提出这一主张,并不是提倡"不可知论",而是因为理论标准有其固有的缺陷,很难适应个案公正的需要。为了兼顾个案公正，留给司法人员一定的自由裁量空间未尝不可。

综上所述，我们主张对运输毒品罪应采用"合理位移"的既遂标准，至于运输多长距离才能算作既遂的"合理位移"，只能在个案中依据具体情况加以判断。"目的地到达"情况下以犯罪既遂论处，肯定不存在争论，但如果"毒品"刚刚起运的情况下，也不宜认定为运输毒品罪的既遂，在已经起运并经过了一定的距离之后，则可按照犯罪既遂来进行处理。"合理位移"一般应依据其运输工具的特点、运输距离的远近、运输毒品数量的多少来加以认定。

专题十四
贪污受贿犯罪定罪量刑理性论

一、问题的缘起

近几年来，贪污受贿犯罪"零容忍"刑事政策的提出为当前的反腐工作注入了强心剂。但如何为日前反腐败刑事政策提供法律以及法理上的支撑，是"刑法是刑事政策不可逾越的藩篱"的内在命题。"理性乃是人用理智理解和应对现实的（有限）能力。"[①] 理性在某种程度上而言，固然显得较为空虚，但人类奠基于经验的理性把控确为社会进步之历史脉络。[②] 以理性主义作为问题寻获乃至破解的工具，实为人类有限的能力所可能掌握的最优路径。理性梳理贪污受贿犯罪定罪以及量刑中的聚讼难题，为刑事政策划出一个理性的界限，从而在审慎的刑事惩罚与愈发严重的贪污受贿犯罪之间保持理性的罪刑关系。

---

① [美] E. 博登海默：《法理学：法律哲学与法律方法》，邓正来译，中国政法大学出版社2004年版，第473页。
② 参见房清侠、冯文杰：《正义的救赎反思——从"洞穴奇案"谈起》，载《河南财经政法大学学报》2015年第1期。

二、贪污受贿犯罪犯罪成立条件的理性重构

鉴于我国贪污受贿犯罪定罪量刑模式的特色,贪污罪犯罪成立条件并未出现较大的争议,而经过历史波折演绎的受贿类犯罪呈现出前所未有的聚讼,对其中的争鸣难点做出理性的探究,势必在相当程度上推动受贿类犯罪的犯罪圈的理性抉择。

(一)受贿标的的理性界定:从财产到利益

如何界定并区分贿赂犯罪的标的(客体),刑法学界主流观点的界定范围不外乎三种外在物质范畴:一为财物,① 二为可以用金钱计算的物质利益(财产性利益)与财物("有限扩张论"),② 三为财物、财产性利益以及非财产性的不正当利益("完全扩张论")。③ 国内刑法通说秉持第二种立场,当下的司法解释亦秉持第二种立场,如相关司法解释将《刑法》第384条所规定的"财物"范围做出扩大解释,④ 将通过赌博形式收受贿赂和通过特定关系人"挂名"领取薪酬等纳入受贿罪的实质范围。《联合国反腐败公约》(以下简称为《公约》)则秉持第三种立场。⑤ 贿赂的标的范围应选择上述哪一种模式,这是一个关乎于受贿罪犯罪圈设定严密与疏漏的重大基础问题。

熊选国坚持认为,将贿赂的标的范围扩大解释到所有不当利益值得商榷,理由如下三点:第一,国内法律不应当一律随着国际公约的变化而变化,需要审慎考虑一国的社情民意以及历史传统。在我国这样一个自古以来"礼尚往来"之风盛行的国度,将不正当利益纳入贿赂范围不仅不利于区分贿赂犯罪与不正当风气,且其现实有效性亦难以获得公意支持。第二,将不正当利益纳入贿赂范围会使得行贿、受贿双方的行受关系模糊不堪,权钱交易的贿赂本质特征无从体现。第三,将贿赂范围扩大解释到非财产性不正当

---

① 参见高铭暄主编:《中国刑法学》,中国人民大学出版社1989年版,第604页。
② 参见肖扬主编:《贿赂犯罪研究》,法律出版社1994年版,第173页。
③ 参见孙国祥:《贪污贿赂犯罪疑难问题学理与判解》,中国检察出版社2003年版,第281页。
④ 即最高人民法院、最高人民检察院于2007年7月8日联合颁发的《关于办理受贿案件具体适用法律问题若干问题的意见》(法发〔2007〕22号)。
⑤ 如《公约》第15条第2项规定:"直接或间接向公职人员许诺给予、提议给予或者实际给予该公职人员本人或者其他人员或实体不正当好处,以使该公职人员在执行公务时作为或者不作为。"

利益会面临司法操作困难的问题。① 故而，其认为，应将贿赂范围扩张解释到财产性利益为止，不宜扩张解释到非财产性不正当利益。党的相关决定明确督促立法机关制定完善的惩治贪污贿赂犯罪的法律规范，将贿赂犯罪对象由原来的财物扩大为财物与其他财产性利益。② 党的这一刑事政策指引宣告了将非财产性利益纳入贿赂标的范围的艰难困境，"有限扩张论"较"完全扩张论"占据绝对的上风。

最高人民法院、最高人民检察院于2016年4月18日联合发布的最高人民法院、最高人民检察院《关于办理贪污贿赂刑事案件适用法律若干问题的解释》（以下简称《贪污贿赂2016司法解释》）第12条规定："贿赂犯罪中的'财物'，包括货币、物品和财产性利益。"应当指出的是，最新的司法解释并未将非财产性利益明确纳入贿赂犯罪的标的范围，但却为将贿赂标的的范围扩大到非财产性利益提供了一个缺口。细言之，《贪污贿赂2016司法解释》明确规定，诸如会员服务、旅游等需要支付货币的其他利益，亦是贪污贿赂犯罪的标的范围。关于会员服务的实践含义非常丰富，诸如可以通过会员资格获取众多利益（性交换、财产等）的生活现实，可谓是已经被纳入了贪污贿赂犯罪的标的范围，实质上一部分非财产性利益只要可以转换为货币，皆可以被称之为财产性利益。遗憾的是，诸如帮助子女转学等非财产性利益并未被纳入贪污贿赂犯罪的标的范围。

贿赂标的的范围的合理界定无法仅仅以表面上的纷争为据，需在理性主义的指引下重返贿赂罪的本质聚讼。学术界在贿赂罪的本质问题上一直有两种立场：一是渊源于罗马法的立场，认为贿赂罪的法益是职务行为的不可收买性；二是渊源于日耳曼法的立场，认为贿赂罪的法益是职务行为的廉洁性。二者的区别点在于，行为主体成立贿赂罪是否需有实施违法或不正当的职务行为。前一立场并不要求实施违法或不正当的职务行为，即便因合法行为而收受他人财物的，仍然构成贿赂罪；后者则唯有在行为主体实施违法或不正当的职务行为时，方构成贿赂罪。现代绝大多数国家（比如德国、日本、意大利和瑞士等）采用的是罗马法的立场，只有在区别单纯受贿和加重受贿的国家，才综合采用两种立场，即对单纯受贿罪采用罗马法的立场，而对

---

① 参见熊选国：《修改刑法打击贿赂犯罪的五项建议》，载《法制日报》2007年10月14日。
② 即中共中央《关于全面推进依法治国若干重大问题的决定》（2014年10月23日中国共产党第十八届中央委员会第四次全体会议通过）。

加重受贿罪采用日耳曼法的立场。① 职务行为的不可收买性已然成为刑法学界毋庸置疑的主流观点，其合理性与正当性的逻辑与事实证明实质在于公务行为的法治化运作要求。国家公职人员在执行公务时必须遵守公平正义原则，虽然公务的执行大多需要自由裁量的运作，但公职人员的自由裁量决不能仅仅为了某个人的利益。其目光应当公平地扫视全部的潜在利益主体，从而择取最为合适的潜在利益主体。换言之，若仅仅为某个利益主体的利益而自由裁量，其他利益主体则在无法获得公平的利益这个意义上遭受到不公平的对待。若公职人员在执行公务时收受利益，进行一种利益交换下的自由裁量时，其所带给社会的危害则尤为重大。② 职是之故，受贿罪的法益为职务行为的不可收买性，刑事立法规定贿赂罪的目的，便是禁止公职人员将公务作为利益的对价来执行。

若公职人员在收受利益时执行对应的公务，则侵犯了贿赂罪的法益（职务行为的不可收买性）；若公职人员不正当执行公务，则会成为加重刑事惩罚或扩张刑事惩罚范围的原由，这亦是域外奉行单纯受贿罪与加重受贿罪二分立法的基本逻辑，处罚贿赂罪的基本原由在于侵犯职务行为的不可收买性，而不是职务行为的廉洁性。顺延贿赂罪的职务行为的不可收买性的法益保护定位，贿赂标的范围的择取亦应服务于这一价值定位。"公权"与"私利"的不法交易较之于"公权"与"私财"的腐败交易，同样具有亵渎国家工作人员职务行为不可交易性的不法特性，且常常具有更大的隐蔽性与腐蚀性。③ 在刑事立法完善视域下而言，将涵盖财物、财产性利益和非财产性利益在内的所有不当利益一律纳入贿赂标的范围，不仅契合我国当下全面推进反腐败斗争的迫切需求，满足了《公约》的文明开放要求，亦在基本逻辑、法理演绎、解释技巧上以及刑事实践操作中不存有无法贯彻的障碍。

（二）"为他人谋取利益"废除论

当下的"零容忍"反腐败刑事政策果断废弃"抓大放小"与"适度容忍腐败"等原有反腐败刑事政策，刑事政策的具体落实需要刑事立法的理性跟进。《刑法》第 385 条第 1 款是关于受贿罪的立法规定，主动索贿与被

---

① 参见张明楷：《刑法学》（第四版），法律出版社 2011 年版，第 1059 页。
② 参见［日］平野龙一：《刑法概说》，东京大学出版社 1977 年版，第 294 页。
③ 参见梁根林：《贪污受贿定罪量刑标准的立法完善》，载《中国法律评论》2015 年第 2 期。

动收贿的定罪要件差异在于，前者并不需要"为他人谋取利益"，后者则需要"为他人谋取利益"。在贿赂罪的法益保护视域下审慎研习这种区分，则获寻刑事立法的这一区分缺乏解释与适用上的合理性。

刑法学术界"存置论"者认为，国家工作人员在索取财物时，职务行为与财物间的对价关系凸显；国家工作人员在被动收贿时，职务行为与财物间的对价关系模糊不清，唯具有显现其他因素使得被动收贿与职务行为具有对价关系时，方得以认定受贿罪法益的侵犯。刑事司法界"存置论"者认为，"为他人谋取利益"属于主观要件，将其存置于被动受贿型受贿罪中，不仅有益于凸显受贿罪的权钱交易特性，亦益于与《公约》规定的"以作为其执行公务时作为或者不作为的条件"相契合。依据《贪污贿赂 2016 司法解释》第 13 条可知，"为他人谋取利益"的认定条件为：一是实际或者承诺为他人谋取利益的；二是明知他人有具体请托事项的；三是履职时未被请托，但事后基于该履职事由收受他人财物的。值得一提的是，若国家工作人员索取、收受具有上下级关系的下属或者具有行政管理关系的被管理人员的财物价值达到三万元以上，可能影响职权行使的，视为承诺为他人谋取利益。由此得知，当下的司法解释对于"为他人谋取利益"的认定较为宽松，但仍是未能透彻理会受贿罪法益的扩张解释的显示。

若国家工作人员未利用职务上的便利，即使索取他人贿赂的，亦不构成单纯的受贿罪，至于是否构成他罪则另当别论。国家工作人员收受贿赂，若未利用职务便利而通过其他国家工作人员的职务行为为请托人谋取不正当利益，则构成利用影响力受贿罪。"废置论"者所认为的"为他人谋取利益"的诉讼证明困难，并不是构成废置这个要件的充足理由。国家工作人员的职务行为与行贿一方所提供（主动或被动）的不当利益形成对价关系，是认定受贿罪成立的核心要件，被动型受贿方无需形成"为他人谋取利益"的主观要件或客观要件，即可以以其职务行为与不正当利益之间的对价关系而成立受贿罪。"为他人谋取利益"并不是形成职务行为与不当利益对价关系的第一顺位要件或者充分要件，职务行为与不当利益对价关系的存在方是充分必要条件。

国家工作人员利用职务上的便利，非法收受他人财物，已然侵犯了职务行为的不可收买性的受贿罪的保护法益，质在于利用职务上的便利必定是利用其职务行为寻求权力出租。故而，宜于恢复 1979 年《刑法》规定的单纯受贿罪，只要国家工作人员利用职务上的便利，索取或者非法收受他人财物、财产性利益或者其他不正当利益的,数额较大或者情节较重的,即构成受贿罪。《刑法》第 385 条第 2 款规定:"国家工作人员在经济往来中,违反国家规定,收受各种名义的回扣、手续费,归个人所有的,以受贿论处。"即使这是一个关于受贿罪的法律拟制规定,亦凸显出"为他人谋取利益"不宜于出现在受贿罪群的犯罪构成中。

三、贪污受贿犯罪圈的理性抉择

刑法的刑事政策化虽是我国新近提出的重要刑法课题,但在域外刑事法律与刑事政策互动发展的百余年间,已然是一个历史的必要存在。"严而不厉""厉而不严"以及"既严又厉"是世界各国刑事立法在犯罪圈的划定以及刑罚的对比分量上做出的三种刑事立法特色,其间受到刑事政策的影响。严密的刑事法网与严厉的刑罚配置便是"严"与"厉"的关键含义。① 在刑事立法历史变革视域下考察贪污受贿犯罪的立法变迁,从中梳理出其行走于"严"与"厉"之间的刑事政策的优劣利弊,可以为贪污受贿犯罪圈的理性抉择提供一个可靠的路径。

1979 年《刑法》规定贪污罪、受贿罪、行贿罪与介绍贿赂罪四个罪名,贪污罪的法益为财产法益,后三者的法益为职务行为的不可收买性,且摒弃罪量设置而采取行为标准设置。1988 年《关于惩治贪污贿赂罪的补充规定》(以下简称为《补充规定》)除增加几个贪污受贿类犯罪具体罪名之外,其第 4 条在受贿罪的犯罪成立要件上增加了"非法收受他人财物,为他人谋取利益的"的具体要件,其第 7 条在行贿罪的犯罪成立要件上增加了"为谋取不正当利益"的具体要件,其规定受贿罪与行贿罪的犯罪对象皆被限定为"财物"。压缩具体个罪的犯罪圈的"重厉轻严化"色彩开始显现。1997 年《刑法》延续《补充规定》的总体格调,专设贪污贿赂犯罪一章,并增设对单位行贿罪、单位行贿罪、单位受贿罪、私分国有资产罪与私分罚没财产罪,显现出腐败犯罪圈的总体扩大。在贪污贿赂犯罪的立法配置上"重厉轻严化"色彩浓厚的 1997 年《刑法》规定,受贿罪的犯罪主体只能是"国家工作人员",受贿罪的犯罪对象只能是"财物"(被动型受贿的成

---

① "严而不厉"和"厉而不严"是两种刑事政策反映下的两种刑法结构类型,前者意为法网严密而刑罚轻缓,后者则意为刑罚严厉而法网不甚严密,二者总体上呈反向关系。参见储槐植:《刑事一体化》,法律出版社 2004 年版,第 198 页。

立需具备"非法收受"),受贿罪的成立需具备"为他人谋取利益"的具体要件(被动型受贿),其在数额上要求达到"5千元标准"(罪量标准),而1979年刑法典规定,只要国家工作人员利用职务上的便利,收受贿赂的,即可构成受贿罪(行为标准)。除此之外,还规定了行贿罪犯罪成立要件中的"为谋取不正当利益"和数额要求,贪污罪犯罪成立要件中的"数额达到5千元"。仅比较1979年刑法与1997年刑法在受贿罪的立法配置即可得知,贪污受贿具体个罪犯罪圈的缩小已是不争的事实。

依据《贪污贿赂2016司法解释》第1条得知,贪污或者受贿数额在3万元以上不满20万元的,即符合《刑法》第383条第1款规定的"数额较大",依法判处3年以下有期徒刑或者拘役,并处罚金;贪污数额在1万元以上不满3万元,具有贪污救灾、抢险等特定款物或曾因贪污、受贿、挪用公款受到过党纪、行政处分的等情形之一的,即符合《刑法》第383条第1款规定的"其他较重情节",依法判处3年以下有期徒刑或者拘役,并处罚金。贪污受贿犯罪罪量标准设置的提高,使得其他财产犯罪与通过侵占、盗窃、诈骗等形成的贪污犯罪的定罪与量刑体系的矛盾凸显。其间的问题重重,如何协调财产犯罪的罪量设置与经过提高了的贪污受贿犯罪的罪量设置,已经成为摆在刑事立法者眼前的迫切的公正课题。而如何协调贪污贿赂犯罪与职务侵占罪、非国家工作人员受贿罪以及受贿罪与行贿罪的定罪量刑标准的比较公正,①也已经成为困扰刑事立法以及刑事实践的难题。依据《贪污贿赂2016司法解释》,职务侵占罪、非国家工作人员受贿罪的追溯标准高于贪污罪与受贿罪的两倍,而职务侵占罪的量刑在5年以上的数额标准为100万元,一般若出现贪污数额达到100万元的情形,依据罪刑相适应原则,至少应当被判处5年以上有期徒刑。这便出现罪刑规制不公正的情形,如何协调类似问题成为实现量刑公正的迫切课题。否则,罪刑相适应的罪行体系必将被有所破坏,再次出现类似于"许霆案"的合法而不合理或者合理而不合法的矛盾现象。

在历史视域下考察1988年《补充规定》、1997年《刑法》关于贪污受贿犯罪的规定与《贪污贿赂2016司法解释》关于贪污受贿犯罪规定的历史

---

① 依据《贪污贿赂2016司法解释》得知,向司法人员以及负有药品、安全生产、环境保护等监督管理职责的国家工作人员行贿1万元即达到行贿罪的入罪标准,而作为对向犯的受贿者却需要受贿达到3万元方能入罪,其间的不合理性凸显。

变幻,"厉而不严"的刑事政策凸显。以犯罪数额及情节作为处罚标准存在对于贪污受贿犯罪惩罚严厉彩色不足的缺陷,继而防卫范围过窄的问题凸显。囿于我国犯罪与违法严格界分的立法现实,设置贪污、受贿罪犯罪成立要件中的罪量设置亦遵循了统一的立法体系,即使遵循我国罪体——罪责——罪量相结合的犯罪认定标准,亦不应当将贪污受贿定罪标准中的罪量标准提升到大大超越盗窃等财产犯罪的罪量标准设置。细言之,2013年最高人民法院、最高人民检察院《关于办理盗窃刑事案件适用法律若干问题的解释》第1条规定,盗窃公司财物价值中的"数额较大""数额巨大""数额特别巨大"分别为1千元至3千元、3万元至10万元、30万元至50万元,而《刑法修正案(九)》之前的刑法规定,个人贪污数额不满5千元且情节较重的,方处2年以下有期徒刑或拘役。《贪污贿赂2016司法解释》则在"厉而不严"的道路上越走越远,常态下的贪污受贿数额达到3万元方能入罪。"由于社会公众只能基于朴素的法律感情评价反腐败的现状,其很容易将贪污贿赂犯罪屡禁不止归咎于刑法以及相关司法解释的不健全,这是社会公众所作出的最重要、最自然的反应。"① 面对这个最新的司法解释,社会公众很容易将其与其他财产犯罪进行对比分析,结论不言而明。对比分析盗窃罪等财产犯罪与贪污罪、受贿罪等犯罪的罪量设置,贪污罪、受贿罪的犯罪成立要件中的罪量要件设置缺陷明显,并未从整体上形成罪刑相适应的理性立法。

"人所共知,可能被揭发或被宣告有罪的危险程度,对刑法的一般预防作用有首要的影响。"② "厉而不严"的贪污受贿刑事立法已被若干学者精辟地指出,存在"抓大放小"、行为对象设置不合理、行为方式设置不合理等缺陷,③ "破窗效应"应当成为贪污受贿刑事立法时刻警惕的达摩克利斯之剑。现实中的贪污、受贿人员往往存有侥幸心理,在贪污、受贿犯罪成立要件中的高罪量标准设置面前只会变本加厉,刑罚的确定性与必定性的威慑力量往往大于"飘忽不定"的严酷刑罚的威慑力量,故而方有越来越严厉贪污受贿刑事立法背景下,腐败人员却"前腐后继"。现代社会的重要理性标志便是可以运用理性的制度来在一定程度上防范违法行为的泛滥化,与其在

---

① 刘宪权:《贪污贿赂犯罪最新定罪量刑标准体系化评析》,载《法学》2016年第5期。
② [挪威]安德聂斯:《刑罚与预防犯罪》,钟大能译,法律出版社1983年版,第37页。
③ 参见赵秉志:《论我国反腐败刑事法治的完善》,载《当代法学》2013年第3期。

"厉而不严"的贪污受贿刑事立法下痛心疾首地感叹腐败人员的"前腐后继",不如弘扬"严而不厉"的贪污受贿刑事立法,降低贪污受贿犯罪的入罪门槛,重新以法益侵犯立场审视当下的贪污受贿犯罪的不合理的构成要件设置。在严密的刑事法网面前,贪腐分子难以侥幸逃脱,而摒弃严酷的刑罚设置正是摒弃完全依赖刑法治理腐败的现实回应,"严而不厉"应当成为伴随"零容忍"刑事政策实施的立法展现。

四、"零容忍"与定罪量刑情节的理性互动

自2013年"反腐风暴"席卷神州大地以来,以"零容忍、全覆盖、无禁区"为核心的"零容忍"反腐败政策,锲而不舍地追求国家工作人员"不能腐、不想腐、不敢腐"的政治局面。《刑法修正案(九)》规定贪污罪的四档二元定罪量刑标准,受贿罪的刑罚设置遵循贪污罪的刑罚设置,索贿的从重处罚,这在相当程度上提升了贪污受贿犯罪罪刑设置的理性高度。我国时下仍有一种非理性的观念,即认为腐败犯罪在古今中外皆存在,也不可能被彻底消灭,故而容忍一定程度上、一定范围内的腐败犯罪不仅仅务实,且在一定程度上有助于经济发展。① 这种观点的泛滥势必造成贪污受贿与"零容忍"反腐政策的紧张关系,且其是站在一个违背罪刑法定原则的非法治立场,必然混淆罪与非罪的司法认定。

(一)贪污受贿犯罪定罪量刑模式的域外述评

国内相当一部分学者倡导德日治理腐败犯罪的行为标准,细言之,只要适格主体具有贪污、受贿行为,不论数额多少或者情节严重与否,皆应当受到刑事惩罚。② 国内亦有相当一部分学者赞同情节与数额等罪量标准的犯罪成立模式设置,坚决反对德日等国的行为标准设置。拨开这两种主要争鸣观点的云雾的可靠路径在于,依据理性主义评析各自模式所渊源出的诸多国家刑事司法实践的特色。

《德国刑法典》第331条第1款规定:"公务员或者对公务负有特别义务的人员,就其职务行为为自己或者第三者要求、约定或者收受利益的,处3年以下自由刑或罚金。"这即为德国刑法典规定的受贿罪的基本犯,细言

---

① 参见孙道萃:《论"零容忍"反腐作为具体刑事政策及其展开》,载《河南师范大学学报(哲学社会科学版)》2015年第5期。
② 参见孙国祥:《腐败定罪"零容忍"之审思》,载《江海学刊》2013年第4期。

之，只要适格主体在从事一般的职务工作中要求、约定、收受利益，即触犯受贿罪（抽象的不法协议）。其第331条第2款规定的犯罪类型，① 是其第331条第1款规定的受贿罪的加重犯。加重的处罚的特殊情形在于，要求、约定、收受的利益是针对法律规定的法官性质的行为的回报。② 其第332条第1款与第2款的关系亦是基本犯与加重犯之间的特殊关系。③

日本刑法典关于贿赂犯罪的立法规定，原本仅仅有两个条款，即现行刑法典的第197条第1、5项规定的单纯受贿罪与加重受贿罪。立法机关于1941年修订日本刑法典时，增加了现行刑法典规定的第197条第2、3、4、6项，即增加了受托受贿罪、事前受贿罪、向第三者供贿罪与事后受贿罪。其于1958年增加了现行刑法典规定的第197条第7项，即增加了斡旋受贿罪，并修改了其第5项的罪刑设置。其于1980年提高了对贿赂犯罪的刑事处罚标准。日本刑法典关于受贿罪的规定设置在第197条至第197条之四，共规定了8个具体罪名，即受贿罪、受托受贿罪、事前受贿罪、第三者供贿罪、加重受贿罪、事后受贿罪、斡旋受贿罪、赠贿罪。审视这八个罪名的刑法条文，可以初步得出以下理性结论：第一，日本刑法典虽然将不同情形的受贿行为规制为不同的刑事罪名，处罚范围亦非常宽泛，但均未设置罪量标准，故而其不是以结果标准而是以行为标准择定犯罪圈。第二，受贿犯罪中的贿赂不限于是有形的抑或是无形的，亦不管是金钱还是财产性利益。细言之，能够满足一般人的需求或欲望的一切利益皆为贿赂范围，诸如点心盒、基于金钱消费借贷契约的金融利益、债务的清偿、租用客厅吃喝玩乐、艺伎的演出、异性间的情交、就职的斡旋等。④

大陆法系主要国家与英美法系主要国家的罪刑设置以及司法实践均存有

---

① 《德国刑法典》第331条第2款规定："法官或仲裁人，就其已经实施或者将要实施的法官性质行为，作为回报，为自己或者第三者要求，约定或者收受利益的，处5年以下自由刑或者罚金。犯本罪未遂的，亦罚。"

② 参见张明楷：《外国刑法纲要》（第二版），法律出版社2007年版，第738页。

③ 《德国刑法典》第332条第1款规定："公务员或者对公务负有特别义务的人员，就其已实施或者将要实施的，因而违法或者将要违反其职务义务的职务行为，作为回报，为自己或者第三者要求，约定或者收受利益的，处6个月以上5年以下自由刑。情节较轻的，处3年以下自由刑或者罚金。犯本罪未遂的，亦罚。"其第332条第2款规定："法官或仲裁人，就其已经实施或者将要实施的，因而违法或者将要违反其职务义务的法官性质行为，作为回报，为自己或者第三者要求，约定或者收受利益的，处1年以上10年以下自由刑。情节较轻的，处6个月以上5年以下自由刑。"

④ 参见［日］大塚仁：《刑法概说：各论》，冯军译，中国人民大学出版社2003年版，第597页。

诸多不同，但在贪污贿赂犯罪刑事立法以及司法实践方面却存有相当程度上的相似性。美国模范刑法典第 240 条规定了 7 种贿赂犯罪，但在犯罪成立要件设置中并未涉及数额标准。① 英国 2010 年《反贿赂法》规定了 4 种贿赂犯罪及相对应的刑事惩罚，亦未涉及数额、情节等标准，仅仅规定刑罚的轻重与诉讼程序有关，根据具体受贿犯罪案件的社会危害性的严重程度决定采取哪一种诉讼程序。其针对社会危害性较轻的受贿案件采用简易程序定罪，处刑亦较轻；其针对社会危害性较重的受贿案件采用公诉程序定罪，处刑亦较重。② 归属于大陆法系的法国、挪威等国亦采用这种定性无定量模式，如《挪威一般公民刑法典》第 111 条规定，公务员提供公务服务，为了自己、同僚或政府机关而非法课税、索取报酬或收受他人礼品的，处 5 年以下监禁。③ 必须明确的是，域外诸多国家实行的定性无定量模式并非真正不考虑罪量因素（标准），定量的任务通常由司法机关衡量，其在司法过程中除考察犯罪行为的性质以外，亦会综合评判犯罪手段、情节、数额等因素来确定合适的刑罚。这种综合化的量刑实践有利于实现量刑以及刑罚公正。

（二）贪污受贿犯罪定罪量刑模式的理性建构

"法律乃是一种地方性知识，是具有地方性意义的技艺。"④ 中外对于贪污受贿犯罪犯罪成立条件的差异设置并不足已成为我国必须仿效域外设置的充分条件。每个国家都有自己独特的社情风俗以及司法运行体系，域外虽然对于贪污受贿犯罪的立法设置采取行为标准，但其司法运行体系对于非常轻微的贪污受贿犯罪的出罪机制有着十分独特的把控，警察机关、检察机关以及法院都有相当程度的自由裁量出罪权力。

以美国为例，美国警方在经过调查而逮捕犯罪嫌疑人，且完成证据收集、提炼等一系列工作后，即可向检察官提请起诉。检察官可依据具体案情做出指控或不指控的决定，其针对轻微犯罪行为可直接提交特殊的轻微犯罪法庭审判。若其决定不指控，可立即终结案件程序，亦可将案件发回警方并要求其补充相关材料。警方补充相应的材料后可再次向检察官提请起诉。检察官决定启动指控之后，既可以通过大陪审团起诉，也可以由检察官直接起

---

① 参见刘仁文、王祎：《美国模范刑法典及其评注》，法律出版社 2005 年版，第 180 页。
② 参见《英国反贿赂法》，王君祥译，中国方正出版社 2014 年版，第 4 页。
③ 参见《挪威一般公民刑法典》，马松建译，北京大学出版社 2005 年版，第 27 页。
④ 参见舒国滢：《在法律的边缘》，中国法制出版社 2000 年版，第 78 页。

诉。一般情况下轻罪适用直接起诉,重罪则可能适用大陪审团审查起诉或直接起诉。大陪审团审查之后如果同意起诉将会提出控诉,而直接起诉则是由法官主持一个"预审"决定是否存在充分的诉因。正式起诉成立后,还要进行一个"提审",在此过程中辩诉双方可以进行"辩诉交易",如果被告不作主动认罪或者辩诉交易没有达成,才最终进入庭审。① "法律赋予了检察官巨大的自由裁量权来追诉犯罪。他可以依据职权通过告发提起公诉,也可以在他认为符合正义的情况下终止诉讼"。检察官在其后的一系列的著名判例中的自由裁量行使历史,确认并昭示了检察官在决定是否起诉犯罪嫌疑人问题上的"不得复议的独有权力"。②

根据最高人民检察院在全国人大所作工作报告公布的数据,2005年至2009年全国刑事案件的不起诉率分别是:1.57%、0.72%、2.5%、2.61%、2.99%。③ 已有的数据显示,美国大约有90%的刑事判决都是通过辩诉交易达成的,即使是严重的重罪案件,辩诉交易同庭审的比例也高达4∶1。美国的不起诉率之所以比中国高得多,并不是因为以辩诉交易解决的案件数量很大,而更多的是因为在现行中国法律体系下,治安案件不属于犯罪的范畴。而治安案件年均超过700万件,远远高于刑事案件的数量。而美国的不起诉案件大多是一些轻罪案件,它们往往与中国的治安违法案件相对应。④《刑法修正案(九)》关于贪污受贿犯罪的犯罪成立条件中,情节与数额成为贪污受贿定罪量刑的并重标准。《贪污贿赂2016司法解释》对其中涉及的相关数额与情节作出了进一步的具体规定,这需要被审慎地研读与细致地解释。贪污受贿犯罪定罪量刑模式的抉择既不能盲目全盘照搬域外立法,亦不能往返到"严打"的恶性循环。《贪污贿赂2016司法解释》规定的贪污受贿犯罪的入罪标准,在罪刑关系的公正设置的要求以及"严而不厉"的刑事政策的审视下,理性不足而非理性有余。

"严而不厉"并不意味着必须要在贪污受贿犯罪犯罪成立条件上设置行为标准,也并不意味着必须在法定刑设置以及司法量刑上给予贪污受贿犯罪

---

① 参见孔璋:《中美公诉制度比较研究》,中国检察出版社2003年版,第328页。
② 何家弘:《论美国检察官制度的特色》,载《外国法译评》1995年第4期。
③ 依据最高人民检察院在2006年十届人大四次会议、2007十届人大五次会议、2008年十一届人大一次会议、2009年十一届人大二次会议以及2010年十一届人大三次会议上所做的《工作报告》统计得出。
④ 参见朱景文主编:《法社会学》,中国人民大学出版社2005年版,第108页。

以过度轻缓化。定性加定量的定罪模式仍是一个理性的基本立场，具体数额与情节标准的罪量标准设置仍是一个依赖司法实践的未知结果。理性的对待"严而不厉"的刑事政策，数额、情节的区分以及"宽严相济"的司法量刑皆是其应有之意，但这其中的数额与情节的区分必须参照盗窃等其他犯罪的犯罪成立数额以及情节标准，这其中的司法量刑亦必须比照量刑规范化背景下的类似犯罪的司法量刑裁量标准。若仿效域外实行贪污受贿犯罪定罪的行为标准，则囿于国内现行出罪机制不完善的司法体制，必然出现"情节显著轻微、不认为是犯罪的"贪污受贿行为，亦被作为"零容忍"刑事政策践行的犯罪行为而处理，这必然动摇我国刑法典设置的罪刑关系传统。刑法谦抑性精神在"零容忍"政策以及行为标准的践行下必将支离破碎，无法承载起"刑法不得已"原则的法益保护重任。

五、结论

"零容忍"视域下的贪污受贿犯罪定罪量刑关键因素的理性解析，必须置身于刑法总则与刑法分则具体犯罪罪刑设置的比较研习中。既不能盲目实行行为标准，亦不能固守《刑法修正案（九）》之前的相关数额标准，还必须协调《贪污贿赂 2016 司法解释》中的贪污受贿犯罪的入罪标准与其他相关犯罪的入罪标准的公正比较。必须结合关键因素对于犯罪嫌疑人社会危害性与人身危险性程度的影响作出抉择，亦必须参照与贪污罪相似的盗窃罪等财产法益犯罪的罪刑设置，方能真正作出合情合理的贪污受贿犯罪的罪量标准设置。将受贿罪的贿赂范围理性界定为利益、取消受贿罪犯罪成立条件中的"为他人谋取利益"是构建"严而不厉"的贪污受贿定罪量刑模式的重要关节点。"零容忍"刑事政策的理性践行亦需坚持有所为而有所不为，宽严相济的刑事政策必须得到各级司法部门的贯彻，方得以理性建构贪污受贿定罪量刑情节。"严而不厉"应当被作为贪污受贿犯罪定罪量刑的基本刑事政策，其与"零容忍"刑事政策的贯彻并行不悖，前者亦作为贪污受贿犯罪刑事立法的指导思想，后者亦作为贪污受贿犯罪刑事实践的指导思想，二者的理性互动必将助益于贪污受贿定罪量刑标准的不断进步与升华。

后 记

  我和我的研究生冯文杰同学合作撰写的这本《刑法中罪刑关系新论》一书即将面世，值此书付梓之际，略述数语，权作后记。

  本人之所以在今年推出这部合著，其主要原因有以下几个方面：一是今年是"五四"新文化运动启程一百周年，同时又是中华人民共和国成立七十周年，出版此书，借以向"五四"运动的先驱和亲爱的共和国的创立者献礼。二是今年是1979年《中华人民共和国刑法》颁布40周年，借此机会，特向为我国刑法典的孕育诞生与发展完善做出杰出贡献的刑法学界的前辈、同辈与晚辈同仁致以最崇高的敬意。没有你们的艰辛努力和奋力拼搏，就没有我国刑事立法与司法所取得的重大成就。三是今年是本人研究生毕业暨任教三十周年，虽然三十年来，在科研方面不敢妄称成绩斐然，但自感没有落伍于时代，这也是出版本书之又一动机。自任教三十年来，本人在董鑫教授、邓又天教授、高绍先教授、赵长青教授等老一辈刑法学家的亲切关怀、教研室各位同仁的鼎力协助以及各位研究生的共同努力下，撰写《刑法学的基本范畴研究》《和谐社会语境下的刑法观沉思》《和谐社会与刑法问题论文集锦》《刑法总论》《经济刑法学》等专著、教材、论文集达100余部，于《中国法学》《法学研究》《现代法学》《法律科学》等刊物发表学术论文200余篇，其中被中国人民大学复印资料

《法学》《刑事法学》和中国社科院法学研究所《中国法学研究年鉴》全文转载和摘登的论文有十余篇。以上成果有十多项荣获司法部、四川省、重庆市和西南政法大学社会科学优秀成果一、二、三等奖和优秀成果奖。这些成就的取得，除了前述原因之外，作为一个中华学人，与自身与生俱来的历史使命感和对学术无止境的追求精神亦有着千丝万缕的联系。因此，出版此书，以作三十年学海求索之印记。四是借此书的出版为培养和造就刑法学界的学术新人尽为师之责。我的研究生冯文杰同学自攻读硕士研究生以来一直潜心于学术研究，历经数载，于《刑法论丛》《研究生法学》《河北法学》《河南财经政法大学学报》《江西警察学院学报》《宜宾学院学报》等期刊发表论文近30篇，充分发挥了一个青年刑法学者所应有的主力军作用，从其研究成果中，我们不仅可以看出其具有较为深厚的刑法学术功底，而且具有突出的科研能力。因此，出版此书，借以向刑法学界推出学术新秀。

需要特别说明的是，本书除正义的救赎反思——从"洞穴奇案"谈起、我国犯罪预备处罚原则的缺陷及立法建议、情感因素在犯罪故意构造中的地位及运行机制、共同犯罪视野下教唆行为之定性、间谍罪的司法误区及立法完善、审计犯罪及其预防探析等专题是与河南财经政法大学房清侠教授、西南政法大学博士和硕士研究生林培晓、张超、李江林、胡胜、宋肖曼等同学共同完成的之外，其他专题均为本人与冯文杰博士单独或共同完成的成果。如果没有他们的艰辛努力，就不会有本书的出版，因此，本人首先应向他们表示衷心感谢。另外，借此书出版之际，本人还要向重庆大学法学院教授、全国著名刑法学家、博士生导师陈忠林教授，西南政法大学法学院院长、党总支副书记、全国知名刑法学家、博士生导师梅传强教授，全国知名刑法学家、西南政法大学刑法教研室博士生导师朱建华教授、王利荣教授、石经海教授、袁林教授、高维俭教授等人表示衷心感谢，本人三十年来在科研方面所取得的每一点进步，都与他们的亲切教诲与言传身教有着十分重要的关系。此外，本人还要向全国刑法学泰斗高铭暄教授、中国刑法学研究会会长赵秉志教授、中国犯罪学学会原会长王牧教授以及全国著名刑法学家王作富教授、储槐植教授、陈兴良教授、王新教授、谢望原教授、黄京平教授、冯军教授、莫洪宪教授、康均心教授、曾粤兴教授、李晓明教授、唐大森教授、刘建教授等人表示衷心感谢，正因为有了他们的大力鼓励、支持和帮助，才使得本人的治学之路没有那么的艰辛和孤寂。为此，我要感谢西南政法大学能够赐予本人这么好的学术环境和学术氛围。最后，我还要特别感谢中国检察出版社的所有编辑，在本书出版之际，对所有关心支持我的同仁所倾注的心血和艰辛的劳动表示衷心的感谢！

李永升

2019年3月于西南政法大学